FRANKREICH 26

ATLANTIKKÜSTE Loire

inkl. Baskenland und Pyrenäen

W0468128

VERLAG MARTIN VELBINGER
Hauptstr.. 4o 82229 Seefeld bei München

Dieses vorliegende Buch erscheint als BAND 26 einer Reihe unkonventioneller Reiseführer im VERLAG MARTIN VELBINGER:

Buchkonzept: Martin Velbinger
Illustrationen: Richard Eckert, Bettina v. Hacke
Karten: Pedro Zegarra,, Martin Velbinger, Herbert A. Spiegl
Cover: Bettina von Hacke, Martin Velbinger

ISBN: 3-88316-028-8

ALLE ANGEGEBENEN PREISE sind Ca.-Preise, auch wenn sie nicht als solche bezeichnet sind. Für die Richtigkeit und Vollständigkeit aller Angaben, insbesondere der Abfahrtszeiten und Preise kann keine Gewähr übernommen werden.

PRINTED IN GERMANY

9. AUFLAGE 2006

L'ÉTAT... C'EST... MOI!

INHALT

Anreise

Transport in Frankreich

Allgemeine Tips

Unterkunft

Essen und Trinken

Sport

INHALT

Specials

Der LOIRE-TEIL dieses Bandes ist in Ost-West-Richtung aufgebaut, er beginnt bei Gien und folgt der Loire flußabwärts bis nach Nantes. Im Anschluß die Strecke Loire - Atlantikküste via Küste und via Poitiers.

Unser ATLANTIKKÜSTENTEIL beginnt im Norden mit Pornic (unweit südl. der Loire-Mündung) und folgt südwärts der Küste bis zur französisch-spanischen Grenze.

Das BASKENLAND beinhaltet die Küste ab Biarritz bis zur spanischen Grenze und das entsprechende Hinterland.

Unser PYRENÄENTEIL beginnt bei der Stadt Pau und enthält zahlreiche Abstecher, etwa nach Lourdes, und eine große Rundtour inkl. Cirque de Gavarnie bis über die spanische Grenze.

Am Beginn jedes Kapitels eine Übersichtskarte zur Orientierung inkl Seitenverweise. INDEX mit komplettem Ortsregister am Ende des Bandes.

Loire Tal

INHALT

Atlantik-küste

INHALT

INHALT

Baskisches Hinterland

Pyrenäen

Handwerkszeug

KARTEN

Eine gute Straßenkarte erspart sowohl bei der Routenplanung als auch vor Ort langwieriges Suchen kleiner Straßen und Dörfer.

Für die Zielgebiete Loire, Atlantikküste, Baskenland und Pyrenäen empfehlen sich die Detailkarten von Michelin bzw IGN. Beim Maßstab 1:2oo ooo sind selbst Wanderwege eingetragen. In jedem Buchhandel erhältlich, Michelin-Gebietskarten am günstigsten in Frankreich.

Touristeninformation

Für die ersten Informationen am besten bei den Fremdenverkehrsämtern im Heimatland, also:

Deutschland
Maison de la France/Zentrale:
Zeppelinallee 37, 6o325 Frankfurt
Tel.: o9oo/157 oo 25 Fax: o9oo/159 9o 61
E- Mail: info.de@franceguide.com
Internet: www.franceguide.com

Österreich
Maison de la France
Lugeck 1-2, 1o1o Wien
Tel.: o9oo/ 25 oo 15
Fax: o1/ 5o3 28 72
E-Mail: info.at@franceguide.com
Internet: www.franceguide.com

Schweiz
Maison de la France/Suisse
c/o SNCF Rail Europe
Rue de Lausanne 11, 12o1 Genf
Tel.: o9oo/9oo 699
E-Mail: info.ch@franceguide.com
Internet: www.franceguide.com

Um nicht nur den Umschlag mit der Standardinformation zu bekommen, unbedingt auf die speziellen Wünsche hinweisen, z.B. Hotelverzeichnis, Campingplatzliste, Sportinfos etc. Per Telefon braucht man zur Hauptsaison sehr viel Geduld.

Touristenbüros vor Ort in fast jedem Ferienort, meist als Office de Tourisme oder Syndicat d' Initiative (SI) bezeichnet. Adressen siehe Hauptteil dieses Bandes!

Im Internet unter www.tourisme.fr sind mehr als 36oo Orte in ganz Frankreich kurz vorgestellt.

ANREISE

Per Auto

Das Auto bringt die größtmögliche Freiheit für Stops auf der Fahrt und am Urlaubsort. Die Routen ins Loiretal und zur Atlantikküste lassen sich je nach Abfahrtsort individuell gestalten. Ausführliche Streckenvorschläge, Besichtigungstipps und lohnende Abstecher siehe .... Seite 1o.

Mit der Bahn

Die bequeme Art zu reisen und durch den TGV-Atlantique in Frankreich sehr fix. Allerdings Probleme im Loiretal: manche Schlösser sind nicht per Zug erreichbar. Die günstigsten Strecken, Sondertarife, Ermäßigungen und alles über Nachtzüge siehe .... Seite 26.

Flüge

Der Direktflug von Frankfurt nach Bordeaux läßt die Entfernung auf knappe 2 Std. schrumpfen. Ansonsten Umsteigen in Paris oder Lyon nötig. Trotzdem schnellste und bequemste Anreise, gute Verbindungen ab den großen Airports. Mehr über Ermäßigungen, siehe .... Seite 28.

Per Auto

Das LOIRETAL läßt sich problemlos per Autobahn in einem Tag ab Mitteldeutschland bzw. den grenznahen Gebieten des Südens und der Schweiz erreichen.

Auch die ATLANTIKKÜSTE ist ab den meisten Gebieten Deutschlands und der Schweiz in einem Tag erreichbar: hier allerdings nur per Nonstop mit fliegendem Fahrerwechsel; bei rund 8oo-1.ooo km sehr stressig!

In dem Fall besser eine Übernachtung einplanen, - zumal fast alle Anreiserouten durch das mit Schlössern gespickte LOIRETAL führen. Die berühmtesten Châteaux liegen unmittelbar an der Strecke, wie Chambord, Blois, Amboise und das phantastische Wasserschloß Chenonceau.

Mittelalterliches Stadtbild und schöne Atmosphäre in Tours, zudem viele Weinkeller mit Probierstuben und Direktverkauf. Gute Übernachtungsmöglichkeiten: Campingplätze oft direkt am Loireufer und breites Hotelangebot in der mittleren Preisklasse.

Ab der Loire dann an die französische Atlantikküste schnelle Landstraßen sowie durchgehende Autobahn (gebührenpflichtig). Wer genügend Zeit hat, kann ab Loiretal noch den landschaftlich sehr lohnenden Schlenker durch die BRETAGNE einbauen, plus ca. 4oo km. An reiner Fahrzeit ca. 1-2

Tage einkalkulieren; um die Sache einigermaßen auszukosten, jedoch besser 4-7 Tage zusätzlich einplanen.

RETOUR ab Atlantikküste empfiehlt sich als Variante die E 7o via CLERMONT FERRAND (am Stadtrand eine faszinierende Landschaft mit grün überzogenen Vulkankratern) und weiter die landschaftlich schöne Strecke durch die Schweiz via Genfer See, Vierwaldstätter See. Oder noch einen Stop in den Pyrenäen einplanen und per Autobahn via Carcassonne, Orange, Genfer See zurück. Alle Details siehe folgender Text!

ANREISEZEIT: Wenn irgend möglich, die Wochenenden zu Ferienbeginn meiden; Staus und Verkehrschaos sind in Deutschland und Frankreich die Regel, verstopfte Grenzübergänge und lange Warteschlangen an den Zahlstationen der Autobahnen.

Je nach Heimatort bieten sich 3 Haupt-Anreiserouten an, die praktisch alle im Loiretal zusammenlaufen:

Vergl. auch Karte Seite 14

A) ab Nord- und Mitteldeutschland, Rheinland/Ruhrgebiet

Details Seite 13

Als schnellster Einstieg DUISBURG/DÜSSELDORF bzw. KÖLN mit durchgehender Autobahn: Zunächst durch Belgien gebührenfrei, dann ab französischer Grenze über die gebührenpflichtige A 1 via Paris ins Loiretal und weiter die A 1o an die Atlantikküste.

Alternative: Koblenz-Trier-Metz-Paris-Loiretal. Durchgehende Autobahn, aber länger durch Frankreich und daher wegen Gebühren teurer.

Alternative für Norddeutsche via Amsterdam, anschließend durch Belgien, Frankreich (A 1). Länger als via Düsseldorf bzw. Köln.

B) ab Mittel- und Süddeutschland

Details Seite 17

Durchgehende Autobahn ab Ausgangspunkt SAARBRÜCKEN bzw. STRASSBURG via Paris: bequemste Route, aber teuer wegen langer französischer Autobahnstrecke und Gebühren.

Alternativen sind Landstraßen ab deutsch-französischer Grenze, die teils parallel Autobahnumwege (z.B. rauf nach Reims) abkürzen. Details siehe Text!

C) ab Süddeutschland/Schweiz

Details Seite 2o

Autobahn Mühlhausen-> Paris (und in Beaune bzw. Auxerre runter von der

Autobahn): Landstraße ins Loiregebiet. Als Querverbindung schnell (wegen hohem Autobahn-Anteil) und zudem schön wegen der sehr lohnenden Region der Loireschlösser!

Oder die Südschleife: Autobahn Basel-> Bern-> Genf 27 Euro Gebühr (Vignette), mit Anhänger teurer, ein Jahr gültig. Ab Genf Autobahn via Lyon nach Clermont Ferrand und im Anschluß sehr zeitaufwendige Landstraße nach Bordeaux. Klammert die Loire aus.

Variante zur Südschleife: ab BASEL nach Mülhausen und über die französische Autobahn A 36 (gebührenpflichtig) nach Lyon.

D) ab Österreich

Details Seite 23

Nördliches Österreich: Schnellste und billigste Anreise ist die Autobahn via München-> Stuttgart-> Straßburg-> Paris fürs Zielgebiet Loire. Selbst Nonstop kaum in einem Tag zu bewältigen, bringt aber das längste Stück Gratisautobahn (Österreich-> Deutschland-> französische Grenze).

West-Österreich: je nach Heimatort in Österreich und Zielgebiet in Frankreich entweder via Schweiz: Zürich-> Basel-> Mülhausen-> Dijon-> Auxerre/Avallon-> Loire. Allerdings teuer: zunächst besagte 27 Euro für die Schweizer Autobahnvignette, dann Autobahngebühren in Frankreich.

Oder via Deutschland, allerdings bis Basel weitgehend Landstraße - bzw. der an Kilometern weite Umweg via Autobahn Stuttgart-> Karlsruhe -> Straßburg-> Loire, dafür aber relativ schnell.

3. Möglichkeit: Innsbruck-> Lindau-> Donaueschingen und quer über den Schwarzwald nach Freiburg (teils Autobahn, teils Landstraße).

Ansonsten alternativ via Italien: zwar gebührenpflichtige, aber durchgehende Autobahn via Côte d'Azur-> Montpellier-> Toulouse-> Pau entlang der Pyrenäen an die südliche Atlantikküste.

Loire Gebiet —> Atlantikküste siehe Seite 79

✶ SCHWEIZER AUTOBAHNEN

Ausländer zahlen im Pkw/Wohnmobil 27 Euro für die Autobahn-Vignette, die 14 Monate lang zur Benutzung aller Schweizer Autobahnen berechtigt, maximal jedoch nur jeweils bis Ende Januar. Für den Anhänger/Caravan braucht man eine eigene Vignette! Wird recht teuer und lohnt für die einmalige Durchfahrt kaum. Wer ohne gültige Vignette erwischt wird, zahlt kräftig Strafe. Erhältlich sind die Vignetten an den Grenzübergängen, teils auch bei den Automobilclubs.

✶ FRANZÖSISCHE AUTOBAHNEN

Gebührenfrei sind nur Stadtumgehungen (rocade). Davor oder danach wird zur Kasse gebeten; kurze Teilstrecken müssen sofort bezahlt werden. Die Beträge für Pkw sind an der Mautstelle groß angeschrieben. Ohne Kleingeld fährt man an die Extraabfertigung - ebenso Wohnmobile, Lkw, Busse etc. Für lange Passagen gibt's erst mal ein „Ticket", am Ende oder bei der Ausfahrt wird dann abgerechnet.

Fahrzeugeinteilung in 5 Kategorien. Faltblatt mit den betreffenden Preisen gibt's direkt am Zahlhäuschen auf Anfrage oder vorab beim ADAC besorgen. Im folgenden: Preisbeispiel für die Strecke „Autoroute de l'Est" METZ-> PARIS (ca. 31o km).

Broschüre mit Preisen beim Französischen Fremdenverkehrsamt anfordern oder im Internet unter www.autoroutes.fr/ Die Gebühren kann man bar oder bequem mit Visa, Eurocard, Mastercard bezahlen.

CLASSE 1: Kleinwagen bis zu einer Höhe von 2,oo m, Anzahl der Achsen egal. Preis ca. 2o Euro.

CLASSE 2: Fahrzeuge mit einer Höhe zwischen 2,oo und 3,oo m, Gewicht max. 3,5 Tonnen, Anzahl der Achsen egal. Zum Beispiel Vans, Preis ca. 3o Euro.

CLASSE 3: Zweiachser, die höher als 3,oo m sind oder mehr als 3,5 Tonnen wiegen. Preis ca. 45 Euro.

CLASSE 4: Fahrzeuge, die höher als 3,oo m. sind und 3 oder mehr Achsen haben. Preis ca. 6o Euro.

CLASSE 5: Motorräder, Preis ca. 13 Euro.

Verkehrsbestimmungen im Kapitel „Autofahren in Frankreich".

A) AUS NORD-MITTELDEUTSCHLAND INS LOIRETAL / ATLANTIKKÜSTE

Für Nordlichter aus der Region Schleswig Holstein/Hamburg - Bremen/ Hannover ist es prinzipiell möglich, via AMSTERDAM zu fahren. Bringt als Bonbon einen Stop in Amsterdam und die Fahrt durch Holland. Fast durchgehende Autobahn, aber entsprechend Zeit für die Zwischenstops unterwegs einplanen.

ANSONSTEN sind ab nördlicher Hälfte Deutschlands bis Raum Ruhrgebiet, Köln folgende Einstiege die schnellste und kürzeste Verbindung:

a) Duisburg/Düsseldorf via VENLO und ANTWERPEN, Grenzübergang Frankreich bei Lille. An km gleichlang ist der Einstieg ab:

b) Köln, weiter Autobahn via Aachen, Lüttich, Grenzübergang Frankreich bei Cambrai.

Beide ab Ausgangspunkt (Düsseldorf/ Duisburg bzw. Köln) runde 6oo km durchgehende Autobahn via Paris bis ORLÉANS/Loiretal.

Welche Alternative man fährt, ist eine Frage des Heimatortes. Landschaftlich rangieren beide Autobahnen eher im Sektor „langweilig", bringen aber Interessantes bezüglich seitlicher Abstecher in Belgien.

Bis zur französischen Grenze ist die Autobahn gebührenfrei, danach ca. 25 Euro bis Orléans via Paris. Interessante Stops in den Städten:

LÜTTICH: Am Lambertusplatz im Zentrum gleich zwei Sehenswürdigkeiten: der „Heizungskeller" einer ehemaligen römischen Villa (unterirdisch), auf dem Platz das einstige Bischofspalais in spätgotischer Architektur.

Über der Kathedralstadt **NAMUR** thront die imposante Festung, bequeme Auffahrt per Seilbahn. Seltene Goldschmiedearbeiten des Mittelalters im Diözesanmuseum.

Mit etwas mehr Zeit läßt sich ohne nennenswerten Umweg ein Abstecher nach **BRÜSSEL** einbauen: lebhafte Altstadt, der schönste Fleck um den Marktplatz mit prachtvollem Rathaus, goldverzierte Zunfthäuser des 17. Jh. Für das leibliche Wohl sorgen gemütliche Restaurants am Platz. Nicht weit davon entfernt der weltberühmte Brunnen „Männeken Piß". Das sehenswerte Atomium (mit Restaurant und Ausstellung) am Stadtrand, dadurch bequem per Auto zu erreichen. Übernachtung auf stadtnahen Campingplätzen oder in einem der zahlreichen Hotels.

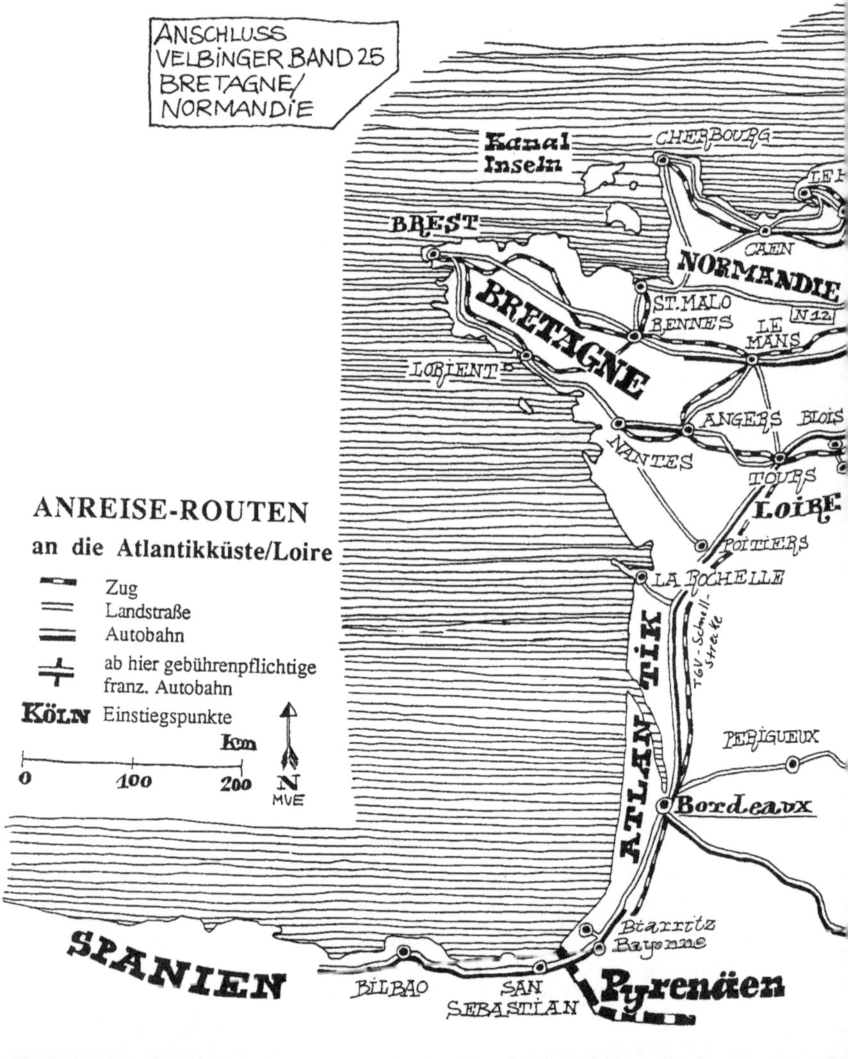

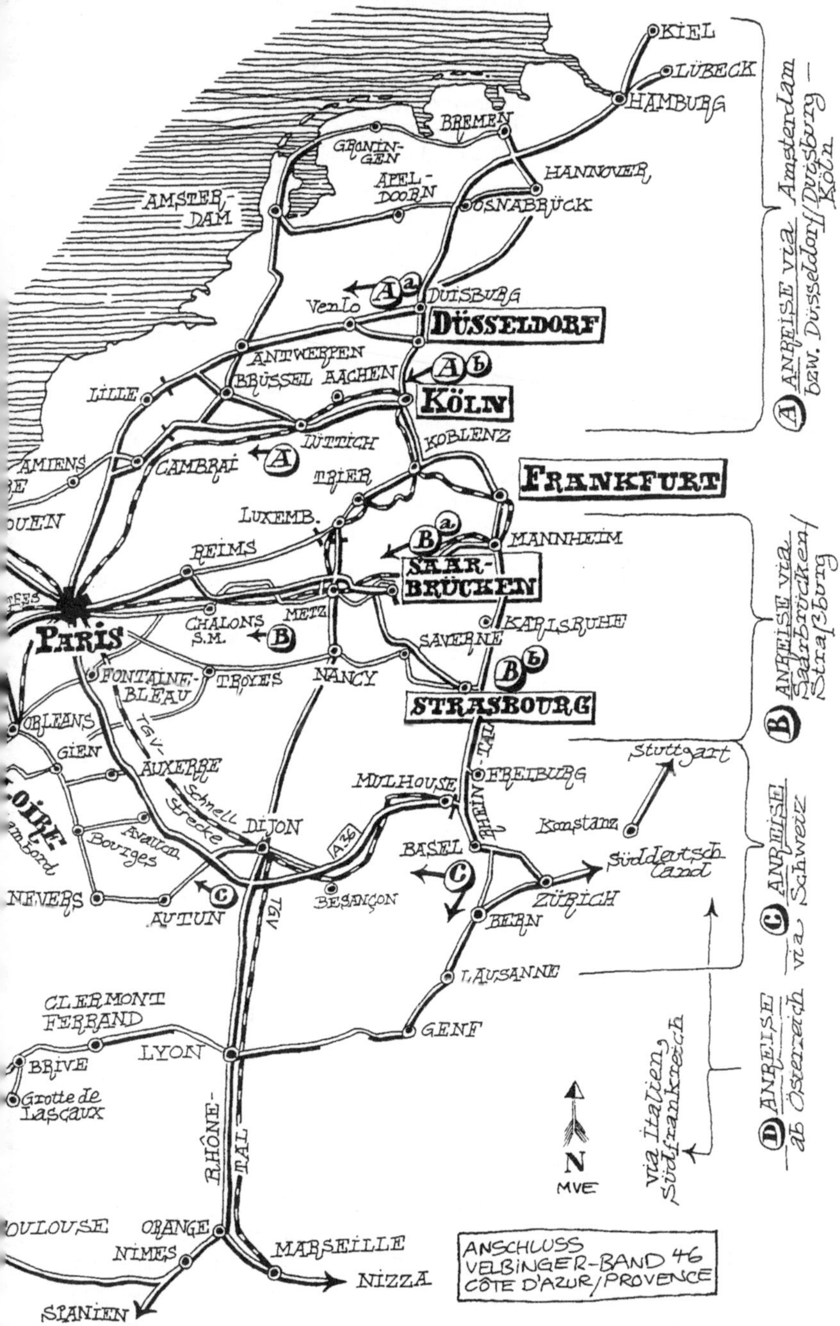

KIEL
LÜBECK
HAMBURG
BREMEN
GRONINGEN
HANNOVER
APELDOORN
AMSTERDAM
OSNABRÜCK
Venlo
DUISBURG
DÜSSELDORF
ANTWERPEN
BRÜSSEL
AACHEN
LILLE
KÖLN
KOBLENZ
LÜTTICH
AMIENS
CAMBRAI
TRIER
FRANKFURT
ROUEN
LUXEMB.
MANNHEIM
REIMS
SAARBRÜCKEN
PARIS
CHALONS S.M.
METZ
KARLSRUHE
SAVERNE
FONTAINEBLEAU
TROYES
NANCY
STRASBOURG
ORLEANS
GIEN
TGV-Schnell-Strecke
AUXERRE
MULHOUSE
FREIBURG
RHEIN-TAL
Stuttgart
LOIRE
Chambord
Avallon
Bourges
DIJON
A36
BASEL
Konstanz
Süddeutschland
NEVERS
AUTUN
BESANÇON
ZÜRICH
BERN
TGV
LAUSANNE
CLERMONT FERRAND
GENF
LYON
BRIVE
Grotte de Lascaux
RHÔNE-TAL
N
MVE
TOULOUSE
ORANGE
NIMES
MARSEILLE
NIZZA
SPANIEN
ANSCHLUSS VELBINGER-BAND 46 CÔTE D'AZUR/PROVENCE
A ANREISE via Amsterdam bzw. Düsseldorf/Duisburg – Köln
B ANREISE via Saarbrücken/Strasburg
C ANREISE via Schweiz
D ANREISE ab Österreich
via Italien, Südfrankreich

Ab Grenze dann gebührenpflichtige Autobahn bis Paris (ca. 13 Euro). Ist der parallel verlaufenden Landstraße vorzuziehen: letztere kurvenreich, viele Ortsdurchfahrten und zeitaufwendig ohne Spezielles zu bieten.

ALTERNATIV-STRECKE: sehr lohnend ist der Schlenker von plus ca. 15o km ab Grenze entlang der Küste der Normandie. Damit die Sache nicht in Streß ausartet, 1 Tag (besser 2) einkalkulieren, z.B. für Besichtigungen in Rouen.

Ab belgisch-französischer Grenze via Arras (Landstraße N 25) und Abbéville nach Le Tréport an der Küste. Wer sich für Kathedralen interessiert, baut noch AMIENS ein, mit der größten Kathedrale Frankreichs (143 m lang, Turmhöhe 113 m), Hochgotik par excellence. Sie diente vielen weiteren Kathedralen als Vorbild, z.B. schauten die Baumeister des Kölner Doms Chor und Grundriß in Amiens ab. Einzigartiger Figurenschmuck an der Westfassade.

Das Seebad LE TRÉPORT in normannischer Architektur direkt am langen Kiesstrand mit exzellenten Restaurants. Fisch und Muscheln sind Trumpf: Große dekorative Platten mit Meeresfrüchten, Austern, Krabben, Langustinen etc. Viel normannisches Fachwerk im Ortsteil „Mers les Bains".

Der gesamte Küstenverlauf bis LE HAVRE ist berühmt für die strahlend weißen Kreidefelsen, die gut 1oo m senkrecht aus dem Meer aufsteigen. Höhepunkt die Felsentore von ETRETAT, die schon den Impressionisten als Motiv dienten; schöne Wanderwege auf den Klippen.

Die Hafenstadt LE HAVRE kann man getrost links liegen lassen. Sehenswert dagegen ROUEN an der Seine, eine hübsche Stadt um die Kathedrale, der Monet zu Weltberühmtheit verhalf. Renaissancepaläste, Fachwerkhäuser, die in penibler Kleinarbeit nach dem Krieg wieder aufgebaut wurden. Verlockende Lokale in den Fußgängergassen und am Marktplatz, auf dem 1431 Jeanne d'Arc verbrannt wurde. Interessante Museen wie das Kunstmuseum, das Fayencen- und Schmiedeeisenmuseum.

Jede Menge Tipps zu Restaurants, Hotels, Routenwahl etc. im VELBINGER-Band 25, „Bretagne/Normandie".

PARIS, der Nabel Frankreichs, bietet mehr, als man selbst in einem kompletten Urlaub ausschöpfen könnte! Wer streßfrei Pariser Luft schnuppern möchte, läßt das Auto am Stadtrand, besser noch auf dem Campingplatz oder in der Hotelgarage stehen.

Die Verkehrsverbindungen per Metro sind exzellent und in jedem Fall schneller als die Straßenstaus und das Parkplatzsuchen. Zudem gibt's preiswerte 1-Tagestickets. Bewachte Parkplätze z.B. von Nord kommend am Flughafen Charles de Gaulle (vom Stadtring) ausgeschildert.

Jede Menge Tipps zu Sightseeing, Übernachten, Essen, Shopping, - aber auch zum „savoir vivre" und vieles, was nicht unbedingt in den gängigen Parisführern zu finden ist: im VELBINGER-Band 7, „Paris".

** Camping TCF Paris Ouest stark frequentiert, doch von der Ringstraße gut zu finden: Ausfahrt Bois de Boulogne.

PARIS-Umfahrung entweder auf dem inneren Autobahnring „Périphérique“, trotz 3-4 Spuren total voll, schneller Verkehr, überholt wird auf beiden Seiten. Die Ausfahrten generell als „Porte“ beschildert. Am kürzesten auf der Ostseite (Est) um die Stadt herum. Nach der Seineüberquerung zweigt die Autobahn A 6b Richtung Orléans ab „Porte d’Italie“.

Besser über den neuen Autobahnring A 86 den Innenstadtbereich großräumig umfahren: Von Norden kommend (A 1) die Ostumfahrung über die A 3/ A 86, am Flughafen Orly vorbei auf die A 1o.

PARIS-> ORLÉANS: 13o km Autobahn (9 Euro) oder die etwas kürzere, gute und schnelle Nationalstraße N 2o über Etampes.

Lohnende Stops bzw. Umwege: das Riesenschloß VERSAILLES mit seinen ausgedehnten Parkanlagen (hübsche Picknickplätze!), - Kathedrale von CHARTRES mit den schönsten Glasfenstern Frankreichs, die in Farbigkeit und Leuchtkraft Notre Dame übertreffen. - FONTAINEBLEAU Schloß und Park.

PARIS-> ANGERS-> NANTES: durchgehende Autobahn (A 11) und damit in rund 4 Std. an die nördliche Atlantikküste. Lohnender Zwischenstop in Angers (guter Campingplatz), Champignonkeller direkt an der Loire, Kathedrale und Innenstadt in Nantes.

B) AB MITTEL- UND SÜDDEUTSCHLAND

km-Vergleich ab Grenze		**Autobahngebühr**
Saarbrücken-> Paris-> Orléans (via Autobahn)	53o km	ca. 35 Euro
Saarbrücken-> Chalons-> Sézanne-> Fontainebleau -> Orléans (via Landstraße)	45o km	———
Straßburg-> Paris-> Orléans (via Autobahn)	615 km	ca. 4o Euro
Straßburg-> Elsaß-> Nancy-> Troyes-> Sens -> Orléans (via Landstraße)	525 km	———

EINSTIEG ist hier entweder SAARBRÜCKEN oder STRASSBURG. Mit Abstand schöner ist ohne Frage **Strassburg/Elsaß**!

STRASSBURG ist als Stadt ungemein reizvoll mit ihren äußerst kunstvollen Fachwerkhäusern (15./16. Jh.), am fotogensten Haus Kammerzell beim Münster. Malerisches Altstadtviertel „la Petite France“ (ab Kathedrale ausgeschildert) am Kanal mit verlockenden Restaurants und gemütlichen Weinstuben, die für ihre gute elsässische Küche und Wein bekannt sind. Der Name „Klein-Frankreich“ geht auf die Zeit der Hugenottenverfolgungen im 17. Jh. unter Ludwig XIV. zurück. Damals flüchteten viele Franzosen ins protestantische Straßburg und wurden in diesem Viertel angesiedelt.

Im Stadtzentrum das Straßburger Münster, eine der prächtigsten Kathedralen Europas, spiegelt die Stilentwicklung von der Romanik (Chor) bis zur Spätgotik wider (Hauptschiff, 12.-15. Jh.). Üppiger Figurenschmuck an den West- und Südportalen. Berühmte Glasfenster (13./14. Jh.), die nur von denen in Chartres übertroffen werden. Die ältesten an der Nordwand des Hauptschiffes mit Königsdarstellungen. Sehenswert auch die astronomische Uhr, - Turmbesteigung lohnt sehr (Stadtpanorama).

Abgesehen von Kathedrale, Altstadt und exzellenter Küche: auch Abstecher in die linksrheinischen Berge des Elsaß und/oder Landstraßenverbindungen nach Paris lohnen.

Weiter ab STRASSBURG auf durchgehender Autobahn via Paris nach Orléans, 615 km. Schnell. Zudem kann man Paris für Zwischenstop einbauen.

Alternative ist die Landstraße Straßburg-> Nancy-> Troyes-> Sens-> Orléans. Zwar 9o km kürzer als die Autobahn, an Zeitbedarf aber gut einen Tag kalkulieren: weitgehend geradlinige Strecken, aber jede Menge an Ortsdurchfahrten, die den Schnitt drücken:

Ab Straßburg kurvig durchs hügelige Elsaß-Lothringen über die N 4 nach **NANCY** im Herzen Lothringens. Die Hochhausperipherie verdeckt das barocke Zentrum (18. Jh.) um den Platz Stanislas. Benannt nach dem entthronten polnischen König Stanislas Leszcynski, der Nancy und Lothringen als Entschädigung bekommen hatte (vergl. auch Loirekapitel „Schloß Chambord"). Wer Nancy umfahren will: Autobahnumgehung bis Ausfahrt „Toul/Nancy-Ouest".

Etwa 4o km südwestlich der Route liegt **DOMRÉMY**, der Geburtsort der französischen Nationalheiligen Jeanne d'Arc, die von Lothringen ins Loiretal aufbrach, um Orléans im 1oojährigen Krieg von den Engländern zu befreien (siehe auch Orléans).

TOUL (15.ooo Einw.) mit Stadtmauern (17. Jh.) und mittelalterlichem Kern. Von weitem schon sieht man die 8-eckigen Türme der Kathedrale (13./14. Jh.) mit Kreuzgang. Der Soldatenfriedhof (13 km nördlich) erinnert an die 33.ooo Gefallenen im 2. Weltkrieg.

Auf der N 4 ca. 8o km bis St. Dizier. Weiter anfangs über die D 384 nach Troyes. Bis ins Loiretal die gut ausgebaute Nationalstraße N 6o, trotz starken Lkw-Verkehrs zügig befahrbar, viel Landwirtschaft. Troyes bis Châteauneuf an der Loire ca. 155 km.

In **SENS** die älteste gotische Kathedrale Frankreichs. Hier Wahl: entweder weiter über die N 6 via Fontainebleau (sehr lohnend das Schloß!) und N 152 nach Orléans, - oder ab Sens über die N 6o nach Montargis.

In **MONTARGIS** bleibt zu überlegen, ob man die Loiretour in Gien beginnt: N 7, an der Route das mittelalterliche Schloß Sully und die einmalige romanische Abteikirche in St. Benoit. Oder ob man direkt über Châteauneuf nach Orléans fährt. Alle Details im Loire-Kapitel dieses Bandes.

★ **SAARBRÜCKEN**: ist fürs Loiregebiet der schnellere Einstieg ab Deutschland (sofern man nicht in Freiburg oder im Schwarzwald wohnt).

Durchgehende Autobahn - 53o km ab Grenze via Paris bis Orléans. Sie umgeht breitspurig das im Tal liegende Saarbrücken. - danach bis PARIS gebührenpflichtig (24 Euro) bzw. bis ORLÉANS (35 Euro).

TIPP ab Saarbrücken: Wer sich die Autobahngebühren sparen will: entweder gleich ab französischer Grenze runter von der Autobahn. Landstraße, die allerdings bis Metz kurvenreich ist und durch Hügellandschaften führt.

Oder Autobahn bis Metz (relativ geringe Gebühr, da kurze Strecke), dort noch die kostenfreie Stadtumfahrung per Autobahn nutzen und ab hier bzw. Verdun weiter auf der Landstraße. Spart nicht nur die Autobahngebühren (= ein Abendessen), zugleich ist die Landstraße sehr geradlinig ausgebaut, flache Landschaften und schnell befahrbar: Chalons-> Sézanne-> Paris.

Wer Paris ausklammert und direkt ins Loiretal will, fährt ab Sézanne die D 951 / D 411 via Fontainebleau (sehr lohnend das Schloß und Parkanlagen) über die N 152 nach ORLÉANS: zusammen ab Saarbrücken bis Orléans 450 km, somit an km kürzer als die Autobahn und vor allem schneller, wenn man den Stoßverkehr auf der Südumgehungsautobahn um Paris mit einrechnet.

Lohnende Stops: **METZ**, hübscher Altstadtkern um den Place d'Armes. Enge Gassen, Reste der mittelalterlichen Befestigungsanlage (Porte des Allemands) und sehenswerte gotische Kathedrale St. Etienne (13.-14. Jh.) mit den berühmten Glasfenstern von Marc Chagall im Chorumgang (1960). Moselblick von der Esplanade am Rande der Altstadt.

In Metz entscheidet sich der weitere Streckenverlauf: wer die Landstraße nimmt, kann (siehe oben) PARIS via Fontainebleau umfahren und spart dabei Autobahngebühren, Zeit und Kilometer.

Wer die Autobahn nimmt: sie führt ab Châlons sur Marne im Nordschlenker rauf nach **REIMS** (185.000 Einw.). Weltberühmt durch seine Kathedrale, reinste und perfekte Gotik. In der Bischofsstadt ließen sich alle französischen Könige krönen, unter anderem auch Karl VII. (mit Unterstützung Jeanne d'Arcs im 100jährigen Krieg).

Der Bau der Kathedrale wurde 1211 begonnen und in nur 80 Jahren hochgezogen, für damalige technische Möglichkeiten des Kathedralenbaus eine beachtliche Leistung! Der Turm im 15. Jh. hinzugefügt. Beeindruckende Portale an der Westfassade, gewaltige Rosette von 12 m Durchmesser; Originale der Plastiken im Kunstmuseum.

Reims ist zugleich das **Herz der Champagne**, Besichtigung der sehenswerten Champagnerkellerei Pommery im Kreidefelsen (am Rond Point Pommery), dehnt sich kilometerlang unterirdisch aus.

In Reims beginnt die beschilderte „Route de Champagne", die größten Champagner- Kellereien liegen im Südosten von Reims, Probierstuben und Direktverkauf. Nur hier wird der „echte" weltberühmte Champagner angebaut. Der Name „Champagner" ist gesetzlich geschützt und darf nur für eine begrenzte, amtlich festgesetzte Mostmenge aus diesem Gebiet verwendet werden. - Andere französische Schaumweine heißen „vins mousseux", oder „à la méthode champenoise".

Champagner muß fünf Jahre lang lagern und gären. Weinanbau wurde schon seit gallorömischer Zeit in der Champagne betrieben. Im Mittelalter war Champagner der „Krönungstrunk" der französischen Monarchen in Reims. Der moussierende Champagner wurde erst später im 17. Jh. durch Kellermeister Dom Pérignon erfunden. Bahnbrechend war seine Methode, bei der trotz Moussierens während der Gärung der Wein seine Klarheit behielt.

Zwischenstop in **PARIS** siehe Route A.

Wer ins Zentrum möchte, fährt bis zur „Périphérique" bei der Porte de Bercy weiter. Umfahrung der Innenstadt über den Autobahnring A 86: nach Süden Richtung Flughafen Orly und weiter auf der A 1o Richtung Bordeaux. Weiter ins LOIRETAL siehe unter A.

C) AB SÜDDEUTSCHLAND / SCHWEIZ

Im Prinzip gibt's ab Ausgangspunkt MÜLHAUSEN zwei Hauptrouten:

a) ins LOIRETAL: ca. 55o km, der Großteil via Autobahn. Zuzüglich ca. 45o km Autobahn bis Bordeaux.

b) direkt an die ATLANTIKKÜSTE/Bordeaux: ca. 97o km, Autobahn und Landstraße. Landschaftlich streckenweise interessant, z.B. die Region um Clermont Ferrand mit grün überzogenen Vulkankraterkegeln!

Für den Einstiegspunkt Mühlhausen sind daher beide Strecken in etwa gleich lang: es bietet sich somit ein Rundtrip an, hinwärts via Loireschlösser, -retour via Clermont Ferrand. Der Rundtrip läßt sich je nach Zeit via spanisch-französischer Grenze durch die Pyrenäen und im Anschluß Südfrankreich/Rhônetal ausdehnen.

Wer südlich von Mühlhausen wohnt, z.B. Bern, kann via Neuchâtel und Jura-Landstraße die Anbindung rüber nach Besançon an der A 36 fahren.

a) ins LOIRETAL

Die schnellste Verbindung über Autobahn: Mühlhausen (A 36)-> Beaune und Autobahn Richtung Paris (A 6) bis zur Ausfahrt Courtenay/Montargis. Ab hier Landstraße N 6o in rund 1oo km bis ORLÉANS.

Insgesamt sind ca. 55o km zwischen Mühlhausen und Orléans zu fahren, Autobahngebühren Pkw ca. 3o Euro, Fahrzeit ca. 6-7 Std. Unterm Strich die schnellste und bequemste Anreise.

Varianten via längere Landstraßenetappen siehe folgende Routentips:

Routentipps: Mühlhausen-> Besançon-> Beaune via parallel laufender Landstraße hat viele Kurven, dichten Verkehr und ist zeitaufwendig wegen vieler Ortsdurchfahrten. Da diese Strecke zugleich das Nadelöhr zwischen Rhein und Rhônetal darstellt, sind Staus nicht selten. Die runden 15 Euro für die Autobahn in diesem Streckenabschnitt sind daher gut investiert.

Mögliche Stops: **BESANÇON** (12o.ooo Einw.). Die von einer Wehrmauer umgebene Altstadt liegt in einer Schleife des Doubs. Schöner Blick über Stadt und Fluß von der erhöht gelegenen Zitadelle. Viele Fußgängerstraßen im Altstadtbereich. Lebensader ist die Grande Rue zwischen Zitadelle und Doubsbrücke. Auto am Kai abstellen.

Touristenbüro und bester Zugang über die „Pont de la République". Kathedrale St. Jean

(12. und 18. Jh.) mit einzigartiger astronomischer Uhr bestehend aus über 3o.ooo Teilen (186o), die sich mehrmals am Tag (1o Min. vor der vollen Stunde) in Bewegung setzen. Im Kunstmuseum (Musée des Beaux Arts), einem ehemaligen Kornspeicher, außer Gemälden interessante Uhrenabteilung, archäologische Sammlung etc. Täglich außer Di.

BEAUNE (25.ooo Einw.), Zentrum des bekannten Burgunderweins. Hübsches Stadtbild mit Befestigungsmauer, Stadttoren, Patrizierhäusern. Prachtstück das Hôtel Dieu, ein gotischer Profanbau nahe dem Touristenbüro. Seit 1443 Krankenhaus. Heute zum Museum umfunktioniert. Selbst die alte Apotheke ist noch erhalten. Täglich geführte Besichtigung. Weinmuseum im Hôtel des Ducs de Bourgogne (14.-16. Jh.). Der Name stammt aus der Zeit, als Beaune Residenz der Herzöge Burgunds war.

In BEAUNE entscheidet sich der weitere Routenverlauf. Schneller ohne Frage ist die Autobahn Richtung Paris bis zur Ausfahrt Auxerre bzw. Courtenay/Montargis. Führt direkt ins Kernland der Loire und in die Region mit den meisten und schönsten Schlössern.

Alternative: ab Beaune die Landstraße via Nevers-> Bourges. Spart zwar runde 1o Euro Autobahngebühren, dafür aber zeitaufwendiger:

BEAUNE-> NEVERS/LOIRE ca. 15o km D 973 / D 978:

Über **AUTUN**, die ehemals gallo-römische Stadt Augustodunum, heute mit 25.ooo Einwohnern, Ruinen des Amphitheaters. Sehenswerte romanische Kathedrale aus dem 12. Jh. am anderen Ende der Stadtbefestigung. Die Reliefs der Säulen (Tympanon des jüngsten Gerichts) gehören zu den schönsten romanischer Kunst, leider im Halbdunkel des Kirchenschiffs und reichlich weit oben, so daß man sie oft auf Fotos besser und klarer sieht. - Touristenbüro im Altsstadtzentrum Champs de Mars.

NEVERS (48.ooo Einw.) an der Loire. Mittelalterliche Gassen, ungewöhnliche Kathedrale mit einer romanischen und einer gotischen Apsis. Nevers ist seit dem 16. Jh. für seine Fayencen bekannt (weiß-gelb auf blauem Grund). Schöne Sammlung im Museum Rue St. Genest. Offen täglich außer Dienstag. Nevers diente als Schauplatz des weltberühmten Filmklassikers „Hiroshima - mon amour“ von Alain Resnay.

Im 3 km südlich gelegenen **SONCOINS** findet jeden Mittwoch der traditionelle Viehmarkt statt; ein großes Spektakel, mehrere Tausend Tiere wechseln hier den Besitzer.

Ab Nevers die Schloßroute: Loire abwärts über Gien, Sully, Orléans oder über Bourges, Chambord, Chenonceau, Blois, Amboise (Details im Hauptteil).

NEVERS-> BOURGES-> TOURS 21o km D 976 bzw. N 76:

Die Kunststadt **BOURGES** (8o.ooo Einw.) lohnt auf jeden Fall einen Zwischenstop. Die Kathedrale in der Altstadt gilt als eine der schönsten Frankreichs (12.-14. Jh.). Fünf kunstvoll skulptierte Portale an der Westfassade, prächtige Glasmalerei (13. Jh.) im Chor. Hübsche Bürgerhäuser, besonders das gotische Hotel Jacques Coeur, in der gleichnamigen Straße, luxuriöses Wohnhaus eines Bankiers Karls VII. (1443-51). Führung täglich, außerhalb der Saison Di. geschlossen.

Kunstgewerbemuseum im Renaissancependant „Hôtel Lallemant“ (16. Jh.). Offen tägl. außer Di. Schöner Straßenzug (15./16. Jh.) in der Rue Bourbonnoux; fotogene Fachwerkhäuser (15. Jh.) auf dem Platz Gordaine. Römische Fundstücke aus der Umgebung im

Musé du Becry, ebenfalls in einem Renaissancegebäude von 1515. Gleich neben dem Justizpalast (17. Jh.), ein ehemaliges Kloster (Architekt: Mansard).

Die N 76 Richtung Tours führt unmittelbar an der mittelalterlichen Burganlage (12. Jh.) von **MONTRICHARD** (4.000 Einw.) vorbei. Tägliche Besichtigung. Im Weiler **CHENONCEAUX** das sagenhafte Wasserschloß in einer großen Parkanlage. Weitere Details zu den Schlössern im Hauptteil/Loire.

b) direkt an die Atlantikküste

Ab Schweiz durchgehende Autobahn bis CLERMONT FERRAND, anschließend ca. 380 km Landstraße bis Bordeaux. Autobahngebühren: die Schweizer Jahrespauschale von 27 Euro und für die französische Seite ca. 25 Euro. Mit Wohnanhänger einiges teurer.

Fahrzeit: Nonstop ca. 1 Tag / 1 Nacht; besser Zwischenstop einlegen, wobei sich das Vulkangebiet um Clermont Ferrand anbietet.

Streckentipps: prinzipiell lassen sich die 27 Euro für die Schweizer Autobahnvignette durch Benutzung der relativ gut ausgebauten Landstraßen vermeiden. Für Leute ab Basel ist die Landstraße an Km (via Nordwestufer Neuchâteler See) nach Genf sogar kürzer. Ob sich dies jedoch bei vielen Orts- und Stadtdurchfahrten sowie sommerlichem Straßenverkehr lohnt, sei dahingestellt.

GENFER SEE: hübsch ist Lausanne, lohnt für Zwischenstop. Schon leicht südländisches Flair, - mal auf den Stadtberg rauffahren und Superblick über den Genfer See. Wer Zeit hat, kann den 30 km Schlenker rüber nach Montreux fahren: Schloß Chillion, riesige Schloßfestung am Wasser, komplett erhalten mit alten Rittersälen und sogar Folterkammern.

Sehr lohnend der Südschlenker, 60 km ab Montreux nach Chamonix mit Seilbahn auf den Mont Blanc (mit 4.807 m der höchste Berge der Alpen) und 80 km nach GENF.

Durchgehend Autobahn bis CLERMONT FERRAND im Zentralmassiv, allerdings in weitem Südschlenker via St. Etienne. Dürfte trotzdem schneller sein als die Landstraßenabkürzung Lyon-> Fleurs (N 7 / N 89).

Clermont Ferrand ist als Stadt im Zentrum um die Kathedrale recht angenehm. Hauptattraktion sind jedoch die erloschenen Vulkane: eine mautpflichtige Straße führt auf den westlich der Stadt liegenden Puy de Dome (1.464 m). Superblick auf Stadt, insbesondere aber umliegende Vulkankrater. Schöne Wander- und Spaziermöglichkeiten von der Zufahrtsstraße zu den anderen Vulkanbergen, deren trichterförmige Krater mit Wiesenmatten und Enzian zugewachsen sind. Drachen- und Gleitschirmflieger sorgen bei guten Thermikbedingungen für Abwechslung. Sehr lohnend auch der Puy de Sancy (1.885 m, Seilbahn ab Le Mont Dore) und nur ca. 15 km Umweg vom weiteren Streckenverlauf Clermont Ferrand nach Bordeaux.

Was folgt, sind ca. 300 km Landstraße, zeitaufwendig via Tulle-> Brive la Gaillarde-> Périgueux nach Bordeaux.

Ein paar Tage an der DORDOGNE empfehlen sich auf jeden Fall. Der Oberlauf ist gespickt mit prähistorischen Höhlen, fotogenen Burgen und Bademöglichkeiten. Stops: Rocamadour (Wallfahrtsort, freilebende Affenherde, Adlerfelsen), Gouffre de Padirac, mittelalterliches Ortsbild in Sarlat und zur Grotte de Lascaux (ausgeschildert), wo die bedeutendsten steinzeitlichen Höhlenmalereien Frankreichs gefunden wurden. Besuch sehr lohnend, auch wenn man nur die Kopien zu sehen bekommt. Weitere Details siehe Dordogne.

Im Tal der Vézère gibt es außer Lascaux eine Menge interessanter Höhlen.

Wer ab SCHWEIZ Loire und Atlantikküste als Rundtrip plant, sollte mit dem Loiretal beginnen: Die Zeitplanung ist dann flexibler als gegen Ende des Urlaubs.

Auf der SÜDACHSE ab Atlantikküste retour in die Schweiz bieten sich eine Vielzahl von Varianten: z.B. ab Bordeaux durchgehende Autobahn via Toulouse nach Südfrankreich. Interessante Stops: die fast komplett erhaltene mittelalterliche Stadt Carcassonne, die Camargue und Rhônedelta mit Hochkarätigem wie Arles, Aix und Avignon.

Lohnende Seitentrips: N 9 via Millau mit dem Gorges du Tarn, der wohl schönsten Schlucht westlich der Rhône, und der kugelförmigen, riesigen Höhle Aven Armand. Eine der schönsten Tropfsteinhöhlen Europas. - Die Grottes de Trabuc (bei Alès) mit unterirdischen Wasserwegen. - Spektakulär Le Puy, weiter Richtung LYON: eine fast fingerdicke und 5o m hohe Felsnadel, oben drauf ein Kirchlein.

Wüste, kaum endende Kurvenstrecke von Le Puy nach Valence im Rhônetal: es dürfte in Europa kaum eine andere Straße geben, die auf 6o km derart viele Kurven präsentiert, nämlich an die 3.ooo! - Alternative ab Le Puy ist die einigermaßen schnell befahrbare N 88 rauf nach St. Etienne und weiter Autobahn nach Lyon.

Alle Details - auch für Routen östlich der Rhône - siehe Band 6 VELBINGER REIHE „Südfrankreich“.

Rückfahrt ab Höhe Baskenland/Pyrenäen: Autobahn von der Küste über Pau nach Tarbes und am Rande der Pyrenäen nach Carcassonne (hochkarätig). Ab hier Autobahn A 61 / A 9 / A 7 über Montpellier-> Avignon-> Orange nach Norden. Bayonne-> Nîmes (5oo km)-> Lyon (75o km)-> Mühlhausen (ca. 1.25o km). Insgesamt ca. 74 Euro Pkw-Autobahngebühr.

D) ab Österreich

Hier gibt's eine Vielzahl an Möglichkeiten. Realisierbar sind die 1.3oo-1.4oo km pro Richtung nicht unter 2 Tagen.

Fürs LOIREGEBIET ist ab Nordösterreich/Wien die schnellste Verbindung die Autobahn München-> Stuttgart-> Karlsruhe und dann via Straßburg oder Saarbrücken (siehe Punkt B).

Ab Innsbruck/Vorarlberg: entweder via Schweiz Zürich-> Basel-> Mühlhausen-> Beaune (siehe Punkt C) oder via Nordufer Bodensee (Lindau-> Friederichshafen-> Schaffhausen).

Für die Atlantikküste direkt bieten sich ab Österreich sowohl Routen durch die Schweiz an (siehe Punkt C) und weiter via Lyon-> Clermont Ferrand-> Dordogne. Aber auch via Italien/Südfrankreich, entlang der Pyrenäen an den südlichen Teil der Atlantikküste Höhe Biarritz.

Loire -> Atlantikküste

ZIELGEBIETE
LA ROCHELLE, BORDEAUX, ARCACHON, BIARRITZ

Durchgehend Autobahn über Paris; entweder vom Ruhrgebiet/Rheinland über Belgien oder Saarland, Metz.

Köln-> Paris	488 km	München-> Paris	843 km
Paris-> Bordeaux	583 km	Paris-> Nantes	383 km

Bis zum Loiretal die oben beschriebene Route. Es lohnt unbedingt im Loiretal die Autobahn zu verlassen, die Uferstraße zu nehmen und Stops bei den einmaligen Königsschlössern einzubauen. Alle Infos auch zu Übernachtungsmöglichkeiten, Restaurant-Tipps, lokalen Transporten etc. im Hauptteil.

Autobahngebühren (Preisbeispiel classe 1)

Tours -> La Rochelle	ca. 17 Euro
Tours -> Bordeaux	ca. 25 Euro

Tours -> Poitiers 1o2 km

Ab Tours entweder wieder auf die Autobahn A 1o, oder die parallele Landstraße; gut ausgebaut, z.T. vierspurig und flott befahrbar, doch immer wieder durch kleine Ortschaften mit Geschwindigkeitsbeschränkungen. In jedem Fall die Stadt Châtellerault per Autobahn umfahren, spart einiges an Zeit. Details zur interessanten Kunststadt Poitiers im Hauptteil.

Poitiers -> Saintes 140 km

Mit Ziel La Rochelle, in Niort die Autobahn verlassen, weitere 65 km über Landstraße an die Atlantikküste; für Badeferien bieten sich die vorgelagerten Inseln „Ile de Ré" und „Ile d'Oléron" an. Die endlosen Sandstrände und Kiefernwälder beginnen erst südlich der Girondemündung.

Übersetzen über die breite Girondemündung direkt in Royan (teuer, spart aber die Schleife über Bordeaux). Dazu verläßt man die Autobahn bei Saintes, einer sehr sehenswerten Stadt an der Charente. Großer Römerbogen im Zentrum, gut erhaltenes Amphitheater etc. Details siehe Text. Nicht nur für Cognacfans lohnt der kurze Schlenker zum Besuch der berühmten Kellereien. Näheres im Hauptteil.

Saintes -> Bordeaux 120 km

Auf der Landstraßenvariante parallel zur Autobahn keine Zusatzkilometer. Im Stadtbereich von Bordeaux kostenloser Autobahnring. Für eine Stadtbesichtigung (sehr lohnend) dem Schild „Centre" folgen. Stadtkern am Girondeufer. Alle Details im eigenen Bordeauxkapitel.

Mit dem Ziel **ARCACHON** am schnellsten via Autobahn, 6o km (kostenlos), anfangs A 63, später Abzweig B 63.

ZIEL SÜDL. ATLANTIK, BASKISCHE KÜSTE, BIARRITZ

Ab Bordeaux (Bordeaux-> Biarritz knapp 2oo km): kostenlose Autobahn bzw. sehr gut ausgebaute Schnellstraße (N 1o), fast schnurgerade durch endlose Kiefernwälder, nach dem Motto: gute Musikkassette einlegen und Bleifuß („rappel“: Schnellstraße max. 11o km/h). Tankstellen und Raststätten. Ausfahrten zu den Küstenorten. Gebührenpflichtig erst wieder die letzten Kilometer vor Bayonne.

AUTOREISEZÜGE (les trains- autos)

Zeit- und nervensparende Anreisevariante für Leute, die es gerne bequem haben. Man vermeidet Staus, kommt ausgeschlafen im Urlaubsgebiet an; - Spart durch Nachtfahrt je einen Urlaubstag! Autoreisezüge nur für Pkw, z.T. auch Motorräder; Wohnmobile werden wegen der Höhe nicht transportiert.

Internationale Autoreisezüge von Deutschland nach Bordeaux zur Zeit leider eingestellt, Autoreisezüge verkehren von Deutschland aus momentan nur noch nach Südfrankreich.

Aktuelle Infos auch am Servicetelefon: o18o5 / 24 12 24 oder die Fahrpläne im Internet runterladen unter www.dbautozug.de

Innerhalb Frankreichs werden zahlreiche Autoreisezüge eingesetzt. Für Deutsche, Österreicher, Schweizer dürften die grenznahen Bahnhöfe Metz, Saarbrücken, Brüssel interessant sein, Zubringer über deutsche Autobahnen. Strecken:

Ziel BORDEAUX: ab Straßburg/Metz 14 Std. Nachtfahrt, Mitte Juni bis Anfang September 1 x/Woche. Ab Brüssel im Juni und August 1 x/Woche. Nach Bordeaux 1o Std.; Juni bis Ende September.

Berücksichtigt man die tatsächlichen Kosten eines Pkw (Verschleiß, Reparatur, Abschreibung etc.) plus Autobahngebühren in Frankreich, schaut der Vergleich mit der Bahn nicht schlecht aus.

WICHTIG: lange vorher reservieren und rechtzeitig zum angegebenen Zeitpunkt beim Verladebahnhof erscheinen.

Weitere Infos über französische Autoreisezüge beim Informationsbüro der SNCF: im Internet unter www.sncf.com.

Schloß Chambord

② Mit der Bahn

Bei der langen Fahrt zweifellos streßfreiere und kontaktförderndste Anreisevariante im Vergleich zum eigenen Pkw. Zudem sind französische Eisenbahnen (Fernlinien) äußerst komfortabel und durch die neuen Hochgeschwindigkeitsstrecken sehr flott. Bei geschickter Planung lassen sich durch Nachtfahrten gut zwei Urlaubstage rausholen.

VERBINDUNGEN

Fast alle Wege führen über PARIS mit aufwendiger Umsteigeprozedur, aber auch dem großen Vorteil, bequem einen Sightseeingstop einlegen zu können. Folgende durchgehende Verbindungen nach Paris kommen in Frage (Sommersaison):

AUS DEM NORDDEUTSCHEN RAUM

Hamburg-> Hannover-> Dortmund-> Düsseldorf-> Liège über St. Quentin nach Paris (Gare du Nord) bis zu 7 x tägl., einige Nachtzüge. Ab Hamburg knapp 1o Std, ab Düsseldorf 7-8 Std.

AUS DEM SÜDEN

Nürnberg-> Frankfurt-> Saarbrücken, Grenzübergang Forbach-> Metz Paris (Gare de l'Est), günstiger Nachtzug. 8 Std. ab Frankfurt/M.
Wien-> München-> Straßburg-> Nancy-> Paris. Günstiger Nachtzug, z.B. „Rosenkavalier" 16 Std. Ab Grenze (Colmar, Straßburg) häufiger.

AUS DER SCHWEIZ

Zürich-> Basel-> Mülhausen 7 x tägl. Nachtzug 8 Std., früh morgens Paris Gare de l'Est. über Lyon nach Bordeaux 4 x tägl.

Direkt an die südliche Atlantikküste Biarritz, Hendaye über Genf, Grenoble, Toulouse 2 x tägl. 14 Nachtstunden.

VERBINDUNGEN AB PARIS
(Gare d'Austerlitz bzw. Gare Montparnasse)

Ziel Loiretal: Orléans, Blois, Tours alle 1-2 Std. eine Verbindung, 2 Std. Ca. 15 x im TGV, Dauer 1 Std. bis Tours.

Ziel La Rochelle: nördlicher Teil der Atlantikküste 7 x tägl., 6 Std. Im TGV bis Poitiers, Dauer insgesamt 3 Std.

Ziel Bordeaux: über Poitiers alle 1-2 Std. 5 Std. Ca. 15 x im TGV, 3 Std.

Ziel Baskische Küste: Biarritz, Hendaye via Bordeaux, Bayonne 6 x tägl. u.a. Nachtfahrten. 6 1/2 bis 8 1/2 Std. 4 x im TGV direkt, 4 1/2 Std.

Ziel Pyrenäen: Pau, Lourdes, Tarbes über Bordeaux, Dax 3 x direkt.

Dauer 5 bis 5 1/2 Std. im TGV, siehe auch Transporte in Frankreich.

ANREISE / NACHTFAHRTEN

Liegewagen als billigste Variante bei Nachtfahrten, wenn man nicht zerknautscht in Paris ankommen will. Akzeptable Ausstattung mit Decken, Kissen etc., doch bei max. 6 Personen (2. Klasse) kann es schon mal dicke Luft geben. ab 14 Euro.

Dreierabteil im Schlafwagen (2. Klasse), geradezu komfortabel mit richtigem Bett und kleinem Waschbecken (fließend warm und kalt Wasser). Männlein und Weiblein getrennt. Je nach Strecke ab 35 Euro. 1-Bett- und „Double"-Abteil in der First Class.

EINIGE PREISBEISPIELE (einfache Fahrt ohne Vergünstigungen)

Ins Loiretal nach Tours ab Düsseldorf via Aachen knapp ca 75 Euro. Ab Frankfurt via Forbach 84 Euro.

An die nördliche Atlantikküste nach La Rochelle ab Düsseldorf via Aachen 9o Euro. Ab Frankfurt via Forbach 1oo Euro.

ERMÄSSIGUNGEN IN FRANKREICH

(beim Ausstellen in Deutschland darauf hinweisen!)

An den Verkaufsschaltern der Deutschen Bahn bzw. den Reisebüros wird als Ermäßigung für Frankreich das Ticket Découverte Séjour verkauft.

Informationen im Internet unter www.sncf.com

* **Découverte Séjour** - eine lohnende Sache: 25 % Ermäßigung auf den französischen Fahrpreis, wenn innerhalb Frankreichs mindestens 2oo km zusammenkommen.

Berechtigt sind Reisende jeden Alters, Kinder bis 12 Jahre zahlen die Hälfte des ermäßigten Erwachsenenpreises. Erhältlich bei der DB und amtlichen Reisebüros.

* **Euro Domino** und **Euro Domino Junior** (bis einschließlich 25 Jahre). Netzfahrscheine ermöglichen beliebige Fahrten an 3, 5 oder frei wählbaren Tagen innerhalb eines Monats auf den Strecken der SNCF. 25 % Ermäßigung auf der Strecke bis zum Grenzbahnhof. Die Netzfahrscheine können nur im Wohnsitzland gekauft werden.

Euro Domino gilt für Jugendliche und Erwachsene.

* **Inter Rail** für Jugendliche zwischen 12 und einschließlich 25 Jahren. Die Netzkarte gilt für beliebige Reisen in verschiedenen europäischen Bahnzonen.

* **Twenticket** (für Jugendliche bis einschließlich 25 Jahre). Jugendliche zwischen 12 und einschließlich 25 Jahren erhalten damit für Bahnreisen in Deutschland und Frankreich (und 23 anderen europäischen Ländern) bis zu 5o% Ermäßigung auf Fahrten in der 2. Klasse.

* **Rail Plus:** Erwachsene, die eine BahnCard, bzw. NetzCard besitzen können sich für 15 Euro diesen Zusatz kaufen. Dieser berechtigt im Ausland zu 25% Ermäßigung auf den normalen Fahrpreis.

Informationen und Buchung im Internet unter www.bahn.de und www.sncf.com

Für den BAHNHOFSWECHSEL IN PARIS ca. 1 Std. veranschlagen, damit es keine Hetze gibt. Alle sechs Bahnhöfe sind durch ein gutes Metronetz untereinander verbunden.

Ankunftsbahnhöfe
Aus Norddeutschland: Gare du Nord.
Aus dem südlichen Rheinland, Bayern und Basel: Gare de l'Est.
Aus der Schweiz über Dijon: Gare de Lyon.

Abfahrt der Loirezüge: Gare d'Austerlitz bzw. Gare Montparnasse. Wegweiser METRO folgen, lange Rollbänder erleichtern z.T. den Gepäcktransport.
Vom Gare du Nord bzw. Gare de l'Est -> Gare d'Austerlitz: Métro Richtung Place d'Italie. Oder Bus Nr. 65.
Vom Gare de Lyon -> Gare d'Austerlitz: Métro Richtung Pont de Neuilly, Umsteigen Bastille Richtung Place d'Italie. Oder in den Bus Nr. 65.

Zusätzlicher Bustransfer der SNCF zwischen den Bahnhöfen.
Wichtig: „COMPOSTEZ VOS BILLETS", d.h. beim Umsteigen in Frankreich die Fahrkarte in den Entwerter stecken, bevor man in den Zug einsteigt, sonst ungültig.

Bus

Durchgehende Busverbindungen existieren von München, Stuttgart, Giessen, Frankfurt/Main, Hamburg und Köln nach Orléans, Tours, Poitiers, Saintes bis Bordeaux mehrmals pro Woche mit Euro Lines. Reservierung Deutsche Touring, z.B. Frankfurt/Main, am Römerhof, Tel. 069 / 79030 Internet: www.deutsche-touring.com

Flüge

③ 

Mehrmals tägliche Verbindungen von den großen Flughäfen in Deutschland, Österreich und der Schweiz. Sehr bequem der Direktflug mit der Lufthansa oder Swiss nach Bordeaux. Dadurch reduziert sich die Anreise auf gerade mal 2 Stunden. Achtung bei Umsteigeverbindungen via Lyon oder Paris, wobei man in der Hauptstadt in der Regel nicht nur das Gate, sondern auch den Flughafen wechseln muß. Allerdings guter Transfer in Paris zwischen Airport Charles de Gaulle und Airport Orly.

Zielflughäfen im Loiretal sind Nantes/St. Nazaire und Tours. Atlantikküste La Rochelle, Bordeaux und Biarritz.

Preise: die Tarife liegen bei ca. 300 Euro, wenn ein Samstag in die Reisezeit fällt und 14 Tage im Voraus gebucht wird.

Wesentlich günstiger kommt man an Tickets mit den zahlreichen Sonderangeboten von Air France, Swiss oder Lufthansa. Aktuelle Angebote online auf www.lufthansa.de, www.swiss.ch oder www.airfrance.de. Air France bietet zum Beispiel das „Europa Special" oder den „Fly By Frühbuchertarif" an, so kommt man z.T. wesentlich günstiger rüber. Lufthansa bietet z.B. ab Hamburg mit dem „Lufthansa better fly" Angebot einen Hin + Rückflug für ca. 100 Euro an. Lohnt sich für alle, die in der Nähe von Hamburg wohnen. Aktuelle Angebote und Bedingungen wechseln ständig, hier gilt einfach auf die Website schauen oder rechtzeitig im Reisebüro informieren.

In Deutschland

Studentenermäßigung: aufs Normalticket 25 %, Immatrikulationsbescheinigung oder ähnlicher Nachweis erforderlich. Gilt nur bis einschließlich 25 Jahren.

Kinder zwischen 2 und 12 Jahren: 5o % Ermäßigung.

In Frankreich

Verschiedene Möglichkeiten, um bis zu 5o % Rabatt einzustecken: Für Jugendliche bis 25 und Gruppen sind die gestaffelten Ermäßigungen an bestimmte Flugtermine gebunden. Die jeweilig günstigen Tage im Flugplan HORAIRES und Preisliste TARIFS entsprechend farbig gekennzeichnet: ROT (Y) markiert die wenigen Tage, an denen keine Reduktion möglich ist (Normaltarif). Etwa 25 % an den Tagen der weißen Kategorie (blanc = Ya). In den Zeiten mit „bleu“ = Yb um die Hälfte billiger.

Wer bekommt die Ermäßigung (in der blauen oder weißen Zeitzone)

* Kinder zwischen 2 und 12 Jahren bekommen in der Zone weiß auch den günstigen Flugpreis der Zone Blau
* Jugendliche bis 25 Jahre
* Studenten bis zum vollendeten 27. Lebensjahr
* Familienermäßigung bereits ab 2 Personen
* Gruppenrabatt ab 5 Personen
* CARTE EVASION man erkauft sich die Ermäßigung YA, gilt ein Jahr, rentiert sich daher nur für „Vielflieger“.

Infos in Reisebüros und in den Air France Büros in größeren Städten Deutschlands. Internet www.airfrance.de

TRAMPEN

Ist auf französischen Autobahnen verboten, an Auffahrten, Tankstellen, Raststätten erlaubt. U.U. sind Landstraßen (routes nationales) die bessere Alternative.

MITFAHRZENTRALE (franz. Allostop)

Zeitsparendere Möglichkeit, relativ preiswert inkl. Kontaktgelegenheit. In Deutschland gibt’s mittlerweile in jeder größeren Stadt Mitfahrzentralen, ein paar Tage vorher anrufen, notfalls auch in Nachbarstädten anfragen. Vermittlungsgebühr plus Benzingeld für den Fahrer.

In Frankreich kann man bei einigen Gesellschaften eine Jahresmitgliedskarte erwerben und eine unbegrenzte Anzahl von Vermittlungen in Anspruch nehmen, lohnt für Vielurlauber, - Einzelvermittlung. Abhängig von der Entfernung. Über 5oo km mit 12 Euro rechnen. Weitere Infos im Internet unter: www.allostop.net

Transport: Loire Tal

ATLANTIKKÜSTE

AUTOFAHREN IN FRANKREICH ist kein Abenteuer, doch gibt es einige abweichende Verkehrsbestimmungen:

Tempolimit in Ortschaften 5o km/h, Landstraße 9o km/h (bei Nässe 8okm/h), Schnellstraße (d.h. mindestens zwei Fahrbahnen in jeder Richtung) 11o km/h bzw. 8o km/h bei Nässe. Autobahn 13o km/h (11o km/h bei Nässe). Für Mopeds gilt inner- und außerorts nur 45 km/h.

Wer seinen Führerschein noch keine zwei Jahre besitzt, darf außerorts höchstens 8o km/h und auf Autobahnen 11o km/h fahren.

Bei Tempoüberschreitung sehr hohe Strafen!

Generell wie in Deutschland: Anschnallpflicht.

Helmpflicht für Moped- bzw. Motorradfahrer. Ebenso gilt, Abblendlicht auch tagsüber einschalten.

Kreisverkehr (Roind Point): Sehr häufig wird hier die Vorfahrt nicht durch Schilder geregelt, - dann gilt rechts vor links. Wichtig: „Vous n'avez pas la priorité!“ = Sie haben keine Vorfahrt!

Toutes Directions (= alle Richtungen), häufig vorkommendes Hinweisschild in Ortschaften, Sammelbezeichnung für alle Richtungen, die nicht separat ausgewiesen sind. Im Zweifelsfall immer „Toutes Directions“ (Durchgangsverkehr) folgen.

Autobahnen in Frankreich gebührenpflichtig, siehe Anreise.

Hinweise für Autobahnen: blau beschildert, Stadtautobahnen (Umgehungen) kostenlos, sonst gebührenpflichtig. - Hinweise und Preisbeispiele auch im Anreiseteil.

Die **Nationalstraßen** (N...) meist in gutem Zustand und flott befahrbar, schlechter schaut's bei den mit D... bezeichneten **Départementstraßen** aus. Ausnahmen bestätigen aber auch hier die Regel.

Stark unterschiedliche **Spritpreise**: bei den Supermärkten aber auch bei den SB Tankstellen oft günstig, am teuersten auf den Autobahnen. Das Tankstellennetz ist generell gut. Ab 19 bzw. 2o Uhr sind die meisten geschlossen, durchgehend geöffnet nur die Autobahntankstellen (selten Tankautomaten). In kleinen Ortschaften Mittagspause bzw. unter Umständen sogar mittwochs zu.

Bleifrei (sans plomb): in ganz Frankreich gut ausgebautes Netz. Verkauft wird Euro-Bleifrei (95 Oktan) oder Bleifrei Super Plus (98 Oktan), somit keine Bedenken wegen Klopffestigkeit.

An Werkstätten mangelt es nicht. Ersatzteile, die nicht auf Lager sind, werden in 1-2 Tagen aus Bordeaux oder Paris bestellt.

Pannenhilfe: Notrufsäulen nur auf Autobahnen, ansonsten direkt einen Abschleppdienst bzw. Werkstatt anrufen, alternativ über den Polizeinotruf. Deutschsprachige Auskunft durch die ADAC-Notrufstation.

ADAC Notrufzentrale in München für Unfälle, die noch in Deutschland passiert sind: o18o/ 2 22 22 22. ADAC Notruf aus dem Ausland: oo49/89 22 22 22.

Auslandsschutzbrief kann im Pannenfall viel Geld sparen (Abschleppen, Unfall, Krankenrücktransport, Ersatzteilbeschaffung etc.). Beim ADAC oder anderen Versicherungen (KFZ) abzuschließen, gilt ein Jahr.

Kartenmaterial: Michelin und IGN bringen sehr gute Detailkarten der jeweiligen Region heraus, Maßstab 1: 2oo ooo, in jeder Buchhandlung erhältlich, preisgünstiger in Frankreich.

Parkuhren bzw. Parkautomaten in größeren Orten, über Mittag (12-14 Uhr) oft gebührenfrei. Falschparken kann 2o Euro und mehr kosten.

AUTOMIETEN: eine bequeme Sache, per Flugzeug oder Bahn ins Urlaubsgebiet, ohne an Ort und Stelle auf den fahrbaren Untersatz verzichten zu müssen. Zahlreiche Filialen der internationalen Firmen Avis, Hertz, Citer etc. bieten Mietwagen an.

Preisbeispiel: Opel Corsa ab ca. 1oo Euro/Tag inkl. 3oo km.

Das Mindestalter des Fahrers muß 21 bzw. 25 Jahre (variiert) sein, Führerscheinbesitz mindestens seit einem Jahr erforderlich, internationaler Führerschein nicht erforderlich. Kreditkarte erforderlich. Minimale Mietdauer 24 Std.

Auto am Bahnhof, ein Service der SNCF mit „AVIS“ an diversen Bahnhöfen. Für einen Teil der gängigen Typen gilt: hier mieten, dort abgeben ohne Preisaufschlag.

EISENBAHN (S.N.C.F. = Société nationale des Chemins de Fer)

Eisenbahnmäßig wird das Loiretal sehr gut bedient, häufige Verbindung auf der Hauptroute Orléans-> Tours-> Poitiers. Die Strecke verläuft weiter nach Bordeaux, Stichlinien zweigen nach La Rochelle und Royan am Atlantik ab.

Einige der sehenswertesten Schlösser im Loiretal sind auch per Zug erreichbar:

Die Schlösser Amboise, Blois und Chaumont (Haltestelle Onzain) liegen auf der Strecke Tours-> Blois.

Langeais, Villandry (Haltestelle Savonnières), Saumur auf der Linie Tours -> Saumur.

Azay-le-Rideau und Chinon auf der Route Tours-> Chinon.

Chenonceaux auf der Strecke Tours-> Chenonceaux.

Loches auf der Linie Tours-> Loches.

Die ellenlangen Sandstrände der Atlantikküste sind per Bahn nicht direkt zu erreichen, mit Ausnahme der Stichlinie Bordeaux-> Arcachon. Die Bahnlinie verläuft über Dax, Bayonne nach Biarritz und zur Grenzstadt Hendaye. Busse übernehmen die Transporte zu den Badeorten.

Seit 199o setzen die Hochgeschwindigkeitszüge **TGV-Atlantique** (Train Grande Vitesse) neue Rekordzeiten. Von Paris (Montparnasse) ins Loiretal (Tours) in weniger als einer Stunde, nach Bordeaux knappe 3 Stunden, Biarritz/Pau keine 5 Stunden. Bei einer Häufigkeit, die sich sehen lassen kann: ca. 15 x Paris-> Bordeaux durchs Loiretal, d.h. tagsüber etwa im Stundentakt, 3-4 x ganz in den Süden über Bayonne, Pau, Lourdes bis Endstation Tarbes am Rande der Pyrenäen. Eine Maximalgeschwindigkeit von 3oo km/h und Stops nur in größeren Orten machen die Bahn konkurrenzfähig zum Inlandsflug. Das Rattern und Schaukeln gehört der Vergangenheit an, auch die Ausstattung der modernen Wagen steht dem Flugzeug nicht nach - vom Großraum bis zum Familienabteil verschiedene Aufteilungen. Bar, Speisewagen und Einkaufsmöglichkeit. Allerdings nur im 1.-Klasse-Abteil ein direkter Service durch Hostessen bzw. Stewards und die Möglichkeit, das Essen gleich mit der Fahrkarte zu bestellen. Telefonzelle und Wickelstube mit Flaschenwärmer als Sonderservice.

Wegen großer Nachfrage unbedingt reservieren, besonders an Wochenenden. Billet Paris-Bordeaux je nach Wahl des Zuges, Zuschläge und Reservierung inklusive, bis Biarritz..

Bahnhof = gare, im Gegensatz zum Busbahnhof = gare routière.

Achtung beim Fahrplanlesen: oft sind Sonderzüge mit angegeben, die nur an bestimmten Tagen eingesetzt werden. Am Wochenende seltenere Verbindungen.

SNCF-Fahrkarten haben 2 Monate Gültigkeit; in der Feriensaison Platzreservierung empfehlenswert (etwa 5 Euro). Manche gefragten Züge sind zuschlagpflichtig z.T. saftiger Aufpreis.

Die Fahrkarte muß vor der Abfahrt am Bahnhof entwertet werden (orangefarbene Automaten = composteur).

Es gibt Expresszüge (sehr komfortable Fernzüge), rapides (Schnellzüge), directes (Eilzüge), omnibus (Bummelzüge), autorails (Dieseltriebwagen ähnlich unseren Schienenbussen).

BUSSE stellen die Ergänzung zum Schienennetz dar. Busbahnhof = gare routière. Verschiedene private Linien betreiben in Konkurrenz den Busverkehr, das führt mitunter beim „Fahrplansuchen" zu einiger Verwirrung, zumal die diversen kleinen Büros in den Busbahnhöfen nicht immer sehr auskunftsfreudig sind. In der Regel werden unter der Woche die Orte mehrmals täglich angefahren, an Wochenenden allerdings recht selten.

Schlösser im Loiretal, die etwas außerhalb der Ortschaften liegen, sind nicht immer mit Linienbus erreichbar, dafür mit Mietwagen, Touristen-"navette"

(Urlauber-Kleinbus) oder Fahrrad bzw. Roller. Die Ferienorte an der Sandstrandküste südlich der Gironde werden ebenfalls recht spärlich bedient, in der Regel stark auf Bordeaux fixiert, ein genaues Timing ist hier angebracht. An der baskischen Küste schaut's wieder besser aus.

In den Pyrenäen starten die Busse meist ab Pau oder Lourdes.

Beim Fahrplanlesen aufpassen: manche Busse fahren nur an Schultagen, manchmal auch spezielle Busse an Montagen und Freitagen.

Die großen Busbahnhöfe liegen oft in Bahnhofsnähe, manche machen einen recht heruntergekommenen Eindruck. Überlandbusse haben fast Reisebuscharakter.

Unsere Angaben im Text sind nur als Überblick zu verstehen und beschränken sich auf die wichtigsten Strecken, genaues Checken der Abfahrtszeiten unbedingt erforderlich.

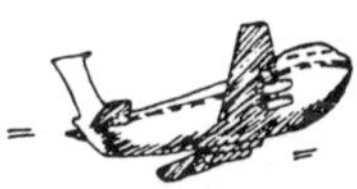

FLÜGE

In Frankreich läuft fast alles über Paris, so auch der überwiegende Flugverkehr, damit werden innerfranzösische Flüge nahezu unattraktiv. Hinzu kommen die flotten TGV-Verbindungen, ab Paris nach Süden fast stündlich bis Bordeaux, weiter nach Biarritz/Pau (siehe Bahn). Bedenkt man die Eincheckzeit von mindestens 30 Minuten vor Abflug, Transport zum Flughafen, Warten auf das Gepäck bei der Ankunft und Fahrt in die Stadt oder Bahnhof, lohnen sich Kurzstreckenflüge bei drei Stunden Paris-> Bordeaux im TGV kaum noch. Häufig angeflogen werden: Paris-> Biarritz, Paris-> Bordeaux. Siehe auch Anreise Flug.

KLIMA Reisezeiten

Das Klima zwischen Loiretal und baskischer Küste läßt sich bei ca. 500 km Luftlinie nicht über einen Kamm scheren.

✦ Loiretal

Das Frühjahr ist zur Baumblüte sehr reizvoll, überall gelbe Teppiche von Ginster und Forsythienbüschen, es kann allerdings noch recht frisch sein, - ein Regenschirm ist nie verkehrt. Ab März/April sind die meisten Schlösser geöffnet.

Die Sommer in der Regel angenehm warm, ab und zu Wärmegewitter. Nachteil: im Juli/August wird's im Loiretal knallvoll - das bedeutet Schlangestehen in den berühmtesten Schlössern, Geschiebe durch die Gänge, überfüllte Restaurants und Hotels, genervte Bedienungen. Vorbuchen ratsam bzw. auf weniger besuchte Orte ausweichen.

Die vielleicht schönste Reisezeit ist der Herbst mit Laubfärbung und Morgennebel an den Loireufern, die Weinernte ist in vollem Gange. Warme Tage sind durchaus drin und ein Riesenvorteil: die Touristenmassen sind wieder abgezogen.

Im Winter ist ein Großteil der Schlösser geschlossen, zudem viel Nebel, Eis und oft griesegrau.

✦ Atlantikküste

Ideale Reisezeit für einen Badeurlaub Mitte Juni bis Anfang September. Das Wasser zur Hochsaison Juli/August am wärmsten, die Küstenorte aber auch knallvoll. Um ruhige Stellen am Strand zu finden, muß man dann schon etwas länger suchen.

Mildes Klima und viel Sonnenschein kennzeichnen die Atlantikküste, mit 2.000-2.400 Sonnenstunden (München im Vergleich ca. 1.000) liegen die statistischen Werte nur wenig unter denen Südfrankreichs. Durchschnittlich 20° C im Sommer, 13° C im Jahresmittel. Frische Westwinde und Wolken gehören zum Alltag, dadurch aber auch nicht drückend heiß; mit kurzen Schauern rechnen, die dicken Wolken regnen sich erst über dem Zentralmassiv ab. Niederschlagsmäßig liegt der Bereich nördlich der Girondemündung unter 800 mm/Jahr (entsprechend Südfrankreich), um Arcachon/Bordeaux etwas regnerischer. Generell ist es nicht so beständig wie im südlichen Mittelmeerraum, dafür wird der Wechselwirkung aus See- und Waldluft Heilwirkung zugeschrieben.

Lauwarm wie das Mittelmeer wird das Wasser des Atlantiks mit maximal 21° C nicht; das gleichen die vielen Binnenseen mit nahezu Badewannentemperatur wieder aus (großes Planschvergnügen für Kinder).

Zur Vor-/Nachsaison ist es an der baskischen Küste bereits um einige Grade wärmer als um Arcachon bzw. La Rochelle, allerdings mit etwas Regen rechnen (laut Statistik im Jahresmittel 1.ooo mm und mehr). Sehr schön zur Zeit der Hortensienblüte. Beste Reisezeit die Nachsaison mit häufigen, noch warmen Südwinden. Die baskische Küste ist für ihre milden Winter bekannt; das Thermometer rutscht nicht unter 4° C (durchschnittlich), so daß Mimosen und Kamelien gedeihen.

★ Pyrenäen

In der Gebirgskette zwischen Atlantik und Mittelmeer mit über 3.ooo m hohen Grenzbergen muß man sich auf alpine Klimaverhältnisse einstellen, vergleichbar mit den Alpen, wenn auch der Sommer etwas früher kommt. Auf der spanischen Seite deutlich trockener als im Norden. Mit Schnee schon Anfang Oktober rechnen. Zur französischen Reisewelle im Juli/ August werden auch die Pyrenäen nicht verschont. Beste Wanderzeit und Öffnungszeiten der Hütten siehe Pyrenäenteil ab Seite 447. Zur Vor- und Nachsaison sind Seilbahnen, Tropfsteinhöhlen, Museen etc. meist geschlossen bzw. nur an Wochenenden auf Besucher eingestellt.

Im Winter mangelt es in den Skigebieten schon mal an der ausreichenden Schneedecke, trotzdem müssen Paßstraßen für Autos gesperrt werden bzw. sind nur mit Schneeketten befahrbar.

Allgemeine Tipps

★ EINREISEBESTIMMUNGEN

REISEPASS oder PERSONALAUSWEIS reicht aus, doch ist es praktisch beides mitzunehmen; in der Regel behalten Campingwarte ein Dokument für die Dauer des Aufenthaltes ein, manchmal macht es Schwierigkeiten, es kurzfristig wieder zu bekommen. KINDERAUSWEIS bis 16 Jahre oder Eintrag bei den Eltern.

Bei Aufenthalt über 3 Monate in Frankreich ist eine Aufenthaltsgenehmigung erforderlich. Bis zum Aufenthalt von 6 Monaten keine Formalitäten für Pkw bzw. Anhänger, Motorräder oder in Gebrauch befindliche Fahrräder. NATIONALER FÜHRERSCHEIN und FAHRZEUGSCHEIN genügen. GRÜNE VERSICHERUNGSKARTE ratsam (stellen die Kfz-Versicherungen kostenlos aus). Triptik oder Carnet de Passage für die Mitnahme von Außenbordmotoren über 92 ccm.

EINREISEBESTIMMUNG FÜR VIERBEINER: Für Hunde und Katzen ist ein amtsärztliches Impfzeugnis gegen Tollwut notwendig. Die Impfung muß mindestens 1 Monat zurückliegen, darf aber nicht älter als 1 Jahr sein. Jungtiere unter 3 Monaten müssen zu Hause bleiben.

✱ ZOLLBESTIMMUNGEN

Im privaten Reiseverkehr innerhalb der EU darf man Waren zum eigenen Verbrauch unbegrenzt mitführen.

Privat zur Abgrenzung zu gewerblich bedeutet: bis zu 8oo Zigaretten, 4oo Zigarillos, 2oo Zigarren, 1 kg Rauchtabak, 1o l Spirituosen, 2o l andere alkoholische Getränke bis 22 %, zudem 9o l Wein und 11o l Bier.

Für mitgeführte Waren aus Nicht-EU-Ländern oder Duty-free-Shops gelten geringere Mengen.

Übrigens: feststehende Messer sind in Frankreich verboten.

✱ ÖFFNUNGSZEITEN

Kein einheitliches LADENSCHLUSSGESETZ, doch ist die MITTAGSPAUSE in Frankreich heilig. Von 12 bis 14 Uhr fast alles geschlossen. Das WOCHENENDE geht von Sonntag bis einschließlich Montag, also: Samstag nachmittags fast alles offen, dafür montags die meisten Läden dicht.

Geschäfte: von 8 bzw. 9 Uhr bis 19 bzw. 2o Uhr, ausgenommen Mittagspause (12-14 Uhr). Große Superläden manchmal auch über Mittag offen, abends bis etwa 21 Uhr. Auf frisches Brot kann auch sonntags und montags kein Franzose verzichten (Zeitungen geben sogar die geöffneten Boulangerien an). In reinen Touristengebieten keine feste Regelung, die meisten Shops über Mittag bzw. bis spät abends geöffnet.

Banken haben individuelle Öffnungszeiten. Entweder von Montag bis Freitag oder Dienstag bis Samstag, im Winter nochmal anders.

Post: generell Montag bis Samstag mittags. Einzelheiten im jeweiligen Ort.

Tankstellen in Dörfern schließen auch zur Mittagspause.

Museen: (sofern staatlich) oft dienstags geschlossen.

✱ STROM

Strom: 22o V/5o Hz Wechselstrom. Da deutsche Stecker häufig nicht in französische Steckdosen passen, ist es ratsam, einen Zwischenstecker mitzunehmen. Als Eurostecker im Fachhandel oder beim ADAC erhältlich.

FEIERTAGE

Feiertage in Frankreich: 1. Januar, Ostermontag, 1. Mai, 8. Mai (Ende des 2. Weltkriegs), Christi Himmelfahrt, Pfingstmontag, 14. Juli (Nationalfeiertag), 15. August, 1. November, 11. November (Waffenstillstand 1918), 25. Dezember.

NÜTZLICHE ADRESSEN/TELEFONNUMMERN

Französische Fremdenverkehrsämter
Maison de la France
Zentrale:
Westendstr. 47
D-60325 Frankfurt/M.
Tel. 0190/ 57 00 25
Fax: 0190/ 59 90 61

Auskunftsbüro Schweiz:
Maison de la France
Rue Thalberg 2
1201 GENÈVE
Tel.: 0900 / 900 699
Fax: 0041 / 22 901 00 04
E-Mail: mdlfgva@bluewin.ch
Internet: www.franceguide.comm

Botschaften in Frankreich
Bundesrepublik Deutschland: 13/15, av. Franklin D. Roosevelt, 75008 Paris.
Republik Österreich: 6, rue Fabert, 75007 Paris.
Schweizerische Eidgenossenschaft: 142, rue de Grenelle, 75007 Paris.
Deutsches Generalkonsulat in Bordeaux: 377, bd. du Président Wilson, 33200 Bordeaux. Tel. 055617 12 22

Auskunftsbüro Österreich:
Maison de la France
Argentinier Str. 41a
A-1040 Wien
Tel.: 0900 / 25 00 15
(max. 0,68 Euro/Min)
E-Mail: info@mdlf.at
Internet: www.mdlf.at

Allgemeine Notrufnummern
Polizei 17
Feuerwehr 18
Notärzte lokal unterschiedlich

Für Autofahrer
Deutschsprachige Auskunft beimADAC-Notrufdienst Tel. 72 17 12 22. ADAC-Notrufzentrale München rund um die Uhr besetzt, Telefon von Frankreich: 00 49 89 22 22 22.

Infos über die Bahn
SNCF Französische Eisenbahnen
Kommerzielle Vertretung
Personenverkehr
Westendstr. 24
60325 Frankfurt/Main

✶ VERSICHERUNGEN

Gibt's heutzutage für alles. Die „Sicherheits-Freaks“ bauen auf Rundumschutz. Brauchbar erscheinen uns Krankenversicherung und der Auslandsschutzbrief, sofern man mit eigenem Fahrzeug unterwegs ist:

Auslandsschutzbrief: bekannt vom ADAC. Wer nicht Mitglied ist, bekommt ihn auch bei anderen Kfz-Versicherungsgesellschaften. Die Leistungen sind umfangreich: Pannenhilfe, Krankenrücktransport, Abschleppen, Ersatzteilversorgung, Mietwagen, Heimfahrt bei Defekt, Totalschaden oder Krankheit. Rund 40 Euro, 1 Jahr gültig.

Bedingungen vor der Fahrt genau studieren, damits hinterher keine Enttäuschung gibt.

Krankenversicherung fürs Ausland: übernimmt alle Arztkosten, die von der gesetzlichen Krankenkasse nicht erstattet werden. Zusätzlich: Krankentransport und Überführung im Todesfall. Gibt's bei Krankenkassen, Reisebüros, günstig für ADAC-Mitglieder.

Thema **Studentenausweis**: Ob es sich lohnt, 1o Euro für den internationalen Studentenausweis auszugeben, hängt ganz von den individuellen Interessen ab. Fest steht, aufgedrängt werden die Ermäßigungen natürlich nicht. Aber wer ihn hat, vorzeigt und freundlich nachfragt, bekommt fast überall in Museen, Kulturstätten und Schlössern vom Eintrittspreis etwas nachgelassen. Oft allerdings nur, wenn man unter 26 Jahre ist.

Erhältlich sind sie bei jedem Studentenwerk oder bei entsprechenden Reisebüros.

GESUNDHEIT

Die medizinische Versorgung ist in Frankreich generell ausreichend, Krankenhäuser in jeder größeren Stadt; private Ärzte haben montags oft geschlossen. Der Gang zum Arzt (médecin oder docteur) muß zunächst bezahlt werden. Ärztliche und zahnärztliche Behandlungen sind auch für Franzosen nicht kostenlos, bei der späteren Abrechnung mit den zuständigen Ortskrankenkassen erstatten diese nur einen Teil. Gleicher Abrechnungsmodus gilt auch für Ausländer, deren Land ein Abkommen mit Frankreich hat.

Voraussetzung für die Kostenerstattung

- Vordruck E 111 bzw. SE 11oo7 für Österreicher, der bei jeder Krankenkasse erhältlich ist. Es ist kein Behandlungsschein, sondern nur der Nachweis einer Versicherung im Heimatland.
- Die erbrachte Leistung muß vom Arzt im Vordruck „feuille de soins (assurance -maladie)" bestätigt werden. Mit den beiden Formularen und der
- Rechnung bekommt man bei der für den Aufenthaltsort zuständigen „caisse primaire d'assurance maladie" (Ortskrankenkasse) den in Frankreich üblichen Satz sofort erstattet. Der Eigenanteil kann jedoch erheblich sein.

Der gleiche Abrechnungsmodus gilt auch für Arzneimittel. Nur der Betrag für besonders wichtige Medikamente wird zu 1oo % erstattet. Den lästigen Vorgang der Kostenerstattung übernimmt in der Regel auch die heimatliche Krankenkasse, - aber erst nach Rückkehr in Deutschland.

Zusatzversicherungen (Auslandskrankenversicherung) unbedingt zu empfehlen. Sie übernehmen die verbliebenen Differenzbeträge. Preisvergleich zwischen den verschiedenen Gesellschaften lohnt. Für ADAC-Mitglieder sehr preiswert.

Bei stationärem Krankenhausaufenthalt stellt die „caisse primaire d'assurance maladie" einen Kostenübernahmeschein aus, wenn vom Arzt eine Notwendigkeitsbescheinigung und der Vordruck E 111 bzw. für Österreich SE 11oo7 vorgelegt werden kann. Bei Notfallaufnahmen übernimmt das Krankenhaus den Verwaltungskram. Auch hier kann bei der Endabrechnung ein Differenzbetrag auftreten, der aus eigener Tasche bezahlt werden muß bzw. durch obige Zusatzversicherung abgedeckt wird.

Apotheken (pharmacie) an Schildern mit grünem Kreuz zu erkennen. Montags oft geschlossen. Gut ausgestattete Reiseapotheke in jedem Fall goldwert.

- Schmerzmittel, fiebersenkende Mittel, Grippetabletten
- Medikamente gegen Magen-und Darmstörungen
- elastische Binde, Schnellverband, entzündungshemmende Salbe und Salbe gegen Prellungen. Tinktur zum Desinfizieren, Pflaster und das praktische Spraypflaster für kleine Wunden
- Creme gegen Sonnenbrand und Insektenstiche

Vorsicht: Bei der leichten Brise spürt man die starke Sonneneinwirkung kaum. Rechtzeitig vorbeugen: Sonnencreme, Sonnenschirm und Sonnenhut... in jedem Badeort in großer Auswahl erhältlich.

★ TOILETTEN

Weit verbreitet sind noch die originellen „Hocke-dusch-dich-Klos". Klartext: Nach erledigtem Geschäft an die Türklinke, erst dann den Wasserabzug betätigen und schnell raus! Sonst gibt's nasse Füße oder mehr... Immerhin sind sie hygienischer als verdreckte „Brillen"!

Hommes = Männer Dames bzw. Femmes = Frauen

Totaler Kontrast sind die „Toilettenautomaten" mit Musik, fließend Wasser, Papier und der Zuversicht, daß nach dem Öffnen der Tür alles wieder automatisch gereinigt wird.

★ RUND UMS GELD

Es gab einmal den französischen Franc (FF). Durch die Einführung des Euro fällt die Umrechnerei weg, doch es ging auch ein markantes Zeichen verloren im Ausland zu sein. Mit dem Euro ist das Zahlen wie daheim. Kein Umtauschen, kein Rücktauschen, keim Umrechnen. Und der Nachschub kann wie gewohnt aus einem der zahlreichen Geldautomaten fließen.

Nur den Schweizern bleibt dieses verttaute Urlaubs-Geld-Umrechnen erhalten.

Geldautomaten: Mit der EC Karte und de persönlichen Geheimnummer (PIN) kann man an allen „Credit Mutuel" oder „EC-International"-Geldautomaten Bares abheben.

Creditcards: weit verbreitet. Auch Autovermieter akzeptieren sie und verzichten sogar auf Kaution. Während man mit Eurocard und Visa problemlos zurechtkommt, schaut es mit American Express und Diners schlechter aus.

Außerdem wird ein günstiger Umrechnungskurs gewährt, und die Rechnung flattert erst 4 Wochen später ins Haus. Ob es sich allerdings auszahlt, eigens für den Urlaub eine Creditcard zu erwerben, bleibt angesichts der jährlichen Grundgebühr ein persönliches Rechenexempel.

Recht weit verbreitet sind mittlerweile Geldautomaten, die EC-Karten mit Geheimzahl akzeptieren.

Telegrafischer Nachschub, falls doch mal das Geld ausgeht. Dauert ca. einen Tag, kostet jedoch einiges an Gebühr (gestaffelt nach der Höhe der angeforderten Beträge). Ausweis beim Abholen nicht vergessen.

Billiger: Auslandspostanweisung, dauert den normalen Briefweg, Gebühr gestaffelt. Ausweis beim Abholen nicht vergessen. Aus Sicherheits-gründen sind Auslandspostanweisungen an eine Poste-Restante- oder Hoteladresse.

POSTÄMTER

(PTT) gibt's fast in jedem Ort. Öffnungszeiten variabel. Details im Text.

Briefkästen: Die verschiedenen Einwürfe beachten. Einen für das jeweilige Département, der andere „autres destinations“ fürs Ausland bzw. andere französische Gebiete. Manchmal separater Stadteinwurf bzw. Unterteilung in Brief (lettre), Eilbrief (par express) und Drucksache (imprimé).

Briefmarken (timbres) in Postämtern erhältlich, an gelben Briefmarkenautomaten mit Münzeinwurf oder in Tabakwarenläden. Für Einschreibesendungen (recommandé) wie üblich separaten Zettel mit der Anschrift ausfüllen. Für Päckchen (paquet) ins Ausland ist ein grünes Zolletikett notwendig.

Poste Restante: postlagernde Briefe können an jedes Postamt gesendet werden. Sie gehen automatisch ans Hauptpostamt, anderenfalls ist ein Vermerk nötig. Beim Abholen geringe Gebühr pro Brief, Ausweis unbedingt erforderlich. Zweimal im Monat werden postlagernde Sendungen durchforstet. Alles was zu dem Zeitpunkt länger als 15 Tage dort liegt, wird zurückgeschickt. Nachsendeantrag möglich (Ordre de réexpédition temporaire). Von Post zu Post kostenlos mit 5-stelliger Postleitzahl (wichtig!).

TELEFONIEREN

Frankreich verfügt über ein ausgezeichnetes Telefonnetz. Ca. 2oo.ooo öffentliche Fernsprechautomaten, selbst in Strandnähe oder abgelegenen Gebieten. Von jeder Zelle direkte Durchwahl ins Ausland. oo vorwählen. Brummton abwarten, dann 49 für Deutschland, 43 für Österreich, 41 für die Schweiz, plus Ortsvorwahl ohne „o“. Beispiel nach München: oo-49/89+Rufnummer.

Achtung: Es muß in Frankreich eine Gebietsnummer mitgewählt werden. Das ist die 1 für Paris, die 2 für den Nordwesten, die 3 für den Nordosten, die 4 für den Südosten und die 5 für den Südwesten. Z.B. um nach Aquitanien anzurufen, wählt man oo33-5- dann die 8-stellige Teilnehmernummer.

Rückruf: Fast in jeder Telefonzelle Frankreichs kann man sich zurückrufenlassen - Rufnummer in der Kabine angeschrieben. Vorwahl aus Deutschland, Österreich, Schweiz nach Frankreich oo33, Gebietsnummer und die 8-stellige Nummer. Vom Hotelzimmer, Café oder Restaurant kann die Einheit bis zu 4o % teurer sein.

Die Telefonkarte hat mittlerweile fast jeden Münzeinwurf verdrängt. Die notwendigen Plastikkarten mit 5o und 12o Einheiten in den Postämtern, Tabakläden, an speziellen Verkaufsstellen mit dem Hinweis „Télécarte" und auf vielen Campingplätzen erhältlich.

Ermäßigte Gesprächszeiten in den Abendstunden und an den Wochenenden reduzierte Tarife für Telefonate in EU-Länder und die Schweiz: von Montag bis Freitag zwischen 19 und 8 Uhr, sowie samstags, sonntags und an französischen Feiertagen ganztags.

Die aktuellen Tarife findet man in den Telefonzellen angeschrieben.

Innerhalb Frankreichs richten sich die Tarife nach der Entfernung. o,12 Euro - o,47 Euro. Hier ermäßigte Tarife am Abend und Wochenende.

Handy Das GSM-Netz ist vergleichbar dicht wie in Deutschland. Wer lange Gespräche führen will und nicht zu Hause einen Schreck über die hohen Gebühren bekommen möchte, wählt besser die Telefonzelle oder läßt sich von der Heimat aus zu günstigen Tarifen in der Telefonzelle anrufen. Auf dem Handy zahlen bekanntlich beide Gesprächsteilnehmer.

Literatur:

★ ZUM EINSTIMMEN SOWIE BILDBÄNDE

Merian-Monatshefte, mit zum Reisen motivierenden Fotos und guten Backgroundtexten. „Die Loire" 7,5o Euro

Loire, K. A. Dietsch, M. Siepmann. Sehr schöner Bildband mit informativen Texten. Bruckmann Verlag München. 16,9o Euro.

ADAC-Reisemagazin, Frnkreich-Die- Atlantikküste. Viele Fotos, gute Reportagen über Land und Leute. ADAC-Verlag 7,5o Euro.

Südwest-Frankreich, Aquitanien - zwischen Bordeaux, Biarritz und Sarlat. Karlhans Frank. Ein sehr schönes Buch um Land und Leute der Region zu verstehen. Fredekind und Thaler Verlag 1o Euro.

★ BACKGROUND UND SPEZIELLES

Höhlenmalerei. Michel Lorblancet. Ein Handbuch, daß zum Klassiker avanciert ist. 34o Seiten und 277 meist farbige Abbildungen. Unverzichtbar für den, der sich für die Höhlen in der Dordogne interessiert. Gebunden. 34 Euro. Verlag Thorbecke.

Schamanen - Trance und Magie in der Höhlenkunst der Steinzeit. Jean Clottes, David Lewis-Williams. Hier wird der Versuch gewagt, die Bedeutung der Höhlenmalerei unter ein anderes Licht zu stellen. Ein Blickpunkt, der in der modernen Zeit, wo die Kräfte des Schamanen wieder salonfähig werden, äußerst spannend ist. 12o Seiten mit 113 meist farbigen Abbildungen. 24,8o Euro. Verlag Thorbecke.

Bildatlas Nordspanien, Atlantikküste, Jakobsweg, Galicien. Auch wenn nur ein Teil des Buches das Reisegebiet betrifft, ist es mit seinen vielen Fotos doch eine wertvolle Begleitung. HB-Verlag 8,5o Euro.

Nordspanien, Jakobsweg und Atlantikküste. Andreas Drouve. Für Urlauber, die sich mit dem Jakobsweg befassen eine interessante Ergänzung. Vista Point 19,5o Euro.

Flugboote über den Atlantik 1939. Jürgen Rosenstock. Die großen Seen an der Atlantikküste waren Start- und Landebahnen für die immer größer werdenden Flugzeuge. Für Fans eine unentbehrliche Lektüre: Das Buch erinnert an eine der größten Pionierleistungen der Lufthansa für die zivile Luftfahrt. ISBN 3-7654-7225-5 Bruckmannverlag, 24,9o Euro

Frankreich verstehen, Ernst U. Große, Heinz-Helmut Lüger. Eine Einführung mit Vergleichen zu Deutschland. 43o Seiten. Wissenschaftliche Buchgesellschaft 2ooo, 29,9o Euro.

Kleines Frankreich-Lexikon, G. Haensch, P. Fischer. Alphabetisches Nachschlagewerk zu Themen wie Geografie, Geschichte, Politik, Gastronomie, Gebräuche, Abkürzungen etc. Stichwörter wie Espadrilles, Regionalismus (ETA) bis „zuzulu" (ein baskisches Möbelstück). Beck'sche Reihe Aktuelle Länderkunden Bd. 8o2, 12,5o Euro.

Frankreich, Politik, Gesellschaft, Wirtschaft. Hrsg. G. Haensch, H.J. Tümmers, ersch. in der Beck'sche Reihe Aktuelle Länderkunden.

Die Basken und ihr Land Euskadi, Erfahrungen im Volk der ersten Europäer. 1993. 24o Seiten. Herbert, Luben. Tour, G. nur noch gebraucht zu besorgen z.B. Amazon.de

✦ GESCHICHTE UND KUNSTGESCHICHTE

Das Poitou, Th. Droste. Westfrankreich zwischen Poitiers, La Rochelle und Angoulême, - die Atlantikküste von der Loiremündung bis zur Gironde. DuMont-Kunstreiseführer, 25,90 Euro.

Französische Atlantikküste. Manfred Görgens, Daniela Kasischke. Reich bebildert mit viel Hintergrundinformation. DuMont Verlag, 22,5o Euro.

Schlösser an der Loire. Von Wolfgang Losacker. Feldhaus Verlag, 12,5o Euro.

Das Tal der Loire. Von Wilfried Hansmann. Ein Kunstreiseführer der die Schlösser, Kirchen und Städte im Loiretal näher beleuchtet. Viele Fotos. DuMont Verlag (2ooo), 25,9o Euro.

Liebenswerte Loire-Schlösser. Von Rene Polette, Morstadt Verlag (2oo1), 18,8o Euro.

Aquitanien, H. Domke. Südwestfrankreich zwischen Loire, Atlantik und Pyrenäen. Für kunsthistorisch Interessierte mit Freude am Detail. Tip. Prestel Verlag, 496 Seiten, nur noch gebraucht z.B. bei Amazon.

✦ KÜCHE/WEINE

Atlas der französischen Weine, Hugh Johnson, Hubrecht Duijker. Hervorragend bebildert, Vielzahl an Kartenmaterial und Fülle an Infos zu Weingütern, Restaurants etc. Wegen Text aber auch graphischer Gestaltung unbedingter Tip zum Thema! Erschienen im Hallwag Verlag, 49,9o Euro.

✶ ZUM SCHMÖKERN

Königin der Troubadoure, Eleonore von Aquitanien. Von Regine Pernoud. Diese außergewöhnliche Frau begegnet einem auf der Reise immer wieder. Die Biografie lohnt zu lesen. Dtv-Taschenbuch, 9 Euro.

Eleonore von Aquitanien. Was alles in ein Leben paßt, von Leo Linder. Ein interessan-tes Buch über eine interessante Frau mit vielen Affären. Ullstein TB-Verlag, 8,95 Euro.

Im Schatten der Lilie. Von Patrice Leavold. Schildert ebenfalls das Leben von Eleonore von Aquitanien. Lübbe Verlag, 23 Euro.

Die Herrinnen der Loire - Schlösser, Königinnen und Mätressen. Ein Buch, daß das Leben in den Schlössern sehr lebendig werden läßt. C. Katz Verlag, 25 Euro.

Mein Weg über die Pyrenäen, Lisa Fittko. Sehr spannend geschriebenes Buch über das Leben der Fittkos, die wegen ihrer politischen Arbeit Deutschland verlassen mußten, im französischen Exil im 2. Weltkrieg. Lisa Fittko wurde 194o im Frauenlager Gurs interniert, entkam nach Marseille und organisierte mit ihrem Mann eine Fluchthilfe für Hitler-Gegner über Schleichwege in den Pyrenäen. U.a. brachten die Fittkos auch den Philosophen Walter Benjamin über die Grenze nach Spanien. nur noch gebraucht z.B. bei Amazon.

Ein Pyrenäenbuch, K. Tucholsky. Das Bändchen können wir unbedingt empfehlen. Ein satirisches und amüsantes Reisebuch, das während einer 2-monatigen Reise 1925 entstand. Vom Stierkampf in Bayonne, von Pelotespiel und Basken, von verstaubten Kurorten in den Pyrenäen bis zu dem Phänomen Lourdes. rororo Tb. o474, 5,9o Euro.

Katharina von Medici, Von Cornelia Wusowiski. Der historische Roman beschreibt das Leben einer außergewöhnlichen Frau. Bastei Lübbe (2oo2), 12,9o Euro.

Die Lilie im Tal. Honoré de Balzac. Der Roman einer unerfüllten Liebe spielt in der Touraine im 19. Jahrhundert. Insel Tb. 1916. 7,5o Euro.

Jeanne d'Arc, H. Nette. rororo Monografie 253, 7,5o Euro.

✶ RADFAHREN, WANDERN, SURFEN, SONSTIGER SPORT

Das Loire-Tal, Radwandern. Von Lisa und Wilfried Bahnmüller. Wer mit dem Rad unterwegs ist, der sollte auf das Taschenbuch nicht verzichten. Stöppel Verlag, 15,5o Euro.

Nordwestfrankreich per Rad (Normandie/Bretagne/Loiretal), W. Kettler. Auf 288 Seiten bietet der Führer einige Touren im Loiretal ab Orléans bis zur Loiremündung. W. Kettler Verlag, 13,8o Euro.

Südwest-Frankreich per Rad, S. Pfeiffer. Knapp beschriebene Etappen von La Rochelle bis zum baskischen St. Jean de Luz, durchs Baskenland bis Lourdes sowie Touren in der Dordogne. Verlag W. Kettler, 13,8o Euro.

Kanu - Auslandsführer Südfrankreich, Korsika, Band 3. Sehr informativer Kanuführer zu süd-/westfranzösischen und Pyrenäenflüssen, wenn auch etwas mühsam zu benutzen. Deutscher Kanuverband (Postfach 1o o9 5o, Berta Allee 8, 47o55 Duisburg), 2o,35 Euro.

Bergwandern und Klettern in den Pyrenäen, G. Rumplmair. Auswahlführer. In der bekannten rother-üblichen Aufmachung: etwas mühsam, aber sachlich und informativ. Bergverlag Rother, 264 Seiten, 12,9o Euro.

Pyrenäen, Susanne Lipps. Mit 3o Wanderungen und Spaziergängen. DuMont 1994, 273 Seiten. 12 Euro.

Französischsprachige Wander- und Kletterführer über die Pyrenäen gibt es dagegen reichlich und von guter Qualität. Überall in örtlichen Buchhandlungen vertreten.

Standard sind die Wander-/Kletterführer von Robert Ollivier zu verschiedenen Gebieten. Pro Band um die 2o Euro, z.B. Vallée d'Aspe, Vallée d'Ossau etc. Vertrieb: Maison de la Cartographie et Tourisme. 1o, rue Lapouble, 64ooo Pau.

4 Topoguides zum GR 1o (große Durchquerung der Pyrenäen) jeweils ca. 13 Euro. Die ersten beiden Hendaye-Arrens und Arrens-Melles (inkl. Gavarnie) decken das in unserem Band beschriebene Gebiet ab. Mit farbigen Detailkarten, Fotos, Info zu Flora und Fauna etc. Eine englische Ausgabe umfaßt den ganzen GR 1o in einem Band: Walking in the Pyrenees von Kev Reynolds. Verlag Robertson Mc Carta. Preis 25 Euro.

Topoguide zum Sentier Chemin de Piémont. Aufmachung analog zum GR 1o Topoguide. Überall im örtlichen Buchhandel zu bekommen.

✶ NATURFÜHRER

Blumen am Mittelmeer. Von Dankwart Seidel. Dieses Buch läßt sich auch für den Bereich Atlantik verwenden. BLV Verlag, 12,95 Euro.

Was blüht am Mittelmeer, P. u. I. Schönfelder. Handlich, die jeweilige Seitfußleiste mit Kurzschlüssel zu Blütenzeit, Vorkommen, Größe der Pflanze, herrvorragende Texte und Fotos! 32o Seiten, mehr als 3oo Farbfotos, 1oo Farbzeichnungen, Franckh Kosmos Verlag (2ooo), 14,9o Euro.

✶ KARTEN

Übersichtskarte Michelin: 1: 1.ooo.ooo Blatt 989, France.

Sehr zu empfehlen die Michelin-Detailkarten: sie sind klar und übersichtlich kartographiert. Landschaftlich schöne Strecken grün markiert. Loiretal Nr. 64 und 65. Centre Nr. 238, Pays de Loire Nr. 232 Maßstab 1: 2oo.ooo. Atlantikküste Nr. 71 und 78, Maßstab 1: 2oo.ooo.

Zum Wandern und Radfahren unbedingt empfehlenswert die 1: 25o.oo Karten des Institut Géographique National (IGN). Erhältlich in Deutschland über gute Buchhandlungen oder das Geo Center/Stuttgart. In Frankreich IGN: 1o7, rue de la Boétie, 75oo8 Paris.

Wanderkarten Pyrenäen: Sehr brauchbar zur Planung wie auch zum Wandern: die IGN „cartes de randonnées" im Maßstab 1: 5o.ooo. Mehrfarbig mit guten Strukturen, GR 1o und HRP sind eingetragen, ebenso Hütten, Skilifte und Maisons du Parc. 11 Karten dekken die ganzen französischen Pyrenäen ab. Karte 3 und 4 sind für den in diesem Band beschriebenen Pyrenäenteil interessant. Preis jeweils ca. 1o Euro.

Für die Übersicht eignen sich auch die IGN Karten „Serie Verte", Maßstab 1: 1oo.ooo, Nr. 69 und 7o, die den französischen Pyrenäenbereich ab der Küste bis Gavarnie, Néouvielle Massiv bis Bagnères de Luchon abdecken.

Für Touren dann die Wanderkarten der „Série orange" im Maßstab 1: 5o.ooo.

Unterkunft

Monotone Schlafretortenstädte mit Betonkästen à la Côte d'Azur und Adria gibt's erfreulicherweise weder im Loiretal noch im Baskenland. An der Atlantikküste nur im Norden (Vendée). In den Pyrenäen wurden solche Bausünden nur vereinzelt in Wintersportretorten begangen (Gourette, La Mongie). Französische Hotels sind eine Ecke billiger als bei uns, entsprechen allerdings nicht immer dem deutschen picobello Standardkomfort. In den unteren Kategorien hapert es schon mal an der Modernität des Mobiliars, Teppichbodens oder Waschbeckens. Standardbett: das Grand Lit, das französische Bett; wer mehr Platz braucht, berappt zusätzlich.

Die Kategorieneinteilung des Commissariat Général du Tourisme erfolgt nach Sternen (NN-neue Normen), maximal 4 bzw. 5 für Luxushotels. 2Sterne entsprechen in der Regel einem ordentlichen Hotel, die Zimmer z.T. mit eigenem Bad/Dusche. Ein blau-weiß-rotes Schild mit dem großen Hkennzeichnet die überwachten und bewerteten Hotels. Steht darauf eine sehr alte Jahreszahl, sollte man vorsichtig sein.

Bei den Hotels „Logis et Auberge de France" fährt man meist recht gut; erkennbar am grünen Schild mit gelbem Kamin; es erwarten einen oftmals traditionelle Hotels, die z.T. mit staatlicher Unterstützung modernisiert worden sind. Gute regionale Küche zu zivilen Preisen. Sie liegen oft gut erreichbar an den Hauptstraßen der Orte, was eine gewisse Lärmbelästigung mit sich bringt.

Einfache Doppelzimmer (DZ) schon ab 3o Euro; in vielen Badeorten zur Hochsaison Halbpension (HP) obligatorisch. Einen gewissen Preisnachlaß gibt's gelegentlich zur Vor-/Nachsaison. Zur Spitzensaison (französische Schulferien) oftmals schwierig, ein Zimmer zu bekommen. Vorreservieren empfehlenswert, z.T. telefonisch möglich bzw. sich gleich am Vormittag auf Zimmersuche begeben; ab 12 Uhr Mittag ist oft alles dicht. Im Winter nur ein Teil der Hotels geöffnet. Einzelzimmer selten und wie überall relativ teuer.

Konkurrenzlos preiswert (u.U. billiger als Jugendherbergen) übernachtet man in den „Instant" Hotels der Hotel-Ketten Formule 1, Etap'Hotel o.ä. In ganz Frankreich wurden am Stadtrand von größeren Städten die meist bunt aussehenden Hotels hingebaut. Alle Hotels z.B. der Formule-1-Kette haben identisch eingerichtete Zimmer mit Doppelbett und darüberliegendem Einzelbett, Waschbecken, TV. Duschen und WC mit automatischer Selbstreinigung auf dem Gang. Das Zimmer kostet, egal mit wieviel Leuten belegt, ca. 25 Euro., Frühstück auf Wunsch extra. Hier kann man selbst nachts, wenn die Rezeption schon geschlossen ist, per Kreditkarte am Automaten sein Zimmer buchen. Nachteil dieses praktischen Konzepts: Atmosphäre gleich null; ferner kommen die Hotels nur für Leute mit eigenem Fahrzeug in Frage, da sie am Autobahnzubringer, im Industriegebiet zwischen Lagerhallen oder hinter dem nächsten Intermarché liegen.

Info: Châine des Hotels Formule 1. Immeuble Le Descartes. 29, Promenade Michel Simon. 93166 Noisy Le Grand.

Unsere DZ-Preisangaben verstehen sich für zwei Personen im Doppelzimmer, während die Preise für Halbpension (HP) pro Person gelten. Die Preise beinhalten die reine Übernachtung, das französische Sparversionsfrühstück (Petit Déjeuner) fast immer extra. Europastecker nicht vergessen, Schukostecker passen nicht, wohl aber Flachstecker.

Wer im Urlaub gerne einmal Schloßherr spielen möchte, findet in Frankreich gute Möglichkeiten. Französische Schlösser und Herrensitze haben sich unter dem Begriff „Bienvenue au Chateau" zusammengeschlossen und einen Führer mit Beschreibung und Preisen der Gästezimmer oder Appartements herausgegeben. Erhältlich über das französische Fremdenverkehrsamt.

Ein Hotel-/Restaurantführer für Behinderte wird vom Comité National Français de Liaison pour la Réadaptation des Handicapés herausgegeben. 38, Bd. Raspail, 75oo7 Paris.

PRIVATZIMMER

Chambres d'Hôte - Bed and Breakfast auf dem Lande, bei weitem nicht so verbreitet wie in England oder Österreich, aber im Kommen z.B. im Loiretal und in der Dordogne an der südlichen Atlantikküste dürftig. Z.T. auf dem Bauernhof, damit vielfach ein paar Kilometer abseits der Hauptrouten. In der Regel werden nur 2-4 Zimmer vermietet, dadurch ein persönlicherer Kontakt als in Großhotels. Preise fürs DZ ab 3o Euro inkl. Frühstück. Info und Adressenvermittlung z.T. in den örtlichen Touristenbüros, teilweise existieren Broschüren. Privatzimmer in Städten recht selten.

FERIENWOHNUNGEN

Gites Ruraux: auf dem Bauernhof bzw. im Dorf. Komplett ausgestattete Wohnungen oder kleine Häuser, selten am Meer. Fédération nationale des gites ruraux de France, 35, rue Godot de Mauroy, F-75oo9 Paris.

Ferienwohnungen (meublées, studio, appartement) werden an der Atlantikküste und in den Pyrenäen in großen Mengen angeboten. Die Bandbreite reicht von der ausgebauten Garage bis zur schicken Villa, von der hergerichteten Fischerhütte bis zum Appartement. Die zulässige Personenzahl variiert. Preise nach Saison gestaffelt, - von Größe, Komfort und Lage abhängig. Reservierung schon Monate im voraus ratsam. Prospekte mit Beschreibung der einzelnen Häuser, Konditionen, Preise werden von verschiedenen Veranstaltern herausgegeben.

Zum Teil vermitteln die örtlichen Touristenbüros Adressen.

JUGENDHERBERGEN

(Auberge de Jeunesse) sind an der Atlantikküste so gut wie gar nicht vorhanden, im Loiretal und in den Pyrenäen schaut es besser aus. Variieren sehr stark in Größe, Komfort und „Klima". Manche bieten Kochgelegenheit bzw. warme preiswerte Mahlzeiten an. Der Juhe-Ausweis kann auch in Frankreich erworben werden, keine Altersgrenze. Leinenschlafsackverleih bzw. Verkauf. Einige Auberges de Jeunesse vermieten auch Fahrräder.

In Frankreich existieren drei verschiedene Jugendherbergsnetze:

FUAJ, 27 rue Pajol, 75018 Paris.

LFAJ, 38 Bd. Raspail, 75007 Paris.

UCRIF, 4 rue Jean Jacques Rousseau, 75001 Paris.

Die letzten beiden sind nicht im IYHF.

Preislich liegen die Jugendherbergen je nach Komfort und Klassifizierung um 10 Euro pro Person inkl. Frühstück.

GITES D'ETAPE

Jugendherbergsähnliche Unterkünfte überwiegend im Inland, oft an Wanderrouten gelegen. Manchmal ist ihnen ein Reitcenter angeschlossen, manche eignen sich auch gut als Stützpunkt für Kanu-/Radtouren.

Kapazität im Scnitt 10-30 Betten, z.T. werden auch Mahlzeiten angeboten bzw. Kochgelegenheit vorhanden. Ausstattung und Größe variieren stark: reicht von der Unterbringung in ehemaligen Dorfschulen bis zu Holzhütten. In der Regel einfache Schlafsäle mit Stockbetten, kein Luxus, - aber mit Atmosphäre. Zur Saison oft starker Andrang.

CAMPING

Camping ist Trumpf; die Franzosen sind selbst begeisterte Camper, gleich mit der ganzen Familie inkl. Oma, Opa, Tante und Hund. Vierbeiner sind erstaunlich oft auf Campingplätzen willkommen. Küstennahe Plätze an der Atlantikküste zur Hochsaison Juli/August knallvoll, dann ist halb Frankeich auf den Rädern. Anlagen von 500-1.000 Stellplätzen sind hier keine Seltenheit, Vorreservierungen trotzdem empfehlenswert (nicht auf allen Plätzen möglich). Etwas abseits der begehrten Sandstrände findet man auch zur Spitzensaison ruhigere Campingplätze. Etwas im Landesinneren viele ruhige Camping à la ferme.

Besonders der Küstenstreifen südlich der Girondemündung bis zur baskischen Küste ist bestens auf Camper eingestellt; z.T. direkt am Meer, die meisten Plätze jedoch im anschließenden Kiefernwaldgürtel einige Kilometer vom Strand entfernt; Fahrrad als Zweitfahrzeug ist eine gute Lösung.

Das Loiretal ist mit Campingplätze gut bestückt, einige in Schloßnähe, größere Anlagen auch am Loireufer und im Bereich der Städte.

In der Dordogne oft am Flußufer und somit gute Stützpunkte zum Baden oder Kanufahren. Auch in den Pyrenäen keine Probleme. Viele eignen sich gut als Stützpunkt für Wanderungen oder Rundtrips.

Die kommunalen Plätze „Camping Municipal" sind weit verbreitet und oft preiswerter als die privaten. Interessant ist auch die Kette „Castel & Camping", zu der sich Campingplätze im Schloßpark zusammengeschlossen haben.

Die Platzbewertung nach den obligatorischen Sternen reicht bis zum 4-Sterne-Komfortplatz mit Swimmingpool, Tennis, vorbildlichen Sanitärs; 2- oder 3-Sterne-Anlagen überwiegen: mit Stromanschlüssen und warmen Duschen, meist auch kleiner Superladen. In punkto Sanitäreinrichtung gelegentlich ein Auge zudrücken. Heißduschen auf Billigplätzen oftmals extra zu bezahlen, manchmal keine Mischbatterie. Stromanschlüsse fast überall vorhanden (3-6 oder 1o Ampere), meist als Blöcke auf dem Platz verteilt. Unbedingt eine Kabeltrommel und Eurostecker mitbringen, deutsche Schukostecker passen nicht. Stromabrechnung fast überall separat, nicht billig.

Einige Plätze sind auch ganzjährig geöffnet. Saison in der Regel von April bzw. Ostern/Mai bis Anfang oder Ende September. Vor- und Nachsaison in jedem Fall zu empfehlen. Die Preise klettern mit den Sternen; zur Hochsaison oft wesentlich höhere Preise als in der Vor-/Nachsaison. Je bekannter/beliebter der Ort, umso teurer auch die Plätze. Während man im Badeort Lacanau für 2 Personen/Auto/Zelt bzw. Wohnmobil im Sommer etwa 22 Euro berappt, zahlt man auf einem Platz im Hinterland nur die Hälfte.

Für 2 Personen und Zelt bzw. Wohnmobil wird oft pauschal für 2 bzw. 3 Personen abgerechnet. Bei Einzelpreisen kommen Zeltler besser weg.

Aire Naturelle / Camping à la Ferme. Meist kleine Plätze beim Bauernhof, ganz idyllisch, auch zur Hochsaison nicht überlaufen, da abgelegener. Für Kinder gibt's auf solchen Plätzen viel zu entdecken, Enten, Gänsezuchten etc. Ausstattung ohne Komfort, oftmals Wiesenplätze unter Obstbäumen, einfache, doch ordentliche Sanitärs, sehr preiswert. Diese Art Campingplätze findet man in großer Zahl von der Girondemündung bis Lacanau-Océan. Um Arcachon und an der baskischen Küste sind sie nur sehr dünn gesät.

Der französische Führer „Camping à la ferme" enthält kurze Beschreibungen, Adressen und Preise von über 1.ooo kleinen, preiswerten Campingplätzen auf dem Bauernhof und Adressen von mehreren Hundert Gites d'Etapes (siehe oben). Jedes Jahr neu. Anfordern bei: Gîtes de France, 59, rue Sainte Lazare, F-75oo9 Paris.

Wildcampen: In der Regel verboten, besonders in sehr touristisierten Gebieten. Hinweisschilder „Camping Caravaning Interdit“. Wohnmobile werden häufig für eine Nacht toleriert, an speziellen Stellen ausdrücklich für 24 Std. erlaubt. Die Verbotsschilder mehren sich allerdings von Jahr zu Jahr, deshalb nicht überstrapazieren. In der Nebensaison wird schon eher mal ein Auge zugedrückt. Wildcampen ist im Kiefernwaldgürtel der Landes absolut verboten - wegen der großen Waldbrandgefahr! Unbedingt beachten!

Wohnmobile: An beliebten Ferienorten wurden in den letzten Jahren Wohmnobilparkpläzte eingerichtet bzw. ausgewiesen. Es sind in der Regel normale Parkplätze mit WC, Wasserstelle, Abfallbehälter zu etwas günstigeren Preisen als ein Campingplatz.

Campinggas: Die blauen Gasflaschen (1,8 kg und 2,7 kg) bekommt man problemlos getauscht, oft sogar in Supermärkten, Sporthandlungen etc. (ca. 15 Euro). Das Nachfüllen bzw. Wechseln der grünen (angeblich international verbreiteten) 5- bzw. 11-kg-Campinggasflaschen fast unmöglich. Wer viel in Frankreich unterwegs ist und Gas z.B. auch zum Heizen braucht, legt sich besser eine französische Gasflasche zu, die kann man problemlos an Tankstellen, Supermärkten etc. tauschen. Internationales Adapterset im Campingzubehör. Blaue Kartuschen überall erhältlich, gleiches Preisniveau wie in Deutschland.

Carnet Camping International: Statt eines Personalausweises hinterlegt man das Carnet, das man beim ADAC erhält. Einige Plätze gewähren auch Ermäßigung.

Achtung Wohnmobil-/Wohnwagenfahrer: Die in mancher Hinsicht segensreiche Erfindung des mobilen Klos zeigt ihre Tücken immer deutlicher. Die aggressiven Chemikalien stellen besonders kleinere Kläranlagen (wie in vielen Tourismusgebieten) vor immense Probleme, da das bakterielle Gleichgewicht in der Kläranlage auch durch relativ geringe Mengen verdünnter Klochemie aus den Fugen gerät. Eine Riesengefahr geht ferner von illegalen wilden Kloentleerern aus. Man sollte es kaum glauben, daß es so etwas gibt, aber es ist leider Realität: Leute, die ihre vollen Chemie-Porta-Pottis einfach in die Botanik kippen. Für die Natur bedeutet das den absoluten Tod aller vorhandenen Bakterien und die Verbreitung etwaiger Krankheitserreger, denn trotz chemischer Keule wird nicht alles zersetzt. Weiterer Gefahrenpunkt ist die Zusammensetzung der Chemikalien, die zwar zunehmend unter dem Biomantel angeboten werden, aber meistens Formaldehyd oder Schlimmeres enthalten. Besonders giftig stufen Fachleute die vielfach billigeren Produkte aus dem Ausland ein.

Was bleibt zu tun, - denn ganz auf sein „Örtchen“ im Auto möchte man ja nicht verzichten: Nur speziell ausgewiesene Entsorgungsklos zum Entleeren benutzen; unserer Erfahrung nach kann man den Chemiezusatz wesentlich sparsamer dosieren, als auf den Packungen angegeben ist bzw. bei Reisen zu kälteren Jahreszeiten ganz auf die Chemie verzichten und öfter entleeren. Oder die Haustoilette wirklich nur für Notfälle einsetzen.

Essen und Trinken

Das Frühstück (petit déjeuner) ist in Frankreich Neben-sache mit Croissants (Hörnchen), Baguette und Marme-lade, Kaffee oder Tee. Interessant wird das Essen für die Franzosen erst mittags (déjeuner zwischen 12 und 14 Uhr) und abends (Diner zwischen 19 und 21 Uhr). Massenspeisungen wie im Mittelmeerraum üblich sind erfreulicherweise ein Fremdwort. Es dominiert das kleine, überschaubare Restaurant.

Trotz Vordringens von McDonald's und ähnlichen Abfütterungsanlagen triumphiert in Frankreich weiterhin das Menü. Das eingefahrene Vorurteil „Frankreich ist teuer" stimmt schon lange nicht mehr, u.a. dank einiger drastischer Franc-Abwertungen. Wenn man das Preis-/Leistungsverhältnis berücksichtigt, schneiden die französischen Restaurants nicht schlecht ab. Fast überall 3-Gang-Menü preislich etwa ab 13 Euro, häufig als „Menu Touristique" angeboten. Preiswert sind auch die Tagesgerichte „Plat du Jour". À la carte wird's in der Regel recht teuer; sich auf die Vorspeise zu beschränken, weil der Hunger nicht so groß ist oder der Geldbeutel zu schmal, ist einfach unüblich und wird nicht gern gesehen. Auf die kleingedruckten Prozente für Bedienung achten - jedoch gehen die Restaurants mehr und mehr zu S.C. (service compris) über. Manche besseren (teureren) Restaurants streichen abends und am Wochenende ihr preiswertes Menü.

In den meisten Restaurants weist einem der Kellner einen Platz zu. Hat er die Karte gebracht, gilt die erste Frage dem Aperitif - eine schöne Sitte, um sich bei einem Gläschen zu entspannen und die Wartezeit bis zum Essen zu überbrücken. Auf die Frage „Vous avez choisi?" gibt man das gewählte Menü an - falls man nicht à la carte ißt (meistens teurer) - und kann über die Aussprache der Vorspeise und des Hauptgerichts grübeln. Die Gerichte werden in besseren Lokalen für die ganze Tischgesellschaft serviert, unabhängig wie lange die einzelne Zubereitung dauert. Erst nach dem Hauptgericht steht die Entscheidung an, welches Dessert man möchte - meist rattert der Kellner in rasantem Tempo die Palette seiner Nachspeisen herunter. Den Abschluß - sozusagen zur Beruhigung der Geschmacksnerven - bildet der kleine Schwarze (café) - und l'addition: die Rechnung.

Getrennte Rechnungen sind unüblich; in Frankreich zahlt mal der eine die ganze Chose, mal der andere. Unüblich ist, nach dem Essen bei einem Wein oder Bier sitzen zu bleiben. Dafür gibt es die Bistros.

WEIN - das Nationalgetränk der Franzosen

Rund um Bordeaux liegen die besten Weingebiete der Welt; aber auch im Loiretal und am Rande der Pyrenäen werden edle Tropfen gekeltert.

Generell wird die Weinqualität vom Klima, Boden, von der Rebsorte und der Veredelung beeinflußt. Z.B. speichert Kiesboden die Wärme besser und läßt die Trauben früher reifen als Lehmboden. Wichtig ist natürlich der jeweilige Jahrgang, der stark von den Klimabedingungen geprägt wird. Z.B. 1983 war ein ausgezeichneter Jahrgang. Die sorgsam ausgetüftelte Rebmischung gibt in Verbindung mit bestimmten Böden den nuancierten Geschmack.

Französische Weine werden in vier große Kategorien eingeteilt:

* Vin de consommation courante - Herkunft wird nicht genannt. Diese Konsumweine machen das Gros der Produktion aus.

* Vin de Table - Tafelwein, Verschnitt verschiedener Anbaugebiete, der Alkoholgehalt muß angegeben sein.

* Vin de Pays - Landwein, dessen Herkunftsgebiet genannt sein muß; meist sehr weitgefaßt. Hier dürfen 8o hl/ha erzeugt werden.

* Appellation d'Origine contrôlée (AOC) - Weine kontrollierter Ursprungs bezeichnung. Diese Qualitätseinstufung entspricht am ehesten unseren Prädikatsweinen. Aus der Herkunftsbezeichnung geht die verwendete Rebsorte hervor, die Verarbeitungsmethode und der Alkoholgehalt. Im Schnitt dürfen nur 4o hl/ha erzeugt werden. Nicht um künstlich zu verknappen, sondern um Qualität statt Quantität zu erzeugen.

An AOC-Weine werden folgende Anforderungen gestellt: Verwendung vorgeschriebener Rebsorten; ein festgelegter Höchstertrag pro Hektar Rebfläche darf bei der Erzeugung nicht überschritten werden; ein bestimmter Mindestalkoholgehalt ist vorgeschrieben. AOC-Gebiete sind genau abgegrenzt. Das Institut National des Appellations d'Origine I.N.A.O. überwacht die Einhaltung der Anforderungen.

WEINPROBE

Ein feierlicher Akt, Zusammenspiel von Seh-/Geruchs- und Geschmackssinn. Zuerst begutachtet man bei Tageslicht die Farbe, die Intensität des Weines, am besten auf hellem Untergrund. Die Farbe gibt Aufschluß über die Qualität des Aromas. Je dunkler, desto konzentrierter sind die Düfte. Ein heller Wein ist leichter, ein tiefdunkler reich an Gerbstoffen und herber. Anschließend schwenkt man vorsichtig das Glas und beobachtet „les larmes“

(die Tränen), die der Wein am Glas hinterläßt. Dann schnuppert man kurz am Glas, dreht es in der Hand, um die Düfte, die das Bukett (Geschmacksempfindung der Blumig-/Fruchtigkeit des Weins) ausmachen, zu genießen.

Man unterscheidet drei Buketts: Das erste stammt von der Traube, das zweite von der Gärung, das dritte von der Reifung. Beim entscheidenden Nippen untersucht die Zunge neben der Geschmacksunterscheidung auch die Weichheit und Fülligkeit des Weines.

Weißweine werden bei 5-8° C, Rotweine bei 16-18° C gekostet. Eine Weinprobe sollte man nüchtern vornehmen, Käse, Nüsse, Rauchen etc. verzerren den „reinen" Weingeschmack.

Wer sich z.B. einen Vorrat von Bordeaux-Weinen (sind ausgezeichnete Lagerweine, - alle Details im eigenen Kapitel) mitnehmen möchte, sollte bei der Anlage eines Weinkellers zu Hause folgendes beachten:

Ein Weinkeller muß dunkel, feucht und frisch, aber auch belüftet sein. Bei einer Temperatur von 1o-14° C lagern die Flaschen am besten; auf keinen Fall sollte man das Weinregal in Heizungsräumen plazieren! Starke Erschütterungen verzeiht kein guter Tropfen. Wenn der Keller zu trocken sein sollte, schaffen Kies und Sand auf dem Boden (ab und zu befeuchtet) Abhilfe.

Die Flaschen werden liegend gelagert, damit der Korken feucht und dicht bleibt. Ehe man den edlen Tropfen öffnet, sollte ein Rotwein am Tag vor dem Essen in dem kühlsten Zimmer gelagert werden („chambrieren"). Ganz stilvoll füllt man z.B. einen edlen Bordeaux 1-2 Std. vorher in eine Karaffe um („dekantieren"), nicht nur aus ästhetischen Gründen, sondern um Ablagerungen in der Flasche zurückzubehalten. Durch den Kontakt mit der Luft entwickelt sich sein Aroma noch besser. Sehr alte Weine dürfen nicht umgefüllt werden. Experten empfehlen dünnwandige Tulpengläser, die maximal zur Hälfte gefüllt werden sollten, damit sich das Aroma optimal entfalten kann.

LOIREWEINE

Meist duftige, beschwingte Weiß-, Rot- und Roséweine, die nicht zum Altern bestimmt sind, mit Ausnahme der süßen Weißweine. Preislich gehören die Loireweine nicht zu den Spitzenreitern französischer Weine. Kein in sich geschlossenes Anbaugebiet.

Weißweine: Vouvray, Savennières, Sancerre, Pouilly.

Rotwein: Bourgueil, Chinon, St. Nicolas de Bourgueil.

Der „Bourgueil", ein leichter, delikater Rotwein wächst auf kiesigen Sand-/Tonböden und hat nach 3-4 Jahren seine optimale Reife erreicht. Auf einer Anbaufläche von 1.4oo ha werden jährlich 5o.ooo hl erzeugt.

„Chinon", ein leichter, fruchtiger Rotwein, dessen Qualität stark vom Klima abhängt. Kann jung getrunken werden, gewinnt aber mit dem Alter. Pro Jahr werden ca. 3o.ooo hl auf 1.ooo ha produziert.

Der „Vouvray", ein fruchtiger und leichter Weißwein (ein klassisches, uraltes Weinanbaugebiet), wächst meist auf Kalkhügeln, oft in Südlage, die sehr gute Qualitätsweine begünstigt. Es gibt eine ganze Palette von Vouvray-Weinen, die sich durch Milde und Feinheit auszeichnen; richtig trokkene Weine stammen kaum aus dem Vouvray-Gebiet. Gute Jahrgänge sind lange lagerbar. Neben dem Vouvray Natur wird der Vouvray Pétillant angeboten, ein leicht prickelnder weißer Schaumwein in den Geschmacksrichtungen sehr herb bis mild.

„Muscadet", ein Weißwein aus der Gegend um Nantes und dem Loiretal mit ziemlichen Qualitätsunterschieden, vom „Sauerampfer" bis zum leichten, spritzigen und würzigen Wein. Er muß kühl und jung getrunken werden, bevorzugt zu Fisch und Krustentieren; preislich erschwinglich. Er wird in einem 9.000 ha großen Anbaugebiet produziert.

„Gros Plant", ähnlich im Geschmack, aber preiswerter; ein leichter und trockener Weißwein, vielleicht etwas herber als der Muscadet. Sollte ebenfalls jung getrunken werden.

Die Gegend um Saumur ist nach der Champagne Frankreichs größter Produzent von Schaumweinen. In den Tuffsteinkellern reifen die Weine heran. Wird als Saumur Brut = sehr trocken, Saumur Sec = halbtrocken, Saumur Demi Sec (halbsüß angeboten).

PYRENÄENWEINE

„Jurançon" war früher d e r Wein der französischen Könige, bis der Phylloxera-Befall große Anbaugebiete zerstörte, mittlerweile haben sie sich erholt. Mit Jurançon benetzte man bei der Taufe die Lippen des späteren Königs Henri IV. Das Anbaugebiet liegt nordwestlich bis südöstlich von Pau. AOC Gebiet seit 1936.

„Jurançon sec", ein trockener Weißwein „rund und saftig, mit langem Abgang, kräftig und voller Charakter". Paßt ausgezeichnet zu Meeresfrüchten und Fisch.

„Jurançon", gold-, bernsteinfarbener Süßwein, den man als Aperitifwein trinkt, besonders gerne auch zu Gänseleber, Geflügel, Räucherlachs oder Pyrenäenkäse. Ältere Jurançon-Weine erinnern fast an Liköre.

Jurançon-Weine bekommt man am besten in Jurançon nahe Pau oder Gan.

„Madiran", ein kräftiger Rotwein und unser Lieblingswein, den schon Generationen von Jakobspilgern getrunken und gerühmt haben, - denn seit dem 12. Jh. kultivierten die Benediktinermönche der Abtei von Madiran den Wein. AOC-Wein seit 1948. Paßt sehr gut zu Wild, dunklem oder gegrilltem Fleisch, Magret, Confit und Pyrenäenkäse.

Infos zu Bordeaux-Weinen im eigenen Kapitel bei Bordeaux, S. 297.

HÖHERPROZENTIGES

„Pineau" - ein köstlicher Apéritif aus frischem Traubensaft und Cognac (im Verhältnis 3:1). Er muß ganz kühl getrunken werden und paßt gut zu

Gänseleber und Roquefort Käse. Pineau blanc, rouge oder rosé.

An Qualität und Ertragsmenge werden genau definierte Anforderungen gestellt. Die Trauben müssen gut reif sein, werden leicht gepreßt und mit mindestens einjährigem Cognac versetzt. Der Pineau reift danach mindestens ein Jahr im Eichenfaß. Pro Jahr werden rund 70.000 hl Pineau produziert, zu 75 % Pineau des Charentes blanc. Pineau kann relativ jung getrunken werden, er gewinnt mit der Reife und kann im kühlen Weinkeller auch in Flaschen (aufrecht stehend!) mehrere Jahre gelagert werden.

„Cognac“: alle Details zur Herstellung, Bezeichnung, Qualitätsunterschieden beim Ort Cognac.
Siehe Seite 236.

KULINARISCHE SPEZIALITÄTEN

Generell stehen an der Küste natürlich hauptsächlich Fisch und Muscheln auf den Speisekarten. Miesmuscheln, Austern, Langusten, eine feine Sache sind die Jakobsmuscheln. Das Fischangebot reicht von Sardinen, Makrelen, Thunfisch bis Goldbrasse, Steinbutt, Seezunge, Wolfsbarsch.

Überall werden verlockende Plateaux de Fruits de Mer angeboten, ein Meerespotpourri aus Muscheln, Austern, Krebsen, Langustinen, Krabben etc. auf Tang dekoriert - die ideale Möglichkeit durchzuprobieren, was einen begeistert und wo man besser die Finger von läßt.

Hummer (homard) und Languste, gegrillt oder à l'armoricaine (scharfe Tomaten-, Zwiebel-, Knoblauchsauce), stehen eher selten und dann zu saftigen Preisen auf der Karte. Erschwinglicher dagegen Langustinen und die vorzüglichen Krebse (Crabe) und Seespinnen (araignée) mit Mayonnaise; kleinere Exemplare als Vorspeise, tellergroße Kaliber als Hauptgericht. Durch die viele Knackerei ein amüsantes, aber mühsames Unterfangen.

Austern (Huitres) aus den bekannten Zuchtgebieten (Marennes, Ile de Ré, Ile d'Oléron); ganz frisch und preiswert; überwiegend werden die „creuses“ angeboten, große Austern mit ungleichmäßiger Schale; die kleineren „plates“ mit glatter Schale schmecken etwas zarter, sind aber recht selten. Austern werden in der Regel roh mit einem Tropfen Zitrone geschlürft, dazu Graubrot (!). Nach einer gewissen Gewöhnungsphase versteht man, wieso sie als Delikatesse gehandelt werden. Austern werden auch gekocht oder „farcies“ = gefüllt (sehr lecker) angeboten. Man öffnet sie entweder hinten am Schließmuskel oder an der Seite, dabei bricht meist die Schale etwas entzwei, man löst das Fleisch mit dem Messer von der Unterseite und schlotzt es genüßlich. Ein robustes Messer reicht vollkommen aus, es gibt natürlich spezielle elektrische Austernöffner für rund 50 Euro. Alle Details zu Austern und Austernzucht im eigenen Kapitel.

Miesmuscheln (moules) an der Küste das Standardgericht, im Weinsud zubereitet eine feine Sache. Jakobsmuschel (Coquille St.Jacques), die edelste des weitgefächerten Muschelangebots - groß und rosa, optisch ungemein ansprechend, mit einer köstlichen Cremesauce überbacken ist eine der exquisitesten Vorspeisen. Der Name der Muscheln geht auf die Millionen zählenden Pilgerströme zum heiligen Jakob nach Santiago di Compostela in Spanien zurück, die diese handtellergroße Muschel als Emblem am Hut trugen.

SPEZIALITÄTEN DES LOIREGEBIETS

Spargel aus Vineuil; Confit (siehe unten) aus Vouvray, Champignons aus Saumur, Seitlinge (pleurote), beurre blanc: eine delikate Sauce, wie flüssige Mayonnaise; wird zu Lachs, Jakobsmuscheln oder dem schmackhaften Hecht aus den Loirezuflüssen serviert. Aal, Lachs oder Alose runden das Fischangebot ab.

Pilze und Wild zur Saison in allen Variationen: Wildschwein, Hirsch, Hase, Hasenterrine, Fasan etc.

Rillette de Tours, eine deftige kalorienreiche Vorspeise: eine Art Schmalzfleisch aus zartem etwas faserigem Schweinefleisch.

Als Nachtisch oder zum Picknick gibt es die köstlichsten Ziegenkäse. Sehr bekannt und gut ist der Crottin de Chavignol, ein kleiner runder Ziegenkäse in den unterschiedlichsten Reifestadien je nach Gusto.

Hinter dem Namen Tarte Tatin, die übrigens im Loiregebiet „erfunden" wurde, verbirgt sich ein zuckersüsses Dessert: ein gestürzter Apfelkuchen mit karamelisierten Äpfeln.

SPEZIALITÄTEN DER ATLANTIKKÜSTE/ PERIGORD / DORDOGNE

Die Speisenzubereitung basiert im wesentlichen auf Schweine- und Gänseschmalz, das sich besonders gut zur Konservierung eignet.

Foie gras (Gänse-/Entenleber). Die sogenannte Stopfleber ist eine brutale Geschichte, zudem zeit- und nervenaufwendig, ist aber eine Delikatesse. Das arme Federvieh wird 3 x täglich (wenn es sich um eine Gans handelt; 2 x täglich, wenn es sich um eine Ente handelt) im wahrsten Sinne des Wortes gestopft, mit Unmengen (ca. 3o kg) von leicht vorgekochtem Mais, wenn es nicht willig schluckt, hilft ein Mörser nach. 2o Tage dauert das grausame Spiel, bis die Leber total vergrößert ist und bis zu 7oo g oder mehr wiegt und das Tier sich kaum noch rühren kann. Wenn es nicht mehr aufstehen kann, ist es schlachtreif.

Confit: eingemachtes Geflügel-, Schweinefleisch. Vor der Erfindung moderner Konservierungsmethoden ein berühmtes Verfahren zur Haltbarmachung. Als Confit de Canard (Ente), d'oie (Gans), de Porc (Schwein).

Magret de Canard: Steaks von den Flanken (Brust) einer Mastente, die gebraten oder gegrillt serviert werden und auch in feinen Scheiben geräuchert zu bekommen sind. Ganz fein und zart.

Mignon de Canard ist ein mariniertes rohes Entenfilet.

Gésier: Magen einer Ente oder Gans. Köstlich, oft als Vorspeise auf Salat angeboten.

Poulet Jaune: mit Mais gefüttertes (gelbes) Huhn.

Pâté de foie gras: Gänseleberpastete.

Salmi de Palombe: Ringeltaubenragout, besonders im Herbst auf den Speisekarten zu finden. Schmeckt manchmal etwas streng; dran ist nicht allzu viel. Uns gefallen sie in der Luft besser als auf dem Teller.

Mouclade (Rochelaise): eine sahnige Miesmuschelzubereitung mit einer Soße aus Muschelsud, Sahne, Eigelb gebunden und mit Curry gewürzt. Siehe Rezepte.

Eclade de Moules: eine köstliche Miesmuschelzubereitung. Muscheln werden auf einem Holzbrett eng nebeneinander aufgeschichtet, mit einer dikken Schicht Kiefernnadeln bedeckt, auf die dann Holzkohle gelegt wird. Ist die Holzkohle ausgebrannt, bläst man die Asche weg; die Miesmuscheln werden mit Brot und Butter gereicht; sehr würzig und lecker.

Lamproie (Neunauge), eine Spezialität aus Bordeaux. Das Neunauge ist eine Art Vampirfisch mit riesigem Saugmund und Zähnen gespickt; damit packen sie ihr Opfer und saugen es aus. Gilt als Delikatesse.

Entrecôte à la Bordelaise: Zwischenrippenstück in Rotweinsauce; wurde früher auf einem Feuer aus alten Rebstöcken gebraten.

Cèpes à la Bordelaise: Steinpilze in Knoblauch und Öl.

Trüffel gelten unter Gourmets als Non Plus Ultra unter den Pilzen. Wir hatten bisher jedoch noch nicht das Vergnügen.

Cabécou, kleine, flache Scheibchen Ziegen- oder Schafskäse in unterschiedlichen Reifestadien, einfach köstlich. Stammte ursprünglich aus Rocamadour.

Tourteau fromager: Käsekuchen (Ziegenkäse) fast in Kugelform. Schwärzliche Oberfläche.

SPEZIALITÄTEN AUS DEM BASKENLAND, DEM BÉARN UND DEN PYRENÄEN

Die baskische Küche ist in der Regel recht gut gewürzt und scharf gepfeffert, eher deftig rustikal als raffiniert. Für die Zubereitung wird Knoblauch und Olivenöl, aber auch viel Geflügelschmalz verwendet. Gelegentliche Anleihen in Spanien sind unverkennbar.

Schinken aus Bayonne: exquisit, unterschiedlich zubereitet, roh oder gekocht. Obwohl in Bayonne nur kleine Mengen produziert werden, hat sich der Name eingebürgert. Schinken aus Orthez oder dem Adour-Gebiet wäre realitätsnaher.

Garbure (ursprünglich eine Béarner Spezialität): eine deftige Gemüsesuppe aus frischem, grünem Gemüse; die Ingredienzen variieren mit der Saison. Grünkohl, weiße Bohnen, Erbsen, Kohl, Petersilie, Thymian, Knoblauch, Kartoffeln, Fleisch, Speck und Confit. Eine gute Garbure ist so gehaltvoll und dick, daß der Löffel drin stecken bleibt. Gibt's häufig auch eingemacht im Weckglas. Siehe Rezepte.

Fisch steht in allen Varianten auf der Speisekarte; besonders Thunfisch (thon blanc ist weißer Thunfisch), oft mit Tomaten und Paprika.

Aal aus der Bidassoa gilt als Delikatesse.

Chipirons à l'encre: kleine Tintenfische, gefüllt oder in der eigenen Tinte geschmort.

Ttoro: baskische Bouillabaisse (Fischsuppe). Basiert auf verschiedenen, ganz frischen Fischsorten, meist mit Knoblauch, Tomaten und Kartoffeln gekocht. Inzwischen manchmal auf Sparversion geschrumpft.

Pipérade: Omelett mit Tomaten, Zwiebeln, Paprika und Schinken - sehr lecker. Siehe Rezepte.

Poulet Basquaise: baskisches Hühnchen, geschmort mit Zwiebeln, Paprika, Tomaten, Schinkenwürfeln und Weißwein, meist mit Reis serviert.

Tripoxa: Blutwurst vom Schaf oder Kalb, mit roten Paprikaschoten angerichtet. Schmeckt würzig interessant.

Poule au pot: ein gefülltes, gekochtes Hühnchen mit Gemüse. Die Spezialität aus dem Béarn soll das Lieblingsgericht von König Henri IV. gewesen sein. Der „gute König von Navarra" wollte erreichen, daß jeder seiner Untertanen am Sonntag ein Huhn im Topf habe.

Piment: rote oder grüne kleine Paprikaschoten. Während die grünen pikant sind, werden sie als rote Schoten scharf wie Pfeffer, aber zugleich würziger. Berühmt sind die Piments aus Espelette, dort werden sie auf lange Ketten aufgefädelt, getrocknet und zerrieben. In Stücke geschnitten geben die grünen Piments dem Omelett Piperade einen köstlichen Geschmack. Fête du Piment in Espelette am letzten Oktobersonntag (s. auch Espelette).

Axoa: Kalbfleisch mit Piments und Zwiebeln; wenn es auf der Karte steht, sollte man zugreifen.

Lotte à la basquaise: Seeteufel in Knoblauch, Tomaten, Paprika und Zwiebeln.

Forellen aus den Gaves (aus den Pyrenäen kommende Bäche).

Sauce béarnaise: berühmte Sauce zu allen Grillgerichten. Sie besteht aus Schalotten, Weißwein, Essig, Butter, Eigelb, Estragon, Thymian, Salz und Pfeffer. (Siehe Rezepte.)

Würzige Käse aus Schafs- oder Ziegenmilch kommen überwiegend aus der Region des Béarn. Dort in kleinen Bergerien oder auch fabrikmäßig hergestellt (z.B. in Mauléon). In Laruns gibt es Anfang Oktober einen speziellen Pyrenäenkäsemarkt (brébis-Schafskäse; chèvre-Ziegenkäse).

Ein vorzüglicher Qualitätskäse wird unter dem Label Ossau-Iraty - pur brébis pyrénées angeboten; der würzige Käse wird nach traditioneller Art aus Schafsmilch hergestellt.

Turon: Marzipanspezialität in unterschiedlichen Variationen, mit Nüssen oder kandierten Früchten.

Macaron: delikate, feine Makronen.

Pastis Landais: Hefekuchen aus Mehl, Zucker, Eiern, Butter und Rum und Vanille.

Gateau basque: leckerer, trockener Kuchen, oft mit Mandelgeschmack, kann mit Crème oder Marmelade gefüllt sein.

Izarra: baskischer Likör in leuchtenden Farben; der grüne ist etwas schwerer, der gelbe süßer. Details zur Herstellung siehe Bayonne.

EINKAUFEN

Boulangerie: Die Bäckerei fehlt in keinem noch so kleinen Nest; mehrmals täglich ofenfrisches, köstliches Weißbrot, auch sonntags. Baguette - die französische Standard-Weißbrotstange. Pain, die breite Variante, Flute, die schmalere. Besonders knusprig der Epi (Ähre) ähnelt lauter zusammengesetzten länglichen Brötchen. Immer häufiger werden auch Grau-/Roggenbrote angeboten: Pain de Seigle, Pain Complet, Pain de Campagne. Selten Pain Céréal, ein herzhaftes Mehrkornbrot. Die exquisiten Croissants (Hörnchen) und pains au chocolat fehlen in keiner Boulangerie.

Butter (beurre) entweder in der gesalzenen Variante (demi-sel) oder in unserer gewohnten Form (doux).

Pâtisserie-Confiserie entspricht unseren Konditoreien. Kleine, leckere, meist sehr süße Kuchen, Plätzchen, Törtchen mit zum Teil lustigen Namen: „Eclairs" - länglicher Windbeutel mit Pudding (Schoko oder Kaffee) gefüllt, „Religieuse" - hat nichts mit einer Nonne zu tun, ein hoch aufgetürmter Windbeutel. Ein „Paris-Brest" ist weder eine Autobahn- noch Zugverbindung, sondern ein mit Sahnecreme gefüllter Kuchen. „Millefeuilles" - eine sehr süße Blätterteig-Puddingschnitte, die beim Essen wirklich in Tausend Blätter zerfällt.

Charcuterie, Rôtisseur, Traiteur bedeutet die köstlichsten Verführungen;

diverse Salate, Paella im Kilo, fertige Braten, Pastetchen etc. Neben Schinken- und Wurstwaren reiche Auswahl an Pâté und Terrinen (leberpastetenähnlich).

Zimt (Cannelle) wird in Frankreich weniger verwendet als bei uns und ist überwiegend nur in speziellen Delikatessenläden zu bekommen. Wer unterwegs gerne Reisbrei mit Zimt und Zucker oder gegrillte Bananen mit Honig und Zimt zubereitet, bringt sich am besten von zu Hause ein Päckchen Zimt mit.

REZEPTE

Austern mit Weißwein: Für 4 Personen 3 Dutzend Austern öffnen, die Austern von der Muschel lösen und das Austernwasser filtern.
In einem Topf 1/2 dl Weißwein mit 4 kleingeschnittenen Schalotten und Pfeffer zum Kochen bringen und bis auf 1 Eßlöffel auskochen lassen. 2 Eigelb vermischt mit etwas Zitronensaft hinzufügen, 1/2 dl Wein und etwas Austernwasser. Auf kleiner Flamme mit einem Schneebesen sämig schlagen. Vom Feuer nehmen und 6o g Butter hinzufügen. Die Austern in ihre Muschel zurücklegen und mit der Sauce bedecken. 5-6 Minuten in den geheizten Backofen stellen.

Mouclade: auch in der Campingküche realisierbar. Butter und feingehackten Knoblauch in eine Kasserole geben, dann ein Glas Weißwein hinzufügen. Die Miesmuscheln dazugeben, bei guter Hitze köcheln, bis sie sich öffnen, dabei umrühren. Die Muscheln herausnehmen und warmstellen; den Kochsud filtern, wieder auf den Herd stellen und die Sauce mit Sahne und einem Eigelb binden und ein paar Fenchelkörner hinzugeben. Die leere Muschelschale jeweils entfernen und die „volle" Muschelhälfte mit der Sauce übergießen.

Gefüllte Palourdes (Venusmuscheln) bzw. **gefüllte Austern**: Die Palourdes mit etwas Weißwein köcheln, bis sie sich öffnen. Die leere Muschelschale entfernen. Schalotten in etwas Butter anschwitzen, trockenen Weißwein und den Muschelsud hinzugießen. Bei kleiner Flamme etwas einkochen lassen, Crème fraiche hinzufügen, geraspelten Gruyère-Käse, Semmelbrösel und gehackte Petersilie. Bei kleiner Flamme gut durchrühren, würzen. Die Palourdes damit füllen und kurz im Backofen überbacken.

Garbure: In einen Topf mit etwas kochendem Wasser geschälte, kleingeschnittene Kartoffeln und Gemüse nach Jahreszeit wie Bohnen, weiße Bohnen, Erbsen geben. Salz und

Pfeffer dazu, rotes Piment wenn vorhanden. Knoblauch, Thymian, Petersilie oder Majoran. Eine ganze Zeit kochen lassen, dann kleingeschnittenen Grünkohl zufügen und zugedeckt weiter köcheln lassen. Nach einer halben Stunde ein oder mehrere Stücke Confit (Schwein, Gans oder Ente) mit viel Schmalz dazugeben und nochmals kochen lassen. In eine Suppenschüssel auf Brotscheiben gießen.

Sauce Béarnaise: In eine Kasserole gießt man ein halbes Glas Essig und ein halbes Glas Weißwein, 3 geschälte, kleingehackte Schalotten dazu, Estragon, Thymian, salzen und pfeffern. Bei schwacher Hitze zugedeckt ca. 1o Minuten weichkochen, durch ein Sieb schütten und abkühlen lassen. Dann 2 Eigelb mit der abgekühlten Flüssigkeit verquirlen und im heißen Wasserbad cremig schlagen. Lauwarme Butterflöckchen (ca. 1oo g) zufügen, gut mischen. Man kann Petersilie und feingehackten Estragon zufügen. Eine delikate Sauce zu gebratenem Fleisch oder Fisch.

Piperade: 1 Dutzend grüne Piments säubern, kleinschneiden und in Olivenöl mit Knoblauch, Zwiebel und scharfem roten Piment leicht schmoren, sollen aber nicht schwarz werden. Ca. 1 Pfund abgehäutete Tomaten dazugeben. Das ganze ca. 2o-3o Min. einköcheln lassen. 6 Eier schlagen, zu der Tomatenmasse geben, eine Prise Salz und etwas Petersilie dazu. Wer's beißiger mag, bruzzelt separat 4 Scheiben Bayonner Schinken an und serviert die Piperade mit dem Schinken.

Mit Ziegenkäse lassen sich auch köstliche Zwischengerichte oder Vorspeisen zaubern, z.B. **warmer Caillaou**: Ein Caillaou (affiné) wird (der Dicke nach) halbiert und auf eine Scheibe Pain de Campagne (Landbrot) gelegt, dann 15 Minuten im Ofen überbacken. Schmeckt vorzüglich.

Panierter Caillaou: Einen Ziegenkäse Caillaou (demi-affiné) in Semmelbrösel und Ei wälzen und in der Pfanne braten. Wenn er cremig ist, ihn auf einem Salatblatt anrichten.

SPORT

Sandstrände sind an der Atlantikküste Trumpf, gute Bademöglichkeiten im nördlichen Bereich und auf den Inseln Ré und d'Oléron, die Festlandküste bietet mit weiten Wattflächen nur geringe Badereize.

Südlich Royan beginnt endloser Dünenstrand, schnurgerade so weit das Auge reicht. Über große Teile einsam. Meerzugänge meist über Stichstraßen, mit kurzen Fußwegen über Dünengras. Hier lassen sich abseits der Strandsiedlungen noch ruhige Badeplätze finden.

Alternativ zum Meer die vielen Süßwasserseen im angrenzenden Kieferngürtel. Besonders für Familien zu empfehlen; das Wasser um einige Grade wärmer als der Atlantik, für Kinder daher die bessere Alternative, - durch das super seichte Wasser gefahrloses Planschen.

Die Badehochburg Arcachon läßt kaum noch Wünsche offen, - kurze Entfernungen zwischen Atlantikbrandung und super geschützter Bucht, der Gezeitenstrom noch sehr deutlich zu beobachten, allerdings kaum Wasser am seichten Ende der Bucht. Breites Übernachtungs- und Sportangebot, die sensationelle Riesendüne Pilat nur einen Katzensprung entfernt, einsame Badestellen sucht man allerdings vergebens.

Landschaftliches Kontrastprogramm an der baskischen Küste, Sandbuchten wechseln mit Steilküste, das Ufer dicht bebaut, zum Baden bester Stützpunkt in und um St. Jean de Luz.

Gewarnt werden muß vor der zum Teil sehr starken und tückischen Strömung, gegen die auch gute Schwimmer machtlos sind. Hinweisschilder „baignade interdit" (Baden verboten) unbedingt beachten!

Jeder Badeort verfügt über mindestens einen bewachten Strandabschnitt. Da die Lautsprecherdurchsagen in den seltensten Fällen deutschsprachig sind, unbedingt die dreieckige Signalflagge beachten:

GRÜN: Baden überwacht und o.k.
GELB: Baden gefährlich, aber noch beaufsichtigt.
ROT: bedeutet Gefahr, Baden verboten.

Großes Angebot an Strand- und Wasserspielen in den Küstenorten; Sommerschlager sind Wellenboards aus Styropor.

An den größeren Ortsstränden gehören Strandzelte und Sonnenschirmverleih zum Standard, oft auch Kinderclub mit Spielplatz und Betreuung. Surf-, Tret-, und Segelbootverleih fast selbstverständlich.

Frankreich gehört zu den Ursprungsländern des FKK, das heißt jedoch nicht, daß hüllenloses Baden an den offiziellen Stränden toleriert wird, dafür gibt es die großen Ferienanlagen bzw. einsame Dünenstrände abseits der Badeorte.

Fünf FKK-Zentren zwischen La Rochelle und Biarritz, meist im Kiefernwald und strandnah gelegen. Übernachtung in Blockhütten, Mietcaravans oder eigenem Zelt. Für Unterhaltung ist bestens gesorgt, vom großen Wassersportangebot über Reiten, eigenem Schwimmbecken, Tennis, Tauchen, Töpfern etc. Abends in der Regel Tanz bei Livemusik.

Oft verlangen die FKK-Anlagen einen Clubausweis mit Bild, gibt's jeweils auf dem Platz, - nicht gerade billig.

PADDELN UND HAUSBOOTE

Wassersport begrenzt sich nicht nur auf den endlos langen Küstensaum mit guten Segel- und Surfbedingungen, gerade die Seen im Kieferngürtel eignen sich hervorragend zum Paddeln. Kanäle zwischen den Seen ermöglichen es vom nördlich gelegenen „Lac de Hourtin", dem größten See Frankreichs in fünf Tagen bis in die Bucht von Arcachon zu paddeln, alternativ über die kleineren südlichen Seen.

Fast dschungelartig ist die Landschaft bei Paddeltouren auf dem Marais Poitevin nördlich La Rochelle. Organisierte Kahnfahrten, Bootsverleih ab Coulon (siehe Seite 199). Ähnlich wilde, urwüchsige Landschaft um den Courant d'Huchet, ein Abfluß des See von Léon (Naturschutzgebiet). Der Fluß ist so flach, daß die Kähne teilweise gestakt werden müssen. Der Courant darf mit privaten Kanus nicht befahren werden. Siehe Seite 354. Auf der Grand l'Eyre, einem Zufluß in das Bassin von Arcachon lassen sich Kanutouren in mehreren Tagesetappen realisieren, insgesamt gut 80 km mit Campingmöglichkeit. Zur Saison gut organisiert mit Kanuverleih und Transportservice. Siehe Seite 269.

Weit verbreitet sind Kanufahrten auf der Dordogne und Nebenflüssen. Im Hochsommer bei 30° C und mehr ein Heidenspaß. Am besten eignen sich die robusten Fiberglas-Kanus, bei den vielen seichten Stellen muß man mit Gummi- oder Faltbooten sehr aufpassen. Viele Kanuvermietungen entlang der Flüsse, der Rückholdienst ist bestens organisiert. Details siehe Text.

Für Segeljollen, Katamarane und Wasserski ideale Bedingungen auf den vielen Seen entlang der Küste. Bootsverleih in den jeweiligen Badeorten oder Ferienzentren am See, für längere Touren oder außerhalb der Hochsaison besser das eigene Boot mitbringen.

Kajak-Rafting: Auf den Wildwasserflüssen der französischen Pyrenäen weit verbreitet. Rafting wird vorwiegend organisiert angeboten, von familienfreundlichen Touren zum Anschnuppern bis zu abenteuerlichen Mehrtagesfahrten auf reißenden Flüssen mit Strudeln und Stromschnellen, beispielsweise auf dem Gave d'Oloron oder Gave de Pau. Infos bei den jeweiligen Fremdenverkehrsbüros.

Familienausflug im Hausboot auf einem halben Dutzend Flüssen und Kanälen von der Loire bis zum Adour im Baskenland; über die

Gironde-> Garonne sogar bis ins Mittelmeer.

Gemietet werden die Boote vor Ort, Übernachtung an Bord, Angelrouten und Fahrräder werden oft gleich mit vermietet. Das Zweirad empfiehlt sich für kurze Ausflüge zu nahegelegenen Schlössern, ins nächste Dorf oder um morgens das frische Baguette zu holen. Die Branntweinkellereien in Cognac liegen unmittelbar am Charenteufer.

Führerschein zum Steuern der Kähne ist nicht notwendig; mit 5-1o km/h geht's supergemütlich über die Wasserstraßen. Boote komplett ausgestattet: Schlafplätze für 2-12 Personen je nach Typ, eingerichtete Pantry, fließend Wasser, manchmal sogar Dusche.

Die Palette der Bootstypen reicht vom kleinen Kajütboot bis zum schwimmenden Wohnwagen.

Hausboote sind am perfektesten ausgestattet, abgeteilte Kabinen, Küche mit Backofen, großer Wassertank (25o-5oo l), im Salon Teppichboden und Holzverkleidung - eine gemütliche Atmosphäre. Die Größe variiert von 5-14 m, entsprechend für 3-1o Personen. Durch den geringen Tiefgang (ca. 5o cm) auf jedem Kanal einsetzbar.

Pénichettes sind kleine handliche Boote ähnlich den traditionellen Flußkähnen, 9-15 m lang mit solidem Dieselmotor - für uns die schönsten Boote auf den Kanälen. Die Firma Locaboat Plaisance hat sich auf den Bau und die Vermietung der stilvollen Pénichettes spezialisiert. Sieben Typen unterschiedlicher Größe für 3-12 Personen stehen zur Wahl. Viel Bewegungsfreiraum an Deck, gut ausgestattete Einbauküche, Naßzelle, gemütliche Aufenthaltsräume. Informationen und Preisliste: Locaboat Plaisance, Postfach 867, 79oo8 Freiburg. Tel. o761/ 2o7 37 37, Fax: o761/ 2o7 37 73.

Hauskähne (Chaland-house) oder Caraflots, etwas eigenwillige Konstruktionen, bestehen aus einem flachen Kahn, auf dem ein Wohnwagen verankert ist. Platz für ca. 6 Personen, innen die übliche Wohnwageneinrichtung. Manchmal werden die Flachkähne auch solo angeboten (Bezeichnung: Carabages), um den eigenen Wohnwagen darauf zu verpflanzen; max. bis 6 m Länge.

Nach Versicherung der Gesellschaften sollen die pontonähnlichen Kähne unsinkbar sein. Gesteuert wird der Außenborder von einem separaten Führerstand. Vorteil gegenüber den Hausbooten: bei schönem Wetter sehr viel Bewegungsfreiheit auf der Plattform, um zu angeln, Fahrräder (Mopeds) zu deponieren oder Liegestühle aufzustellen.

Organisierte Fahrten in **Hotelkabinenkreuzern** mit Schlafplätzen für 6-18 Leute, alle anfallenden Arbeiten übernimmt die Crew - ein schwimmendes Hotel/Restaurant.

DIE WASSERWEGE DES FESTLANDES

Die Schiffahrt auf der Loire ist wegen des stark schwankenden Tiefgangs (stellenweise nur 25 cm) weitgehend eingestellt, eine Schloßtour per Boot im interessanten Loireabschnitt von Tours bis Orléans leider nicht möglich, nur die unteren 134 km von Le Mans bis Angers befahrbar.

Schiffbar sind die Seitenflüsse der Loire SARTHE, MAYENNE, MAINE (nahe Angers).

Außerdem der sogenannte LOIRE-SEITENKANAL östlich von Orléans (Canal - Latéral à la Loire): Ein gut 2oo km langer Kanal in den Départements Loire et Cher, der mit dem gesamten Wassernetz (ca. 8.ooo km) verbunden ist. Insgesamt 37 Schleusen, max. Tiefgang 1,8 m. Landschaftlich sehr ansprechend mit Treidelpfaden, malerischen Dörfern etc.

Anschließend der älteste Kanal Frankreichs Canal de Briare, 54 km lang, 32 Schleusen, wurde bereits 16o4 begonnen. Spektakulär durch die einmalige Kanalbrücke des bekannten Architekten Gustave Eiffel. Siehe Seite 88.

Der nachfolgende Canal du Long (49 km, 2o Schleusen) mündet in die Seine und bietet damit die Möglichkeit, per Boot bis Paris zu schippern.

Die SEITENFLÜSSE im Unterlauf der Loire führen durch das geschichtsträchtige Gebiet Anjou. Am Ufer alte Abteien, Burgen und Schlösser, prima für Kurzausflüge per Rad.

Sarthe: 134 km von Angers bis Le Mans, 2o Schleusen, mäanderförmig geschwungen, Tiefgang 1,1o-1,4o m, keine Treidelpfade.

Mayenne: 9o km schiffbar, 25 Schleusen. Ebenfalls ab Angers flußaufwärts. Hier tummeln sich überwiegend Sport- und Hausboote. Während der Sommermonate bei starker Trockenheit u.U. schwierig befahrbar.

Die Maine verbindet über 11 km (von Angers bis zur Mündung bei Bouche Maine) beide Flüsse mit der Loire.

Bei Nantes knapp 3o km den Loireseitenfluß L'Erdre aufwärts. Am Ufer immer wieder hübsche Herrensitze und Schlösser wie La Poterie, La Gacherie und La Courvonnerie zu sehen. Nach der seeartigen Erweiterung „Plaines de Mazerolles" Anschluß an den sehr lohnenden NANTES-BREST KANAL (Details im Velbinger-Band 25 Bretagne/Normandie).

DIE WASSERWEGE AM ATLANTIK

Charente: 164 km, 21 Schleusen.

Einer der schönsten Wasserwege mitten durch das Anbaugebiet des Cognac, Weinberge, Schlösser; der römische Triumphbogen in Saintes direkt am Charenteufer, Anlegestelle in Cognac unmittelbar neben den berühmten Herstellern Hennessy, Château de Cognac etc. mit Direktverkauf und Probe. Angoulême wird von seiner Kathedrale überragt (12. Jh.). Ausführlichere Infos im Hauptteil.

Die Garonne und Seitenarm Dordogne:

GARONNE, Teil der 6oo km langen Querverbindung Atlantik-> Mittelmeer, interessant durch die Burgen am Ufer. Von der breiten Mündung bei Royan bis Castets en Dorthe 15o km ohne Schleusen, dadurch guter Tagesschnitt. An Weinhängen vorbei, auf letztem Drittel die Flußschleife bei Bordeaux mit Anlegemöglichkeiten nahe dem Zentrum.

Ab Castets en Dorthe über den GARONNE-SEITENKANAL (Canal Latéral à la Garonne) 194 km, 53 Schleusen mit Anschluß an den Canal du Midi. Durch den Baumeister Vauban wurde der Kanal 1856 in Angriff genommen, um den problematischen Garonneabschnitt schiffbar zu machen. Schöne Fahrradtouren auf dem Treidelpfad entlang der Strecke.

Die DORDOGNE mündet etwas nördlich von Bordeaux am Ende des Girondetrichters. 117 km schiffbar, ohne Schleusen, dafür mit Gezeitenunterschieden und Flußströmungen rechnen!

Adour:

Ab der baskischen Küste (Bayonne) 72 km den Adour aufwärts, bis zur Stadt Dax. Keine Schleusen, insofern sind die Gezeitenunterschiede zu beachten, bei Dax nur noch knapp 7o cm Tiefgang.

CHARTERPREISE

Mindestens eine Chartergesellschaft an jeder beschriebenen Wasserstraße. Die Preise sind sehr stark abhängig vom Bootstyp, Anzahl der Schlafplätze und Miettermin (Hauptsaison Juli/August, Nachsaison Oktober bis Ende März). Zudem eine hohe Kaution.

Es gibt an jedem Fluß und Kanal diverse Anbieter. Einen guten Überblick erhält man bei Nicols, Route du Puy-Saint-Bonnet, 493oo Cholet.

In Deutschland bei: Locaboat Plaisance, Postfach 867, 79oo8 Freiburg oder Hausbootferien Karin Reinwald, Postfach 4o o1 52, 5141o Bergisch-Gladbach. Preislich liegt ein 6- bis 8-Pers.-Boot um 1.5oo Euro/Woche zur Vor-/Nachsaison und 2.ooo Euro/Woche im Juli/August.

Aktuelle Preise und Bootsbeschreibung im gesonderten Infoheft beim Touristenbüro Frankfurt erhältlich. In Frankreich: Fédération des Industries Nautiques, Port de la Bourdonnais, 75oo7 Paris.

Zu beachten: Kanäle sind durch die Wasserregulierung grundsätzlich leichter zu befahren als Flüsse mit u.U. tückischen Strömungen (Hochwasser, Gezeiten etc.).

Höchstgeschwindigkeit: auf Kanälen 6-1o km/h, auf Flüssen 1o-25 km/h.

Verkehrsschilder regeln „Einbahnstraßen" bzw. Durchfahrtsverbot.

Nachtfahrten untersagt, Berufsschiffahrt hat grundsätzlich Vorrang.

Zulässige Bootsgröße (Breite, Höhe,Tiefgang) bei jedem Fluß unterschiedlich. Minimalmaße: Länge 2om, Breite 4,5om, lichte Höhe 2,5om. Tiefgang 1,2om, doch zusätzlich vom jeweiligen Gezeitenstand und Schleusenniveau abhängig.

Weitere Auskunft: Office National de Navigation, 2, Bd Latour Maubourg, 75oo7 Paris.

Schleusenbenutzung kostenlos, doch freut sich jeder Schleusenwärter über ein Trinkgeld. Viele Tore werden noch per Hand gekurbelt, Selbstbedienung und Automatik die Ausnahme. Öffnungszeiten: im Sommer 6.3o-19.3o Uhr. Auf verschiedenen Flußabschnitten sonntags bzw. an bestimmten Feiertagen keine Schleusenöffnung!

Sehr zu empfehlende Literatur: „Binnengewässer Frankreichs, alle schiffbaren Flüsse und Kanäle“ von David Edwards-May, Edition Maritim. Übersicht der befahrbaren Wasserwege Frankreichs, minutiöse Beschreibung der Flußabschnitte mit jeder Schleuse, Brücke, Insel etc. Hilfreiche Allgemeininfos und ausführliche Liste der Charteradressen.

WINDSURFING (Planche à Voile)

Surfer kommen an der Atlantikküste voll auf ihre Kosten, ganz gleich ob Anfänger oder Cracks.

Bei knapp 5oo km Küste und gut 1/2 Dutzend Binnenseen bieten sich alle denkbaren Möglichkeiten.

Die Seen liegen z.T. weniger als 1o km von der Küste entfernt und eignen sich durch den geringen Wellengang besonders auch für Anfänger. Super seichtes Wasser und oft überschaubare Dimensionen; die unvermeidbare Leebildung durch den Wald ist bei der Wahl des Standquartiers zu beachten, Hauptwindrichtung in der Regel aus West (Südwest bis Nordwest drehend). Die Seezugänge halten sich allerdings in Grenzen; führt die Straße bis dicht ans Ufer ist es meist überfüllt, Picknickbänke, Campingplätze, Surf- und Bootsverleih, oft auch Strandbadatmosphäre (Sandstrand). Detaillierte Infos über die Seezugänge an der entsprechenden Textstelle. Transportwagen fürs Board empfehlenswert, um bequem vom Campingplatz oder Parkplatz ans Ufer zu kommen.

Surfen am Meer erfordert wegen des Wellengangs viel Erfahrung. Im Norden bis zur Girondemündung lassen sich noch geschützte Sandbuchten finden (z.B. um Royan, die Inseln Ré und d'Oléron), der Gezeitenunterschied allerdings noch deutlich zu spüren. Bei Ebbe staken in manchen Buchten die Austernzäune hervor. Im inneren Bereich der Musterbucht „Arcachon“ schaut's für Surfer dann schlecht aus, die besten Möglichkeiten direkt am Strand von Arcachon oder vis-à-vis Cap Ferret, Surfverbot allerdings vor der Riesendüne Pilat.

Wellenreiten: Der Drehbuchautor Peter Viertel, der Ehemann von Deborah Kerr, brachte das Wellenreiten nach Europa. Anläßlich der Dreharbeiten 1957 zu dem Film „Le Soleil se lève aussi“ kam er nach Biarritz und brachte sein Wellenreit-Board aus den USA mit, um am Grande Plage die aus Hawaii stammende Sportart zu praktizieren. Der spektakuläre Sport kam in Frankreich so gut an, daß 1964 der Verband für Surf Riding gegründet wurde und die Sportart am Gymnasium in Biarritz in das Unterrichtsprogramm aufgenommen wurde.

Je weiter südlich, desto besser die Bedingungen für Brandungssurfer und zum Wellenreiten: Meerzugänge südlich der Girondemündung bis zur baskischen Küste in der Regel über Stichstraßen, die in großen Parkplätzen enden. Bei den Feriensiedlungen sind die Strände meist überwacht; wegen der gefährlichen Strömung notwendig. Warnschilder und Flaggen bzgl. Badeverbot deshalb unbedingt beachten.

Wer am Atlantik surfen möchte, sollte wenigstens den Beachstart beherrschen, andernfalls kann die Surferei schnell zum Frust werden. Bretter mit voll einklappbarem Schwert ratsam.

An der baskischen Küste wieder geschützte Buchten, z.T. auch Steilküste; geradezu ideal in St. Jean de Luz, durch die breite Mole optimal wellengeschützt, Zugang von allen Seiten.

Surfshops in fast jedem Badeort; mit Zubehör und Neumaterial bestens ausgestattet. Spezielle Ersatz- und Verschleißteile allerdings sicherheitshalber von Zuhause mitbringen, um im Notfall nicht lange suchen zu müssen.

Surfverleih fast überall in den Ferienorten vorhanden, oft auch Surfschulen. Hinweise mit Preisen an der jeweiligen Textstelle.

SEGELN

Für den Hochseesegler bringt die schnurgerade „Côte d'Argent" nicht viel Abwechslung, interessanter sind die Küstenabschnitte im Norden um La Rochelle mit einem der größten Jachthäfen und Start vieler Weltumseglungen bzw. im Süden die Côte Basque, - z.T. wieder Steilküste, die Pyrenäen im Hintergrund.

Jollen und Katamaransegeln an geschützten Buchten und auf den ruhigeren Binnenseen sehr gefragt. Bootsverleih in den jeweiligen Badeorten, Preisangaben im Text. An manchen Stellen auch Unterricht möglich.

TAUCHEN

Zum Tauchen trotz der endlos scheinenden Küste nur wenige gute Möglichkeiten.

Tauchbasen in Arcachon: Bei Flut ein ideales Gebiet, günstige Tauchtiefen von 2o-3o m und viele interessante Objekte auf engem Raum; u.a. abgestürzte Bunker, versunkene Fischkutter, ein Dampfschiff aus dem 19. Jahrhundert.

Z.T. steil abfallende Küste im Baskenland erweitert die Möglichkeiten. In Hendaye organisierte Tauchfahrten bis Spanien. Internationale Tauchbasis in Biarritz mit Flaschennachfüllmöglichkeit und Verleih. Ein DIN-Übergangsstück für deutsche Flaschen ratsam.

Harpunieren in Verbindung mit Sauerstoff-Flaschen untersagt. Es ist auch nicht gestattet, beides gleichzeitig auf dem Boot mitzuführen. Bei der Unterwasserjagd dürfen max. 6 Schalentiere bzw. Fische erlegt werden. Verkauf ohne Genehmigung verboten. Besondere Vorsicht ist an manchen Stellen durch die verschiedenen Unterwasserströmungen geboten.

FAHRRADFAHREN

Wird immer beliebter. Die schönsten Touren im Loiretal, auf abgelegenen Landstraßen von Schloß zu Schloß; oft liegen sie nur 2o-3o km auseinander, die Steigungen halten sich in Grenzen. Durch Weinanbaugebiete, schattige Wälder, schöne Picknickstellen. Um dem Haupttouristenstrom aus dem Weg zu gehen, lieber kleine Straßen wählen und Umwege in Kauf nehmen, dafür aber nicht ständig die überholenden Autos im Nacken. Tourenvorschläge in manchen Touristenbüros gegen geringe Gebühr erhältlich, gut ausgearbeitet inkl. Wegbeschreibung, Kartenskizze etc. Hinweise auch im Text.

Campingplätze und kleine Hotels meist in Schloßnähe, schöne Campinganlagen auch am Loireufer. Jugendherbergen sind eher dünn gesät, siehe Text.

An der Atlantikküste bieten sich im Norden die beiden Inseln Ré und d'Oléron zum Radeln an; überschaubare Dimensionen, Brückengebühr vernachlässigbar. Im Juli/August allerdings knallvoll.

Im mittleren Küstenbereich kann man die kurzen Entfernungen zwischen den Seen und der Dünenküste gut per Fahrrad überbrücken, dabei möglichst die schnurgerade Hauptstraße (ohne Radweg) meiden, hier flitzen die Autos mit 9o km/h. Schöne Alternativen führen durch den schattigen Kiefernwald. (Hinweise im Text.)

Für Wohnmobilisten ist das Fahrrad eine praktische Ergänzung für die Kurzstrecken, zum Einkaufen oder als Familienausflug zum Strand ohne jedesmal das Standquartier abbrechen zu müssen. Die Campingplätze liegen in der Regel außerhalb der Orte und nicht immer am Meer.

Vélos Touts Terrains (VTT): Mountain Biker kommen in den Pyrenäen voll auf ihre Kosten. Hier sind Forstwege eigens für VTT ausgewiesen. Wer es einmal ausprobieren möchte, kann sich in verschiedenen Orten Mountain Bikes ausleihen.

Fahrradvermietungen sind in Ferienorten zahlreich vorhanden, meist gutes Material, Räder oft mit Gangschaltung. Preis pro Tag gut 18 Euro, Rabatt bei einer Woche Mietdauer. Unterschieden wird zwischen „vélo type traditionel“ und „randonneur“, dem Rennrad. VTT etwas teuer.

Fahrrad per Bahn vorausschicken: In Frankreich mindestens zwei Tage vorher aufgeben. Die SNCF bietet an über 1oo Bahnhöfen eine spezielle

Pappkartonverpackung an (geringe Gebühr), in Deutschland besorgt man sich am besten eine alte Verpackung beim Fahrradhändler.

In einigen lokalen Zügen kann das Rad auch als „Handgepäck“ bzw. im Gepäckwagen mitgeführt werden. Entsprechende Züge im Fahrplan mit Fahrradsymbolen gekennzeichnet.

Fahrradgeschäfte und Werkstätten: In den Städten bestens ausgestattet, doch alles auf französische Marken abgestimmt. Im Klartext: Die Maße für Räder, Speichen etc. variieren in der Größe; Ersatz für beispielsweise einen defekten Mantel aus nicht-französischer Produktion kann zum Problem werden. Verschleißteile dieser Art in Reserve mitbringen.

WANDERN siehe Pyrenäenkapitel Seite 431.

FISCHEN ZU FUSS OHNE ANGEL - „Pêche à Pied“

Global kann man es auch als Muschelnsammeln bezeichnen. Ein beliebter und lohnender Zeitvertreib für Groß und Klein, besonders im Watt des nördlichen Küstenbereichs. Bei Ebbe liegen viele eßbare Muschelsorten direkt am Strand. Professionelle Muschelsammler ziehen mit großen Harken los und rechen ganze Strandbereiche auf, um PALOURDES, COQUES oder PRAIRES zu finden, andere graben gezielt im Sand nach MESSERMUSCHELN (Couteau droit) und handgroßen PHOLABES. Es gehört ein geübtes Auge dazu, da sie gut 3o cm im Sand stecken. Auf Druck spritzen sie eine kleine Wasserfontäne durch den Sand bzw. sind am weichen Untergrund zu erahnen.

Gesucht wird generell an der noch feuchten Gezeitenzone, auf Sandbänken, bei algigen Felsen oder Spalten etc. Tang wird „gegen den Strich“ durchkämmt, um sogenannte BIGORNEAU, kleine eßbare STRANDSCHNECKEN oder TASCHENKREBSE und CRABES VERTS zu finden, manchmal sind diese auch unter Steinen versteckt.

Achtung: Aufgehobene Steine müssen unbedingt wieder an ihren Platz gelegt werden, da sonst die wichtige, kaum sichtbare Mikrofauna und -flora zerstört wird.

AUSTERN (Huitres) gehören zu den Zuchtanlagen und dürfen im großen Umkreis nicht gesammelt werden. MIESMUSCHELN (moules) natürlich nicht von Muschelzäunen abdrehen, sondern nur die „wild wachsenden“ am Felsen.

MEERESANGELN

Vom Strand, hauptsächlich auf Flundern, mit speziellen langen Ruten und Hakensätzen, als Köder die fingerdicken Sandwürmer (vers de vase). Zubehör in den gut sortierten Fachgeschäften.

Bei HOCHSEEANGELTOUREN sind die Fangquoten um

einiges besser.

Bootsfahrten (teilweise mit Ausrüstungsverleih) werden in größeren Touristenorten angeboten: La Rochelle, Royan, Arcachon etc. Meist nur zur Hochsaison; Infos im jeweiligen Touristenbüro bzw. im Text.

Angeln in den SÜSSWASSERSEEN möglich, zuvor muß allerdings eine Angelkarte gekauft werden, meist im örtlichen Tabakladen oder dem seenächsten Hotel/Restaurant erhältlich.

DRACHEN-/GLEITSCHIRMFLIEGEN

Obwohl es an der Atlantikküste keine Berge gibt, lohnt es sich mit Ziel Bassin d'Arcachon den Drachen aufs Auto zu schnallen. Die Düne von PILAT (der höchste Sandberg Europas) eignet sich hervorragend zum Fliegen im Hangaufwind. 114 m hoch, mit einer gut 3 km langen Hangkante. Der überwiegend vorherrschende Westwind setzt meist gegen Mittag ein, wenn nicht gerade ein stabiles Hoch vorherrscht. Bester Startplatz mit kurzem Fußweg am südlichen Dünenausläufer, - stundenlanges Soaren möglich. Landeplatz entweder am Sandstrand, mit viel Erfahrung auch Toplandung auf der Düne möglich.

Baptême (Flugtaufe) heißt das Stichwort für Zuschauer, die Drachenfliegen als Kopilot ausprobieren wollen. Im „Doppelsitzer" kann man zusammen mit erfahrenen Piloten das Flugerlebnis hautnah mitbekommen.

Bei der Anfahrt sehr gutes Fluggebiet am Puy de Dôme bei Clermont Ferrand in der Auvergne. Ein kegelförmiger Vulkanberg mit Startmöglichkeiten in alle Richtungen. Bei Strecken bzw. Dreieckflügen ungewöhnlicher Blick von oben in die zugewucherten Kraterkegel. Gleitschirmflieger sind hier ebenfalls am Start.

In den Pyrenäen liegen die Startplätze meist neben den Paßstraßen. Z.B. bei Luchon von Superbagnères (1.8o4 m), am Ende der Stichstraße D 46. Start bei N- bzw. SO-Winden, 1.2oo m Höhendifferenz. Bei St. Jean-Pied de-Port, ca. 1 Std. von der Küste entfernt mit Autozufahrt zum Jara (812 m) im Norden. Startmöglichkeiten bei allen Windrichtungen, Höhendifferenz 65o m. Durch Voralpencharakter gute Streckenflugbedingungen. Die besten Gebiete für die gerade vorherrschende Windrichtung erfährt man von den lokalen Clubs (Adressen im nächstgelegenen Touristenbüro), mit denen man sich vor einem Flug in Verbindung setzen sollte. Flugschulen bieten oft Lernkurse an, besonders für Gleitschirmflieger. Vorher abklären, in wie weit die Flugscheine dann vom DHV (Deutscher Hängegleiter Verband) anerkannt werden.

ROULOTTES

Mal ganz anders mit Pferd und Planwagen durch die Lande. Die Zugpferde sind meist gutmütige Tiere und an Touristen gewöhnt. Die nostalgisch anmutenden Wagen mit Kochmöglichkeit, Geschirr und Schlafgelegenheit für die ganze Familie (max. 5 Personen) ausgestattet. An der Atlantikküste sind die Gebiete rund um Cognac oder eine Rundfahrt im Marais Poitevin besonders beliebt für die Fahrten im „Zigeunerwagen".

Für eine 3-Tagestour zahlt man ca. 28o Euro inkl. Pferdefutter und Haftpflichtversicherung, - denn man weiß ja nie, ob das Pferdchen auch immer dahinläuft, wo es soll. Weitere Infos in der Broschüre „Roulotte en Poitou-Charentes" bei: Maison Poitou Charentes, 68-7o, rue du Cherche-Midi, 75oo6 Paris.

TENNIS

Jeder Badeort, der etwas auf sich hält, verfügt über mehrere Tennisplätze, z.T. auch bei Campingplätzen und Hotels. Stundenweise Vermietung, teilweise auch Schlägerverleih. Zur Hauptreisezeit Juli/August Platzreservierung ratsam. Nähere Infos im Text.

AUSTERN

Ein wichtiger Erwerbszweig an der nördlichen Atlantikküste; ca. 2/3 der französischen Austernproduktion stammt aus Marennes. Ein zeitaufwendiges Geschäft, das viel harte Handarbeit und Pflege bei jedem Wetter erfordert; über 1oo x wird jede Auster „bearbeitet“, bis sie nach etwa 4- bis 5-jähriger Zucht in wenigen Sekunden geschlürft werden kann. Austern kauft man superfrisch und recht preiswert direkt bei den Zuchtparks, „Gebrauchsanweisung“ inklusive.

Generell werden Austern nach Größen gehandelt; je größer, desto teurer. Klassifizierung durch Nummern, angefangen bei der größten mit o bzw. 1; normal sind die Nr. 3 und 4, die häufig auf Speisekarten zu finden sind. Preisangaben üblicherweise im Dutzend. Qualitativ am hochwertigsten sind Austern in der Wintersaison, dann 14 Tage bis 3 Wochen gekühlt haltbar. An der Küste bekommt man sie auch im Sommer immer frisch.

Man unterscheidet zwei Sorten:

Huitre plate (Ostrea): die delikatere, auch als flache Auster bezeichnet. Eine kleinere, runde Muschel mit relativ glatter Oberfläche. Die „Plates“ schmekken feiner, sind seltener und entsprechend teurer, kommen natürlicherweise auf Sandbänken vor.

Huitre creuse (Gryphea): die übliche, fleischige, meist größere Auster; schmeckt nicht ganz so raffiniert wie ihre „Konkurrentin“. Sie wächst länglicher mit ungleichmäßiger, geriffelter Schale und ist die robustere der Beiden. Ursprünglich wachsen sie an Felsen. Sie werden nach ihrer Zuchtmethode huitres fines de claire, huitres de parc etc. bezeichnet.

Natürlich wachsende Austern sind als Nahrungsmittel schon seit vorgeschichtlicher Zeit bekannt. Die Römer betrieben bereits professionelle Austernzucht. Am Hof König Ludwig XIV. wurden sie in Massen gefuttert.

Durch Zufall kam im 19. Jh. die Creuse an die französische Küste. Ein portugiesischer Frachter suchte 1868 bei Sturm in der Girondemündung (bei Bordeaux) Schutz. Die leicht verderbliche Ware, die für England bestimmt war, wurde kurzerhand über Bord gekippt und entwickelte sich prächtig. Die seitdem als Portugaises bezeichneten Austern (eigentlich aus Indien stammend) verbreiteten sich rasch an der Atlantikküste, an manchen Gebieten verdrängten sie sogar die heimischen Huitres plates (Ostrea). Seit 1858 wird in Frankreich Austernzucht betrieben.

Zahlreiche Parasiten machen die Austernzucht zu einem besonders risikoreichen Geschäft. Eine Virusepidemie rottete die flache Ostrea in den 2oer Jahren nahezu aus. Man stieg auf die Portugaise um, die in den 7oer Jahren ebenfalls von einer Seuche befallen wurde. Da es keine Gegenmittel gab, sah man sich gezwungen, aus Kanada und Japan neue Arten einzuführen. Da die „Japonaise“ optisch und geschmacklich ziemlich der Portugaise gleicht, haben die wenigsten Verbraucher den Wechsel mitbekommen. Die neue „Crassostrea Gigas“ hat zudem den Vorteil, daß sie schneller wächst und größer als die Portugaise wird; sie ist schon nach 3 statt 4-5 Jahren verkaufsreif.

Austernaufzucht

Austern sind Zwitter. Voraussetzung für die Zucht ist eine Wassertemperatur von ca. 21° C und keine zu hohe Salzkonzentration; deshalb werden Flußmündungen für Zuchtparks bevorzugt. Im Frühjahr werden die winzigen (ca. 1/3 mm großen) Larven ausgestoßen (ca. 1-2 Millionen pro Muschel); für Austernzüchter der spannendste Moment im Jahr; sie legen Larvenfallen aus (häufig gekalkte Dachziegel), auf denen sich die Larven ansiedeln. Bevorzugt rauher Untergrund, Schiefer, Dachziegeln, Austernschalen, Jakobsmuscheln. Aber auch Plastikscheiben und sogar ins Meer geworfene Fahrräder werden von den Austern akzeptiert.

Mit 9 Tagen haben sie etwa die Größe von Fliegendreck erreicht, nach 2 Monaten ca. 5 mm Durchmesser. Nach 9 Monaten werden sie nach Größe sortiert und in die verschiedenen Austernparks/-bänke verpflanzt. In dem seichten, planktonhaltigen Wasser wachsen die Austern weitere 3 Jahre bis zur Ernte heran. Vor dem Verkauf werden sie erneut umgesetzt in gezeitenunabhängige Bassins, in denen sich der Sand und die Algen von der Muschel lösen und sich die Auster an das Ausbleiben der Gezeiten gewöhnt und geschlossen bleibt.

Maximal können Austern ca. 25 Jahre alt werden. Sie filtern ihre Nahrung, winzige pflanzliche und tierische Schwebeorganismen, aus ihrem Atemwasser heraus.

Gefahren: neben Krankheit bedrohen Verschmutzung, Verschlammung, zu hoher Salzgehalt, Stürme oder Kälteeinbrüche die Austernparks. Ihre natürlichen Feinde sind Miesmuscheln, Raubfische, ein Rochen kann sogar die Schale knacken; Seeschnecken, Krebse und Seesterne fressen die Larven. Nur ein Bruchteil der Larven überlebt.

MUSCHELZUCHT

Miesmuscheln werden an Zäunen (Eichenpfählen) gezüchtet. Larven von Sandkorngröße setzen sich an den Seilen fest, die die Pfähle miteinander verbinden. Später werden sie in ein Netz gepackt, das wieder am Holz festgebunden wird. Nach 1 bis 1,5 Jahren Wachstumszeit sind die Muscheln „ernterreif". Seit dem 15. Jh. werden Miesmuscheln gezüchtet. 1958 verzeichneten die Züchter einen neuen Aufschwung. 1981 wurden in Frankreich ca. 76.5oo t Miesmuscheln produziert.

SALINEN

Das Grundprinzip der Salzgewinnung basiert darauf, daß Salz auskristallisiert (sich absetzt), sobald das Wasser gesättigt ist, also keine weiteren Kristalle aufnehmen kann.

Schlangenförmig ziehen sich schmale Kanäle vom Meer zu den Salzgärten. Bei Hochflut steigt das Meerwasser in den Kanälen an. Durch die trichterförmige Öffnung im Damm dringt es in ein Vorbecken ein. Auf der Kanalseite regelt ein Mäuerchen den Nachschub (durch Holztore kontrollierbar). Im Vorbecken erwärmt sich das Meerwasser schon ein wenig und lagert Schmutzpartikel ab. Alle 2-3 Jahre müssen die Becken entleert werden, dabei werden große Mengen Fische abgefischt. Aus den Vorbecken fließt das Wasser allmählich in das zweite Klärbecken. Der kontrollierte Abfluß erfolgt durch eine große Platte mit verschließbaren Löchern in verschiedenen Höhen.

Die Saline, das dritte Bassin, ist der wichtigste und komplizierteste Teil und besteht aus drei verschiedenen Beckentypen: den sogenannten Fares, Adernes und Oeillets. Die beiden ersteren dienen primär der weiteren Erwärmung und Verdunstung des Wassers; dazu wird das Wasser mäanderförmig bei nur 2-5 cm Wassertiefe am Rand der Saline entlanggeführt, um die Oberfläche zu maximieren. Einfache Schieferplättchen regeln den Einfluß in die letzten rechteckig angelegten Bassins, die sogenannten Oeillets. Bei einer Wasserhöhe von ca. 1 cm kann das Salz auskristallisieren und geerntet werden. Peinlichste Reinhaltung ist hier erforderlich.

Bei der Ernte steht der Paludier auf kleinen runden Plattformen und recht mit einer langen Harke das Salz zusammen. Auf den großen Dämmen wird das Salz gesammelt und abtransportiert.

Salinen variieren in der Größe; die Zahl der Oeillets ist nicht begrenzt, allerdings muß das Vorbecken groß genug sein, um die Salinen 15 bis 3o Tage mit Salzwasser versorgen zu können.

GESCHICHTE

DER 1oo-JÄHRIGE KRIEG (1339-1453)

Ein Erbfolgekrieg um den französischen Königsthron zwischen den rivalisierenden Dynastien der Kapetinger und Plantagenêts.

Die Hauptlinie des Kapetinger-Königsgeschlechts war mit Karl IV. ausgestorben, und Frauen war die Thronfolge ausdrücklich verwehrt. So sollte die Krone an Philipp VI., Neffen des Kapetingers Philipp des Schönen, fallen. Gleichzeitig pochte der Engländer Eduard III., Sohn einer Tochter Philipps des Schönen, auf sein Thronrecht.

1337-38 begannen die Kriegshändel zwischen England und Frankreich. Sie zogen sich mit Unterbrechungen über 11o Jahre hin und stoppten die Entwicklung Frankreichs.

Anfangs war England erfolgreicher und besetzte Südwestfrankreich, später auch Nordfrankreich. Im Frieden von Brétigny 136o verzichtete Eduard III. auf die Krone und bekam als Ausgleich Südwestfrankreich. Die Kämpfe flackerten aber bald wieder auf: In zermürbenden Kleinkriegen konnten die mit Burgund verbündeten Engländer anfangs zurückgedrängt werden. Dafür besetzten sie in einem Vorstoß die Normandie und Paris.

Bitter für die Franzosen: König Karl VI. war psychisch krank, und Dauphin Karl VII. zweifelte an seiner Abstammung wie an der Rechtmäßigkeit seiner Thronfolge, - er flüchtete ins Loiretal.

Wende und Rettung kam für Frankreich total unerwartet von dem Bauernmädchen Jeanne d'Arc, dem es gelang, den Dauphin zur Krönung in Reims zu bewegen und damit die Thronfolge zu legitimieren. Jeanne d'Arc erkämpfte durch die Befreiung von Orléans den Sieg der Franzosen über die Engländer. Sie wurde von den Burgundern in Compiègne gefangen genommen, den Engländern ausgeliefert, als Ketzerin verurteilt und in Rouen 1431 verbrannt. 1456 wurde der Prozeß wieder aufgerollt und das Urteil revidiert. (Mehr über die französische Heldin siehe Orléans.)

Der französische König Karl VII. verständigte sich mit Burgund, eroberte 1436 Paris und weitere Gebiete Nordwestfrankreichs zurück. Nach dem französischen Sieg bei Castillon 1453 (ca. 5o km östlich von Bordeaux) war der 1oo-jährige Krieg beendet bzw. eingeschlafen; Frankreich ging ausgeblutet, aber doch als einheitlicher Nationalstaat aus ihm hervor.

DIE GLAUBENSKRIEGE

Religiös motivierte, brutale Bürgerkriege zwischen Katholiken und Protestanten (Hugenotten) im 16. Jh., die die Einheit des französischen Reiches aufs Spiel zu setzen drohten. Der Name Hugenotten geht auf einen Wehrturm „Hugon" in Tours zurück, in dessen Nähe sich die Protestanten trafen.

Anfang des 16. Jh. griff die Reformation auch auf Frankreich über, stieß aber auf erbitterten Widerstand der katholischen Kirche; die französischen Könige stellten sich in der Regel auf Seite der Katholiken. Die französischen Reformierten orientierten sich an Calvin und waren - anders als die Lutheraner - politisch sehr aktiv; der Calvinismus war im niederen Adel recht verbreitet. Eine Serie von Religionskriegen erschütterte Frankreich fast 15o Jahre lang mit immer neuem Aufflackern.

Am heftigsten waren die Auseinandersetzungen im Loiretal in der 2. Hälfte des 16. Jh. zur Regierungszeit Heinrichs II., Katharinas von Medici und deren drei Söhnen. Im Frieden von Amboise und St. Germain en Laye wurde den Hugenotten bestimmte Orte, sogenannte Sicherheitsplätze angewiesen, an denen sie (und nur dort) ihre Religion frei ausüben konnten. Die Hugenotten bildeten eine wachsende politische Macht und somit Gefahr für die Stabilität; ihr Anführer Admiral de Coligny gewann zunehmend an Einfluß auf den jungen König Karl IX. (siehe auch Schloß Amboise).

Daraufhin zog Königsmutter Katharina die Notbremse und veranlaßte eine blutige Großrazzia auf Hugenotten am 23./24. August 1572, in der Bartholomäusnacht. Das geschah während der Hochzeit Heinrichs IV. (protestantisch) mit der Königsschwester Margot. Bei dem Überfall gab es 2o.ooo Tote (auch Admiral de Coligny).

Die Katholiken schlossen sich zur katholischen Liga zusammen, aufgeputscht von einem ultrakonservativen Zirkel unter Führung der Herzöge von Guise. Deren Macht nahm dermaßen zu, daß der amtierende König Heinrich III. um seinen Thron fürchtete und auf die Seite der Protestanten wechselte. Den Führer der katholischen Liga ließ er in seinem Zimmer auf Schloß Blois ermorden.

Den Frontenwechsel büßte Heinrich III. selbst mit dem Leben, ein Mönch aus Plessis-les-Tours brachte ihn um. Eine Wende der Glaubenskriege brachte die Regierungszeit Heinrich IV., des „guten Königs von Navarra“. Er, der Protestant, konvertierte aus politischer Staatsraison und prägte den berühmten Satz: „Paris ist eine Messe wert.“

Er konnte sich bei seinen Gegnern durchsetzen und bescherte dem Land durch sein unwiderrufbares Toleranzedikt von Nantes (13. April 1598) eine ca. 1oo-jährige friedliche Epoche. Das Edikt erlaubte den Hugenotten freie Religionsausübung in Frankreich, nur mit geringen Auflagen: Paris und Umgebung sowie Bischofsstädte waren tabu für protestantische Gottesdienste.

In La Rochelle stand neben Dieppe und Charenton das wichtigste protestantische Gotteshaus (= Temple). Die politische Unterdrückung der Hugenotten wurde aufgehoben, in 15o sogenannten Schutzorten war es ihnen sogar gestattet eigene Garnisonen zu unterhalten. Nach der Ermordung Heinrich IV. ging es den Protestanten wieder an den Kragen. Kardinal Richelieu sagte den Hugenotten, die bei den Engländern um Unterstützung nachsuchten, erneut den Kampf an.

Die Engländer landeten schließlich auf der Ile de Ré vor La Rochelle. Richelieu reagierte mit einer harten Belagerung des hugenottischen Zentrums; nach einem Jahr war es ihm gelungen, La Rochelle in die Knie zu zwingen, nachdem rund 8o % der Bevölkerung verhungert waren (siehe dort). Ludwig XIV. verschärfte die Gangart und begann systematisch die Protestanten zum Übertritt zu zwingen. 1685 erklärte er in Fontainebleau das Edikt für aufgehoben und stellte Auswanderung unter Strafe.

Seine brutale „Belehrung der Ketzer" führte jedoch zu einer massiven Emigrationswelle zumeist nach England, an den Niederrhein, nach Baden, Franken, Berlin (schließlich waren 25 % der Berliner Bevölkerung französischsprachig) und Amerika. Rund 25o.ooo Franzosen mußten damals das Land verlassen, um in Frieden ihren calvinistischen Glauben ausüben zu können. Die in Frankreich verbliebenen Hugenotten mußten in den Untergrund gehen und wurden grausam verfolgt.

Kapitel „Die Jakobspilger nach Santiago di Compostela" und „Eleonore von Aquitanien" siehe Hauptteil Seite 175.

Das Loire Tal

Renaissance-Schloß Azay-Le Rideau / alter Stich

Das Aushängeschild Frankreichs mit einer absolut einmaligen Sammlung von Schlössern, wie auf einer Perlenkette aufgereiht, - alle 1o bis 2o km eine königliche Residenz, ein Lustschloß oder Manoir; in der Regel prächtig möbliert. Das Loiretal bietet einen Schnellkurs durch die Schloßentwicklung vom Mittelalter bis zum Klassizismus. Eingebettet in eine der lieblichsten Landschaften Frankreichs, flach bis sanft wellig, ohne Extreme, doch nie monoton. Weinberge, Waldpartien, viel Landwirtschaft, - hin und wieder mit einem Atomkraftwerk „gewürzt".

Für das leibliche Wohl sorgen hübsche Lokale, oft in alten Fachwerkhäusern der historischen Städte, zahlreiche Weinkeller entlang der Strecke mit den Hinweisschildern „dégustation" (Weinprobe).

Touristisch interessant ist der 27o km lange Abschnitt der Loire zwischen GIEN im Osten und ANGERS, der alten Hauptstadt der Grafschaft Anjou, im Westen. Am spektakulärsten der nur 11o km lange, mit Schlössern gespickte Abschnitt zwischen Orléans und Tours.

Etwa 15o Jahre lang (15./16. Jahrhundert) spielte hier die französische Politik, entwickelte sich die berühmt gewordene französische Lebenskunst und -

kultur, während Paris fast provinziellen Charakter hatte; im Loiretal bauten die Könige ihre Residenzen, probierten die neuimportierte Renaissance-Bauweise aus, vergnügten sich mit ihren Mätressen und verpraßten die Steuergelder der Franzosen. Hier wurde gemordet und Intrigen geschmiedet.

Wichtiger als das milde Klima und als der seit Römerzeit kultivierte Wein war für den Schloßbauboom der wirtschaftlich so bedeutende Fluß, - damals einer der wichtigsten Schiffahrtswege des Landes.

Das Loiretal bringt Schlösser aller Facetten von der rein funktionalen mittelalterlichen Wehrburg zur Sicherung des Brückenkopfes (trutziger Donjon ohne jeden Komfort mit Wassergraben und Zugbrücke) bis zum prunkvollen, überkandidelten Renaissanceschloß (reine Repräsentationsbauten, die nicht einmal als Wohnschloß dienten, wie z.B. Chambord). Naturgemäß bieten die letzteren mehr fürs Auge, entsprechende Besucherströme; am gefragtesten - weil am prächtigsten - sind die Königsschlösser.

Trotz der Weltberühmtheit des Loiretals findet man überall authentische Dörfer mit einfachen, guten Lokalen und kleinen Hotels.

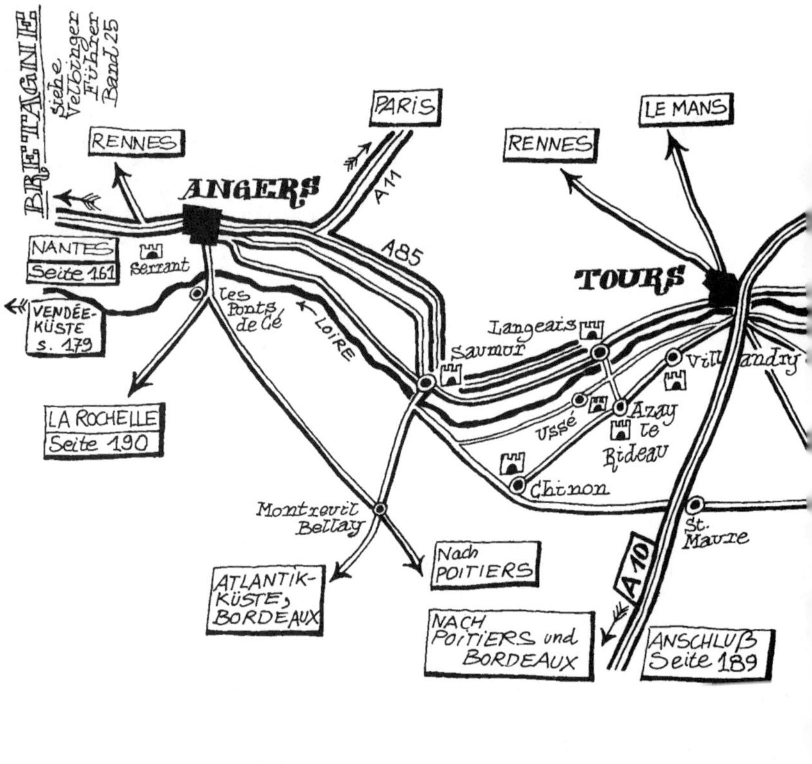

Alle Schlösser (über 3oo, davon etwa 1/3 für Touristen zugänglich) zu besichtigen „schafft" wohl niemand; mehr als drei Schlösser an einem Tag zu „machen" ist kaum drin, es sei denn, man hetzt - per organisierter Bustour - durch Flure und Gemächer.

Interessanter dürfte es sein, sich aus den verschiedenen Epochen ein schönes Exemplar rauszupicken, Zeit zum „Verdauen" und Genießen einplanen, zum gemütlichen Essengehen, für eine Weinprobe in einem der vielen Weinkeller oder für einen Spaziergang an der Loire. Abgesehen davon liegt im Loiregebiet eine Reihe der besten Restaurants Frankreichs!

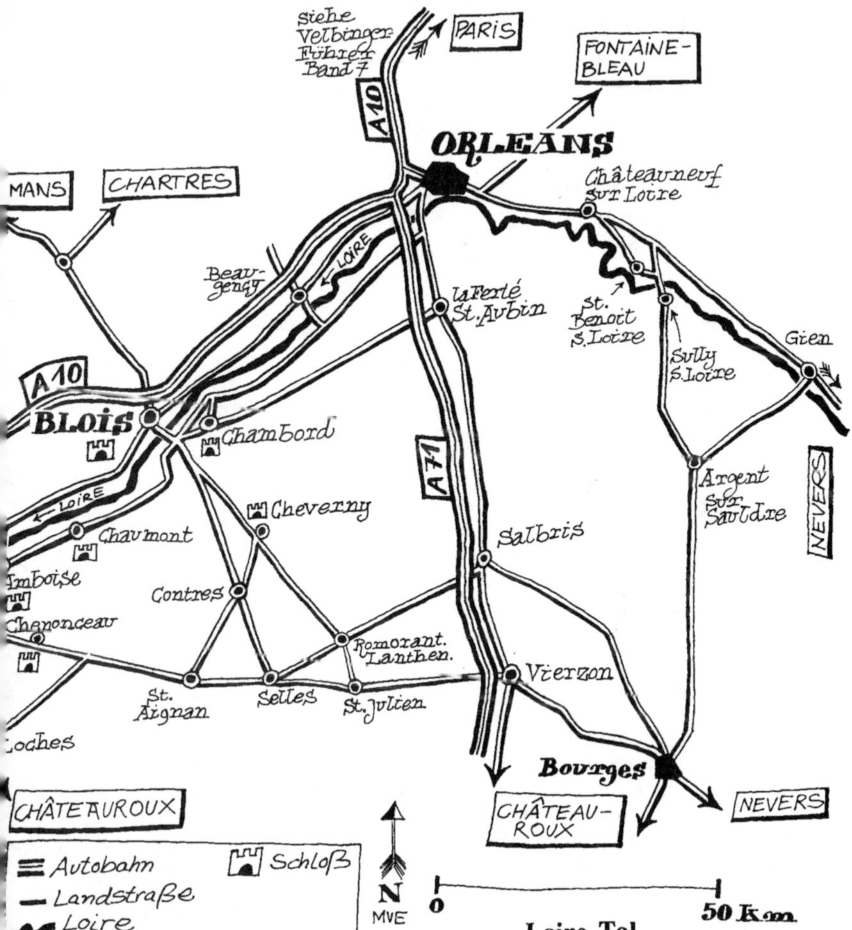

Loire Tal

Im Sommer herrscht an der Hauptroute (Route Touristique) ziemlicher Rummel, entsprechend viel Verkehr. Doch schon eine halbe Stunde abseits der großen Attraktionen kann man auch im Juli/August ländliche Ruhe genießen und auf abgelegenen Landstraßen kilometerlang radeln, ohne daß einem ein Auto begegnet. Vorbei an Weinfeldern, kleinen Seen, in denen man noch Reiher, Eisvögel und Biber beobachten kann. Bei der Zeitplanung berücksichtigen, daß manche Schlösser eine heilige Mittagspause halten, bzw. Wartezeiten dadurch entstehen, daß die Besucher nur pulkweise, Gruppe für Gruppe, durch die Räume geschleust werden können.

Unbedingt lohnende Schlösser

* das bombastische CHAMBORD, mit über 4oo Zimmern das größte aller Loireschlösser ....Seite 1o1
* die Königsresidenzen BLOIS und AMBOISE direkt an der Loire in den gleichnamigen Städten ....Seite 1o4/118
* das Damenschloß CHENONCEAU gehört zu den apartesten und hübschesten Lustschlössern (Wasserschloß) ....Seite 115
* die schönsten Renaissancegartenanlagen der Loire bei Schloß VILLANDRY ....Seite 134
* unverfälschtes Mittelalter im Königsschloß LANGEAIS ...... .Seite 134
* das Dornröschenschloß USSÉ über der Indre ....Seite 138

Nicht alle Schlösser liegen unmittelbar an der Loire. In etwa lassen sie sich in drei Epochen einteilen:

Mittelalterliche Schlösser

ANGERS, CHINON, LANGEAIS, LOCHES, SULLY

Renaissanceschlösser

AMBOISE, AZAY-LE-RIDEAU, BLOIS, CHAMBORD, CHAUMONT, CHENONCEAU, USSÉ, VILLANDRY

Klassizistische Schlösser

CHEVERNY

Im Mittelalter wurden die Schlösser nur zeitweilig bewohnt und daher nicht möbliert - der ganze Hof reiste samt Ausrüstung und Einrichtung von Schloß zu Schloß. Der Grund lag darin, daß die Damen und Herren nach einiger Zeit einen Tapetenwechsel wünschten - der aufgrund hygienischer Bedingungen auch nötig wurde. „Dauerwohnungen“ kamen erst später, mit der Vergrößerung des Hofstaates, auf.

Den französischen Königen folgte bald der Adel an die Loire. Minister und Personen von Rang und Namen, kunstverständige Frauen; das erklärt die

Vielzahl der (über 3oo!) Schlösser auf relativ engem Raum. Bekannte Baumeister und Künstler wurden ins Loiretal geholt. Mit Heinrich III. (1589 ermordet) war die große Zeit an der Loire vorbei. Auch wirtschaftlich ging's mit der Loireregion bergab, u.a. bedingt durch die Vertreibung und Ermordung von mehreren Tausend Hugenotten.

In der Französischen Revolution wurden viele Châteaux übel zugerichtet, später jedoch zum Teil wieder restauriert. Einige der Schlösser sind heute noch Privatbesitz und bewohnt, ein großer Teil gehört dem französischen Staat oder Stiftungen.

Um sich einen schnellen Überblick über die Abfolge der französischen Könige zu verschaffen, lohnt es sich, die „Genealogie der französischen Könige" zuzulegen, eine Übersichtskarte, die ein schnelles Zurechtfinden in der Historie ermöglicht. Sie wird in den örtlichen Buchhandlungen, bei Museen und Schlössern verkauft.

Öffnungszeiten / Eintrittspreise

Die bekanntesten Schlösser sind ganzjährig geöffnet. Zur Hauptsaison deutsch-/englischsprachige Führungen bzw. schriftliche Erklärungen, die jedoch nur das Nötigste beinhalten.

Die Schlösser öffnen in der Regel zwischen 9 und 1o Uhr ihre Pforten. Mittagspause manchmal zwischen 12 und 14 Uhr, abends bis 17/18.3o Uhr geöffnet (im Winter kürzer). Einige der bekanntesten Schlösser sind zur Sommersaison über Mittag geöffnet. Führungen dauern etwa 1 Stunde.

Eintrittspreise 5-1o Euro, gelegentlich Studentenermäßigung, allerdings mitunter Altersbegrenzung 26 Jahre. Trinkgeld für die Guides wird erwartet.

Besondere Attraktion: die abendlichen Lichtspektakel „SON ET LUMIERE" (nur zur Hauptsaison). Buntes Scheinwerferlicht strahlt die Schlösser geschickt an; oft treten durch indirekte Beleuchtung die Elemente der Fassaden noch wirkungsvoller hervor.

Bei klassischer Musikuntermalung folgt die Erzählung der Schloßgeschichte, Amouren und Histörchen aus versteckten Lautsprechern bzw. es finden richtige Theateraufführungen mit mehreren Hundert Schauspielern in historischen Kostümen statt. Eintritt zwischen 8 und 15 Euro.

Die Loire

Die Loire ist mit 1.o12 km längster Fluß Frankreichs und - wie patriotische Franzosen betonen - ein rein französischer Fluß. Sie fließt etwas chaotisch: von der Quelle im französischen Zentralmassiv anfangs nach Norden, knickt dann im schlössergespickten Mittellauf nach Westen und mündet bei St. Nazaire in einem 48 km langen Mündungstrichter ins Meer.

Die Loire war früher einer der wichtigsten Transportwege in Frankreich; acht Monate im Jahr schiffbar; von Orléans nach Nantes war man 6 Tage unterwegs, flußaufwärts je nach Wind bis zu 3 Wochen. Damals existierten 7 Brücken über die Loire, die die Schiffahrt erheblich behinderten. Trotzdem legten Anfang des 19. Jahrhunderts wöchentlich bis zu 2oo Schiffe in Orléans an. Das Zeitalter der Dampfer brachte nochmals einen Boom; die Transportzeit schrumpfte auf 2 Tage. Die Versandung des Flusses und der Ausbau der Eisenbahn gaben der Loireschiffahrt den Todesstoß; 1862 löste sich die letzte Reederei an der Loire auf; nur ein paar Anlegestellen und Ortsnamen mit der Vorsilbe Port erinnern an die alte Zeit. Heute ist nur der Mündungsbereich schiffbar.

Der Kiesabbau im Loirebett ist inzwischen ein lukratives Geschäft, obwohl sich herausgestellt hat, daß sich dadurch die Strömungsverhältnisse verändern. - Folge: 1978 stürzte in Tours eine Brücke ein. Der Grundwasserspiegel sank bedrohlich, 1988 sogar soweit, daß der Bürgermeister von Tours die Trinkwasserversorgung für einige Tage sperren ließ. Im Sommer kommen bei Niedrigwasser Sandstrände zum Vorschein, die von Jahr zu Jahr wandern. - Vorsicht: Strömungen! Im Frühjahr plustert sich die Loire zu einem gewaltigen Strom auf.

Verheerende Überschwemmungen mit Todesopfern erforderten seit dem 12. Jh. Deiche von bisher 5oo-6oo km Länge.

Staudammprojekt „Serre de la Fare“: Dem längsten Fluß Frankreichs sollte es jetzt auch im Oberlauf an den Kragen gehen: Seine unregelmäßige Wasserführung - Niedrigwasser im Sommer, Hochwasser im Frühjahr - waren schon lange vielen Anrainern, speziell den Fabrikanten, ein Dorn im Auge. Jetzt sollte auch der letzte große Wildwasserfluß Mitteleuropas in ein Korsett gezwängt und durch Staustufen kontrollierbar werden - Wasserkraftwerke waren nicht geplant.

Ein Großprojekt, für das sich der konservative Bürgermeister aus Tours, Jean Royer als Präsident der EPALA (Zweckverband zum Ausbau der Loire und ihrer Nebenflüsse) besonders stark gemacht hatte. Eine industrienahe Interessengruppe (1986 gegründet), der 15 Départements und 19 Städte angehören.

Doch seit 1988 sind Umweltschützer wie „SOS Loire vivante“ auf den Plan getreten, um das wahnwitzige Milliarden-Projekt zu verhindern. Selbst bei den vom Hochwasser betroffenen Bewohnern mehren sich die kritischen Stimmen gegen die Staudammpläne. Bei Umfragen des Pariser Umweltministeriums sprachen sich 65 % der Befragten in der Region gegen den Staudammbau aus.

Die versprochenen Touristenzentren mit neuen Surf- und Segelrevieren kommen bei den Dorfbürgermeistern gut an, werden aber von Fachleuten wegen der schlechten Windverhältnisse abgetan. Dafür würden 14 km einmalige Schluchten, zwei kleine Dörfer, prähistorische Stätten und eine Mineralquelle verschwinden. Vom Abholzen der Wälder, Zerstörung der Auen und einzigartiger Biotope ganz zu schweigen.

Bereits in den 3oer Jahren des letzten Jh. wurden Pläne geschmiedet, die Loire zu zähmen. Seitdem sie mit vier Kernkraftwerken zum „atomreichsten“ Fluß der Welt geworden ist, konkretisierten sich die Pläne, denn einen Ausfall des Kühlwassersystems kann man sich nicht erlauben. Grundwasserabsenkung durch den Kiesabbau kam hinzu.

Nach dem letzten Hochwasser, das 198o mehrere Todesopfer gefordert und Schäden von ca. 25o Mio Euro angerichtet hat, konnten noch schlagkräftigere Argumente ins Feld geführt werden. Zu den drei bereits bestehenden Staudämmen waren ein Dutzend weitere geplant; veranschlagte Bausumme rund 1/2 Milliarde Euro Der erste Staudamm in „Serre de la Fare“ am Oberlauf bei Le Puy (französisches Zentralmassiv, 1oo km s-ö Clermont Ferrand) sollte planmäßig 1992 beendet sein. Anfang 1991 gab das Gericht den Umweltschützern recht und Clermont-Ferrand mußte die 1988 erteilte Baugenehmigung zurückziehen. Begründung der Richter: Das Projekt sei nicht gemeinnützig.

Durch die zentrale Lage im Herzen Frankreichs geriet die Loire immer wieder in die Schlagzeilen der Weltgeschichte. Hier spielten sich entscheidende Phasen im 1oo-jährigen Krieg ab; besonders umkämpft waren zu jener Epoche die wenigen Loirebrücken. Hugenottenverschwörung und Verfolgungen erlebten im Loiregebiet ihren Höhepunkt. Zur Zeit der Französischen Revolution brach in der Vendée (Mündungsgebiet der Loire) der Aufstand der Chouans aus - eine Erhebung von Bauern und Adeligen gegen den kirchenfeindlichen und zentralistischen Kurs des Pariser Direktoriums.

Im 2. Weltkrieg zog 194o der Einmarsch der deutschen Truppen eine Massenflucht nach sich. Die Regierung flüchtete vorübergehend nach Tours. Kurz darauf wurde Frankreich in zwei Hälften geteilt: in ein besetztes Gebiet nördlich der Loire inkl. aller Küsten und in eine freie Zone der Vichy-Regierung unter Marschall Pétain, südlich der Loire. Insofern markierte die Loire die Grenze zwischen freiem und unfreiem Gebiet. Nach dem Krieg wurde sie zu einem Standort für Atomkraftwerke.

Verkehrsverbindungen zu den Schlössern

Die Hauptlinie der **Bahn** verläuft ab Orléans unmittelbar durchs Loiretal und „streift“ zahlreiche Schlösser. Mehrmals täglich Verbindungen von und nach Paris, somit bequeme und schnelle Anreise, z.B. nur 5o Min. im Hochgeschwindigkeitszug TGV (Train grande vitesse) nach Tours.

Nebenlinien führen zu den etwas abseits gelegenen Schlössern Azay-le-Rideau, Ussé, Chinon etc. Bedeutet Umsteigen und entsprechende Wartezeiten für die Anschlüsse.

Bus: Ergänzend oder zusätzlich zur Bahn existieren einige Buslinien. Häufigkeit der Verbindungen an den jeweiligen Textstellen. Manche Schlösser bleiben mit öffentlichen Verkehrsmitteln jedoch unerreichbar.

Organisierte Busfahrten: 2-4 Schlösser pro Tag werden bei den organisierten Busfahrten besichtigt. Für längeres Verweilen bleibt kaum ein Spielraum, meist ist noch eine Weinprobe mit eingeplant. Ausgangspunkt sind die größeren Städte Blois, Tours und Orléans (siehe Text). Die Preise liegen bei ca. 18-45 Euro/Person je nach Dauer, Vermittlung u.a. durch die regionalen Touristenbüros.

Autovermietung: Als Alternative zu o.g. Bustouren, wer nicht mit eigenem Auto unterwegs ist. Die Schlösser liegen kompakt beieinander, so daß nur geringe km-Gebühren anfallen. Der Mietpreis für einen voll besetzten Wagen (wenn alle anteilig zahlen) liegt in der Größenordnung der organisierten Busrundfahrten. - Autovermietung in Blois, Tours und Orléans.

Fahrrad: ideal sind Schlössertouren per Fahrrad. Die bekannten Châteaux liegen etwa in Halbtagesetappen (oder kürzer) voneinander entfernt, so daß man bei geschickter Planung zwei Schlösser pro Tag besichtigen kann.

Landstraßenzufahrten meist durch reizvolle Gegend; leicht wellig, durch Weinanbaugebiete oder unmittelbar am Fluß entlang. Viele hübsche Stellen für Picknickstops oder Verschnaufpausen.

Es existieren zwar keine ausgesprochenen Fahrradwege, doch lassen sich überall wenig befahrene Landstraßen finden. Eben sind nur die Strecken am Fluß entlang. Die anderen Straßen mit Steigungen, aber abwechslungsreich.

In den meisten großen Touristenbüros sind ausgearbeitete Routenvorschläge erhältlich. Kartenskizzen mit km-Angaben, kurzen Beschreibungen etc.

Anfahrt direkt per Bahn bis zum Ausgangspunkt im Loiretal möglich. Sorgfältiger Fahrradtransport in gesonderter Verpackung.

Fahrradverleih in den touristisch interessanten Orten. Tourenräder in gutem Zustand oder Mountainbikes. Preislich ca. 15 Euro/Tag + Kaution. Adressen im Text.

Flug: Châteaux aus der Luft: Rundflüge in Sportmaschinen oder Helikoptern werden in verschiedenen Orten entlang der Loire angeboten. Einmalig, wenn auch leider sehr teuer, sind die Schloßtouren aus der Ballonperspektive. In aller Ruhe gleiten die bunten Ballons so dicht über den Schlössern, daß man von oben in die Innenhöfe schauen kann. Die Route ist durch den Wind vorgegeben, so daß man sich überraschen lassen muß, welches Schloß, welches Manoir oder welcher Ort als nächstes folgt. Die Piloten stehen mit der Bodentruppe in ständigem Funkkontakt, um die Landung genau abzustimmen.

Tagesflüge werden zwischen Orléans und Angers angeboten, Infos in den jeweiligen Touristenbüros bzw. Textstelle oder www.aerocom.fr für Ballonfahrten, www.loire-valley-aviation.com für Rundflüge.

Übernachtung: Gerade im Loiretal bieten viele Schloßhotels Übernachtungen für Touristen an. Außer den Hotels und Pensionen existieren sogenannte „Gîtes d'Etape“: einfache, gemütliche Stationen, die extra für Urlauber ohne Auto eingerichtet wurden. Preise um die 15 Euro/Person. Immer häufiger werden chambres d'hôte angeboten (Privatzimmer meist in den Dörfern), gut beschildert.

Noch preiswerter kommen Campingplätze: Die schönsten liegen direkt am Flußufer, oftmals sogar nahe den Schlössern (Details siehe Text).

Das LOIREGEBIET gliedert sich in vier Départements: Loiret, Loir et Cher, Indre et Loire, Maine et Loire. Mit ca. 2 Mio. Einwohnern ausgewogen verteilt auf mittelgroße Provinzstädte. Historisch gliedert es sich in die Landschaften: Orléans, Blésois, Touraine und Anjou.

Vorsicht: Nicht Loire und Loir (kleiner Nebenfluß parallel zur Loire im Norden) verwechseln.

★ Gien (16.ooo Einw.)

Muntere Kleinstadt an der Loire, die schon im Mittelalter durch ihre Lage an einer der sieben Loirebrücken entscheidende strategische Bedeutung hatte. Nach Kriegszerstörungen weitgehend in freundlich rotem Backstein wieder aufgebaut.

Gien ist bekannt für seine FAYENCEN-FABRIK mit über 15o-jähriger Tradition. Liegt an der Loire, 78, place de la Victoire. Zu sehen gibt es Keramikfliesen, Haushaltsgeschirr und Kunstgegenstände. Charakteristisch für das Dekor ist die kobaltblaue Glasur. Offen: Mai-Sept. Mo.-Sa. 9-12.3o/ 13.3o-18.3o Uhr. So. 1o-12.3o/13.3o-18.3o Uhr. Das übrige Jahr kürzer. Eintritt 3 Euro. Besichtigung des Musée de la Faiencerie Die Fabrik kann man als Gruppe von mind. 2o Personen wochentags nach vorheriger Anmeldung besichtigen. Verkauf zweite Wahl: Mo.-Sa. 9-12/14-18 Uhr.

Tourist INFO place Jean Jaurès, 455oo Gien. Tel. o2 38 67 25 28, Fax: o2 38 38 23 16. Offen: im Sommer Mo. 14-19 Uhr, Di.-Sa. 9.3o-19 Uhr, im Winter kürzer. E-Mail: ot.gien@wanadoo.fr.

Post: am Quai Lenoir, offen Mo.-Fr. 9-12/14-18 Uhr, Sa. 9-12 Uhr.

Das **CHÂTEAU** von Gien eröffnet die grandiose Schloßkette an der Loire. Beherrschend liegt es über Stadt und Fluß, eines der wenigen Loire-Schlösser aus rotem Ziegelstein; von Anne de Beaujeu, der Schwester König Karls VIII. Ende des 15. Jh. erbaut. Ein schlichtes, wenig prunkvolles Schloß.

Im Innern ist ein sehenswertes JAGDMUSEUM eingerichtet, auch für „Nichtjäger“ interessant (Waffen, Stiche, Falknereiabteilung, kuriose Sammlung von Knöpfen für Jagdanzüge). Große Gemäldesammlung (Jagdmotive) des Hofmalers Ludwig XIV. F. Desportes; Briefmarken und Münzsammlung. Besichtigung etwa 1,5 Std. Offen: 3o. April bis 3o. September tägl. 9-18 Uhr, sonst tägl. 9-12/14-18 Uhr. Eintritt ca. 5 Euro.

HOTEL

Empfehlenswert *** „**Le Rivage**“, 1, quai de Nice. Recht nobler Speiseraum mit Blick über die Loire. Ruhiges 3o-Zimmer-Hotel. Komfortable, gepflegte Räume, DZ mit Du./Bad 45-14o Euro.

** „**La Poularde**“, 13, quai de Nice. Kleines Lokal am Loireufer, das für seine exzellente Küche bekannt ist, Menü ab 24 Euro. Zimmer ab 42 Euro.

„**Terminus**“, place de la Gare. 4o-Betten-Hotel, die wenigsten Zimmer mit Sanitärraum, DZ ab 2o Euro.

*** Camping touristique de Gien, rue des Iris, Poilly-Lez-Gien; großer Platz direkt am gegenüberliegenden Loireufer; gut 1 km vom Zentrum. Schön gelegenes Wiesenareal durch Bäume aufgelockert, Blick zum Schloß, Stromanschlüsse, Wasserstellen, akzeptable Sanitäreinrichtungen. Fahrradvermietung, Vermietung von Wohnwagen und Mobilhomes. 13o Stellplätze. Offen: April bis Oktober.

DER PONT CANAL DE BRIARE: Wer sich für historische Kanalbauten interessiert, sollte unbedingt den Abstecher zum Brücken-Kanal nach Briare machen (8 km östlich von Gien). Dort quert - ebenso ungewöhnlich wie ästhetisch gelungen - der Canal latéral de la Loire über eine 662 m lange Brücke die Loire. Unter dem Kanal stehen am Flußufer die Angler; man kann bequem zu Fuß am Kanal entlang die Loire überqueren. 1996 feierte man das 1oo-jährige Bestehen dieses Baudenkmals, an dessen Konstruktion G. Eiffel beteiligt war.

Von Gien nach SULLY SUR LOIRE 23 km D 951.

★ Sully sur Loire (5.8oo Einw.)

Eine freundliche Kleinstadt mit klassischem Beispiel eines mittelalterlichen Festungsschlosses (14.-17. Jh.): breiter Wassergraben, sehr gut erhalten bzw. restauriert.

Tourist INFO place du Général-de-Gaulle, 456oo Sully sur Loire, Tel. o2 38 36 23 7o, Fax: o2 38 36 32 21. Offen: April bis September Mo.-Sa. 9-12.3o/14.3o-19 Uhr. So./feiertags 1o-12.3o Uhr. Juli/August Sa. 9-19 Uhr. Oktober bis März Mo.-Sa. 9-12/14.3o-18.3o Uhr. E-Mail: ot.sully.sur.loire@wanadoo.fr

Post: 7, rue du Grand Sully.

Markt: montags.

Kern der **SCHLOSSANLAGE** ist der rechteckige Donjon (Burgfried) mit trutzigen Rundtürmen und Umfassungsmauer. In der Französischen Revolution wurden die Türme gekappt; die Spitzdächer (Pfefferbüchsendächer) z.T. wieder restauriert.

Erst Maximilien de Béthune (16o2), der protestantische Premierminister König Heinrich IV., genannt Sully, verwandelte die Wehrburg in ein Wohnschloß; ließ Fenster statt der bisherigen Schießscharten in die dicken Mauern des Donjon brechen; er baute einen weiteren Flügel an, verlegte den ursprünglichen Eingang, der bisher über eine Zugbrücke und Wassergraben in den Donjon führte, und ließ italienische Gärten anlegen.

Das Interieur von Schloß Sully nicht so luxuriös wie z.B. das Königsschloß Langeais aus gleicher Epoche.

Donjon: die schöne Kaminbemalung im Repräsentationssaal (Salle d'Honneur) stammt aus der späteren Sully Epoche. Hier führte Voltaire (1694-1778) bereits mit 22 Jahren seine neuen Theaterstücke auf, nachdem er aus Paris wegen seines ätzenden Spotts verbannt worden war.

Interessantes Dachgebälk (14. Jh.) in Form eines umgekehrten Schiffsrumpfes. Dank langjähriger Vorbehandlung ist das Holz trotz seiner 600 Jahre nicht wurmstichig. Nur 60-100 Jahre alte Kastanien wurden verwendet, vor dem Fällen bereits geschält, anschließend jahrelang gewässert und nach dem Trocknen nochmal desinfiziert. Der Raum beherbergte die Wachsoldaten des Schlosses. Im Sully Trakt (Interieur aus dem 19. Jh.) sein Arbeitszimmer, italienische Kassettendecken; überall prangt sein Emblem, die Kanonenkugel; ein dezenter Hinweis auf seine militärischen Erfolge.

Das Schloß ist vom März bis November offen. April bis September tägl. 10-18 Uhr, sonst 10-12/14-17 Uhr. Eintritt: 5 Euro.

Geschichte: Das Schloß entstand im 100-jährigen Krieg an einer der sieben Brücken über die Loire, - den damaligen Verhältnissen entsprechend trutzig und wehrhaft gebaut.

1429 kam hoher Besuch: Jeanne d'Arc, die Jungfrau von Orléans (s. Orléans) versuchte hier den immer noch zögernden Dauphin Karl VII. zur Krönung in Reims zu bewegen.

Entscheidender Schloßherr war jedoch Sully, Maximilien de Béthune, Freiherr von Rosny, der das Schloß 1602 kaufte. Später von seinem Chef, König Heinrich IV., zum Herzog befördert. Sully hatte erfolgreich die maroden Staatsfinanzen saniert. Er war die rechte Hand von Heinrich IV. Als Protestant neben einer katholischen Stadt sah er sich gezwungen, die Schloßbefestigungen zu verstärken. Trotz des Edikts von Nantes (siehe Glaubenskriege) eine wohl nicht übertriebene Vorsichtsmaßnahme.

Herzog Sully muß recht bizarre - fast zwanghaft pedantische - Charakterzüge an den Tag gelegt haben: er beschäftigte eine große Leibwache, mehrere Privatsekretäre, die non-stop seine Memoiren zu Papier bringen mußten. Selbst die alltäglichsten Dinge wie Rasenschneiden oder Anfertigen von Mobiliar funktionierte er zu einer notariell beglaubigten Staatsaktion um. Sein Nachfahre Maximilien-Henri de Béthune hielt sich eine Zeitlang den jungen Schriftsteller Voltaire zur Unterhaltung im Schloß.

Im 2. Weltkrieg wurde das Schloß von Bomben beschädigt. Seit 1962 ist es Besitz des Départements Loiret.

HOTELS/ RESTAURANTS

** Restaurant „**De la Poste**", 11, rue du Faubourg St. Germain. Gutbürgerliches Hotel im Zentrum, Zimmer zum Innenhof verhältnismäßig ruhig, gemütliches Restaurant. Menü ab 18 Euro, 27 Zimmer, teils mit Du./Bad.

** „**Du Pont de Sologne**", 21, rue Porte de Sologne. 2-stöckiges Eckhotel im Zentrum; 24 Zimmer, nur wenige mit Du./Bad, 30-55 Euro. Einfaches Ambiente im Restaurant, riesiger Speiseraum, gute Küche. Menü ab knapp 18 Euro (Forelle), große Auswahl, sehr lecker Hechtschnitzel in Safran.

** „**Hostellerie du Grand Sully**“, 1o, bd. du Champ-de-Foire, eine Ecke weiter. Gediegendes Restaurant, zwei kleine, fast wohnzimmerhafte Speiseräume, geschmackvoll gedeckt; Menü ab 27 Euro (warmer Schinken mit Cremesauce oder Gemüseteller). 12 einfache Zimmer, fast alle mit Du. oder Bad, DZ ab 4o Euro.

Im Umkreis von Sully werden verschiedene Privatzimmer und Ferienwohnungen Gites Ruraux angeboten. Das Touristenbüro informiert über Lage, Adresse, Preis und Mietdauer.

** Camping Sully sur Loire: schön gelegener Platz direkt neben dem Schloß, langgestreckt am Ufer der Loire, vereinzelte Bäume sorgen für Schatten; ruhig, genügend Stromanschlüsse, Tischtennis, ordentliche Sanitärblocks. 13o Stellplätze, Dusche, Strom extra zu bezahlen. Offen: März bis Oktober.

Von SULLY über CHÂTEAUNEUF nach ORLÉANS 45 km, empfehlenswert am rechten Loireufer entlang über:

★ St. Benoit sur Loire

Kleines Dorf mit einer der reinsten romanischen KIRCHEN Frankreichs in harmonischen Proportionen. Der ungewöhnliche Portalturm ruht auf 16 mächtigen Pfeilern mit ausgeprägten, ganz unterschiedlich bearbeiteten Kapitellen: Akanthusblätter, interessante biblische Szenen - wie die Flucht nach Ägypten, Tiergestalten. Der Portalturm, der älteste Teil der Kirche (11. Jh.) stand früher separat, diente später als Vorhalle. Der ursprünglich dreistöckige Turm wurde 1527 auf Befehl König Franz I. eingerissen, um den Mönchen einen Denkzettel zu verpassen, weil sie den neuen Kardinal Duprat, den er ihnen vor die Nase gesetzt hatte, nicht anerkannten.

Die Kreuzrippen im Hauptschiff - dem letzten Bauabschnitt (1218 beendet) - deuten schon die neue Kunstströmung Gotik an.

Der romanische Chor (1o65-11o8) zählt zu den prächtigsten des Landes. 58 Blendarkaden, auch hier die Kapitelle individuell gestaltet. Schönes Chorgestühl (15. Jh.). Das Fußbodenmosaik aus Marmor stellt als Zentralszene (entgegen alten Vermutungen) den Kapetinger König Philipp I. dar.

Krypta im 19. Jh. sehr gut restauriert; Grabmal des hl. Benedikt. Gottesdienst mit gregorianischem Gesang mittags um 12 Uhr, sonn- und feiertags um 11 Uhr. Ganzjährig zu besichtigen.

Geschichte: St. Benoit kann auf eine über 2.ooo-jährige Geschichte zurückschauen; zur Zeit der Gallier bereits Kultstätte und Versammlungsplatz der Druiden.

651 Benediktinerkloster. Als 3o Jahre später der Hauptsitz der Benediktiner am Monte Cassino in Italien verwüstet wurde, „überführte“ Abt Fleury die Gebeine des hl. Benedikt (der unter den Trümmern begraben war) hierher, damit begann ein großer Pilgerstrom.

Zur Zeit Karls des Großen genoß die Klosterschule weltweiten Ruf. Auf Initiative Abt Theodulfs (ebenfalls Bischof von Orléans) wurden hier die sieben freien Künste gelehrt: Geometrie, Arithmetik, Logik, Grammatik, Rhetorik, Astrologie und Musik. Das Kloster entwickelte sich zu einem bedeutenden geistigen wie religiösen Zentrum.

Während der wiederholten Normanneneinfälle (9. und 10. Jh.) lebten die Mönche in Angst und Schrecken. Durch die Flucht nach Orléans konnten sie sich und den kostbaren Klosterschatz retten. Kurz darauf entstand der von Säulen getragene Turm, wenig später die angrenzende Kirche.

Während der Reformation wurde das Kloster mehrfach geplündert, nachdem Abt Odet zum Protestantismus übergetreten war. Der Kirchenschatz (32 kg Gold!) wurde kurzerhand eingeschmolzen, die wertvollen Klostermanuskripte sind heute im Raum zwischen England und Moskau zu finden.

Während der Revolution (1790) wurden die Mönche vertrieben und das Kloster später, mit Ausnahme der Kirche, zerstört. Seit 1944 erneuter Klosterbetrieb.

GERMIGNY DES PRÉS (4 km südöstlich von Châteauneuf): In dem Nest steht eine der ältesten Kirchen Frankreichs aus der Zeit Karls des Großen; äußerlich unscheinbar, innen fast byzantinisch-orientalisch anmutend; mit einem sehr schönen Mosaik aus der Schule von Ravenna (9. Jh.).

Gegründet um 800 von Bischof Theodulf (Abt von St. Benoit, einige Kilometer weiter). Die Anleihen bei der Aachener Pfalzkapelle sind nicht zu übersehen, - der Bischof war Berater von Karl dem Großen. Von der einst prunkvollen Ausstattung ist nur ein Mosaik geblieben (östliche Apsis), es wurde erst im 19. Jh. unter dicken Putzschichten entdeckt und stellt die Bundeslade dar, die die Tafeln mit den 10 Geboten enthielt.

Orléans

(110.000 Einw.)

Lebhafte Uni- und Geschäftsstadt, durch die Jungfrau von Orléans weit über Frankreichs Grenzen bekannt. Jedes Jahr wird am 7./8. Mai zur Erinnerung an die Befreiung der Stadt von der englischen Belagerung ihr zu Ehren ein großes Jeanne d'Arc-Fest veranstaltet.

Orléans wurde im 2. Weltkrieg, 1940 bei der deutschen Offensive und 1944 beim Vorrücken der Amerikaner so schwer beschädigt, daß der mittelalterliche Kern für immer verloren ging. Also hielt man sich bei Wiederaufbau und Restaurierung ans 18. und 19. Jh., das heute noch die Bauten im Zentrum prägt. Ferner sind einige Gebäude aus dem 15.-16. Jh. erhalten, die mächtige Kathedrale und das sehenswerte Musée des Beaux-Arts.

Orléans wird häufig in einem Atemzug mit den Loire-Schlössern genannt, ist wegen seines Großstadtcharakters als Stützpunkt für eine Schloßtour jedoch weniger zu empfehlen.

Tourist INFO

Office de Tourisme (2): 6, rue Albert Ier, 45000 Orléans. Tel. 02 38 24 05 05, Fax: 02 38 54 49 84. Offen: Mo.-Sa. 9-19 Uhr, So. 10-12 Uhr. Im Juli/August So. und feiertags 9.30-12.30/

15-18.3o Uhr. Im Winter Mo.-Sa. 9-18.3o Uhr. E-Mail: office-de-tourisme.orleans@wanadoo.fr

Verbindungen ab Orleans

Bahn: Bahnhof (1) im modernen großen Komplex mit Einkaufszentrum, ca. 5oo m vom Zentrum. Achtung: Die meisten Züge halten in Orléans-Les Aubrais, nur manche halten in Orléans-Centre. Busverbindung zwischen beiden Bahnhöfen.

-> Paris ca. 14 x tägl.	-> Angers ca. 1 x tägl.
-> Blois ca. 8 x tägl.	-> La Rochelle ca. 2 x tägl.
-> Tours ca. 8 x tägl.	-> Bordeaux ca. 2 x tägl.

In jede Richtung unregelmäßige Zusatzverbindungen.

Bus: Busbahnhof (3) ca. 2oo m entfernt rue Marcel Proust.
Châteauneuf-> Sully-> Gien ca. 5 x tägl.
Beaugency-> Blois ca. 5 x tägl.

Das Prachtschloß Chambord ist mit öffentlichen Verkehrsmitteln kaum zu erreichen.

Der Stadtkern erstreckt sich zwischen Bahnhof und der Loirebrücke Pont George V. (oder Pont Royal), eine unter Ludwig XV. im 18. Jh. erbaute Brücke. Sie verbindet mit dem linken Loireufer, von dem man ein schönes Stadtpanorama hat.

Beginnt man die Stadtbesichtigung beim Touristenbüro, erreicht man über die Rue de la République, ein Straßenzug aus der Jahrhundertwende, der im Zusammenhang mit der Eisenbahn entstand, den zentralen PLACE DU MARTROI (11), auf dem Jeanne d'Arc hoch zu Roß steht (Bronzestatue von Foyatier 1855). Der Name Martroi geht auf das lateinische martyretum zurück, was christlicher Friedhof bedeutet. Heute ein belebter und beliebter Platz in Orléans mit Terrassencafés. Hier beginnt die mit Arkaden geschmückte Prachtstraße Rue Royale, die mit der Brücke George V. ein einheitliches Ensemble des 18. Jahrhunderts bildet.

Am Place Général-de-Gaulle Nr. 3 steht das sogenannte JEANNE D'ARC-HAUS (14), eigentlich gehörte es dem Schatzmeister des Herzogs von Orléans Jacques Boucher, der Jeanne d'Arc vom 24. April bis 9. Mai 1429 beherbergte. Wachsfigurenkabinett und Exponate rund um das Lothringer Mädchen. Offen: Mai-Okt. tgl. 1o-12/13.3o-18 Uhr, sonst tgl. außer Mo. 13.3o-18 Uhr.

CENTRE CHARLES-PÉGUY (15) im Hôtel Euverte Hatte. 11, rue du Tabour. Sehenswertes Renaissancepalais (16. Jh.) eines wohlhabenden Händlers aus Orléans mit einer hübschen, von Säulen gestützten Galerie, die man vom Innenhof aus sehen kann. Es beherbergt ein Studienzentrum (Bibliothek, Ausstellungen, Archive) über den in Orléans geborenen Dichter und Sozialisten Charles Péguy (1873-1914). Offen: Museum und Innenhof Mo.-Fr. 14-18 Uhr.

HÔTEL CABU: place Abbé Desnoyers. Elegantes Palais von 1548, das sich der Rechtsanwalt Philippe Cabu von J. Androuet du Cerceau erbauen ließ. Nach starken Bombenschäden 194o wurde es wieder restauriert. Es beherbergt das interessante ARCHÄOLOGISCHE UND HISTORISCHE MUSEUM: u.a. eine sehenswerte Sammlung von gallo-römischen Bronzestatuen, die 1861 bei Neuvy-en-Sullias entdeckt wurden, Glas, Keramik und Goldschmiedearbeiten. Offen: Mai- Sept. tgl. außer Mo. 13.3o-18 Uhr, Juli/Aug. tgl. außer Mo. 1o-12.15/13.3o-18 Uhr. Winter kürzer.

Kapelle Notre-Dame-des-Miracles und der Turm Saint-Paul sind die einzigen Überreste der 162o-27 erbauten und 194o abgebrannten KIRCHE ST. PAUL.

HÔTEL TOUTIN: sehr hübsches Renaissance-Gebäude, das sich Guillaume Toutin, Kammerherr des Sohnes von Franz I. im 16. Jh. erbauen ließ. Eine Galerie über zwei Etagen verbindet die beiden durch einen harmonischen Innenhof getrennten Teile des Gebäudes.

KIRCHE NOTRE-DAME DE RECOUVRANCE (19): Anfang des 16. Jh. im Renaissance-Stil erbaute Kirche, die in den Religionskriegen schwer beschädigt wurde und im Innern reich geschmückt ist.

PLACE DU CHÂTELET (2o): Der 188o-83 angelegte Platz mit den Markthallen durchbrach die einstige Hauptachse des mittelalterlichen Orléans, die Rue Ste. Catherine und die Verlängerung Rue des Hôtelleries.

PRÄFEKTUR (22): Die 1653 von Benediktinern erbaute und seit der Revolution leerstehende Abtei Notre-Dame de Bonne Nouvelle dient seit 18oo als Präfektur.

KIRCHE ST. PIERRE-LE-PUELLIER (23) (12.-16. Jh.) mit sehr schöner romanischer Apsis. Sie wird heute für Ausstellungen und Konzerte genutzt.

Auf dem Weg zur Kirche St. Aignan steht LA TOUR BLANCHE, ein Turm, der zur ersten Stadtmauer gehörte und dessen Fundamente aus gallo-römischer Zeit stammen.

KIRCHE ST. AIGNAN (24) mit einmaliger großer Krypta (berühmte Kapitelle, die zu den ältesten romanischen gehören) aus dem 12. Jh., einziger Überrest der von Robert dem Frommen im 11. Jh. errichteten Kirche. Damals war St. Aignan neben St. Martin in Tours wohl das geräumigste Gotteshaus im Königreich. Sie ist dem hl. Aignan geweiht, dem 453 verstorbenen Bischof der Stadt. 1359 und 1429 zerstörten die Bewohner von Orléans die Kirche, damit sich die Engländer dort nicht verschanzten. Karl VII. ließ sie im 15. Jh. wieder aufbauen; in den Religionskriegen schwer beschädigt, ist von der damaligen Kirche nur der Chor und das Querschiff erhalten.

Vorbei am Burgundischen Tor, dem Osteingang ins mittelalterliche Orléans, durch das Jeanne d'Arc 1429 die Stadt betrat, erreicht man die KATHEDRALE STE. CROIX (25) - ein imposantes, von weitem sichtbares, aber nicht unbedingt schönes Gotteshaus, überwiegend im gotischen bzw. gotisierenden Stil, und im 17. und 18. Jh. erbaut. Seit dem 4. Jh. wurde hier gebaut, verändert, zerstört und aufgebaut. Schöner Blick auf die Kathedrale von der Rückseite, vom Garten des ehemaligen Bischofspalastes. Einen Panoramablick über Orléans hat man von den Höhen der Kathedrale (in den Sommermonaten mehrmals tägl. Führungen).

ORLÈANS

1 BAHNHOF
2 TOURIST INFO
3 BUS STATION
4 Musée des Sciences Naturelles
5 Parc Pasteur
6 Kirche St.Vincent
7 Bd. de Verdun
8 Place Gambetta
9 Kirche St. Paterne
10 Palais de Justice
11 Place du Martroi
12 POST
13 Place Gén. de Gaulle
14 Maison de Jeanne d´Arc
15 Centre Charles Péguy
16 Musée Historique
17 Kirche N.D. des Miracles,Tour
18 Maison Francois 1ro.
19 Kirche N.D. de Recouvrance
20 Place du Châtelet
21 Kirche St. Donatien
22 Préfecture
23 Kirche St. P.le Puellier
24 Kirche St. Aignan
25 Kathedrale St. Croix
26 Place St. Croix
27 Musée des Beaux Arts
28 Rathaus
29 Pavillons d´Escures
30 Campo Santo
31 Theater
32 Kirche ST. Euverte

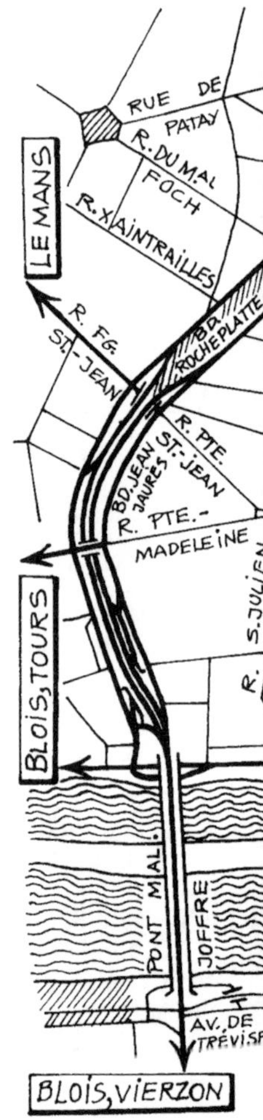

CAMPO SANTO (3o), der ehemalige Friedhof aus dem 13.-18. Jh. wurde zu einem Kulturzentrum umgestaltet, in dem Ausstellungen, Konzerte und das jährlich im Juli stattfindende Jazzfestival von Orléans veranstaltet werden.

MUSÉE DES BEAUX-ARTS (27), 1, rue Fernand Fabier. Sehenswerte große Gemäldesammlung, in der neben international anerkannten Künstlern besonders die französische Malerei des 17. und 18. Jh. vertreten ist. Geöffnet: tägl. außer Mo. und Sonntagmorgen 1o-12-15/13.3o-18 Uhr. Eintritt 3 Euro.

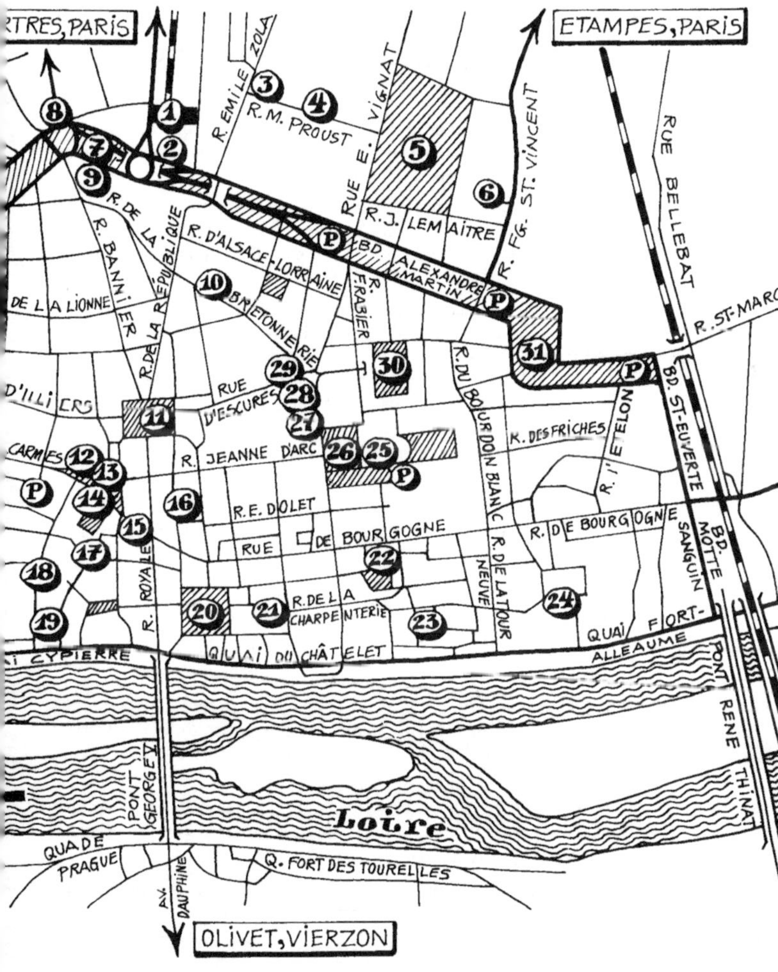

RATHAUS HÔTEL GROSLOT (28), das Stadtpalais aus dem 16. Jh. diente 179o-1982 als Rathaus. Hier starb der 16-jährige Franz II. 156o im Beisein seiner Mutter Catharina von Medici.

Sehr idyllisch ist der kleine Rathausgarten zwischen Hôtel Groslot, dem Hôtel Hardouineau und der Sparkasse.

PAVILLONS D'ESCURES (29), interessantes Ensemble herrschaftlicher Stadtvillen in Ziegelbauweise, die Bürgermeister Pierre Fougeu d'Escures im 17. Jh. erbauen ließ; die Anlage ähnelt der Place des Vosges in Paris.

NATURWISSENSCHAFTLICHES MUSEUM (4), 6, rue Marcel Proust. Interessantes und gut präsentiertes Museum, das u.a. Gewächshäuser mit tropischen Pflanzen und Aquarien zeigt und eine Diaserie über Säugetiere. Offen: tägl. 14-18 Uhr.

Jeanne d'Arc (französische Nationalheldin) - Johanna, die Jungfrau von Orléans - ein Bauernmädchen aus Domrémy in Lothringen, führte die entscheidende Wende im 1oo-jährigen Krieg zwischen England und Frankreich herbei.

In ihrer Jugend hatte Jeanne d'Arc mehrere Eingebungen und Erscheinungen; Stimmen prophezeiten Johanna ein außergewöhnliches Schicksal und forderten sie auf, den französischen Dauphin aufzusuchen, ein Heer aufzustellen und die von Engländern belagerte Stadt Orléans zu befreien.

Mit 17 Jahren brach sie 1429 von Domrémy auf, gelangte unbeschadet trotz plündernder, wildernder Horden durch ganz Frankreich in 14 Tagen nach Chinon an der Loire zu einer Audienz mit (dem zukünftigen) Karl VII., dem zaudernden Dauphin. Er war anfangs recht mißtrauisch gegenüber dem frank- und freien Mädchen, zweifelte selber an der Rechtmäßigkeit seiner Thronfolge - da seine Mutter Isabella von Bayern ein recht munteres Liebesleben pflegte - ließ sich aber von Jeanne überzeugen. Nachdem sie 14 Tage lang von den Honoratioren in Poitiers verhört und für glaubwürdig befunden worden war, stellte er ihr ein kleines Heer von ca. 3.ooo Mann zur Verfügung, mit dem Jeanne schier Unglaubliches bewirkte.

In einem wohl einmaligen Siegeszug ritt sie durchs Loiretal über Blois Richtung Orléans. Durch ihren mutigen Einsatz konnte sie das bei den permanenten Kriegen und der Überlegenheit der Engländer etwas schlapp gewordene Nationalbewußtsein ungemein stärken und die Kriegsbegeisterung anstacheln. Sie befreite mit ihrer Truppe am 8. Mai 1429 Orléans von der englischen Belagerung und führte den Dauphin zwei Monate später zur Königskrönung nach Reims. Zwei Meilensteine in der damaligen politischen Situation.

Jeanne wird später von den Burgundern, die die Engländer favorisierten, in Compiègne gefangengenommen, von den Franzosen im Stich gelassen, ausgeliefert und am 3o. Mai 1431 in Rouen als Ketzerin verbrannt. Am Ende des 1oo-jährigen Krieges wird das Urteil revidiert (1456).

Jeanne d'Arc wird 192o heiliggesprochen und Nationalheilige der Franzosen. Zwei Prozeßprotokolle (1431 und 1456) ermöglichen, ihren Siegeszug der Befreiung Frankreichs von den Engländern im Detail nachzuvollziehen.

Die Befreiung Orléans durch Jeanne d'Arc ist der entscheidende Sieg im 1oo-jährigen Krieg gewesen, der schließlich die Engländer wieder auf ihre Insel verwies.

Seit dem 12. Oktober 1428 war die Stadt von englischen Truppen umstellt, lediglich das

Burgunder Tor wurde noch von den Bewohnern kontrolliert und ermöglichte Kontakte (Versorgung) nach außen.

Die Kampfkraft war mit 1o.ooo Mann auf beiden Seiten etwa gleich stark, 34 Wehrtürme und 72 Bombarden standen den Belagerten zur Verfügung. Die Engländer errichteten etwa 1o Verteidigungsanlagen (Bastillen) um die Stadt.

Durch die rechtzeitige Sprengung eines Brückenpfeilers wurde ihnen der Zugang über die Loire gesperrt. Doch die etwa 1oo kg schweren Steinkugeln der Bombarde - der Hauptwaffe - erreichten immerhin noch das andere Ufer; mit der Entfernung ging allerdings der durchschlagende Effekt verloren.

Die Belagerung zog sich über die Wintermonate hin, ohne daß eine Entscheidung absehbar war. Aufkommende Langeweile bekämpften sie durch friedliche Zweikämpfe mit dem Gegner, doch die kriegerische Kampfeslust war auf beiden Seiten gleich Null. Nach halbjähriger Belagerung wurden Teile der englischen Truppen abgezogen, die verbleibenden 3.ooo Mann waren stark geschwächt.

Zu diesem Zeitpunkt griff Jeanne d'Arc in das Kriegsgeschehen ein. Am 29. April 1429 wurde sie in der Stadt von ihren Landsleuten stürmisch bejubelt, beim Stadtgouverneur und den Truppenführern stieß sie jedoch nur auf Mißtrauen und Skepsis: Von so einem jungen „Ding“ wolle man sich nicht die „Show stehlen“ lassen. Johanna mußte all ihr Verhandlungsgeschick einsetzten, um den Sturm der Bastion „St. Loup“ durchzusetzen.

Erst als sie mit ihrer geweihten Standarte in das Kampfgeschehen eingriff, bröckelte die Front. 2oo Engländer gerieten in Gefangenschaft. Nicht jeder Angriff verlief auf Anhieb so erfolgreich, doch gelang es Johanna immer wieder, die Truppen zu motivieren.

Durch ein raffiniertes Täuschungsmanöver schützten die Engländer ihr Hauptquartier am Brückenkopf. Jeanne griff zu einer List und ließ über die Brücke einen Scheinangriff starten; unterstützt durch alle verfügbaren Bombarden wurde Fort Tourelles unter Beschuß genommen. Die Engländer wehrten sich zäh. Bei einem Angriff über die Sturmleiter wurde Jeanne d'Arc von einem Pfeil in der Schulter getroffen und stürzte zu Boden. Jubel auf englischer Seite über den vermeintlichen Tod der „Hexe von Orléans“. Doch als die Heldin wieder auf dem Schlachtfeld erschien, ergriffen die Engländer panisch die Flucht, wurden eingekreist und aufgerieben.

Am 8. Mai fiel auch die letzte Schanze. Jeanne d'Arc wurde als Befreierin und als Heldin gefeiert.

Drei Dutzend **Hotels** aller Kategorien. Preislich mit 45 - 8o Euro im 3-Sterne-Hotel fürs DZ rechnen. Im 1-Stern Hotel DZ ab 22 Euro.

Jugendherberge in Beaugency (siehe Seite 99) Faubourg Madeleine, westlich vom Zentrum. Offen: Februar bis November, 51 Betten.

** Camping municipal, 5 km außerhalb Richtung Blois im Ort La Chapelle St. Mesmin. Offen: April bis September.

Die Sologne

Südlich von Orléans zwischen Loire und Cher erstreckt sich die Sologne, eine verwilderte, verschlossene Gegend, die überwiegend aus Wäldern, Seen, Heide, Wiesen und Teichen besteht. Eine unspektakuläre, fast melancholische Landschaft, die durchaus ihren Reiz hat, wenn man einen Sonnenaufgang über einem der unzähligen Etangs erlebt, wenn sich Dunst und Nebelschwaden lichten oder wenn man die schmucken Dörfer, Herrensitze oder Schlösser mit dem Fahrrad oder Auto erkundet. Das 5.000 qkm große Gebiet ist sehr dünn besiedelt, gerade 150.000 Menschen leben hier, - wegen Mangel an Arbeitsplätzen nur ein Teil davon das ganze Jahr.

Bis Napoléon III. Kanäle und Wassergräben ziehen, Kiefern auf dem sandigen Boden anpflanzen und Wege und Straßen bauen ließ, war die flache Sologne eine bettelarme Gegend voller Sümpfe. Jahrhundertelang wurde die Region als riesiges Jagdrevier genutzt; heute noch können viele Schloßherren ihren Besitz nur erhalten, indem sie ihre Wälder der Pariser High-Society zur Jagd verpachten (Rebhühner, Fasane, Rehe und Wildschweine leben heute noch in den Wäldern).

Im Baustil unterscheiden sich die Sologne-Dörfer von denen der Loire: die meist entlang der Hauptstraße aufgereihten Häuser sind aus rosafarbigen Ziegeln gebaut, denn Steine wie an der Loire sind selten. Der hier lehmige Boden begünstigte die Ziegelherstellung; immer wieder kann man in den Dörfern alte Brennöfen sehen, die aber nicht mehr benutzt werden.

Eines der hübschesten Dörfer ist **SOUVIGNY-EN-SOLOGNE** (ca. 25 km südöstlich von La Ferté St.Aubin) mit Fachwerhäusern und einer sehenswerten Kirche, deren Ursprünge bis auf das 11. Jh. zurückgehen. Sehr zu empfehlen ist die ** Auberge de la Croix Blanche am Kirchplatz, deren gute Küche über die Region hinaus bekannt ist und Spezialitäten der Sologne serviert (Wild, Fisch etc.).

Im Ort La Ferté St. Aubin, dem „Tor" zur Sologne, lohnen das prächtige Schloß (überwiegend aus dem 17. Jh.), Stallungen und ein Pferdemuseum den Besuch.

Die berühmteste Sehenswürdigkeit auf dem sandigen Sologneboden ist Schloß Chambord, das meistbesuchte aller Loire-Schlösser (siehe S. 101).

Von ORLÉANS nach BLOIS 50 km auf direktem Weg - unbedingt lohnend allerdings der Schlenker über Schloß Chambord, abseits der Loire.

★ Meung-sur-Loire (6.000 Einw.)

Trotz der Nähe zu Orléans ein gemütliches Städtchen, das bis heute von kleinen Bächen (mauves) durchzogen wird, die früher Mühlen betrieben. Einige Fachwerkhäuser im Stadtkern, fotogene Markthalle.

Tourist INFO **Office de Tourisme**: 42, rue Jehan de Meung, 45130 Meung-sur-Loire. Tel. 02 38 44 32 28, Fax: 02 38 44 72 22

E-Mail: touris.meung@wanadoo.fr

Im Zentrum bei der sehenswerten romanischen Kirche St. Liphard (11. Jh.) mit mächtigem Glockenturm, an den die Ruinen des Tour Manassès anschließen, steht das wehrhafte SCHLOSS aus dem 12.-17. Jh., das sich die Bischöfe von Orléans bauen ließen.

Ein leichter Schauer überkommt einen in den unterirdischen Verliesen. In dem Schloß, das seit dem 15. Jh. als Gefängnis diente, wurde unter anderem der Dichter und Liedermacher François Villon eingekerkert, dessen Vagantendichtung sich durch kraftvollen, derb-zynischen Witz auszeichnet. Er soll hier 1461 einen Teil seines „Grand Testament" geschrieben haben.

Offen: Febr.-Mitte Nov. tgl. 1o-12/14-17.3o Uhr, Mai-Mitte Sept. 1o-18 Uhr. Eintritt 6,5o Euro.

Schöner Spazierweg am Loireufer mit Grünanlage und Picknickbänken.

„**Hotel du Val de Loire**", 4, rue du Général de Gaulle. Einfaches familiäres Hotel, 7 Zimmer mit eigenem Bad. DZ ab 25 Euro.

** Camping zieht sich am Ufer entlang. Nur ein paar Schlenderminuten ins Zentrum. Einfache Sanitäranlagen. Strom. 5o Stellplätze. Offen: Mai bis September. Schwimmbad nebenan.

5 km östlich in Cléry-St.-André steht die beeindruckende BASILIKA NOTRE-DAME-DE-CLÉRY (14./15. Jh.). Der sehr harmonische Innenraum im spätgotischen Stil birgt das Kenotaph Ludwig XI., der den Wiederaufbau der Kirche nach Zerstörungen im 1oo-jährigen Krieg sehr gefördert hat.

An bestimmten Abenden im Juli Son et Lumière zum Thema: Das Leben Ludwig XI. Eintritt 14 Euro.

BEAUGENCY, 6 km weiter, eine freundliche Kleinstadt mit gepflegtem Stadtbild an der alten, oft umkämpften Loirebrücke, die zum Teil noch aus dem 14. Jh. stammt. Neben Resten der Stadtmauer aus dem 12. Jh. ist der imposante Donjon aus dem Ende des 11. Jh. und das Château de Dunois aus dem 14./15. Jh. sehenswert, das heute ein Heimatmuseum beherbergt (offen tägl. außer Di. April bis September 1o-12/14-18.3o Uhr, Oktober bis März 1o-12/14-17 Uhr. 4 Euro Eintritt). Sehr schönes Renaissance-Rathaus in der Rue de Change.

Beaugency geriet in die Schlagzeilen der Welthistorie; als hier der „Startschuß" für den 1oo-jährigen Krieg fiel, nachdem Eleonore von Aquitanien und König Ludwig VII. „geschieden" worden waren.

Office du Tourisme: 3, place de l'Hotel de Ville. 4519o Beaugency. Tel.: o2 38 44 54 42, Fax: o2 38 46 45 31.

Restaurant „LE P'TIT BATEAU“, 54, rue du Pont. Empfehlenswertes Lokal, rustikal gemütlich im Stil, fair im Preis, sehr gut in der Qualität. Leckeres Tagesgericht, z.B. Truthahnschnitzel.

Eine Handvoll Hotels: sehr ordentlich ** Hotel/Restaurant „**La Sologne**“, 6, place St. Firmin. Total zentral. 16 Zimmer. DZ ab 45 Euro.

Jugendherberge: 152, route de Chateaudun Richtung Vernon. 95 Betten. Offen: März bis Dezember.

** Camping municipal, günstig gelegener Platz auf der anderen Uferseite am Fluß. Zu Fuß über die Brücke in die Stadt. Offen: Ende März bis Ende September.

Die schönere Route Richtung Blois führt am linken Flußufer entlang, jedoch viel Verkehr, - Vorsicht Fahrradfahrer. Bei St. Laurent des Eaux winkt eine „Gratisbesichtigung“ des Atomkraftwerkes direkt an der Loire. Viel Vergnügen!

ST. DYÉ SUR LOIRE, der ehemalige Hafen zu Chambord ist heute ein gemütlicher Ort, durch den leider die stark befahrene Straße mitten hindurchführt. Es lohnt sich, das Auto bei der großen Kirche (15. Jh.) abzustellen und zu Fuß durch die engen Gassen zu schlendern. Hier und da entdeckt man ein hübsches Renaissance-Gemäuer. St. Dyé erlebte seine Hoch-Zeit in Verbindung mit dem Bau von Schloß Chambord. Sehr schöne Loireuferpromenade, von der man prachtvolle Sonnenuntergänge über dem Fluß bewundern kann.

Das Museum MAISON DE LA LOIRE an der Hauptstraße zwischen Post und Mairie zeigt Ausstellungen zum Thema: Hafen und Loire-Schiffahrt (nachmittags offen, 3 Euro Eintritt).

Übernachtungstipp: **Château de Colliers** - Schloß aus dem 17./18. Jh. fast unmittelbar an der Loire. 4 DZ und eine Suite stehen den Gästen zur Verfügung. Auf Bestellung wird auch ein Menü zubereitet.

Schloßhotel: ** „**Manoir Bel Air**“ kurz vorm Ort direkt an der Loire. Ein wuchtiges, von Weinlaub umranktes Herrenhaus mit persönlicher Note. Guter Stützpunkt, um sich die bekanntesten Loire-Schlösser anzuschauen. 4o Zimmer teilweise mit älterem Charme; wem der Sinn mehr nach Modernem steht, nimmt ein Zimmer im modernisierten Flügel. DZ um die 6o Euro. Vom großen Speiseraum schöner Flußblick. Bekannt gute Küche. Spezialitäten Loirefische, je nach Saison auch Wild.

Schöner Fußweg am Fluß entlang.

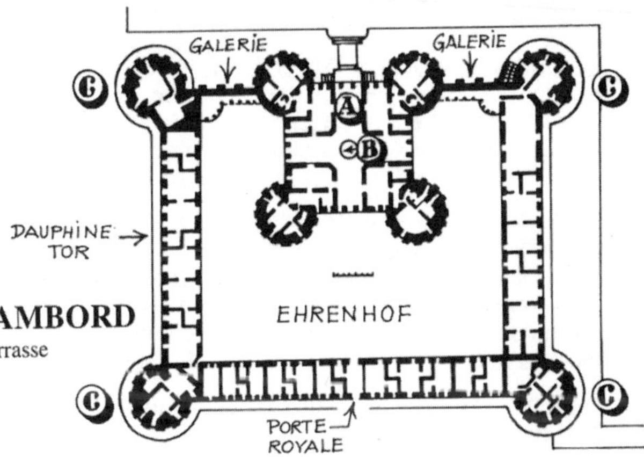

SCHLOSS CHAMBORD
A Donjon mit Dachterrasse
B Zentraltreppe
C Ecktürme

Chambord

Das Jagdschloß König Franz I. (1494-1547) und größtes aller Loire-Schlösser. Es ist nach Versailles und Fontainebleau das meistbesuchte Schloß Frankreichs. Der imposante Repräsentationsbau zeigt deutlich die Gigantomanie des Renaissancekönigs, der spätere absolutistische Tendenzen vorwegnahm.

Traumhaft in einem wild- und waldreichen Gebiet (Sologne) gelegen, gehört es zu den schönsten der Loire-Schlösser. Fast hätte Franz I. die Loire dorthin umleiten lassen. Ungemein harmonisch vereint Chambord Spätgotik und Renaissance im Bauplan und in der detailreichen Ausführung.

Schloß Chambord war das Lieblingsobjekt König Franz I. Er machte es praktisch zu seinem Lebenswerk. Auch wenn seine Finanzsituation zeitweise alles andere als rosig war, für Chambord stellte er alles zurück: für über 4oo Räume, für die berühmte - vermutlich von Leonardo da Vinci entworfene - Treppe, für den raffinierten Dachgarten. Hundertfach prangt im Schloß der Salamander, das Emblem Franz I. (einem Salamander kann nicht einmal Feuer etwas anhaben), das große F, seine Initialen und Königslilien reichen bis zu den obersten Kaminen auf den Dächern.

Franz I. kombinierte in Chambord geschickt das herkömmliche mittelalterliche Bauprinzip - Donjon (Wohnturm) innerhalb der Umfassungsmauern - mit Symmetrie - und Zentralbauelementen der „neuen" Renaissance.

Das auf den ersten Blick verwirrende Chaos von Zimmern entpuppt sich als minutiös geplante Symmetrie: vom kreuzförmig angeordneten Flur zweigen vier Eckappartements ab, jeweils mit einem großen Raum und 4-6 kleineren und kleinsten Zimmern. Trotz stattlicher Kamine dürften die 6 m hohen Räume kaum gemütlich warm gewesen sein, aber Chambord war nicht als Wohnschloß konzipiert, sondern nur für vorübergehenden Jagdurlaub.

Die prachtvolle Doppel-Wendeltreppe, das Herzstück des Schlosses, ist geradezu trickreich: zwei separate ineinander gewendelte Aufgänge ermöglichen, daß zwei Leute die Treppe benutzen konnten, ohne sich zu begegnen. Die Schloßkinder haben sich daraus gern ein Versteckspiel gemacht. Ursprünglich waren sogar vier getrennte Aufgänge geplant.

1. Stock: der interessanteste Schloßbereich, z.T. restauriert, das Mobiliar zusammengetragen oder rekonstruiert; überaus prunkvoll, fast wieder im alten Glanz. Verschiedene Schlafgemächer mit Himmelbetten, prächtige Wandvertäfelung im Zimmer des Sonnenkönigs Ludwig XIV., zahlreiche Portraits der Herrscherfamilien, Artilleriemodelle etc. Luftige Außengalerien erschließen die Räume von der Rückseite.

2. Stock: weniger spektakulär - eine Sammlung von Jagdtrophäen neuerer Zeit sowie kleine Gewehrsammlung. Die Gewölbedecke im Flur über und über mit Feuersalamandern (Emblem Franz I.) und Monogrammen ausgekleidet.

Super Fotoblicke von der Dachterrasse, ein Gewimmel von Türmchen und Hauben, prachtvoll verzierte Lukarnen, Schieferintarsien, viele Details - wie eine Miniaturstadt. Diente den Gästen des Königs als Beobachtungstribüne der berühmten Jagden.

Im Erdgeschoß nicht den Seitenflügel verpassen. Prunkvollste Kutschen in Reih' und Glied, goldverziert mit Brokatdecken auf dem Kutschbock - eine Augenweide. Überall am Schloß interessante Wandritzungen, ein origineller Querschnitt französischer Vergangenheit.

Besichtigung ohne Führung. Ganzjährig offen 9-17.15 Uhr. April -Sept. 9-18.3o Uhr. Faltblatt am Eingang mit Grundriß der Stockwerke und Kurzbeschreibung der Räume (gratis). Eintritt: 13 Euro/Person.

Son et Lumière: In den verschiedenen Farben angestrahlt, bekommt die Schloßfassade einen besonders reizvollen Charakter. Halbstündige Lichtshow in der Hochsaison. Beginn variiert mit der Jahreszeit.

Reitvorführungen werden im Sommer (Mai bis September) bei den Stallungen veranstaltet.

Erbauer und Besitzer: Schloß Chambord wurde 1519 von einem italienischen Architekten begonnen; besondere Probleme bereitete der morastig weiche Boden. Zahlreiche Baumeister und knapp 2.000 Beschäftigte werkelten mehr als 12 Jahre an dem Jagdschloß herum. Bis 1533 war der Donjon fertig, und 1539 das prunkvolle Schloß soweit, daß Kaiser Karl V. empfangen werden konnte. - Pomp und Prunk des Schlosses verfehlten nicht die Wirkung auf den Kaiser. Franz I. hielt sich mehrfach zur Jagd in Chambord auf; erst in seinem Todesjahr 1547 war die Innenausstattung der königlichen Gemächer weitgehend komplett.

Nach längerer Sendepause wird es unter Ludwig XIV. im Schloß wieder lebendig. Chambord bietet eine ideale Kulisse für sein Hofspektakel und seine Barockfeste.

1670 findet im Schloß die Uraufführung „Der Bürger als Edelmann" von Molière statt. Marschall Moritz von Sachsen bekam 1748 das Schloß von König Ludwig XV. geschenkt, ein Dankeschön für seinen Sieg gegen die Österreicher bei Fontenoy. Extravagante Feste waren während seines 2-jährigen Aufenthaltes an der Tagesordnung, er unterhielt sogar eine eigene Kavallerie.

Nach seinem Tod blieb die Anlage unbewohnt. Die französischen Revolutionäre tobten sich hauptsächlich am Mobiliar aus, verkauften bzw. zerstörten fast alles, ließen aber den Bau weitgehend unbeschädigt (für den Abbruch reichte das Geld nicht).

Chambord wurde 1820 verkauft, kam dann an den Herzog von Bordeaux, wurde teilweise restauriert; 1930 erwarb der französische Staat Schloß Chambord. Während der deutschen Besetzung wurde der Louvre-Bestand teilweise hierhin ausgelagert.

Sehr schöne Spazierwege im riesigen Schloßwald (gehört zum größten Jagdgebiet Frankreichs: Sologne), ca. 5.500 ha, der von einer 32 km langen Mauer aus der Zeit Franz I. eingefaßt ist. Heute werden hier Wildschweine, Hirsche und Rehe gezüchtet. Vier Aussichtstürme für Besucher zugänglich um die Wildfütterung zu beobachten. Möglichkeit zu Ausritten und Kutschfahrten im weitläufigen Park.

** Hotel „**St. Michel**", direkt vis-à-vis des Schlosses. Zur Saison unbedingt lange vorher reservieren. Abends wird's ruhig und idyllisch, Abendspaziergänge in Ruhe durch die Schloßanlage. Schöne Restaurant-Terrasse; 38 Zimmer - fast alle mit Dusche oder Bad. DZ ab 110 Euro. Im Restaurant zur Hochsaison Tisch reservieren.

Für Gourmets lohnt der 8 km Abstecher nach Bracieux zum Restaurant „BERNARD ROBIN", 1, avenue de Chambord. Eine bekannt gute Adresse. An die ehemalige Posthalterei erinnert die Kutsche im Garten. Spezialitäten der Sologne, wie Karpfen oder Ente, stehen auf der Karte. Leider ist dazu ein tiefer Griff in die Tasche nötig. Menü ab 32 Euro.

17 km südlich von Chambord liegt **SCHLOSS CHEVERNY**, ein prächtiger klassizistischer Herrensitz (17. Jh.) mit sehr schöner Einrichtung. Heute noch im Besitz der Nachfahren des Grafen Hurault de Cheverny. Ganz-

jährig geöffnet, April-Sept. 9.15-18.15 Uhr, sonst 9.3o-12/14.15-17 Uhr. Eintritt 6 Euro.

Son et lumière Vorführung unter dem Motto: „Le Cours du Temps“. Eintritt ca. 15 Euro.

Blois

(5o.ooo Einw.)

Lebendige Stadt an beiden Loireufern, die durch ihr Schloß weltberühmt wurde. Schiefergedeckte Häuser, schmale steile Gassen in der Altstadt bis hinunter zu den Fußgänger-/Geschäftsstraßen nahe der steinernen Brücke. Blois wurde im 2. Weltkrieg stark zerstört, trotzdem sind einige interessante Fachwerkhäuser und enge Straßenzeilen erhalten: wie die Rue du Puits-Chatel und Rue des Papagaults zwischen Fluß und Schloß.

Parkplätze am Flußufer, dann zu Fuß durch die Innenstadt zum Schloß. Das etwas undurchsichtige Einbahnstraßensystem zwingt einen leicht zu unfreiwilligen Stadtumfahrungen.

Tourist INFO

Office de Tourisme (1): 3, av. Jean Laigret, 41ooo Blois. Tel. o2 54 9o 41 41, Fax: o2 54 9o 41 49 www.loiredeschateaux.com

Beim Schloß, im ehemaligen Pavillon von Anne de Bretagne, der früher mitten im Garten lag. (In einer angrenzenden Kapelle hielten Anne und Ludwig XII. mehrtägige Andachten, um einen männlichen Thronfolger zu erbitten, - leider ohne Erfolg.) Offen: Mai bis September tägl. 9-19 Uhr. Oktober bis April Mo.-Sa. 1o-12/14-18 Uhr. So. 11-13 Uhr/15-17 Uhr.

Vermittlung von Zimmern (allerdings liegen sie außerhalb der Stadt, - eigenes Fahrzeug notwendig) und Appartements.

In den Sommermonaten werden Stadtführungen in französischer Sprache und Kutschfahrten ab Place du Château angeboten.

Post (5): an der Rue Gallois, offen Mo.-Fr. 8-19 Uhr, Sa. 8-12 Uhr, auch Geldwechsel.

Verbindungen

ab Blois

Zug: Bahnhof (2) ca. 5oo m vom Schloß entfernt.

-> Paris: ca. stündlich
-> Orléans: halb- bis stündlich
-> Tours: etwa stündlich, So. seltener

Bus: Mehrere Buslinien besorgen Mitte Juni bis Mitte September den Transport zu den Schlössern Cheverny und Chambord. Abfahrt am Bahnhof. Z.B. morgens mit dem Bus ab Blois nach Cheverny, mittags mit dem nächsten Bus zum Schloß Chambord. So bleibt genügend Zeit für die Besichtigung, Spaziergang im Park/Wald oder fein Essen gehen (reservieren!).

Zur Saison organisierte Ausflugsbusse zu den Schlössern. Tickets werden auch im Touristbüro verkauft.

Außerhalb der Saison erreicht man die Schlösser per **Taxi**. Das Touristenbüro versucht kleine Gruppen zusammenzustellen, damit es preislich reell wird.

BLOIS

1 TOURIST INFO
2 BAHNHOF
3 Pavillon Anne de Bretagne
4 Kirche St. Vincent
5 POST
6 Place Victor Hugo
7 Jardin du Roi
8 Château
9 Place du Château
10 Couvent des Jacobins
11 Kirche St. Nicolas
12 Fontaine Louis XII
13 Rd.-Pt.de la Résistance
14 Hôtel de la Chancellerie
15 Hôtel d´Alluye
16 Hôtel de Guise
17 Tour Beauvoir
18 Escaliers Denis Papin
19 Maison Denis Papin
20 Kathedrale St. Louis
21 Hôtel de Ville
22 Jardins de L' Evéché
23 Place de la République
24 Pont J. Gabriel

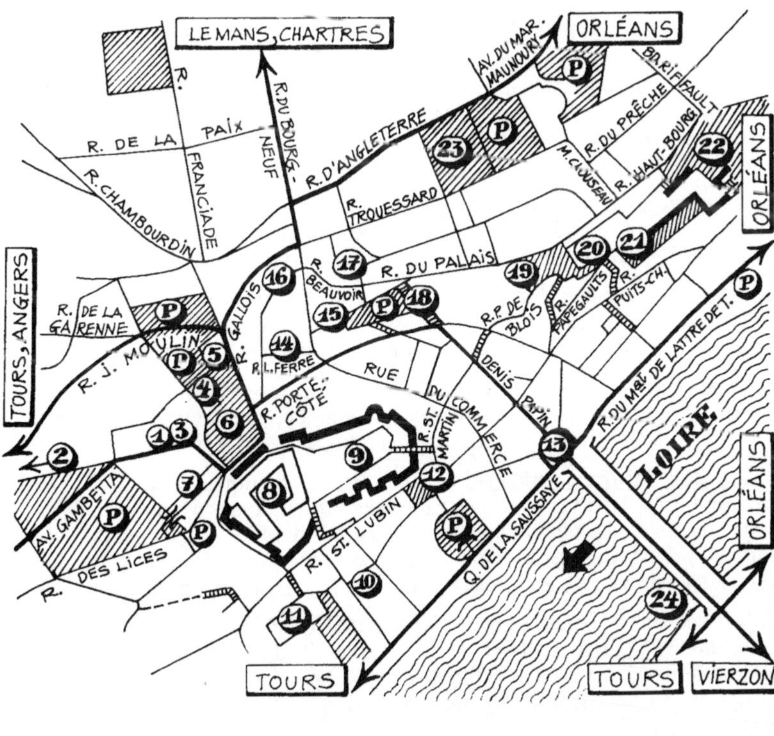

KÖNIGSSCHLOSS (8), das Versailles der Renaissance. Von Kirchtürmen überragt und von Häusern eingezwängt wirkt es dann nicht mehr so spektakulär, sehr prunkvoll aber im Detail. Es ist die interessanteste Königsresidenz, in der einige Jahrzehnte französische Politik gemacht wurde, karréförmig angelegt, aus deutlich unterscheidbaren Epochen (13.-17. Jh.). Prachträume im spätgotischen Trakt von König Ludwig XII. und im Renaissanceflügel König Franz I. mit dem bekannten Treppenturm.

Schloßbesichtigung: Die Dimensionen machen einen schnellen Überblick etwas schwierig. Der Backsteintrakt (Eingang) stammt von Ludwig XII. (1498-1515). Sein Reiterstandbild (Rekonstruktion aus dem 19. Jh.), sein Emblem (das Stachelschwein) und Initialen L und A für Ludwig und seine Frau Anne schmücken die Fassade.

Nachfolger Franz I. ließ mit 21 Jahren (1515) den Seitenflügel erbauen. Problemlos an den vielen Salamandern (seinem Wappen) zu erkennen. Die imposante achteckige Wendeltreppe war ganzer Stolz der Königin Claude, luftig in fünf Etagen gebaut wurde der Turm bei Empfängen wie eine Tribüne besetzt.

Innenbesichtigung: im Erdgeschoß Diashow zur Schloßgeschichte. Sehr prunkvolle Räume in den oberen Etagen, Goldbemalung an Deckenbalken, Wandbespannung. Goldene Salamander prangen auf den Kaminsimsen neben dem Hermelin, Emblem seiner Gemahlin Claude, Gobelins aus dem 16. Jh. Interessantes Arbeitszimmer der Königsmutter Katharina von Medici (1519-89) mit einmaliger Wandvertäfelung (237 Kassetten), mit raffiniert eingearbeiteten Geheimfächern. Sie starb hier mit 69 Jahren (hat alle ihre Valois Söhne überlebt).

Im Mordzimmer, in dem Herzog Guise am 23. Dezember 1588 von Königstreuen in die Falle gelockt, überrumpelt und umgebracht wurde (siehe Schloßherren), aufschlußreiche Gemälde zu dem Attentat.

Ständesaal, der älteste Teil der Anlage (13. Jh.), verbindet den Flügel Ludwig XII. und den Franz I. Der frühere Festsaal mißt 3o x 12 m und ist gut zwei Stockwerke hoch. Große Gobelins nach Vorlage von Rubens.

Innenbesichtigung Trakt Ludwig XII., sehr schön ausgestattete Räume, nicht ganz so goldüberladen, feine Wandbespannungen, wappenverzierte Kamine. Ein passender Rahmen für das Kunstmuseum.

Flügel des Gaston v. Orléans (17. Jh.), Bruder König Ludwig XIII. Der letzte/jüngste Trakt vis-à-vis des Eingangs. Anfang eines Monumentalprojekts aus der Feder des berühmten Hofbaumeisters Mansart, das nie vollendet wurde, da dem Bruder des Königs während der Bautätigkeit die Gelder gestrichen wurden. Schöne Bildhauerarbeiten im Vestibül.

Folgende Museen beherbergt das Schloß: Im Erdgeschoß des Flügels Franz I. ist das MUSÉE LAPIDAIRE untergebracht, das originale Skulpturen und Steinmetzarbeiten des Schlosses zeigt, die bei Restaurierungsarbeiten im 19. Jh. hier in Sicherheit gebracht wurden.

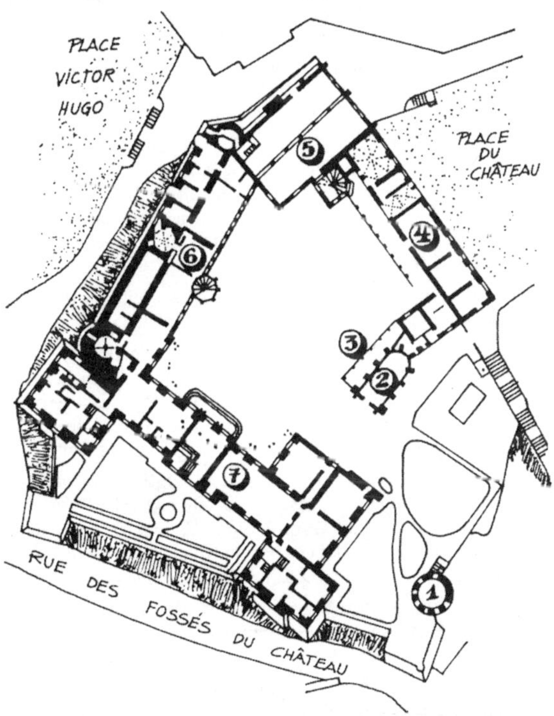

SCHLOSS BLOIS ****

1 Foix-Turm
2 Kapelle St. Calais
3 Galerie Charles d' Orléans
4 Flügel Ludwigs XII Kunstmuseum 1. Stock)
5 Salle des États
6 Flügel Franz I Musée Lapidaire (Erdgeschoß) BTreppe Franz I
7 Flügel Gaston d´Orléans

Im ersten Stock des Flügels Ludwig XII. ist das KUNSTMUSEUM zu besichtigen, das eine Gemäldesammlung (überwiegend 16.-18. Jh.), Skulpturen, Tapisserien und Kunstgegenstände zeigt. Jährlich wechselnde Ausstellungen.

Ganzjährig geöffnet. Mitte März bis Juni 9-18Uhr, Juli/August 9-19.3o Uhr, September 9-18 Uhr. Oktober bis Mitte März 9-12.3o/14-17.3o Uhr. Eintritt 6 Euro.

Erläuterungen in den Räumen z.T. auf Deutsch und Englisch. Führungen möglich. Empfehlenswerte Zusatzbeschreibung (billig).

Son et Lumière: in der Hochsaison auf Französisch (deutsche Broschüre erhältlich). Durch die Lichteffekte (indirekte Beleuchtung) kommen viele Details der Fassade erst richtig zur Geltung. Eintritt 12 Euro.

Schloßherren: Der Brückenkopf an der Loire war schon im Mittelalter ein strategisch wichtiger, daher befestigter Fleck. Anfänge des jetzigen Schlosses stammen aus dem 13. Jahrhundert.

Karl von Orléans, der Vater des späteren König Ludwigs XII., baute das Schloß im 15. Jh. um und erweiterte es.

1462 wurde Ludwig XII. im Schloß geboren (seine Mutter war zu diesem Zeitpunkt 36 Jahre, sein Vater jedoch bereits 72!). König Ludwig XII. fühlte sich an der Loire viel wohler als in Paris und ließ das Schloß (1498-15o1) für sich und seine zweite Frau Anne erweitern: u.a. Anlage schöner Gärten, die sich bis zum heutigen Bahnhof erstreckten. Er veränderte den Charakter der einstigen Verteidigungsburg zu einem Wohn- und Regierungsschloß.

Mehr Prunk entfaltete Franz I. - Schwiegersohn Ludwig XII. und Anne de Bretagne, der Blois zur Königsresidenz erklärte. Direkt nach Amtsantritt begann er den Seitenflügel (Architektur mit italienischem Touch). Er verbrachte kaum viel Zeit in Blois, da er meist zu - erfolglosen - Kriegszügen in Italien unterwegs war. Um weiteres Geld in die Aufrüstung zu stecken, mußte er die Bautätigkeit einstellen, - anders als bei seinem Lieblingsschloß Chambord.

Zur Reformation war in Blois einiges los. Heinrich III. (Sohn Heinrich II. und Katharina von Medici) berief zweimal die Generalstände im sogenannten Ständesaal ein.

Die starke katholische Liga, geführt von den erzkatholischen Herzögen de Guise, forderte Maßnahmen gegen die Hugenotten und die protestantische Lehre. Die „katholische" Macht wurde für den König immer bedrohlicher. 1588 setzt Herzog Heinrich v. Guise den König erneut unter Druck, die Abgeordneten der Stände einzuberufen, mit dem Ziel den König zu stürzen, denn bei den Abgeordneten gab es eine deutliche Mehrheit auf Seiten der Liga.

So in die Klemme getrieben sah Heinrich III. kein anderes Mittel, als durch ein Attentat den Herzog v. Guise zu beseitigen. Delikaterweise ließ er ihn in seinem Zimmer ermorden und beobachtete den Vorgang durchs Schlüsselloch. Um auf Nummer sicher zu gehen, daß ihm von Seiten der Guise kein Rivale mehr droht, ließ er gleich noch den Bruder des Herzogs, Kardinal von Lothringen, festnehmen und am Tag darauf ermorden.

Die beiden Attentate hatten die politische Situation natürlich nicht gerade entspannt, bereits 8 Monate später wurde Heinrich III. selber ermordet. Solche Bluttaten minderten die Attraktivität des Schlosses für die Nachfolger erheblich, seitdem wurde Blois von den Königen gemieden.

König Ludwig XIII. wollte sich seine Mutter Maria von Medici vom Halse schaffen und ließ sie kurzerhand 1617 in Schloß Blois einsperren. Einer Story zufolge soll es der schwergewichtigen Madame aber gelungen sein, durch ein riskantes Abseilmanöver aus dem Schloß zu flüchten, anschließend hatte ihr Sohn, vom schlechten Gewissen geplagt, sich wieder mit der Mutter versöhnt (Gemälde von Maria von Medici und dem kleinen Ludwig XIII. im Museum der schönen Künste).

1626 schenkte Ludwig XIII. Schloß Blois seinem Bruder, Herzog Gaston von Orléans - nicht etwa aus lauter Familienliebe, sondern um den Rivalen aus seiner Nähe in Paris loszuwerden. Es sah lange so aus, als ob Ludwig und Anna von Österreich kinderlos bleiben würden, das hatte Gastons Begehrlichkeit auf den Königsthron natürlich genährt. In der Hoffnung einst französischer König zu werden, entwickelte er mit dem Architekten Mansart Pläne zum Ausbau von Schloß Blois. Herbe Enttäuschung, als Ludwig und Anne doch noch einen Thronfolger lieferten.

Nachdem Richelieu dem Herzog Gaston d'Orléans auch noch den Finanzhahn zudrehte, blieb es bei dem einen klassizistischen Schloßflügel. In der Französischen Revolution wurde dem Schloß übel mitgespielt; bis 1845 diente der heruntergekommene Bau als Kaserne; wurde dann umfassend restauriert.

Im 2. Weltkrieg (194o) wurde Blois, Schloß und Stadt durch Bombardements ziemlich beschädigt, nach dem Krieg wieder restauriert.

Maison de la Magie

Gegenüber dem Schloßeingang, am anderen Ende des Platzes scheint es ein ganz gewöhnliches Haus zu sein. Doch wenn sich zur vollen Stunde die Fenster wie von Geisterhand öffnen und goldene Drachenköpfe heraus schauen, dann geht hier etwas nicht mit rechten Dingen zu. Mehr möchten wir gar nicht verraten. Lassen Sie sich im Haus der Magie überraschen. Mindestens 1 1/2 Std. einplanen. Offen: Juli und Aug. tgl. 1o-18.3o Uhr. Sonst kürzer. Eintritt 7,5o Euro.

Auf dem Platz Victor Hugo (6), der um 184o an Stelle des alten Stadtgrabens angelegt worden war, steht eine mächtige Libanonzeder aus dieser Zeit. Vom Platz hat man einen schönen Blick auf das Schloß, auf die Fassade des Loges des Renaissanceflügels Franz I.

Die etwas streng wirkende KIRCHE ST. VINCENT DE PAUL (4) mit klassischer Säulenfassade schließt den parkartigen Platz nach Norden ab. Sie wurde als Kapelle des Jesuitenkollegs 1634 erbaut, nach Beschädigungen in der Französischen Revolution 1847 restauriert.

JARDIN DU ROI (7): kleine Terrassenanlage, von der man den Platz Victor Hugo, die Stadt und die Fassade des Loges überblickt.

Place du Château (9): von den Gärten des Place du Château bietet sich eine schöne Aussicht auf die Unterstadt. Im Haus Nr. 1, einem Gebäude aus dem 19. Jh., gibt die Maison de la Magie einen Überblick über die Geschichte der Magie und zeigt eine Sammlung des örtlichen Zauberkünstlers, Gelehrten und Ingenieurs J.E. Robert-Houdin (18o5-71). Vorführungen werden in einem Theaterraum gegeben.

In der Rue St. Lubin, die bis zum 18. Jh. einziger Stadtzugang von Westen kommend war, sind einige alte Häuser aus dem 15./16. Jh., erhalten zum

Teil mit hübsch verziertem Fachwerk (Nr. 36).

ST. NICOLAS KIRCHE (12./13. Jh.), die Kirche, die sehr harmonisch romanische und gotische Stilelemente vereint, gehörte zur ehemaligen, 1114 zerstörten Benediktinerabtei St. Laumer. Sehenswerte Kapitelle im Schiff und im Chorumgang.

COUVENT DES JACOBINS: Von dem 1273 gegründeten Kloster sind nur noch wenige Gebäudeteile erhalten, in denen heute das Diözesanmuseum für religiöse Kunst untergebracht ist, das eine Sammlung liturgischer Gegenstände zeigt (offen: tägl. außer Mo. 14-18 Uhr) und das Naturhistorische Museum (tägl. außer Mo. Juni bis August 1o-12/14-18 Uhr, sonst 14-18 Uhr)

Auf dem Place Louis XII. steht der hübsche Brunnen Louis XII. im spätgotischen Stil.

Über die Fußgängerzone Rue du Commerce, einst Hauptstraße von Blois, gelangt man zum Hôtel de la Chancellerie (14), einem Palais aus dem 16. Jh., das eine prächtige Treppe besitzt. Etwas weiter, Rue Chemonton Nr. 18, lohnt das Hôtel de Guise (16) einen Blick, das 152o für Nicolas Symonnot erbaut wurde und an einen Turm der alten Stadtmauer aus dem 13. Jh. grenzt.

Sehr sehenswert ist das Palais Hôtel d'Alluye (15) in der Rue Saint-Honoré 8, das sich Anfang des 16. Jh. Florimond Robertet, der Schatzmeister König Karls VIII., Ludwig XII. und Franz I. bauen ließ. Es muß ein ehrlicher Mann gewesen sein, kunstsinnig und kultiviert zugleich. Besonders schön ist der Hof mit einem Laubengang in italienischer Renaissance und einer steinernen Wendeltreppe.

In der Rue des Cordeliers steht der Tour Beauvoir (17), ein ehemaliger Donjon der Herren von Beauvoir aus dem 12. Jh., der später in die Stadtmauern einbezogen wurde und als Gefängnis diente.

Nahe von Blois wurde Denis Papin geboren, der Wissenschaftler, dem die Welt den Dampfkochtopf und die Idee der Dampfmaschine verdankt. Die Stadt Blois ehrt ihn in der Rue Denis Papin, einer der Hauptverkehrsadern, in einem Denkmal von Aimé Millet (188o) und den Escaliers Denis Papin (18), von denen man auf Stadt und Schloß blickt.

Denis Papin (1647-1714) war Protestant, studierte an der protestantischen Akademie in Saumur, später in Angers, war Doktor der Medizin und wurde Mitglied der Akademie der Wissenschaften in Paris. Nach Aufhebung des Edikts von Nantes mußte er fliehen, lebte und forschte in England, Venedig und wurde schließlich Professor in Marburg, wo er die Idee der Dampfmaschine entwickelte, aber schließlich auch fliehen mußte. Völlig verarmt starb er wohl 1714 in England.

Gotisierte KATHEDRALE ST. LOUIS (2o) aus dem 17. Jh., interessant daran die alte Krypta aus dem 1o.-12. Jh. Die Kathedrale hatte an gleicher Stelle als Vorläuferin die Hochzeitskirche von Franz I. und Claude de France; die Kirche war jedoch zu windig gebaut, so daß sie einem Unwetter zum Opfer fiel.

Das klassizistische RATHAUS (21), ehemalige Bischofsresidenz neben der Kathedrale, stammt auch aus J. Gabriels Feder.

An das Rathaus grenzen die JARDINS DE L'EVÊCHÉ (22), von den Bischöfen des 18. Jh. in Terrassen angelegte Gärten, von denen man ein weites Panorama über das Loiretal und die Altstadtdächer hat. Den schönen Rosengarten kann man von der oberen Terrasse sehen.

Über die Brücke Pont Gabriel (24) (1717-24 von Gabriel d. Älteren erbaut), erreicht man das alte Stadtviertel VIENNE am anderen Loireufer und die KIRCHE ST. SATURNIN mit dem ungewöhnlichen, von Gebeingalerien umgebenen Friedhof (1515-2o). Holz- und Steinpfeiler tragen die Galerien und sind mit skurrilen Totentanzabbildungen geschmückt. Besichtigung nur mit Führung (Juni bis September 9.3o-12.3o/14-18.3o Uhr, das Ticket des Schlosses gilt auch hier).

Pferdeliebhaber können von Mai bis September Donnerstag nachmittags das Gestüt Haras National besuchen. Das Touristenbüro informiert.

Rund 3o Hotels, überwiegend 1 und 2 Sterne: DZ 3o-8o Euor.** Hotel „**Anne de Bretagne**", 31, avenue J. Laigret. 28-Zimmer-Hotel in der Nähe von Touristenbüro und Schloß etwas zurückgesetzt von der Straße. Die Zimmer sind ordentlich mit Dusche oder Bad und WC, aber nicht ganz ruhig. DZ ca. 55 Euro.

** Hotel „**Ibis Blois Centre**", 3, Porte côté. Absolut zentral gelegenes Hotel mit 56 Zimmern. Einen Katzensprung vom Schloß und Fußgängerzone entfernt. DZ 5o-65 Euro.

** „**La Renaissance**", 1, rue de la Garenne. Modernes Hotel in einem älteren Gebäude, 2o Zimmer, alle mit Du/Bad, 3o-4o Euro.

* „**St. Jacques**", 7, rue Ducoux. Zweistöckiges Eckhotel älteren Datums am Bahnhof, 32 Zimmer, ab 3o Euro.

Restaurant „L'ORANGERIE", 1, avenue J. Laigret. 5o m neben dem Touristenbüro. Ausgezeichnet speist man in der alten Orangerie aus dem Anfang des 16. Jh., feines Ambiente. 3-Gang-Menü ab 35 Euro (zartes Enten-Carpaccio,Lachsfilet und Dessert).

„LA GARBURE", 36, rue Saint Lubin in einem verzierten historischen Fachwerkhaus. Hier gibt es Spezialitäten des Périgord. Gutes Preis-/Leistungsverhältnis. Menü ab 18 Euro (Salade Gésier-Entenflügel und Dessert).

„LE CASTELET", 4o, rue Saint Lubin. In einem der Altstadthäuser hier werden Spezialitäten aus dem Loiretal serviert. Auch für Vegetarier gibt es schmackhafte Gerichte. Menü ab 15 Euro.

„LES ARCADES", 1o, place Louis XII. Brasserie und Restaurant. Draußen sitzt man sehr schön im Schatten der Bäume. Neben traditioneller Küche auch kleine Gerichte.

AU RENDEZ-VOUS DES PÊCHEURS, 27, rue de Foix, kleines, geschmackvoll hergerichtetes Lokal, Fischspezialitäten, z.B. Rotbarbe auf orientalische Art; à la carte, gehobenes Preisniveau.

*** Camping Municipal de la Boire, einfacher schmaler Wiesenstreifen, unattraktiv gelegen an der D 951, gut 2 km vom Ort in Richtung Chambord. Mini-Hecken teilen Parzellen ab; Wasserstellen, Stromanschlüsse. 8o Stellplätze, offen: März bis Nov.

Schönerer Platz **** Lac de Loire, 3 km weiter. Große gepflegte Anlage zwischen Fluß und Straße. Durch Bäume strukturierte Wiesenplätze, ordentliche Sanitäranlagen, Stromanschlüsse, großes Sportangebot, mehrere Tennisfelder, Bootsverleih. Fahrradverleih. Offen: April bis Mitte Oktober, 25o Stellplätze. Die aufgestaute Loire (15-2o km lang) wurde zu einem großen Wassersportgebiet umfunktioniert.

Wer keinen Strom braucht, kann das preiswertere 2-Sterne-Areal wählen, das allerdings etwas näher an der Straße liegt.

Jugendherberge: in Les Grouets, zwei große Schlafsäle, geöffnet: März bis Mitte November. 48 Betten, 4 km von Blois Richtung Tours. N 152. 18, rue de l'Hôtel Pasquier. Bus Nr. 4. Weitere Jugendherberge in Montlivault ca. 1o km nördlich Richtung Orléans am linken Ufer. D 951. 35 Betten. Offen: Mitte Juni bis Mitte September. Bus Richtung Orléans.

Fahrradverleih: entweder beim Touristenbüro oder bei Cycles Leblond 44, Levée des Tuileries. Ab 12 Euro/Person.

Autovermietung: verschiedene Firmen, z.B. AVIS, 6, rue Jean Moulin.

Helikopterflüge: Die Loire und ihre Schlösser aus der Luft - eine phantastische Sache, wenn auch nicht gerade billig. Die kurze Runde über Schlösser Ménard und Chambord dauert ca. 1o Minuten 1/2 Stunde kostet etwa 12o Euro/Person. Mindestbeteiligung vorausgesetzt. Bei der halbstündigen Tour geht's bis Chambord, Cheverny und Chaumont. Juni bis September. Info und Reservierung übers Touristenbüro in Blois.

Von BLOIS nach TOURS ca. 65 km

Drei ganz unterschiedliche Schlösser an der Route. Während Chaumont und Amboise unmittelbar über dem südlichen Loireufer thronen, erfordert das sehenswerte Wasserschloß Chenonceau einen kleinen Abstecher.

★ Chaumont sur Loire (1.ooo Einw.)

Kleines Straßendorf am Loireufer, hoch oben das Schloß.

CHATEAU (1475-151o), eine Mischung aus Wehrburg und Renaissance-Wohnschloß mit vier dicken Ecktürmen und Zugbrücke. Die Räume mit Wandteppichen ausgestattet. Rüstungen im Gardezimmer, Renaissancemobiliar, dekorative Kamine.

Eine Besonderheit bilden die extravaganten Stallungen mit ungewöhnlichem „Pferdeluxus". Prachtvolles Zuggeschirr, komfortable Boxen, eine eigene Pferdeküche sowie vier verschiedene Kutschen. Uralte Zedern im gepflegten Schloßpark. Romantischer Waldweg rechts an den Stallungen vorbei mit Wendeltreppe in einer dicken Eiche.

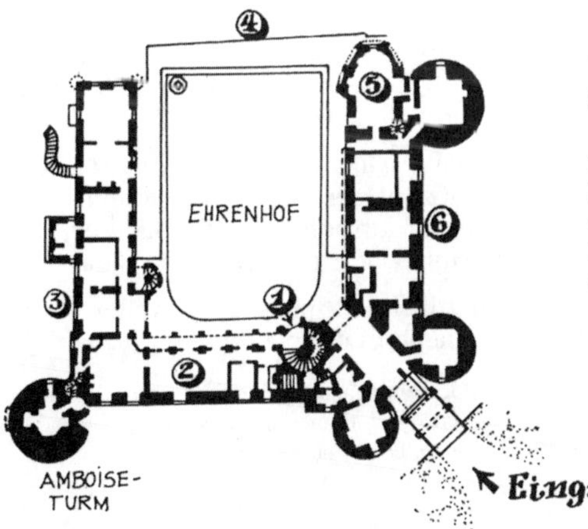

CHAUMONT - SUR LOIRE

1 Treppenturm
2 S-Flügel
3 W-Flügel
4 N-Flügel
5 Kapelle
6 S-Flügel

Schloßherren und -damen: Katharina von Medici, Regentin nach dem Tod ihres Mannes Heinrich II., kaufte 156o das Schloß als Tauschobjekt, um ihre verhaßte Rivalin Diane de Poitiers aus dem luftigen Schloß Chenonceau zu vertreiben. Zu dieser Zeit war der Nordflügel über der Loire noch nicht eingerissen, das Schloß besaß also noch seinen düsteren wehrhaften Burgcharakter. Verständlich, daß Diane sich lieber auf ihr eigenes Schloß Anet bei Chartres zurückzog. Sie starb dort sechs Jahre später.

Danach weilte Katharina zeitweise im Schloß. Ihr Schlafgemach ist noch komplett eingerichtet. Ebenso das Zimmer ihres italienischen Astrologen und Vertrauten Ruggieri, der ihr nach gemeinsamer Sterndeutung prophezeite, daß die Herrschaft ihrer Söhne nicht von langer Dauer sein und die Macht an die Bourbonen (Heinrich IV.) fallen werde.

Im 18. Jh. arbeitete auf dem Schloß der italienische Künstler J. B. Nini (1777 in Urbino geboren, 1786 hier gestorben), der Medaillons en masse produzierte, in einer neuen Technik. Über 1oo Persönlichkeiten des 18. Jh. wurden so verewigt. Sein „Chef" Schloßherr Le Ray schlug daraus gutes Kapital. Der Brennofen diente später der kleinen

Reithalle als Kuppel (Unterricht der Herzogskinder). In zwei Vitrinen einige seiner exzellenten Porträtmedaillons.

1875 kaufte Fräulein Marie Say das Schloß. Als Tochter eines Zuckerfabrikanten reichte dafür ihr erspartes Taschengeld locker aus. Bei so einer Mitgift ließ der Traumprinz nicht lange auf sich warten. Sie heiratete den Sohn Albert de Broglie und wurde somit Prinzessin. Ihr Gatte war ein großer Pferdenarr und ließ die jetzigen pompösen Stallungen 1877 bauen.

Die verschiedenen Schloßherren ließen sich am Portal verewigen. Über der Zugbrücke die Initialen Ludwig XII. und Anne de Bretagne. Das doppelte C entspricht dem Bauherrn Charles I. d'Amboise und Gemahlin Catherine. Der Schloßname CHAU-MONT (= heißer Stein) ist durch den brennenden Berg symbolisiert.

Eingang an der Straßenkreuzung nach Montrichard D 114 (leicht ansteigender Fußweg zum Schloßberg). Ganzjährig täglich geöffnet, Mai bis September 9.3o-18 Uhr, sonst 1o-17.3o Uhr. Geführte Besichtigung ca. 45 Min., Eintritt.

Picknickstellen nahe dem Parkplatz mit Blick auf die Loire.

Sehr schön gelegener ** Campingplatz municipal Grosse Grève direkt am Loireufer, ruhig am Ortsrand, Wiesenboden, viel Schatten durch hohe Bäume, ganz einfache Sanitäranlagen. 6o Stellplätze.

*** Camping De Dugny, sehr ruhig abseits des Tourismus gelegener Campingplatz auf dem anderen Loireufer außerhalb vom Ort Onzain (ca. 3 km auf der D 45). Badesee. Guter Komfort, Vermietung von kleinen Holz-Chalets mit Mini-Veranda.

In Candé sur Beuvron ca. 7 km nördlich am linken Ufer weiteres Minicamp am Ortsrand, Gite d'Etape, Chambres d'Hote sowie

** „**Hostellerie de la Caillère**", abseits am Ortsrand (gut beschildert). 36, route des Montils. Äußerlich eher unscheinbares Landhaus, umso renommierter die Küche. 3-Gang-Menü 28 Euro (z.B. Ragout Pied de veau). 7 Zimmer. DZ ab 6o Euro.

Von CHAUMONT in knapp 2o km über den Ort MONTRICHARD zum Schloß Chenonceau.

SCHLOSS CHENONCEAU: am Seitenarm der Loire gelegen. Die Steilhänge von Montrichard (3.8oo Einw.) wurden als Steinbrüche genutzt, anschließend darin Felsenwohnungen bzw. Höhlen zur Champignonzucht und Sektkellereien eingerichtet.

Möglichkeit der Besichtigung: CAVES MONMOUSSEAU, 71, rue de Vierzon. Seit 1886 werden Touraine Weine in den Kellern gelagert, bei 12° C reifen hier rund 1 1/2 Millionen Flaschen.

Bootsfahrten: im Sommer werden Bootsfahrten auf dem Fluß Cher von Montrichard nach Bourré und zurück angeboten, Dauer ca. 1,5 Std.

Übernachtungstip: Schloßhotel mit guter Küche, *** „**Château de la Ménaudière**", ein paar Kilometer außerhalb von Montrichard Richtung Amboise D 115. Schön im Grünen gelegenes Schloß aus dem 15. Jh., natürlich vielfach umgebaut und reno-viert. 25 freundliche Zimmer mit Dusche/WC und modernem Komfort. DZ ab 9o Euro. Sehr gute Küche, Mittagsmenü ab 3o Euro, abends teurer.

Chenonceau

(Das Schloß wird Chenonceau, der Ort Chenonceaux geschrieben.)

Das hübscheste aller Loireschlösser, hell und luftig, vom Flüßchen Cher umspült. Ein Renaissancelustschloß ohnegleichen mit großen Ziergärten, idyllisch am Waldrand gelegen gehört es zu den kleineren Schlössern, charakteristisch durch die sehr elegant überbaute Brücke über den Cher.

„Schloß der sechs Frauen" wird es oft genannt, nach den diversen Besitzerinnen, Maitressen und Königinnen. Die Vergangenheit des Schlosses gibt Einblick in das Leben, Intrigen und Feste der französischen Renaissance.

Dank der Persönlichkeit Madame Dupins blieb das Schloß von dem Zerstörungsdrang in der Französischen Revolution total verschont. Die Zimmer großteils möbliert. Touristisch ist unheimlich viel los, - weit über 8oo.ooo Besucher pro Jahr!

Cafeteria-Restaurant im Park (zivile Preise).

Ein kleines WACHSFIGURENKABINETT mit Szenen zur Schloßgeschichte hilft der Vorstellungskraft auf die Sprünge.

Ganzjährig geöffnet, von Mitte März bis Mitte September 9-19 Uhr, sonst recht verwirrend ab 9 Uhr ohne Mittagspause bis 17, 18 oder 18.3o je nach Saison. Eintritt 8 Euro (Schloß) plus 2 Euro (Wachsfigurenkabinett).

Son et Lumière-Aufführung „Zu Zeiten der Damen von Chenonceau", Spaziergang und Schauspiel im Schloß. Dauer 45 Min. 7 Euro. Juni bis September.

Schloßbesichtigung (ohne Führung): Architektonische Besonderheiten und Neuerungen verraten die praktische Planung von Madame Catherine Briçonnet. Die Anordnung der Räume um ein Vestibul vereinfachte (im Vergleich zu den herkömmlichen unpraktischen Zimmerfluren) die Bedienung bei Empfängen erheblich.

Fast revolutionär für Frankreich war ihre neue Treppe, - keine enge Wendeltreppe mehr, sondern ein relativ breiter Aufgang mit geradem Handlauf. Fläm. Wandteppiche (16. Jh.), Mobiliar, besonders schöne Decken im grünen Salon und der Bibliothek.

Im Kupferstichkabinett Schloßansichten aus verschiedenen Epochen und Blickwinkeln.

Große Küchenräume im Pfeiler des Schlosses fast auf Flußniveau, schließlich wurde in der Renaissance die Grundlage für die spätere berühmte cuisine française gelegt. Gewaltiger Aufwand wurde für Festmahlzeiten von bis zu 2o Gängen getrieben, dafür reichte die offene Feuerstelle im Kamin lange nicht mehr aus.

Die Schloßherren und -damen: Das jetzige Château wurde ab 1513 an Stelle eines älteren Schlosses gebaut - nur der Donjon (heute Postkartenverkauf) stammt noch von der alten Anlage des Herrn von Marques.

SCHLOSS CHENONCEAU

1 Vestibül
2 Zimmer Ludwigs XIII.
3 Treppe
4 Zimmer Franz I.
5 Gardensaal
6 Zimmer der Diana von Poitiers
7 Terrasse
8 Kapelle
9 Bibliothek
10 Grünes Kabinett
11 Galerie
12 Musée de Cires
Wachsfiguren Museum

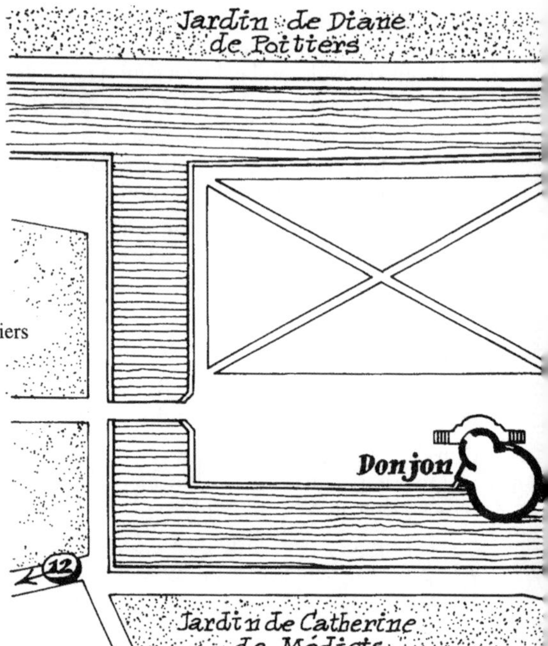

Der neue Bauherr Thomas Bohier, Finanzminister von König Franz I., wollte sich ein Denkmal setzen und plante ein extravagantes Schloß, - auf den Ruinen einer alten Mühle mitten im Fluß. Da er beruflich viel in Italien war, übernahm die Bauleitung im wesentlichen seine Frau Catherine Briçonnet. - 8 Jahre Bauzeit.

Thomas Bohier hatte sich wohl recht mutig aus der Staatskasse bedient, denn nach seinem Tod mußte sein Sohn das Schloß an den französischen König abtreten, um die entstandenen Schulden zu begleichen.

König Heinrich II. (1547-59) schenkte Chenonceau seiner Geliebten Diane v. Poitiers, die übrigens 2o Jahre älter war als er. Diane hatte ein Faible für die Jagd: Um bequemer in die Wälder am anderen Ufer zu gelangen, ließ sie eine 6o m lange Brücke bauen. Der große Ziergarten stammt ebenfalls aus ihrer Epoche - hier betrieb sie eine eigene Seidenraupenzucht, ließ Gemüse und Obst anbauen.

Nach dem Tod Heinrich II. (er starb 156o bei einem Turnier), zwang Katharina von Medici, die nunmehr die Regentschaft inne hatte, ihre Rivalin Diane, Schloß Chenonceau gegen das wehrhaft-düstere Chaumont an der Loire einzutauschen.

Katharina von Medici hatte Riesenpläne in der Schloßerweiterung, es blieb letztlich aber bei einer repräsentativen Galerie über der Brücke.

Katharina von Medici entfaltete in Chenonceau einen unglaublichen Luxus und Pracht - sie war für ihre rauschenden Feste bekannt, die sie als Witwe für ihre Söhne gab (Franz I. und Maria Stuart; Karl IX., Henri III.). Dabei stiegen singende Sirenen aus dem Wasser, fanden Seeschlachten auf dem Cher statt, Feuertürme erhellten und wärmten die Gärten, Feuerwerke und Pseudojagden wurden in den Parks veranstaltet.

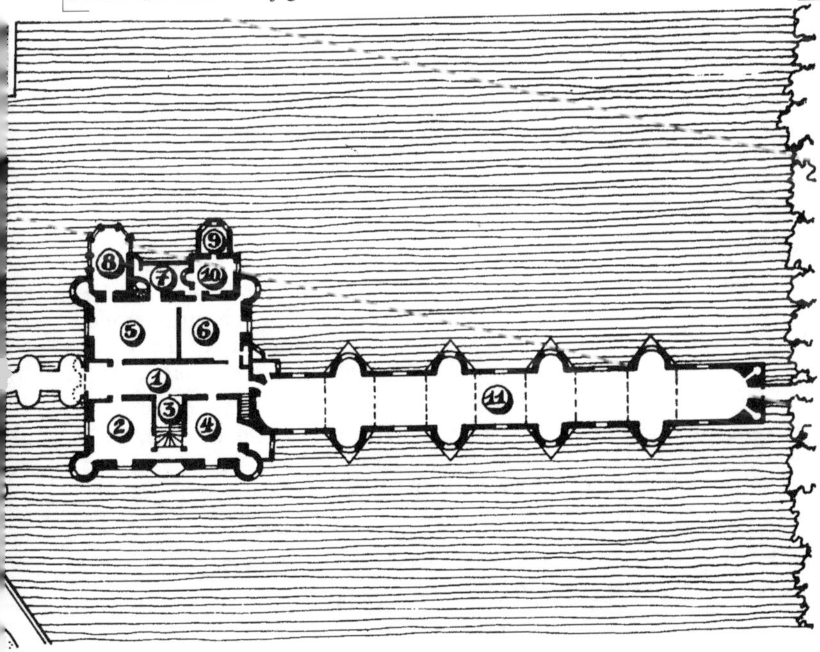

Nach dem Tod von Katharinas drittem Sohn (Heinrich III.) veränderte Louise von Lothringen, dessen Witwe, das Schloßklima. „Die schwarz-weiß Königin" trauerte den Rest ihres Lebens zurückgezogen in Chenonceau, dessen Interieur sie großteils schwarz ausstatten ließ - sie selbst kleidete sich nur noch in der Trauerfarbe weiß.

Im 18. Jh. wurde das Schloß wieder zu einem geistig-kulturellen Zentrum unter Madame Dupin, die J. J. Rousseau mit der Erziehung ihres Sohnes beauftragte; Philosophen und Dichter wie Voltaire und Marivaux gingen im Schloß aus und ein.

Madame Pelouze, die 1864 das Schloß kaufte, ließ es in seinen ursprünglichen Zustand - wie zu Bohiers Zeiten - versetzen. Seit diesem Jahrhundert ist es im Besitz der Familie Menier. Im 1. Weltkrieg wurde es als Lazarett benützt. Im 2. Weltkrieg bestanden Pläne, die Galeriebrücke zu sprengen, - hier verlief die Grenze zwischen freifranzösischer und besetzter Zone. Glücklicherweise wurden sie nicht realisiert.

★ Chenonceaux

Angrenzend, inmitten von Weinfeldern, der gemütliche 5oo-Seelen-Ort.

** „**La Renaudière**", 24, rue Dr. Bretonneau, Ziegelhotel im Dorf mit schöner Gartenanlage, ein Dutzend Zimmer ab 5o Euro, durchschnittliche Preise im Restaurant.

*** „**La Roseraie**", sehr empfehlenswertes Hotel/Restaurant an der Dorfstraße. 7, rue Bretonneau. Gemütlicher Speiseraum mit prasselndem Kamin, Innenhofterrasse. Menü ab 17 Euro, Wahl zwischen Steak oder Fisch, 22 Zimmer mit Du./Bad, 42-85 Euro.

** „**Hostel du Roy**", 1oo m vom Schloß entfernt, 9, rue Bretonneau. 4o Zimmer unterschiedlichen Standards um 4o Euro, preiswertes Menü.

* Camping Municipal „La Fontaine des Prés", einfacher, kleiner Platz neben dem Bahngleis, an der Bahn ausgeschildert, Stromanschlüsse. 53 Stellplätze. Mitte April bis Ende Sept.

Verbindung: Zug 3 x täglich nach Tours.

★ Amboise

(11.ooo Einw.)

Das Schloß von Amboise, die zweitwichtigste Königsresidenz, liegt beherrschend über Loire und Stadt. Direkt an der Route und bequem erreichbar gehört es zu den beliebtesten Stops der Ausflugsbusse. Zahlreiche Souvenirshops in der schmalen Fußgängerzone; gratis Weinprobe direkt am Parkplatz.

Touristinfo: am Kai Gen. de Gaulle, 374o2 Amboise. Tel. o2 47 57 o9 28, Fax: o2 47 57 14 35. Offen: Mo.-Sa. 9-12/15-18 Uhr.
E-Mail: tourisme.amboise@wanadoo.fr

Internet: www.amboise-valdeloire.com

Post: ebenfalls am Quai, Mo.-Fr. 9-12/14-17, Sa. 9-12 Uhr.

Markt: Großer Markt jeden Freitag und Sonntag vormittags am Loireufer.

Bahn: Bahnhof am gegenüberliegenden Loireufer.
-> Tours: ca. 8 x werktags, So. seltener
Blois: ca. 8 x werktags, So. seltener, - weiter nach Orléans und Paris.

Bus -> Chenonceaux 1 x tägl., zur Hochsaison 2 x.
Organisierte Bustouren zu den Schlössern der Umgebung. Nur zur Saison. Beispielsweise Halbtagestour nach Chaumont und Chenonceau. Auskunft und Anmeldung im Touristenbüro.

Tipp: **Schloßrundflüge** - die Schlösser aus einer tollen Fotoperspektive. Info und Anmeldung im Touristenbüro. Spannender, aber teurer per Hubschrauber. Rundflug über Schloß Chenonceau, Chaumont und Amboise 3o Min. 12o Euro/Person. Alle weiteren Ziele frei vereinbar.

Fahrradvermietung bei Locacycle, 2, rue J. J. Rousseau - auch Tandems oder Mountainbikes.

DAS SCHLOSS

Schloßbesichtigung (Führung ca. 3/4 Std.)

Nur 1/6 der einst riesigen Anlage ist erhalten, u.a. die prachtvolle Hubertuskapelle in dekorativer Spätgotik. Das kunstvolle Relief über dem Portal zeigt den hl. Christopherus und Hubertus. Im Tympanon die Stifter: König Karl VIII. und Anne de Bretagne (19. Jh.). Eine kleine Tafel weist auf das Grab Leonardos hin.

Die jetzige Aussichtsterrasse war früher ein total umbauter Innenhof. An die Kapelle schlossen sich die Gemächer der Königin an.

Der Flügel Karls VIII., zur Loire hin, wird zuerst besichtigt. Verzierte Giebel, Lukarnen und Balustrade in herkömmlich gotischer Bauweise.

Der junge, ungestüme **König Karl VIII**. - gerade 22 Jahre alt - begann noch vor seinen Italien-Feldzügen mit dem Schloßbau. Er hatte es supereilig, ließ Überstunden und Wechselschicht anordnen. Es wurde rund um die Uhr gearbeitet, nachts die Baustelle mit Fackeln beleuchtet. Im Winter mußte das Baumaterial sogar angewärmt werden, um keine Verzögerung eintreten zu lassen. Karl VIII. hatte zwar in Italien die Renaissancebauweise kennen und schätzen gelernt, konnte sie aber in seinem fast vollendeten Schloß nicht mehr einbringen. Zahlreiche Wandbehänge aus der Manufaktur Aubusson schmücken die Räume, sehr schönes Gotik- und Renaissancemobiliar, teilweise aus Italien, u.a. eine raffinierte Schmucktruhe mit doppeltem Boden.

Der König ließ den ersten Renaissancegarten von italienischen Gärtnern anlegen und veränderte den Lebensstil am Hof grundlegend. Er erweiterte den Hofstaat auf mehr als 1oo Personen und veranstaltete Feste und Spiele.

Interessanter Rundturm (Minimen), er war mit einer breiten, spiralförmigen Rampe ausgestattet, die sogar Kutschen und Pferden den Aufgang ermöglichte.

Von oben hat man Blick aufs andere Loireufer, an dem sich Leonardo da Vinci räkelt (Statue).

Karls Nachfolger und zweiter Mann von Anne de Bretagne, Ludwig XII., baute den Seitentrakt an. Die verzierten Lukarnen zeigen deutlich den neuen Renaissanceeinfluß.

Die 1. Etage z.T. im Empirestil möbliert, besonders schöne Steinmetzarbeiten an den Kaminen mit Feuersalamanderemblem Franz I.

Geöffnet: Juli/August 9-19.3o Uhr, April bis Juni 9-18.3o, September/ Oktober 9-18 Uhr, sonst 9-12/14-17 bzw. 17.3o Uhr. Eintritt 7 Euro.

Großes Renaissanceschauspiel Son et Lumière „Der Hof König Franz I.“ mit ca. 4oo Mitspielern in historischen Kostümen, Musik etc. Zur Saison nach Einbruch der Dunkelheit ca. 13 Euro/Person.

Die Schloßherren: Während des 1oo-jährigen Krieges (1339-1453) „entdeckten“ die französischen Könige Amboise und behielten es als Residenz bis ins 16. Jh. (da sie die Abwechslung liebten, unterhielten sie mehrere Regierungsschlösser).

Karl VII. (14o3-61) fand hier am Ende des 1oo-jährigen Krieges Zuflucht. 1431 wurde eine angebliche Verschwörung von Louise d'Amboise gegen ihn aufgedeckt und als Bestrafung das Schloß konfisziert (seitdem Königsbesitz).

Sein Sohn Ludwig XI. (1423-83) baute Amboise vorwiegend für seine Gemahlin Charlotte von Savoyen aus. Er selber zog die bescheidenere Residenz Plessis in Tours vor.

Thronfolger Karl VIII. wurde 147o hier geboren. Er erweiterte Amboise unter Hochdruck. Durch seinen frühen Tod mit 28 Jahren blieben große Pläne unvollendet.

König Karl VIII. starb hier bei einem tragikomischen Unfall: Während er ein spannendes Ballspiel verfolgte, stieß er sich bei einem stürmischen Aufsprung an einem Balken so unglücklich den Kopf, daß er bewußtlos zu Boden fiel und an den Folgen der Gehirnerschütterung starb.

Da alle seine Kinder im frühen Alter gestorben waren, heiratete Anne de Bretagne laut Vertrag Ludwig XII. Er residierte im wesentlichen in Blois, ließ die Bauarbeiten aber weiterführen.

Unter Schwiegersohn Franz I. blühte der Renaissancehof erst richtig auf, großartige Feste, Turniere und Maskenbälle fanden hier statt. Der Innenhof wurde dafür mit einem riesigen, geschmückten Zeltdach überspannt.

Der König gab sich ganz als Mäzen und holte berühmte Künstler und Wissenschaftler an seinen Hof. 1516 kam Leonardo da Vinci für die letzten drei Jahre seines Lebens nach Amboise, mit dem Auftrag, für Franz I. noch extravagantere Feste zu komponieren und architektonische Projekte mit dem experimentierfreudigen König zu entwerfen. (Lohnende Besichtigung von Leonardos Wohnsitz Clos-Lucé im Ort.)

Das Massaker auf Schloß Amboise (156o): In den Religionskriegen zwischen Hugenotten und Katholiken spielten sich auf dem Schloß üble Szenen ab.

Der 14-jährige König Franz II. (Sohn von Katharina von Medici und Heinrich II.) sollte von Hugenotten aus Schloß Blois entführt und so dem starken Einfluß der katholischen Liga unter den Herzögen von Guise entzogen werden. Die Guises erfuhren hiervon rechtzeitig und flüchteten mit dem König nach Amboise: die Verschwörer auf den Fersen. Dort wurden die Hugenotten überwältigt und das Vorhaben grausam gerächt.

Ein mehrtägiges Massaker ohnegleichen folgte. Ihr Anführer La Renaudie wurde ermordet und gevierteilt, seine Komplizen geköpft oder in Säcke eingenäht und in der Loire ertränkt, andere am Balkon aufgehängt. Trotz des widerlichen Leichengeruchs ließ die Königsfamilie nebst Schwiegertochter Maria Stuart es sich nicht nehmen, das Exekutionsspektakel zu erleben, danach bevorzugten sie allerdings Schloß Chenonceau...

Seit der Verschwörung von Amboise mieden die Könige das Schloß. Drei Jahre nach dem Ereignis wurde ausgerechnet hier das Edikt von Amboise unterzeichnet, das den Hugenotten für kurze Zeit Religionsfreiheit unter gewissen Auflagen garantierte

Im 17. Jh. vorübergehend Staatsgefängnis, kam es dann an den Herzog Choiseul, der sich jedoch lieber einige Kilometer weiter auf Chanteloup aufhielt; während der Revolution enteignet.

Unter Napoleon war Amboise Sommerschloß des Senators Roger Ducos, der Teile der Anlage abreißen ließ. Im 2. Weltkrieg durch Bombardement beschädigt, damals Stützpunkt der Résistance. Nach 1945 wieder aufgebaut bzw. restauriert.

Schönste Gesamtansicht des Schlosses von der breiten Loirebrücke. Ursprünglich war der gesamte Burgfelsen umbaut; die beiden erhaltenen Wohnflügel stammen aus der Wende von der Gotik zur Renaissance. Im Gegensatz zu anderen Schlössern ist es komplett möbliert.

MANOIR CLOS-LUCÉ und MUSEUM LEONARDO DA VINCIS, etwa 6oo m vom Schloß entfernt, rue Victor Hugo. Der Herrensitz (Ende des 15. Jh. von Ludwig XI. erbaut), in dem Leonardo da Vinci die letzten Jahre verbrachte (er starb hier 1519 mit 67 Jahren), ist aus zwei Gründen sehenswert:

Ein Großteil der Einrichtung original erhalten: Leonardos Arbeits- und Empfangszimmer. Sehr schönes Gotik- und Renaissancemobiliar, Wandteppiche etc.

Zweiter Aspekt: die einmaligen Modelle von da Vincis Erfindungen. Eine Fülle von Nachbildungen, entsprechend den Zeichnungen des Meisters von IBM zum 5oo. Geburtstag da Vincis angefertigt. Dadurch auch für ‚nicht technisch Versierte' sehr anschaulich. Mit seinen Flugmodellen, Panzerwagen, Pumpen, Klimaanlagen und Strömungsuntersuchungen war Leonardo da Vinci der Zeit um ca. 4oo Jahre voraus.

Geöffnet: Juli/August 9-2o Uhr, April bis Juni, September bis November 9-19 Uhr, sonst 9-19 Uhr. Eintritt 7 Euro.

MUSÉE DE L'HOTEL DE VILLE im ehemaligen herzöglichen Palais, rue François I. Interessante Sammlung zur Stadtgeschichte von Amboise (Dokumente, Gemälde, Mobiliar). Offen: Juli/August Mo.-Fr. 14-18 Uhr.

AQUARIUM DE TOURAINE. Ein Aquarium der Superlative mit dem größten Frischwasserbecken in Europa, riesigen Haien, die über einen hindrüber schwimmen, chinesische Karpfen von unglaublichen Dimensionen, tropische Fische und vieles mehr.

LE MUSÉE DES AUTOMATES, 7, rue du Génërel Foy. Hinter dem Begriff verbirgt sich ein Puppenmuseum der besonderen Art. Die elegant gekleideten Figuren haben intern ein Uhrwerk und können sich dadurch bewegen. Insgesamt über 3oo Exemplare.

Ein witziger BRUNNEN (1968) von Max Ernst „la Grenouille Allemande" (Deutscher Frosch) genannt, steht auf der Loirepromenade.

Hotels/Restaurants

**** Schloßhotel „**Château de Pray**", ca. 3 km nordöstlich von Amboise in Chargé. Wuchtiges Schloß aus dem 18. Jh. mit runden Ecktürmen, leicht am Hang und zurückgesetzt von der Straße. Sehr stilvolles Interieur. 19 Zimmer, HP ab 9o Euro. Mit Restaurant.

*** „**Du Parc**", 8, rue Leonardo da Vinci, Patrizierhaus mit 2o geräumigen Zimmern, recht ruhig im Park, Zimmer ab 65 Euro. Restaurant mit großem Kamin in den ehemaligen Stallungen.

** Hotel „**Le Blason**", 11, place Richelieu. Empfehlenswertes Hotel in einem historischen Fachwerkhaus im Zentrum. Gediegenes Ambiente im Restaurant, gute Küche (3-Gang-Menü 17 Euro). 28 saubere und schön eingerichtete Zimmer. DZ ab 5o Euro.

*** „**Le Bellevue**", 12, quai Charles Guinot, direkt an der Durchgangsstraße zu Füßen des Schlosses, leider nur vereinzelter Loire- bzw. Schloßblick. Nicht ganz ruhig gelegen, 34 Zimmer mit Bad ab 5o Euro.

** „**Le Chaptal**", 13, rue Chaptal - zentral gelegen. 18 Zimmer. DZ ab 35 Euro.

** „**La Pergola**", 33, av. de Tours. Garnihotel, 2o Zimmer mit Du./Bad ab 35 Euro.

** „**Le Petit Lussault**", kleines Hotel in ruhiger Lage, 2 km außerhalb N 152 in Nazelles-Négron, ordentliche Zimmer, kein Restaurant, Park und Tennisplatz, 2o Zimmer überwiegend mit Sanitärraum ab 45 Euro.

** „**La Breche**", 26, rue Jules Ferry am anderen Ufer der Loire, bürgerlich-komfortabler Speiseraum Terrassen- und Gartenrestaurant. 15 Zi. ab 45 Euro.

„**Salon de Thé**“, Confiserie, Pâtisserie Bigot schräg gegenüber vom Schloß. Ein traditionsreicher Familienbetrieb in Amboise, der köstliche Pralinen und Pâtisserien herstellt. Wieviel mühevolle Handarbeit solche Leckereien erfordern, kann man in der Fabrikation schräg gegenüber sehen.

Diverse **Privatzimmer** (Chambre d'Hôte) an der Straße ausgeschildert. Das Touristenbüro hält eine Liste bereit.

Jugendherberge, centre Charles-Péguy, 1, rue Commire, Entrepont - auf der Insel Ile d'Or, 7o Betten, ganzjährig geöffnet.

** Camping de l'Ile d'Or, schön gelegener Wiesenplatz auf der Loireinsel. Viele Stellplätze mit Schloßblick; viele Laubbäume; ordentliche Sanitärs. 42o Stellplätze, April bis Oktober offen. 5oo m ins Zentrum. Das städtische Schwimmbad ist nebenan.

PAGODE VON CHANTELOUP: 3 km außerhalb, Richtung Chenonceaux, hübsch am Waldrand gelegen. Der Turm ist einziger Überrest des einst enorm großen Lustschlosses von Chanteloup, das Herzog von Choiseul, Minister Ludwig XV., im 18. Jh. nach seiner Verbannung bauen ließ. (Chinesisch zu bauen war damals „in“.) Panoramablick von der Spitze in 44 m Höhe (149 Stufen, Eintritt 6 Euro).

Der Herzog verkaufte sein Schloß wegen hoffnungsloser Uberschuldung an die Bande Noire, die es abriß und die Einzelteile verhökerte. Einige wenige Möbel des einst prächtigen Schlosses im Museé des Beaux Arts in Tours.

Besichtigung: Juli/August 9.3o-2o Uhr, Juni und September 1o-19 Uhr, sonst 1o-12/14-17 bzw. 17.3o Uhr.

MINI-CHÂTEAUX, eine der vielen „Attraktionen“, die im Zeitalter von Euro Disneyland auf die platte Wiese an den Stadtrand gesetzt wurden. Für den eiligen Reisenden oder als Einstimmung wurden die Schlösser der Loireregion knapp mannshoch in einer etwas nüchternen Anlage zusammengebaut. Trotz des sehr hohen Eintritts strömen die Menschen, um sich die Schlösser aus der Retorte anzuschauen, wenn auch die echten um die Ecke liegen. Daß die Schloßmodelle zum Teil ungenau sind (z.B. Fenster der Pagode von Chanteloup), ist nicht ganz zu verstehen.

Offen: Mai bis Oktober 9-19 Uhr, Juli/August bis 24 Uhr. Eintritt: ca. 12 Euro.

In 25 km weiter nach

✶ Tours (15o.000 Einw.)

Eine Großstadt mit viel Flair; großzügige Boulevards mit lockenden Modeläden, gemütlichen Lokalen in der hübschen Altstadt, interessanten Museen, imposanter Kathedrale, Studentenleben und vielen Touristen. Tours, das Zentrum des unteren Loiretals, liegt direkt am breiten Fluß. Industrie in der Peripherie.

Tours gilt als die Stadt Frankreichs, in der das reinste Französisch gesprochen wird.

Tourist INFO **Touristinfo** (3): 76, rue Bernard Palissy, 37o42 Tours. Tel. o2 47 7o 37 37, Fax: o2 47 61 14 22. Offen: 15. April-15. Okt. Mo.-Sa. 8.3o-19 Uhr, so./feiertags 1o-12.3o/14.3o-17 Uhr. Mai Mo.-Sa. 8.3o-18 Uhr, so./feiertags 1o-12.3o/15-18 Uhr. Oktober bis Mitte April Mo.-Sa. 9-12.3o/13.3o-18 Uhr, so./feiertags 1o-13 Uhr.

E-Mail: info@ligeris.com - Internet: www.ligeris.com

Stadtführungen durch das gallo-römische, mittelalterliche und moderne Tours (englisch-/französisch- und deutschsprachig) im Sommerhalbjahr. Abfahrt beim Touristenbüro. Stadtführungen zu Fuß durch das alte Tours zu bestimmten Themen. Info beim Touristenbüro.

TOURS

1 BAHNHOF
2 BUS STATION
3 TOURIST INFO
4 Place J.Jaurès
5 POST
6 Place de la Préfecture
7 Musée de Beaux Arts
8 Place de la Cathédrale
9 La Psalette (Cloître St.Gatien)
10 Kathedrale St. Gatien
11 Place Grégoire de Tours
12 Centre de Création Contemporaine
13 Logis des Gouverneurs
14 Chateau de Tours, Aquarium, Historial de Touraine, (Wachsfigurenkabinett)
15 Place Foire-Le-Roi
16 Place A.France
17 Musée du Compagnonnage
18 Kirche St.Julien
19 Musée des Vins de Touraine
20 Jardin de Beaune -Semblancay
21 Chambre du Commerce
22 Theater
23 Place de la Résistence
24 Hôtel Gouin
25 Place Plumereau
26 Maison de Tristan
27 Musée du Gemmail
28 Place de la Victoire
29 Place des Halles
30 Place de Châteauneuf
31 Kirche St. Martin

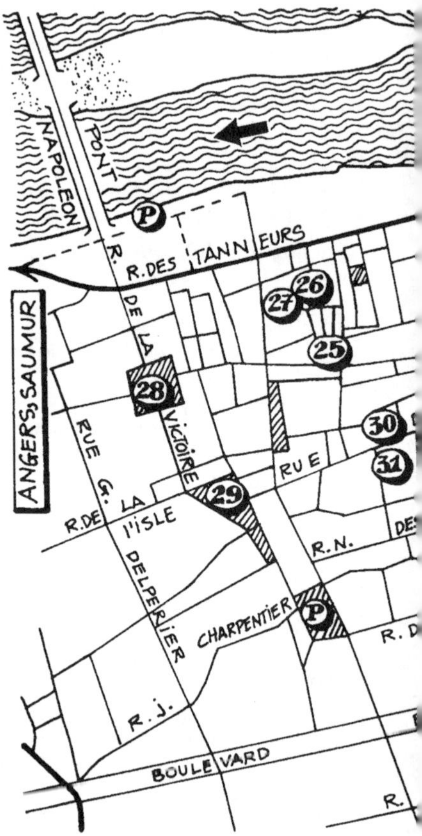

<u>Post</u> (5): Hauptpost - 1, bd. Béranger. Am Rande der Altstadt, rue de la Victoire. Offen: Mo.-Fr. 9-18 Uhr, Sa. 9-12 Uhr.

Die <u>ALTSTADT</u> (zwischen av. Nationale und rue de la Victoire) mit ausgesprochen dekorativen Fachwerkhäusern, besonders schön geschnitzten Fassaden am zentralen Place Plumereau (25); im Sommer Open-air-Leben auf den Restaurantterrassen. Weitere sehenswerte Fachwerkhäuser in der angrenzenden Fußgängerzone Rue du Marché und der parallelen Rue Rôtisserie. Die Gassen wurden z.T. nach den alten Zünften benannt.

Über die Straße der Antiquitätenläden Rue Colbert bzw. die Rue de la Scellerie und Rue de Cigne gelangt man zum Schloß mit Museum, zur interessanten Kathedrale und Kunstausstellung.

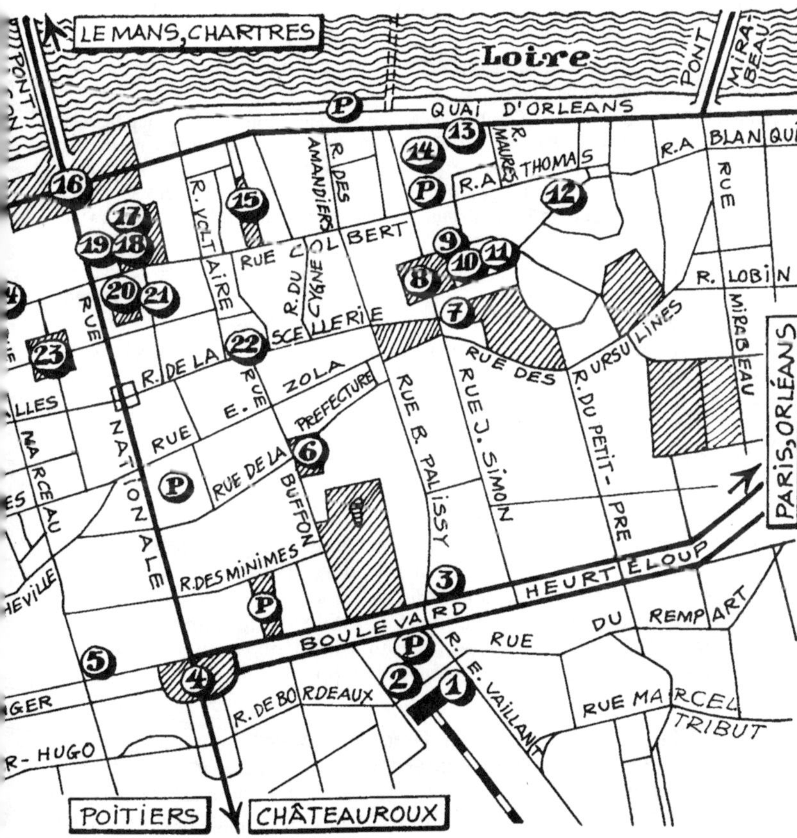

Geschichte: Die Département-Hauptstadt von Indre et Loire hieß zur Römerzeit Caesarodunum und war damals schon wichtiger Brückenkopf. Bereits im 3. Jh. wurde das Christentum eingeführt.

Saint Martin (Bischof von Tours) spielte in der weiteren Christianisierung eine große Rolle. Ursprünglich war er römischer Legionär und teilte seinen Mantel mit dem Bettler in Gestalt Jesus, ganz konnte er ihn nicht verschenken, denn zu 5o % finanzierte der römische Staat die Ausstattung.

Nach dem Tod Martins 397 mauserte sich Tours zu einem bedeutenden Pilgerziel in Frankreich. Das spätere Stadtviertel Châteauneuf entwickelte sich um Martins Grabstätte - damals Martinopolis genannt.

Im 6. Jh. schrieb Nachfolger Gregor von Tours die erste Geschichte Frankreichs, Historia Francorum. Es entwickelte sich hier eine der berühmtesten Schreibstuben (Buchmalerei, Miniaturen), die weit über die Grenzen Frankreichs bekannt war.

Die erste Theologie- und Philosophieschule entstand unter Abt Alkuin, dem 796 von Karl dem Großen die Führung des Klosters übertragen worden war. Tours war jahrhundertelang ein wichtiger geistiger Mittelpunkt.

Gegen die plündernden Wikinger (Normannen) schützten sich die Bewohner weitgehend erfolgreich durch einen Mauerring.

Im Mittelalter zeitweise unter englischer Herrschaft, gelangte Tours 1243 endgültig wieder an Frankreich (Bau der Kathedrale). Bis ins 16. Jh. hielten sich immer wieder die Könige in Tours auf, Ludwig XI. macht es zu seinem ständigen Regierungssitz (Chateau Plessis etwas außerhalb, westlich D 88, Führungen täglich, Di. geschlossen). Die unter ihm eingeführte Seiden- und Brokatherstellung brachte Tours wirtschaftlichen Aufschwung (wohlhabende Bürgerhäuser in der Altstadt).

Nach der Reformation Hochburg der Hugenotten; während der Glaubenskriege 1572-98 führte die Flucht und Ermordung von Tausenden von Hugenotten zum wirtschaftlichen Ruin der Stadt, von dem sich Tours erst Ende des 19. Jh. wieder erholte.

Im 2. Weltkrieg erlitt die Stadt starke Bombenschäden. Inzwischen wichtigstes Handelszentrum für Wein und Landwirtschaftsprodukte im Loiregroßraum. Kleinbetriebe jeder Branche, u.a. Schokoladenfabrik, Elektro, Textil etc.

KATHEDRALE ST. GATIEN (1o): An dem gewaltigen Bauwerk läßt sich sehr schön die Stilentwicklung der Gotik vom 13.-16. Jh. verfolgen. Die Fenster gehören zu den kunstvollsten im Loiretal.

Mit dem Chor wurde 122o auf alten Mauerfundamenten begonnen - eine Meisterleistung frühgotischer Baukunst. In der Apsis die schönsten Glasmalereien, dreietagig in warmen Tönen (Leidensgeschichte Christi, Erschaffung der Erde, Heiligenlegenden etc.). Die Bauarbeiten wurden im 15. Jh. mit dem Langschiff abgeschlossen, die Flamboyantgotik deutlich im Maßwerk zu erkennen. Der Turm zeigt schon den neuen Renaissancecharakter.

Im rechten Querschiff (Süden) das Grab der Königskinder von Anne de Bretagne und Karl VIII. - keines ihrer Kinder überlebte. Rosettenfenster auf beiden Seiten des Querschiffs (15. Jh.). Der angrenzende Kreuzgang (Eintritt 2,5o Euro) aus dem 15.-16. Jh. war früher Domherrenschule. Interessante Wendeltreppe, Wasserspeier etc. Kirche und Kreuzgang La Psalette (9) mittags geschlossen.

HOTEL GOUÏN (24): eines der repräsentativsten Renaissance-Privathäuser aus der blühenden Handelszeit. 151o vom Kaufmann René Gardette erbaut. Die ‚unfranzösische' Bezeichnung Gouïn geht auf die Eigentümer zwischen 1738 und 194o zurück, reiche Bankiers aus der Bretagne. Seit 1941 unter Denkmalschutz und wieder restauriert.

Drinnen ARCHÄOLOGISCHES MUSEUM DER TOURAINE: antike, mittelalterliche und Renaissancekunst dieser Gegend. Möbel, Fayencen, Waffen etc. Offen: Jan.-März und Okt.-Dez.: 9.3o-12.30/14-17.3o Uhr, April-Sept. 9.3o-12.3o/13.3o-18.3o Uhr. Eintritt: 3,5o Euro. Am Rande der Altstadt: Rue Constantine, Ecke Rue du Commerce.

KUNSTMUSEUM (des Beaux Arts) (7): 18, place F. Sicard neben der Kathedrale im ehemaligen Erzbischöflichen Palais aus dem 17./18. Jh. Große Gemälde- und Möbelsammlung in zwei Stockwerken; die Palette reicht vom späten Mittelalter bis ins 2o. Jh., jeweils nach Epochen gegliedert. U.a. wertvolle Möbelstücke aus Schloß Chanteloup. Imposante 2oo Jahre alte Zeder im Innenhof. Täglich außer Di. und feiertags 9-12.45/ 14-18 Uhr. 5 Euro Eintritt.

Tropisches AQUARIUM nebenan (Château de Tours), etwa 2oo Arten von Süß- und Meerwasserfischen. Offen: tägl. Juli/August 9.3o-19 Uhr. April bis Mitte Nov. 9.3o-12/14-18 Uhr. Sonst nur 14-18 Uhr. 5 Euro.

Vom ursprünglichen SCHLOSS Heinrich II. Plantagenêt (12. Jh.) ist nur noch der Turm erhalten. Seitdem der Sohn des Katholikenführers Guise hier gefangengehalten wurde, ist er als „Tour de Guise" in die Stadtgeschichte eingegangen.

Die KIRCHE ST. JULIEN (18) mit einem interessanten, von einem Säulenvorbau getragenen Glockenturm liegt gut 2 m unter dem Straßenniveau. Die heutige Kirche stammt weitgehend aus dem 13. Jh., es existierte jedoch seit dem 6. Jh. hier ein Benediktinerkloster, von dem kaum noch etwas erhalten ist. Im Innern sehenswerte Glasfenster von Max Ingrand und Le Chevalier.

WEINMUSEUM (Musée des Vins de Touraine) (19) in 16, rue Nationale nahe des Loireufers. Im alten Weinkeller St. Julien aus dem 13. Jh. eingerichtet. In 15 Vitrinen soll die Geschichte des Weines durch Bilder, Gegenstände, Stiche etc. verdeutlicht werden. Leider etwas „trocken" aufbereitet, wenig Infos über Weinsorten, Vorgang des Kelterns etc. Geöffnet: tägl. 9-12/14-18 Uhr außer Di.und feiertags. Eintritt: 2,5o Euro.

MUSEUM DES HANDWERKS (Musée du Compagnonnage) (17), eine Etage höher im Schlaf- und Gästesaal der Mönche untergebracht. Sehr lohnend. Geschichte und Entwicklung des Handwerks, der Zünfte, darunter viele bereits ausgestorbene Berufe. Werkzeuge und sehenswerte Gesellenstücke in Schaukästen ausgestellt. Geöffnet: tgl. außer Di und feiertags 9-12/14-18 Uhr. Eintritt 3,5o Euro.

JARDIN DE BEAUNE-SEMBLANÇAY (2o): Der kleine Platz versteckt sich hinter den feinen Geschäften der Rue Nationale (Durchgang bei Haus Nr. 28), - mit hübscher Marmor-Brunnensäule und einer Renaissance-Fassadenwand, die sich wie eine Theaterkulisse ausnimmt - einziger Rest eines prächtigen Palais des Finanzbeamten Jacques de Beaune aus dem 16. Jh., das den Bombardements im 2. Weltkrieg zum Opfer fiel. Der Platz öffnet sich zum imposanten Gebäude der Chambre de Commerce (21) in der Rue Jules Favre.

GEMMAIL MUSEUM (27), 7, rue du Mûrier; in einem hübschen Altstadthaus (1825). Ausstellung moderner Glaskunst. Offen: April bis Mitte Oktober tägl. außer Montag 1o-12/14-18.3o Uhr. Eintritt ca. 5 Euro.

CENTRE DE CRÉATION CONTEMPORAINE (12), rue Racine nahe Kathedrale. Wechselnde Ausstellungen moderner Kunst. Offen: Mittwoch bis Sonntag 15-19 Uhr.

NATURHISTORISCHES MUSEUM, 3, rue du Président Merville. Täglich außer Mo. und So. vormittags geöffnet 1o-12/14-18 Uhr. 2,5o Euro.

MUSÉE ST. MARTIN, 3, Rue Rapin, in der Kapelle St. Jean aus dem 13. Jh. - ist dem Leben und Wirken des hl. Martin gewidmet. Offen: Mitte März-Mitte November tägl. außer Mo und Di 9.3o-12.3o/14-17.3o Uhr. Eintritt 2,5o Euro.

KIRCHE ST. MARTIN (31), nur noch Uhrturm und der sog. Turm Karls des Großen (weil er über dem Grab der Gattin von Karl dem Großen erbaut wurde) sind von der alten Martinskirche erhalten und lassen die Dimensionen des einstigen Gotteshauses erahnen, das im 16. Jh. von Hugenotten geplündert und während der Revolution als Pferdestall genutzt wurde. Andersfarbige Pflasterung in der Rue des Halles zeigt die Lage der Pfeiler von Hauptschiff und Chor der Stiftskirche an.

RESTAURANTS

Viele gemütliche Restaurants in der Altstadt:

„COUSCOUSSERIE“, 18, rue du Grand Marché, kleiner Speiseraum in alten Fachwerkgemäuern - zusätzliche Tische im Souterrain. Portionen zum Sattwerden, aber keine große Auswahl. Couscous ab 13 Euro, marokkanische und algerische Weine.

Pizzeria „AMARENA“, 24, rue du Grand Marché, kleine Räume auf verschiedenen Niveaus, preiswerte Pizzen, Salate, Teigwaren.

Crepêrie „L'ESCABEAU“, 23, rue de la Monnaie in einem der Altstadthäuser (15. Jh.). Hier ist immer viel los; gemütlich, einfach, Galettes, Crepes und Eis.

„LES 3 CANARDS“, einfaches, preiswertes Lokal in der Fußgängerzone,

Menü ab 12 Euro. 16, rue Rôtisserie.

Restaurant „LA RENAISSANCE", 64, rue Colbert, etwas düster, mit Fachwerk und Balkendecke, preisgünstig regionale Spezialitäten. Menü ab 12 Euro inkl. 1/4 l Wein (Hechtklößchen Renaissance).

„LES TUFFEAUX", 19, rue Lavoisier, kleines, sehr gutes Restaurant, rustikales Ambiente, Spezialität Meeresgetier, z.B. frischer Lachs. Gehobenes Preisniveau.

„LA POIVRIÈRE", empfehlenswertes Lokal in einem der schönen Altstadthäuser; 13, rue du Change, Tournedos in Champigny. 3-Gang-Menü ab 2o Euro.

Bar „DES TROIS PUCELLES", am Ende der Rue Briçonnet. Im hübschen Fachwerkhaus, - das Richtige für eine Flasche Loirewein und einen Snack.

„CÔTE JARDIN", 151, rue Colbert, kleine Crêperie im Gartenlook - weiße Terrassenstühlchen, gelegentlich Live-Jazz. Salate, das übliche Crêpes- und Galettes-Angebot.

„LE BISTROT DES HALLES", gegenüber der Markthalle. Eine bekannte Adresse in Tours. Für 13 Euro bekommt man hier Tourainer Spezialitäten (Vorspeise und Hauptgericht).

„LA CIBOULETTE", 25, rue de la Paix. Ordentliches Restaurant, heller Speiseraum mit Kamin an der Stirnseite. Gutes Preis-/Leistungsverhältnis, Menü ab knapp 2o Euro.

** „**Castel-Fleuri**", 1o, rue Groison, kleines, ruhig gelegenes Hotel, 15 Zimmer mit Du./Bad ab 45 Euro. In der Nähe der Wilson-Brücke.

** „**Gambetta**", 7, rue Gambetta, zentral gelegenes Hotel mit Innenhof (17. Jh.), dadurch nicht unbedingt laut. Geräumige Zimmer, großteils mit Dusche bzw. Bad, kein Restaurant. 39 Zimmer, DZ ab 33 Euro.

** „**Le Theatre**", 57, rue de la Scellerie, gegenüber des Theaters. Freundliche Zimmer, durch Doppelfenster relativ lärmgeschützt. Kein Restaurant, 14 Zimmer mit Du./Bad 42-5o Euro.

*** „**Univers**", 5, bd. Heurteloup. Großes 91-Zimmer-Hotel an der stark befahrenen Straße, fast alle nach hinten raus, relativ ruhig. DZ 13o Euro, Restaurant.

** „**Hotel Choiseul**", 12, rue de la Rôtisserie - ganz zentrales Garnihotel in der Fußgängerzone der Altstadt. 17 Zimmer mit Dusche oder Bad. DZ ab 4o Euro.

** „**Hotel du Cygne**", 6, rue du Cygne. In einem historischen Haus aus dem 18. Jgd. Mit modern ausgestatteten Zimmern.

** „**Hotel Mirabeau**", 89, bis Bd. Heurtelcoup. Stadthotel mit kleinem Garten. Ein Ambiente zum Wohlfühlen.

** „**Moderne**", 1-3, rue Docteur Laloux, trotz Zentrumslage angenehm ruhig. 23 Zimmer z.T. mit Bad, DZ ab 38 Euro.

*** „**Le Royal**", 65, av. de Grammont, sehr gepflegtes Hotel - recht zentral und relativ ruhig. Schöner Salon Louis XV. - 35 Zimmer im Stil Louis XV. und Louis XVI., DZ 7o Euro, kein Restaurant.

Privatzimmer (Chambres d'Hôte) in der Umgebung von Tours, preislich 35-45 Euro das DZ. Broschüre im Touristenbüro.

Alternative für Jugendliche: **Le Foyer**, 16, rue B. Palissy - Bahnhofsnähe. Preiswerte DZ und EZ, allerdings Altersbegrenzung 25 Jahre. Auch Mahlzeiten.

Ordentlicher *** Campingplatz Municipal Les Rives du Cher ca. 5 km außerhalb in St. Avertin auf einer Insel im Cher, Brückenverbindung. Mittelgroße Wiese, kaum Schatten, ausreichend Stromboxen, unterschiedlich große Heckenparzellen, einfache Sanitäranlagen älteren Datums, heiße Duschen im Preis inbegriffen, beheiztes Schwimmbad und Tennisplätze gleich nebenan. Zufahrt: am Quai entlang, dann Autobahn Richtung Bordeaux bis zur ersten Ausfahrt, danach ausgeschildert. 18o Stellplätze. Offen: März bis Oktober

** Camping Municipal Les Acacias im Vorort la Ville aux Dames (linkes Loireufer), ca. 5 km vom Zentrum entfernt unterhalb der Straße. Relativ großer, ebener Platz, teilweise Schatten. Nicht am Fluß, aber in Straßennähe. Viele Dauercamper. 12o Stellplätze. Offen: April bis September.

**** Camping La Mignardière in Ballan-Miré, ca. 1o km westlich von Tours im Neubaugebiet. Komfortabler Platz mit Einkaufsmöglichkeiten (Supermarché in der Nähe); nahebei ein Park mit künstlichem See. Wohnwagen und Bungalow-Vermietung. Offen: April bis September.

Transporte: Vom Bahnhof (1) ca. 8oo m ins Zentrum über die Hauptachse Rue Nationale. Gepäckaufbewahrung, Dusche und Toiletten. - Tours besitzt zwei wichtige Bahnhöfe, die durch ein gutes Bussystem miteinander verbunden sind: Tours und Saint-Pierre-des-Corps.

Zug: Im TGV -> Paris in nur 55 Minuten! Etwa 15 x tägl.
-> Paris über Blois, Orléans etwa alle 1-2 Std.
-> Bordeaux 3 x tägl., Umsteigeverbindung
-> La Rochelle über Angers, Saumur, 2 x tägl.
-> Angers zusätzlich 2 x tägl.
-> Saumur zusätzlich 1 x tägl.
-> Nantes via Angers, Saumur 4 x tägl.
-> Chinon 3 x tägl.
-> Chenonceaux 3 x tägl.
Zusätzliche Züge nach Bedarf auf allen Linien.

Bus: Busbahnhof (2) vorm Bahnhof.
-> Loches, Châteauroux 3-4 x tägl.
-> Amboise, Chenonceaux, St. Aignan 1-2 x tägl.
-> Azay-le-Rideau, Chinon 3 x tägl.

Autovermietungen: viele Anbieter, z.B. Europcar in 76, rue B. Palissy.

Fahrradverleih: Amster' Cycles, 5, rue du Rempart

Organisierte Schloßtouren: Großes Angebot verschiedener Tagesrundfahrten mit 3-4 Schloßbesichtigungen. Weinprobe gehört meist zum Programm. Preis ca. 25-35 Euro plus Eintritt ohne Verpflegung. Abfahrt mehrmals die Woche. Zusätzliche Fahrten zu den Schlössern mit Musik- und Lichtshow (Spectacles Son et Lumière) an bestimmten Tagen zur Saison. Preis inkl. Eintritt 2o-25 Euro. Abfahrt gegen Abend. Info und Buchen: Bureau des Châteaux de la Loire beim Bahnhof.

Schloßtouren per **Minibus** (besonders an Wochenenden im Sommer) bieten Touraine Evasions und Valley Bus Service. Info übers Touristenbüro.

Die Schlösser der Loire aus der Vogelperspektive: im **Sportflugzeug** eine große Runde über die schönsten Châteaux auf beiden Loireufern. Zur Saison ab Flughafen St. Symphorien. Preis richtet sich nach der Flugdauer. Ab 5o Euro/Person.

Helikopterflüge ab Amboise siehe dort.

Extraspecial: im **Heißluftballon** über die Königsschlösser. Vor- und Nachbereitung sind ebenso spannend wie der ca. einstündige Flug selbst. Allerdings ein teurer Spaß, mit mehreren Hundert Mark p.P. rechnen.

Tipp: Nobles Schloßhotel/Restaurant **** „**Château d'Artigny**" in herrlicher Lage im Park am Indre. In Montbazon ca. 1o km südlich, am Ortsende D 17 Richtung Azay-le-Rideau. Wer ein Faible für Ro-mantik und Eleganz à l'ancienne hat, wird begeistert sein. Repräsentative Treppen, Kronleuchter und vergoldete Säulen im eleganten Speisesaal. Das Publikum hat die Sturm-und-Drang-Zeit längst hinter sich. Raffinierte Küche, enorm große Weinkarte. Menü ab 5o Euro. Das Château bietet auch 55 schöne Zimmer und Suiten unterschiedlicher Ausstattung. Was den Preis angeht - hüllen wir uns lieber in Schweigen.

Im Nachbarort Veigne: *** „**Domaine de la Tortinière**", ein Schloß aus dem Bilderbuch im großen Park gelegen. Zwei mächtige Rundtürme mit spitzem Kegeldach und elegante Treppen. 21 Zimmer mit Du./Bad, 8o-16o Euro. Renommierte Küche, hohes Preisniveaux.

✶ Loches (6.8oo Einw.)

Das alte Städtchen am Indre mit sehr schönem Schloßberg liegt etwas abseits (rund 4o km südöstlich von Tours), läßt sich aber bei Weiterfahrt zum Atlantik gut als Schlenker einbauen.

Mittelalterliche Cité mit 2 km langem Mauerring, eindrucksvollem Wehrturm und trutzigem Schloß, ein eindrucksvolles Beispiel mittelalterlicher Wehrarchitektur. Zu Füßen des Schloßbergs liegt die gemütliche Kleinstadt mit sehenswerten Renaissancehäusern in der Rue du Château.

Tourist INFO

Office de Tourisme (2): place de Wermelskirchen, 376oo Loches. Tel. o2 47 91 82 82, Fax: o2 47 91 61 5o.

<u>Geschichte</u>: Schon im 6. Jh. existierte auf dem Felsvorsprung über dem Indre ein Castellum. Um 84o übertrug Karl der Kahle einem seiner Anhänger die Verantwortung für die Festung im Kampf gegen die Normannen, die hier ihr Unwesen trieben; schließlich kam das Schloß in Besitz der Grafen von Anjou.

Im 11. Jh. ließ Foulques Nerra den mächtigen Donjon bauen, einen Teil des gewaltigen Verteidigungssystems, das dann zwischen dem 12. und 15. Jh. entstand, wobei der Donjon noch einmal, wie eine Festung in der Festung, durch eine eigene Wehrmauer geschützt wurde. Das Schloß wurde zu einem wichtigen Zankapfel zwischen dem Grafen von Anjou und König von England Heinrich II. Plantagenêt und Philippe Auguste in ihrem Streit um die Touraine, den schließlich die Kapetinger für sich entschieden.

Das Schloß blieb im königlichen Besitz, wurde im 15. Jh. zu einer der Lieblingsresidenzen von Karl VII. und Ludwig XI. Unter Ludwig XI. wurde der Donjon in ein Gefängnis verwandelt.

<u>TOUR ST. ANTOINE</u> (5) am Place de la Marne. Der kunstvolle Renaissanceturm (1529-75) wurde als Glockenturm einer heute nicht mehr existierenden Kirche erbaut. Einen schönen Blick auf den Turm hat man vom Place du Marché aux Légumes (6).

<u>PORTE DES CORDELIERS</u> (7), das mit Türmchen und Wehrgang verzierte Stadttor aus dem 15. Jh. gehört zur unteren Ringmauer und besaß einst zwei Zugbrücken ebenso wie die Porte Picois - ein weiteres Stadttor der unteren Stadtmauer aus dem 15. Jh.

<u>HÔTEL DE VILLE</u> (9), das wunderschöne, verzierte Renaissance-Gebäude schließt direkt an die Porte Picois an. 1535-43 zur Zeit Franz I. erbaut, an den viele Salamander-Verzierungen erinnern.

Folgt man der Rue du Château Richtung Porte Royale, entdeckt man elegante <u>Renaissance-Häuser</u> wie die Maison de la Chancellerie (1o) von 155o, an der jedoch der Zahn der Zeit deutlich nagt. Sehenswert ist auch das Nachbarhaus (Nr. 1o) Maison du Centaur aus dem Anfang des 16. Jh. mit einer Centaur-Skulptur im 2. Stock über dem Fenster.

In der <u>ZITADELLE</u>: Der Zugang in die Zitadelle ist nur durch die Porte Royale (14) möglich, einen mit Pechnasen versehenen Torturm aus dem 12.-15. Jh.

Links neben der Porte Royale liegt das <u>MAISON LANSYER</u> (19), das dem Landschaftsmaler Lansyer (1835-93) gewidmet ist, einem der besten Schüler von Courbet.

<u>KIRCHE ST. OURS</u> (18), sehenswerter romanischer Bau aus dem 12. Jh. mit zwei ungewöhnlichen 8-eckigen Türmen, die an die Konstruktion der Küchenbauten der Abtei von Fontevraud erinnern. Kunstvoll skulptiertes Portal.

Das <u>CHÂTEAU</u> (2o) beherrscht die Nordspitze des Felsvorsprungs. Es wurde in zwei Etappen errichtet und zeigt gut den Übergang von der mittelalterlichen zur Renaissance-Bauweise. Im Inneren sind besonders der Saal der Jeanne d'Arc sehenswert, ein Empfangsraum, in dem Jeanne d'Arc

LOCHES

1 BAHNHOF
2 TOURIST INFO
3 BUS STATION
4 Place de la Marne
5 Tour St.-Antoine
6 Place du Marché aux Légumes
7 Porte des Cordeliers
8 Porte Picois
9 Hôtel de Ville
10 Maison de la Chancellerie
11 POST
12 Kirche St. Antoine
13 Place de Verdun
14 Porte Royale
15 Tour Ronde
16 Martelet
17 Donjon
18 Kirche St.-Ours
19 Le Musée Lansyer, Le Musée du Terroir
20 Château
21 Jardin Public

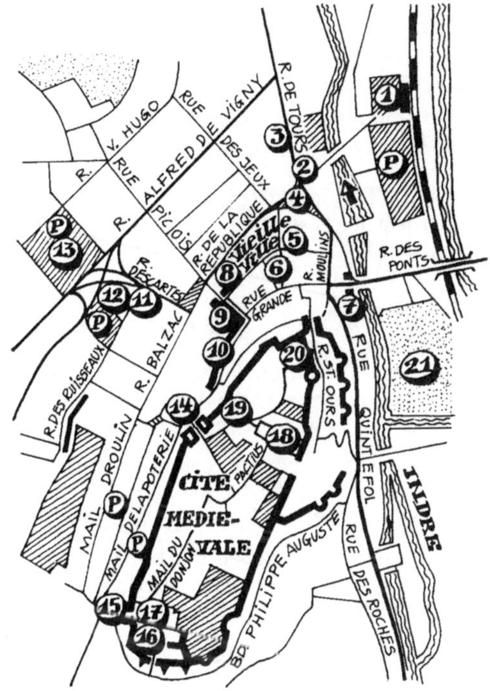

1429 nach dem Sieg bei Orléans den Thronnachfolger Karl VII. zu bewegen versuchte, sich in Reims krönen zu lassen, ferner das Grabmal der schönen Agnès Sorel, der langjährigen Geliebten Karls VII., ein Triptychon von 1485 und das spätgotische Oratorium von Anne von Bretagne.

Offen: Juli/August tägl. 9-19 Uhr, sonst 9.3o-17 Uhr. Im Winter bis 17 Uhr.

<u>DONJON</u> (17): das andere Ende der Verteidigungsanlage. Dominierend der 37 m hohe, trutzige Bergfried von 1o3o und die weiteren Verteidigungsanlagen des Donjons, wie der Tour Neuve und der Martelet (16) aus dem 15. Jh., in dem die berüchtigten Kerker zu besichtigen sind, u.a. die Zelle des Mailänder Herzogs Ludovico Sforza, der hier 15oo-o8 eingesperrt war. Interessante Sammlung von Abgüssen der Grafitti, die Gefangene an den Gemäuern angebracht haben.

Der Donjon kann bestiegen werden; - schöner ist der Blick jedoch von der Terrasse. Offen: Juli/August tägl. 9-19 Uhr, sonst 9.3o-17 Uhr, im Winter bis 17.3o Uhr.

Von TOURS nach SAUMUR 65 km:
Gespickt mit Schlössern unterschiedlicher Epochen, landschaftlich sehr reizvoll. Vom Wasserschloß Azay-le-Rideau über die mittelalterliche Königsresidenz Langeais und Chinon etwas abseits, bis zum filmreifen Dornröschenschloß Ussé.

Ab Tours nimmt man am besten die D 7 parallel zum Cher, nach einigen Kilometern bei Savonnières interessante:

TROPFSTEINHÖHLE: über 1 km lange Gänge zu besichtigen. In der Höhle herrschen konstant 14° C (Pulli nicht vergessen). Offen: ganzjährig außer Januar, im Sommerhalbjahr 9-18.3o Uhr. Sonst täglich 9-12/14-18 Uhr. 5 Euro Eintritt.

SCHLOSS VILLANDRY: eines der letzten Renaissanceschlösser im Loiretal, fast direkt an der Route (15 km ab Tours). Das Schloß wurde von Jean le Breton erbaut, einem Minister Franz I., 1536 vollendet. Nach mühsamen Restaurierungsarbeiten Anfang des 2o. Jh. konnte der ursprüngliche Charakter des Schlosses wieder hergestellt werden. Interieur aus dem 18. Jh.

Einmalige Renaissancegärten im 16. Jh. auf drei Niveaus angelegt (Wasser- und Ziergärten, Gemüsegärten auf der unteren Stufe), - ein Kunstwerk. Gewürzgärten, Heilkräutergärten, Musik- und Liebesgärten!

Das Schloß ist von Mitte Februar bis Mitte November 9-17 Uhr geöffnet, die Gärten ganzjährig den ganzen Tag. Eintritt 7,5o Euro für Schloß und Gärten, nur in die Gärten 5 Euro.

★ Die Stadt **LANGEAIS** (4.ooo Einw.) bietet trotz schöner Lage am Fluß und Schloß kein überwältigend reizvolles Stadtbild.

Touristenbüro neben der Mairie, place du 14 Juillet. Tel. oo49 2 47 96 58 22, Fax: oo49 2 47 96 83 41 E-Mail: tourismelangeais@france.com
Internet: www.tourisme-langeais.com

SCHLOSS LANGEAIS: trutzige Königsresidenz im Ort, ist seit 5oo Jahren unverändert. Die waschechte mittelalterliche Schloßburg besticht durch ihr einheitliches, authentisches Bild. Das Schloß wurde in nur fünf Jahren errichtet und seitdem nie wieder umgebaut, da seine Bewohner (meist Pächter) häufig wechselten.

Die L-förmige Anlage liegt heute eingezwängt von Wohnhäusern. Eine wehrhaft anmutende Fassade, Zugbrücke und 13o m langer Wehrgang mit damals neu entwickelten Pechnasen. Wohnliches, für damalige Verhältnisse fast luxuriöses Interieur - 13 Zimmer, komplett möbliert im Stil des 15. Jahrhunderts.

Zahlreiche Tapisserien, sehr schöne Kamine, Truhen aus gotischer und Renaissance-Epoche; eines der ältesten Himmelbetten - überall prangt die Lilie des französischen Königshauses und das Hermelin (Königin Annes Wappentier). Außen hübscher kleiner französischer Garten.

> Im Schloß fand die große Hochzeit von König Karl VIII. und Anne de Bretagne am 6. Dezember 1491 statt, ausnahmsweise mal eine Liebesheirat, die nebenbei den Anschluß der bisher selbständigen Bretagne an Frankreich vorbereitete, - unter Annes Tochter Claude wurde er formell vollzogen. Sinnigerweise hatte Karls Vater, Ludwig XI., das Schloß 1465-69 als Bastion gegen drohende Einfälle der Bretonen bauen lassen.

Geöffnet: Mitte Juli bis August täglich 9.3o-2o Uhr. April bis Mitte Juli und September/Oktober 9.3o-18.3o Uhr. Sonst 1o-17.3o Uhr. Eintritt 4 Euro. Führung 6o Min.

** **„La Duchesse Anne“**, 1o, rue de Tours, 15 Zimmer, nur teilweise mit Du/Bad, 45-6o Euro. Im Hause auch Restaurant.

** **„Castel de Bray et Monts“** im Ort Brehemont auf der linken Loireseite ca. 6 km entfernt, place de l'Eglise. In der Gegend für gute Küche bekannt. 9 Zi. ab 55 Euro.

Privatzimmer (Chambres d'Hôte) Liste im Touristenbüro. DZ ab 3o Euro.

** Camping Municipal am Ortsrand, Richtung Tours, beim kleinen See; Schwimmbad und Tennisplätze. Aufgelockerte Anlage, Wiesenboden, vereinzelte Bäume, einfache Sanitärs mit Duschkabinen, Stromanschlüsse, 9o Stellpl. Juni bis Mitte September.

★ Azay-le-Rideau (2.8oo Einw.)

Ca. 1o km südlich. Gemütliches kleines Städtchen, in das abends, wenn die Reisebusse abgefahren sind, Ruhe und Beschaulichkeit einkehrt. Malerisches Wasserschloß in einer alten Parkanlage am Ortsrand, von dem Indre umflossen.

Touristinfo (6): place de l'Europe, 3719o Azay-le-Rideau. Tel. o2 47 45 44 4o, Fax: o2 47 45 31 46. Offen: ganzjährig Mo.-Sa. 9-13/14-18 Uhr , Mai bis Sept. zudem Sonntag 1o-13/14-17 Uhr, Juli/Aug. 9-19 So. 1o-18 Uhr. E Mail: azay.le.rideau@wanadoo.fr

Bahnhof: ca. 2 km vom Zentrum, Züge nach Tours und Chinon.

Kanu-Kajakverleih im Ort. **Fahrradverleih** Info beim Touristenbüro.

SCHLOSS (1): Der harmonische Renaissancebau auf einer Insel wurde in nur 1o-jähriger Bauzeit (1518-28) errichtet, zur gleichen Zeit und in ähnlichem Baustil wie Chenonceau. Gilles Berthelot, Schatzmeister Franz I., finanzierte sein Projekt vermutlich mit veruntreuten Geldern. 9 Jahre später flog der Finanzbetrug auf, Berthelot konnte sich rechtzeitig absetzen.

Die Zeit der strategischen Bauweise à la Langeais ist inzwischen vorbei, Pechnasen haben rein dekorative Funktion. Verspielte Rundtürme ohne Schießscharten sowie Wassergräben geben den Schlössern einen romantischen Touch und dienen schon lange nicht mehr der Verteidigung. Das Treppenhaus war im 16. Jh. hypermodern und architektonisch geradezu revolutionär. - Italienische Renaissancetreppen lösen die herkömmlichen Wendeltreppen ab, ähnlich wie in Chenonceau.

Das Schloß ist im Stil des 16./17. Jh. möbliert. Flämische Wandteppiche 16./17. Jh. Der Parkettfußboden wurde extra für den Besuch Ludwig XIV. gelegt; er verpflichtete die Schloßherren im Loiretal, jederzeit ein Gastzimmer für seine Majestät parat zu halten.

Offen: ganzjährig. Juli/August 9.3o-19 Uhr, April-Juni, Sept./Oktober 9.3o-18 Uhr. Sonst 9.3o-12.3o/14-17.3o Uhr. Eintritt 3,5o Euro, Führung 45 Min.

Son et Lumière: ein nächtlicher Spaziergang ums Schloß. Die Darsteller in zeitgemäßen Renaissancekostümen. Dauer ca. 1 Std., zur Saison. 12 Euro. Es lohnt sich, nach dem günstigeren Kombi-Ticket für Schloßbesichtigung und Son-et-Lumière Show zu fragen (13 Euro).

DIE KIRCHE ST. SYMPHORIEN (3) stammt aus der Mitte des 11. Jh., geht jedoch in ihren Ursprüngen auf das 5. und 6. Jh. zurück. Während das südliche Schiff aus dem 11. Jh. stammt, wird das nördliche aufs 12. und 16. Jh. datiert. Interessant skulptiertes Portal an der Westfront.

Restaurant „**La Ridelloise**“, 34-36, rue Nationale. Ordentliches, kleines Restaurant im Zentr. Preis-/Leistungsverh. gut. 4-Gang-Menü (z.B. Lachsfilet od. Lamm) 16 Euro.

** „**Le Grand Monarque**“, 3, place de la Republique, 3o-Zimmer-Hotel in einem Gebäude aus dem 18. Jh., z.T. komfortable, geräumige Zimmer, die Hälfte mit Bad bzw. Dusche. Sehr angenehmes Klima, ausgesprochen freundlicher Empfang, DZ 7o-17o Euro, Restaurant mit Garten, sehr gute regionale Küche. Gegrillter Zander in Estragonbutter, große Weinkarte.

** „**De Biencourt**“, 7, rue Balzac, sehr zu empfehlendes kleines Garni-Hotel in einem alten Bürgerhaus (18. Jh.), ruhig gelegen, nur 5o m vom Schloß. 16 Zimmer z.T. Dusche oder Bad, DZ ab 35 Euro.

Gite d'Etape, preiswerte Unterkunft für Wanderer, Fahrradfahrer etc. Das Touristenbüro informiert über die Adresse und ob Platz ist.

*** Camping Municipal du Sabot, an der D 184, ruhiger Platz in schöner Lage am Fluß, Wiesenboden, große Anlage von Wald umgeben, Fahrwege strukturieren das Areal, angrenzendes Schwimmbecken. 228 Stellplätze. Offen: Mitte April bis Okt.

Einige Kilometer südöstlich von Azay-le-Rideau liegt in idyllisch ländlicher Umgebung der kleine Ort **SACHÉ** mit einigen Häusern aus dem 15./16. Jh., alter zweischiffiger Kirche und dem Balzac-Schlößchen SACHÉ. Honoré de Balzac (1799-185o) schrieb hier einige seiner weltberühmt gewordenen Werke, wie z.B. „Vater Goriot“ und „Die Lilien im Tal“. Balzac zog sich hierher zurück, als ihm wieder mal Gläubiger in Paris auf den

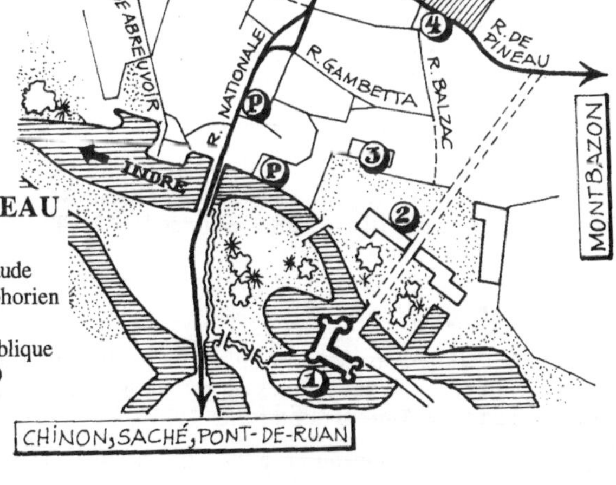

AZAY-LE-RIDEAU

1 Château
2 Wirtschafts-Gebäude
3 Kirche St. Symphorien
4 POST
5 Place de la République
6 TOURIST INFO

Fersen waren. Sein Wohn- und Arbeitszimmer, Manuskripte, Briefe und Porträts illustrieren Balzacs Leben und Arbeit in dem sehr schön gelegenen, äußerlich eher schlichten Herrensitz.

Besichtigung: Jan.-März 9.3o-12.3o/14-17.3o Uhr, April-Sept. 9-19 Uhr, Okt.-Dez. 9.3o-12.3o/14-17.3o Uhr . Eintritt 4 Euro.

Restaurant „AUBERGE DU XII. SIÈCLE", gegenüber vom Schloß. Sehr gepflegtes Restaurant in einem alten Fachwerkhaus mit lichtem Anbau. Hier speist man exquisit und opulent. 5-Gang-Menü (Vorspeise, Fleisch- und Fischgang, Käse und Dessert) ca- 3o Euro.

★ **PONT DE RUAN**: kleines Nest am Indre mit alter Vergangenheit. Wie der Name gallischen Ursprungs andeutet, gab es hier einen traditionellen Markt; im Mittelalter war es ein Etappenziel der Pilger. Kirche aus dem Anfang des 11. Jh. Ein pittoreskes Bild bietet sich von der Brücke über den Indre. Direkt nach der Brücke ein lauschiger Picknickplatz auf einer kleinen Insel. Zur Saison kann man diese Kirche besichtigen.

„AUX MOULINS DE BALZAC", kleines authentisches Restaurant vor der Brücke mit Bar und rustikalen Holztischen. Hier wird mittags ein Menü serviert; gut und reichlich für 12 Euro.

6 km südlich von Saché das Korbflechterdorf **VILLAINES-LES ROCHERS**, ein Troglodyten-Dorf (Höhlenwohnungen). Ausstellungsraum und Werkstätten der Korbflechtergenossenschaft. Die angebotene Palette reicht vom Weidenkorb in diversen Größen bis zu Spielzeug und Möbeln. Manche Korbflechter arbeiten in den Höhlenwohnungen.

Trauer- und Purpurweiden, die schlammige, lehmige Erde benötigen, werden zur Bearbeitung verwendet. Nach einem Jahr sind Weiden bis zu ihrer Maximalgröße von 8o cm bis 2,6o m angewachsen. Im Januar werden sie geschnitten, gebündelt, sortiert und gewässert, damit sie ihre Frische bewahren. 4-5 Monate später entrindet, getrocknet und gespeichert. Ehe der Korbflechter mit seiner Arbeit beginnt, müssen sie 2-3 Std. befeuchtet werden, damit sie ihre Geschmeidigkeit und Biegsamkeit erhalten. Nach wie vor ist die Korbflechterei reine, mühsame Handarbeit.

Besuch der Genossenschaft (1, rue de la Cheneillère), die 1849 gegründet wurde und ca. 1oo Korbmacher umfaßt. Offen: Mo.-Sa. 9-12/14-19 Uhr. So. und feiertags April bis Mitte Oktober 1o-12/14-19 Uhr. Mitte Oktober bis März 14-19 Uhr.

★ Rigny-Ussé

Ein unscheinbares Straßendorf an der D 7, das durch sein Dornröschenschloß weltberühmt wurde, eines der romantischsten Schlösser Frankreichs, entsprechend der Andrang und Eintrittspreis.

Der Dichter Charles Perrault (1628-17o3) soll durch Ussé zu seinem Dornröschenschloß im Märchen „La Belle au bois dormant“ inspiriert worden sein.

Im Ort einfache Hotels; Campingplatz direkt am Fluß.

Château Ussé

Wird allen Klischees gerecht: imposant und verspielt zugleich, mit Türmen und Türmchen, hohen Kaminen, spitzen Dächern und Lukarnen. In lieblicher Landschaft am Indre, dazu noch sehr gut erhalten, da es in der Französischen Revolution weitgehend verschont wurde.

Sehr deutlich kann man an Ussé die Entwicklung von der mittelalterlichen Festung bis zum Renaissance-Lustschloß mit Terrassengärten ablesen. Im Südwesten der Donjon, die drei Fassaden um den Ehrenhof aus den Epochen Karls VIII. bis Franz I.: gotischer Osttrakt, Westgebäude im Renaissancestil, Südflügel gotisch/klassizistisch.

Ähnlich wie in Schloß Chaumont „störte“ im 17. Jh. der Nordflügel und wurde abgerissen, - der schöne Blick war wichtiger geworden als der Verteidigungsaspekt.

Geführte Besichtigung: Das Interieur aus den unterschiedlichsten Epochen; nett gemachte Puppen präsentieren eine Modenschau des 19. Jh. und beleben die Schloßräume. Prunkzimmer des Schlosses ist der rote Salon, das Königszimmer, mit gut erhaltenen Stofftapeten, Baldachinbett und Kommoden. Zur Zeit Ludwig XIV. mußten die großen Schlösser ein Gastzimmer für eventuelle Königsbesuche bereithalten, der Salon wurde jedoch nie benutzt. Kostbarer Sekretär (16. Jh.) aus geschwärztem Birnbaum mit kunstvollen Einlegearbeiten und 49 raffinierten Schubladen. Waffensamm lung, Aubusson Tapisserien.

Die hübsche gotische KAPELLE steht separat im Park und trägt die Initialen von Charles d'Espinay und seiner Frau Lucrèce, innen eine Majolikamadonna des Florentiner Künstler Luca della Robbia (15. Jh.). Der helle Kalkstein der Gegend behält seine freundliche Farbe auch ohne Restaurierung.

Schloßherren: Jacques Espinay und sein Sohn - beide gehörten zum Hof Ludwig XI. und Karl VIII. - waren die entscheidenden Bauherren des Schlosses (1485-1535).

Ussé wechselte mehrfach die Besitzer; wurde von Louis Bernim de Valentinay gekauft, der seinen Sohn 1691 mit der Tochter des Festungsbaumeisters Vauban verheiratete. Für die Hochzeit wurde der Westflügel durch den Flachbau erweitert, der heute noch zeitweilig vom Schloßbesitzer Graf von Blacas bewohnt wird.

Zur Zeit der Herzogin von Duras im 19. Jh. ging Frankreichs berühmter Schriftsteller Châteaubriand hier ein und aus, angeblich hatte er die großen Zedern vor der Kapelle gepflanzt.

Offen: Mitte Febr.-März 10-12/14-17.30 Uhr, April-Sept. 9.30-18.30 Uhr, Okt.-Mitte Nov. 10-12/14-17 Uhr. Eintritt 10 Euro, Führung ca. 3/4 Stunde.

Ein beängstigendes Monument der Neuzeit direkt an der Loire: Das erste ATOMKRAFTWERK Frankreichs Avoine. 1956 wurde der riesige „Ball" in Betrieb genommen. Inzwischen wird er von modernen Anlagen überragt. Die alte Anlage wurde inzwischen aus Sicherheitsgründen geschlossen. Wann sie wieder ans Netz geht, ist ungewiß.

Etwas abseits der Loire in 14 km nach:

★ Chinon (8.000 Einw.)

Mittelalter par excellence, die Burgruinen auf dem langen Sporn beherrschen die kleine Stadt am rechten Ufer der träge dahinfließenden Vienne. Ausgesprochen hübsche Altstadt, schmale mittelalterliche Gassen bis zum Château; Häuser und Burganlage aus dem hell leuchtenden Kalksandstein der Gegend.

Besonders malerisch die Rue Voltaire und die Kreuzung „Grand Carroi", mit Fachwerkhäusern aus dem 15.-17. Jh., z.T. überragende Stockwerke, Rundtürmchen, geschnitzte Verzierungen.

Den besten Blick auf die Burganlage, Stadt und Fluß hat man vom anderen Vienneufer.

Chinon ist ein bekanntes Weingebiet, in dem sehr gute, leichte und fruchtige „Tröpfchen", überwiegend aus der Cabernet-Franc Rebe, Breton genannt, hergestellt werden. Hauptsächlich wird roter Chinon angeboten; der weiße ist sehr selten, aber ausgezeichnet. Man serviert ihn zu hellem und dunklem Fleisch, Wild, Geflügel und Käse.

Tourist INFO

Touristinfo: Place d'Hofheim, 37500 Chinon. Tel. 02 47 93 17 85, Fax: 02 47 93 93 05. Offen: Okt.-April: Mo.-Sa. 10-12/

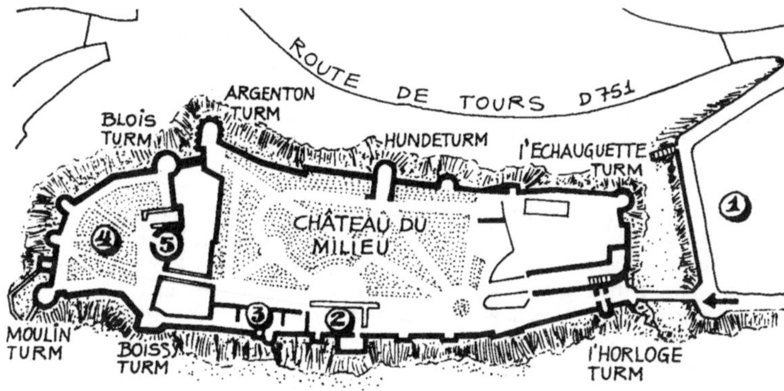

CHINON

1 Fort St. Georges
2 Grosser Saal
3 Logis Royaux
4 Fort du Coudray
5 Donjon du Coudray

14-18 Uhr, Mai-Sept. tgl. 1o-19 Uhr. E-Mail: tourisme@chinon.com Internet: www.chinon.com

Post: 8o, quai Jeanne d'Arc. Mo.-Fr. 8—17.45 Uhr, Sa. 8-12 Uhr.

Per **Dampfeisenbahn** aus den 2oer Jahren von Chinon nach Richelieu (am Wochenende im Sommer, dauert 1 Std., knappe Stunde Aufenthalt).

Der Ort Richelieu ist ein ausgezeichnetes Beispiel für klassizistischen Städtebau: Kardinal Richelieu (1585-1642) ließ ihn nahe seines prächtigen Schlosses errichten und von Stadtmauer und Wassergräben umgeben. Drei Tore führen in die kleine Stadt, die heute noch wie aus einem Guß erscheint. Von Richelieus mächtigem Schloß blieben nur der riesige Park, ein Pavillon, die Orangerie und der Weinkeller übrig; das Schloß fiel den Zerstörungen der Französischen Revolution zum Opfer.

Château Chinon

Von der gewaltigen Festungsanlage (13. Jh.) mit 4oo m langen Umfassungsmauern wurde der zimmerschmale, 35 m hohe UHRTURM (14. Jh.) restauriert, jetzt Jeanne d'Arc Museum in vier Stockwerken. Stiche, Urkunden und Belagerungsszenen aus der Zeit des 1oo-jährigen Krieges.

In den königlichen Gemächern (jetzt Ruinen) fand am 9. März 1429 das erste berühmte und geschichtsentscheidende Treffen der Jungfrau von Orléans mit dem zukünftigen König Karl VII. statt. Um Johanna auf den Zahn zu fühlen, mußte sie den verkleideten König inmitten des ganzen Hofstaates identifizieren, was ihr problemlos gelang.

Schöner Blick von der Burganlage über die Altstadtdächer und Fluß.

Offen: April-Sept. tgl. 9-19 Uhr, sonst tgl. 9.3o-17 Uhr. Eintritt 5 Euro.

Die Anlage bestand ursprünglich aus drei Bereichen: dem Fort St. George vis-à-vis des Eingangs (links), ein reiner Verteidigungskomplex zum Schutz der Schwachstelle am Eingang. Den Hauptteil bildete das Château du Milieu nach dem Uhrturm, jetzt schöne Grünanlage (Blick). Der Teil anschließend an die Brücke mit Bergfried gehört zum dritten Komplex = Château du Coudray.

Der Turm aus dem 13. Jh. beherbergte Jeanne d'Arc - und 13o8 als Gefängnis Angehörige des Templerordens, die vermutlich die interessantesten „Graffiti" im Kalkstein hinterlassen haben. Historisch ist nachgewiesen, daß der Großmeister Jacques de Molay und weitere Mitglieder des Templerordens hier von 13o8-o9 eingekerkert waren und 1314 auf Veranlassung Philipp des Schönen in Paris verbrannt wurden. Der Templerorden ist ein geistlicher Ritterorden, der im 13. Jh. besonders in Zypern, aber auch in Frankreich verbreitet war, dort aber zunehmend in Gegensätze zum französischen Königtum geriet und nach einem Inquisitionsverfahren von Papst Klemens V. 1312 aufgelöst wurde.

Seit gallo-römischer Zeit war der Sporn befestigt. Bis ins 11. Jh. gehörte Chinon den Grafen von Blois, wurde an die Grafen von Anjou abgetreten und dem Besitz der Plantagenêts zugeschlagen. Henri Graf von Anjou und Plantagenêt und König von England besaß ein immens großes Gebiet, das von der Loire bis zu den Pyrenäen reichte, entsprechend durch Burgen befestigt wurde. Chinon ist das imposanteste Glied in dem Verteidigungsgürtel.

Henri II. von England besuchte Chinon oft und starb hier 1189, - in Fontevraud begraben. Auch sein Sohn Richard Löwenherz starb in Chinon (1199).

Das Schloß wurde zum Großteil von Henri II. als solide Festung wieder aufgebaut. Nach längerer Belagerung gelang es Philippe Auguste schließlich (12o5) die Feste einzunehmen - damit war die Vorherrschaft der Plantagenêts in der Touraine vorbei.

Dauphin Karl VII. zog sich nach Chinon zurück, nachdem er aus Paris vertrieben worden war. 1428 berief er im Schloß die Generalstände ein, während die Engländer Orléans belagerten. Am 9. März 1429 trifft Jeanne d'Arc zum ersten Mal mit Karl zusammen und versucht ihn, zur Krönung zu überreden (siehe auch Orléans).

François Rabelais, der bekannte zeitkritische Literat und Humanist (1494-1553), gleichzeitig Arzt, verbrachte seine Kindheit in Chinon. Er schrieb die abenteuerlichen satirischen Geschichten von den Riesen Gargantua und Pantagruel.

Son et lumière an Saison-Wochenenden illustriert die Epoche Karls VII.

WEINMUSEUM (Musée animé du vin et de la tonnellerie): hübsch, aber nicht allzu informativ. Darstellung der Küfnerarbeit; Eintr..4 Euro. Rue du Doc Gendron. April - Sept. 1o.3o-12.3o/14-19 Uhr. Mit Weinprobe.

STADTMUSEUM: 44, rue Haute-Saint-Maurice. In einem der hübschen Altstadthäuser, in dem Richard Löwenherz, König von England, am 6. April 1199 starb. 1428 tagten hier die Generalstände (Abgesandte von Adel, Geistlichkeit und auch Volk). Sehenswerte Sammlung zur Lokalgeschichte. Im zweiten Stock Exponate zur Loireschiffahrt, u.a. die verschiedenen Boots typen, die auf dem Fluß im Einsatz waren, ein Modell der Schaufelraddampfer, die dann von der Eisenbahn Orléans-Nantes verdrängt wurden. Fayencen aus Langeais. Offen: April-Sept. tgl. 1o.3o-12.3o/14-18 Uhr. Eintritt 2,5o Euro.

Nebenan ein kleiner Brunnen, an dem Jeanne d'Arc am 6. März 1429 bei ihrem Eintreffen gestoppt haben soll.

MAISON TALLIER, 56-58, rue Haute St. Maurice. Sehr schönes Haus aus dem 12.-16. Jh., das der Öffentlichkeit zugänglich gemacht wurde. Ein Teil der Innenräume, Terrassen und Keller kann besichtigt werden. Über die Öffnungszeiten informiert das Touristenbüro.

Hotels/Restaurants

Sehr empfehlenswert ** „**Diderot**", 4, rue de Buffon, gemütliches, efeu-umranktes Hotel aus dem 18. Jh., zentral, trotzdem ruhig; 2o ganz individuelle Zimmer. Kein Restaurant, aber gutes Frühstück mit exzellenten hausgemachten Marmeladen. DZ 4o-7o Euro.

** „**Hotel De France**", 47-49, place Gen. de Gaulle, altes Gebäude, komplett modernisiert, 3o Zimmer z.T. mit Bad/Du. 6o-95 -Euro.

** „**Chris' Hotel**", 12, place Jeanne d'Arc, Garnihotel mit 4o hübschen Zimmern mit Du./Bad 4o-68 Euro.

** „**La Giraudière**", ruhig gelegenes Landhotel ca. 5 km außerhalb in Beaumont en Véron. Landsitz aus dem 17. Jh., restauriert - 25 rustikal möblierte Zimmer mit Kamin, teilweise Kochgelegenheit. 35-98 Euro

„**Au Plaisie Gourmand**", quai Charles VII. Der Name verrät nicht zuviel; gepflegtes Restaurant in einem hübschen Bürgerhaus aus dem 18. Jh. Ausgezeichnete Küche, gehobenes Preisniveau, - Lamm in Estragonsauce. Exquisite Weinkarte (Loireweine), allein ca. 2 Dutzend „Chinons".

.**Jugendherberge**, rue Descartes - gegenüber der Tennisanlage. 5o Betten in Schlafräumen.

Einige **Privatzimmer** werden im Ort und in der Umgebung angeboten. Info im Touristenbüro.

** Camping Municipal Ile Auger: sehr schöne Anlage, direkt am Flußufer vis-à-vis der Stadt mit Burgblick. Langgestrecktes Gelände; vereinzelte Weiden und Birken, Grasboden. Ausreichende Stromboxen. Mehrere luftige Sanitärhäuschen auf dem Platz verteilt. Eigener Bootssteg und Slip. 15o Stellplätze. April bis Mitte Okt.

Liebhaber romanischer Fresken sollten einen Ausflug nach **TAVANT** einplanen (ca. 15 km südöstlich): schöne Strecke durch das Weinanbaugebiet an den Ufern der Vienne entlang. Der kleine Ort gehörte früher zur mächtigen Abtei von Marmoutier und besitzt in der Kirche St. Nicolas einen Schatz romanischer Freskenmalerei (besonders schöne im Chor und in der Krypta).

Chinon -> Saumur (knapp 3o km)

Die Route führt durch das bekannte Weinanbaugebiet bzw. direkt an der Vienne entlang. Schmaler und bewaldeter als der Hauptstrom und durch die flachen Holzkähne geradezu idyllisch.

Anschließend verläuft die Straße unmittelbar am Südufer der Loire entlang, reizvolle Landschaft, kleine Orte, manche Häuser wie Höhlenwohnungen direkt an den weißen Kreidefelsen geklebt. Hinweisschilder laden zum Besuch von Weinkellern und Champignonzuchten ein.

★ Fontevraud

22 km westlich von Chinon D 751 die imposante und früher bedeutende Abtei von Fontevraud. Eine der größten Klosteranlagen Frankreichs - in ländlicher Idylle des kleinen Ortes Fontevraud.

Tourist INFO **Office de Tourisme**, in der ungewöhnlichen Kapelle Ste.-Catherine aus dem 13. Jh., 14, allée Ste.-Catherine, 4959o Fontevraud. Tel. o2 41 51 79 45. Fax: o2 41 51 79 o1. Offen: Juni-Aug. Mo.-Sa. 9.3o-12.3o/13.3o-19 Uhr, So. 1o.3o-12.3o/14.3o-17.3o Uhr. April-Sept. Mo.-Sa. 9.3o-12.3o/14-18 Uhr.
E-Mail: officetourisme.fontevraud@libertysurf.fr

Die kleine Kapelle mit der spitz aufragenden „Laterne der Toten" und einem sehr kunstvollen Gewölbe im Inneren war als Friedhofskapelle erbaut. Jeden Abend wurde in der Totenlaterne ein Feuer entzündet.

ABTEI VON FONTEVRAUD

Geschichte: Fontevraud wurde 1o99 gegründet - damals zog ein bretonischer Einsiedler aus, um für den ersten Kreuzzug von Papst Urban II. die Werbetrommel zu rühren. Dieser Einsiedler entpuppte sich als Naturtalent, die Gläubigen folgten ihm in Scharen und gründeten in der Einöde das erste Klosterdorf.

Dank kräftiger Finanzspritzen der Herren von Anjou entstanden bald die Klostergebäude mit einem Komplex für Nonnen und einem für Mönche. Der Orden der Jungfrau Maria wurde von einer Äbtissin, häufig königlicher Abstammung geleitet, der sich auch die Mönche unterzuordnen hatten. Das Kloster beherbergte weiterhin eine Abteilung für Leprakranke und eine für „ehemalige" Prostituierte - eine Rarität im Mittelalter.

Der Orden nahm einen enormen Aufschwung; es bildeten sich in Europa rund 2oo Fontevristenklöster. In den Religionskriegen kam das Kloster vergleichsweise glimpflich davon. Die Französische Revolution beendete dann den Klosterbetrieb. Seit napoleonischer Zeit bis 1963 wurden die Gebäude samt Kirche in ein Gefängnis verwandelt. Entsprechend stark waren die baulichen Veränderungen und Zerstörungen, die seit Jahren von Archäologen behoben werden.

Hauptattraktion sind die kolorierten Grabmäler - Eleonore von Aquitanien neben ihrem zweiten Mann Heinrich II. Plantagenêt und Richard Löwenherz, ihrem Sohn. Das Frauenkloster ist wieder hergerichtet mit riesigem Refektorium und Schlafsaal. Die viel fotografierte Klosterküche entpuppt sich bei näherem Hinsehen als optimal konzipiert.

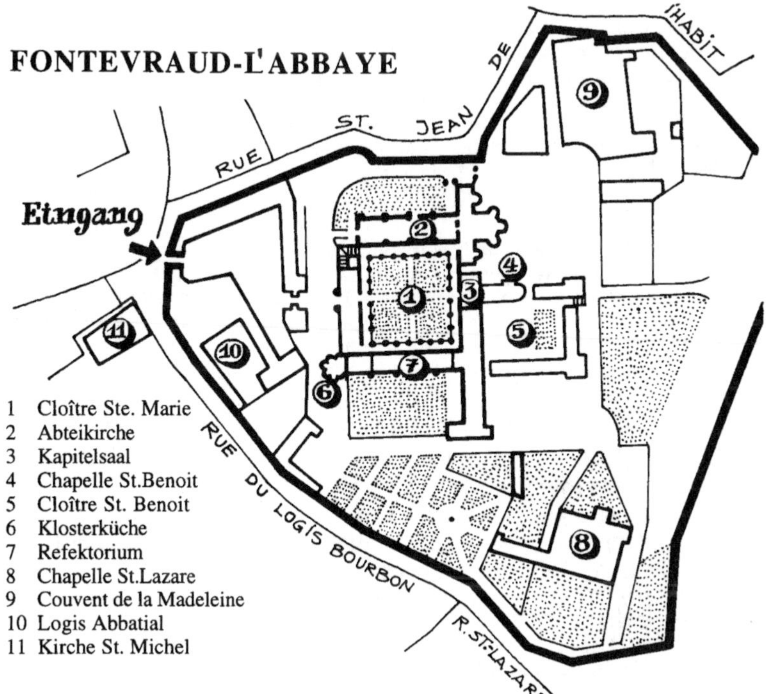

1 Cloître Ste. Marie
2 Abteikirche
3 Kapitelsaal
4 Chapelle St.Benoit
5 Cloître St. Benoit
6 Klosterküche
7 Refektorium
8 Chapelle St.Lazare
9 Couvent de la Madeleine
10 Logis Abbatial
11 Kirche St. Michel

Möglichst versuchen, eine deutschsprachige Führung mitzubekommen; die etwas „nackten“ Klostergebäude werden dadurch erst richtig interessant. Im Juli/August zweimal täglich, vor- und nachmittags. Französische Führungen häufiger. Ansonsten deutschsprachige Beschilderung oder Broschüre kaufen. Offen: Juni-Sept. 9-18.3o Uhr, sonst 1o-17.3o Uhr. Eintritt 6 Euro.

In der kleinen Pfarrkirche ST. MICHEL (12. Jh.) interessante Kreuzigungsszene, in der ein Maler des ausgehenden 16. Jh. (Glaubenskriege) eine Politskulptur „versteckt“ hat: als Maria Magdalena wird eine der wichtigsten Persönlichkeiten der Epoche, Katharina von Medici, dargestellt. Als römischer Landsknecht ihr Mann König Heinrich II; die Madame mit der Krone wird als Maria Stuart, Frau Franz II., gedeutet; die Madonna als Elisabeth von Österreich, Frau Karl IX. Über Mittag geschlossen.

Großer Parkplatz im Ort beschildert.

Restaurant „LA LICORNE“, allée Sainte-Catherine ein paar Schritte vom Touristenbüro entfernt. Kleines, sehr elegantes Restaurant, das zu den besten im Umkreis zählt. 3-Gang-Menü ab 18 Euro (Fisch oder Fleisch). Reservierung ratsam. Tel. o2 41 51 72 49.

Restaurant „LE DÈLICE“ 8, abenue des Roches. Unter der Woche wird hier richtig aufgefahren, dann kann man sich auch ein 4-Gang-Menü bestellen. Gutes Preis-Leistungsverhältnis. Menü 12-26 Euro.

** Hotel/Restaurant „**La Croix Blanche**“, place des Plantagenêts. Zentral gelegenes Hotel mit 24 Zimmern direkt gegenüber der Abtei. Sehr schöner, vom Verkehr abgeschirmter Innenhof mit Terrasse. Rustikaler Stil im Hotel. Gute Küche, große Auswahl. 3-Gang-Menü ab 16 Euro. DZ 4o-85 Euro.

„**Hotellerie du Prieuré St.-Lazare**“ im Klosterkomplex der Abtei. 52 moderne, aber recht schlichte Zimmer (schließlich ist man im Kloster) mit TV und Mini-Bar. Der kleine Kreuzgang wurde zu einem eleganten Restaurant umgestaltet. Gute Küche. Das Mönchsmenü (drei Gänge) kostet 15 Euro, opulenter wird es beim Äbtissinnen-Menü, wahrhaft fürstlich beim Menü des Plantagenêts für ca. 55 Euro. Das Hotel wird gern für Kongresse und Veranstaltungen genutzt. DZ 4o-85 Euro.

Die Orte Candes St. Martin und Montsoreau gehen nahtlos ineinander über.

In **CANDES ST. MARTIN** lohnt die mächtige MARTINSKIRCHE aus dem 13. Jh. einen Stop. Interessanter Portalvorbau, dessen Kreuzrippen von einer schlanken Säule gehalten werden.

Der schöne Ort mit alten, bucklig gepflasterten Gassen lockt zum Bummeln, z.B. zum „Panorama“-Aussichtspunkt, von dem man die Mündung der Vienne in die Loire und das große Atomkraftwerk überblickt.

Im Nachbarort **MONTSOREAU** grenzen die Häuser unmittelbar an die Loire. Es bleibt nur noch Platz für die Straße. Attraktion ist das Château direkt im Ort mit seiner wuchtigen Fassade zum Fluss.

Das Schloss wurde durch Alexander-Dumas-Roman „Die Dame von Montsoreau“ berühmt.

Tourist INFO

Office de Tourisme: Av. de la Loire, Tel. o2 41 51 7o 22. Offen von April - Sept.

Früher floß die Loire im Burggraben um das Schloß herum, die Straße von Chinon nach Saumur stammt erst von 182o. Das wehrhaft wirkende Château mit hübschem Renaissance-Treppenturm wurde im 15. Jh. hier im Grenzgebiet zwischen der Touraine und der Provinz Anjou von dem Edelmann Chambes erbaut.

Innen sieht man u.a. ein interessantes Schloßmodell, Gemälde und Stiche.

Von der Terrasse hat man einen herrlich weiten Blick loire-abwärts bis Schloß Saumur und flußaufwärts bis zur Einmündung der Vienne.

Offen: Mai-Mitte Sept. 9.3o-19 Uhr, Febr.-Mitte Nov. 1o-18 Uhr.
Eintritt 7 Euro.

Über die Windmühle La Herpinière (15. Jh. - eine der wenigen noch funktionierenden) erreicht man den kleinen Ort **TURQUANT**, der an dem hier senkrecht abbrechenden Kalkfelsen klebt. Im Ort findet man viele troglodytische Behausungen (Höhlenwohnungen), die zunehmend wieder wertgeschätzt und hergerichtet werden.

Musée de la Pomme Tapée: In einer dieser Höhlenwohnungen wird eine sehenswerte Ausstellung gezeigt über eine heute fast vergessene Konservierungsmethode für Äpfel - geboren im 19. Jh. aus der Not, als die Reblaus in den Weinbergen den Menschen die Lebensgrundlage genommen hatte. Interessante Diashow, die den Ablauf des arbeitsintensiven Prozesses erklärt. Gerätschaften und die speziellen Apfelöfen sind zu sehen, in denen die Äpfel mehrere Tage getrocknet werden, ehe sie „geschlagen" (tapée) werden, um platzsparend transportiert werden zu können.

Als Abschluß wartet eine Dégustation - ein köstlicher warmer Apfel in einer mit Zimt, Zucker und Pfeffer abgeschmeckten Rotweinsauce. Offen: Ostern-Nov. am Wochenende 1o-12/14.3o-18 Uhr, Mitte Juni-Mitte Sept. tgl. außer Mo. 14.3o-18 Uhr, Juli und Aug. tgl. außer Mo. 1o-12/14-18 Uhr. Eintritt 5 Euro.

CHAMPIGNONKELLER mit Restaurant „LE SAUT AUX LOUPS", ein Stück Richtung Montsoreau. In ausgedehnten Kalkhöhlen, die im 15. Jh. gegraben wurden, um Baumaterial für Schlösser und Abteien zu gewinnen, werden Champignons und andere Pilzarten gezüchtet, die man anschließend im Restaurant (mittags) probieren kann; schöne Terrasse! Spezialität sind hier Galipettes, große mit Rillettes, Schnecken oder Käse gefüllte Champignons aus dem Brotbackofen. Offen: März bis Mitte November tägl. 1o-18.3o Uhr. Eintritt 5 Euro.

Seit gut 4oo Jahren ist die Champignonzucht ein lukratives Geschäft. Während des großen Schloßbaubooms (14.-16. Jh.) wurde der begehrte Kalkstein weitgehend unterirdisch gebrochen, so daß ein Gangsystem von insgesamt 5oo km entstand. Konstante Kellertemperaturen bieten seitdem ideale Bedingungen für die Weinkeller und Champignonzucht.

Etwa 3/4 der französischer Champignonproduktion stammt aus dem Loiregebiet, runde 12o.ooo Tonnen jährlich kommen aus der Gegend um Saumur.

Champignonzucht - ein langwieriges Geschäft

Der Champignon ist einer der wenigen Pilze, die gezüchtet werden können. Erste Züchtungsversuche gehen auf die Zeit König Ludwigs XIV. zurück, der in seinen Gemüsegärten Freilandchampignons anbauen ließ.

Erst unter Napoleon I. „entdeckte" man die idealen Zuchtbedingungen in den ehemaligen unterirdischen Steinbruchgängen. Der Champignonkonsum ist in Frankreich in den letzten Jahrzehnten um rund 6o % gestiegen. Im Schnitt futtert jeder Franzose 2,7 kg Champignons pro Jahr - 2/3 davon in Form von Konserven.

Champignons beziehen ihre Nahrung aus organischen Stoffen, die am Zersetzungsprozeß im Boden beteiligt sind. Die Pilze entziehen ihnen übers Geflecht Wasser und Kohlenstoff. Die Champignonzucht steht und fällt also mit der Qualität des Kompost, in dem die Champignons ausgesät werden. Der Kompost wird am besten aus Pferdemist und Stroh bereitet. Ursprünglich per Hand, mittlerweile auch maschinell. Bei hoher Feuchtigkeit wird die Aktivität der Bakterien, die den Mist zersetzen, beschleunigt.

Es entsteht dabei ein ideales Klima von 6o-7o° C, das während des Kompostiervorgangs gehalten wird. Nach 2o Tagen ist der Kompost „fertig". Ehe die Champignons ausgesät werden können, wird der Kompost unter Wärme, Luft und Wasserdampf pasteurisiert, u.a. um Parasitenbefall vorzubeugen. Der Vorgang dauert 5-6 Tage, wobei die Temperatur abnimmt.

Früher wurden Champignons in Hügelbeeten gezogen, heute in Kästen oder Plastiksäkken. Die Saat, der Sporenstaub wird unter den Kompost gemischt. Nach 3-4 Wochen hat er sich über die ganze Masse ausgebreitet. Sobald sich das Mycel ausgebreitet hat, wird der Kompost wiederum feuchter Wärme ausgesetzt, um die weitere Entwicklung zu beschleunigen. Anschließend wird ein spezielles Kalk-/Torfsubstrat zugefügt, das den Kompost feucht halten soll.

Champignonkulturen brauchen eine konstante Temperatur von 12-16° C, hohe Feuchtigkeit und 2 x pro Stunde Belüftung.

Diese speziellen Wachstumsbedingungen, die für die wilden Champignons im Herbst in der Natur gegeben sind, können am besten in den Steinbruchgängen simuliert werden. Die Temperaturen in den Steinbrüchen liegen in der Regel bei den erforderlichen 12-16°, können aber durch Heizung und Kühlung ausgeglichen werden. Belüftung z.T. durch Ventilatoren unterstützt. Befeuchtung durch regelmäßige Besprengung. Die älteste Zuchtmethode im Hügelbeet, das direkt auf dem Boden angelegt wird, benötigt große Oberfläche und erschwert die notwendige Desinfektion nach der Ernte. Der Kompost erreicht seinen erforderlichen Zersetzungszustand durch Selbstfermentierung.

Bei einer Kastenkultur wird der Kompost in Holzkästen gefüllt. Eine Kultur in Plastiksäcken erleichtert die notwendige Desinfektion und ermöglicht, den Steinbruch optimal auszunutzen.

Die Ernte kann 3o-4o Tage nach der Aussaat beginnen und zieht sich 8-12 Wochen hin. Es kann täglich geerntet werden. Die Auswahl der reifen Champignons erfordert Erfahrung und mühsame Handarbeit, einzeln müssen die Pilze abgedreht werden. Zu frühe Ernte bedeutet Gewichtsverlust, zu späte Qualitätsverlust.

Unbedingt wichtig für den Bestand von Champignonkulturen ist sorgfältige Desinfizierung nach Beendigung der Ernte; der verbrauchte Kompost wird entfernt, Kästen und Umgebung gründlich desinfiziert (dauert ca. 15 Tage). Anschließend kann eine neue Kultur angelegt werden. Das Saatgut wurde früher aus der Natur genommen, heute in Speziallabors gezüchtet.

Ferner experimentiert man mit der Züchtung von Seitlingen und Shiitake Pilzen.

Weiteres interessantes MUSÉE DU CHAMPIGNON im Kalksteinfelsen bei Saumur, Caves Louis Bouchard, 3 km nach Saumur auf der D 751, beim Ort St. Hilaire-St. Florent linkes Loireufer. Die Champignonzucht wird in ihren verschiedenen Stadien gut präsentiert, von der Kompostvorbereitung und -behandlung, Aussaat des Sporenstaubs bis zur Reife der kleinen gefragten Pilze. Gut vier Monate dauert das gesamte Verfahren. Am Eingang werden frische Champignons verkauft. Offen Februar bis November täglich 1o-19 Uhr. Pulli mitnehmen! Eintritt.

★ Saumur (33.ooo Einw.)

Hübsch an der Loire gelegenes Städtchen. Das malerische Schloß thront von weitem sichtbar über der Stadt, - ideal von der Brücke zu sehen.

Klassizistisches, recht gemütliches Zentrum an der Mündung des Thouet in die Loire. Fußgängerzone im alten Viertel um die Kirche St. Pierre mit einigen Fachwerkhäusern.

Der Name der Stadt geht auf die im Mittelalter benutzten Steinbrüche zurück, die das Baumaterial für die Loireschlösser lieferten. Man brach die Steine „sous le mur“ = unter der Mauer.

Tourist INFO **Office de Tourisme**: Place de la Bilange (bei der Brücke), 49418 Saumur. Tel. o2 41 4o 2o 6o. Fax: o2 41 4o 2o 69. Offen: Mitte Mai bis Mitte Oktober Mo.-Sa. 9.15-19 Uhr. So. und feiertags 1o.3o-17.3o Uhr. Im Winter Mo.-Sa. 9.15-12.3o/14-18 Uhr. So. und feiertags 1o-12 Uhr.
www.saumur-tourisme.com

Stadtführungen durch die alten Viertel zur Hochsaison mehrmals pro Woche ab Touristenbüro, auch Abendführungen.

Bootsfahrten mit Kommentar auf der Loire - in den Sommermonaten jeden Di.-Sa. Abfahrten am Nachmittag vor dem Rathaus.

Bahnhof auf dem rechten Loireufer. Schnellverbindung nach Paris, Tours und Angers bis zu 15 x täglich.

Busverbindung nach Angers, Fontevraud u.a.

Geschichte: Als die Normannen Anfang des 1o. Jh. Loire aufwärts vordrangen, hatten sie es auf das Kloster abgesehen, wobei auch die Stadt nicht verschont blieb.

Anschließend war Saumur lange Jahre Zankapfel der Grafen von Anjou und Blois. Kurzzeitig geriet es mit den Plantagenêts unter englische Krone, doch schon im 12. Jh. wurde es mit dem Herzogtum von Anjou wieder französisch. Unter Philippe August kam Saumur an die französische Krone. Aufgrund eines Wetteiferns entstand 137o das seinerzeit überwältigende Schloß. Herzog Ludwig I. von Anjou wollte mit seinen Brüdern König Karl V. und Herzog Berry Schritt halten.

Blütezeit der Stadt und Hochburg der Hugenotten im 16./17. Jh. Die erste protestantische Hochschule von europäischem Rang brachte dem damaligen Stadtgouverneur Duplessis-Mornay den Spitznamen „Hugenottenpapst“ ein. Mit der Aufkündigung des Edikts von Nantes 1685 durch Ludwig XIV. nahm der Aufschwung ein abruptes Ende. Über Nacht blieb den Hugenotten nur noch die Flucht oder der sichere Tod. Rund 2/3 der Bewohner suchten das Weite.

Das **SCHLOSS** wurde auf einer Bastion Ende des 14. Jh. begonnen, die Fertigstellung dauerte rund 2oo Jahre. Schöner Blick vom Wachturm „Du Guet“ über Stadt, die beiden Flüsse (Loire und Thouet) und Schloßhof. Spätgotisches Treppenhaus. Im Schloß sind drei Museen untergebracht:

Im 1. Stock ein Kunstgewerbemuseum (Fayencen, Skulpturen, Möbel, Wandteppiche), im 2. Stock ein Pferdemuseum. Im ehemaligen Pulvermagazin ein Spielzeugfigurenmuseum (Mitte Juni bis Mitte September). Ein 6o m tiefer Schacht, der angeblich bis ans Loireufer reichte, diente dazu, das Schloß bei Belagerungen versorgen zu können. Napoleon I. machte es zu einem Staatsgefängnis. Mit seinen runden Ecktürmchen ähnelt es noch heute mittelalterlichen Miniaturbildern.

Offen: Juni bis Sept. tägl. 9.3o-18 Uhr (Juli/August an manchen Abenden auch Führungen angeboten), Okt. bis Mai tägl. außer Di. 9.3o-12/14-17.3o Uhr. Eintritt: 6 Euro. Straßenauffahrt ab Zentrum ausgeschildert.
Auf der hübschen PLACE ST. PIERRE stehen die ältesten Häuser Saumurs, zwei Fachwerkhäuser aus dem 15. Jh.

Die nahegelegene KIRCHE ST. PIERRE (12.-16.Jh.) mit klassizistischer Fassade birgt im Inneren Wandteppiche aus dem 16. Jh., die die Lebensgeschichte des hl. Florian und Petrus darstellen.

Sehenswert ist auch das RATHAUS am Loireufer, ein wehrhaft wirkendes Gebäude mit Ecktürmen, Pechnasen und Wehrgang aus dem 16. Jh., das ursprünglich Teil der Stadtmauer war.

NOTRE-DAME-DES-ARDILLIERS, 1km loire-aufwärts am Kai prächtiges Ensemble aus dem 17. Jh., benannt nach einer wundertätigen Pietà, die ein Bauer 1454 in der Erde fand. Die Kirche entstand wie mehrere katholische Kirchen und Klöster als Gegengewicht in der protestantischen Hochburg Saumur bzw. als Zeichen des Siegs der Gegenreformation über den Protestantismus. 1685 ließ Ludwig XIV. die protestantische Akademie, die zweitgrößte prostestantische Universität in Europa, schließen.

MAISON DU VIN, 25, rue Beaurepairc. Info zu den Saumurweinen. Nach der Champagne ist die Gegend um Saumur der wichtigste Produzent von Schaumweinen (Saumur Brut). Viele Weinkeller laden zur Degustation ein, z.B. Caves Ackermann, St. Hilaire, 3 km nordwestlich.

Am Ortsrand die Offiziersschule der Kavallerie mit KAVALLERIEMUSEUM (Uniformen, Dokumentation zur Geschichte) in der Avenue Foch. Über die Rue Beaurepaire zu erreichen.

Staatliche REITSCHULE in Terrefort, St. Hilaire-St. Florent; großes Areal mit Reitbahnen und Stallungen des Cadre Noir etc. Dressurvorführungen. Führungen. Offen: April bis September Di.-Sa. 9.3o-11/14-16 Uhr und Mo. nachmittags. Eintritt 6,5o Euro.

Ende des 18. Jh. wurde Saumur durch die hier installierte Kavallerieschule zum Zentrum der französischen Reiterei. Berühmt ist die Reitertruppe Cadre Noir, ein Pendant zur Spanischen Hofreitschule in Wien, die Generationen von Kavallerieoffizieren bis 1969 ausgebildet hat, bis endgültig Panzer die Pferde ersetzten. Seit 1972 wird hier zivil in der nationalen Reitschule ausgebildet. Jeden Sommer geben die Reiter des Cadre Noir in ihren goldverzierten schwarzen Uniformen anläßlich der großen Dressur- und Panzershow Carrousel eine beeindruckende Vorführung.

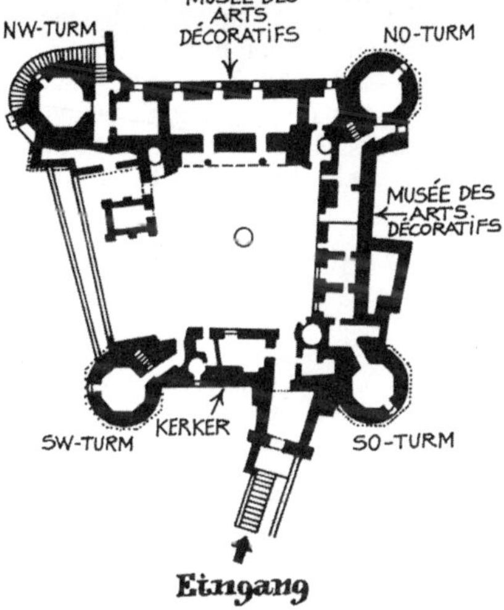

MUSÉE DES BLINDÉS in der Route de Fontevraud. Besitzt eine große Sammlung von Panzern (knapp 85o Fahrzeuge). 15o davon sind ausgestellt. Offen: Mai-Sept. tgl. 9.3o-18.3o Uhr. Eintritt 4 Euro.

Unterkunft: 2 Dutzend Hotels vom 1- bis 3-Sterne-Niveau. Preislich 3o bis weit über 9o Euro.

Tolle Lage hat *** „**Loire Hotel**" am Flußufer mit Blick auf das Schloß. Rue du Vieux Pont. 45 Zimmer mit Bad oder Dusche. DZ 55-95 Euro.

** „**Kyriad Central Hotel**", 23, rue Daillé. Mitten in der Stadt gelegenes, ruhiges Hotel mit 26 freundlich möblierten Zimmern; die meisten mit Bad/Du. und WC. DZ 45-78 Euro.

** „**Clos des Bénédictins**", rte. de l'E.N.E. etwas außerhalb in St. Hilaire-St. Florent. Schönes, modernes und ruhig gelegenes Hotel auf einem Hügel mit Schloßblick. 24 persönlich gestaltete Zimmer. Eigener Swimmingpool, gute Küche. DZ 46-1oo Euro.

Jugendherberge: Centre International de Séjour beim Campingplatz auf der Ile d'Offard, rue de Verden. 11o Betten, auch ordentliche DZ. Ganzjährig offen.

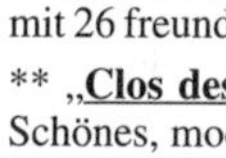

**** Camping Municipal de L'Ile d'Offard auf einer Halbinsel in der Loire gegenüber des Schlosses. Schwimmbad, Fahrradvermietung. 27o Stellplätze. Ganzjährig offen.

Umgebung von Saumur (Schlösser und Troglodytenhöhlen)

Von Saumur bietet sich eine Runde von ca. 5o km an, die durch das bekannte Weinanbaugebiet von Saumur zu einem beeindruckenden Dolmen und dem prächtigen Schloß von Montreuil-Bellay führt und anschließend das troglodytische Höhlendorf Rochemenier erreicht.

In **BAGNEUX**, am südlichen Stadtrand von Saumur, steht einer der größten Dolmen Frankreichs mit 15 Steinplatten, die mehr als 5oo Tonnen wiegen.

MONTREUIL-BELLAY ist ein gemütliches, von Stadtmauern umgebenes Städtchen über dem Thouet, das von dem imposanten und wehrhaften Schloß (13.-15. Jh.) und der Kirche überragt wird. In den Seitengassen um das Schloß entdeckt man einige hübsche alte Palais (15.-19. Jh.).

Hoch über dem Thouet thront das SCHLOSS, das aus verschiedenen Teilen besteht: das Alte Schloß (13.-14. Jh.) bildet den Eingang mit gewaltigen Rundtürmen; das Neue Schloß (15.-16. Jh.) mit Kapelle liegt zur Flußseite; das Kleine Schloß beherbergt vier Appartements, in denen wohl die Kanoniker der Schloßkirche lebten. Sehenswert ist die alte Küche aus dem 15. Jh. mit ihren großen Kaminen. Offen: Febr.-Mitte Nov. 1o-18 Uhr, Mai-Sept. 9.3o-19 Uhr. Eintritt 7 Euro.

Ein schöner Spaziergang (Picknickplätze) führt am Fluß entlang zu einer alten Mühle.

Restaurants/Hotels

„**Splendid Hotel**", 139, rue du Docteur-Gaudrez. Mitten in der Stadt ein paar Schritte vom Schloß entferntes Hotel mit Swimmingpool und Garten. 6o Zimmer unterschiedlicher Stilrichtung, gepflegtes Restaurant. DZ 38-72 Euro.

„**Auberge des Isles**", idyllisch unten am Fluß gelegenes Restaurant mit schöner Terrasse. Menü ab 13 Euro, gutes Preis-/Leistungsverhältnis.

*** Camping Les Nobis in schöner Lage zu Füssen des Schlosses unten am Fluß. Offen April bis September.

Auf dem Weg nach Doué la Fontaine D 761 lohnt ein Abstecher (2 km) zur alten **ABTEI VON ASNIÈRES** aus dem 13. Jh. Idylle pur herrscht um die alte Klosterkirche, deren kapitell-verzierte Bögen im Freien stehen, daneben gackern die Hühner. Glockenturm, Chor und Querschiff sind erhalten, während das Hauptschiff im 19. Jh. als Steinbruch diente und verschwunden ist.

Etwa 5 km nordwestlich von Doué-la-Fontaine (schön angelegter Zoo) liegt der Weiler **ROCHEMENIER**, in dem unterirdische Felsbehausungen (Le Village Troglody lique) zugänglich gemacht wurden. Zwei der einst über 4o ehemaligen Bauernhöfe, die bis Beginn des 2o. Jh. bewirtschaftet wurden, werden als Museum gezeigt, ebenso wie eine modernisierte Höhlenwohnung, die bis Mitte der 8oer Jahre des 2o. Jgds. bewohnt war. Sogar eine Kapelle gab es hier, die ehemals ein Steinbruch war. Alte Gerätschaften, Wein- und Nußpresse und landwirtschaftliche Arbeitsgeräte veranschaulichen das harte Leben der Troglodyten. Es ist frisch! Pulli oder Jacke mitnehmen. Offen: April bis Okt. tgl. 9.3o-19 Uhr. Dauer der Führung 1 1/2 Std. Eintritt 4 Euro.

Im Nachbarort **DENEZÉ-SOUS-DOUÉ** ist die CAVERNE SCULPTÉE unbedingt sehenswert: eine Höhle mit unzähligen Skulpturen im Fels, - ein Comic des 16. Jahrhunderts?

Wer die Bildhauer waren, wann und wozu sie in dieser Höhle, die vermutlich nur einen kleinen Teil ihrer Arbeit ausmacht, arbeiteten, ist unbekannt. Verschiedene Steinmetze waren wohl am Werk - keine Profis, dafür sind die Darstellungen zu ungelenk, zu naiv - aber gut über die damalige Politik informierte Menschen.

Aufgrund der Kleidung der skulptierten Personen datiert man die Reliefs ins 16. Jh., in die Epoche der Katharina von Medici, die als passionierte Reiterin die Shorts bzw. Unterhosen für Damen in Mode brachte, was wiederum den Papst in Wallung brachte, der hosentragenden Frauen mit Exkommunikation drohte. Ferner deuten Abbildungen der berühmten Medici-Haube und Frauendarstellungen mit nackten Brüsten (das war unter Katharinas weiblichem spionierendem Hofstaat üblich) auf diese Zeit hin.

Interessant ist auch die „Pietà" am Eingang rechts, eine Karikatur. Eine nackte Katharina als Maria, ein nackter Herzog von Guise als Josef und statt Kreuz eine Axt.

Zum Hintergrund: Der Papst hatte dem Hof in Blois als Dankeschön für die Niederschlagung protestantischer Aufstände eine Pietà schicken lassen, die auf dem Transportweg abgefangen und von den Gegnern in obiger Form persifliert wurde. Der Hof in Blois schäumte....

Offen: Juni-Aug. 1o-19 Uhr, April-Sept. 1o-18 Uhr. Eintritt 4 Euro.

Die schönere Route nach ANGERS führt anfangs am Südufer D 751 bis Gennes, dann am Nordufer der Loire entlang (N 952 ca. 45 km). Ein ganzes Stück direkt am breiten Fluß entlang; weiter Blick, da die Straße wie auf einem Damm verläuft.

Einige kleine, einfache Campingplätze direkt am Fluß. Einige Chambres d'Hôte (Privatzimmer) angeboten.

Auf halber Strecke nach Angers im Ort Les Rosiers:*** „**Auberge Hotel Jeanne de Laval**", 54, rue Nationale. Auf den ersten Blick schlicht, an der verkehrsreichen Ortsdurchfahrt. Weinlaubumrankte Fassade. Netter Speiseraum mit dekorativem Kamin „nach Schloßherrenart". Gartenterrasse nach hinten. Bekannt gute regionale Küche. Spezialität sind Loirefische wie Zander. Der Weinkeller ist gut mit Anjouweinen gefüllt. Ein Dutzend gepflegte Zimmer. HP ab 55 Euro.

★ Angers (206.000 Einw.)

Sehr schöne, von der Universität geprägte Stadt an der Maine gelegen, einem Seitenfluß der Loire. Hauptanziehungspunkt der ehemaligen Hauptstadt des Anjou ist die beeindruckende Burg der Grafen von Anjou aus dem 13. Jh. Im Inneren hochkarätiges Beispiel eines mittelalterlichen Tapisserie-Zyklus (14.-16. Jh.).

Tourist-Info (3): place Kennedy (2), 49051 Angers. Tel. 02 41 23 51 11, Fax: 02 41 23 50 00. Offen: im Sommer Mo.-Sa. 9-19 Uhr, so. und feiertags 10-13/14-18 Uhr. Im Winter Mo. 11-18.30 Uhr, Di.-Sa. 9.30-18.30 Uhr, So. 10-13 Uhr. www.angers-tourisme.com

Stadtführungen im Sommer durch die Altstadt, Museen und Abtei Toussaint. - Es lohnt sich, das Billet Jumelé zu kaufen, ein Ticket, das den Besuch von Burg und allen städtischen Museen zu einem reduzierten Preis ermöglicht.

Minizug durch die Innenstadt. Abfahrt ab Place Kennedy.

Bootsfahrten: 1- bis 2-stündige Kurzfahrten oder „Freßfahrten" auf einem Panorama-Restaurantboot. Abfahrt gegenüber vom Schloß.

Parken: auf dem riesigen Place Leclerc am Ostrand der Altstadt.

Anjou-Feststpiele am letzten Juni-Wochenende bzw. zweiten Wochenende im Juli mit Theateraufführungen, Tanz, Musik, Ausstellungen etc.

Einkaufen: Käsehandlung „Fromage Passion" in der Fußgängerzone, 33, rue St. Laud. Guter Pyrenäenkäse, große Auswahl an Ziegenkäse.

Zug: Bahnhof (26). TGV-Verbindung nach Paris, dauert ca. 1 1/2 Std. Direktverbindung nach Nantes, Tours etc.

Bus: Bahnhof (15) am Place de la République, nahe dem Maineufer.

Geschichte: Angers war seit alters her ein strategisch interessanter Kreuzungspunkt. Seit Römerzeit war hier was los. Eine Blütezeit erlebte Angers unter den Grafen Fulco. Einer der berühmtesten war Fulco II., genannt der Gute, ein kultivierter, musisch interessierter Herrscher.

Ganz im Kontrast zu Fulco III. Nerra, ein Kriegertyp mit Leib und Seele: Falls nicht sowieso vorhanden, zettelte er Fehden und Auseinandersetzungen gegen Blois, Tours, Nantes etc. an. Ihm verdanken Anjou und die Touraine zahlreiche Donjons, Befestigungen, aber auch kirchliche Bauten. In periodischen Abständen empfand der skrupellose Fulco Reuegefühle, brach auf, um Buße zu tun und zeigte sich gegenüber Klöstern und Kirchen sehr spendabel.

Der Foulques Nachkomme Gottfried (Geoffrey) entwickelte ein Faible für Ginster (genêts) und steckte sich immer einen Ginsterzweig an den Hut, - auf ihn geht der Beiname Plantagenêt zurück. Sein Sohn Heinrich II. (1154-89) wird König von England, ihm ge-

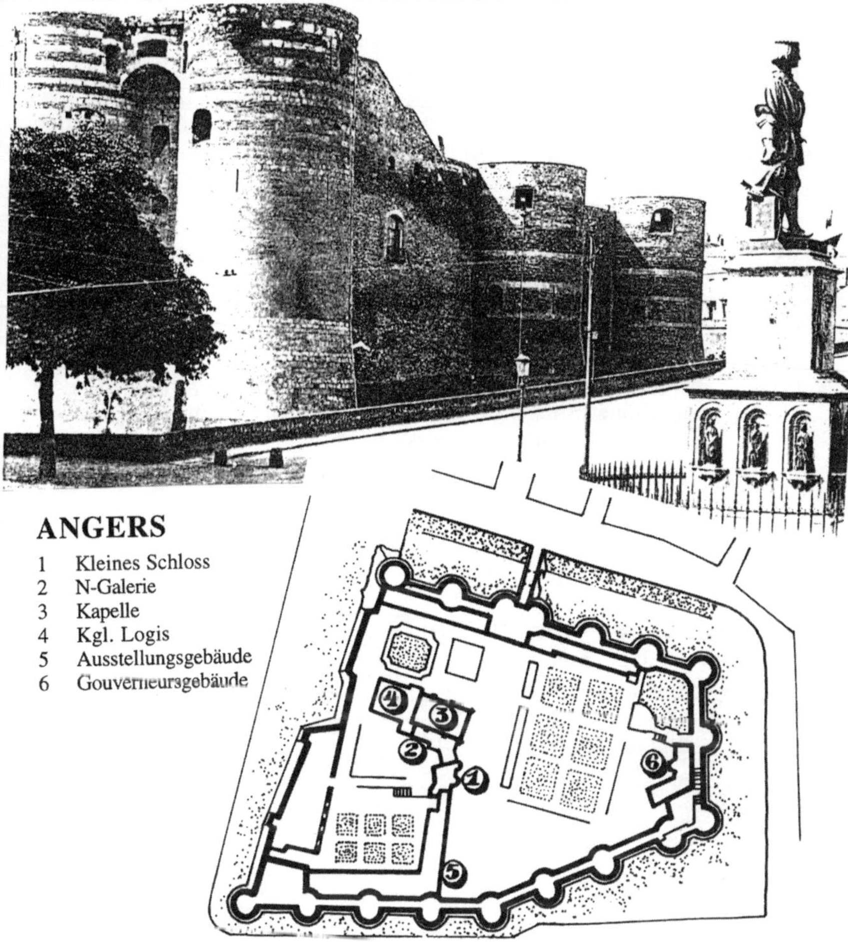

hören in Frankreich riesige Besitzungen, gegenüber denen das Kronland der Kapetinger äußerst bescheiden war. Im Prinzip war er ein Vasall des Königs, - wurde jedoch immer mehr ein mächtiger Rivale.

Zum Glück für das französische Königsgeschlecht der Kapetinger zerstritten sich die Plantagenêts. Das Imperium brach zusammen; der französische König Philippe-August setzte sich gegenüber Heinrich II., Richard Löwenherz und Johann ohne Land durch.

12o4 kam Anjou an Frankreich, - erst nach dem 1oo-jährigen Krieg wurden die Besitzverhältnisse endgültig geklärt.

Zwei weitere interessante Herrscher aus dem Hause Anjou: Karl von Anjou, ein frömmelnder Ehrgeizling, der Sizilien und Neapel eroberte, hegte schon Mittelmeer-Großmachtsphantasien, die jedoch jäh durch die sogenannte Sizilianische Vesper 1282 korrigiert wurden: ein Massaker an mehreren Tausend Franzosen in Sizilien.

Der Gute König René (14o9-8o), - ein gebildeter musischer und friedliebender Herrscher, der letzte Herzog von Anjou, der gleichzeitig Südfrankreich, Neapel und Sizilien beherrschte. Er förderte Kunst und Kultur, ihm verdankt Angers eine Reihe schöner Bauten. Er führte zwei glückliche Ehen, war politisch aber ein schwacher Regent, der tolerierte, daß König Ludwig XI. Anjou der Krone einverleibte. 148o starb er im Alter von 72 Jahren in Aix en Provence.

BURG (1) in imposanter Lage, beherrschend auf einem Felsen überm Maineufer errichtet. Eine gewaltige Anlage von 66o m Umfang wird durch 17 Rundtürme flankiert, - wie Zebras schwarz-weiß gestreift im Granitstein des Anjou, der eine ganz andere Wirkung hinterläßt als der helle Kalk der Loireschlösser. Ursprünglich waren die 4o-5o m hohen Türme von Spitzdächern abgeschlossen. Breiter Burggraben, die Wehrmauern großteils begehbar. Sehr schöner Blick über die Dächer der Stadt, Fluß und das Stadtviertel La Doutre am anderen Maineufer.

123o-4o von Ludwig dem Heiligen erbaut, sollte die Burg während der Religionskriege auf Anordnung König Henri III. 1585 eingerissen werden. Dank einer bewußten Schlamperei des damaligen Bürgermeisters wurde der Auftrag erst viel später ausgeführt. Im Jahr der Ermordung Heinrichs (1589) waren erst die Turmspitzen abgetragen. Später diente die Anlage als Gefängnis und Arsenal.

Sehr schöne SAMMLUNG VON WANDTEPPICHEN aus dem 14.-17. Jahrhundert (gut die Entwicklung zu verfolgen).

Ludwig XIV und Finanzminister Colbert besuchen eine Gobelin Manufaktur

Die Tapisserie der Apokalypse gehört zu den wertvollsten und ältesten Stükken und ist wohl der größte mittelalterliche Wandbehang der Welt. Der wunderschöne, 1o3 m lange und 4,5 m hohe Wandteppich in zarten blau, rot und beige Tönen zeigt anschauliche Szenen voller Symbolik, politischer Anspielungen und Ironie; in der sehr plastisch dargestellten Höllenszene brennen z.B. nur die Damen. Jeder Teil wird durch einen Vorleser eingeleitet und von dem hl. Johannis begleitet. Das enorm kunstfertige Werk ist ausgezeichnet präsentiert, aber inhaltlich so schwierig, daß man Erläuterungen benötigt (Broschüre). Die Tapisserie illustriert das letzte Buch der Bibel, die vom Evangelisten Johannis Ende des ersten Jahrhunderts verfaßte Apokalypse, eine Offenbarungsvision und Botschaft der Hoffnung. Es ist eine schwer verständliche Schrift voller Symbolik und Metaphern, in der Johannes die kommende Schreckenszeit und die Bestrafungen durch Gott schildert ebenso wie die Vision, am Ende alles Leiden die Herrlichkeit des Reiches Gottes zu finden. Obwohl fast ein Drittel des Wandbehangs verloren gegangen ist, gibt es mehr zu sehen, als man in der Lage ist aufzunehmen.

Ludwig I. von Anjou gab den Wandbehang um 137o in Auftrag. In erstaunlich kurzer Zeit von weniger als 1o Jahren wurde das Kunstwerk in der Pariser Manufaktur von Bataille nach Miniaturen hergestellt, dessen Vorder- und Rückseite identisch gewoben ist; die Rückseite hat ihre Originalfarben bewahrt. Die Tapisserie kam in den Besitz der Domherren, bevor sie ein Jahrhundert später für wertlos gehalten, zweckentfremdet und zerschnitten wurde. Der kunstsinnige Bischof von Angers kaufte den Wandbehang Mitte des 19. Jh. zu einem Spottpreis und konnte ihn vor der Zerstörung retten. Von den einst 98 Szenen, die auf 7 einzelne Teppiche verteilt waren, existieren noch 7o.

Offen: Juni bis Mitte September 9.3o-18.3o Uhr, sonst 9 bzw. 9.3o-12.3o/ 14-18 bzw. 18.3o Uhr. Fü hrungen: ganzjährig. Eintritt 6 Euro.

Hübsche alte Häuser in der angrenzenden Altstadt. Ausgesprochen schön das mehrstöckige Fachwerkhaus MAISON ADAM (12), kunstvoll geschnitzte Figuren schmücken die Fassade (16. Jh.) am Place Ste. Croix. Der Name des Schmuckstücks geht vermutlich auf den Besitzer Michel Adam im 18. Jh. zurück.

Weitere fotogene Bürgerhäuser in der Rue Poeliers Nr. 9 mit schönen Karyatiden oder in der Rue St. Laud Nr. 21, etwas verwitterte Adam- und Eva-Figuren. Drei kunstvolle Fachwerkhäuser in der Rue L'Oisellerie (Nr. 5-9) gegenüber des Erzbischöflichen Palais. Nr. 5 zeigt eine prallbusige Eva neben dem Eingang.

Die KATHEDRALE ST. MAURICE (13) am Place Ste. Croix in exemplarischer Gotik (12.-13. Jh.). Sehr schönes Portal, ungewöhnlich breites Schiff, beeindruckendes Rippengewölbe. Sehr schöne Glasfenster aus verschiedenen Epochen, z.T. aus dem 12. Jh.

ABTEIKIRCHE ST. SERGE (27), nordöstlich der Altstadt, schräg hinter dem modernen Kongreßzentrum. Interessant ist hier der Chor im „angevinischen Stil", eine Spezialität des Loiretales (12. Jh.). Besonderheit sind die 13 kuppelartigen Deckengewölbe, die anders als sonst in der Gotik üblich nochmals ca. 3 m erhöht wurden. Eine große Zahl von figürlichen Schlußsteinen zum Thema „Jüngstes Gericht“ (Fernglas mitnehmen!). Glasfenster im Chor aus dem 13. Jh.

Am Place de l’Académie (4), der nach einer Reitakademie des 18. Jh. benannt ist, steht die KIRCHE ST. LAUD (5), die auf das Jahr 1882 zurückgeht.

In der Rue Toussaint, in der man noch Überreste der alten gallo-römischen Stadtmauer aus dem 3. Jh. entdeckt, steht bei Nr. 37 das Portal des ehemaligen ALLERHEILIGEN KLOSTERS.

TOUR ST. AUBIN (9): Der 54 m hohe Glockenturm der Kirche St. Aubin (12. Jh.) hatte die verschiedensten Nutzungen erlebt u.a. war er Wachturm und Observatorium. Heute wird er für Ausstellungen genutzt.

In den ehemaligen Klostergebäuden der Abtei St. Aubin aus dem 17. Jh. ist heute die Präfektur untergebracht. Im Innern Reste des sehr schönen romanischen Kreuzgangs.

LOGIS DU CROISSANT, schönes Fachwerkhaus am Eck der Rue St. Aignan und Rue des Filles-Dieu, das nach einem 1448 von König René gegründeten Ritterorden benannt ist. Heute ist hier eine Verkaufsausstellung über Zinn-Produkte untergebracht.

Der Place Louis-Imbach, auf dem im Mittelalter die Markthallen standen, ist nach dem französischen Händler und Widerstandskämpfer benannt. Am Ende des Platzes steht die im römisch-byzantinischen Stil Anfang des 2o. Jh. erbaute KIRCHE NOTRE-DAME-DES-VICTOIRES (21).

Dreieinigkeitskirche - EGLISE DE LA TRINITÉ (29) - im Stadtteil La Doutre auf dem rechten Maineufer ist eine der elegantesten Kirchen von Angers. Sie geht auf die zweite Hälfte des 12. Jh. zurück und wurde im 19. Jh. umfassend restauriert. Schönes romanisches Portal. Im Innern hübsche verzierte Holztreppe zur Orgeltribüne im Renaissancestil, romanische Krypta.

MUSEEN

In dem gut erhaltenen Renaissancehaus Hotel Pincé (Fußgängerzone) ist das ANTIKEN MUSEUM untergebracht. Bürgermeister Jean de Pincé ließ sich das Haus im 16. Jh. bauen. 32 bis, rue Lenepveu. Offen: Mitte Juni bis Mitte September täglich 9-18.3o Uhr, sonst 1o-12/14-18 Uhr.

GALERIE DAVID D’ANGERS: Skulpturenausstellung im ehemaligen Allerheiligenkloster. Toller Ausstellungsraum, der Architekt hat der Klosterruine ein Glasdach verpaßt. 33 bis, rue Toussaint. Offen: Mitte Juni bis Mitte September tägl. 9-18.3o Uhr, sonst 9-12/14-18 Uhr.

MUSEUM DER SCHÖNEN KÜNSTE. 1o, rue du Musée, in einem nob-

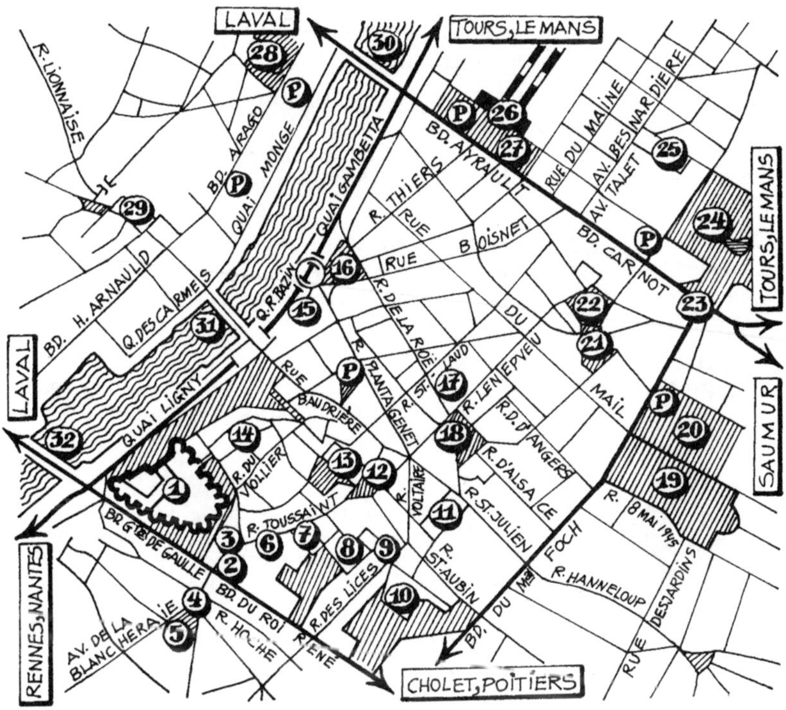

ANGERS

1 Château-Burg der Grafen von Anjon
2 Place Prés.-Kennedy
3 TOURIST INFO
4 Place de l´ Académie
5 Kirche St.Laud
6 Portail de I´Ancienne Abbaye Toussaint
7 Galerie David d´Angers
8 Logis Barrault, Musée des Beaux Arts
9 Tour St. Aubin
10 Präfektur
11 POST
12 Maison d´Adam
13 Kathedrale St.Maurice
14 Logis du Croisant
15 BUS STATION
16 Place Molière
17 Antiken Museum im Hotel Pincé
18 Place Ralliement
19 Jardin Du Mail
20 Place du Gal.Leclerc
21 Kirche Notre-Dame
22 Place Louis Imbach
23 Place Mendès-France
24 Jardin des Plantes
25 Kirche St. Serge
26 Bahnhof
27 Place St.Serge
28 Musée Lurcat
29 Kirche la Trinité
3o Pont Haute Chaine
31 Pont de verdun
32 Pont de la basse Chaine

len Herrenhaus Logis Barrault (ebenfalls Bürgermeister von Angers) aus dem 15. Jh. Gemäldesammlung, Skulpturen etc. Offen: Mitte Juni bis Mitte September 9-18.3o Uhr, sonst tägl. 1o-12/14-18 Uhr.

MUSEUM J. LURÇAT ET DE LA TAPISSERIE CONTEMPORAINE (28): im ehemaligen Johannesspital aus dem 12. Jh. Moderne Tapisserien von Jean Lurçat, als Pendant zu den mittelalterlichen Tapisserien im Schloß entstanden. 4, bd. Arago. Mitte Juni bis Mitte September 9-18.3o Uhr. Sonst 1o-12/14-18 Uhr.

NATURHISTORISCHES MUSEUM, 43, rue Jules-Guitton. In dem kuriosen neoklassizistischen Hôtel Valentin von 18oo ist eine reiche Sammlung von Exponaten zu sehen: ausgestopfte Tiere, Vögel, Fossilien etc.

Offen: tägl. außer Mo. 14-17 Uhr.

Restaurant „LA TREILLE“, 12, rue Montault in einem ganz schmalen Haus seitlich der Maison Adam. Restaurant im 1. Stock. Menü ab 15 Euro.

Über 4o Hotels vom 1- bis 3-Sterne-Format.

** „**Hôtel du Mail**“, 8-1o, rue des Ursules. Zentral gelegenes Hotel mit Innenhof in der Nähe vom Place du Ralliement. 27 gepflegte Zimmer mit typisch französischem Charme überwiegend mit Bad oder Du./WC in einem alten Haus aus dem 17. Jh. DZ 28-65 Euro

*** „**Hotel d'Anjou**“, 1, bd. Foch. Am Ostrand der Altstadt in Spazierweite. 51 geräumige Zimmer modernen Standards. DZ ab 62-11o Euro.

„**Hotel Iena**“, 27, rue Marceau. 22 ordentliche, eher kleine Zimmer. DZ 38-55 Euro

* „**Hotel du Centre**“, 12, rue St. Laud. Ganz zentral mitten in der Fußgängerzone. 15 einfache Zimmer. DZ 25-4o Euro.

„**Hotel Marguerite d'Anjou**“, 13, place Kennedy. Gleich vis-à-vis vom Schloß. Parkplatz, Straße. 9 Zimmer. DZ 32-5o Euro.

Jugendherberge: Centre d'Accueil du Lac du Maine, 49, av. du Lac de Maine. Richtung Campingplatz. 7o Betten. Offen: Mitte Juni bis Mitte September. Busverbindung.

Weitere Jugendherberge in 1, rue de Darwin. Richtung Uni. 184 Betten. Offen: Juni bis September.

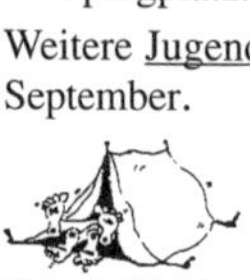

**** Camping Lac de Maine: 4 km außerhalb am Badesee (Wassersportzentrum). Sehr ordentliche Anlage nahe dem See. Ideal für Leute mit eigenem Fahrzeug, in 5 Autominuten ist man über die Stadtautobahn direkt am Schloß. Parzellierte Stellplätze durch Hecken abgeteilt, jede mit Wasseranschluß. Teils Wiese, teils Kies. Wenig Schatten. Gute Sanitäranlagen. Gut beschildert, durchs Centre Commercial. 163 Stellplätze. Kinderspielplatz. Verbingung mit Bus Nr. 6.

Umgebung von Angers

CHÂTEAU DU PLESSIS-BOURRÉ, ca. 2o km nördlich von Angers idyllisch gelegenes Wasserschloß. Es mutet mit seinen mächtigen Rundtürmen, Wassergräben und Zugbrücke wehrhaft mittelalterlich an, läßt jedoch vom Innenhof aus Renaissance-Einflüsse erkennen. Es wurde in nur fünf Jahren Bauzeit (1468-72) für Jean Bourré, den Finanzminister Ludwig XI., errichtet. Lohnende Besichtigung u.a. der Kapelle und der Salle des Gardes mit reich verzierter Kassettendecke aus dem 15. Jh. Offen: Juli/August tägl. 1o-18 Uhr. Sonst tägl. außer Mi. und Do. vormittags 1o-12/14-18 Uhr. Eintritt knapp 1o Euro.

CHÂTEAU DE MONTGEOFFROY, ca. 25 km östlich von Angers. Ein großes, sehr symmetrisch, fast streng wirkendes Landschloß aus dem 18. Jh., das Feldmarschall de Contades 1773 bauen ließ. Aus früherer Zeit stammen zwei Türme und eine spätgotische Kapelle. Die Besonderheit dieses Schlosses liegt in seiner fast original erhaltenen Möblierung. Offen: Ende März-Mitte Nov. tägl. 9.3o-12/14.3o-18.3o Uhr, von Mitte Juni bis Mitte September 9.3o-18.3o Uhr. Eintritt 9 Euro, Führung 1 Stunde.

CHÂTEAU DE BRISSAC, ca. 2o km südöstlich von Angers. Das gewaltige Schloß besitzt Rundtürme aus dem 15. Jh.; aus dem 17. Jh. stammen die übrigen Gebäude des schön gelegenen Châteaus. Ein Teil der Räume, in denen Tapisserien und Familienporträts hängen, kann besichtigt werden. Offen: Juli bis Mitte September tägl. 1o-17.45 Uhr. April bis November tägl. außer Di. 1o-12/14.15-17.15 Uhr. Eintritt 8 Euro.

CHÂTEAU SERRANT, 17 km westlich von Angers gelegenes Schloß bei St. Georges sur Loire, dessen Besichtigung unbedingt wegen des reichhaltigen und kostbaren Mobiliars aus dem 19. Jh. lohnt. Schönes Renaissance-Schloß (16.-18. Jh.) in Hufeisenform mit Wassergraben, Rundtürmchen etc. Im Innern Wandteppiche aus Flandern, umfangreiche Bibliothek (1o.ooo Bücher), Prunkräume, in denen Ludwig XIV. bzw. Napoleon Audienzen gaben. Kapelle vermutlich von François Mansart. Privatbesitz. Führung ca. 3/4 Std. Offen: April bis Oktober tägl. außer Di. 1o-11.3o/ 14-17.3o Uhr. Im Juli/August tägl., Eintritt 1o Euro

15 km nach ANGERS Beginn der durchgehenden Autobahn (87 km) nach

Nantes

(268.ooo Einw.)

Wichtige Industrie- und Hafenstadt an der Loire. Um das Schloß und Kathedrale ist die Großstadt zu beiden Ufern gewachsen. Aus der Zeit, als Nantes die bedeutendste Hafenstadt Frankreichs war, sind noch prächtige Reederhäuser erhalten.

Hauptverkehrsader und Orientierungspunkt ist der vierspurige Cours J. Kennedy - Cours Franklin Roosevelt. Nördlich davon einige Fußgängerzonen im Altstadtbereich mit Fachwerkfassaden und Patrizierhäusern aus dem 18. Jh., denkmalgeschützte Einkaufspassage, altes Theater. Der Zufluß der Erdre in die Loire verschwindet in großen Rohren unter der Rue Henri IV., - am Kai dahinter warten die Ausflugsboote.

In Nantes spielten sich wichtige historische Ereignisse ab: Bereits die Römer ließen sich hier nieder - Castrum Condivincum. Das Christentum hatte sich recht bald etabliert.

NANTES

1 BAHNHOF
2 Chapelle de l'Immaculée
3 Jardin des Plantes
4 Musée des Beaux-Arts
5 Place Mar. Foch
6 Porte St.-Pierre
7 Kathedrale St.Pierre-St.Paul
8 Cours St. Pierre
9 Place St. Pierre
10 Place R Salengro
11 Place du Port-Communeau
12 Cours St. André
13 Hôtel de Ville
14 Place du Pilori
15 Kirche Ste. Croix
16 Place de la Duchesse-Anne
17 Square Elisa Mercoeur
18 Ile Feydeau
19 TOURIST INFO
20 Place de la Bourse
21 Place du Commerce
22 Square J.B. Daviais
23 Passage Pommeraye
24 Kirche St. Nicolas
25 Place Royale
26 Place des Volontaires de la Défense Passive
27 Place de Bretagne
28 POST
29 Place Graslin
30 Cours Cambronne
31 Musée de l'Imprimerie
32 Musée d'Historie Naturelle
33 Musée Dobrée
34 Manoir de la Touche
35 Musée d'Archéologie Regionale
36 Kirche Notre-Dame-de-Bon-port
37 Place R. Bouhier

Um die Eingliederung der Bretagne an das damals kleine und stark geschwächte Frankreich entbrannten heftige Kämpfe. Folgenschwer war die erzwungene Hochzeit von Anne de Bretagne mit dem französischen König Karl VIII. (1491) bzw. Nachfolger Ludwig XII. Als Mitgift brachte sie die Halbinsel ein, das Ende der Unabhängigkeit war nur noch eine Frage der Zeit, obwohl durch einen geschickten Vertrag abgesichert. Henri IV. hat mit seinem berühmten „Edikt von Nantes“ (1598) Geschichte geschrieben und den Protestanten eine Atempause in den Religionskriegen verschafft (siehe auch allgemeines Kapitel).

Mit dem Dreieckshandel (17.-18. Jh.), bei dem Sklaven von Afrika zu den Antillen transportiert wurden, Kakao, Baumwolle, Rohrzucker und Kaffee nach Frankreich, hatten sich viele Kaufleute eine goldene Nase verdient. Nantes wurde

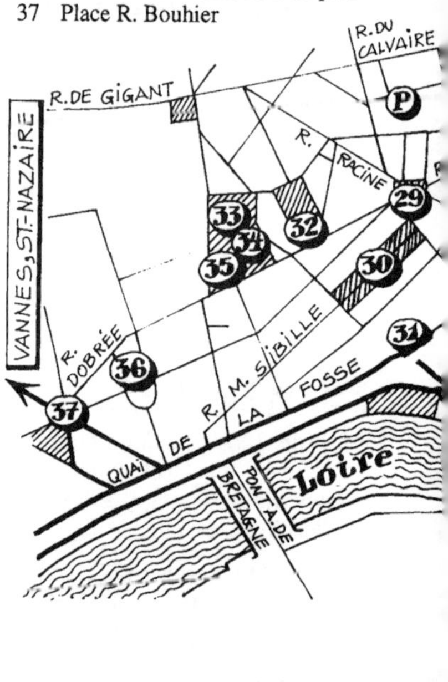

zur wichtigsten Hafenstadt Frankreichs und expandierte gewaltig. Große Zuckerraffinerien und die erste maschinelle Baumwollverarbeitung entstanden.

Die Französische Revolution räumte auch mit dem schmutzigen Geschäft des Sklavenhandels auf, zudem versandete der Hafen in der Loiremündung, Rohrzucker wurde durch heimische Zuckerrüben uninteressant. Es siedelten sich neue Industriezweige in der Stadt an, der Hafen wurde nach Saint Nazaire verlegt.

Unter dem Bombenangriff der alliierten Truppen 1943 ging ein Großteil der alten Stadtviertel in Flammen auf.

Office de Tourisme (19) am Place du Commerce, seitlich Cours

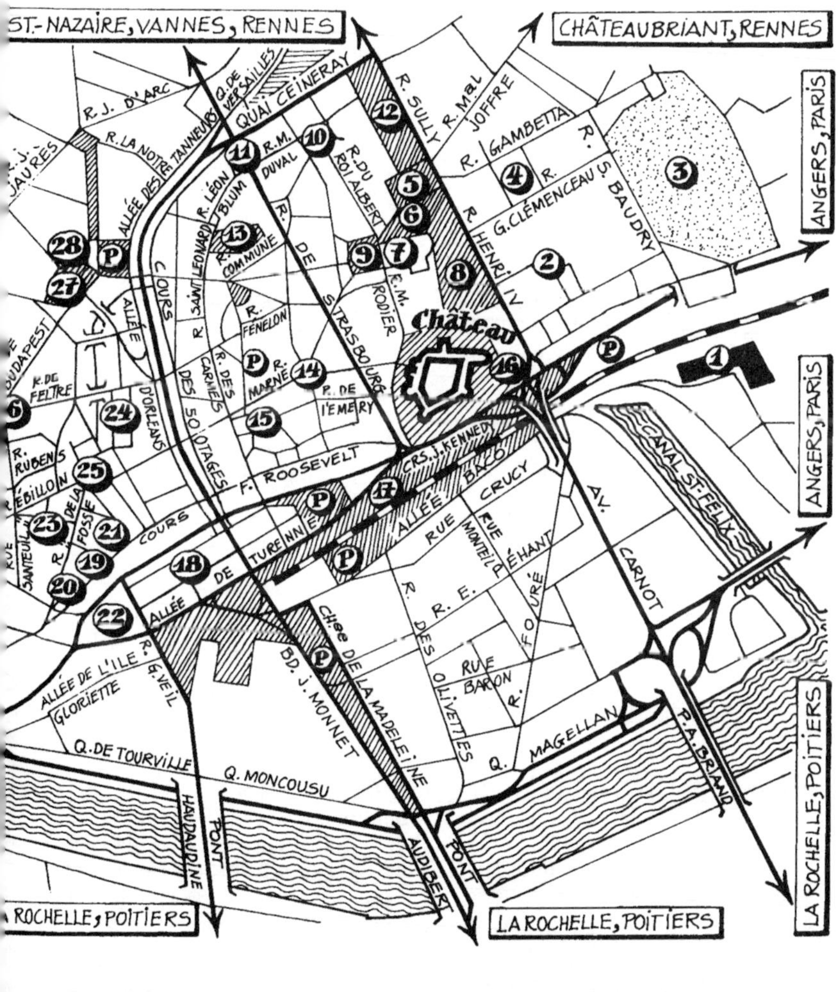

Franklin Roosevelt, 44o41 Nantes. Tel. o2 4o 2o 6o oo, Fax: o2 4o 89 11 99. Das Touristenbüro veranstaltet Stadtführungen zu Fuß, im Minizug und im Pferdeomnibus.
E-Mail: Office@Nantes-tourisme.com

Post (28): Place de Bretagne. Offen Mo.-Fr. 8-18 Uhr, Sa. 9-12 Uhr.

Flohmarkt jeden Samstag am Place Viarme, im nördlichen Bereich der Altstadt.

Spezialbücherei Librairie de Voyage, Place du Pilori. Auch Karten über Bretagne, Vendée etc.

Parken: Großer Parkplatz gleich bei der Kathedrale, Cours St. André (12), Parken bis zu 24 Std. und bester Ausgangspunkt für einen Stadtrundgang.

Verbindungen

Zug: Bahnhof (1) zentral gelegen am Boulevard de Stalingrad östlich vom Château. Häufige Verbindungen über Angers, Le Mans nach Paris (TGV) und nach Tours, Orléans, Cholet etc.

Bus: Auskünfte am Bahnhof S.N.C.F

Flug: Flughafen Nantes-Atlantique, einige Kilometer südwestlich der Stadt. Neben Verbindungen nach Paris und zu anderen französischen Airports auch Direktflüge nach Deutschland.

CHÂTEAU DES DUCS: Schloß der bretonischen Herzöge, ein wuchtiges Bollwerk nahe Bahnhof und Cours J. Kennedy. In den letzen Jahren wurde einiges getan, um das Aushängeschild der Stadt wieder auf Vordermann zu bringen. Grünanlage im ehemaligen Wassergraben, die Festungsmauern sind begehbar, wehrhaftes Eingangstor mit Fallgitter und Wappen. Ursprünge der alten Festung im Innenhof noch zu erkennen.

Das Château wurde 1466 von Franz II. (1435-88), Herzog der Bretagne, begonnen und stand seitdem häufig im Rampenlicht der bretonisch-französischen Politik: Seine Tochter Anne wurde hier geboren und mit ihrem 2. Mann Ludwig XII. verheiratet.

Im April 1598 wurde hier das Edikt von Nantes durch Heinrich IV. unterzeichnet, das den Hugenotten beschränkte Religionsfreiheit ermöglichte und Frankreich einige Jahrzehnte inneren Friedens bescherte.

MUSÉE DE L'HISTOIRE DE NANTES ET DU PAYS NANTAIS: umfangreiches Museum, das die früheren Sammlungen integriert und einen guten historischen Überblick über Schloß und Stadtentwicklung, die Entwicklung der Schiffahrt, über Handel und Industrie, Kunsthandwerk und vieles mehr gibt. Wegen Restaurierungen voraussichtlich bis 2oo6 geschlossen.

NANTES

1 Tour du Pied-de-Biche
2 Tour de la Boulangerie
3 Tour des Jacobins
4 Tour du Port
5 Tour de la Rivière
6 Tour du Fer-à-Cheval
7 Alter Bergfried
8 Bastion St. Pierre
9 Loge du Concierge
10 Altes Herrenhaus
11 Chapelle
12 Tour des Espagnols
13 Grand gouvernement
14 Tour de la Couronne d'Or
15 Brunnen
16 Grand Logis
17 Petit Gouvernement
18 Arsenal
19 Ursprüngl.Burg

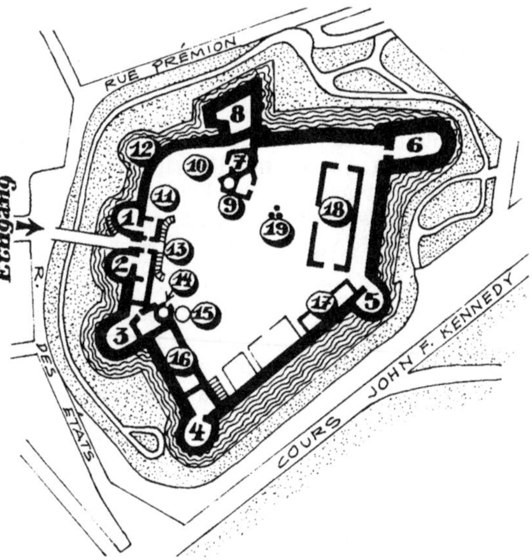

CHAPELLE DE L'IMMACULÉE CONCEPTION (2), rue Malherbe. Die dem hl. Antonius von Padua geweihte Kapelle wurde 1469 begonnen. Nach der Französischen Revolution war hier eine Schlosserei untergebracht, bis die Kapelle 1849 restauriert wurde. Nicht zu besichtigen.

JARDIN DES PLANTES (3), sehr schöner, 18o6 angelegter Park im englischen Stil, in dem man uralte Magnolienbäume findet.

MUSÉE DES BEAUX-ARTS (4) in 1o, rue G. Clemenceau. Sehr sehenswerte Gemäldegalerie, in der man die Entwicklung der Malerei von 125o bis in die heutige Zeit verfolgen kann. Besonders die Malerei des 19. und 2o. Jh. ist gut repräsentiert. Interessante Wechselausstellungen. Offen: Mo.-Sa. 1o-18 Uhr, freitags bis 2o Uhr, So. 1o-18 Uhr, Di zu.

Über den großen Place du Maréchal Foch (5) erreicht man die Porte St. Pierre (6) vom Ende des 15. Jh., die auf alten gallo römischen Befestigungen erbaut wurde.

Die KATHEDRALE ST. PIERRE ET ST. PAUL (7) (1434-1891) beeindruckt durch ihre Dimensionen und den hellen Baustein. Im rechten Querschiff ein meisterhaftes Renaissancegrabmal Franz II., des letzten bretonischen Herzogs, und seiner Frau Margarethe.

Die Grabplatte ist umgeben von den vier Kardinaltugenden: die „Vorsicht" mit einem Doppelgesicht dargestellt (Mädchen- und Greisengesicht), die „Gerechtigkeit", „Stärke", „Mäßigkeit".

PLACE DU PILORI (14), der dreieckige, von schönen Gebäuden des 18. Jh. umgebene Platz liegt heute mitten in der Fußgängerzone. Der Name erinnert an den Pranger, der hier im 16. Jh. stand, bevor er 1552 auf den Place Bouffay aufgestellt wurde.

Über die Rue de la Juiverie, in der alte Fachwerkhäuser schön restauriert wurden, gelangt man zur KIRCHE STE. CROIX (15). An der Kirche wurde lange herumgebaut, das Langschiff im spätgotischen Stil stammt aus dem 17. Jh., die Fassade im klassischen Stil von 1685, aufs 19. Jh. gehen Chorhaube, Kirchturm und Glockenturm zurück.

PLACE DU CHANGE, einst Stadt- und Finanzzentrum von Nantes. Von hier hat man einen guten Blick auf den Glockenturm. Die Maison du Change (2, rue des Carmes), ein vorbildlich restauriertes Fachwerkhaus aus dem 15. Jh., zählt zu den ältesten Gebäuden der Stadt. Das Haus wird auch Maison des Apothicaires genannt, nach einem Apotheker, der es im 16. Jh. bewohnte.

ILE FEYDEAU (18), die Verkehrsinsel auf der anderen Seite des breiten Cours Franklin Roosevelt wird heute noch Ile Feydeau genannt - durch Zuschüttung eines Loire-Seitenarms zwischen den beiden Weltkriegen wurde sie in die Stadt integriert. Hier findet man die prachtvollsten Reeder- und Kaufmannshäuser (18. Jh.) aus der Blütezeit der Handelsstadt. Kunstvoll verzierte Fassaden mit interessanten Balkons weisen auf den ehemaligen Reichtum hin. Die Rue Kervegan gehört zu den schönsten Straßenzügen von Nantes.

Der anschließende QUAI DE LA FOSSE wird im Volksmund auch Fesse (Arschbacke) genannt, denn hier hatte sich das Strichviertel etabliert. Die Reederhäuser entlang des Kai werden zunehmend bescheidener.

PLACE DE LA BOURSE (2o)/PLACE DU COMMERCE (21), früher lag hier an der Loire einmal der Weinhafen, an dem auch die Börse (179o-1812) ihren Sitz hatte. Heute trifft man sich in den zahlreichen Cafés und Kinos am Platz.

PASSAGE POMMERAYE (23), die schönste der ehemals zahlreichen überdachten Passagen in Nantes wurde 1841-43 erbaut. Sie verbindet die Rue Crébillon mit der Rue de la Fosse und diente in vielen Filmen als Kulisse.

KIRCHE ST. NICOLAS (24) zählt zu den ersten neugotischen Kirchen in Frankreich und wurde 1844-54 auf Initiative des hiesigen Bischofs Felix Fournier errichtet.

PLACE ROYALE (25) entstand 179o an Stelle der alten Befestigungen des Stadttores St. Nicolas und besitzt im Zentrum einen hübschen Brunnen aus Granit von 1865, der die Stadt Nantes und die verschiedenen Zuflüsse der Loire darstellt. 1943 wurde dieses Viertel stark bombardiert, später originalgetreu wiederaufgebaut.

PLACE GRASLIN (29) und das Theaterviertel entstanden auf Initiative von M. Graslin im 18. Jh., einer Zeit starker Bevölkerungszunahme; das bedeutete eine Stadterweiterung nach Westen, wo vorher Felder, Gärten und ein Kloster lagen. Die Brasserie La Cigale (4, place Graslin) 1895 im schönsten Jugendstil erbaut, steht heute mit ihren Mosaiken, Spiegeln, Stuck- und Keramikverzierungen unter Denkmalschutz (siehe Restaurants).

MEDIATHEQUE mit der großen Bibliothek, Konferenz- und Ausstellungsräumen und dem Musée de l'Imprimerie (31), 24, quai de la Fosse. Das Druckereimuseum erläutert sehr anschaulich die technische Entwicklung der Druckmaschinen. Offen: Mo.-Fr. 12-19 Uhr, Mittwoch 1o-19 Uhr, Sa. 1o-18 Uhr.

MUSÉE D'HISTOIRE NATURELLE (32), 12, rue Voltaire. Reichhaltig bestücktes Naturkundemuseum. Interessant ist insbesondere die Mineraliensammlung und ein Vivarium. Offen: tgl. außer Di., 1o-18 Uhr.

MUSÉE DOBRÉE, in dem vom Stararchitekt des 19. Jh. Viollet-le-Duc entworfenen, schließlich von den Architekten Simon, Boismen und Chenantais realisierten Museumsgebäude im romanischen Stil ist die umfangreiche Kunstsammlung von Thomas Dobrée (181o-95) untergebracht, ein wohlhabender Kaufmann, der alles sammelte, was schön und wertvoll war: Gemälde, Drucke, Skulpturen, Handschriften aus dem 16. Jh., Porzellan, Mobiliar. Ferner ist im Palais Dobrée (33) das ARCHÄOLOGISCHE MUSEUM eingerichtet. Thomas Dobrée erstand auch das Manoir de la Touche, das Bischof Jean de Malestroit im 15. Jh. erbauen ließ. Offen: Di.-Fr. 9.45-17.3o Uhr Sa.-So. 14.3o-17.3o Uhr.

KIRCHE NOTRE-DAME-DE-BON-PORT (36): Die byzantinisch angehauchte Kirche in Form eines griechischen Kreuzes stammt aus der gleichen Epoche wie die neugotische Nikolauskirche (19. Jh.).

MUSÉE NAVAL MAILLÉ BRÉZÉ, quai de la Fosse. Das ehemalige Kriegsschiff Maillé-Brézé wird als Museum gezeigt. Offen: Juni-Sept. 14-18 Uhr, Okt.-Mai seltener.

JULES VERNE MUSEUM (3, rue de l'Hermitage): Die Hafenstadt Nantes ist Geburtsort von Jules Verne (1828), der mit seinen utopisch-technischen Romanen* die heutige Science Fiction-Literatur begründete.

Der Besuch des Museums dürfte nicht nur für Grafik-Fans interessant sein: jede Menge alter Plakate, Zeichnungen und skurri -

* „In 8o Tagen um die Welt, „Reise zum Mittelpunkt der Erde", „Reise um den Mond", „2o.ooo

le Fotos. Aber auch Dokumente zu anderen Aspekten Jules Vernes: So schrieb er unter anderem Opernlibretti und Theaterkomödien, er war Reporter und Weltreisender. Die interessante Sammlung (u.a. auch Spiele wie „In 8o Tage um die Erde", Modelle der Flugkörper und U-Boote) wurde in einem freistehenden Bürgerhaus über der Loire eingerichtet. Leicht zu finden, wenn man dem Cours Franklin stadtauswärts folgt, immer am Loireufer entlang, am Quai E. Renaud dann ausgeschildert. Offen: tägl. außer Di. und feiertags 1o-12/14-17 Uhr, So. nur nachmittags.

Viele Restaurants im Innenstadtbereich, in denen mittags die Angestellten und Geschäftsleute der Umgebung essen, preiswerte Mittagsgerichte.

„LA CIGALE", 4, place Graslin. Brasserie im Stil der Jahrhundertwende (siehe auch vorne), elegant und edel. Hier sollte man wenigstens auf ein Kaffee vorbeischauen. Menü im Restaurant 17-25 Euro. Viel Fisch auf der Speisekarte, flotte Bedienung.

„LE TRANSORDEUR", 9, rue Kervégan. Ein hervorragendes Restaurant eingerichtet in einem historischen Gebäude aus dem 18. Jhd. Wie wäre es mit „foie gras" nach Art des Hauses mit Cidregele und Jakobsmuscheln. In der Küche beherrscht man die Raffinesse. Gehobenes Preisniveau.

„AU VIEUX NANTES", 2, rue Laennec. Leicht gedämpfte Beleuchtung, gepflegter Rahmen, traditionelle Küche, z.B. Ente nach Art des Hauses. 12-24 Euro.

„LE PONT LEVIS", direkt gegenüber vom Schloßeingang. Schön sitzt man auf der Terrasse in der Mittagssonne mit Blick zum Château. Menü ab 13 Euro.

„LE GALION", rue Kervegan. Gepflegtes Restaurant in einem der alten prächtigen Reederhäuser auf der Ile Feydeau. Menü ab 13 Euro.

Über 3o Hotels direkt im Zentrum, manche in ruhigen Seitenstraßen, ein weiteres Dutzend in Zentrumsnähe. Das Angebot reicht von der einfachen Unterkunft mit Etagenduschen (DZ ab 25 Euro) bis zu gut ausgestatteten 3-Sterne-Hotels, preislich ab 7o Euro.

Jugendherberge, 2, place de la Manu, nahe Bahnhof in einer ehemaligen Tabakfabrik. Durchaus empfehlenswert. 6o Plätze, im Juli/August Jugendherberge, sonst Cité universitaire internationale.

**** Campingplatz Le Val du Cens, 21, bd. du Petit Port im nördlichen Stadtbereich Richtung Rennes, nahe Uni. Gut ausgestattete und gepflegte Anlage, schattige Stellplätze. Rasen oder Kiesboden; Wasser und Stromanschluß für Caravane. Ordentliche Sanitäranlagen. 2oo Stellplätze, ganzjährig offen.

Bootsfahrten auf der Erdre: wegen der schönen Landschaften an diesem Fluß- und Seen-Netz nördlich von Nantes sehr beliebt bei Wassersportlern.

Teils enge Wasserstraßen, teils ausgebuchtete Seen und jede Menge an Herrensitzen am Ufer. Endet ca. 15 km nördlich von Nantes im „Canal de Nantes-Brest" (Details siehe VELBINGER Band 25 Bretagne/ Normandie).

Die Strecke Nantes bis Kanalbeginn wird im Sommer von Ausflugsbooten befahren, - sehr lohnend! Weitere Möglichkeit: Mieten eines Hausbootes. Alle Infos siehe Touristbüro Nantes.

Küste südlich Nantes (Pornic bis La Rochelle) ab Seite 18o.
Nördlich Nantes: siehe Velbinger Band 25, Bretagne/Normandie.

Loire --> Atlantikküste

Ab Nantes besteht die Möglichkeit, im nördlichsten Bereich der Atlantikküste einzusteigen, nur 4o km bis ans Meer bei Pornic. Details siehe ab Seite 18o.

Wer erst in La Rochelle, dem sicher fotogensten Städtchen an der Nordküste mit gemütlichen Restaurants und Bistros beginnen möchte, umfährt besser die Badeorte über die N 137, bis Höhe La Rochelle ca. 145 km. Weiter parallel der Atlantikküste Richtung Süden.

* Wer in TOURS das Loiretal verläßt, wählt bis Poitiers (knapp 1oo km) am bequemsten die Autobahn (Gebühr ca. 1o Euro für Pkw).

  Alternative: gut ausgebaute Landstraße, die parallel zur Autobahn verläuft. Während der Rush Hour in jedem Fall aber Châtellerault per Autobahn umfahren.

* Wer noch den Loire-Schlenker bis SAUMUR einbaut (auf dem Weg das Dornröschenschloß Ussé und Château Chinon), hat als kürzeste Verbindung bis Poitiers die N 147: ca. 8o km fast geradlinige Landstraße.

Gut 1o km nördlich von Poitiers lohnt für technikbegeisterte Menschen ein Stop im FUTUROSCOPE - eine Art Disneyland für Interessierte, architektonisch sehr spannend gestaltet. Im „Europäischen Park der Bilder" stehen 2o völlig unterschiedliche Pavillons, die die neuesten Bildtechnologien zeigen, wie im Kinemax (eine Riesenleinwand von 6oo qm) oder dem Magischen Teppich, der den Eindruck vermittelt, über der Landschaft zu schweben, oder im 3-D Kino oder, oder... Um genügend Zeit und Muße für die verschiedenen Kinoattraktionen zu haben, sollte man einen ganzen Tag einplanen (möglichst das Wochenende meiden). Für Restaurants und Hotels wurde reichlich gesorgt. Eintritt: stolze ca. 6o Euro im Sommer für einen Tag; wer zwei Tage bleibt, erhält Ermäßigung.

★ Poitiers

(85.ooo Einw.)

Lebendige Unistadt, einst Hauptstadt der historischen Provinz Poitou. Die Département-Hauptstadt hat viel an Kunstschätzen zu bieten, so eine der schönsten romanischen Kirchen Westfrankreichs, die Notre-Dame la Grande.

Das hübsche Stadtzentrum liegt wie auf einer Insel und ist von den Flüssen Clain und Boivre umflossen. Mittelalterliches Stadtviertel mit z.T. schmalen, winkligen Gassen und ein recht eigenwilliges Einbahnstraßensystem.

Office de Tourisme: 45, Place Charles de Gaulle, B.P. 377, 86009 Poitiers Cedex. Tel. 05 49 41 21 24, Fax 05 49 88 65 84 E-Mail: accueil-tourisme@interpc.fr

Post: 16, rue Arthur Ranc. Zur Hochsaison 8.30-19 Uhr, sonst kürzer.

Markt: Di., Do. und Sa. am Platz Charles de Gaulle.

Parken: beim Parc de Blossac im südlichen Zentrumsbereich mit Stadtmauerresten. Parkhäuser: P. Carnot, 22, rue Carnot. P. Notre-Dame, place Charles de Gaulle. P. Rvaud, 11, rue du 125 e R.I.

Geschichte: Die Siedlung keltischen Ursprungs hieß zur Römerzeit Limonum. Die Christianisierungswelle erreichte um 300 die Stadt, die Mitte des 4. Jh. unter Hilarius wichtiger Bischofssitz war. Die ersten Christen in der römischen Stadt trafen sich im Baptisterium St. Jean (Johannis). Im 6. Jh. gründete Radegonde, die Frau des Frankenkönigs Clothar I., hier das Kloster St. Croix.

Die folgenden Jahrhunderte waren durch wiederholte Maureninvasionen gekennzeichnet. Zwischen Poitiers und Tours fand vermutlich 732 die berühmte Schlacht von Poitiers statt, die mit dem Sieg des fränkischen Hausmeiers Karl Martell (688-741, Führer des Adels, Hausmeier waren oft mächtiger als der König) über die Mauren endete, der wesentlich zur Sicherung der Einheit des Frankenreiches beitrug und dadurch das christliche Europa vor den Muselmanen rettete.

Mit den normannischen Invasionen im 9. Jh. entstand die Dynastie der Grafen von Poitou und der Herzöge von Aquitaine.

Im 12. Jh. wurde Poitou englisch - durch die Hochzeit von Eléonore von Aquitaine mit dem englischen Thronfolger Henri Plantagenêt. 1356 fand im Zuge des 100-jährigen Krieges (siehe auch allgemeines Kapitel) die zweite blutige Schlacht von Poitiers statt, - zwischen Johann dem Guten und dem Schwarzen Prinz (englischer Königssohn Edward III.), die mit dem Sieg der Engländer endete. Durch militärische Erfolge des bretonischen Haudegens Du Guesclins, der auf französischer Seite kämpfte, kam Poitiers wieder zur französischen Krone.

In der 2. Hälfte des 14. Jh., zur Zeit des Herzogs Jean de Berry (1369-1416), erlebte Poitiers einen gewaltigen Aufschwung. Ein weiteres Mal gerät Poitiers im 100-jährigen Krieg 1429 in die Schlagzeilen der Weltgeschichte. Hier fand die lange Untersuchung und Befragung von Jeanne d'Arc statt, um das Bauernmädchen aus Lothringen auf Glaubwürdigkeit abzuchecken.

Der französische König Karl VII. gründete die Universität Poitiers 1432, wodurch die Stadt zu einem geistigen und geistlichen Zentrum wurde. Damals besaß Poitiers über 60 Kirchen, mit einem entsprechenden Kontingent an Klöstern und Mönchen. In den Glaubenskriegen ging es mit Poitiers rapide bergab.

Erst in der Nachkriegszeit erlebte die Stadt einen erneuten Aufschwung durch Ansiedlung von Industrie.

NOTRE-DAME LA GRANDE

Ausgezeichnetes Beispiel romanischer Kirchenbaukunst des 11./12. Jh. Einmalig schöne Fassade (12. Jh.), überreicher Skulpturenschmuck, nach der langwierigen Restaurierung erstrahlt die Westfassade in hellem Beige.

Lokalisierung der wichtigsten Szenen: im Reliefband, über Adam und Eva links unten gut zu erkennen; über dem ersten Bogen vier Propheten: Moses, Jeremias, Isaak, Daniel; gefolgt von der Verkündigungsszene, deutlich der Engel zu sehen; die Verästelung nebenan wird als Baum Jesse gedeutet. Über dem rechten Bogen die Geburtsszene und weiter rechts das Bad des Jesuskindes.

Die 1. und 2. „Etage" wird von den Aposteln geprägt (schon ziemlich mitgenommen); durch St. Hilaire, den bedeutendsten Bischof im 4. Jh. (oben links) und seinen Schüler St. Martin (oben rechts) auf 14 Personen ergänzt. Sehr schön im Giebel Christus in der Mandorla. Rechts und links wird die Fassade von orientalisch anmutenden Türmchen mit Turmhelmen in Form von Pinienzapfen flankiert.

Innen: Sehenswerter Chor mit schweren Säulen und individuell gearbeiteten Kapitellen. Die Fresken im Tonnengewölbe schon stark verblichen.

Schönes Häuserensemble um die Kathedrale Notre-Dame la Grande am PLACE CHARLES DE GAULLE. Fotogene Bürgerhäuser mit schmiedeeisernen Balkons.

Im Sommer wird die Westwand spät abends in einer effektvollen Licht-Show koloriert, so wie man sich ihr mittelalterliches Aussehen vorstellt.

Schöne Häuserzeilen in der Fußgängerzone bzw. der Rue Descartes, Rue de la Chaine (16./17. Jh.) und Rue Bouchet im nördlichen Zentrumsbereich, mit Prachtpalais wie das Hôtel Fumé, ein nobles Palais im Flamboyantstil Ende des 15. Jh. Straßencafés vor dem imposanten, klassizistischen Rathaus (1875) auf der Place Maréchal Leclerc.

Mitten auf der Rue Jean Jaurès die kleine Taufkapelle „BAPTISTÈRE ST. JEAN". Sie soll auf den ersten Bischof von Poitiers Saint Hilaire zurückgehen und gilt als ältestes christliches Bauwerk Frankreichs (Mitte des 4. Jh., - Erweiterungen im 11./12. Jh.). Heute mehrere Meter unter dem Straßenniveau.

Fresken aus dem 12./13. Jh.; hübsche Marmorsäulen und Kapitelle. Innen das große 8-eckige Taufbecken (früher war Komplettaufe durch Untertauchen üblich).

Ursprünglich bestand das Baptisterium aus zwei Räumen: Taufkammer und Vorhalle mit kleinem Umkleideraum; heute ist es ein archäologisches Museum der Merowingerzeit, Sarkophage, Reliefs.

Offen: April bis September tägl. außer Di. 1o.3o-12.3o/15-18 Uhr, im Juli/ Aug. auch Di. geöffnet, im Winter 14.3o-16.3o Uhr.

MUSEUM ST. CROIX, 61, rue St. Simplicien, anstelle eines von der hl. Radegunde gegründeten Klosters; beinhaltet die Gemäldegalerie und ein archäologisches Museum. Geöffnet: Juni-Sept. tgl. außer Mo Vormittag 1o-12/13.15-18 Uhr sonst kürzer.

KATHEDRALE ST. PIERRE, 1oo m vom Baptisterium entfernt, Place de la Cathédrale. Vom 12. bis 14. Jh. im Plantagenêt Stil errichtet. Die ausgesprochen weiträumige Kirche läßt gut den Übergang von Romanik zur Gotik erkennen. Ein überwiegend gotisches Bauwerk, Glasfenster z.T. aus dem 12. Jh. eines der ältesten Chorgestühle Frankreichs aus dem 13. Jh.

Ca. 1oo m weiter STE. RADEGONDE, eine der ältesten Kirchen von Poitiers. Um 56o von Radegonde erbaut, ca. 5oo Jahre später erneuert, in den nachfolgenden Jahrhunderten erweitert und verändert. Romanischer Glockenturm, zugleich Vorhalle der Kirche mit spätgotischem Portal aus dem 15. Jh.

Krypta mit dem Sarkophag der hl. Radegunde, einer thüringischen Prinzessin und Frau des Frankenkönigs Clothar I. Ein sehr kontrastreiches Paar: Radegonde zog sich 559 vor ihrem Gatten ins Kloster zurück und verbrachte dort den Rest ihres Lebens, immerhin knapp 3o Jahre; vermutlich eine Reaktion auf die von Clothar initiierte Ermordung ihres Bruders. Die Marmorstatue wurde von Königin Anna von Österreich, Mutter Ludwigs XIV. gestiftet. Offen: 8.3o-19.3o Uhr.

JUSTIZPALAST, rue des Cordeliers. Das ehemalige Palais der Grafen von Poitou und Herzöge von Aquitaine versteckt sich hinter einer Fassade aus dem 19. Jh. Der große Saal (47 x 17 m) wurde von Eléonore von Aquitaine 1162 in Auftrag gegeben, von Herzog Berry in einen Prachtsaal verwandelt. Sehr schöner 3-teiliger Kamin und restauriertes Gebälk.

Karl VII. suchte im 1oo-jährigen Krieg, als die Engländer in Paris einmarschiert waren, hier Zuflucht. Der ehemalige Donjon „Tour Maubergeon“ aus dem Anfang des 12. Jh. wurde in ein Wohnschloß verwandelt. Im Palais de Justice wurde Jeanne d'Arc 1429 auf Herz und Nieren überprüft, ehe ihr ein Heer zugeteilt wurde, mit dem sie ihren einmaligen, fast unglaublichen Siegeszug gegen die Engländer antrat (siehe auch „Orléans“).

ST. HILAIRE LE GRAND in der gleichnamigen Straße. Eine 7-schiffige romanische Kirche, architektonisch sehr ungewöhnlich. Im 11. Jh. erbaut, im 12. Jh. verändert und im 19. Jh. stark restauriert; wirkt etwas durcheinander, ungeordnet; leider nicht in bestem Zustand, aber sehr interessant. Ursprünglich eine „normale“ große romanische Kirche mit zwei Seitenschiffen, Querschiff und Holzdecke.

Die Jakobspilger auf dem Weg nach Santiago de Compostella legten hier Zwischenstop ein (siehe Jakobspilger). Im 12. Jh. stürzte die Kirche durch einen Brand ein, eine neue Decke aus Stein war notwendig geworden; um das zusätzliche Gewicht abzustützen, wurden neue Pfeiler eingezogen, so daß sich 7 Schiffe ergaben. St. Hilaire hatte schon im 6. Jh. einen Vorläufer an gleicher Stelle.

Während der Französischen Revolution diente die Kirche als Steinbruch; im 19. Jh. wieder restauriert.

Einige sehr schöne Kapitelle, die Freskenreste sind restauriert. In der Krypta ein Schrein des hl. Hilarius, der im 4. Jh. Bischof von Poitiers war und 368 hier beerdigt wurde. Hilarius war 357-36o ins Gebiet der heutigen Türkei verschleppt worden. Seit 2oo1 als Weltkulturerbe von der UNESCO geschützt.

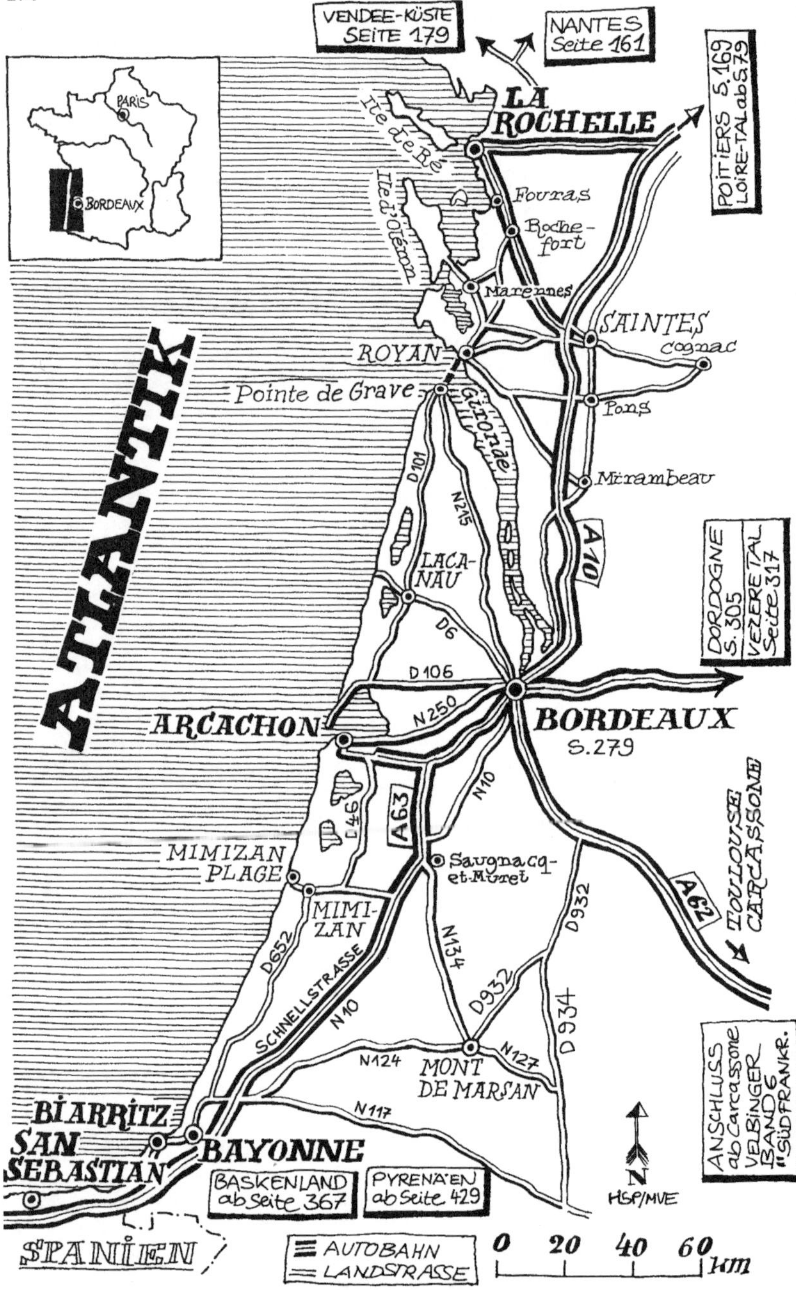
VENDEE-KÜSTE
SEITE 179
NANTES
Seite 161
POITIERS S.169
LOIRE-TAL ab S.79
LA ROCHELLE
Ile de Ré
Ile d'Oléron
Fouras
Rochefort
Marennes
SAINTES
Cognac
ROYAN
Pointe de Grave
Gironde
Pons
Mirambeau
D101
N215
A10
DORDOGNE S.305
VEZERETAL Seite 317
LACANAU
D6
D106
N250
ARCACHON
BORDEAUX
S.279
ATLANTIK
N10
A63
D46
MIMIZAN PLAGE
Saugnacq-et-Muret
MIMIZAN
D652
SCHNELLSTRASSE
N134
D932
A62
TOULOUSE CARCASSONE
D934
N124
N127
MONT DE MARSAN
N117
BIARRITZ
SAN SEBASTIAN
BAYONNE
BASKENLAND ab Seite 367
PYRENÄEN ab Seite 429
ANSCHLUSS ab Carcassone VELBINGER BAND 6 "SÜDFRANKR.
N
HSP/MVE
SPANIEN
AUTOBAHN
LANDSTRASSE
0 20 40 60 km
PARIS
BORDEAUX

ATLANTIK KÜSTE

"Aquitanien"

So wird die Region im Südwesten Frankreichs genannt, flächenmäßig etwas größer als die Niederlande, reicht sie von der Gironde bis zur französisch-spanischer Grenze inkl. Bordeaux und Umland, die Küstenregion Côte d'Argent, Périgord und Teile der Pyrenäen; aus fünf Départements zusammengewürfelt, weniger historisch gewachsen. Seit Anfang der 6oer Jahre des 20. Jhds. eine Wirtschaftsregion.

Wie der Name verrät, handelt es sich um ein wasserreiches Gebiet, das von Flüssen, Bächen und Seen durchzogen ist; nicht zu Unrecht wird der Landstrich oft mit einem Schwamm verglichen.

Aquitanien wurde von Norden her besiedelt, die ersten Städte entstanden im 3. Jh. Die römische Eroberung Galliens ging auch nicht an Aquitanien vorbei. Es folgten wüste Jahrhunderte, in denen die Gegend von Vandalen, Westgoten, Normannen überfallen und geplündert wurde. Durch die Heirat von Eléonore von Aquitanien mit dem zukünftigen englischen König wurde der Südwesten Frankreichs englisch, was besonders den Städten, wie beispielsweise Bordeaux, zu einem Wirtschaftsboom verhalf. Die Engländer forcierten damals den Weinanbau am südlichen Garonneufer und sorgten für den Export.

Bis zur Französischen Revolution hieß Aquitanien „Guyenne anglaise", eine schlampige Aussprache des französischen „Aquitaine". Es reichte von der Loire bis hinunter nach Biarritz mit Bordeaux als Hauptstadt. Unter dem Schwarzen Prinzen, dem englischen Königssohn Edward III., erreichte Aquitanien im 14. Jh. vorübergehend eine gewaltige Ausdehnung; er nahm dem französischen König das Poitou, Périgord und Limousin ab. Beim Ende des 1oo-jährigen Krieges (s.a. allgemeines Kapitel), nach der Niederlage der Engländer bei Castillon 1453 (ca. 5o km östlich von Bordeaux) erreichte Aquitanien eine der heutigen Größe vergleichbare Ausdehnung.

Der französische König KarlVII. bestrafte das Gebiet für seine Englandtreue durch Aufhebung der Privilegien; besonders das Hauptexportgut Wein wurde hoch besteuert. Er ließ reihenweise Burgen hinsetzen, um die Präsenz der Franzosen zu unterstreichen. Wirtschaftlich bedeutete das für die Städte einen gewaltigen Einbruch, Weinexport und Bevölkerungszahl gingen rapide zurück. Religionskriege und Bauernaufstände ließen das Land zusehends verarmen.

Das goldene 18. Jahrhundert brachte Aquitanien neue wirtschaftliche Blüte.

Eléonore d'Aquitaine, die einzige Tochter Herzog Wilhelms von Aquitanien, heiratete 1137 als 15-jährige den französischen Thronfolger Ludwig VII. Eléonore erweist sich mit dem Herzogtum Angoumois, Guyenne, Périgord, Limousin, Poitou, Saintonge, Gascogne und der Souveränität über die Auvergne und Grafschaft Toulouse als attraktive Partie für das verarmte französische Königshaus; dazu war sie verführerisch schön, sehr clever und schätzte Kultur, Macht, Männer und die Liebe. Die Hochzeit fand in der Kathedrale in Bordeaux statt. Es war jedoch, wie sich später zeigte, kein glückliches Paar. Ludwig VII. entpuppte sich als „asketischer Mönch". Eléonore mochte sich ihrem Gatten gar nicht anpassen; die sie charakterisierenden Adjektive reichen von frivol, vergnügungssüchtig bis liebestoll. Nach 15-jähriger Ehe ließ Ludwig VII. 1152 auf dem Konzil von Beaugency die Scheidung verkünden. In einer großherzigen Geste gab er ihr die Mitgift zurück.

Aus politischer Sicht erweist sich diese Generosität für Frankreich als mittlere Katastrophe. Zwei Monate später heiratete sie den 1o Jahre jüngeren Henri Plantagenêt, einen heißblütigen, dynamischen Mann. Der temperamentvolle Rotschopf ist ein Nachfahre Wilhelm des Eroberers, Graf von Anjou, Herzog der Normandie, Souverän über Maine und Touraine. Mit den Gebieten seiner Holden verfügen die beiden über ein Territorium, das die französische Krone im Vergleich recht mickrig aussehen ließ.

Südwestfrankreich wird praktisch englisch. Aber es kommt noch schlimmer: Henry wird durch Erbe als Henry II. König von England. Formell ist er zwar Vasall des französischen Königs, jedoch mit solcher Übermacht ausgestattet, daß diese Thronfolge das politische Gleichgewicht aus den Fugen bringt: der 1oo-jährige Krieg steht vor der Tür, der Kampf um die Thronfolge in Frankreich zwischen den Dynastien der Plantagenêts und der Capetinger (Details im allgemeinen Kapitel).

Eléonore ist das beste PR-Zugpferd, das sich die Winzer aus Bordeaux nur wünschen konnten; die Engländer flogen nur so auf Bordeaux-Weine. Am 1. Juli 1199 hob Eléonore die Weinsteuer auf und verlieh den Bordeaux Winzern Exportprivilegien.

Eléonore war eine schillernde, faszinierende Frau, die trotz 1o Kindern, Kreuzzügen, Verschleppung und Haft uralt wurde. Sie sorgte zeitlebens mit Skandalen für Schlagzeilen, führte einen gewissen Stil und Kultur am Hofe ein. Die Ehe mit Heinrich (sie hatten 8 Kinder miteinander) bröckelte nach ca. 15 Jahren; Eléonore zog dann nach Poitiers und verwandte viel Energie und Raffinesse darauf, Heinrich Steine in den Weg zu legen und ihm zu schaden. Sie unterstützte den Kampf der Söhne gegen den Vater. Im Gegenzug rückten Heinrichs Truppen bis Poitiers vor und nahmen Eléonore gefangen. Die anschließende 17-jährige Gefangenschaft überstand sie erstaunlich gut.

Ihr Sohn Richard Löwenherz befreite sie bei seiner Thronfolge; - auf ihre alten Tage stieg sie nochmal in die Politik ein und regierte für ihre Söhne

Richard Löwenherz und nach dessen Tod für Johann ohne Land. Später zog sie sich ins Kloster Fontevraud an der Loire zurück, wo sie 81-jährig 12o4 starb.

1.ooo Jahre Massentourismus zum hl. Jakob ins spanische Santiago de Compostella in Galicien (nicht zu verwechseln mit dem Galizien in Polen)

Die Entdeckung des vermeintlichen Grabes des Apostels Jakobus brachte um 95o n. Chr. eine gewaltige Pilgerlawine ins Rollen, vergleichbar mit den Menschenströmen nach Rom und Jerusalem. Millionen Gläubige aus ganz Europa (aus England, Normandie, Ile de France, Deutschland etc.) pilgerten zu den Gebeinen des hl. Jakob. Sie waren in der Regel monatelang zu Fuß unterwegs, durchquerten halb Europa und ersetzten für die Dörfer entlang der Route jede Zeitung, jeden Boten etc. Die hübsche große Jakobsmuschel (Coquille St. Jacques) war ihr Erkennungszeichen; meist trugen sie einen weiten Mantel (Pelerine), Stock und Beutel mit der notwendigsten Habe.

Als erster Pilger ging der Bischof von Puy 951 den weiten Weg, ihm folgte eine unglaubliche Pilgerschar; man traf sich in bestimmten Zwischenzielen wie Paris, Le Puy, Vezelay, Arles, Autun. Die Pilgerei entwickelte sich zu einem gut durchorganisierten Tourismus; die Gemeinden, die an den Routen lagen, verdienten nicht schlecht. Es wurden sogar Reiseführer für die Strecken verfaßt, die neben Weg- und Landschaftsbeschreibungen, Betkapellen und Kirchen die Pilger auch über Land und Leute der bereisten Länder informierten, nicht selten jedoch aus einer recht hochmütigen Perspektive.

Mehrere Pilgerwege „Chemins de Compostelle" durchquerten Frankreich, das Baskenland und das Béarn; sie waren mit Klöstern, Kirchen, Kapellen gespickt. Es existierte ein dichtes Netz von Hospizen entlang der Routen; Benediktiner, Prämonstratenser und andere Orden kümmerten sich um die Versorgung, Geschäftsführung etc., Krankenstationen wurden eingerichtet (siehe Pons). Die Wege folgten z.T. alten Römerstraßen. Im Pyrenäenvorland bei St. Jean Pied de Port, der letzten Station vor dem Hochgebirge, trafen die Routen zusammen, um dann gemeinsam Richtung Roncevaux das Gebirge zu überqueren. Die Küstenwege waren wegen weitgehender Versumpfung zu gefährlich.

Im Laufe der Jahrhunderte veränderte sich das Image der Pilger. Unter die Massen mischten sich auch finstere Elemente, Betrüger oder erlebnishungrige Tunichtgute. Die geplagte Bevölkerung an den Hauptreiserouten betrachtete die Pilger zunehmend als Gauner und Abenteurer. In den Religionskriegen ließen die Pilgerströme dann deutlich nach. Im 18. Jh. mußte man sogar, um überhaupt als Pilger anerkannt zu werden, etliche Zertifikate, Stempel und Empfehlungen vorweisen können, und so ebbte die Pilgerwelle allmählich ab.

Im Folgenden beschreiben wir die Atlantikküste von Nord nach Süd. Zunächst der Bereich VENDEE-KÜSTE (südlich Nantes bis La Rochelle).

BORDEAUX ....S. 279
DORDOGNE- und VEZERE TAL .... S. 3o5
Anschließend den SÜDL. KÜSTENTEIL Arcachon bis Bayonne . S. 341
BIARRITZ, BAYONNE, BASKENLAND ab .... S. 375

Die Vendée-Küste

Der nördlichste Bereich der Atlantikküste grenzt gleich an die Bretagne. Mit großartiger Küstenlandschaft ist es allerdings südlich der Loiremündung vorbei, lediglich die Ile d'Yeu ist leicht bretonisch angehaucht. Das Hinterland der Vendée ist flach wie in Holland, eine von Kanälen und Deichen durchzogene Polderlandschaft mit hoffentlich glücklichen Kühen.

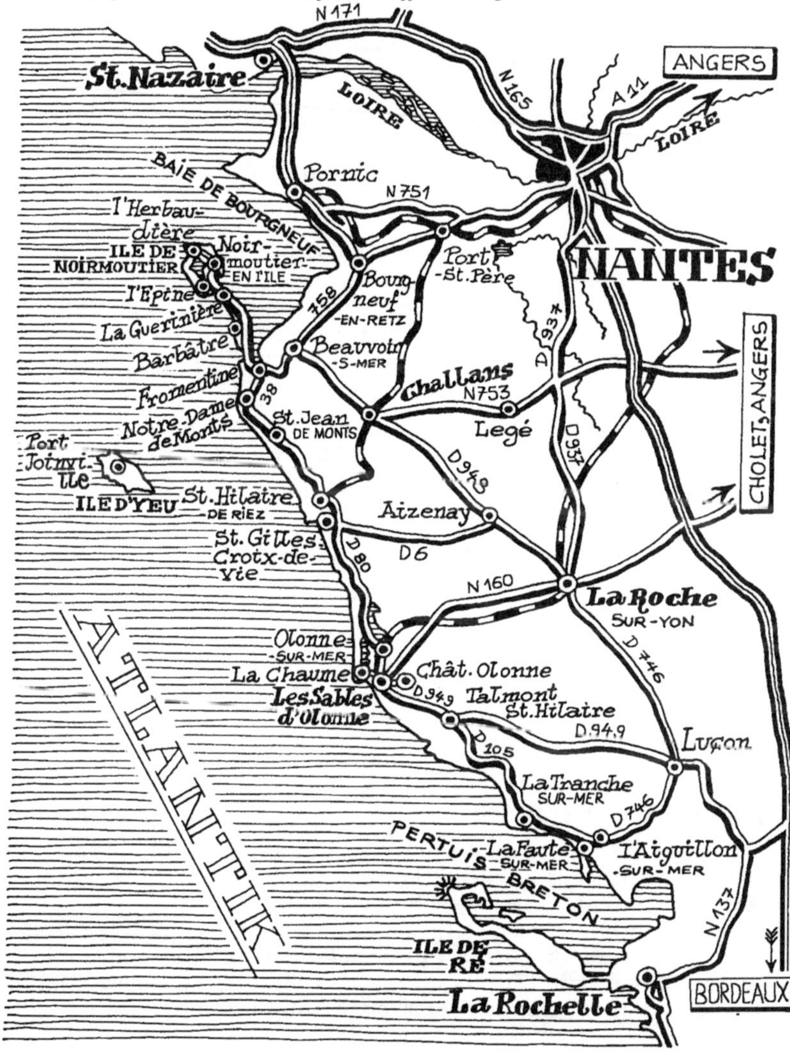

Die Küste verwandelt sich im Sommer in einen rund 13o km langen Touristen-Rummelplatz. Badehochburgen wie St. Jean de Monts und Les Sables d'Olonne wurden in den letzten Jahrzehnten buchstäblich in den Sand gesetzt. Campingstädte und Hochhausappartements dicht an dicht. Es überwiegt französischer Tourismus, aber auch bei Engländern und belgischen Urlaubern ist die Vendeéküste durch die kurzen Entfernungen beliebt. Aus Deutschland, Österreich oder der Schweiz ist die Anfahrt zu den attraktiveren Badeorten im mittleren Bereich der Atlantikküste dagegen kaum länger. Auf jeden Fall die Hauptreisezeit Juli/August meiden; die an sich hübsche Insel Noirmoutier ist dann total überlaufen, die Autofähre zur Ile d'Yeu über Monate im voraus ausgebucht.

An der Küste dominieren lange Dünenstreifen, unterbrochen von kurzen Steilküsten, den sogenannten „Côtes Sauvages". Durch die starken Gezeitenunterschiede werden bei Ebbe breite, kinderfreundliche Sandstrände frei.

★ Pornic (2.3oo Einw.)

Knapp 45 km von Nantes entfernt gehört Pornic geographisch gesehen noch zur Bretagne. Der Ort hat sich zu beiden Seiten des Mündungshafens entwickelt und war früher von einer Stadtmauer umgeben. Enge Fußgängerstraßen ziehen sich bis zum Fischerhafen hinunter, dem schönsten Teil der Stadt. Das wuchtige Château in geschützter Lage am Eingang stammt noch aus dem 13./14. Jahrhundert.

In den Fischrestaurants am Kai sind die „Plateaux Fruits de Mer" Trumpf, hoch aufgetürmte Teller mit Muscheln, Schnecken und Langustinen.

Bootsausflüge zur Ile de Noirmoutier ab Hafen (Details zur Insel siehe unten), Info im Touristenbüro am Kai.

Sandstrände links und rechts des Ortes, doch zum Baden hat die Küste weiter südlich Schöneres zu bieten.

Die Strecke bis zur Ile de Noirmoutier wird erst ab BOURGNEUF interessant: Flache fruchtbare Polderlandschaft, durchzogen von Entwässerungskanälen. Am Wasserrand stehen immer wieder weiße Silberreiher, in der Luft rütteln Falken und die wesentlich größeren Rohrweihen. Fotogene Hebelnetze sind an den breiten Kanälen installiert.

Ile de Noirmoutier (25 km lang, o,5-15 km breit)

In Beauvoir sur Mer zweigt der Ebbeweg „Passage du Gois" (4,5 km) zur Ile de Noirmoutier ab. Die kostenlose und etwas spannende Überfahrt ist nur 1 1/2 Std. vor und nach dem Ebbetiefstand möglich. Große Tafeln zeigen schon am Ortseingang den aktuellen Stand an - Warnungen auch auf Deutsch. Nicht umsonst stehen Türme mit Plattform am Straßenrand, hierhin kann man sich flüchten, wenn einen als Fußgänger die Flut überrascht und die nächsten Stunden ausharren, bis der Weg wieder frei ist. Es ist ein beeindruckendes Schauspiel, das sich in aller Regelmäßigkeit wiederholt, wenn langsam die Flut kommt, die Bucht mit Wasser füllt und dann relativ schnell auch die Straße überspült.

Der „Gois" ist ein sehr alter Weg ans Festland, der schriftlich seit der Zeit Ludwig XIV. belegt ist. Der Name „Gois" geht auf das Dialektwort „goiser" zurück, das so etwas wie „im Nassen waten" bedeutet.

Darüberhinaus ist die Insel seit 1971 durch eine Brücke mit dem Festland verbunden.

Die Ile de Noirmoutier ist flach wie ein Brett und hat die richtigen Fahrraddimensionen. Eine anfangs vierspurige(!) Straße verbindet den Hauptort Noirmoutier mit dem Festland, sonst überwiegen kleine Sträßchen zwischen Feldern und Salinen. Viele Fahrradwege erschließen die Insel. Im Südwesten nahe Brücke konzentrieren sich die Badestrände, z.T. mit Dünen und einigen Campingplätzen. Um den Hauptort Noirmoutier wird Salz gewonnen, lebhafter Fischerhafen in l'Herbaudière. Ein beschaulicher Austernhafen ist der Port du Bonhomme. Auffallend viele Windmühlenstümpfe. Die Häuser sind bescheiden, niedrig und anders als auf dem Festland haben Großhotels hier noch keine Baugenehmigung erhalten.

2/3 der Inseloberfläche liegen unter dem Meeresspiegel. Ganzjährig leben auf der klimatisch recht milden Insel rund 1o.ooo Menschen, im Sommer tummeln sich hier 12o.ooo Menschen!

Geschichte: Noirmoutier war zur Steinzeit noch mit dem Festland verbunden. Erst vor ca. 2.ooo Jahren wurde die Baie de Bourgneuf überspült und Her, so hieß Noirmoutier früher, zur Insel. Daß die Römer und später die Gallo-Römer die schöne Insel schätzten, weiß man, seit in Le Vieil Fundamente einer alten Villa entdeckt wurden. Die eigentliche Besiedlung von Noirmoutier begann jedoch im 7. Jh. mit der Ankunft des Mönchs Philibert, der hier ein Kloster gründete (das anfangs Her Moutier hieß, später dann Noirmoutier), das Sumpfgebiet trockenlegte, Salinen und Windmühlen errichtete. Sarazenen, Normannen und Piraten suchten die kleine Insel wiederholt heim, so daß 83o der Abt Hilbod eine Wehrburg erbauen ließ. Im Hundertjährigen Krieg und den Vendéekriegen (18. Jh.) wurde die Insel mehrfach von den verschiedenen Seiten erobert, besetzt und die Bevölkerung erlitt große Verluste.

Busverbindung über die Insel von l'Herbaudière über Noirmoutier bis Barbâtre und Fromentine weiter nach Challans (Eisenbahnanschluß) und La Roche sur Yon (Eisenbahnanschluß).

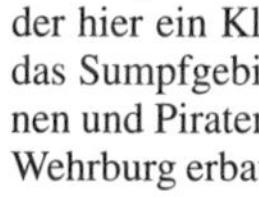

*** Camping Les Onchères. In Barbâtre, gleich nach der Brükke am langen Sandstrand. Stellplätze z.T. auf den Dünen, dann aber kein Schatten. Mehrere Sanitärgebäude auf dem Platz verteilt, Stromanschlüsse, Einkaufsmöglichkeit, Fernsehraum, Sportangebot etc. Einen Katzensprung zum Strand, dadurch guter Stützpunkt für Surfer. 61o Stellplätze. Offen: Ende März bis September.

*** Camping du Midi, kommunaler Platz am Nordrand von Barbâtre. Hügeliges Dünengelände ohne Schatten aber direkt neben dem kilometerlangen

Strand. Einkaufsmöglichkeit, Waschmaschine, Kochmöglichkeit etc. 63o Stellplätze. Offen Mitte April bis Mitte September.

Im Norden weitere Campingplätze:

Wohnmobilstellplatz - vor dem Ort Noirmoutier wurde ein sehr großer Stellplatz für Wohnmobile angelegt.

** Camping La Vendette, schöner Platz gleich am Sandstrand le Sableau nahe Noirmoutier. Großes Gelände im Kiefernwald, das vom französischen Campingclub betrieben wird. Zur Hochsaison Reservation obligatorisch. 63o Stellplätze, viele mit Meerblick. Offen: Mitte April bis September.

** Camping La Pointe in l'Herbaudière nahe dem Hafen. Einfacher Platz nur 1oo m vom Meer entfernt, der Strand allerdings nicht so verlockend. 25o Stellplätze. Offen Mitte April bis Mitte Oktober.

BARBÂTRE, der erste Ort nach der Brücke erstreckt sich hinter dem langen Dünenstreifen und ist mit dem Nachbarort La Guernière zusammengewachsen. Zentrum um die Kirche. Guter Stützpunkt für einen Badeurlaub, die feinen Sandstrände gleich vor der Haustür und die Nordküste leicht per Rad zu erreichen. Der lange Strand zieht sich bis nach l'Epine (ca. 7 km).

LA GUERINIÈRE, ein Badeort mit blitzweißen Häusern an der schmalsten Stelle der Insel. Das Heimatmuseum Musée des Traditions de l'Ile am Kirchplatz informiert über Salinen, Landwirtschaft, Lebensstil vergangener Zeiten etc. Offen: Juli/August tägl. 1o-19 Uhr. Mai/Juni und September tägl. 14.3o-17.3o Uhr.

Auf der anderen Inselseite liegt der kleine Austernhafen Le Bonhomme.

L'EPINE, ein schmucker, weitläufiger Badeort, der bei Ebbe die Pêche à pieds Angler anzieht, die nach Muscheln suchen. Gleich hinter dem Ort beginnen die ausgedehnten Salzgärten.

★ Noirmoutier (5.4oo Einw.)

Hauptort der Insel mit schönem Ensemble um das mittelalterliche Château. Nebenan liegen Jachten und Fischkutter im geschützten Kanal, gleich anschließend beginnen die ausgedehnten Salinen.

Office de Tourisme: route du Pont. 8533o Noirmoutier. Tel. o2 51 39 8o 71. Fax: o2 51 39 53 16.

Markt: Dienstag und Freitag am Place de la République.

Die KIRCHE SANKT PHILIBERT steht an der Stelle des ehemaligen Klosters, das der Mönch Philibert 674 bauen ließ. Am ältesten sind Apsis und Krypta aus dem Ende des 11. Jh.; rechtes und linkes Schiff stammen aus dem Ende des 14. Jh. und Mitte des 17. Jh. In der Krypta war Sankt Philibert bestattet, bevor die Mönche sich nach den Normanneneinfällen von der

Insel landeinwärts bis nach Tournus in Burgund zurückziehen mußten und der Legende nach den Leichnam mitnahmen.

CHÂTEAU, wuchtiges Bollwerk (12.-15. Jh.) im Zentrum, fast schmucklos auf Verteidigung ausgerichtet. Rechteckig angelegte Wehrmauer um die Gouverneurswohnung und Donjon, von dem man einen schönen Blick über Stadt und Insel hat. Museum in mehreren Etagen (Ornithologie, Marineabteilung, Lokalgeschichte, schöne Sammlung englischer Fayencen des 18./ 19. Jh.). Offen: Mitte Juni bis Mitte September 1o-19 Uhr, sonst täglich außer Di. 1o-12.3o/14-18.3o Uhr.

AQUARIUM: am Ortseingang bei der Brücke. Gut aufbereitet mit Muscheln und Tieren aus dem Atlantik sowie exotischen Fischen. Eine besondere Attraktion ist die Robbenabteilung (hier zeigen die Robben ihre Kunststücke). Videofilm. Offen: tägl. zur Saison 1o-19 Uhr, sonst 1o-12/14-19 Uhr.

MUSÉE DE LA CONSTRUCTION NAVALE: Schiffbaumuseum am Kanal nahe Aquarium in einem alten Salzlagerhaus. Öffnungszeiten wie das Château, lediglich Mo. außerhalb der Hochsaison geschlossen. Ein vergünstigtes Ticket gilt für Schloß und Museum.

OCÉANILE, ein Wasserparadies architektonisch gekonnt gestaltet in Form eines riesigen Bootsrumpfes mit großem Freigelände. Hier findet man Rutschen, Wasserfälle, einen Geysir, Wellenbad, Picknickplätze, Strand etc. bei einer Wassertemperatur von 28 Grad. Offen: zur Saison tägl. 1o-19 Uhr. Tageskarte 14 Euro.

LE BOIS DE LA CHAISE nordöstlich von Noirmoutier, zählt zu den beliebtesten Ecken auf der Insel wegen der schönen Strände wie dem Plage des Dames, eine herrliche geschwungene Sandbucht, die von Felsen und einem dichten Steineichenwald eingerahmt wird.

Per **Fahrrad** sehr schön über schmale Straße zwischen Kanal und Salinen weiter. Die Strecke führt entlang der Nordküste, z.T. im schattigen Wald, vorbei an Feldern und Miniorten.

✦ L'Herbaudière (1.2oo Einw.)

Netter Fischerort am Nordwestzipfel der Insel. Im Kern kleine, einstöckige Häuser, leuchtend weiß herausgeputzt. Reusen stapeln sich am großen Hafen, in dem die bunten Kutter der Langusten- und Hummerfischer liegen. Interessant ist es, eine Fischversteigerung (criée) mitzuerleben. Noch vor 5o Jahren war Herbaudier ein bedeutender Sardinenhafen, der mehrere Konservenfabriken belieferte. Großer Jachthafen, Bootsmarina und Fahrradverleih.

Einige Restaurants am Hafenbecken, in denen die Meeresfrüchte serviert werden: Austern, Muscheln, Krebse, Garnelen und vieles mehr.

LE VIEIL ganz im Norden mit den Weilern La Madeleine und La Blanche ist das älteste Inseldorf. An der schönen Küste (Fels mit Sandstränden) drängen sich niedrige weiße Häuschen, die von den Besitzern liebevoll herausgeputzt werden.

Auf dem Festland neben der Brücke, im Ort Fromentine legt die **Fähre** zur Ile d'Yeu ab.

Ile d'Yeu

(1o x 4 km, ca. 5.ooo Einw.)

Zum offenen Meer hin präsentiert sich die Insel von ihrer „wilden" Seite, die Felsküste Côte Sauvage fällt steil ins Meer ab, die kleinen Strände sind nur zu Fuß erreichbar. Nach Nordosten läuft die Insel sanft aus, ausgedehnte Sandstrände hinter Dünen.

Die Insel zählt auch ohne die Sommergäste zu der am dichtesten besiedelten Frankreichs. Zur Saison wächst sie nochmal um ein Vielfaches an. Der Hauptort Port Joinville ist zugleich Fährstation. Neben den ursprünglichen Häusern am Hang schießen immer mehr Ferienwohnungen aus dem Boden.

Autofährort in Fromentine, bei der Brücke zur Ile de Noirmoutier. Weitere Personenfähre ab St. Gilles Croix de Vie, St. Jean de Monts und Noirmoutier (La Fosse). Fährüberfahrt abhängig von den Gezeiten, deshalb Achtung, nicht immer kommt man am gleichen Tag auch wieder zurück. Autotransport enorm teuer zur Hochsaison und nur nach langer Vorbestellung, auch Fahrräder nur, wenn noch Platz ist. Es ist ratsam, den Juli/ August und die Wochenenden zu meiden.

Helikoptertransport ab La Barre de Monts gleich neben der Straße. Für gut 55 Euro/Person einfach, - immer noch teurer als eine unfreiwillige Übernachtung auf der Insel, dafür einmaliges Erlebnis.

Für eine Stipvisite auf der Insel läßt man das eigene Fahrzeug am besten auf dem Festland. Da entsprechend der Nachfrage auch die **Übernachtungen** knapp werden können, ist man mit einem kleinen Zelt und leichtem Gepäck gut bedient, Fahrradverleih gleich bei der Anlegestelle im Hauptort Port-Joinville.

Entlang der Festlandsküste nach La Rochelle. Dünenstreifen, Piniengürtel und betonierte Badehochburgen kennzeichnen die weiteren 1oo km bis l'Aiguillon, - im Sommer ein riesiger Badestrand für mehrere 1oo.ooo Menschen.

★ St. Jean de Monts (5.ooo Einw. im Winter)

Eine systematisch aus dem Boden gestampfte Badestadt mit Dimensionen, die zu Fuß kaum noch bewältigbar sind: Allein 3 km lange Uferpromenade neben feinstem Sandstrand und einheitlicher Appartementfront von 5-8 Stockwerken. Im Sommer über Hunderttausend Urlauber. - Viel Spaß!

Knapp 4o Campingplätze, von kleinen Anlagen bis zu 4-Sterne-Niveau, schließen sich nach Norden und Süden an, bis die nächste „Badegroßstadt“ folgt.

★ St. Gilles-Croix de Vie (6.2oo Einw. im Winter)

Ein Doppelort, der im Vergleich zu seinen angrenzenden Nachbarn geradezu sympathisch wirkt. Besonders um die Flußmündung des „la Vie“, in dem die Sardinen- und Thunfischflotte stationiert ist. Im großen Jachthafen dümpeln Segelboote der gehobenen Preisklasse. Auf eine Fußgängerzone und großes Shoppingangebot braucht man auch hier nicht zu verzichten.

Landschaftlich sehr schöne Corniche, die von Norden kommend in St. Hilaire de Riez beginnt.

In den Sommermonaten wächst der Badeort auf das Zehnfache an. Überwiegend Appartementwohnungen im Hochhausstil; die vergleichsweise wenigen Hotelbetten sind meist ausgebucht.

Kurz vor Les Sables d’Olonne beginnt der WALD VON D’OLONNE, ein dichter urwüchsiger Grünstreifen aus Steineichen und Kiefern zwischen Straße und Meer. Immer wieder Picknickstellen, einige Fußwege führen durch das Dickicht an den km-langen Sandstrand.

OLONNE SUR MER liegt, trotz des Namens, inzwischen etwas im Inland. Im Mittelalter schoben sich immer höhere Sandbänke vor den Ort, der Hafen war nicht mehr zu gebrauchen und mußte weiter in die Flußmündung verlegt werden. Im Sommer ist der Ort fest in Händen der Camer, der Baderummel spielt sich vorne am Meer ab, in Les Sables d’Olonne.

★ Les Sables d’Olonne (18.ooo Einw. im Winter)

Das dritte große Seebad wurde im 18. Jh. buchstäblich auf den angeschwemmten Sand gebaut. Die 3 km lange Schutzmauer, „remblais“ genannt, ist vierspurige Autostraße und Promenade zugleich. Les Sables d’Olonne (der Sand von Olonne) ist ein Badeort der Superlative, knapp 5.ooo Appartements, rund 3o Hotels, bis zu 1o-stöckige Häuserfront über 3 km Länge in erster Reihe am attraktiven Strand. Eine weiß leuchtende Hochhausskyline, aus der nur selten noch die alten Sommervillen der Jahrhundertwende hervorschielen.

Im Sommer ist die Badehochburg der Vendée rappelvoll und vielleicht das Richtige für Leute, die den Duft von Kokosnußöl am Strand lieben, abends gern in die Disco gehen und High-life suchen.

Am Kanal hat sich der bunte große Fischerhafen erhalten, anschließend beginnen die Werften und der riesige Jachthafen. Neben dem Kai drängen sich Restaurants, Crêperien und Pizzerien, hier steht nicht nur Fisch auf der Speisekarte. Schmale Gassen im Zentrum um die gotische Kirche „Nôtre Dame de Bon Port“ (17. Jh.).

Ein Personen-Pendelboot (Bac) kürzt den Weg auf die Nordseite des Kanals zum Ortsteil La Chaume ab. Nicht so mondän wie der Nachbar, kleine ältere Häuser, die früher mal von Fischern bewohnt waren. Der mittelalterliche Donjon (Tour d'Arundel) des ehemaligen Châteaus wurde ganz praktisch zum Leuchtturm umfunktioniert. Ganz vorne an der Hafeneinfahrt thront das Fort St. Nicolas.

Strand: direkt neben der Promenade, 3 km lang und bei Ebbe ein gut 3oo m breiter, feiner Sandstreifen. Bei Flut drängt sich dafür alles auf zwei kleine Fleckchen zusammen, oder man geht ins Café. Das Aushängeschild der Stadt wird picobello sauber gehalten, Kinderclubs, Duschen, WC etc.

Nach Süden schließt die Côte Sauvage an, eine 7 km lange Corniche mit ausgefranster Steilküste. Phantastisches Schauspiel bei starker Brandung mit weiß gischtenden Brechern. Einige Parkplätze (Wohnmobil-Verbot) und Spazierwege auf den Klippen, doch kein Badestrand.

Nach 13 km führt die Straße (D 949) durch

★ Talmont St. Hilaire (4.5oo Einw.)

Früher lag der Ort am Meer, bis die Küste immer mehr versandete. Ein Stop lohnt bei der mittelalterlichen Burg (1o.-16. Jh.) im Zentrum. Z.T. überwucherte Wehrmauer, doch die frühere Anlage gut zu erkennen.

Großer Parkplatz direkt zu Füßen des Châteaus, **Office de Tourisme** am Eingang.

Die BURG wurde um 1o3o aus strategischen Gründen auf einem Hügel begonnen (sog. Motte) und bis ins 16. Jh. erweitert, modernisiert oder umgebaut. Bei einem Rundgang kann man den Donjon sehen (schöne Aussicht über die Ebene), interessante Wendeltreppe, Brunnenschächte und die Wohngebäude erahnen.

Besichtigung: Zur Saison tägl. 9-12/14-19 Uhr. 3 Euro Eintritt. Nach der deutschsprachigen Erläuterung fragen.

4 km entfernt ein AUTOMOBILMUSEUM, das die Geschichte des Automobils nett präsentiert. Offen: April bis Ende September am Vor- und Nachmittag. Eintritt 7 Euro.

25 km bis LA TRANCHE, die Straße führt etwas durchs Inland, über Stichwege durch den Wald ans Meer.

★ St. Vincent sur Jard

Um den alten Kern ist ein Badeort entstanden, obwohl die Strände nicht überzeugen - bei Ebbe dicke Steine, bei Flut bleibt kaum ein Sandstreifen frei.

MAISON CLEMENCEAU: Am Strand im Pinienwald weht die französische Flagge vor dem bescheidenen Haus von Georges Clemenceau (1841-1929), einem der bedeutendsten französischen Politiker zur Jahrhundertwende.

Er stammte aus der Vendée und hat hier lange Zeit gelebt. Als studierter Arzt führte er seit 1876 die radikalen Linken an und war journalistisch tätig. 1906-09 Ministerpräsident und Innenminister. Als Kriegsminister 1917-20 entscheidend für die Friedensbedingungen nach dem 1. Weltkrieg verantwortlich, die Deutschland auferlegt wurden.

Offen: täglich außer Di. 9.30-12.30/14-17 Uhr, Führung ca. 30 Min. Zufahrt gut beschildert.

Mehrere Kilometer schöne Sandstrände erstrecken sich zwischen St. Vincent und Tranche sur Mer, z.B. Les Conches.

★ La Tranche sur Mer (2.200 Einw.)

Der letzte akzeptable Badeort vor La Rochelle, allerdings im Sommer auch ziemlich überlaufen. Kilometerlang zieht sich der Ort am Sand und Dünenstrand entlang. Weitläufige Feriensiedlung Terrière nach Norden, massig Campinganlagen mit Mobilhomevermietung im Süden. Schön wird es im Frühjahr, wenn die Tulpenfelder blühen.

Mehrere Strände direkt im Ort. Bei Ebbe z.T. steinig, doch gute Bedingungen für Brandungssurfer (Zufahrten oft bis direkt zum Strand). Feiner gelblicher Ebbestrand am Grande Plage, 1 km lang und seicht ins Wasser. Gut ausgestattet mit Kinderclub, Erste-Hilfestation, Sportangebot und einigen Restaurants.

Ausflugsboote fahren zur Ile de Ré (Details siehe Seite 201).

★ La Faute und Aiguillon sur Mer (4.100 Einw.)

Die beiden Orte sind nur durch die Flußmündung voneinander getrennt. Fotogen liegen hier die Fischkutter und Austernkähne bei Ebbe im Schlick. Viele Appartementanlagen und Campingplätze im Umkreis, obwohl es kaum gute Bademöglichkeiten gibt - überwiegend französischer Familientourismus.

In Aiguillon mit seinen weiß leuchtenden Häusern zweigt eine Straße (10 km) über den Deich zur Landspitze Pointe de l'Aiguillon ab. Bei Ebbe zieht das Wasser sich fast vollständig aus der Bucht zurück, dann kommt die Zeit der Muschelsammler.

BIS LA ROCHELLE führt die Straße im großen Bogen durch die Polderlandschaft. Kanalbezeichnungen wie Hollandais gehen auf ihre Erbauer zurück, die bis ins 19. Jahrhundert mit der Trockenlegung des Sumpfgebietes beschäftigt waren. Lohnende Bootsfahrten ab Coulon (siehe Seite 199).

Das westl. Poitou - Charente

(Von La Rochelle bis Royan)

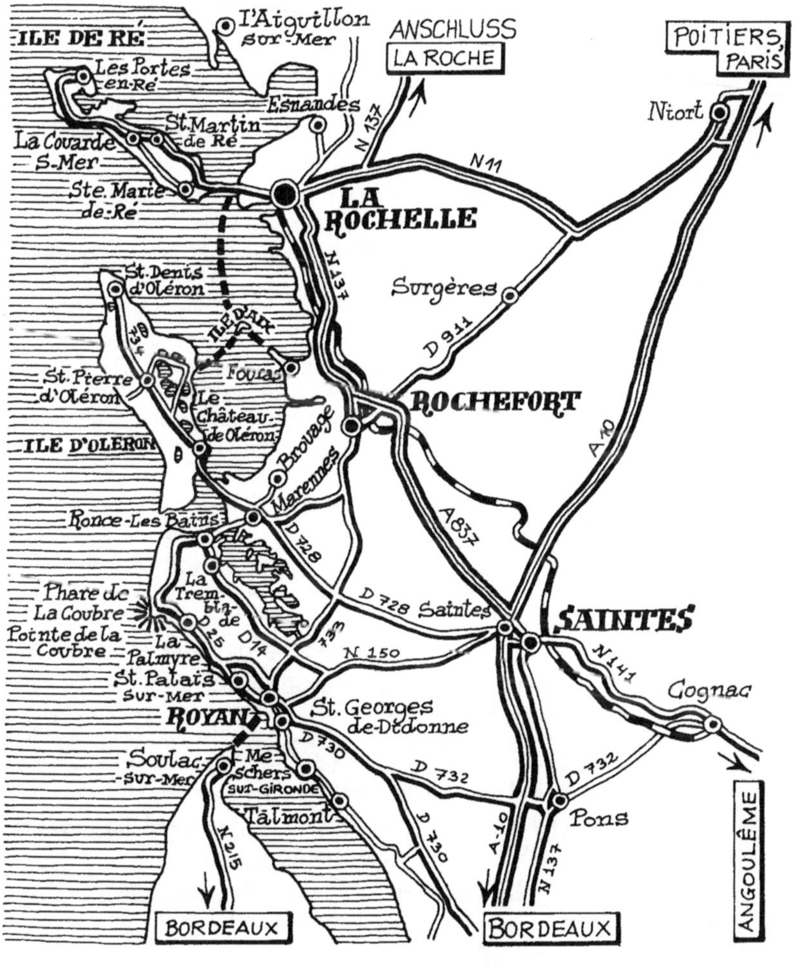

Landschaftlich überzeugt dieser Küstenabschnitt weniger, weitgehend flach, gut besiedelt, die Strandbereiche gehen bei Ebbe oftmals in Wattflächen über, da sich der Gezeitenunterschied noch sehr stark bemerkbar macht; Baden dadurch bei Ebbe an manchen Stellen eine herbe Enttäuschung. Die schönsten Sandstrände auf den vorgelagerten Inseln Ré und d'Oléron, zwei ideale Fahrradinseln; kleine bis winzige Orte, Waldpartien, Salinen und Austernzucht.

Der größte der Parcs à huîtres bei Marennes, einer tief eingeschnittenen Flußmündung südlich Rochefort, in der der überwiegende Teil französischer Austern gezüchtet wird, und noch schöner bei La Tremblade.

Südlich davon erstreckt sich ein langer Kieferngürtel bis an die Küste mit schönem Dünenstrand. Die Polderlandschaft nördlich von La Rochelle präsentiert einen Regionalpark ganz besonderen Charakters: das Marais Poitevin, eine flache, von Kanälen durchzogene Marschlandschaft, hier sind viele Wasservögel zu beobachten.

Während La Rochelle mit pittoreskem Hafen, typischen Arkadenstraßen, gemütlichen Restaurants und Cafés lockt, ist Royan weiter südlich ein reiner Badeort an der geschützten Sandbucht mit Neustadtcharakter. Das breite Sportangebot reicht vom Surfen, über Reiten bis zum Wasserski. Per Fähre ein Katzensprung zu den endlosen Dünenstränden südlich der Gironde Mündung.

Weinfelder im leicht welligen Hinterland und berühmte Orte wie Cognac mit den bekannten Weinbrandkellereien, die „Römerstadt" Saintes, viele romanische Kirchen und Kapellen aus der Pilgerepoche. Auf der Charente gemütliche Fahrten im gemieteten Hausboot möglich.

La Rochelle **(78.000 Einw.)**

La Rochelle gehört zu den reizvollsten Städten der Atlantikküste. Viel Flair um den alten Hafen, Korbstuhlcafés am Kai. Die beiden mächtigen Wachtürme an der Hafeneinfahrt sind heute viel fotografierte Wahrzeichen der Stadt. Restauranttische in den schmalen Fußgängergassen.

Charakteristische Arkadenstraßen und etwas abgeblätterte, pittoreske Fassaden geben der Innenstadt einen südländischen Touch. Geradezu überraschend leuchtet das helle Renaissance-Rathaus zwischen den engen Häuserzeilen, prachtvolle Fassaden im Stil Ludwig XIV. Straßenmusikanten, Gaukler und fliegende Händler unterstreichen die Urlaubsstimmung.

Weltruf hat bei Seglern der riesige Jachthafen (Europas größter) erlangt. Von hier starten viele Weltumsegler ihre Tour.

La Rochelle bietet wenig verlockende Strände (schmutziges Wasser), reinen Badeurlaub besser auf der vorgelagerten Ile de Ré. Siehe unten.

Schöne Grünanlage „Parc Charruyer“ im nördlichen Stadtbereich mit Teichen und schattigen Picknickplätzen; erstreckt sich etwa 800 m entlang der ehemaligen Stadtmauern (von Vauban), beginnend beim Leuchtturm.

Tourist INFO

Office de Tourisme: place de la Petite Sirène, Le Gabut, 17025 La Rochelle. Tel. 05 46 41 14 68, Fax: 05 46 41 99 85. Zwischen Altem Hafen und Bassin Flot in dem modernen Viertel der „Holzhäuser“. Gut beschildert. Offen: Juli/August Mo.-Sa. 9-20 Uhr, So. 11-17 Uhr. Juni/September Mo.-Sa. 9-19 Uhr, So 11-17 Uhr. Rest des Jahres Mo.-Sa. 9-12.30/14-18 Uhr, So. 10.30-12.30 Uhr.

E-Mail: acceie@larochelle.com www.larochelle-tourisme.com

Post: in der Altstadt vis-à-vis vom Rathaus.
Offen: Mo.-Fr. 8.30-18.30 Uhr, Sa. 8.30-12 Uhr.

Führungen (französischsprachig) durch die Altstadt im Juli/August jeden Vormittag (Mo.-Sa.) ab Touristenbüro zu Fuß.

Wer es bequemer mag, kann sich La Rochelle per Pferdekutsche anschauen (nachmittags, vorher anmelden), - Info im Touristenbüro.

Markt: jeden Vormittag in und um die hübsche Markthalle, place du Marché. - Flohmarkt: im Juli/August jeden Donnerstag und Samstag in der Rue St. Nicolas. September bis Juni nur samstags.

Deutschsprachige Presse bei Maison de la Presse 16, rue St. Sauveur.

Verbindungen

Boot: „Bus de Mer“ vom Alten Hafen zum Jachthafen, diversen Museen und Strand Les Minimes. Abfahrt neben Tour de la Chaîne. Im Juli/August 9-23.30 Uhr alle 1/2 Std., April bis Juni und September jede Stunde bis zum frühen Abend. Preis 2 Euro.

Bus: Lokalbusse meist ab Place Verdun. Verschiedene Gesellschaften bedienen Städte und Dörfer der Umgebung. Direkte Busverbindung zur Ile de Ré.

Car Océcars fahren nach Châtelaillon, Fouras, Rochefort ab Place Verdun.

Citram Littoral (20, cours des Dames) fahren nach Oléron, Angoulême etc.

Busverbindung nach: Les Minimes, zum Campingplatz, Jachthafen und Strand etwa alle 30 Min. Sonntags stündlich. Info in der Boutique Autoplus, Place de Verdun.

Zug: Bahnhof südöstlich vom Alten Hafen. Der super-schnelle TGV verbindet La Rochelle mit Paris in gut 3 Std. Fahrzeit.

Fernzüge: -> Paris über Poitiers, Tours, Orléans 5 Direktzüge plus Umsteigeverbindungen

-> Bordeaux über Rochefort, Saintes 4-6 x tägl.

-> Nantes 4-6 x tägl.

Flug: Flughafen „Laleu" im Norden der Stadt. Verbindungen nach Lyon, Paris, Toulouse.

Autovermietung: diverse Vermieter, z.B. 15, av. Gal de Gaulle.

Fahrradvermietungen: Vorbildlicher Service der Stadt „Les Petits Vélos": die Stadt verleiht (gratis) Fahrräder für 2 Std., lediglich ein Ausweis muß hinterlegt werden. Wer das Radl länger behalten möchte, zahlt ca. 7 Euro/Tag. Also das Auto möglichst weit draußen stehen lassen (innen ist sowieso alles verstopft) und aufs Rad umsteigen. Verleih: am Place de Verdun und Quai Valin.

Weitere Fahrradverleihstellen: am Bahnhof; bei Navyair, 14, quai de la Georgette nahe Touristenbüro oder bei Locasport nahe dem Strand de la Concurrence.

Stadtentwicklung: Neben der einfachen Bootsanlegestelle wurde im 1o. Jh. das Schloß VAUCLAIR auf dem Kalkfelsen La Rochelle im Morast erbaut. An gleicher Stelle heute der Place de Verdun (großer Parkplatz).

Im 12./13. Jh. bereits eine bedeutende Handelsstadt, 1198 wird sie durch einen Freibrief von der Feudalvormundschaft befreit, daraufhin wurde der Hafen zu klein und mußte erweitert werden.

Im 1oo-jährigen Krieg zwischen England und Frankreich (siehe auch das allgemeine Kapitel) lavierten die Stadtherren geschickt zwischen den beiden Parteien und behielten so ihre Privilegien. Reichtum und Macht brachte der Export von Wein aus dem Hinterland und Salz von den Salinen auf den Inseln Ré und d'Oléron.

Zu Anfang der Reformation lebten Katholiken und Calvinisten in der Stadt noch einträchtig neben-/miteinander, nutzten teilweise sogar die gleiche Kirche.

In den Glaubenskriegen (im 16. Jh.) war La Rochelle ein wichtiges Bollwerk der Protestanten und trug den Beinamen „das französische Genf". Unter großen Verlusten belagerte 1573 der spätere König Heinrich III. 6 Monate vergeblich die Stadt. Nach seinem Abzug sicherten sich die Bewohner das Recht auf freie Religionsausübung.

Mit dem Edikt von Nantes 1598 durch Heinrich IV. kamen die Glaubenskriege vorübergehend zum Stillstand. La Rochelle entwickelte sich zu einer Hugenottenhochburg.

Im 17. Jh. räumte Kardinal Richelieu mit den Protestanten in Frankreich gründlich auf; unterstützt von König Ludwig XIII. strebte er mit brutaler Gewalt die Vereinigung des Landes an, mit dem Ziel einer königlichen Zentralgewalt.

La Rochelle war ab 1628 für ihn einer der erbittertsten Gegner. 15 Monate ließ er die Stadt belagern, die nicht zuletzt „dank" des ehrgeizigen Bürgermeisters Jean Guiton durchgehalten hatte. Seine Androhung, jeden Abtrünnigen zu erdolchen, kostete über 2o.ooo Bürger das Leben. Letztlich kapitulierte die nur noch 5.ooo Menschen zählende Stadt. Richelieu ließ La Rochelle - mit wenigen Ausnahmen - dem Erdboden gleichmachen. Hafenbefestigung und Stadtmauer zur Seeseite blieben stehen, um gegen Angriffe der Engländer, die mit La Rochelle verbündet waren, gewappnet zu sein.

Nach Aufhebung des Ediktes von Nantes wanderten viele Hugenotten nach Amerika aus, im Staate New York z.B. gründeten sie die Stadt New Rochelle.

Durch den sogenannten Dreieckshandel, La Rochelle - Afrika - Amerika, erlebte die Stadt im 18. Jh. wieder eine kurze wirtschaftliche Blüte, u.a. auch durch das schmutzige Geschäft des Sklavenhandels.

Das Abtreten französischer Kolonien in Nordamerika/Kanada an England 1763, die Französische Revolution und die anschließenden Kriege Napoleons brachten für La Rochelle erneut gravierende Einbrüche.

189o wurde der Bau des neuen Handelshafens weiter westlich in La Pallice begonnen. Für moderne Frachter mit großem Tiefgang konzipiert. Damit begann eine neue wirtschaftliche Ära.

Bis zum Ende des 2. Weltkriegs war La Rochelle von deutschen Truppen besetzt, da wichtige U-Boot-Basis. Die letzte Szene des Bestsellerstreifens „Das Boot" wurde im U-Boot Bunker von La Rochelle gedreht (auf der Fahrt zum Fährhafen La Pallice zu sehen).

SEHENSWERTES

DER ALTE HAFEN (1): bunte Fischkutter, pendelnde Ausflugsboote, frische Austern und die meisten Restaurants. Ursprünglich ein improvisierter Flußhafen der ansässigen Fischer. Als die Stadt expandierte, wurde der Hafen schnell zu klein. „Aliénor d'Aquitaine" ließ ihn Ende des 12. Jh. zur heutigen Größe ausbauen.

Durch die wuchtigen, in die Stadtmauer integrierten Wehrtürme wurde die Ein- und Ausfahrt kontrolliert und durch eine Kette abgesperrt. Vom größeren TURM ST. NICOLAS (42 m hoch) prächtiger, aber teurer Blick über die Hafenanlage und Stadtansicht. Eintritt 4 Euro plus Fotogebühr, schöne Motive auch von der Eingangstreppe. Offen: Mai bis Oktober 1o-19 Uhr.

Reduziertes Ticket für alle Aussichtstürme (St. Nicolas, Kettenturm und de la Lanterne).

Vis-à-vis der Kettenturm TOUR DE LA CHAINE (2) von 138o, etwas kleiner und gedrungener als sein Gegenüber. Der Name bezieht sich auf die schweren Eisenketten, mit denen jeden Abend die Hafeneinfahrt verriegelt wurde.

Salon de Thé im 1. Stock. Schöner Blick von der Terrasse, innen etwas düster.

Im Kellergewölbe das naturgetreue Modell La Rochelles zur Zeit der Hugenottenverfolgung, damals überwiegend Fachwerkhäuser, der Stadtmauerring noch komplett. Interessante Tonbandshow zur Stadtgeschichte. Offen: Mai-Oktober 1o-19 Uhr. Eintritt 4 Euro.

Große Bedeutung für die Schiffahrt hatte der LATERNENTURM (Tour de la Lanterne) (3), 5oo m weiter entlang der mittelalterlichen Befestigungsanlage. Dies war der erste Leuchtturm Frankreichs, auf dem ein offenes Feuer loderte, um die Einfahrt zu signalisieren. Verbesserung brachte später eine große Laterne. Eine Zeitlang wurde der Turm, nach Priesterhinrichtungen während der Glaubenskriege, auch Tour des Prêtres genannt. Später „Tour des 4 Sergents".

Graffiti von Seeleuten, die im 16./17. Jh. von Korsaren aus La Rochelle gefangengenommen wurden, schmücken die Mauern des Turms. Bis zu 3oo Seeleute (vor allem Engländer) waren hier eingeschlossen.

165 Stufen, bei der Höhe entsprechend toller Überblick. Innen kleine Ausstellung zu den „La Rocheller Sklavenschiffen“, Modelle, Diashow etc. Offen: Mai bis Oktober 1o-19 Uhr, November bis März 1o.3o-17.3o Uhr. Eintritt 4 Euro.

Der große UHRTURM (Porte de la Grosse Horloge) (4), 13. und 18. Jh. Das ehemalige Stadttor trennt Hafen und Altstadt, - heute noch schönster Zugang in die Fußgängerzone.

Schmuckstück der Stadt ist das prächtige RATHAUS (Hôtel de Ville de la Rochelle) (5) im Mittelpunkt der Altstadt, strahlend weiß, eine Mischung aus Spätgotik (Umfassungsmauer 1498) und Renaissancefassade (um 16oo).

Von der Architektur her ein wehrhafter Charakter. Die Hauptfassade im Innenhof aus der Zeit Heinrich IV. (seine Statue hoch oben etwas versteckt), eindrucksvolle Treppe zur 1. Etage. Heute noch dient der Repräsentationsbau als Rathaus und bietet den schönsten Rahmen für Empfänge.

Geführte Besichtigung: Juni bis September 1-2 x tägl. Eintritt 3 Euro.

Die für La Rochelle typischen ARKADENSTRASSEN aus dem 14.- 18. Jh. durchziehen die gesamte Innenstadt. In ganz Frankreich hält La Rochelle den Rekord der meisten Bögen. Das beste Beispiel bietet die Hauptachse rue du Palais - rue Chaudrier - rue Albert 1er mit den Seitenstraßen rue du Minage, rue Dupaty etc.

HOTEL DE LA BOURSE (6) an der Arkadenstraße rue du Palais. Heller Innenhof im Stil des 18. Jh., seit 176o Handelskammer.

Nebenan das PALAIS DE JUSTICE von 1789.

MAISON HENRI II. (11, rue des Augustins), von Hugues de Pontard 1555 im Renaissancestil errichtet, die Galerie noch erhalten. Oft wird das Haus seiner Mätresse Diane von Poitiers zugeschrieben. Im Innern das Museum der Gesellschaft für Archäologie und Geschichte von Aunis.

KATHEDRALE ST. LOUIS (1742-62) (7) am Place de Verdun/Arkadenstraße Chaudrier. Nach dem Sieg der Katholiken über die Protestanten machte man La Rochelle zum Bischofssitz; ein Bischof braucht eine Kathedrale, die schließlich 1784 eingeweiht wurde. Chor und Kuppel sind neueren Datums, sie wurden im 19. Jh. ergänzt. Während die Kirche äußerlich streng wirkt, strahlt sie innen eher Eleganz aus.

KIRCHE SAINT SAUVEUR (8) in Hafennähe bei der Flußmündung, am Rande der Fußgängerzone. Brände haben der Kirche immer wieder kräftig zugesetzt, aus der zweiten Aufbauphase nur noch Glockenturm und Portalreste erhalten. Wiederaufbau im 17./18. Jh.

Ein gutes Dutzend mehr oder weniger interessanter **MUSEEN**, zum Teil recht teurer Eintritt: Lohnt deshalb das ermäßigte Ticket L'aventure zu kaufen.

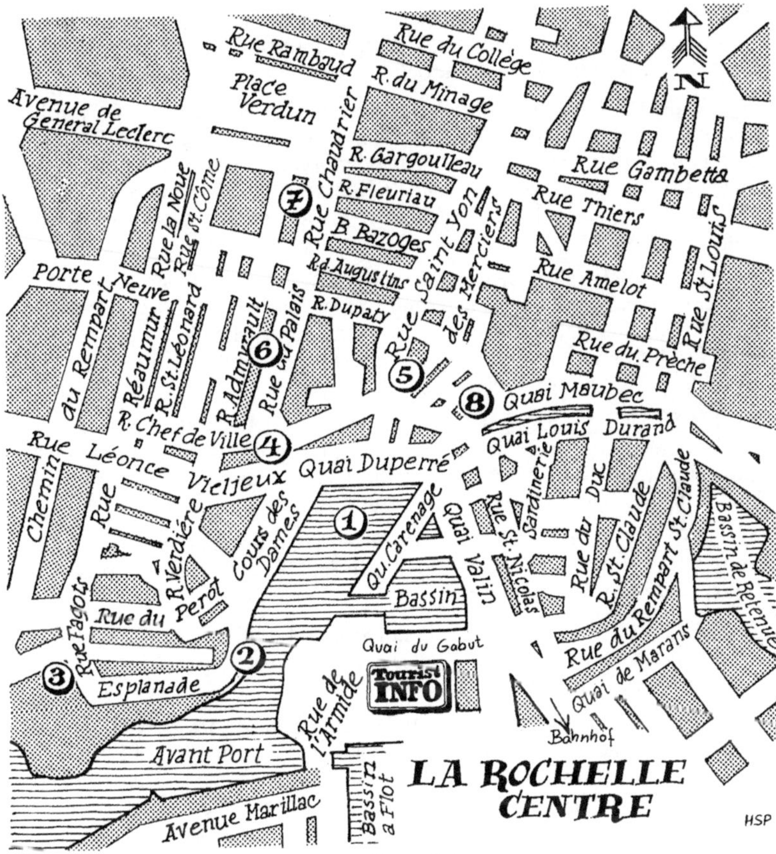

① Vieux Port
② Tour de la Chaine
③ Tour de la Lanterne
④ Porte de la Grosse Horloge
⑤ Rathaus
⑥ Hotel de la Bourse, Palais de Justice
⑦ Kathedrale
⑧ Kirche Saint Sauveur

<u>NATURHISTORISCHES MUSEUM</u>: 28, rue Albert I. Recht vielfältiges Museum mit einer kleinen ethnografischen Abteilung primitiver Kunst aus Afrika und Ozeanien. Kuriositätenkabinett (u.a. seltenes Mobiliar) aus dem 18. Jh. Offen: tägl. außer Mo. und Sa./So. morgens 1o-12.3o/13.3o-17.3o Uhr, im Sommer bis 18 Uhr. Eintritt 3,5o Euro.

<u>MUSEUM DER SCHÖNEN KÜNSTE</u>: rue Gargoulleau. Gemäldesammlung (Ende des Mittelalters bis Gegenwart). Viele lokale Maler. Offen: tägl. außer Di. 14-17 Uhr. Eintritt 3,5o Euro.

MUSÉE GRÉVIN von la Rochelle: 38, Cours des Dames. Wachsfigurenmuseum zur Geschichte der Stadt. Offen: Juni bis September 9-23 Uhr, sonst 9-19 Uhr. Eintritt 5,5o Euro.

MUSEUM DER NEUEN WELT: 1o, rue Fleuriau. Seit dem 16. Jh. war La Rochelle das Sprungbrett nach Amerika, Kanada, in die Antillen, Guyana, Brasilien. In dem Haus des wohlhabenden Reeders erinnern Kunstgegenstände an die Beziehungen zwischen La Rochelle und der Neuen Welt. Offen: Mo.-Sa. 1o.3o-12.3o/13.3o-18 Uhr. So. 15-18 Uhr. Di. geschlossen. Eintritt 3,5o Euro.

MUSÉE D'ORBIGNY-BERNON: 2, rue St. Côme nahe Place Verdun. Lokale Geschichte, z.B. zur Belagerung von La Rochelle 1627-28. Gemälde, Keramiken aus gallo-römischer Zeit und dem Mittelalter, Porzellan, Faiencen und Kunstobjekte aus dem Fernen Osten. Offen: Mo.-Sa. 1o-12/14-18 Uhr, Di. und So. morgens geschlossen. 3,5o Euro.

PROTESTANTISCHES MUSEUM: 2, rue St. Michel hinter dem Rathaus. Ausstellung zu La Rochelle, das im 16. Jh. Hochburg der Hugenotten war, die Belagerung 1572-73 etc. Offen: Juli/August tägl. außer So. 14.3o-18 Uhr. Sonst nur auf Anfrage. Eintritt 1,8o Euro.

AQUARIUM: Port des Minimes, Jachthafen. Großes und modernes Aquarium. Offen: Juli/August 9-23 Uhr, April-Sept. 9.2o Uhr, sonst 1o-2o Uhr. Eintritt 1o Euro, Kinder 7 Euro.

AUTOMATENMUSEUM: rue de la Désirée, La ville en Bois. Spielfiguren alten und neuen Datums. Offen: Juni bis August 9.3o-19 Uhr, sonst 1o-12/14-18 Uhr. Eintritt 6.5o Euro.

MUSÉE DES MODÈLES RÉDUITS: rue de la Désirée, Ville en Bois. Neben Automatenmuseum. Beide zu ermäßigten Eintrittspreisen Eisenbahn-, Schiffs- und Automodelle zum Teil computergesteuert. Offen: Juni bis August 9.3o-19 Uhr, sonst 1o-12/14-18 Uhr. Eintritt 6,5o Euro.

MUSÉE MARITIME DE LA ROCHELLE, NEPTUNEA: Port des Minimes. Die Geschichte des Segelns seit 1851. Modelle, Karten und Illustrationen. Im Hafen liegt die „Flotte" des Museums, wie z.B. die France 1, die von der Kombüse bis zum Maschinenraum besichtigt werden kann. Ferner verschiedene Ausstellungen zum Leben an Bord, Meteorologie etc. Offen tägl. 1o-19 Uhr. 8 Euro Eintritt.

MUSÉE DU FLACON À PARFUM, 33, rue du Temple (Grosse Horloge). Was Sie schon immer über Parfum wissen wollten... Ein Museum, ganz dem teuren feinen Duft, seiner Herstellung und Präsentation gewidmet. Offen: Mi.-So. 1o-12/14-19 Uhr Mo. 14-19 Uhr Eintritt 4,5o Euro.

RESTAURANTS

Die Fußgängergassen nahe dem alten Hafen verwandeln sich zur Saison in ein großes Open-air-Restaurant; zwischen Korbstühlen und Minitischen schieben sich die Touristen hindurch.

„CAFÉ DE LA PAIX“, 54, rue Chaudrier. Ein traditionsreiches Café ganz im Stil der Jahrhundertwende mit Säulen, Skulpturen, Gold- und Marmorverzierungen. Getränke, Cocktails, Eis, Snacks und kleine Gerichte.

Restaurant/Brasserie „LA MARINE“ am 3o, quai Duperré. Terrasse mit Hafen- und Turmblick. Autoabgase inklusive. Hier ist auch außerhalb der Saison immer Betrieb. Meeresfrüchte, Muscheln, Fisch etc.

Die Lokale am Cours des Dames mit Tischen unter den Arkaden und Autoabgasen. Individueller die zahlreichen Restaurants in der angrenzenden Rue St. Jean du Perot, jedes für sich recht gemütlich und mit persönlicher Note.

Meerestiere frisch bei „ANDRÉ“, Terrasse, am Place de la Chaîne. Leckere Langusten, große Platten Meeresfrüchte, Fisch etc. Menü ab 22 Euro. Exquisit die Seezunge nach Art des Hauses (sole andréais)

„LES 4 SERGENTS“, 49, St. Jean du Pérot. Gediegenes Restaurant, wintergartenähnlich, großes Glasdach, viele Blumen, so richtig zum Wohlfühlen. Variationsreiche Karte, Menü ab 13 Euro.

Restaurant „R. COUTANCEAU“ am Plage de la Concurrence (siehe „Baden“). Bekannt gutes Fischrestaurant mit schönem Blick über den Strand. Spezialität des Hauses: Mouclade Rochelaise oder Seezungen-Langustinen Salat. Menü ab 36 Euro aufwärts.

** „**Atlantic**“, 23, rue Verdière, zentral in Hafennähe, relativ ruhige Seitenstraße. 26 Zimmer, z.T. mit Dusche oder Bad. Einfache Ausstattung, schöner Innenhofgarten. DZ ab 27 Euro.

** „**Hotel des Sport**“, 9, rue des Saints Peres bzw. 2o, place Maré-chal Foch. Kleines 12 Zimmer Garni Hotel. Auf der einen Seite die Straße, auf der anderen der Parkplatz, nur 3 Min. vom alten Hafen.

** comfort Hotel „**St. Nicolas**“, 13, rue Sardinerie. Ruhig gelegenes Hotel nahe dem alten Hafen, keine interessante Sicht, 76 moderne Zimmer alle mit Privatbad. DZ ab 52 Euro.

** „**François I**.“, 13-15, rue Bazoges in der Altstadt. 34 sehr gepflegte Zimmer, Innenhof, DZ 48-75 Euro.

*** „**St. Jean d'Acre**“, 4, place de la Chaîne, beim Kettenturm. Großes 7o-Zimmer-Hotel, alle Zimmer mit Dusche oder Bad. DZ 62 11o Euro.

** „**Trianon-Plage**“, 6, rue de la Monnaie. 3 Min. in die Stadt und zum kleinen Sandstrand, aber relativ laut. 25 Zimmer, alle mit eigenen Sanitärraum.

Privatzimmer werden über das Touristenbüro vermittelt. DZ ab 35 Euro.

Jugendherberge: Centre International de Séjour in der Av. les Minimes im neuen Viertel beim Jachthafen. Modernes 2-stöckiges Gebäude. 234 Plätze in 2-, 4- oder 6-Bett-Zimmern. Ganz ordentlich. Cafeteria.

** Campingplatz Municipal Port-Neuf, bd. A. Rondeau im Vorort-Wohngebiet neben Straße und Fußballfeld, gut 2 km zum Alten Hafen. Die Av. Jean Guiton auswärts Richtung La Pallice. Busverbindung nur bis zum frühen Abend. Große ebene Wiese, im

Sommer sehr trocken, durch Bäume und Hecken etwas aufgelockert. Sanitäranlagen mit ordentlichen Warmduschen, Lebensmittelladen, keine Bademöglichkeit. 170 Stellplätze. Ganzjährig offen.

** Camping municipal Le Soleil am Port des Minimes, Jachthafen. Sehr zentral, zu Fuß ca. 10 Min. vom Alten Hafen, auch vom Bahnhof gut erreichbar. Relativ kleiner Platz, für einen 2-Sterne-Platz sehr ordentlich ausgestattet und gepflegt. Zur Saison stark frequentiert. Mai bis Sept.

Wohnmobilstellplatz: Auf dem kostenlosen Parkplatz Esplanade du Parc direkt am Park sind Wohnmobile willkommen. Dann am besten mit dem Rad ins Zentrum.

Eigener **Surfstrand** beim großen Jachthafen (großer Parkplatz). Für Anfänger kann es allerdings Probleme mit dem sehr lebhaften Bootsverkehr an der breiten Hafeneinfahrt geben.

Kleiner, gepflegter Sandstrand Plage de la Concurrence nahe der Hafeneinfahrt, angrenzend moderner Restaurantkomplex „Coutanceau (s. Restaurants)/La Pergola" mit Disco. Das Kommen und Gehen der Boote sehr schön von den Parkbänken der anschließenden Promenade zu beobachten. Der Uferweg erstreckt sich bis zum Casino.
Weiterer Strand Plages des Minimes schließt an den riesigen Jachthafen an; ziemlich weit außerhalb.

Schöner zum Baden per Bus zu den Stränden der Ile de Ré (Direktverbindung ab Place Verdun).

AUSFLÜGE

Breites Angebot an organisierten Ausflügen per Bus, Boot oder als Kombi.

Boot: * Kleine Hafenrundfahrt, ein Handvoll Boote sind dafür im Einsatz. Abfahrt alle Viertelstunde ab Alter Hafen, Cours des Dames. 50 Min. Ca. 5 Euro.

* Standardausflüge per Boot zur Ile de Ré und Ile d'Aix mit den Croisières Inter-Iles. Juli bis August täglich, zur Vor-/Nachsaison mehrmals pro Woche. Zur Ile d'Oléron mit Umsteigen auf der Ile d'Aix (Anschlußboot chekken!). Die Personenboote legen nahe dem Tour de la Chaine ab. Fahrradtransport u.U. zur Vor-/Nachsaison, wenn genügend Platz ist.

Die Gesellschaft Océcars bietet die Bootsfahrten zu den Inseln in Kombination mit einer Bustour um die Insel an.

* Bootsfahrt um das Fort Boyard (2-Std.-Tour), ein beeindruckender Festungsklotz im Meer, der in Frankreich durch eine beliebte Fernsehserie bekannt wurde. Das Fort, das von Ferne einem steinernen Schiff ähnelt, geht auf Napoleon Bonaparte zurück. Die Idee, hier ein Fort zu errichten, ist jedoch schon älter; Festungsbaumeister Vauban soll an Ludwig XIV.

geschrieben haben: „Sire, es wäre einfacher in den Mond zu beißen, als ein Fort an dieser Stelle zu errichten.“

Boot-/Buskombis: * ab La Rochelle die Sèvre Niortaise aufwärts - das sogenannte Grüne Venedig - bis Arcais und zurück per Bus.

* zum Festungsstädtchen Brouage und zum Badeort Royan bis zur Grottenstadt Meschers und Talmont mit seiner romanischen Kirche über der Gironde. Info und Reservierung bei Océcars, 14, cours des Dames.

Zur vorgelagerten Ile de Ré geht's auch mit **öffentlichen Verkehrsmitteln** oder **Fahrrad** (siehe nachfolgenden Text).

Im **(Miet-)Wagen** zu den romanischen Kirchen der Umgebung. Bequem zu erreichende Kirchen nahe der N 22: Courçen, St. Sauveur, St. Soulle. Rückfahrt über Surgères und an der D 939: Forges, La Jarne etc. Broschüre „Itinéraires des Eglises Romanes d'Aunis“ im Touristenbüro.

ANSE DE L'AIGUILLON

Eine fast kreisförmige Bucht im Norden La Rochelles, super flach, so daß bei Ebbe die Muschelzuchtanlagen frei werden, Boote liegen dann im Schlick, Traktoren fahren durchs Watt, nichts zum Baden. Info zur Muschel-/Austernzucht in der Maison de la Mytiliculture, Musée de la baie de l'Aiguillon, Esnandes.

Das Hinterland MARAIS POITEVIN ist eine riesige Polderlandschaft. Die Sèvre Niortaise verzweigt sich an ihrer Mündung in unzählige Kanäle. Nach den Benediktinermönchen, die begonnen haben hier Kanäle zu graben, hat Henri IV. den Ingenieur Bradley beauftragt, die Gegend trockenzulegen. Inzwischen ist das Marais eine fruchtbare Polderlandschaft, stark kultiviert mit Mais-, Gemüse- und Sonnenblumenfeldern. Die schnurgeraden Sträßchen bieten sich zum Fahrradfahren geradezu an. Beliebt sind auch Fahrten im Pferdewagen (Roulotte).

Während der größte Teil des Marais Poitevin besonders in Meernähe eher einförmig und auf Dauer langweilig werden kann, ist die Gegend weiter im Inland zwischen Marans und Niort eine Idylle. In den Touristenbroschüren „Venise Verte“ (Grünes Venedig) genannt - besonders reizvoll zur Herbstfärbung.

Unmengen von kleinen Kanälen mit grünbewachsenen Ufern, hohe Pappeln und Weiden, ab und zu sitzen Angler am Ufer. Kuhwiesen, Felder und weißgekalkte Häuser. Fast jedes Haus besaß früher eine Bootsanlegestelle, denn sämtlicher Transport, ob Kinder zur Schule oder das Vieh auf den Markt, verlief in den flachen Kähnen.

Mittlerweile sind die meisten Kähne für Touristen im Einsatz; Zentrum der Bootstouren ist der Ort Coulon (1.6oo Einw.) mit diversen Bootsvermietern. Unterschiedliches Angebot von einer 3/4-stündigen Bootsfahrt mit Guide bis zu mehrstündigen Touren. Auch Kanuverleih.

Im Ort La Ronde und Damvix werden ebenfalls Barken oder Kanus vermietet.

Wegen seiner artenreichen Vogelwelt (Zwischenstop der Zugvögel) wurde das Gebiet inzwischen zum Regionalpark Marais Poitevin erklärt: Kornweihen und Milane am Horizont sind keine Seltenheit.

Ile de Ré - Ile d'Oléron

ILE DE RÉ

(3o km lang, bis 4 km breit)

auch „Ile blanche“ genannt

Die flache, zerfranste Insel vor der Haustür La Rochelles bestand früher aus mehreren kleinen Inseln, die inzwischen zusammengewachsen sind. Viel Atmosphäre in den Dörfern, einige mit Fischerhafen und Austernzucht.

Die Ile de Ré hat uns besser gefallen als die größere Nachbarinsel d'Oléron. Ringsherum ca. 4o km Sandstrände, der Baderummel spielt sich hauptsächlich entlang der Süd-/Westküste ab.

Vereinzelte Waldpartien und Weinfelder, auf der Ostseite wird Landwirtschaft betrieben, Gemüse, Spargel etc. Im Westen das Gebiet der Salinen. Austernzucht bei Loix und im Golf bei Ars.

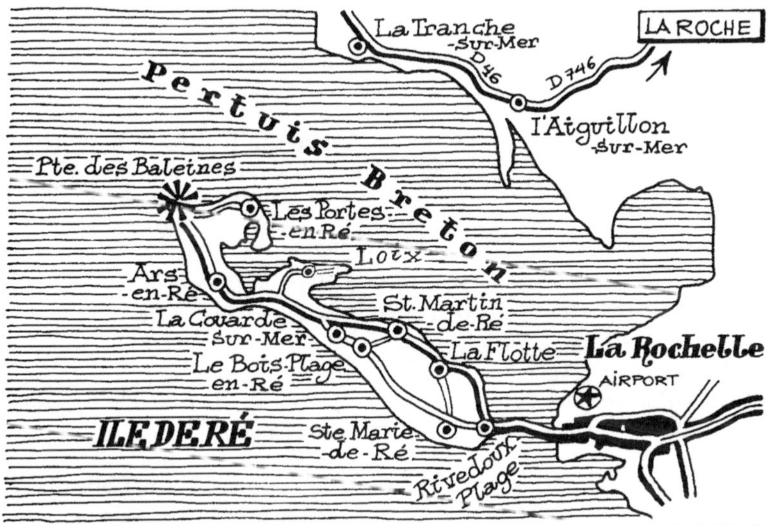

Von den Dimensionen ist die Ile de Ré eine ideale Fahrradinsel, viele Radwege, Seitenstraßen oft extra für Fahrradfahrer ausgewiesen. Wer es eben einrichten kann, sollte im Juli/August, wenn Frankreichs Urlaubswelle rollt, die Insel meiden. Fahrradfahren wird dann auf den Hauptstraßen geradezu gefährlich.

Die Brückenverbindung (seit 1988) hat das Leben der Inselbewohner erleichtert, lockt im Sommer aber auch mehr Touristen an, die mal kurz vorbeischauen wollen - meist natürlich mit dem eigenen Auto. Wildcampen für Wohnmobile verboten.

Umweltschützer und Bürgerinitiativen hatten sich für die Erhaltung der Insellage stark gemacht, die sie durch den bequemen Brückentransport bedroht sahen. Profitiert hat schließlich der Betonunternehmer und Besitzer des ursprünglich staatlichen Fernsehkanals TF1, Francis Boygues.

Brückengebühr: Pkw/Wohnmobile rund 1o Euro Juni bis September. In der übrigen Zeit günstiger. Für Insulaner natürlich erheblich günstiger. Wer länger auf der Insel bleiben möchte und häufiger aufs Festland fährt, kauft besser eine vergünstigte Mehrfahrtenkarte.

Großer Parkplatz, um gleich bei der Brücke das Auto abzustellen und auf den Drahtesel umzusteigen.

Fußgänger fahren am günstigsten ab La Rochelle mit dem Bus auf die Insel und mieten sich für die weitere Tour in einem der Orte ein Velo (siehe Text).

Übernachtung vorwiegend in Ferienwohnungen und Appartements. Viele Campingplätze, zur Hochsaison jedoch kaum ein Platz zu ergattern.

Bus: von La Rochelle bis zum letzten Zipfel der Insel, Les Portes en Ré ca. 8 x täglich.

Austernbänke beginnen gleich bei der Ankunft in RIVEDOUX PLAGE (7oo Einw.). Viele Fotomotive am kleinen Austernhafen, bei Ebbe geht's mit Traktoren zu den Muschelbänken vor der Haustür. Austernverkauf direkt an der Straße. Trotz des Zusatzes „Plage“ fanden wir dieses Eck zum Baden am „Plage Nord“ nicht so verlockend.

Nur wenige Kilometer auf der D 735 das Fort de la Prée, im 17. Jh. im Rahmen der Belagerung der Hugenottenhochburg La Rochelle erbaut.

Mitten in den Feldern die Abbaye des Châteliers. Von der Klosterkirche sind nur noch die Außenmauern erhalten, in den gotischen Fensterbögen nisten Vögel. Die alte Zisterzienserabtei aus dem 12. Jh. ist seit 35o Jahren verlassen, das Kloster neben der Kirchenruine kaum noch zu erahnen.

★ La Flotte

(2.4oo Einw.)

Einer der schönsten Inselorte mit viel Atmosphäre um das Hafenbecken und einem gewissen Eigenleben in den engen Straßen. Sehr schön ist der alte Markt (12. Jh.) und die lange Uferpromenade. Bei Ebbe liegen die Segelboote und kleinen Fischkutter tief unten im Schlick, Reusen stapeln sich am Kai. Sehr schöne Uferpromenade zum Flanieren und Eisschlecken.

Der Badestrand ist allerdings nicht so toll, überwiegend steinig, bei Ebbe eignet sich der Sandstrand besser zum Muschelnsammeln. Dann werden auch die kilometerlangen Zuchtanlagen sichtbar.

★ St. Martin de Ré (2.5oo Einw.)

Die phantastische Lage der Inselhauptstadt kann man eigentlich nur aus der Vogelperspektive erkennen: komplett von sternförmigen Festungsmauern umgeben, die nur von zwei Toren durchbrochen wurden. Ausgesprochen reizvolles Hafenbild mit einer kleinen bebauten Insel, engen verwinkelten Gassen, nebenan liegen die Segelboote in Reih und Glied.

Im Sommer ist es hier rappelvoll. Das Auto unbedingt auf dem nächstbesten Parkplatz abstellen und zu Fuß durch die schmalen Seitenstraßen zum Hafen. Hier reiht sich ein Restaurant an das andere, Korbstühle und Tische dicht neben der Straße.

Tourist INFO **Office de Tourisme**: Quai Nicolas Baudin, 1741o St. Martin de Ré. Tel. o5 46 o9 2o o6, Fax: o5 46 o9 o6 18. Offen Juli-Aug. tgl. 1o-2o Uhr, Mai-Sept. 1o-13/14-19 Uhr, sonst. Mo.-Sa. 1o-12/14-18 Uhr So. 1o-12 Uhr. E-Mail: ot.st.martin@wanadoo.fr

Post: place de la République, offen: Mo.-Fr. 9-12/14-17 Uhr, Sa. 9-12 Uhr.

Fahrradverleih: Viele verschiedene Möglichkeiten im Ort, auch Verleih von Mopeds und Roller.

Einkaufen: Die Restaurants in St. Martin sind eher teuer. Selbstversorger finden im überdachten Marché oder auf dem Markt (vormittags) ein lockendes Angebot aller Spezialitäten der Region.

Die imposante BEFESTIGUNGSANLAGE trägt die Handschrift Vaubans (17. Jh., Belagerung La Rochelles durch Richelieu). Sie erinnert an den einst mächtigen Militärstützpunkt und wichtigen Hafen.

Die ZITADELLE von 1681 bildet ein eigenes sternförmiges Areal am Rande der Festungsmauer mit kleinem Hafen. Ist heute noch Gefängnis.

Beide Zufahrtsstraßen in den Ort führen direkt an den Eingangstoren vorbei. Die PORTE TOIRAS neben der Zitadelle ist heute Fahrraddurchfahrt von La Flotte kommend. Nach einem Gouverneur im 17. Jh. benannt, der die Protestanten auf der Insel besiegt hatte und die Befestigung ausbauen ließ. Sehr gut erhalten die PORTE DES CAMPANI, durch ein vorgelagertes Verteidigungswerk „demi lune" geschützt.

Um den interessanten Stadtgrundriß erahnen zu können, lohnen sich die vielen Stufen auf die Plattform des Kirchturms (hinreißende Sonnenuntergänge, bis 23 Uhr offen). Die gotische KIRCHE stammt aus dem 15. Jh., wurde 1696 bei einem Artillerieangriff der Engländer schwer beschädigt. Nur das Hauptschiff wurde als Kirchenraum wieder hergerichtet und wirkt dadurch provisorisch. Über der eingezogenen Decke ragt die restliche gotische Fassade in den Himmel.

„HOTEL DE CLERJOTTE": Das ehemalige Arsenal neben dem Hafen war Sitz des Seigneurs de Ré. Ein prachtvolles Haus in einer Mischung aus

Flamboyant Gotik und Renaissance. Heute ist hier das Seefahrtsmuseum (Musée Naval et Ernest-Cognacq) untergebracht: Waffen, Bilder, Schiffsmodelle, ein Raum im Stil Louis XIII. rekonstruiert. Offen: ganzjährig Juli bis September tägl. 10-19 Uhr, sonst Mi.-So. 10-12/14-17 Uhr.

*** Hotel „**Le Galion**“, Allée de la Guyane. Von außen schlicht, 30 modernisierte Zimmer. DZ 55-110 Euro.

** „**Les Colonnes**“, 19, quai Job Foran, am Hafen. 30 Zimmer mit Privatbad. Unten Restaurant. DZ ab 60 Euro.

** Campingplatz Municipal Sainte Thérèse, rue des Remparts. Wiesenplätze stellenweise durch Hecken abgeteilt. Ordentliche Sanitäranlagen, Warmduschen im Preis enthalten. Überwigend von jungen Leuten frequentiert. Offen: Mai bis Mitte Okt.

SPORT

Tennisplätze, Reitmöglichkeiten, Minigolf etc. Baden am Ortsrand, schmaler Sandstreifen.

★ La Couarde sur Mer (1.000 Einw.)

Badeort kurz vor der Engstelle. Viele Ferienwohnungen am Rande. Im Kern hat er seinen ursprünglichen Charakter bewahrt, die engen Sträßchen um die Kirche teilweise Fußgängerpassagen. Im Süden angrenzend, ein schöner 5 km langer Sandstrand, der im Ortsbereich entsprechend überlaufen ist. Auch bei Flut bleibt noch ein breiter Sandstreifen, Strandzelte am Dünenrand.

Am Ortsausgang guter Surfeinstieg mit eigenem Board, großer Parkplatz. Hier auch Surfboard- und Fahrradverleih. Der angrenzende Wald wurde Henri IV. getauft.

Office de Tourisme: rue Pasteur, 17670 La Couarde sur Mer. Tel. 05 46 29 82 93, Fax: 05 46 29 63 02. Zur Saison tägl. offen: 10-12/14-18 Uhr, sonst Mo.-Fr. vormittags.
E-Mail: office-de-tourisme-la-couarde@wanadoo.fr

Post: 8, grande Rue, Mo.-Fr. 9-12/14-17, Sa. 9-12 Uhr.

*** Camping de l'Océan, Richtung Ars en Ré, nur 50 m vom Strand entfernt. Wiesen- und Sandboden, wenig schattenspendende Büsche. Einkaufsmöglichkeit, Restaurant und Sportangebot. Ca. 300 Stellplätze, offen Ostern bis Mitte September.

*** Camping La Tour des Prises. Kurz hinter Couarde Richtung Ars en Ré rechts abseits der Inselstraße D 735. Kleiner ruhiger Platz mit guten Sanitäreinrichtungen. Parzellierte Stellplätze mit Baumschatten. Keine Einkaufsmöglichkeit, aber für frische Croissants und Baguettes zum Frühstück ist gesorgt. Zum Strand gut 1 km durch Pinienwald.

SPORT

Fahrradvermietung, Segelschule und Surfverleih; 9 Tennisplätze. Bootsfahrten zum Hochseeangeln möglich.

★ Le Bois Plage (2.000 Einw.)

Der größte Ferienort auf Ré liegt in unmittelbarer Nachbarschaft am anderen Ende des langen Sandstrands. Bei dem bewachten Abschnitt im Ortsbereich kann es ganz schön voll werden. Hier findet man alle touristischen Einrichtungen, großes Sportangebot, Surfboardverleih, mehrere Tennisplätze, Reitmöglichkeit, organisierte Angelfahrten.

Tourist INFO **Office de Tourisme**, rue des Bajottes, 17580 Le Bois-Plage, Tel. 05 46 09 23 26, Fax: 05 46 09 13 15. Offen zur Saison tägl. 9-12/15-19 Uhr, So. nur vormittags. E-Mail: office-de-tourisma-le-bois,plage@wanadoo.fr

Post: rue des Ecoles, offen Mo.-Fr. 9-12/14-17 Uhr, Sa. 9-12 Uhr.

Fahrradvermietung: Mehrere Möglichkeiten im Ort, auch Tandem zu mieten.

Hotel/Restaurant ** „**Les Gollandières**“, av. de la Plage, eines der wenigen Hotels im Ort. Nur einen Katzensprung zum Meer, zudem Swimmingpool. 32 moderne und sehr ordentliche Zimmer, DZ 57-80 Euro. Rustikales, sehr großes Restaurant, Menü ab 13 Euro.

Überwiegend Ferienwohnungen und rund ein Dutzend Campingplätze bis zur 4-Sterne-Anlage.

**** Camping Antioche nahe Strand im Dünengelände, z.T. schattig. Ordentliche Sanitäranlagen mit Warmwasser. Stromanschlüsse, Einkaufsmöglichkeit. 120 Stellplätze, Mitte Juni bis Mitte September.

**** Camping Interlude Gros-Jonc ebenfalls in Meernähe, entsprechend sandiger Boden, Stromanschlüsse für Caravans. Swimmingpool, Restaurant, Einkaufsmöglichkeiten etc. 300 Stellplätze, Juni bis September.

Die Campingplätze im 2-Sterne-Bereich liegen nicht unmittelbar am Meer.

STE. MARIE DE RÉ an der Südküste hat fast Puppenstubencharakter, kleine Häuser, enge Gassen, mitten drin die alte Kirche. Auch in Ste. Marie ist Baden Trumpf. Die Strände bescheidener, z.T. mit Dünenstreifen, hier lassen sich auch noch ruhige Stellen finden.

*** „**Hotel L'Atalante**“, modernes 65-Zimmer-Hotel in sehr guter Lage am Meer, gepflegte, gut ausgestattete Zimmer mit Vollkomfort; Thalassotherapiezentrum, Sauna, Tennis, Schwimmbad etc. DZ 86-180 Euro. Gutes Restaurant, Menü ab 23 Euro.

Kurz vor der Engstelle zweigt die Stichstraße nach

LOIX EN RÉ (500 Einw.) ab, über schmale Dämme an Salinen und Austernbecken vorbei (Direktverkauf). Vorsicht Radler, schmale Straße ohne

Bankette, schöner über den ausgewiesenen Fahrradweg. Die Salinen im weiten flachen Golf der Nordseite weichen zunehmend der lukrativeren Austernzucht.

Im Maison des Marais Salants kleine Ausstellung zur Salzgewinnung (siehe auch unser allgemeines Kapitel). Auch Salzverkauf, Führungen durch die Salinen. Offen: Mitte Juni bis Mitte Sept. tägl. 1o-13/14.3o-19 Uhr.

Die Häuser in Loix leuchten weiß mit einheitlich grün abgesetzten Schlagläden und Türen. Die Straßen sind so eng, daß man mit großen Wohnmobilen u.U. Schwierigkeiten bekommt. Besser einen Spaziergang durch den Ort machen.

Von der östlich gelegenen Halbinsel Pointe du Grouin mit dem kleinen Fort de Grouin hat man besonders zur Abendsonne einen schönen Blick über die Austernparks bis St. Martin und zur Brücke nach La Rochelle. Kein schöner Strand.

An der „Taille" der Insel ist gerade noch Platz für eine Straße und hohe Schutzmauer, an die bei Flut das Meer klatscht.

★ Ars en Ré **(1.23o Einw.)**

Ein Städtchen, in dem auch außerhalb der Saison noch etwas Leben herrscht. Der schwarz-weiß gestrichene Kirchturm leuchtet schon von weitem. Ars en Ré war früher die Salzmetropole; hier holten Skandinavier und Engländer das zum Konservieren des Stockfisches so nötige Salz. Der heutige Kirchplatz diente früher als Friedhof. Die Kirche St. Etienne aus dem 11. und 15. Jh. zeigt romanische und gotische Stilelemente.

Am Hafen wird auch heute noch Salz gelagert. Einige Restaurants am langen Kai neben Segeljachten. Durch eine kleine Schleuse wird das Wasser bei Ebbe zurückgehalten. Im Norden des Ortes beginnen die Austerngärten. Moderner Jachthafen ein Stück außerhalb.

Tourist INFO **Office de Tourisme**: place Carnot, 1759o Ars en Ré. Tel. o5 46 29 46 o9, Fax: o5 46 29 68 3o. Offen zur Saison tägl. 1o-12.3o/15.3o-18.3o Uhr, So. nur vormittags.
E-Mail: ot-arsenre@wanadoo.fr

Post: ebenfalls am Place Carnot. Offen: Mo.-Fr. 9-12.3o/ 14-16.3o, Sa. 9-12 Uhr.

Fahrradvermietung bei Dominique Neveur, 2, place de la Chapelle. Gutes Material zu günstigen Preisen.

RESTAURANTS „LE BISTROT DE BERNARD", 1, quai de la Criée. Feines Restaurant am Hafen. Sehr gepflegter Speiseraum, schön sitzt man auch auf der Terrasse. Exquisite Küche (Fisch und Meerestiere). Menü ab 22 Euro.

Restaurant „L'OCEAN", neben der Kirche. Sehr schön um unter Bäumen draußen zu sitzen. Günstiges Menü ab 12 Euro, auch Crêperie.

* Hotel/Restaurant „**Le Sénéchal**", 4, rue Gambetta; 15 Zimmer, DZ 38-14o Euro.

*** Camping du Soleil, 57, rte. de la Grange. Das gut schattige Gelände wird seinem Namen kaum gerecht. 15o m vom Meer entfernt, das sich bei Ebbe jedoch weit zurück zieht. Ordentliche Sanitäreinrichtungen mit Warmwasser. Stromanschlüsse auf dem Platz verteilt, Einkaufsmöglichkeiten. 14o Stellpl., ganzjährig offen.

** Camping Municipal La Combe à l'eau, 1,5 km nordwestlich von Ars en Ré. Sehr ruhig gelegener Campingplatz direkt hinter dem Strand. Wenig Schatten. Ordentliche Sanitäranlagen. Fußweg ans Meer. Bei Ebbe sind die Muschelsammler in den Felsen unterwegs. Offen: Ostern bis Sept.

Weitere Campingplätze über Clément des Baleines hinaus bis zum Leuchtturm.

Der LEUCHTTURM ganz im Nordwesten ist ein beliebtes Ausflugsziel, entsprechend auch das Café- und Restaurantangebot. Der achteckige, 55 m hohe „Phare des Baleines" aus der Mitte des 19. Jh. ragt aus einem dichten Wäldchen hervor. Sein Vorgänger steht direkt am Strand. Eine sehr schöne Wendeltreppe mit 257 Stufen führt hinauf, super Panorama bis weit über die Insel und zur Vendéeküste.

Bei Ebbe wird ringsherum ein breiter Sandstrand frei, dann sind die Muschelsammler unterwegs (pêche à pied). - Bitte die Regeln beachten, d.h. Steine nicht umdrehen etc.

MUSÉE DE LA MER beim Leuchtturm, 5oo m zuvor die Arche Noé mit dem unterschiedlichsten Getier, wie Schmetterlinge, Vögel, Fische, Papageien etc. Offen tägl. 14-17 Uhr, April bis September bis 19.3o Uhr. In den französischen Schulferien tägl. 1o.3o-18 Uhr.

An der Nordspitze erstreckt sich die „**Conche des Baleines**", ein sehr schöner Strandbereich mit angrenzendem Wäldchen. Fahrradwege im Schatten, ab und zu Picknickstellen. Von der D 1o1 führen kurze Stichstraßen ans Meer.

Auf der Straße, die vom Phare des Baleines nach Les Portes führt, gibt es immer wieder eingerichtete Zugänge ans Meer mit Parkmöglichkeiten und schönen Picknickgelegenheiten.

In dem kleinen, hübschen Ort **Les Portes** ist das Restaurant „LA BAZENNE", 14 Plache de la liberté durch sein gutes Preis- Leistungsverhältnis aufgefallen.

Ab LES PORTES bis zum Straßenende ist der Nordostzipfel ziemlich besiedelt, ein Ferienhaus am anderen im Grünen. Die Straße endet am Parkplatz, der anschließende Strand verlockt allerdings nicht zum Baden.

** Camping Municipal de la Plage am Ortsrand neben dem Touristenbüro. Das Meer knapp 1 km entfernt, 80 Stellpl.

Näher am Wasser liegt ** Camping La Redoute mit 250 Stellplätzen.

Für Radfahrer gibt es einen sehr reizvollen Weg von Ars en Ré nach les Portes entlang der Salinen und Austernbecken.

Ile d'Oléron

(30 km lang, bis 6 km breit, 35 m die höchste Erhebung)

Die zweitgrößte Insel Frankreichs (nach Korsika) ist zur Saison rappel voll. An Tagen des klassischen Urlauberwechsels lange Anfahrt zur Insel einplanen. Durch das milde Klima viel Frühgemüse, Erdbeerplantagen und natürlich Wein. Fast überall entlang der Ostküste werden Austern gezüchtet, auch zur Nachsaison wird hier kräftig gearbeitet. Die Orte haben z.T. ihren fast dörflichen Charakter bewahrt, keine aufgequollenen Badezentren.

Um Boyardville liegen die schönsten Badestrände der Ostküste, kilometerlang und brandungsgeschützt - besonders angenehm für Familienurlaub mit kleinen Kindern. Dünenlandschaft im Westen ab Domino entlang der Côte Sauvage ewig lange Sandstrände, seichte Badestellen, doch bei Ebbe auch steinig und nicht immer picobello.

Der schönste Fischerhafen in La Cotinière, Badehochburg St. Trojan ganz im Süden zwischen Austern, Wald und attraktiven Stränden, die auch im Minizug erreicht werden können.

Camping und Appartementurlaub ist auf der Ile d'Oléron Trumpf. Viele Campingplätze nahe dem Meer. Zur Hauptsaison kann es eng werden, dann sind auch die wenigen Hotels der Insel ausgebucht.

Im 17. Jh. war die Insel, dicht vor Rocheforts Haustür in einen großen Sicherungsring zum Schutz der wichtigen französischen Marinebasis eingebunden. Die Forts entlang der Küste sollten die Seewege und das Arsenal von Rochefort schützen (siehe dort).

Kostenfreie Brückenverbindung (Brücke 3.027 m lang, 23 m hoch). Gebührenpflichtig ist allerdings die Brücke südwestlich von Rochefort, über die der Hauptverkehr von Norden kommend rollt.

Die Hauptstraße führt quer über die Insel, vorbei an St. Pierre und St. Georges bis zum Leuchtturm an der Nordspitze, 28 km gut ausgebaut. Von hier zweigen Stichstraßen zur Küste ab. Eine Inselrundfahrt ist auf schmaleren Nebenstraßen möglich.

Bus: von Rochefort bis Le Château mehrmals tgl. Lokaler Bus über die Insel bis St. Denis.

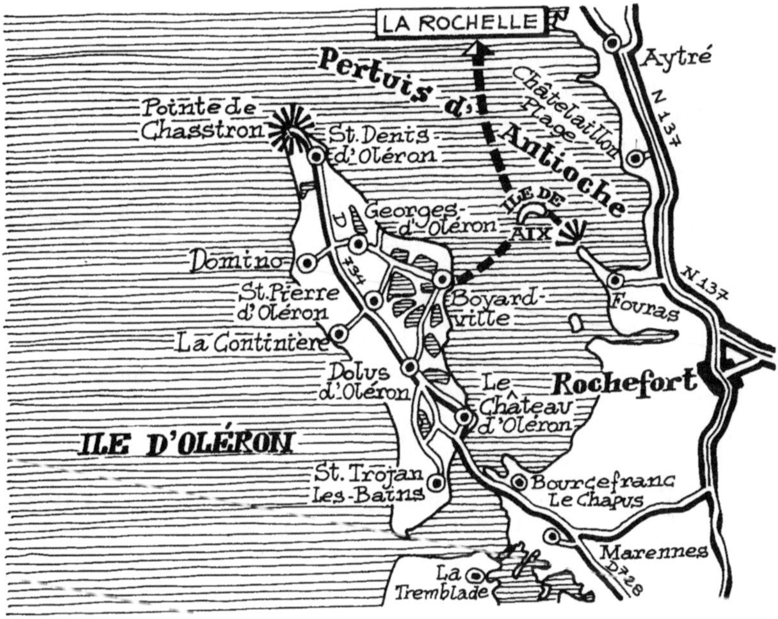

Das **Fahrrad** erweist sich zur Hochsaison wegen des starken Autoverkehrs als nicht so ideal, wenig Radwege und die Nebenstraßen manchmal recht schmal ohne Seitenbefestigung. Fahrradvermietung in fast allen Orten der Insel. Schön allerdings für kurze Touren in den Waldgebieten um Boyardville und St. Trojan, oder entlang der Austerngärten.

Surfen: Zum Brandungssurfen eignen sich die Strände der Westküste, auf der Ostseite eher ruhigeres Wasser. Manchmal lange Wege ans Meer. Surfboardverleih in vielen Orten bzw. Stränden.

Nachfolgende Inselbeschreibung im Gegenuhrzeigersinn.

★ Le Château (3.5oo Einw.)

Der ursprünglichste Inselort, gleich nach der Brücke, mit einer imposanten Festung ist ringsherum von Stadtmauern umgeben.

Austern spielen hier eine wichtigere Rolle als der Badetourismus, auch außerhalb der Saison ist im größten Austernhafen der Insel eine Menge los. Bunte Holzhütten gleich neben der Zitadelle, bei Ebbe liegen die Flachkähne auf dem Schlick, dann sind die Traktoren im Einsatz. Überall werden Austern und Muscheln verarbeitet, gesäubert, verpackt, aber auch verkauft. Kleines Museum zur Austernzucht am Hafen.

Der Name „Le Château" geht auf ein Festungsschloß der Herzöge von Aquitanien zurück, das an gleicher Stelle stand. Die heutige Zitadelle wurde 1630 von Richelieu in Auftrag gegeben und später zum Schutze Rocheforts vom Hofbaumeister Vauban nochmal verstärkt. Trotz der Schäden des 2. Weltkriegs beeindruckend. Von den Mauern kann man bei Ebbe sehr gut die Austernbänke sehen.

Office de Tourisme: place de la République, 17480 Le Château d'Oléron. Tel. 05 46 47 60 51, Fax: 05 46 47 73 65. Offen: im Sommer Mo.-Sa. 9-12.30/14.30-19 Uhr, So. 10-12 Uhr. Außerhalb der Saison Di.-Sa. 10-12/14.30-18 Uhr.
Internet: www.ot.chateau-oleron.fr

Post: bd. Victor-Hugo. Mo.-Fr. 9-12/14-17 Uhr, Sa. 9-12 Uhr.

Minizug: bequeme Besichtigung von Stadt, Zitadelle und Austernhafen. Abfahrt: Parking de la Citadelle.

Fahrradverleih z.B. bei: Lacellerie Michel, 5, rue Maréchal-Foch, und Eclair Moto, avenue d'Antioche.

Im Zentrum großer Platanenplatz (Place de la République) mit der Markthalle aus dem 19. Jh. Großer **Markt** am Sonntag, zusätzlich zur Saison jeden Vormittag.

Vor dem Eingang ein fotogener Renaissancebrunnen.

Einige Restaurants direkt am Hafen, z.B. „LES FLOTS BLEUS", ein kleines Lokal, mit ein paar Tischen im Freien, die Muscheln ganz frisch aus dem Bassin.

Restaurant „DU PORT", Esplande du Port. Super Lage direkt am Wasser. Vom Fensterplatz im ersten Stock bietet sich eine prima Aussicht. Hier ißt man am besten Fisch oder Meeresfrüchte.

** Camping Les Remparts, bd. Ph. Daste. Schön gelegener Platz auf bzw. hinter der Festungsmauer, der sich bis zum Strand zieht. Blick auf den Kirchturm und die Verteidigungsmauern, die abends angestrahlt sind. 233 Stellplätze. März bis Oktober.

Nördlich Dolus (an der Hauptstraße) beschilderter Abzweig zum VOGELPARK „Parc Animalier Marais aux Oiseaux". Ein urwüchsiges Gelände von Teichen, Bächen und kleinen Kanälen mit schilfigem Ufer, ein Eldorado für Wasservögel: Enten, Reiher, Möwen etc. aber auch exotische Vögel z.T. in Volièren gehalten. Im Sommer angenehm schattig. Offen: Juli bis August tägl. 10-20 Uhr, sonst 10-13/14-19 Uhr. Eintritt. Zufahrt auch vom Weiler Les Allards beschildert.

Die letzten Kilometer bis Boyardville sehr schön zwischen den schachbrettartig angelegten Austernbecken, viele Verkaufsstände an der schmalen Straße.

★ Boyardville

Bester Badestützpunkt an der Ostküste mit kilometerlangem Sandstrand.

Der Ort selbst wirkt am langen Kanal geradezu malerisch. Bunte Fischerboote und Austernkähne, die sich bei Ebbe in den Schlick eingraben. Am Jachthafen viele Restaurants, zur Hauptsaison ist hier ziemlich was los.

Schöne Spazierwege im angrenzenden Waldstreifen mit Trimmpfad, zum Meer nur einen Katzensprung. Sehr gute Surfbedingungen, wenn auch manchmal etwas weit bis zum Wasser. Surfboardverleih direkt auf dem Strand, man kann auch sein Board am Strand sicher deponieren.

Bootsausflüge: zur Nachbarinsel Aix (zur Saison tägl.) oder nach La Rochelle. Die Personenboote legen gleich am Strand ab. Halb- oder Tagestouren. Info und Tickets bei Croisières Inter-Iles (zur HS Vorreservierung nötig).

Strände: 8 km feiner Sandstrand, angrenzendes Dünengras und Pinienwald. Auch bei Flut bleibt ein ordentlicher Sandstreifen. Das Fort Boyard und die Ile d'Aix im Blick. Autozufahrt zum Strandabschnitt „Plage des Saumonards" mit Snackbuden und Wassersportangebot. An den Strandbereichen, die per Fahrrad oder zufuß erreichbar sind, wird es deutlich ruhiger.

** Camping Municipal: sehr schön im lichten Pinienwald gelegen und als Badestützpunkt prima geeignet, nur einen Katzensprung zum Strand. Natürlich belassenes Gelände, Sandboden, verschiedene Sanitärgebäude und überall Stromanschlüsse.

Das FORT SAUMONARDS am Ende der Straße im Wald ist Militärgelände, Eintritt verboten.

Gute Strandzugänge auch zum Plage de Plaisance am Nordende des Piniengürtels beim Weiler PORT DU DOUHET. Ein großer, gut geschützter Jachthafen, ein Dutzend Häuser (Restaurants, Pizzerien), Austernbecken und fotogene Hebelnetze auf der Rückseite, Weinfelder gleich nebenan.

★ St. Denis

Die Gassen sind so schmal, daß sie meist nur als Einbahnstraße befahren werden können. Niedrige Häuser, lebhaft wird es hier an Markttagen. Die Kirche überrascht durch ihre ungewöhnlich verzierte Westfassade und das romanische Portal, Schmuckstück der Insel. Großer Jachthafen.

Tourist INFO

Office de Tourisme: Bd. d'Antioche, 17650 Saint-Denis d'Oléron. Tel. 05 46 47 95 53, Fax: 05 46 75 91 36. Offen zur Saison: tägl. 9-12.30, 15-24 Uhr, sonst seltener.
E-Mail: office-tourisme-saint-denis-oleron@wanadoo.fr

Post: rue de la Libération, Mo.-Fr. 9.45-12/13.45-17 Uhr, Sa. vormittags.

Fahrradverleih: bei Loca Loisirs, rue du Port und Micheau, route de la Ionction.

Restaurant „LE NAUTILUS", 2, rue de la Muse, in einer schmalen Seitenstraße im Ort (beschildert). Rustikales und gemütliches Restaurant. Verschiedene Menüs, viel Fisch und Meerestiere ab 13 Euro.

„LA COCOTIER" Rue du Port. Außer Fruit de Mer und Grêpes werden hier auch Spezialitäten aus den Antillen angeboten. Tische auch im Freien neben der Straße.

** Camping Phare Ouest, 7, impasse des Beaupins, am Ortsrand Richtung La Morelière. Weitläufiges Gelände, überwiegend Sonnenplätze. Zum Baden nicht weit, doch kein schöner Strand.

POINTE DE CHASSIRON: ein beliebtes Ausflugsziel am Nordwestzipfel der Insel mit entsprechendem Souvenirangebot, Crêpesständen, Restaurants etc. Absolut bester Rundblick bis Fort Boyard, Insel Aix und bis La Rochelle vom gestreiften Leuchtturm, 4o m bzw. 224 Stufen bis zur Aussichtsplattform. Besichtigung zur Saison tägl. 1o-12/14-18 Uhr.

An der Nordspitze wird die Insel flach und kahl, im Westen beginnt der wilde Abschnitt der „Côte Sauvage". Ungehindert rollen hier die Atlantikwellen an und nagen bei Flut an der 2-3 m hohen Steilküste. Schöne Picknickstellen, doch kein Badeeck.

Der anschließende Dünenstreifen setzt sich mit kurzen Ausnahmen entlang der gesamten Westküste fort. Gute Zugänge z.B. bei Les Huttes und beim Weiler Chaucre. Viele Campingplätze.

★ Domino

Badeort an der Côte Sauvage. Im Kern kleine, niedrige Häuser dicht an dicht, enge Gassen, Weinhandlung und fest installierte Marktstände. Am Ortsrand verteilen sich dezent einige Appartementanlagen, im Pinienwald rund ein halbes Dutzend Campingplätze, nicht weit vom Meer.

Durch das unberechenbare Meer ist Baden für Kinder nicht immer ungefährlich, bei Ebbe gänzlich unattraktiv, - dann wird „Pêche à pied", im Klartext: „eßbare Muscheln sammeln" (siehe auch allgemeiner Teil).

**** Camping Rex am Plage de Domino. Reicht vom Pinienwald bis zu den Dünen am Meer, hier schattenlos. Verschiedene, sehr unterschiedliche Sanitärgebäude über den Platz verteilt. Tennisplatz, Einkaufsmöglichkeiten, Restaurant etc. 45o Stellplätze, offen Ostern bis September.

*** Camping Les Sables Vignier, von Bäumen eingerahmte Wiese, viele sonnige Stellplätze. Nur ein Katzensprung zum Dünenstrand am Meer. Einkaufsmöglichkeit, Bar etc. 330 Stellplätze, offen April bis September.

*** Camping/Airotel Montlaben, gut 1 km vom Meer entfernt. Z.T. schattenlose Wiese, aber auch Stellplätze unter Pinien. Einkaufsmöglichkeit, Restaurant und Aufenthaltsraum, einfache Sanitärs. Bungalows zu mieten. 360 Stellplätze, offen Mitte Mai bis September.

★ La Cotinière

Einer der schönsten Inselorte. Zwischen Dünen liegt der größte Fischerhafen der Insel, über 100 Schleppnetzboote dicht nebeneinander, die bunten Markierungsfahnen der Reusen flattern im Wind. Besonders lebendig wenn die Boote auslaufen. Der frische Fang kommt am Nachmittag auf der Auktion (Criée) unter den Hammer oder wird direkt vom Kutter aus verkauft - Garnelen, Schollen, Seezunge etc.

Gegenüber vom Hafen bietet der Fischmarkt alle nur vorstellbaren Leckerbissen des Meeres von der Fischsuppe über Langoustinen, Rochen etc.

Alles spielt sich um das Hafenbecken ab: kleine Promenade, einige Restaurants, auf deren Speisekarten überwiegend Fisch und Muscheln vertreten sind. Am Rande die moderne Kapelle der Seeleute.

Tourist INFO **Office de Tourisme**: am Hafen. Port de la Cotinière
Tel. 05 46 47 09 08, Fax: 05 46 47 10 41.
Offen zur Saison tägl. 10-13/15-19 Uhr.

Post: rue du Port, offen Mo.-Fr. 9-12.15/14-16.45 Uhr, Sa. vormittags.

Fahrradverleih: bei D'Acunto, Bd de l'Océan.

Im AQUARIUM bekommt man einen Eindruck der Unterwasserwelt des Atlantiks. Vom Rochen über Seezunge bis zur Muschelsammlung ist alles vertreten. Offen täglich 11-12.30/14-19 Uhr, im Juli/August 11-23 Uhr. Eintritt 5 Euro.

MAISON DE LA MARINE À VOILE an der Kaistraße. Sehenswerte private Sammlung von Segelschiffmodellen eines bretonischen Kapitäns. In chronologischer Reihenfolge wird die 400-jährige Entwicklung des Segelschiffes gezeigt, u.a. ein Modell der Wasa, der Mayflower bis zu den Mississippi-Dampfern. Offen: April bis September 10-19 Uhr, im Juli/ August bis 23 Uhr. 6 Euro Eintritt.

Strände direkt im Ort, bei Flut allerdings nur handtuchbreit. Bewachter Abschnitt z.B. südlich beim „Plage de Remigeasse" nahe der kleinen Landnase. Der Sand nicht picobello sauber und mit Kieselsteinen durchsetzt. Direkter Zugang für Surfer mit eigenem Board.

Eine Handvoll Hotels im Ort:

Hotel/Restaurant ** „**Face aux Flots**", bd. Leclerc. Freundliche Anlage, trotz seiner drei Stockwerke. Von den Zimmern z.T. Meerblick. Swimmingpool als Badealternative. Ordentliches Restaurant spezialisiert auf Meeresfrüchte, - bei der Lage kein Wunder. DZ 55-75 Euro.

Einige Campingplätze auf beiden Seiten des Ortes und nahe zum Strand, z.B. Camping La Fauche Prêre am Ortseingang, direkt am Rande der Dünen, z.T. im Wald gelegen. Insgesamt einfache Ausstattung. Offen von Ostern-Sept.

** Camping Les Pins, kleines Camp Richtung Le Grand-Village-Plage, nur gut 6o Stellplätze, z.T. Schatten, der Strand etwa 1oo m entfernt. Offen: April bis September.

** Camping Les Tamaris, nur 15o m vom Meer entfernt, Sonnen- und Schattenplätze, Einkaufsmöglichkeit, Restaurant etc. 15o Stellplätze. Offen: April bis Mitte Oktober.

** Camping L'Atlantique, etwas südlich in La Perroche direkt am Strand. Schattenloses Gelände, Stromanschlüsse und Einkaufsmöglichkeit. Mobilhomes zu mieten. 35o Stellplätze. Offen: Mitte März bis Mitte November.

Forêt de St. Trojan

Bei Gratonmère beginnt der Kiefernwald, der sich gut 15 km bis zur Südspitze erstreckt. Viele Fuß- und Radwege durchziehen den größten Wald der Insel. Nur wenig Autostichstraßen enden unmittelbar am Strand.

Ab Vert-Bois „kleckert" eine Feriensiedlung an der anderen entlang der Straße, die Strände über Waldwege erreichbar.

Den sehr schönen Sandstrand erreicht man bei Le Vert-Bois bequem mit dem Auto (große Parkplätze). Ein idealer Platz, um die oft wunderschönen Sonnenuntergänge zu genießen.

Hotel *** „**Le Grand Large**" gleich zu Anfang. Wenig reizvolle Betonarchitektur in spitzen Lage direkt auf den Dünen mit Blick über Strand und Meer, schöne Grünanlage und Swimmingpool. 28 Zimmer und Appartements 4o-18o Euro.

** Camping Les Chênes Verts zu Anfang des Forêt im dichten Eichenwäldchen, nur 1oo m vom Strand entfernt. Liegt fast am Ende einer Stichstraße. Sandiger Waldboden, viel Schatten, kleine Snackbar. 2oo Stellplätze, offen Juni bis Mitte September.

Im Ort **LE GRAND VILLAGE-PLAGE** liegen zwei interessante Museen:

PORT DES SALINES bei Grand Village Plage: sehr hübsch gestaltetes Ensemble zum Thema Salzgewinnung. Das kleine Museum erläutert den Prozeß der Salzgewinnung und die Fisch-Schleusen auf Oléron. Außen kann man die Salinenbecken besichtigen oder im Boot gemächlich über die Kanäle rudern. Offen: Ostern bis Oktober tägl. 1o-12.3o/14-2o Uhr. Eintritt 6 Euro.

Restauranttipp: Sehr schön sitzt man im „Relais des Salines" z.T. auf kleinen Booten und kann die köstlichsten Fisch- und Muschelgerichte probieren.

LA MAISON PAYSANNE, DE LA COIFFE ET DU COSTUME, boulevard de la Plage. Wer sich für Trachten und das Leben vergangener Zeiten interessiert, findet in dem ehemaligen Bauernhaus viel Interessantes. Offen: in den Schulferien tägl. außer Di. Sonst im Sommer tägl. 1o-12/15-19 Uhr. Eintritt 6 Euro.

★ St. Trojan

Das Badezentrum der Insel liegt attraktiv zwischen Austernbänken, Kiefernwald und herrlichen Sandstränden. An der kilometerlangen Uferstraße (Bd. de la Plage) kann man bei Ebbe den Austernzüchtern zuschauen, bei Flut verwandelt sich das Meer in ein großes Schwimmbad mit Sprungturm und Kinderklub. Schmale Fußgängerstraße im Ortskern, pittoresker kleiner Austernhafen am Rande. In den bunten Holzschuppen kann man Austern ganz frisch schlürfen.

Kleines MUSEUM OSTRÉICOLE am Austernhafen mit Video zur Austernzucht und Degustation. Nachmittags offen, Eintritt ca. 5 Euro.

Tourist INFO **Office de Tourisme**, Carrefour du Port, 1737o Saint Trojan les Bains, Tel. o5 46 76 oo 86, Fax: o5 46 76 17 64. Offen zur Saison Mo.-Sa. 9-12.3o/14.3o-19 Uhr, So. nur vormittags.

Post: bd. Pierre Wiehn, offen Mo.-Fr. 9-12/14-17 Uhr, Sa. 9-12 Uhr.

Minizug: eine kleine Attraktion auf der Insel (nicht ganz billig).

Oder auf Radwegen durch den schattigen Kiefernwald, **Fahrradverleih** bei M. Demion am Hafen.

Wassersport: Segelboote, Catamaran, Wasserski bei der Segelschule am Plage de Gatseau, nahe Novotel.

Mit rund zehn Hotels größtes Angebot der Insel:

*** „**Novotel Thalassa**", am Plage de Gatseau an der Südspitze. Wenn auch einfallsloses Großhotel, doch prima direkt am Sandstrand gelegen. Zusätzlich kleiner beheizter Swimmingpool. 8o Zimmer, DZ 78-13o Euro.

*** Hotel „**Les Cleunes**", bd. de la Plage. Architektonisch gelungene Anlage, doch direkt an der Uferstraße und Ortsrand. 4o ordentliche Zimmer mit Privatbad. Swimmingpool, Sauna, Tennis etc. DZ 35-9o Euro.

* „**Hotel de la Paix**", 23, rue de la République. Älteres Gebäude einfacher Ausstattung. 14 Zimmer, überwiegend Etagenbad, schattige Terrasse. DZ 25-3o Euro.

Camping Les Martinets, Montplaisir und La Combinette: größere Anlagen der 2-Sterne-Klasse, liegen etwas abseits vom Ort im dichten Pinienwald, rund 2,5 km vom Meer entfernt. Jeweils mit einer Kapazität von 200-300 Stellplätzen, welliger, natürlich belassener Waldboden. Combinette mit Einkaufsmöglichkeit am Eingang, Bar, Restaurant etc. Drumherum Ferienhäuser.

★ St. Pierre d'Oléron (4.800 Einw.)

Verwaltungsort im Zentrum der Insel mit großen Supermärkten am Rande, lebhafte Fußgängerzone direkt ab Parkplatz. Die schmalen Straßen erkundet man besser zu Fuß.

In der „Schriftstellergasse" rue Pierre Loti steht das Wohnhaus seiner Großeltern (Maison des Aieules), die er oft besuchte. Nach eigenem Wunsch wurde der Romancier auf der Insel bestattet (siehe auch Geburtsstadt Rochefort).

Vom flachen Glockenturm der Kirche (32 m hoch) prima Aussicht über die Austernparks bis zur Küste. Offen: Mo.-Sa. 10-12/14-17 Uhr.

Auf dem Nachbarplatz (Place Camille Memain), ehemaliger Friedhof, steht ein sogenannter Totenturm (Lanterne des Morts), ein gotischer, spitz zulaufender Turm von rund 25 m Höhe.

MUSÉE OLERONAIS ALIÉNOR D'AQUITAINE, 31 rue Pierre Loti. Das Heimatmuseum zeigt das frühere Leben auf der Insel, die Salinen, Fischfang, Landwirtschaft und Weinbau. Ein Raum ist dem Schriftsteller Pierre Loti gewidmet, ein anderer dem Maler Lessieux, eine Abteilung auch der Epoche Eleonore von Aquitanien. Offen: Mitte Juni-Mitte Sept. 10-12/14-18 Uhr.

Tourist INFO **Office de Tourisme**: Place Gambetta, 17310 Saint Pierre d'Oléron, Tel. 05 46 47 11 39, Fax: 05 46 47 10 41. Offen: zur Saison tägl. 9-12.30/14-19 Uhr, sonst Mo.-Sa. 9.15-12.30/14-18 Uhr. Parkplatz. Internet www.oleron.org/saint-pierre

Post: rue Charles de Gaulle, offen: Mo.-Fr. 9-12/14-17 Uhr, Sa. 9-12 Uhr.

Fahrradverleih Verschiedene Anbieter im Ort z.B. Fun Cycles an der Straße D 734 oder Velos 17 Loisier ebenfalls RD 734

Sport: Tennis, Golf und Minigolf, Reitmöglichkeit bei Le Paddock an der Straße nach St. Georges.

ST. GEORGES (ca. 3.000 Einw.): die zweitgrößere Gemeinde im Inselinneren. Dazu gehören einige Bade-Dependancen am Meer. Stolz ist der Ort auf die älteste Kirche der Insel mit Ursprüngen aus dem 11. Jh., doch mehrfach umgebaut.

La Rochelle → Royan

(ca. 1oo km)

Die ersten 3o km bis Rochefort Autobahn. Die Landschaft und die Bade-möglichkeiten in der superseichten Baie d'Yves sind nicht umwerfend. Bei Muschelsammlern (Pêche à Pied) allerdings beliebt. 1o km vor Rochefort Abzweig nach

★ Fouras

(3.3oo Einw.)

Familienbadeort und Sprungbrett zur Insel Aix. Ältere kleine Sommervillen bestimmen das Stadtbild. Fünf gute Strände locken zum Baden, je nach Windrichtung findet man auch immer einen auflandigen Surfbereich.

Die Uferpromenade reicht bis zum FORT VAUBAN (eigentlich Fort de Fouras) 17. Jh., das direkt am Meer die Seezufahrt zum Marinearsenal in Rochefort schützen sollte. Von der Terrasse des Donjon (15. Jh.) Panorama über die kleine Ile de Madame und Ile d'Oléron. Seit 1888 diente der Turm als Leuchtturm, später als Gefängnis und den deutschen Besatzungstruppen als Telefonzentrale. Im Inneren ist das Regionalmuseum untergebracht (Geschichte von Fouras, Fossilien, Seevögel). Offen: Juni 1o-12/17-18.3o Uhr Eintritt 2,5o Euro.

Tourist INFO **Office de Tourisme** gegenüber dem Casino im wold, of. du Bois Vert, 1745o Fouras. Tel. o5 46 84 6o 69, Fax: o5 46 84 28 o4. Offen: Mitte Juni bis Mitte September 9-12.3o/13.3o-18.3o Uhr. Im Winter nur Mo.-Sa. 9-12/14-18 Uhr. Internet: www.fouras.net

Die **Fährstation** zur Insel Aix liegt vorne auf der Pointe de la Fumée. Fotogene Hebelnetze am Ufer, etwas Austernzucht. Beim Fähranleger kleine Restaurants, der wenig schöne Campingplatz de la Fumée und ein großer Parkplatz. Bei Ebbe sind jede Menge Muschelsammler unterwegs (Bestimmungen fürs Pêche à Pied beachten!). Blick zum Fort Enet und Fort Boyard, das wie ein riesiger Zuber vor der Ile d'Oléron liegt.

Fähre ab Fouras (Pointe de la Fumée): Überfahrt ca. 2o Min. Die Abfahrt richtet sich nach den Gezeiten. Personenpassage 11 Euro. Ermäßigte Familienkarte. Pkw-Transport ist kompliziert und bei der kleinen Insel auch unnötig und erfordert eine Genehmigung des Bürgermeisters und Anmeldung. Boote von La Rochelle und der Ile d'Oléron.

FORT ENET: zwischen Fouras und der Insel Aix liegt das 181o-12 erbaute Fort Enet, das nur bei Ebbe zugänglich ist. Napoleon ließ es als Verstärkung des Sicherungsrings um den Hafen von Rochefort errichten.

FORT BOYARD: der beeindruckende ovale Klotz im Meer vor der Ile d'Aix wurde von Napoleon Bonaparte 18o4 in Auftrag gegeben, von Napoleon III. 1857 vollendet. Früher wurde die Festung als Gefängnis benutzt, heute dient sie als Kulisse für eine beliebte Fernsehserie.

Ile d'Aix

(2oo Einw.)

(129 ha, 5 km Küste)

Die kleinste der drei Inseln vor La Rochelle, als einzige noch ohne Brückenverbindung. Eine flache, z.T. waldige Urlaubsinsel, erfreulicherweise weitgehend autofrei. Die Form der schönen und landschaftlich vielseitigen Insel erinnert an ein Frühstücks-Croissant.

Napoleon ist auf Aix allgegenwärtig, wenn er auch nur wenige Tage vor seiner endgültigen Verbannung nach St. Helena hier verbrachte. Die Insel war in den Schutzring um Rochefort einbezogen. Der Südteil ist von Verteidigungsmauern und Gräben umgeben.

Ein Fahrrad ist recht praktisch (Fahrradverleih im Ort) oder man läßt sich in der Pferdekutsche über die Insel fahren. Das Auto läßt man am besten auf dem großen Parkplatz am Festland stehen.

Ein **Spazierweg** (ca. 2,5 Std.) führt um die Insel und zu zwei weiteren Forts im Nordosten: das Fort Liédot im Wald diente dem französischen Staat immer wieder als Gefängnis.

Schöne **Sandstrände** an der Westküste wie die Anse de la Croix oder der Grande Plage, während sich im Norden eine Felsküste mit eingestreuten Sandpartien erstreckt.

Die kleine Siedlung **AIX**, nicht weit vom Anleger, duckt sich hinter den mächtigen Wehrmauern. Die niedrigen weißen Häuschen wurden zu napoleonischer Zeit als Unterkünfte für die Besatzung des Fort de la Rade gebaut. Im Sommer herrscht ziemlicher Ausflugsbetrieb. Die Insulaner leben vom Tourismus und von Austernzucht. Der überwiegende Teil der Häuser sind Ferienwohnungen.

Gegenüber der KIRCHE (Krypta aus dem 11. Jh.) hat ein Muschelschleifer sein Atelier.

NAPOLEONMUSEUM in der ehemaligen Kommandatur, rue Napoleon. Das prächtigste Haus in Aix hat der Kaiser bei seinem Besuch 18o8 in Auftrag gegeben - als ob er es geahnt hätte. Hier verbrachte Napoleon vom 12. bis 15. Juli 1815 die letzten Tage auf französischem Boden. Der Urenkel von Napoleons damaligem Adjutanten, Baron Napoleon Gargaud, bewahrte die Kommandatur vor dem Verfall und richtete hier das Museum ein. Erinnerungsstücke, Bilder, Kleidung (wie z.B. ein Paar lange Seidenstrümpfe), Briefe und das Bett, in dem der Kaiser die letzte Nacht in Frankreich verbracht hat. Offen: tägl. außer Dienstag.

Napoleon gab zwei Gastspiele auf der Ile d'Aix: ein Kurzbesuch im Jahre 18o8 auf dem Höhepunkt seiner Macht, während einer Inspektion der Befestigungen. Der zweite Aufenthalt markiert das Ende seiner politischen Karriere. Nach seinem Abdanken am 22. Juni 1815 verbrachte er hier die letzten Tage vor seiner Abfahrt nach St. Helena. Ein Gedenkstein markiert den Punkt, an dem der Kaiser zum letzten Mal französischen Boden unter den Füßen hatte, - ehe ihn ein Matrose aus Fouras an Bord der „Bellerophone" trug.

Schräg gegenüber das MUSÉE AFRICAINE, eine ethnografische und zoologische Sammlung von Baron Gargaud, der ein passionierter Großwildjäger war. Tägl. außer Mittwoch 1o-12/14-18 Uhr.

Übernachten/Essen: Eine Handvoll Restaurants sorgt fürs leibliche Wohl, ist aber besonders am Wochenende schnell besetzt. Das Inselhotel heißt natürlich „Napoleon". Für Camper existiert ein kommunaler Platz „Fort de la Rade" innerhalb der alten Befestigungsanlage, nur einen Katzensprung vom Fährkai entfernt.

★ Rochefort (28.ooo Einw.)

Die im 17. Jh. gegründete Stadt Rochefort besitzt einen streng rechtwinklig angelegten Grundriß mit breiten Straßenzügen und herrschaftlichen Privathäusern, die für die Admiräle und Offiziere der Königlichen Flotte erbaut wurden. Seit dem 19. Jh. gibt es hier Kurbetrieb; das 42 Grad warme Wasser wird zur Behandlung von Rheuma und Hautkrankheiten angewendet.

Tourist INFO

Office de Tourisme: avenue Sadi Carnot, moderner Pavillon am zentralen Platz.Tel. o5 46 99 o8 6o, Fax: o5 46 99 52 64. Offen im Sommer tägl. 9.45-18.45 Uhr, im Winter Mo.-Sa. 9-12.3o/14-18.3o Uhr. Internet: www.ville-rochefort.fr

Weiteres Büro Porte de l'Arsenal, Offen täglich, im Sommer 1o-18 Uhr, im Winter 1o-12.3o/13.3o-17 Uhr.

Transporte: siehe La Rochelle und Ile d'Oléron.

Stadtentwicklung: Mitte des 17. Jh. war Rochefort noch ein kleines unbedeutendes Dorf, - bis Ludwig XIV. auf die Idee kam, sein Königreich brauche eine Kriegsflotte. Er beauftragte Colbert, einen geeigneten Platz für die Werften ausfindig zu machen. Nach längerem Suchen fiel die Wahl des Ministers auf die Charenteschleife bei dem Dorf Rochefort.

Binnen kurzem wurde hier ein riesiges Arsenal aus dem Boden gestampft, neben Toulon das einzige im Königreich. Das Werftgelände umfaßte Wasserbassins, um das Holz für die Schiffsmasten frisch zu halten, Gießereien, Schmieden, Werkstätten, Trockendocks und die gewaltige Corderie - eine Seilerei zur Herstellung der starken Schiffstaue.

Um dieses Arsenal vor feindlichen Angriffen zu schützen (besondere Gefahr drohte von den Engländern), ließ Colbert einen Ring von Festungen in einem Umkreis von 15-2o km anlegen (Fouras, Ile d'Aix und Ile d'Oléron).

Über 4.ooo Menschen arbeiteten im Arsenal, großteils Sträflinge, die jeweils als Paarlinge aneinandergekettet bei den härtesten Arbeiten schuften mußten. Aus den Holzbaracken der Arbeiter entwickelte sich bald die Reißbrettstadt mit Häusern aus dem 18./ 19. Jh. im typisch rechtwinkligen Grundriß.

Im 19. Jahrhundert - zur Dampfschiff-Ära - war die Blüte Rocheforts vorbei. 1925 wurde das Arsenal aufgegeben.

ARSENAL: Von den verschiedenen Werkstätten, die noch erhalten sind, ist die CORDERIE die beeindruckendste. Mittlerweile sind die Schäden, die die Deutschen bei ihrem Abzug im 2. Weltkrieg angerichtet haben, wieder behoben. Trotz der Länge von 37o m ein harmonisch eleganter Bau am Charenteufer (rue Toufaire), angrenzend der Jardin de la Marine.

Das Gebäude wurde vom königlichen Hofarchitekten François Blondel entworfen, der sich bereits einen Namen durch das Arsenal in Berlin und die Porte Sainte Denis in Paris gemacht hat. Im ersten Stock wurde der Hanf verarbeitet, unten die Seile zu Tauen verflochten, getrocknet und imprägniert.

In der Corderie sind heute verschiedene Verwaltungen untergebracht, das Centre de la Mer mit einer ständigen Ausstellung zur Seilherstellung; interessantes Modell des Arsenals, wie es zu aktiven Zeiten aussah. Ferner wechselnde Ausstellungen. Offen: April - Sept. tgl. 1o-18 Uhr. Im Winter 9-19 Uhr. Eintritt: 4,8o Euro.

Ausgezeichnete „Buchhandlung“: Wer sich intensiver für Rochefort, die Inseln oder das Poitou Charentes interessiert, findet hier jede Menge interessanter Lektüre (fast nur französischsprachig).

Weiterhin ist das Tor des Arsenals erhalten, das Marinehospital und ein Vorratsspeicher. Durch die Porte du Soleil, dann gleich links sieht man noch das doppelte Schiffsdock, das wieder restauriert wurde, und in dem die Fregatte l'Hermione (in der La Fayette nach Amerika fuhr) rekonstruiert ist. Die l'Hermione wurde 1779 hier in Rochefort gebaut und kann besichtigt werden. Die noch existierenden Arsenalgebäude sind beschildert. Offen: tgl. 9-19 bzw. bis 18 Uhr. Eintritt 4,5o Euro.

Die ehemalige Artillerie Navale von 1838 (neben der Corderie) wurde renoviert und zum *** „**Vita Hotel de la Corderie Royale**“ umfunktioniert. Etwas martialisch anmutend hinter hohen Mauern - heute ein modernes Konferenzhotel mit 6o Zimmern. Swimmingpool, Sauna etc. Restaurants. DZ stolzen 12o Euro.

SEEFAHRTSMUSEUM im Hotel des Cheusses (17. Jh.), place la Galissonnière. Offen: April-Sept. tgl. 1o-18.3o Uhr. Sonst Mo. 1o-12/14-17 Uhr. Eintritt 4,8o Euro.

Ehemalige MEDIZIN-MARINE-SCHULE, 25 rue A. Meyer. Eingerichtet im ehemaligen Marinekrankenhaus. Ganz interessant zu sehen, wie es damals zuging. Gleiche Öffnungszeiten wie Seefahrtsmuseum, gleicher Preis und Ticket.

MUSÉE D'ART ET D'HISTOIRE, 63, av. Charles de Gaulle. Gemäldesammlung, wie auch Exponate zur Stadtgeschichte, zum Arsenal etc. Offen: Juli/August tägl. 13.3o-19 Uhr, sonst So.,Mo. 13.3o-17.3o Uhr. Eintritt gratis.

PIERRE LOTI HAUS, 141, rue Pierre Loti. Ein unscheinbares graues Bürgerhaus in einer der Innenstadtstraßen, umso mehr kontrastiert das Interieur. Der Schriftsteller Pierre Loti ließ seiner exzentrischen Ader bei der

Gestaltung seines Elternhauses freien Lauf. Sein Faible für alles Königliche und Hochherrschaftliche kommt in den Räumen voll zum Ausdruck. Frei erfundene Wappen schmücken die „Freitreppe", überall prangt die Lilie, die er dem französischen Königshaus entlieh. Seine Moschee - aus geschmuggelten Resten einer syrischen Moschee zusammenkomponiert - und sein arabisches Zimmer verraten die spannende Ambivalenz des königlichen Angestellten.

Halbstündliche Führung durch sein kurioses Haus; dauert ca. 3/4 Std. Juli bis September tägl.ab 1o Uhr. Im Winter 1o.3o/11.3o/14/15/16 Uhr. Eintritt 7,5o Euro, Kinder ermäßigt. Reservierung beim Touristenbüro ratsam.

Ermäßigung mit der Carte Sésame beim Besuch von zwei Museen.

Pierre Loti alias Julien Viaud (185o-1923), ein zu Lebzeiten erfolgreicher Romancier, stammte aus Rochefort. Als Angestellter der königlichen Marine kam er in Frankreichs Kolonialreich weit herum und lernte auf seinen Reisen Spanien, die Türkei, Tahiti, Indien und Nordafrika kennen. Er war künstlerisch recht begabt, ein ausgezeichneter Klavierspieler und Maler, berühmt wurde er jedoch als Dichter und mit 41 Jahren jüngstes Mitglied der Academie Française.

Seine exotischen Romane, die sich oft um einen melancholischen Helden mit autobiografischen Zügen drehen, waren sehr beliebt, sein exzentrisches Auftreten dem spießbürgerlichen Rochefort aber ein Dorn im Auge. Sein erster Roman - von insgesamt 42 - „Aziyade" spielt in der Türkei, - inspiriert von seiner dortigen großen Liebe. Seine „Islandfischer" spielen in der Bretagne und im Nordmeer. Recht interessant auch „Ramuntcho", das nach seiner Zeit im Baskenland entstand. Lotis Werke bekommt man in der Buchhandlung in der Corderie.

Der Künstlername geht auf eine Begegnung mit Einheimischen in Tahiti zurück - lange bevor er unter die Dichter ging. Sie nannten ihn Roti, nach einer kleinen Tropenblume. Des schöneren Klangs willen wandelte er den Namen in Loti um.

Pierre Loti war mit 1,6o m Körpergröße auch für damalige Verhältnisse recht klein geraten, was ihm wohl zu schaffen machte. Er versuchte dieses Manko durch besonderen sportlichen Ehrgeiz zu kompensieren.

Mit 73 Jahren starb Pierre Loti im baskischen Hendaye; Frankreich ehrte ihn mit einem Staatsbegräbnis, bei dem die Marine auffuhr und der türkische Botschafter teilnahm. Nach seinem Wunsch liegt er in der Heimat seiner Mutter auf der Ile d'Oléron begraben.

LE PONT TRANSBORDEUR: Eine Schwebefähre und ein Stück Industriearchitektur kann man an der Charente südlich von Rochefort sehen. Ein seltenes Vehikel hat der Ingenieur Arnodin 19oo erfunden, das - ohne die Schiffahrt zu behindern - Passagiere und Gefährte ans andere Ufer bringt. Das einzige erhaltene Exemplar dieser Art wurde mit viel Aufwand restauriert und in Betrieb genommen. Über die Betriebszeiten informiert das Touristenbüro.

ROCHEFORT-MARENNES: 25 km durch eine flache, von Kanälen durchzogene Landschaft. Südlich von Rochefort (D 733) überspannt eine moderne, mautpflichtige Brücke die Charente (3,5o Euro einfach für den Pkw, hin und zurück knapp 6 Euro.). Wer die Gebühr sparen möchte und einen

Umweg von 20-25 km in Kauf nimmt, kann über die Brücke östlich von Tonnay-Charente Richtung St. Hippolyte fahren.

Anstelle der Hauptroute bietet sich die D 3 über das Festungsdorf Brouage an. Allerdings kurvige Straße.

★ Brouage (500 Einw.)

Ein Bild wie im 17. Jahrhundert: eine Verteidigungsanlage mitten in der flachen Polderlandschaft. Im Gegensatz zu vielen anderen Festungen ist der Ort nicht über seine Mauern hinausgewachsen, niedrige Häuschen, viel Abgeblättertes. Auf den 13 m hohen Stadtmauern geht man heute spazieren. Wo früher das Meer schwappte, sind einige Austernzüchter bei der Arbeit.

Durch die Belagerung von La Rochelle 1628 (siehe dort) bekam die Salzstadt Brouage plötzlich strategische Bedeutung und wurde von den königlichen Truppen zum Militärcamp ausgebaut. Innerhalb weniger Jahre entstand die sternförmige Verteidigungsanlage - noch vor Vauban - und Brouage wurde zur wichtigsten Garnisonstadt des Atlantiks. Heute schwer vorstellbar, daß in dem verschlafenen Nest hinter den Wehrmauern einst 6.000 Leute lebten.

Die kurze Blütezeit war mit dem Wiederaufbau von La Rochelle und dem Ausbau von Rochefort vorbei. Die Salinen verkamen zu malariaverseuchten Sümpfen.

Tourist INFO

Office de Tourisme: Forge Royale, Tel. 05 46 85 19 16. Ein paar einfache Restaurants im Ort.

Verschiedene Fahrradrouten und Spazierwege um Brouage führen zu Salinen, Austernhäfen, zum Tour de Broue oder zum Glockenturm von Moeze. Informationsbroschüre im Touristenbüro.

★ Marennes (4.500 Einw.)

Bekannte Austernstadt, 60 % aller in Frankreich konsumierten Austern stammen aus den großen Zuchtanlagen.

Den besten Eindruck vom Parc à Huîtres erhält man vom Ende der Landzunge La Cayenne, ca. 4 km außerhalb vom Zentrum (ausgeschildert). Kilometerlang führt die Straße direkt am kleinen, aber befahrenen Kanal entlang, Transportkähne neben Segeljollen, alles dreht sich um Austern. Verkaufsstellen direkt an der Straße, superfrisch und preiswert - auch zum Probieren. Kleines Restaurant „La Cayenne" am Ende der Sackgasse, neben Austern auch gute Fruits de Mer. Eine kleine Ausstellung informiert über Austern und Austernzucht.

Vom wuchtigen Glockenturm (Eintritt) Spitzenpanorama über Marennes und die Austernbänke. Knapp 300 Stufen bis zur Brüstung. Die markante Turmspitze diente den Seefahrern lange als Orientierung.

Tourist INFO

Office de Tourisme: 1, place Chasseloup-Laubat, 17320 Marennes. Tel. 05 46 85 04 36, Fax: 05 46 85 14 20. Offen Juli/ August tägl. 9-12.30/13.30-19 Uhr, so. und feiertags 10.30-

12.3o Uhr. April bis Juni und September Mo.-Sa. 9-12.3o/14-18.3o Uhr. Im Winter Di.-Sa. 1o-12/14-16 Uhr. Diavorführung zum Thema Austernzucht.

Bootsfahrten: Juni bis September ab dem Port de la Cayenne. Besonders interessant sind die Touren bei Ebbe, wenn die vielen Austernzuchtbecken aus dem Meer auftauchen. Dauer 1 Std., knapp 1o Euro.

CHÂTEAU DE GATAUDIÈRE (nördlich von Marennes): ein elegant-strenges Schloß aus dem 18.Jh., - heute noch in Besitz der Nachkommen des Bauherrn. Offen: März bis November 1o-12/14-18 Uhr.

5 km südöstlich in St. Just-Luzac das MUSÉE DE TRAINS „Atlantrain", große Sammlung von Spielzeugeisenbahnen, Waggons und Spielzeug ab 1875. Offen: Mitte Juni bis Mitte September jeden Nachmittag außer Sa. - 4 Euro Eintritt.

Wenige Kilometer von Marennes zur Ile d'Oléron, der größten Insel am Atlantik (Brückenverbindung). Alle Details im eigenen Kapitel.

Bei der Weiterfahrt schöner Blick von der Straßenbrücke über die Mündung der Seudre mit den Zuchtanlagen - keine Haltemöglichkeit.

RONCE LES BAINS gleich nach der Brücke - ein Badeort mit kleinen Ferienvillen im Kiefernwald. Die Austernbänke gleich vor der Haustür werden bei Ebbe frei; dann kann man Baden vergessen. Ein ganzer Schwung Campingplätze.

LA TREMBLADE: Weniger der Ort als der idyllische Austenhafen am ca. 2 km langen schmalen Kanal lohnen den Besuch. Die Berge von Muschelschalen vor bunt gestrichenen Hütten und Austernkähnen geben besonders zur Abendsonne wunderbare Fotomotive ab. Hier wird gearbeitet, be- und entladen, Boote repariert und natürlich verkauft. In den kleinen Restaurants kann man Muscheln, Austern, Fisch und die köstliche Eclade de Moules - eine spezielle Mismuschelzubereitung probieren.

Bootsfahrten: bei Ebbe werden die Austernzuchtanlagen besichtigt, bei Flut das Bassin von Marennes-Oléron. Dauer 1 Std. Preis 9 Euro .

An bestimmten Tagen wird eine große Tagesrundfahrt bis zum Fort Louvois, nach Le Château d'Oléron, Fort Enet, Fort Boyard und zur Ile d'Aix veranstaltet. 32 Euro/Person.

Gleich nach der Brücke führt die Straße durch den FORÊT DE LA COUBRE, der den charakteristischen Seekiefernwaldgürtel entlang der Atlantikküste eröffnet. Bereits die ersten 2o km sind ein enorm reizvolles Waldgebiet mit Spazierwegen bis nahe zum Meer, auf denen man mit Glück sogar Rotwild zu sehen bekommt (Naturschutzgebiet). An der D 25 einige schattige Parkplätze im Wald; immer wieder Warntafeln „Waldbrandgefahr".

Einige Stichwege führen von der Hauptroute an den herrlichen Dünenstrand der Côte Sauvage, feiner, heller Sand, soweit das Auge reicht. Baden wegen starker Strömung gefährlich. Bei der Zufahrt zur Pointe Espagnole gleich zu Anfang sehr schöne Picknickstellen im Wald, Imbißstand beim Meerzugang (Parkplatz).

Der 6o m hohe Leuchtturm PHARE DE LA COUBRE mußte wegen der Dünenbewegung oft mitwandern. Der jetzige stammt von 19o7. Die 3oo Stufen lohnen für den weiten Blick über die Girondemündung.

Am Südzipfel die Bucht Bonne Anse, durch eine schmale Landnase (Wanderdüne) vor der Brandung geschützt, sehr schöne Sandbereiche. Durch die Muschelzuchtanlagen in der Bucht eignet sich der wellengeschützte Bereich nur bedingt zum Surfen und Baden, bei Ebbe minimaler Wasserstand. Schöne Picknickplätze zwischen Straße und Meer. Holzbänke unter schattigen Kiefern, Wasserstelle, Imbißwagen; Baden nur bei Flut. Für Wohnmobile lassen sich ab und zu Stellplätze finden.

★ La Palmyre

Der erste größere Ort an der Côte Sauvage, ganz im Kiefernwald versteckt; ein reiner Badeort. Überwiegend Appartementunterkünfte und große Campingplätze. Der Touristenrummel kündigt sich mit Karussells, Spielplatz, Zoo etc. bereits an (Höhepunkt in Royan). Kleiner, bewachter Sandstrand im Bereich der riesigen Wasserrutsche neben dem kleinen Jachthafen. Großrestaurants sind Trumpf. Für Camper ein guter Stützpunkt.

ZOO DE LA PALMYRE: sehr abwechslungsreich und schön im Wald angelegter Zoo, für den man mindestens einen halben Tag einplanen sollte. Besonders beliebt sind die Vorstellungen mit dressierten Papageien und Ohrenrobben. Picknick mitnehmen, es gibt Sitzgruppen im Schatten und natürlich auch Imbißrestaurants. Offen: April bis September 9-19 Uhr, sonst 9-12/14-18 Uhr.

Sehr schöner **** Camping Park de la Côte Sauvage, nördlich von La Palmyre vorne beim Leuchtturm, 3oo m vom Strand entfernt. Total schattiges Gelände, sehr gepflegt, hügelig, natürlich belassen, dadurch sichtgeschützte Nischen. Sehr große Anlage mit allem Drum und Dran. Sanitäranlagen über das Gelände verteilt, Supermarkt, Restaurant etc. Guter Stützpunkt zum Surfen und Baden. 5oo Stellplätze. Offen: Mai bis September.

**** Camping Bonne Anse Plage, riesige Campingstadt im Kiefernwald, ca. 2oo m vom Meer. Sanitäreinrichtungen o.k., großer Supermarkt, Kinderspielplatz, einige Sporteinrichtungen, Schwimmbad, Riesenrutschen. Durchnumerierte Stellplätze, sandiger Boden. Vermietung von Mobilhomes und Caravans. Hunde sind nicht erwünscht. Relativ teurer Platz. 67o Stellplätze. Offen: Ende Mai bis Anfang September.

Camping de la Marine nahe der Bucht, etwa gleichgroße Anlage, gut schattige Plätze, ein Katzensprung zum Meer. Weitere Camps kurz vorm Ortseingang in Meernähe.

La Grande Côte nennt sich der angrenzende Strandbereich (6 km lang). Steiler werdende Küste, Kiefern und Büsche bis dicht ans Meer-/Dünengürtel. Badezugänge nur zu Fuß erreichbar, dafür weniger Betrieb als am Ortsanfang von St. Palais; dort trifft die Straße wieder auf die Küste (großer Parkplatz, Snackbar, Disco etc.).

ST. PALAIS SUR MER (2.5oo Einw.) mit modernem Zentrum, viele Neubauten kennzeichnen den aufstrebenden Badeort, der schon fast zum Vorort Royans geworden ist. Im Sommer schwillt er gut auf das 2o-fache seiner Einwohnerzahl an. Der Hauptstrand hübsch von Felsen eingerahmt, ca. 25o m langer Sandbereich, gut besucht, bei Ebbe etwas unansehnlich felsig.

Ausweichplätze: Plage Du Patin, 6oo m langer Sandstrand; schöner Plage de Nauzan, etwas weiter südlich. Bestens ausgestattet inkl. Sonnenschirmverleih, Strandrestaurant, Busverbindung etc.

Royan/St.Georges

(zus. 25.000 Einw.)

Doppelort an der breiten Girondemündung und Badehochburg der nördlichen Atlantikküste; beide Städte mit langer, sehr schöner Sandbucht und Flanierpromenade, nur durch ein bebautes Felsenkap voneinander getrennt, zum Wassersport ideal. Insgesamt jedoch enormer Baderummel. Während die Promenade von Royan fast Kirmescharakter annimmt, wirkt St. Georges mit älterem Zentrum etwas gemütlicher.

Durch die alliierten Luftangriffe Ende des 2. Weltkriegs ging eine der schönsten Städte am Atlantik verloren. Seit dem Wiederaufbau präsentiert sich Royan als modernes Seebad, doch ohne den früheren Charme. Neues Zentrum am Strand, - Palmen und Blumenbeete nehmen den geschwungenen Betonfassaden („Front de Mer") etwas die Strenge.

Am Ortsrand von St. Georges beginnen bereits wieder die Kiefernwälder, viele Villen zwischen Bäumen versteckt. Schöne Panoramastraße um die Landzunge Pointe de Vallières, die die beiden Orte voneinander trennt; weiße Kreidefelsen, fotogene Hebelnetze, malerisch zur Abendstimmung. Für viele bleibt Royan nur Fährhafen zu den endlosen Sandstränden an der Dünenküste südlich der 4 km breiten Girondemündung.

Tourist INFO * **Royan**: Rond-Point de la Post, 172o8 Royan. Tel. o5 46 o5 o4 71, Fax: o5 46 o6 67 76. Place de la Poste vis-à-vis vom Hauptstrand. Offen: Juli/August tägl. Mo.-Sa. 9-19.30 Uhr, So. 1o-13/15-18 Uhr, sonst Mo.-Sa. 9-12.3o/14-18 Uhr.

* **St. Georges**: Pavillon an der Strandstraße. Im Sommer täglich offen 9.3o-12.3o/14-18 Uhr. Juli/August länger.

Post: Royan, place de la Poste. Mo.-Fr. 8.3o-18 Uhr. Zweigstellen über der Stadt verteilt sowie in St. Georges.

Verbindungen

Pendelfähre (Bac) von Royan auf die andere Seite der Gironde zur Pointe de Grave. Zur Saison alle 3o Min. von ca. 6.3o bis 2o.3o Uhr, nach Bedarf auch länger. Preis: 3 Euro/ Person, Pkw ca. 2o Euro, Motorräder die Hälfte, Wohnmobil ca.34 Euro, Fahrrad 3 Euro.

Bus: Abfahrt nahe Bahnhof, Cours de l'Europe.
Bus (Navette): * La Palmyre-> Royan-> Meschers etwa stündlich. Seltener fährt der Bus bis zum Leuchtturm de la Coubre und nach Talmont.

* Royan-> La Palmyre-> St. Augustin-> Les Mathes-> La Tremblade-> Ronce zur Saison 3 x tägl.
-> La Rochelle 3 x tägl. Dauer 2 Std.
-> Saintes (Hinterland) 3 x tägl.
-> Pons, Cognac 1 x tägl.
-> Insel d'Oléron 1 x tägl.

Zug: Gare SNCF ca. 2oo m vom Hauptstrand entfernt.
-> Paris über Saintes, Cognac ca. 6 x tägl.
-> Saintes, Cognac zusätzlich ca. 8 x tägl.
-> Bordeaux

MUSÉE DE ROYAN, im Rathaus, av. de Pontaillac. Eine archäologische, lokalhistorische und naturhistorische Sammlung u.a. prähistorische Exponate, römische Öllämpchen, ferner eine Muschelsammlung. Ein Raum ist den Ereignissen im 2. Weltkrieg gewidmet, der Besetzung und der Résistance auf der Halbinsel d'Arvert. Offen: ganzjährig 14-18 Uhr

Kriegsmuseum LA POCHE DE ROYAN in Le Gua, route de Marennes. Museum zur Kriegsgeschichte 1939-45 im Bereich Royans. Uniformen, Waffen, Kriegsfahrzeuge, große Diashow. Auf dem Rückzug 1944 sammelten sich deutsche Truppen u.a. in Royan. Wenige Wochen vor Waffenstillstand wurde die Stadt in zwei Bombenangriffen von den Alliierten fast vollständig zerstört. Offen: Juli/Aug. täglich 1o-19 Uhr, Sept.-Juni 1o-17/ 14-18 Uhr. Eintritt 7 Euro. Zufahrt: 13 km außerhalb Royan Richtung Rochefort D 733 nach Norden.

Vogelpark LE VILLAGE DES OISEAUX, 15 km nördlich Royan nahe dem Kreuzungsort Cadeuil (gleiche Zufahrt wie Kriegsmuseum). In einem Gehege von 3 ha sind Vögel aus fünf Kontinenten zu sehen. Offen von Ostern bis Oktober täglich.

Am Portique de la Plage in Royan ein Lokal am anderen; Pizzerien, Crêperien, große Terrassen unter Baldachinen. Gleich am Anfang „LE PORTIQUE“ mit Pizzen ab 7 Euro, große Auswahl an Eisbechern.

„LE PATIO DES GOURMETS“, 51, Portique. Mit Panoramaterrasse im 1. Stock; etwas zurückgesetzt von der Straße. Gutes Menü ab ca. 15 Euro. Eisdiele, Salon de Thé.

„LA COQUILLE“, place des 4ème Zouaves et du 1o7ème R. Wohnstubengroß, gemütlich, einfach, kleine Restaurantterrasse. Menü ab 12 Euro (Austern, Fleischgang, Nachtisch).

„LA JABOTIERE“, Esplanade de Pontaillac in Pontaillac. Gutes, gepflegtes Restaurant ganz in Strandnähe mit Terrasse. Exquisite Terrine de Poisson; Fisch- und Fleischgerichte. Menü ab 23 Euro; à la carte wird's kostspieliger.

Restaurant/Hotel „LES BÉGONIAS“, 11, place Michelet in St. Georges. 5o m vom schönen Sandstrand entfernt und etwas zurückgesetzt von der Hauptstraße im Zentrum. Sehr gute Küche. Menü ab 13 Euro aufwärts.

Beide Orte bieten schätzungsweise eine Kapazität von 12o.ooo Betten, die meisten in Royan.

**** „**Hotel Les Embruns**“, 18, bd. Garnier. 5-stöckiges Hochhaus an der Strandstraße, 5o m zum Meer. Zimmer zur Straße mit Strand- und Meerblick, aber laut. Minibalkon. Dusche/Bad auf allen Zimmern. DZ 5o-85 Euro

*** „**Family Golfhotel**“, 28, bd. Garnier. Großes Eckhotel an der Strandstraße, fade Architektur. 24 komfortable Zimmer, DZ 6o-9o Euro.

** „**Les Bleuets**“ hinterm Jachthafen. 21, Façade Foncillon (auf dem Weg zur Fähre). Dreistöckig mit Reihenhauscharakter neben weiteren Hotels. 16 Zimmer, z.T mit Laubenbalkons und Blick auf die Girondemündung, alle mit Dusche oder Bad. Gute Küche. DZ47-6o Euro. Zum kleinen Sandstrand Foncillon nur über die Straße.

** „**Hotel la Coupole**“, 3, rue Font de Cherves. 1oo m vom Strand, nahe der vierspurigen Straße - laut 14 Zimmer, z.T. Minibalkon, etwa die Hälfte mit eigenem Bad. DZ 27-45 Euro.

** „**Vialard**“, 23, bd. A.-Briand, 1oo m vom Strand entfernt. Zweckmäßiges Hotel, unterschiedliche Zimmer, nicht super modern, aber mit Farbfernseher. DZ mit Bad ca. 5o Euro.

** „**ABYSSE de Plazza**“, 17, rue Font de Cherves. Ein Dutzend unterschiedlich möblierte Zimmer, alle mit Dusche oder Bad. Für die strandnahe Lage relativ ruhig. DZ ab 45 Euro.

Mehrere Campingplätze in Royan, der größte und am besten ausgestattete ist **** Clairefontaine, allée des Peupliers, im Ortsteil Pontaillac. 9oo Stellplätze im schattigen Waldgebiet, ca. 3oo m vom Meer. Sanitärgebäude o.k. auch Waschmaschine vorhanden. Superladen, Kinderspielplatz etc. Offen: Juni bis Anfang September.

** Camping Municipal La Triloterie, av. A. d'Aquitaine. Schattig. Einkaufsmöglichkeit etc. Etwa 3oo Stellplätze. Offen: April bis Oktober.

*** Camping de Royan, 193, av. Ch. Regazzoni. Vermietung von Mobilhomes und Caravans. 54o Stellplätze. Offen: April bis September.

Ab dem südlichen Ortsbereich von St. Georges, an der Straße nach Meschers reiht sich ein Campingplatz an den anderen. Große Anlagen im Pinienwald, gut schattig, manche mit direktem Meerzugang.

Sehr günstig gelegen **** Camping Bois-Soleil, 2, av. de Suzac am südlichen Strandbereich mit eigenem Meerzugang. Große Anlage in mehrere Bereiche unterteilt, auch individuelle Stellplätze. Strom- und Wasseranschlüsse auf dem Gelände verteilt, gut ausgestattete Sanitäreinrichtungen. Großes Sportangebot: Tennis, Volleyballfelder, Minigolf etc. Ca. 1.ooo Stellplätze. Offen: April bis September.

*** Camping Idéal auf der anderen Straßenseite, dadurch keinen direkten Meerzugang, ebensogroße Anlage im Kiefernwald. 1.2oo Stellplätze. Offen: Mai bis Mitte September.

BADEN

„Grande Conche", Hauptstrand von Royan, 3 km lang, leicht geschwungen, eine riesige Sandfläche; trotz der Größe gut belebt. Großes Freizeitangebot, Surf-/Segelbootverleih, Pedalos, Kinderspielplatz, bewachte Badebereiche, Umkleidekabinen, Sonnenschirmverleih. Großer Jachthafen am Anfang des Strandes.

2 km Länge mißt das Pendant in St. Georges, ähnlich großes Freizeitangebot auf dem breiten Strandbereich. Schattige Picknickbänke im Pinienwäldchen am südlichen Strandabschnitt.

Ausweichstrände: nördlich vom Jachthafen (Royan): Plage de Foncillon, Plage du Chay, Plage du Pigeonnier, Plage de Pontaillac.

SPORT

Surfverleih direkt auf den Stränden, stundenweise 12 Euro.

Wasserski ab Jachthafen Royan, etwa 1o Euro die große Runde, auch Skiverleih.

Bootsvermietung: Jachthafen, z.B. 75 CV Boot kostet den 1/2 Tag 7o Euro. Alternativ bei Loca Cap am Hafen (Ponton 3), Boote bis 185 PS.

Fahrräder: bei M. Hay (Fahrradshop), 2o, bd. Lattre de Tassigny (Royan). Mountainbikes-Vermietung z.B. bei Neway, Esplanade du Bac.

Tennis: de l'Hippocampe, 1o, allée de l'Homme Blanc (Royan). Tennis „Le Garden", Bd. Carnout (Royan). Tennis „Municipaux" St. Georges, rue du Maréchal Leclerc, tägl. 8-22 Uhr.

Reiten: Mehrere Reitcenter im Umkreis Ponyclub außerhalb in St. Palais sur Mer.

Golfplatz: „Golf de la Côte Beauté“ nahe Ponyclub, 6 km außerhalb, 18 Loch.

AUSFLÜGE

Château de Didonne, 7 km entfernt, schön im Park gelegen, mit landwirtschaftlichem Museum, das die Entwicklung seit 185o zeigt. Zur Saison wird mehrmals pro Woche ein reichhaltiges Barbecue veranstaltet. Schönes Ambiente.

Ins Hinterland: Saintes, Cognac, Pons. Entweder als organisierte Bustour oder mit dem eigenen Fahrzeug/Fahrrad, auch mit öffentlichen Verkehrsmitteln möglich. Details zu den Orten im Kapitel Hinterland.

Cognac, La Rochelle, zur Insel d'Oléron, Arcachon etc. Busausflüge ca. 2o Euro. Info übers Touristenbüro.

Bootstouren: breites Angebot, vom 2-Stunden-Trip entlang der Küste bis zu großen Tagesrundfahrten, kombiniert als Boot-/Bustouren. Preislich zwischen 12 und 27 Euro pro Person.

Empfehlenswert (aber selten) die Bootsfahrt den Girondetrichter abwärts inkl. Besuch eines Weingutes.

Flußfahrt auf der Charente bis zum „Römerstädtchen“ Saintes, Zwischenstop im Château Courbon (Halbtagestour). Alternativ als Boot-/Buskombination: Cognac, Jarnac, Pons.

Nach Norden bis La Rochelle entlang der Inseln und Zwischenstop in Rochefort.

Bootsfahrt zum Leuchtturm am Eingang der Girondemündung Phare Cordouan.

Detaillierte Infos an den jeweiligen Textstellen, Broschüre mit genauen Abfahrtszeiten im Touristenbüro.

ROYAN -> ARCACHON: Mit Ziel nördliche Atlantikküste besteht die Möglichkeit ab Royan/St. Georges per Autofähre direkt an die Dünenküste nach Pointe de Grave überzusetzen (siehe Royan).

Sehr lohnend der Schlenker am Girondeufer entlang nach Blaye (super Zitadelle!). Dort mit der kleineren Autofähre nach Lamarque übersetzen (billiger, aber nicht so häufig) und durchs berühmte Weinanbaugebiet Médoc wieder hoch an die Küste. Siehe Seite 231 und Seite 297.

ST. GEORGES -> MESCHERS: 1o km
Kreideküste kennzeichnet den weiteren Verlauf bis Meschers, haushohe, senkrecht abfallende Felsen mit eingestreuten Sandbuchten. Kiefernwälder reichen bis dicht ans Ufer, schöne Farbkontraste zum Meer, die Zugänge aber spärlicher. Baden wird im Bereich der Gironde immer unattraktiver, südlich Meschers nicht mehr empfehlenswert.

Sehr schön der Plage des Vergnes auf halber Strecke. Hübsche Sandbucht, 5oo m lang, flankiert von weißen Kalkfelsen - schöne Kontraste zu den dunkelgrünen Pinien und dem blitzblauen Meer. Morgens sind Angler und Strandreinigung unterwegs. Großer gebührenpflichtiger Parkplatz im Kiefernwäldchen. Surfverleih, Katamaran und kleine Segelboote.

★ Meschers sur Gironde (2.ooo Einw.)

Bekannt für seine Höhlenwohnungen, direkt am Steilufer der Gironde. In prähistorischer Zeit aus dem hellen Kalkstein gegraben (teilweise verzierte Wände), dienten sie später auch Piraten oder verfolgten Hugenotten als Unterschlupf; heute beliebtes Ausflugsziel mit Restaurant und Panoramablick über die Gironde.

Weiß getünchte Häuser und schmale Gassen geben dem Badeort einen fast mediterranen Touch. Fotogene Hebelnetze an der Hafeneinfahrt. Im Hintergrund die sehenswerte Kirche von Talmont, exponiert auf dem Felssporn. Sandstrände am nördlichen Ortsrand: Plage des Nonnes, Plage des Vergnes und Plage de Suzac.

Office de Tourisme: im Zentrum, place de Verdun, 17132 Meschers. Tel. o5 46 o2 7o 39, Fax: o5 46 o2 51 65. Offen: zur Saison tägl. außer So. nachmittags 9-12/15-19 Uhr.

Schöner Spaziergang zu den Grotten entlang der Klippenküste: Bd. de la Falaise, Bd. de la Corniche.

LES GROTTES DU RÉGULUS, die direkt über der Gironde gelegenen Höhlenwohnungen wurden als Museum hergerichtet und zeigen, wie die Menschen hier lebten. Die Grotten wurden vom Meer ausgehöhlt und dann von Menschenhand weiter bearbeitet. Sie dienten der Bevölkerung als Zuflucht vor den Wikingern und anderen Seeräubern, Schmugglern als Unterschlupf, die hier das hoch besteuerte Salz versteckten. Protestanten hielten hier geheime Gottesdienste ab. Heute wird der überwiegende Teil der Höhlenwohnungen im Kalkfelsen als Ferienwohnungen genutzt. Besichtigung tägl. 14-19 Uhr. 3,5o Euro Eintritt.

Den besten Eindruck der Grotten bekommt man bei einer Minikreuzfahrt auf der Gironde bis Royan. Aus der Flußperspektive gleichen sie dunklen Erdhöhlen. Dauer der Bootsfahrt 2Std. Preis 14 Euro/Person. Unregelmäßige Abfahrten der „Bohême“, je nach Gezeitenstand. Info im Touristenbüro.

Hotel/Restaurant „**GROTTES DE MATATA**“ in einer der Höhlenwohnungen, - einmalige Lage direkt am senkrechten Kreidefelsen, Korbstühle auf der mit Agaven und Blumen geschmückten Terrasse überm Meer. Crêperie. Hotelzimmer mit herrlichem Girondeblick, DZ ab 5o Euro.

Besichtigung: in einem Teil der Höhlenwohnungen wurde

eine Ausstellung eingerichtet, in der man erfährt, wie die Menschen früher hier lebten. 3,5o Euro Eintritt.

Der kleine Nachbarort **TALMONT** (1oo Einw.) lockt mit der EGLISE SAINTE RADEGONDE aus dem 12. Jh. Ein romanisches Schmuckstück, vorne am Girondeufer. Der Fluß begann schon das Kirchlein bedrohlich zu unterspülen, so daß Einsturzgefahr bestand. Elegante Arkaden verzieren die Apsis; der hübsche Skulpturenschmuck um das Portal ist von Wind und Wetter angegriffen (Saintongestil).

Die Straße verläßt bei Mortagne das Girondeufer und führt im Bogen um eine Polderlandschaft und das Atomkraftwerk du Blayais.

★ Blaye (5.ooo Einw.)

Der Vorposten von Bordeaux bekam vom Hofbaumeister Ludwigs XIV. eine bombastische Festung über der Gironde verpaßt (1689). Heute eine gemütliche Kleinstadt. Fährverbindung über die Gironde nach Lamarque.

Office de Tourisme: Allées marines, 3339o Blaye
Tel. o5 57 42 12 o9, Fax: o5 57 42 91 94.

Markt: mittwochs und samstags.

Fähre (Bac) über die Gironde nach Lamarque. Im Sommer alle 9o Minuten, sonst seltener. Pkw 12 Euro; Person 3 Euro; Wohnmobile 19 Euro.

Der Felsvorsprung über der Gironde war seit dem Altertum ein strategisch wichtiger Punkt; die Römer bauten hier 25 vor Chr. ihr Castrum Blavia, das in der Völkerwanderungszeit zerstört wurde. Im 7. Jh. entstand eine neue Burg, die wiederum im 12. Jh. durch eine andere ersetzt wurde. Der Sage nach war Blaye Geburtsort des berühmten Roland, ein Wegbegleiter von Karl dem Großen bei seinem Kampf gegen die Sarazenen. Nach der Niederlage von Roncevaux ließ Karl der Große ihn in Blaye begraben. Bis zu den Religionskriegen war sein Grab ein beliebtes Pilgerziel und Etappe auf dem Weg der Jakobspilger nach Santiago de Compostela.

Die sehr gut erhaltene ZITADELLE war so riesig dimensioniert, daß sie eine kleine Stadt von 18 ha beinhaltete. Die Festung bildet mit dem Fort Paté auf der Insel und dem Fort Médoc am anderen Girondeufer (siehe Seite 263) einen richtigen Verteidigungsriegel, der Bordeaux vor Angriffen der englischen und holländischen Flotte schützen sollte. Sie mußte letztendlich nur einmal einer Belagerung standhalten.

Die Zitadelle ist zum Teil heute noch bewohnt. Auf den Wällen geht man spazieren, im ehemaligen Wassergraben und auf den Wällen wurde ein Trimmpfad eingerichtet; besonders reizvoll ist der Campingplatz mitten in dem Bollwerk. Autozufahrt durch die imposante Porte Royale.

Ruinen erinnern an die Burg des Minnesängers Rudel (12. Jh.). Von den Wällen schönes Panorama über die träge fließende Gironde.

Kleines lokalhistorisches MUSEUM (Place Royale) im Maison de la Duchesse: hier wurde die Herzogin von Berry nach dem Scheitern des Aufstandes, den sie in der Vendée gegen Louis Philipp angezettelt hatte, 1832 gefangengehalten.

** „**Hotel de la Citadelle**", Place d'Armes, schön und ruhig gelegen, mitten in der Zitadelle. Innen total modernisiert - etwas nüchterner Standardkomfort in den Zimmern. Großes Restaurant mit weiter Fensterfront zur Gironde, sehr schön sitzt man auf der Terrasse. Relativ teures Menü. 21 Zimmer teilweise mit Girondeblick. DZ ab 5o Euro. Schöner, kleiner Swimmingpool.

** Camping Municipal, kleiner Platz mitten in der Zitadelle. Wir waren von der Lage ganz begeistert. Man stellt sein Zelt oder Wohnmobil direkt auf alten Wällen auf. Einige Stellplätze mit schönem Girondeblick. Strom vorhanden. Einfache Sanitäranlagen, aber mit warmer Dusche. Preiswert. 5o Stellplätze.

PLASSAC: Das friedliche Dorf an der Gironde ist für Weinkenner und Archäologen interessant. Unmittelbar bei der Kirche wurden Häuserfundamente aus gallorömischer Zeit freigelegt. Relativ großes Areal, wenn auch wenig fürs Auge. Das kleine MUSEUM hinter der Kirche zeigt die bei den Grabungen entdeckten Gegenstände. Offen: April bis Okt. tägl. 9-12/14-19 Uhr.3 Euro Eintritt.

Ganz gemütlicher Minihafen, ordentlich „eingeparkt" liegen die Boote hier bei Ebbe auf Grund.

Sehr schöne Strecke (Corniche de la Gironde) nach Süden direkt am Ufer entlang zwischen Weinfeldern und Dordogne. Idyllische Siedlungen. Die Häuser kleben an den Kalkfelsen, zum Gärtchen geht es über die Straße.

Restaurant „LES ILES" Gauriac. Kleiner Familienbetrieb; Terrasse in Top-Lage über der Gironde. Restaurant im 1. Stock. Menü ab 12 Euro. À la carte Fleisch und Fisch, Forelle, Lachs, Lamproie (Neunauge) 17 Euro.

★ Bourg sur Gironde (2.ooo Einw.)

Der kleine Ort zieht sich von seiner Aussichtsterrasse bis zum Dordogneufer. Im Hafen einige Jachten, die Zeit des Exporthafens (Wein, Salz) ist inzwischen vorbei. Früher lag der Ort mal an der Gironde, bis sich die Landzunge Bec d'Ambès immer weiter in die Mündung der Dordogne vorschob.

Office de Tourisme am Marktplatz. Hotel de la Jurade, 3371o Bourg sur

Gironde. Tel. o5 57 68 31 76. Fax: o5 57 68 3o.

Großer **Parkplatz** am Ufer, Bänke im Schatten. Das alte Waschhaus am Hafen ist prima erhalten. Hübsche Markthalle mitten im Zentrum. Sonntags ist Wochenmarkt. Vom Hafen erkennt man gut die Stadtmauer und ein kurioses maurisch angehauchtes Haus mit Halbmond.

Von der Terrasse beim Kirchplatz Blick über die Dächer der Unterstadt und bis zur Essoraffinerie auf der Halbinsel Bec d'Ambès.

Das SCHLOSS DE LA CITADELLE (18. Jh.) thront auf einem Sporn neben der Kirche. Besichtigung des Parks möglich.

MUSÉE HIPPOMOBILE: sehenswerte Sammlung von Kutschen und Sätteln in einem Nebengebäude des Schlosses. Offen: Juli bis Mitte September tägl. 1o-13/14-19 Uhr. Juni tägl. außer Di. Sonst nur am Wochenende. Eintritt 5,5o Euro.

Kleines MUSEUM zur Stadtgeschichte im Zentrum.

** „**Hotel Le St. Christophe**", kleines Stadthotel am Place de la Libération. 11 Zimmer. DZ ab 4o Euro.

** Camping Municipal, kleiner, ganz netter Platz unterhalb der Stadtmauer bzw. des Schlosses beim Jachthafen. Einfache Sa-nitäranlagen. Kleines Schwimmbad. 25 Stellplätze. Offen: Mai bis September.

Kurz vor dem grauen Weinort Prignac Abzweig zu den GROTTEN PAIR-NON-PAIR, - nichts Spektakuläres erwarten, doch ca. 3o.ooo Jahre alte Höhlenmalereien (älter als die von Lascaux): Mammut, Bison, Steinbock. 15-minütige Führung von Mitte Juni bis Mitte September 9.3o-18.3o Uhr, sonst 9.3o-12/14-17.3o Uhr.Eintritt: 3 Euro.

Bei St. André de Coubzac kann man auf die Autobahn A 1o nach Bordeaux auffahren. Stadtbeschreibung Bordeaux ab Seite 279.

Hinterland der Gironde

ROYAN - SAINTES - COGNAC - PONS - ROYAN, 135 km Rundfahrt

Abwechslungsreiche Tour zu den berühmten Cognacbrennereien mit Kellereibesichtigung nebst Ausschank, nicht nur bei den bekanntesten Herstellern „Hennessy", „Otard", „Martell" etc.

Entlang der Route werden immer wieder die edlen Tropfen zum Verkauf angeboten. Das Hinweisschild „Dégustation" fordert zum Probieren auf. Die Rundtour führt durch die Weinanbaugebiete der weltberühmten Trauben. Sehenswerte römische Funde (Römerbogen, Amphitheater etc.) nahe der Autobahn A 1o in Saintes. Romanische Kirchenschätze abseits der Strekke in Hülle und Fülle. Landschaftlich ein ganz reizvolles Eck, das Franz I. für das schönste seines Königreichs hielt.

Lohnende Bootsfahrten auf der Charente, als organisierte Ausflugsfahrten oder im gemieteten Hausboot.

Saintes

(27.ooo Einw.)

Die Hauptstadt der Saintonge hat einiges zu bieten: Kirchen, Amphitheater und Thermen aus der Römerzeit.

Das Zentrum formiert sich um die Flußschleife; direkt am Ufer der Charente der doppelte Römerbogen, auf der anderen Seite die Altstadt mit Fußgängerzone. Hausboote und Angler an der Flußpromenade mitten in der Stadt unterstreichen die gemütliche Provinzatmosphäre.

Tourist INFO Office de Tourisme, Villa Musso. 62, cours National, 171o3 Saintes. Tel. o5 46 74 23 82, Fax: o5 46 92 17 o1. Offen: Juli/August Mo.-Sa. 9-19 Uhr, So. Filiale am Arc de Germanicus 1o-19 Uhr. Juni und September Mo.-Sa. 9-13/14-18 Uhr. Oktober bis Mai Mo.-Sa. 9.3o-12.3o/14-18 Uhr.

„Mediolanum Santonum" hieß das heutige Saintes, nachdem Cäsar die Santonen unterworfen und die Stadt zur Hauptstadt des gallo-römischen Südwestens ernannt hatte. Die Bedeutung der Stadt kann man an dem fast komplett ausgegrabenen AMPHITHEATER (Arènes Romaines am Stadtrand) aus dem 1. Jh. ablesen, das bis zu 15.ooo Zuschauer faßte.

Interessanten Untersuchungen zufolge sollte es innerhalb von zwei Minuten evakuiert werden können, - schneller als ein modernes Fußballstadion. Die Anlage ist z.T. wieder grasüberwachsen, ein Großteil der Gänge, Treppenzugänge und Bögen erhalten, die Dimensionen gut zu erkennen. Mit 1o2 m Durchmesser eines der mittelgroßen Amphitheater. Sehr schöner Überblick bei der kleinen Rekonstruktionstafel.

Zufahrt Richtung „Parc des Arènes" beschildert (im Westen von Saintes). Unweit des Amphitheaters die freigelegten Reste römischer Thermen.

Der imposante ARC DE GERMANICUS am Charanteufer stand ursprünglich auf der römischen Brücke über dem Fluß, der einstigen Verbindung der beiden Stadtteile. Als diese einzustürzen drohte, wurde das Doppeltor Stein für Stein verpflanzt, wobei einiges restauriert werden mußte. Die Hauptbestandteile von 19 n. Chr. aus lokalem Kalkstein, 13 m hoch, 15 m breit. Als Votivbogen konzipiert und laut Inschrift dem Germanicus sowie Kaiser Tiberius und Sohn Drusus geweiht.

Angrenzend der Jardin Public entlang des Charenteufers und das interessante ARCHÄOLOGISCHE MUSEUM mit gallo-römischen Funden; Säulenfragmente und Sarkophage im Freien, Inschriften, Statuen etc. Offen: tägl. außer Mo., Mai bis September 1o-12/14-18 Uhr, im Winter 1o-12/14-17.3o Uhr, am Sonntag 14-18 Uhr.

Im Mittelalter (11./12. Jh.) bekam Saintes große Bedeutung als Zwischenstation auf dem Pilgerweg nach Santiago de Compostella in Spanien. Aus dieser Zeit stammt die ABBAYE AUX DAMES (Ende der Rue Arc de Triomphe).

Im Hof der ehemaligen Abtei die romanische Kirche Sainte Marie des Dames, 1o47 geweiht. Als Besonderheit gilt ihr Portal in Saintonge Romanik, filigranartig mit drei Bögen, der mittlere zeigt vier unterschiedlich ausgearbeitete Bänder: im innersten sechs Engel, die die Hand Gottes anbeten, im äußeren Ring 54 Männerfiguren z.T. mit Musikinstrumenten; viele Blumen und Tierornamente. In den oberen Arkaden (1. Stock) typische Saintonge Verzierungen.

Das Kircheninnere ganz ungewöhnlich aufgeteilt, wirkt durch die Architektur aufgelockert, heller gelber Stein. Hübscher Vierungsturm mit ausgeprägten Rundarkaden.

Die KATHEDRALE ST. PIERRE liegt im Zentrum nahe der Charente (Place du Marché). Im 15. Jh. auf Resten einer romanischen Kirche errichtet (Querschiff); 1568 bereits von Calvinisten stark beschädigt, einfacher klarer Innenraum, schöne Holzdecke, der Glockenturm erst später vollendet, angrenzender Kreuzgang.

Im MUSÉE DU PRÉSIDIAL, das in einem Gebäude aus dem 17. Jh. untergebracht ist (rue Victor Hugo), neben Malerei auch typische Saintonge Keramik (ab dem 11. Jh.). Ausgrabungen von Brennöfen und viele Funde haben gezeigt, daß bis ins 18. Jh. das Gebiet der Saintonge über eine große Keramikindustrie verfügte. Offen wie Archäolog. Museum.

Etwas außerhalb (unweit des Amphitheaters) die Kirche ST. EUTROPE (12. Jh.). Der 6o m hohe Glockenturm schon von weitem zu sehen. Ludwig XI. ließ sie aus Dankbarkeit über die Heilung seiner Krankheit erbauen. Die Besonderheit der Kirche stellt ihre riesige Krypta dar, die schon Dimensionen einer zweiten Kirche aufweist. Die mächtigen Kapitelle der Bündelpfeiler mit geschwungenen Ornamenten versehen. In der Krypta der Sarkophag des ersten Bischofs von Saintes (ebenerdiger Kryptazugang).

„LE JARDIN DU REMPART" in der Fußgängerzone/Ecke 36, rue du Rempart. Luftig aufgemacht, viele Grünpflanzen. Assiette Landaise - gehaltvoller Salat mit Geflügelleber, Tomaten etc.; große Grillkarte. Gemütlich auch die Tische im Freien. Empfehlenswert.

SAINTES -> COGNAC 27 km, entweder über die schnellere Hauptverbindung N 141, schöner allerdings die Landstraße D 24 an der Charente entlang. Beide Routen führen durch die Weinanbauflächen, aus deren Reben der berühmte Branntwein hergestellt wird. Erste Hinweisschilder auf Cognac- und Pineauverkauf und Gratisprobe.

Cognac

(21.000 Einw.)

Die kleine Provinzstadt lebt von ihrem Weltruf; Anziehungspunkt sind die Cognac-Brennereien am Charenteufer. Nebenbei bemerkt stand in Cognac auch die Wiege Franz I., des späteren französischen Königs. Im Ancien Château läßt sich beides miteinander verbinden.

Im älteren Stadtviertel, gleich neben der Charente einige Fachwerkhäuser aus dem 15./16. Jh.; Zugang durch die schmale Porte St. Jacques (16. Jh.) mit wuchtigem Rundturm unmittelbar am Kai (ehemals Teil der Festungsmauern). Die kopfsteingepflasterte Bummelstraße „Grande Rue" führt zum Hauptplatz mit Reiterstatue Franz I.

Cognac ist einer der schönsten Ausgangspunkte zum Hausbootfahren (Details siehe allgemeines Kapitel); auch organisierte Touren im gemütlichen Panoramaboot gleich ab Château.

Office de Tourisme: 16, rue du 14 Juillet, 16112 Cognac. Tel. o5 45 82 1o 71, Fax: o5 45 82 34 47. Hier werden auch organisierte Stadtrundgänge angeboten.
Internet: www.tourisme-cognac.com

COGNAC-BRENNEREIEN: Fast alle großen Cognac-Hersteller liegen am Charenteufer, Führungen (auch deutschsprachig) durch die Brennereien mit anschließender Kostprobe und Direktverkauf, - hierbei gilt die Faustregel: je älter desto teurer. Ein „Cognac Oldie" von 6o Jahren in echter Limoges-Porzellanflasche kostet gut 13o Euro.

Die dunkle Färbung der Gemäuer an Eingangstüren und Hauswänden der Keller stammt von einem alkoholsüchtigen Schimmelpilz, der sich von den Dämpfen der Cognacdestille ernährt.

BESICHTIGUNG DER COGNAC-FIRMEN

Hennessy: rue de la Richonne. Juni bis September tägl. 1o-18 Uhr. April/

Mai und Oktober tägl. 9-12/13.45-16.45 Uhr. Sonst Mo.-Fr. 9.3o-12/13.45-16.45 Uhr.

Martell: place Edouard Martell. Juli/August Mo.-Fr. 9-17 Uhr, Sa./So. 1o-16.3o Uhr. Juni und September Mo.-Fr. 9-11/13.3o-17 Uhr. Oktober bis Mai Mo.-Fr. 9-11/14-17 Uhr. Fr. nachmittags geschlossen.

Remy Martin: Domaine de Merpins, route de Pons, D 732, 5 Min. von Cognac. Juli/August tägl. 1o-17.3o Uhr. Juni und September 9.3o-11/ 13.3o-17.15 Uhr. Sonst Mo.-Sa.

Otard: im Château de Cognac. Juli/August 9.3o-17.3o Uhr. April bis Juni und September Führung um 1o, 11, 14, 15, 16 und 17 Uhr. Sonst nur am Wochenende.

CHÂTEAU DE COGNAC - Schloß und Brennereibesichtigung (Otard)

Im Schloß der Valois wurde 1494 Franz I. geboren.

Lautsprecherführungen durch die Räumlichkeiten, in denen sich seit 1795 die Firma „Otard“ installiert hat. Wohltemperiert reift der Weinbrand in den Kellergewölben, selbst die Taufkapelle Franz I. wurde inzwischen umfunktioniert. Diashow zur Erläuterung der Herstellungsvorgänge.

Die Mischungsverhältnisse der Rebsorten werden mit einem Geheimcode auf den Fässern vermerkt und können nur vom Kellermeister entschlüsselt werden. In den kleineren Fässern lagern etwa 45o l Cognac. Besichtigungszeit siehe oben.

WEITERE SEHENSWÜRDIGKEITEN

Der PARK FRANÇOIS I. an der Charentewindung, vis-à-vis vom Schloßeingang, und der baumbestandene JARDINS DE L'HOTEL DE VILLE großzügig angelegt, am Rande das

MUSÉE DE COGNAC im Hotel Dupuy d'Angeac, 48, bd. D. Rochereau. Informiert rund um den Cognac, große Sammlung von Flaschenetiketten, neben Gemälden auch Folklore und Funde der Frühgeschichte etc. Offen: zur Saison tägl. außer Di. 1o-12/14-18 Uhr, sonst nur nachmittags.

Eine Gedenktafel in der Rue Neuve des Remparts Nr. 5 erinnert an Jean Monnet, den „Vater Europas“ und einen der großen Franzosen, der hier in Cognac geboren wurde.

Jean Monnet (1888-1979), französischer Politiker, war 1919-23 stellvertretender Generalsekretär des Völkerbundes, Präsident der Hohen Behörde der Montanunion (1952-55). Monnet war in frühen Jahren im Cognac Unternehmen seiner Familie im Export tätig, nach dem 1. Weltkrieg Bankier in San Francisco und Berater der Regierung in Shanghai. Im 2. Weltkrieg war Monnet bei den Alliierten wegen seiner vielseitigen Kontakte ein gefragter Mann. Nach dem Krieg hatte er maßgeblichen Anteil am wirtschaftlichen Wiederaufbau Frankreichs und an der französischen Europapolitik.

Hotel/Restaurant ** „**Le Domaine du Breuil**", 1o4, rue Robert-Daugas etwas außerhalb der Stadt (Osten) in einem schloßähnlichen Park. Prächtiger Herrensitz aus dem 19. Jh. 24 geräumige, freundliche Zimmer in Rosa- oder Blautönen mit großen Fenstern zum Park. Großzügiger Speiseraum mit Stuckverzierungen und Blick ins Grüne. Spezialitäten des Küchenchefs: Jakobsmuschelspieß im Cognacdampf gekocht, Meeresfrüchte, Fisch. DZ mit Dusche und Toilette ab 6o Euro Frühstück (extra) ans Bett. Menü ab 18 Euro. Prima Service.

Cognac ist nicht gleich Cognac - eine 4oo Jahre alte Tradition

Wie so oft spielte der Zufall eine Rolle, als vor rund 4oo Jahren ein Winzer auf die Idee kam, seinen Wein gleich zweimal zu destillieren - der Cognac war geboren.

Die Herstellung ist mit vielen Geheimnissen verbunden, jede Firma hat ihr eigenes „Rezept", ihre eigene Mischung. Grundsätzlich wird der edle Tropfen aus Weißwein gebrannt und nach alter Tradition zweimal destilliert. Erst durch die sorgfältige Lagerung erhält er sein unverkennbares Bukett und die goldbraune Färbung - je älter, desto dunkler, wobei der Cognac in den Fässern nicht die Jahre verschläft, sondern hart arbeitet. Die Qualität hängt stark vom Anbaugebiet und der geheimen Mischung des Kellermeisters ab, der sogenannten Verkostung.

Das Anbaugebiet des „Cognac" umfaßt beinahe die gesamte Charentegegend - begrenzt auf max. 1oo.ooo ha Rebland. Überwiegend kalkhaltiger Boden, gemäßigtes Klima mit sonnigen, warmen Sommern und feuchten Wintern begünstigen den Anbau. Das Gebiet der Appellation contrôleé „Champagne de Cognac" umfaßt sechs qualitativ ganz unterschiedliche Zonen, - entsprechend dem Anbau variiert die Qualität des Cognac. Der beste Cognac stammt aus dem Gebiet der „Grande Champagne" - südöstlich von Cognac. Die Rebsorten, aus denen die Weißweine für den Weinbrand gewonnen werden, sind Ugni Blanc, Colombard und Folle Blanche.

Seit dem 17. Jh. brennt man in der Charente den Weißwein; neben Salz jahrzehntelang Hauptexportartikel. Besonders an zahlungskräftige Abnehmer wie die reichen Pfeffersäcke in Holland, die ihm auch seinen Namen „Brandewijn", im englischen „Brandy", verpaßten. An der Verbreitung des Cognac hatten die Engländer einen großen Anteil, nicht zufällig begegnet man vielen englisch klingenden Namen. Die Engländer servierten Brandy mit Wasser als Tafelgetränk. Branntwein schlug bombig ein, bot er doch den großen Vorteil der langen Haltbarkeit und ließ sich zudem viel platzsparender transportieren als Wein. Sehr günstig für die Stadt Cognac erwies sich die Charente als Transportweg direkt vor der Haustür zum Hauptexporthafen La Rochelle. Heute noch wird Cognac zu 8o % exportiert, der Löwenanteil in die USA und nach England.

Die Reblaus sorgte im 19. Jh. für lange Gesichter und bewirkte schlimme Einbußen der meisten Winzer. Dank ihrer Lagerbestände konnte Cognac diese schlimme Zeit überstehen, die Anbaufläche schrumpfte jedoch von 3oo.ooo ha auf 1/3 zusammen.

Branntwein galt lange Zeit als medizinisches Heilmittel und wurde z.T. mit Kräutern versetzt, um ihn schmackhafter zu machen.

Engländer und Skandinavier, die hauptsächlich in La Rochelle kauften, unterschieden sehr genau zwischen den einfachen Schnäpsen und denen aus Cognac. Das Hauptproblem stellten anfangs die üblen Düfte des hochprozentigen Getränks dar, die sich später durch die zweifache Destillierung beseitigen ließen.

Seit man 183o auf den Flaschenexport überging, machte man sich die Mühe, den Cognac zu etikettieren. Nach und nach wurde das Etikett ein wichtiges Aushängeschild und äußerst kunstvoll komponiert. Das Etikett muß Alkoholgrad, Flascheninhalt und Qualität angeben. Jährlich werden etwa 25o Mio. Flaschen abgefüllt, nur 1/5 bleibt im Inland.

Die Branche hat Absatzschwierigkeiten, denn Cognac ist nicht mehr „in". Mittlerweile sind fast alle großen Namen von Firmenkonsortien aufgekauft und die „Cognac-Politik" wird nicht mehr in Frankreich, sondern im Ausland gemacht. Die Franzosen bevorzugen neben Wein und Bier zunehmend den Whisky. In Frankreich wird etwa zehnmal mehr Whisky getrunken als Cognac. Das bedeutet, daß die Winzer nicht mehr alle Reben zu Cognac destillieren, sondern einen Teil als Traubensaft und Wein verkaufen und dabei natürlich finanzielle Verluste in Kauf nehmen müssen.

Die Cognac-Destillation erfolgt traditionsgemäß in Kupferdestillen (Alambic Charentais), ein zweistufiger Vorgang (Rauhbrand und Feinbrand), an dem sich seit dem 14. Jh. nicht allzuviel verändert hat. Die erste Erhitzung dauert ca. 8 Std. und bringt einen Alkoholgehalt von ca. 25°-35°. Die zweite Erhitzung steigert ihn auf 64°-73°. Erst der Reifungsprozeß bringt das charakteristische Aroma. Im Dunklen lagert er in Eichenfässern (Eiche aus dem Limousin), die die Umwandlung des Cognac beschleunigen und ihm seine Bernsteinfarbe geben. Der Cognac baut Gerbstoffe ein, atmet durch die Poren des Holzes und reift nach und nach. Jedes „Haus" wendet ein eigenes Mischungsrezept verschiedener Lagen und unterschiedlicher Alter an, um die charakteristische Hausmarke herzustellen.

Die Reifezeit liegt bei 3, 5, 1o, 2o Jahren, - sogar nach 1oo Jahren können bestimmte Sorten noch nicht zu ihrer vollen Reife gelangt sein. Jahrgangsangaben sind bei Cognac nicht erlaubt.

Es werden drei Qualitäten unterschieden:
*** oder V.S. nach 3 1/2 jähriger Lagerung
**** oder V.S.O.P. oder Réserve nach 4 1/2 jähriger Reifezeit.
Royal oder Napoleon dürfen sie erst nach 6 1/2 Jahren genannt werden. Diese Angaben beziehen sich nur auf den jüngsten Teil der Mischung, d.h. das Durchschnittsalter kann bei einem V.S.O.P. bei 8-12 Jahren liegen.

Cognac reift übrigens nur im Faß! Während der Reifezeit verflüchtigt sich jedes Jahr ein gewisser Teil des Destillats durch das Holz der Fässer, was besonders bei alten Fässern beträchtlich sein kann (kann 2-4 % pro Jahr betragen und wird humorvoll „part des anges" genannt, Anteil der Engel). Den für die Cognac-Hersteller optimalen Gerbstoffgehalt liefen Fässer aus der Limousin-Eiche.

Auch das Eichenholz benötigt einen langwierigen Reifeprozeß, ehe es seine optimalen Faßqualitäten entwickelt. Nach dem Schlagen wird die Eiche fünf Jahre im Freien gelagert, damit sich überflüssiger Gerbstoff und Baumsaft lösen und das Holz austrocknet. Den richtigen Reifegrad erkennt man an der rötlichen Färbung.

Cognac genießt man am stilvollsten aus einem tulpenförmigen, nicht zu großen Glas. Bei 18-2o Grad Celsius entfaltet sich das Aroma am besten. Vorsicht: Schwenken vertreibt eher das Aroma.

Unter Pineau, versteht man die weniger hochprozentige Mischung aus Cognac mit reinem Traubensaft. Mehr über den geschätzten Aperitifwein im allgemeinen Kapitel (Weine).

VON COGNAC NACH PONS 23 km D 732 durch das Weinanbaugebiet „Petite Champagne", eine ländliche, sanft wellige Landschaft. Immer wieder Verkauf von Cognac und Pineau.

★ Pons

(5.4oo Einw.)

Von weitem schon am rechteckigen Donjon zu erkennen. Ortskern erhöht. Schöner Picknickplatz unten am Fluß bei der Ortseinfahrt. War Zwischenstation auf dem Pilgerweg von Tours nach Santiago di Compostella.

Tourist INFO **Office de Tourisme** im Donjon, 178oo Pons. Tel. o5 46 91 3o 23 (ganzjährig), o5 46 96 13 31 (Mitte Juni bis Mitte Sept).

In der ehemaligen Seigneurswohnung nebenan (15.-17. Jh.) das RATHAUS. Anschließend schöne Parkanlage mit romanischer Schloßkapelle. Bei der Stadtmauer führt ein alter Treppenweg ins Tal.

Das mittelalterliche PILGERHOSPIZ (Hôpital Neuf oder Hôpital St. Jacques), an der Hauptkreuzung als Voûte de l'Hôpital ausgeschildert, ist ein interessantes Relikt aus den Pilgerzeiten. Vermutlich 115o-8o von St. Geoffroy III. gebaut. Es wurde außerhalb der Stadtmauern angelegt, um spät ankommenden Pilgern bei geschlossenen Toren Herberge zu geben.

Durch den wuchtigen Torbogen führt heute die Straße; rechts ging es in den Krankensaal, durch die Pforte vis-à-vis zur Kirche (während der Französischen Revolution 1789 zerstört). Die Eingangsportale sind mit geometrischen Ornamenten verziert. Der steinerne Absatz diente Pilgern als Rastplatz. Viele Graffiti - meist mit Kreuzen - lassen auf lange Wartepausen bei schlechtem Wetter schließen. Die steinernen Vertiefungen dahinter dienten als Pilgergräber.

Zurück an der Hauptkreuzung, die romanische Kirche ST. VIVIEN (11./12. Jh.) mit fein skulptiertem Portal. Weitere romanische Kirchen in der nahen Umgebung: Marignac, Avy, Echebrune, Biron, Chatenac und St. Leger, Details in der Broschüre „Pons et ses Environs", Touristenbüro.

Vom ehemaligen Schloß der Herren von Pons ist nur der kantige DONJON (12. Jh) im Zentrum übriggeblieben, nachdem Heinrich XII. die wichtige Anlage in der Saintonge schleifen ließ; zinnenartiger Turmabschluß, sehr schön restauriert. Weiter Blick über die roten Dächer im Tal und das Flüßchen Seugne. Offen: Mitte Juni bis Mitte September 9-12/14-19 Uhr.

Bei der RÜCKFAHRT direkt an die Küste nach Royan läßt sich gut ein Stop im CHÂTEAU DE DIDONNE zur kostenlosen Weinprobe einbauen, - 7 km vor Royan, unmittelbar an der Strecke. Besichtigung der Wein- und Cognac-Keller, schöne Parkanlage, landwirtschaftliches Museum. Zur Hauptsaison 3 x pro Woche abends ein reichhaltiges Barbecue zum Festpreis, wobei der Hauswein nicht fehlt.

Auf dem Weg nach Bordeaux das lohnende Städtchen **JONZAC** (5.000 Einw.): alte Markthalle, romanische Kirchen, imposante Pforte des ehemaligen Château aus dem 12./13. Jh. mit wuchtigen Rundtürmen. In der „Petite Champagne" zählt Jonzac zu den großen Cognacproduzenten.

Côte d' Argent

Silberküste wird der Küstenbereich von der Gironde bis zur Adourmündung (Bayonne) genannt. Von der Pointe de Grave bis runter nach Biarritz zieht sich ein einmalig schöner, 23o km langer, schnurgerader Sandstrand, gesäumt von einem Dünen- und Kiefernwaldgürtel, der sich kilometerweit ins Landesinnere erstreckt; hohe Kiefern mit Farnkrautteppichen und nach Kiefernnadeln und Harz duftendem Waldboden. Eine weitläufige, ganz dünn besiedelte Gegend mit beeindruckenden Farbkontrasten. Höhepunkt ist das Bassin von Arcachon mit Europas höchster Düne (Düne von Pilat).

Riesenattraktion sind die vielen Süßwasserseen, eine Abwechslung zur starken Brandung und dem Salzwasser des Ozeans. An manchen Seen perfekte Idylle und Ruhe, Angler am z.T. schilfigen Ufer, viel Grün, Nadelbäume und manchmal Laubwald. Zum Wochenende, wenn die „Großstädter" hier hinauspilgern, herrscht an manchen Sandstränden allerdings Strandbadatmosphäre.

Die Seen, rund ein Dutzend, variieren sehr stark in ihren Dimensionen und sind touristisch unterschiedlich stark frequentiert. Alle bieten optimale Surf- und Segelgewässer, sehr gut wellengeschützt, für Anfänger auf jeden Fall ideal. Surf- und Segelbootverleih, vielfach auch Unterricht. Die Seen sind untereinander durch Flüsse und Kanäle verbunden und bieten sich für Kanuwandertouren an. Südlich von Arcachon trüben an den beiden Seen jedoch militärische Sperrgebiete die Urlaubsidylle - Raketenabschußzentren, Atombomberstützpunkte etc., zwar unsichtbar im Wald versteckt und abgeschirmt, aber ein mulmiges Gefühl bleibt doch.

Die meisten Inlandsorte (oft an Seen gelegen) haben Dependancen am Meer - oft reine Sommerbadeorte bar jeder Mondänität, von ruhig bis knallvollrummelig. Praktische, zweckmäßige Siedlungen, architektonisch in der Regel wüster Wildwuchs, aber zum Wohlfühlen, wenn man mit Baden, Relaxen, Wassersport und kulinarischen Delikatessen des Meeres zufrieden ist. Die Strandpromenaden sind fast immer zu Parkplätzen geschrumpft; z.T. schöne Dünenlogenplätze, um die Wellenreiter zu beobachten, die blitzschnell und akrobatisch mit ihren Boards auf den Wellen jonglieren. Surfen nur für gute Brandungssurfer zu empfehlen.

Baden im Meer oft sehr gefährlich. Alternativ die Seen.

Die kilometerlangen Strände (Sand soweit das Auge reicht) garantieren individuelle Plätze, wenn man bereit ist, ein paar hundert Meter zu Fuß zu laufen, dann auch FKK problemlos möglich, Nudistenfans finden hier die größten, und z.T. ersten FKK-Zentren Europas. Bewachte Strandbereiche nur in Ortsnähe - die Strömungen des Atlantik sollten nicht unterschätzt werden.

Viele Campingplätze, Ferienhäuser entlang der Küste, Hotels in der Minderheit, Hotelsiedlungen schon gar nicht.

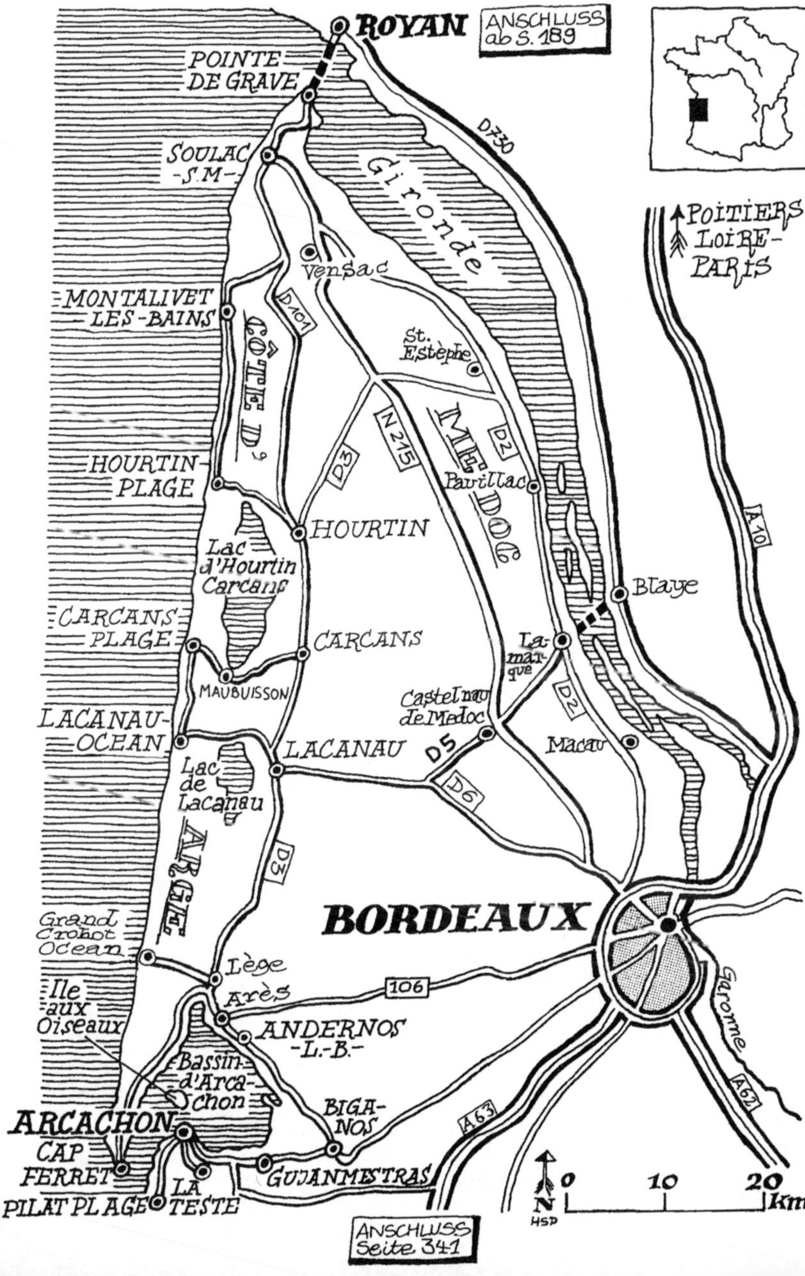
ROYAN
ANSCHLUSS ab S. 189
POINTE DE GRAVE
D730
SOULAC -S.M-
Gironde
POITIERS-LOIRE-PARIS
Vensac
MONTALIVET LES-BAINS
D101
CÔTE D'
St. Estèphe
MÉDOC
N215
D2
D3
HOURTIN PLAGE
Pauillac
HOURTIN
A10
Lac d'Hourtin Carcans
Blaye
CARCANS PLAGE
CARCANS
Lamarque
MAUBUISSON
Castelnau de Médoc
D2
LACANAU-OCEAN
LACANAU
D5
Macau
Lac de Lacanau
D6
ARGE
D3
BORDEAUX
Grand Crohot Ocean
Lège
Arès
106
Ile aux Oiseaux
ANDERNOS -L.-B.-
Garonne
Bassin d'Arcachon
A62
BIGANOS
A63
ARCACHON
CAP FERRET
GUJANMESTRAS
LA TESTE
PILAT PLAGE
0 10 20 km
N
HSP
ANSCHLUSS Seite 341

Die Inlandsorte haben in der Regel mehr „Charakter", ganzjährig bewohnt, gruppieren sie sich um die Dorfkirche und verfügen über alle nötigen Einkaufsmöglichkeiten.

An kulturellen Sehenswürdigkeiten bietet dieser Abschnitt der Atlantikküste allerdings so gut wie gar nichts. Baden, Surfen, Segeln, Radeln, Wald- und Strandspaziergänge sind Trumpf; mit dem Vorteil, daß bei beständigem Sommerwetter keine lähmende Hitze lastet.

Kulturelle Ausflüge in das jeweilige Hinterland, bzw. nach Bordeaux, Biarritz.

Trotz gut ausgebauter touristischer Infrastruktur bleibt das Gefühl von Natur, Platz und Individualismus. Der Tourismus konzentriert sich an bestimmten Punkten wie Arcachon, Vieux Boucau, Hossegor.

Die Straße führt fast ausnahmslos durch Kiefernwald, parallel zur Küste, sehr beruhigend fürs Auge, aber kaum Meerblick. Alle paar km zweigt eine Stichstraße zu kleinen Siedlungen ans Meer ab. Jede Menge Campinganlagen verschiedenster Art und Kategorie, meist im schattigen Kiefernwald, vom Camping à la ferme oder bescheidenen Aires Naturelles bis zu großen FKK-Anlagen am Strand.

Wildzelten im gesamten Küstenbereich verboten! Es besteht große Brandgefahr, denn die Kiefernwälder sind im Sommer total ausgetrocknet. Unbedingt offenes Feuer oder Grillen im Freien vermeiden.

Ein Fahrrad als 2. Fahrzeug ist ideal, um zum Baden ans Meer oder zum Baguette Holen ins nächste Dorf zu kommen. Es existieren Hunderte von Kilometern Fahrradwege (teilweise schmal). Die Querstraßen ans Meer und das Seengebiet eignen sich prima zum Radeln, brettleben, viel Schatten, sehr windgeschützt; die „Hauptstraße" weniger zu empfehlen, da relativ befahren; die Autos brausen mit 80-100 Sachen vorbei.

Von der Sumpflandschaft zum größten Waldgebiet Europas

Jahr für Jahr schwemmte das Meer große Mengen Sand an die Küste (15 Kubikmeter pro Meter Küste), aus dem sich die Dünen bildeten, die, von den permanenten Westwinden getrieben, im Jahr bis zu 20 m wanderten. Erst Aufforstungen und Anpflanzungen konnten die Sandbewegung schließlich stoppen. Die Dünen verhinderten den Abfluß der Wasserläufe ins Meer, so daß die Seen entstanden, die im Schnitt 15-18 m über dem Meeresspiegel liegen und über Kanäle und Bäche miteinander verbunden sind.

Bis ins 19. Jh. war das Hinterland der Landes ein ärmliches Sumpf- und Heidegebiet, das nur ein paar Hirten ernährte. Fotos erinnern daran, daß man sich früher hier auf Stelzen fortbewegen mußte. Ende des 18., Anfang des 19. Jh. machte sich der Ingenieur Brémontier dadurch einen Namen, daß er die alten Pläne zur Bepflanzung verwirklichte. Durch einen Deich wurden die Sandverwehungen gebremst, Zäune sollten die Dünenbildung ermöglichen. Die Dünen wuchsen bis 10 m an und wurden durch Anpflanzung fixiert. Auf dem ca. 80.000 ha großen Sandgebiet hinter den Dünen wurden Pinien- und Ginstersamen ausgesät, mit Reisig und Ästen abgedeckt, damit der Wind sie nicht verweht. 1867 waren die Arbeiten im wesentlichen beendet. Mittlerweile bedecken ca. 950.000 ha Kiefern das

Land, das größte zusammenhängende Waldgebiet Frankreichs - in dem jeden Sommer erhebliche Waldbrandgefahr besteht.

Aus den Kiefern wurde/wird Baumharz gewonnen, das u.a. zu Terpentin verarbeitet wird. 3o-4o Jahre alte Bäume werden regelmäßig angezapft, das Harz läuft in kleine angehängte Gefäße. Etwa alle 2o Tage wird das Harz gesammelt und zu Destillationsfabriken gebracht. Die Baumharzgewinnung nimmt jedoch ab; die Kunstharzgewinnung dagegen zu. Während es Anfang des Jahrhunderts noch 3o.ooo Harzarbeiter gab, ist ihre Zahl mittlerweile auf rund 1oo geschrumpft. Das Holz wurde/wird z.T. als Grubenholz in europäische Bergbaugebiete exportiert, z.T. wandert es in Papierfabriken und wird zu Zellulose verarbeitet. Man realisiert jedoch die Gefahren so einer Monokultur und forciert den Maisanbau und Viehzucht.

Seit einiger Zeit werden die Kiefern von Pilzen und Raupen befallen. Die Prozessionsraupe hat 1989 rund 1oo.ooo ha Wald heimgesucht und kahlgefressen und kann beim Menschen unangenehme Hautreizungen hervorrufen. Als einzige Lösung weiß man bisher die Wälder im August/September, wenn sich die Raupen entwickeln, im großen Stil zu besprühen.

(Monika und Florian Dreser schreiben uns zu dem Thema, daß solche Sprühaktionen mit Pflanzenschutzmitteln selbst vor Campingplätzen nicht haltmachen. Sie haben auf einem Platz in Cap Ferret einige kräftige Dosen Pflanzenschutzmittel in Form von kleinen weißen Pünktchen im Kochtopf abbekommen, - übrigens die Hubschrauber kamen ohne vorherige Warnung!)

Im Mündungstrichter der Gironde dringen zweimal täglich ca 1.5oo Mio. Kubikmeter Salzwasser ein, das bei Höchststand bis an die Weinberge von Libourne und Cadillac platscht. In der Gironde kommen noch seltene Fischarten wie Neunauge und Aale vor. Als letztes Gebiet Westeuropas leben hier und in der Dordogne einige wenige Störe, die wegen ihres Kaviars besonders beliebt waren. Störe können bis zu 1oo Jahre alt werden, sind jedoch durch die Wasserverschmutzung stark vom Aussterben bedroht und stehen unter Schutz.

DIE WEINSTRASSE DURCHS MÉDOC (D 2) - DIE HALBINSEL DER 8 APPELLATIONS

Die hochkarätigsten Weingüter Frankreichs liegen gleich neben dem Atlantik, auf der Ostseite der Halbinsel Médoc („Médoc" geht auf die lateinische Bezeichnung „in medio aquae" = „zwischen zwei Wasserflächen" zurück). In einem Tag läßt sich eine Rundfahrt durch die Heimat der besten Rotweine der Welt realisieren, inkl. einer Weinprobe und dem Kauf eines kleinen Vorrats für Zuhause (Médocweine zeichnen sich durch gute Lagerfähigkeit aus). Eine Besichtigung der Weingüter ist unter der Woche kein Problem, wenn es nicht gerade Château Lafite-Rothschild oder Margaux sein muß (lange persönliche Voranmeldung nötig). Über 2oo, meist kleine „Châteaux", laden schon an der Straße zu einer „Visite du chai", also einen Besuch der Weinkeller ein (selten auf Deutsch, manchmal Englisch). Abschließende „Dégustation" (Verkostung) des edlen Tropfens versteht sich von selbst. Doch gerade unter den kleinen Châteaux läßt sich so manch guter Jahrgang zu günstigen Preisen finden. Öffnungszeiten der Weingüter in der Broschüre „Découverte Médoc" (= das Médoc entdecken, mit deutschsprachigem Infoteil); in jedem Touristenbüro erhältlich. Vor der Weinprobe lohnt sich auch ein Blick auf Seite 5o.

Das Weinanbaugebiet Médoc liegt zwischen Saint-Vivien im Norden und Blanquefort im Süden (rund 8o km) mit Kern im Haut Médoc. Am berühmtesten sind die Weine aus den Anbaugebieten um Pauillac, Margaux, St. Julien und St. Estèphe. Terrassenhänge wie am Rhein und der Mosel sucht man im Médoc vergebens, die Stöcke wachsen auf kleinen Hügeln, max. 4o m hoch über der Gironde. Der im Prinzip sehr schlechte Boden bietet optimale Bedingungen für den Weinanbau, dazu kommt ein ausgezeichnetes Mikroklima zwischen Ozean und Gironde.

In Weingebieten bedeutet „Château" schlicht Weingut, allerdings findet man im Médoc viele Châteaux, die kleinen Herrensitzen im Renaissancestil oder richtigen Schlößchen mit Gärten und Spitztürmchen (die fotogensten Châteaux liegen südlich Pauillac) gleichen. Überwiegend Kleinbauern bewirtschaften im Médoc, meist als Nebenerwerb, ein paar Hektar.

Die „Crus Artisans et Paysans" bieten durchaus feine Überraschungen. Die Klassifizierung „Cru", sozusagen das Gütesiegel des Château, ist besonders im Médoc sehr verbreitet und wurde bereits 1855 auf Initiative Napoleons III. vergeben. Als „Crus Bourgeois" werden die Weine im nördlichen AOC-Médoc klassifiziert, im Haut Médoc heißen sie „Crus Classés" und unterteilen sich in fünf Stufen, die Preise klettern bis 25o Euro/Flasche. Zur Crème de la Crème gehören die Châteaux Lafite-Rothschild, Mouton-Rothschild, Latour (alle im Anbaugebiet Pauillac) und Château Margaux.

Den Begriff „Chai" (Keller) darf man nicht wörtlich nehmen, im Médoc versteht man darunter die meist ebenerdigen Lagerräume der Fässer. Richtige Gewölbekeller, in denen die uralten Weine reifen, werden als Caveau bezeichnet.

Außer Weinfeldern hat das Médoc noch mehr zu bieten: Minihäfen in der Flußmündung, fotogene Fischerhütten auf Stelzen. Eine voll funktionsfähige Windmühle dreht sich in Vensac, Autofähre und eine Vauban-Festung bei Lamarque. Die Ortschaften sind mit Ausnahme von Pauillac wenig reizvoll, grau und abweisend mit der obligatorischen Kirche im Zentrum. Viele Fassaden erinnern an den Wohlstand vergangener Tage.

Von der Küste durchs Médoc nach Bordeaux

Die folgende Route läßt sich entweder als Verbindung nach Bordeaux legen oder von den Badeorten als Rundfahrt planen; viele geradlinige Stichstraßen führen direkt ins Médoc. Bei etwas mehr Zeit bietet sich eine Radtour an. Von den Farben her ist das Médoc im Herbst am schönsten, im Sommer kann es drückend heiß sein.

Tourist INFO Beste Anlaufstelle das Maison du Tourisme et du Vin in Pauillac, bieten auch organisierte Besichtigungen an (siehe dort). Weinfahrten werden auch ab Bordeaux bzw. in verschiedenen Küstenorten organisiert.

WINDMÜHLE in Vensac, voll funktionsfähig ist sie eine große Attraktion am Rande des Médoc. 1858 wurde sie hierhin verpflanzt und war bis zum Krieg in Betrieb. In den 80er Jahren mit viel Liebe restauriert. Bei Besichtigungen wird mitunter Mehl gemahlen und die Funktionsweise erläutert (Infos auch auf Deutsch). Führung 30 Minuten, schöne Picknickmöglichkeit. Offen: Mitte Juli bis August tägl. 10-12/14-18.30 Uhr. Juni und September nur Wochenende zu gleichen Zeiten; März bis November nur So. nachmittags. Eintritt 3 Euro. Zufahrt am Ortsrand von allen Seiten gut beschildert.

** Camping du Vieux Moulin, 200 m von der Mühle entfernt. 250 Stellplätze auf z.T. schattiger Wiese.

Das AOC-Gebiet Médoc beginnt im Norden bei St. Vivien und reicht bis St. Seurin de Cadourne, mit knapp 3.000 ha Weinanbaufläche ebenso groß wie das angrenzende Haut Médoc.

Landschaftlich anfangs noch sehr flach, überwiegend Wiesen, die von Hekken und Entwässerungskanälen durchzogen sind, nichts Spektakuläres.

PORT DE GOULÉE: beschaulicher Minihafen am Kanal, ein paar Austernkähne und Segeljachten, alte Ruderboote im Schilf, die Gironde ist noch ein ganzes Stück entfernt. In den Holzschuppen kann man im Sommer Austern probieren.

Überall fallen die Hochstände auf, manchmal sogar im Vorgarten. Ab Herbst wird hier scharf geschossen, auf fast alles was fliegt, - im November müssen die Palombes (Ringeltauben) dran glauben, ab März sind die Turteltauben dran. Jedes Jahr treten die Naturschützer auf den Plan, wenn die traditionsbewußten Turtel-Jäger sich nicht an die Schonzeiten halten und auch während der Brutzeit im Mai rumballern.

Die Landschaft wird hügeliger, die meterdicken Kieselböden beginnen, es reiht sich ein Château ans andere. Einige Franzosen aus Nordafrika (sogenannte Pieds Noirs) hatten sich Anfang der 60er Jahre des 20 Jh. im Médoc niedergelassen und waren maßgeblich an der Wiederbelebung des traditionellen Weinanbaugebietes AOC-Médoc beteiligt. Zu ihnen gehört auch Marc Pagès, Patron des Château de la Tour de By. Unter seinen „Appelation Médoc" lassen sich gute Jahrgänge zu zivilen Preisen finden.

ST. CRISTOLY ist ein friedlicher Weiler mit pittoreskem Miniaturhafen, in dem bei Ebbe die Boote auf dem Schlick liegen. Zugleich einer der schönsten Aussichtspunkte über die breite, bräunlich träge Gironde.

Beste Lage hat das Restaurant „LA MAISON DU DOUANIER“ mit Terrasse und Blick über den Fluß. Interessante Karte; Meeresgetier, Bordelaiser und Périgord-Küche. Menü ab 17 Euro.

Im Weiler Cadourne schöner Blick auf die breite, träge Gironde.

Auf den höchsten Punkten stehen auffallend viele, z. T. kunstvolle Türme. Lange Jahre dienten sie als Windmühle, bis der Bordeaux-Wein im 18. Jh. am Königshof in Mode kam und ringsherum Weinreben aus dem Boden schossen. Aus den Windmühlen wurden Aussichtstürme, heute zieren sie manch ein Flaschenetikett.

Bei St. Seurin de Cadourne beginnen die sanft hügeligen Weinfelder des Haut Médoc, das mit einer Jahresproduktion von über 13 Mio. Flaschen mengenmäßig fast das AOC-Médoc erreicht.

ST. ESTEPHE: Nach dem kleinen Ort mit hübscher Kirche mitten in den Weinfeldern wurde das nördlichste kommunale AOC-Gebiet benannt (1.300 ha), das sich durch würzige, kräftige Weine auszeichnet. Es lohnt ein Schlenker entlang der Uferstraße, hier reihen sich die fotogenen Fischerhütten auf Stelzen mit ihren typischen Hebelnetzen. Vis-à-vis das Atomkraftwerk Blayais und am Ortseingang von Pauillac das große Öllager der Firma Shell und Verladehafen, - auch das gehört zum Médoc.

CHÂTEAU COS D'ESTOURNEL („cos“ bedeutet auf gascognisch Stein): Das wohl verrückteste Weinschloß liegt in einer Kurve an der D 2 (knapp 2 km nach dem Shellgelände). Daß sein Besitzer Louis Gaspard d'Estournel einen Faible für den Orient hatte, ist nicht zu übersehen, - sein Château erinnert mehr an einen Palast als an ein französisches Weingut. Die prächtige Eingangstür brachte er sich von einem Besuch beim Sultan in Zansibar mit (19. Jh.). Die Weine rangieren unter den Cinquièmes Crus.

CHÂTEAU LAFITE ROTHSCHILD: Das Château des Weinkönigs besticht mehr durch seine Lage auf einer Terrasse über den Gärten, als durch die schlichte Architektur. Ursprünge gehen bis ins Mittelalter zurück. 1868 erwarb Baron James de Rothschild das Château für umgerechnet 800 Tausend Euro. Es wurde viel investiert, um die Weinproduktion auf den technisch neuesten Stand zu bringen. Heute gehört es den Enkeln und wird von Elie de Rothschild verwaltet.

Die Weine von Lafite Rothschild stehen auf Platz 1 der Rangliste, schwärmend werden sie von den berühmtesten Weinautoren als das „non plus ultra“ der Rotweine beschrieben. Für den „Normalsterblichen“ sind sie fast unbezahlbar, auch eine Besichtigung des Château ist sehr schwierig und eventuell nach langer Voranmeldung möglich. 1976 erzielte übrigens eine Flasche Rotwein von 1806 auf einer Weinauktion den Höchstpreis von 13.000 Euro (deutsche Weine im Vergleich runde 3.500 Euro).

CHÂTEAU MOUTON ROTHSCHILD in unmittelbarer Nachbarschaft am Ortsrande von Pauillac. Es ist das interessanteste und meistbesuchte Château unter den Spitzenreitern.

1853 kaufte Baron Nathaniel de Rothschild das ziemlich heruntergekommene Château. Sein Sohn steckte 3o Jahre später noch viel Geld hinein, um es zu einem stattlichen Château auszubauen. Seit 192o ist es in den Händen des Enkels, Baron Philippe de Rothschild.

Baron Philippe de Rothschild war eine schillernde Persönlichkeit: Sein Schreibtisch war ein großes Bett, von dem aus er seine Besitztümer verwaltete. War Firmenchef, Doktor der Naturwissenschaft und übersetzte Theaterstücke. Seit 1945 ließ er die Flaschenetiketten von namhaften Künstlern wie Chagall, Henry Moore, Georges Braque, Salvador Dali etc. gestalten, jedes Jahr wurde ein anderer beauftragt (Ausstellung im Château).

118 Jahre lagen die Rotweine auf dem undankbaren 2. Platz der „Weltrangliste", doch 1973 gelang es Baron Philippe de Rothschild, die Klassifizierung zu revidieren; seine Weine rangieren seitdem auch unter den Premiers Crus.

Aufsehen erregte er auch mit seinem Weinmuseum, das er 1962 eröffnete. Zusammen mit seiner Frau hatten sie einzigartige Kunstgegenstände gesammelt, die mit Wein in Verbindung stehen.

In den Kellern spürt man schnell, daß hier Millionen lagern - in flüssiger Form. Weinmuseum: Mo.-Do. 9.3o-11/14-16 Uhr, Fr. 9.3o-11/14-15 Uhr. Dauer 1 Std. 4 Euro Eintritt. Langristige Voranmeldung ratsam.

★ Pauillac (6.7oo Einw.)

Weinzentrum und angenehmstes Städtchen im Médoc. Im Hintergrund liegen die Weinfelder, am Ufer der Gironde fotogene Fischerboote neben schnittigen Jachten. Vis-à-vis in der Fischhandlung werden Crevetten ganz frisch verkauft.

Tourist INFO **Maison du Tourisme et du vin**, im großen Flachbau an der Uferstraße, 3325o Pauillac. Tel. o5 56 59 o3 o8, Fax: o5 56 59 23 38. Offen: tägl. 9.3o-12.3o/14-18 Uhr, Juli bis Mitte September 9-19 Uhr. Es liegt eine Liste der im Médoc angebotenen Privatzimmer und Ferienwohnungen vor.

Beste Infostelle über Médocweine. Gratisbroschüre zu Öffnungszeiten der Weingüter. Empfehlenswertes Heft „Médoc": 5o Seiten über Médocweine, auch auf Deutsch, 3,5o Euro. Größte Auswahl an Médocweinen. Diashow über Médocweine (auf Nachfrage in deutscher Sprache).

Organisierte Weingutbesichtigungen: Jeden Tag im Juli und August steht ein anderes Weingut auf dem Programm. Bei speziellen Wünschen übernehmen sie auch die Vermittlung.

In Pauillac findet jedes Jahr ein sehr schönes Weinfest statt. Genauen Termin im Touristenbüro erfragen.

Am Ortsausgang liegt das CHÂTEAU LYNCH-BAGES, das durch sein günstiges Preis-/Leistungsverhältnis als „Mouton des kleinen Mannes" bezeichnet wird. Die Preise beginnen trotzdem bei 5o Euro die Flasche. Jeden Tag Führungen mit Besichtigung der Weinkeller und anschließender Verkostung. Zur Hauptsaison mit großem Andrang rechnen.

Einige Restaurants in erster Reihe an der Uferstraße. Gut und teuer ißt man im exquisiten ****"CHÂTEAU DE CORDEILLAN-BAGES" am Ortsausgang. Menü ab 32 Euro, 25 Zimmer. DZ ab 15o Euro.

Bei der Weiterfahrt kommt man an den Parzellen der berühmten Grand-Cru-Lage CHÂTEAU DE LATOUR vorbei, der Turm ist sein Markenzeichen auf dem Etikett. Er ist der 3. Premier cru im Anbaugebiet Pauillac. Seit einigen Jahren ist das Château im Besitz der britischen Pearson-Gruppe. Auch in schlechten Jahren werden hier vergleichsweise edle Tropfen gekeltert. Die Weine gelten als besonders „männlich" und lassen sich sehr lange lagern.

ST. JULIEN: Das kleine AOC-Gebiet liegt im Zentrum des Haut Médoc, die Parzellen erstrecken sich auf zwei Kieshügeln Richtung Gironde. Die Rotweine sind bekannt für ihr köstliches Bukett.

CHÂTEAU BEYCHEVELLE (2. Crus): ein Schlößchen aus dem 18. Jh. am Ortsausgang links, mit großer Gartenanlage zum Meer. Es wurde an Stelle einer alten Festung erbaut. Besichtigung von Weinkeller und Park lohnt. - Der Name stammt aus der Segelschiffära und leitet sich von „baisser leur voile" ab, als die Schiffe vor dem Château ihre Segel einholen mußten und sich bis Bordeaux treiben ließen.

CHÂTEAU LANESSAN aus dem 19. Jh. Weinprobe und interessantes PFERDEMUSEUM (Musée du Cheval). Es zeigt, daß das Pferd im Stall oft König war. Im Sommer 9-12/14-18 Uhr.

FORT MÉDOC (17. Jh.): schöner Picknickstop mit Blick auf die Gironde doch sonst wenig zu sehen. Vauban hatte an dem Sumpfgebiet eine harte Nuß zu knacken, so wurde die sternförmige Festung erst nach 32 Jahren Bauzeit fertig. Zusammen mit dem Stützpunkt in Blaye auf der anderen Girondeseite und der kleinen Insel im Fluß (Fort Paté) wurden die Zufahrt nach Bordeaux kontrolliert und die Engländer eingeschüchtert. Das Fort wird sukzessive restaurieret.

Offen: April-Okt. 9-2o Uhr, sonst 1o-17.3o Uhr. Eintritt 2,2o Euro.

PORT DE LAMARQUE (kleine Schiffslände): Die gemütliche Autofähre schlängelt sich zwischen den Sandbänken rüber nach Blaye. Im Sommer alle 1 1/2 Std., sonst seltener. Preis: 3 Euro/Person, Pkw 12 Euro. Am Anleger einige Verkaufsstände, Fisch und Crevetten, Café-Restaurant.

CHÂTEAU MAUCAILLOU Museée des Arts et Metiers de la Vigne & du Vin. Im Château Maucaillou (von der D2 beschildert). Sehr interessante

Sammlung alter Werkzeuge und Geräte. Es wird sehr schön dargestellt, wie früher der Wein verarbeitet wurde. Zudem eine Diashow über die Weinherstellung heute und anschließende Verkostung. Bei der Führung werden auch die Weinkeller gezeigt undviel über die Reifung und Lagerung erzählt.

Offen: 1o-12/14-18 Uhr. Führungen in der Zeit alle Stunde.

CHÂTEAU MARGAUX, fast vor der Haustür von Bordeaux, ist das Schlußlicht unter den großen Châteaux der Welt. Am Ende einer Platanenallee. 1976 wurde es mit 75 ha Weingärten und 1oo.ooo Flaschenweinen z.T. uralter Jahrgänge (19. Jh). für umgerechnet 5,5 Mio Euro an eine französische Lebensmittelkette verkauft. Die Rotweine zählen zu den erlesensten des Landes. Besichtigung äußerst schwierig.

CAVE L'AVANT-GARDE an der Hauptstraße in Margaux. Wer sich bis hier hin immer noch nicht mit Wein eingedeckt hat - zur Erinnerung: Weine aus dem Medoc lassen sich sehr gut lagern, findet hier eine gute Gelegenheit. Das Sortiment ist reichhaltig und schließt die besten Weine ein. Sehr ansprechend eingerichteter Laden und freundlicher Empfang.

Das WEINGUT PRIEURÉ-LICHINE im Ort Catenac ca. 3 km südlich von Château Margaux zählt zu den renommierten Gütern im Médoc und kann besichtigt werden, beeindruckender Weinkeller, Videofilmvorführung. Die Weine sind gut und teuer.

Weiter über die D 2 nach Blanquefort und nach Bordeaux.

Von der Girondemündung -> Arcachon

POINTE DE GRAVE LE VERDON im wesentlichen Fähranlegestelle (Abfahrt siehe Royan) und Hafen für Bordeaux, alle Riesenfrachter werden hier gelöscht.

Langer Sandstrand in der Girondemündung, 2 km vom Fährhafen, Tanker im Blick (Wasserqualität?). Surfverleih, Wasserski, einige Restaurants und Campingplätze, doch zum Relaxen gibt es schönere Plätze weiter südlich.

Zuganschluß gleich bei der Fähre, ca. 2-4 x tägl. über Soulac sur Mer nach Bordeaux, **Bus** über Soulac nach Bordeaux 7 x tägl.

Die Pointe bildet erst den Anfang des 23o km langen Sandstrandes, Dünen- und Waldstreifens, Weiterfahrt lohnt sich. Für Fahrradfahrer existiert ein eigener Radweg durch den schattigen Kiefernwald, 8 km nach

★ Soulac sur Mer (2.5oo Einw.)

Kleiner, gemütlicher Ort, der erste Badeort an der Küste Aquitaines mit langem Sand- und Dünenstreifen. Von der sehr schönen Strandpromenade sieht man den ungewöhnlichen Leuchtturm in der Girondemündung (siehe unten). Strandzelte und viel Rummel im Ortsbereich, ruhiger wird's weiter abseits.

Im Kern hat Soulac einige hübsche Häuser aus der Jahrhundertwende bewahrt; aus jener Zeit, als Baden in Mode kam. Lebensader des Ortes ist die Fußgängerstraße Rue de la Plage zwischen Strand und Kirche. Souvenirshops, Restaurants, Karussell, Schießbude und viele Menschen. Ponyreiten für Kinder bei der Kirche.

Soulac sur Mer ist ein gewachsener Ort mit bewegter Vergangenheit; zur Zeit der Jakobspilger (siehe allgemeines Kapitel) war er ein wichtiger Zwischenstop auf dem Weg nach Spanien. Im Hafen schifften sich die britischen Pilger aus, um zu Fuß weiter nach Süden zu ziehen. Die Reede wurde im 16. Jh. von den Sümpfen der Gironde geschluckt, Wanderdünen ließen Stadt und Kirche im 19. Jh. versanden.

Tourist INFO

Office de Tourisme: in der Fußgängerzone, nahe Markt-halle. 95, rue de la Plage, 3378o Soulac-sur Mer. Tel. o5 56 o9 86 61, Fax: o5 56 73 63 76. Offen: Juli/August täglich 9-19 Uhr, sonst 9-12.3o/14-18 Uhr.

Post: rue Dr. Saint Philippe. Offen: Mo.-Fr. 9-17.3o Uhr, Sa. 9-12 Uhr.

Markt: in der alten Markthalle jeden Vormittag. Im Juli/August auch bis Spätnachmittag.

Verbindungen

Zug: sehr schöne Ausflugsfahrt im Minizug zur Landspitze Pointe de Grave. Im Juli/August 4-5 x tägl.

Normale Zugverbindung 4 x tägl. an die Landspitze „Pointe de Grave" zum Fährhafen bzw. nach Bordeaux; zusätzlich per Bus 7 x tägl. zur Hochsaison, Wochende seltener.

KIRCHE NOTRE DAME DE LA FIN DES TERRES (Unsere liebe Frau vom Ende der Welt): ihre leichte Schräglage verrät die interessante Vergangenheit. Die dreischiffige Basilika stammt aus dem 12. Jh., für Pilgerzwecke groß ausgebaut. Im Laufe der Jahrhunderte versandete sie total. Erst Ende des 19. Jahrhunderts wurde sie im Auftrag des Bischofs von Bordeaux wieder „entsandet", dann restauriert.

Heller, stilreiner Innenraum (Ausnahme Kanzel). Die schönsten Kapitelle im Chor (Südseite, z.B. Daniel in der Löwengrube) und an der Nordseite des Querschiffs.

Die bunte Holzstatue war und ist Ziel von Pilgerprozessionen. Der eckige Kirchturm (14. Jh.) diente der Seefahrt lange als Leuchtturm und beherbergte während der Entsandung die Pfarrerswohnung. Von dem ehemaligen Benediktinerkloster sind nur einige Mauerreste erhalten.

Sehr gute deutschsprachige Broschüre „Die Basilika von Soulac" in der Kirche erhältlich.

Kleines ARCHÄOLOGISCHES MUSEUM in 28, rue Victor-Hugo, mit

Exponaten aus der Prähistorie und gallo-römischen Zeit. Offen tägl. Juni und September 15-2o Uhr, Juli/August 8-12/15-21 Uhr.

Restaurant „LA PIZZA", 6, rue Brémontier. Gemütliches Ambiente, innen etwas dunkel. Gute Pizzen. Freundliche Bedienung.

„CRÊPERIE LA BOLÉE", 6, rue Lafargue, ganz nett gemacht, auch Tische im Freien. Crêpes, Galettes, manchmal Choucroute-Abende.

„LA DINETTE", 7, rue André Leroux. Freundlich, mit Blumen; Menü ab 12 Euro, gelegentlich Paella mit Dessert.

Neun Hotels auf 1- und 2-Sterne-Niveau.

* Hotel/Restaurant „**Michelet**", 1, rue B. Baguenard. Freundliche Unterkunft (1o Zimmer) in einer ruhigen Seitenstraße, 1oo m zum Strand. Die besseren Zimmer mit Balkon, DZ ab 35 Euro, mit Dusche teurer.

** Hotel „**Molière**", 22, rue F. Lafargue. In zweiter Reihe nur 5o m vom Strand entfernt. Gepflegtes zweistöckiges Haus, rundum Balkons. 17 Zimmer überwiegend mit Bad oder Dusche. DZ ab 32 Euro. Kleiner Swimmingpool im Garten.

Campingplätze am südlichen Ortsausgang:

** Camping Les Pins, moderner, schön angelegter Platz, nicht ganz so zugewachsen wie die anderen. Mehrere Sanitäranlagen, Tennisplätze, Kiesparzellen für Campingwagen. Zum Meer ein Stück zu laufen. 15o Stellplätze. Offen: April bis Mitte September.

Camping Les Cratères, kleiner, ruhig gelegener Platz mit Bungalow-Vermietung am südöstlichen Ortsrand von Soulac (zwischen D 1o1 und N 215, Allée Michel Montaigne). Ordentliche sanitäre Einrichtungen. Schatten- und Sonnenplätze. Offen: April bis Oktober.

Einen Schwung Campingplätze findet man in L'Amélie, ca. 4 km südlich von Soulac mit schönem Strand und Düne.

*** Camping de l'Océan, ruhiger Platz mit genügend Schatten. Gute Sanitäranlagen. Fußweg zum Strand. Offen: Juni bis Mitte Sept. Nebenan:

** L'Amélie-Plage, sehr großer schattiger Platz mit Caravan-Vermietung. Offen: Ostern bis Oktober.

SPORT

Fahrradverleih: „Cyclo Star", 9, rue Lafargue. Gutes Material, vom 1-er aufwärts alles zu haben.

Wellenreiten und „**Body Boarding**" gehört zu den Standardangeboten der Atlantikküste. Anfänger- und Fortgeschrittenenkurse, Boardverleih an verschiedenen Stellen. Ebenso **Strandsegeln** und **Wellenkayak**.

Tennis: über zwei Dutzend Courts. Info im Touristenbüro.

Bootsfahrten beispielsweise zum Angeln oder längs der Küste der Girande werden in Soulac angeboten. Info im Touristenbüro.

Rundflüge im ULM-Motordrachen. Eine luftige und etwas laute Angelegenheit, aber tolle Perspektive über den ewig weiten Sandstrand oder die Girondemündung.

Komfortabler fliegt man in kleinen Sportmaschinen. Info und Anmeldung beim Cordouan Air Club. Aérodrome de Soulac.

Wer Nervenkitzel sucht kann im „Tandem" **Fallschirmspringen**. Kontakt übers Touristenbüro erfragen.

AUSFLÜGE

Bootsfahrt zum sehenswerten Leuchtturm PHARE DU CORDOUAN (1584) im Juli/August täglich mit der „Bohème", - die Abfahrt richtet sich nach den Gezeiten.

Der französische König Heinrich III. hatte große Pläne und wollte hier ein Schmuckstück bauen lassen: auf 44 m Durchmesser war ein Renaissancekunstwerk geplant mit Balustraden und Türmchen, das ein königliches Gemach und eine Kapelle beinhalten sollte. Dieser leicht verrückte Plan wurde aus Geldmangel nur ansatzweise verwirklicht, denn die Religionskriege beutelten das Land. Imposante Treppe und Kapelle im Innern.

Organisierte Busausflüge: Büro in der Hauptstraße, 99, rue de la Plage. Nachmittagstour z.B. zu einem Château im Médoc (Weingut) inkl. Weinprobe.

Bei der Weiterfahrt wechseln Waldpartien mit Heidelandschaft.

Auf dem Weg nach Montalivet *** Centre Naturiste Camping Euronat, eine der größten FKK-Anlagen Europas. 79o Stellplätze, 36o Bungalows und Appartements. Im Kiefernwald gelegen zieht sich das riesige Terrain (insg. 335 ha) bis ans Meer; hüllenlos Baden am bewachten, 1,5 km langen Sandstrand. Neben den Chalets auch Zelte und Wohnwagen zu mieten. Über 4o verschiedene Sport und Freizeitangebote - nicht alle kostenlos. Der gesamte Service läßt kaum noch Wünsche offen: Supermarkt, Metzger, Konditor, Sportgeschäft, Selbstbedienungsrestaurant, Thalassotherapie, beheiztes Schwimmbad und, und, und...

Von der Hauptroute D 1o1 lohnt der Kurzabstecher nach VENSAC zur alten Windmühle, sehr schön restauriert und wieder voll funktionsfähig. Siehe auch Seite 247.

LE GURP: 8 km südlich von Soulac. Die Stichstraße endet im Parkplatz; außer einem riesigen kommunalen Campingplatz hinter den Dünen im Kiefernwald und einer Handvoll Snackbuden/Pizzerien tut sich hier nicht viel. Einkaufsmöglichkeit.

Kurz vor MONTALIVET führt die Parallelstraße (D 1o2) einige Kilometer direkt an den Dünen entlang. Gute Meerzugänge für Surfer mit eigenem Board, Baden gefährlich. Wohnmobilisten werden an der Straße toleriert.

★ Vendays-Montalivet les Bains

Ein wenig reizvoller Badeort am Waldrand; flache Häuser, Verkaufsbuden, Pizzerien, Crêperien etc. Außer Baden und Futtern läuft hier nicht viel. Bei Flut schmaler Strand, bewachter Abschnitt direkt im Ort bei der Promenade. Montalivet ist ein Zentrum für Strandsegler. Großes Sportangebot, vom Wellenreiten, Tennis, Reiten bis Fahrradvermietung.

Tourist INFO **Office de Tourisme**: 62, av. de l'Océan, Tel. 05 56 09 30 12, Fax: 05 56 41 71 71.

Busverbindung nach Bordeaux 2 x täglich.

Strandhotels in vorderster Reihe „Front de Mer", 50 m vom Meer:

** „**De l'Océan**" kein architektonischer Leckerbissen, Balkonzimmer mit schönem Atlantikblick, nüchterner Speiseraum; 13 Zimmer, teilweise mit Dusche. DZ ab 38 Euro.

Vis-à-vis ** „**De la Plage**". Nicht alle 15 Zimmer mit Meerblick, aber Balkon. Hübsches verglastes Restaurant, Menü, auch Muscheln, Crêpes etc. DZ ab 42 Euro.

** Camping Le Soleil d'Or, einfacher, sandiger Platz am Ortsanfang, schattenlos, nicht parzelliert, mit dem Vorteil nur 50 m zum Meer über die Straße. 100 Stellplätze. Offen: Juni bis September.

*** Camping Municipal, am Ortsrand etwas abseits vom Meer, riesengroß (905 Stellplätze) im Kiefernwald, Wald-/Sandboden. Offen: Juni bis Sept.

*** FKK-Anlage Naturissimo CHM Avenue de l'Europe: riesiges Areal am südlichen Ortsrand im Wald gelegen (170 ha); hinter dem Dünengürtel die Brandung. 190 Bungalows im Wald verstreut (teilweise zu mieten), Stellplätze für 1.800 Wohnwagen und Zelte. In der FKK-Stadt ist für alles gesorgt, so daß es kaum noch einen Grund gibt, die Anlage zu verlassen: Post, Bank, Restaurant, Kinounterhaltung und Animation; mehr als ein Dutzend Geschäfte. Das umfangreiche Sportangebot (teilweise Animation) reicht vom Bogenschießen über Tennis bis zum Surfen, 1,7 km langer, bewachter Sandstrand nur für FKK-Fans.

Ausgedehnter Picknickplatz mit Bänken unter Kiefern am Ortsrand.

HOURTIN

Hourtin, das ist eine kleine Siedlung am Meer, das ist ein ausgedehnter See, ein Dorf und ein Badeort am Nordufer - Hourtin Plage

Hourtin Plage kleine Badesiedlung am Meer. Die Stichstraße endet im großen Parkplatz am Strand; Frittenbude, Snacks, Sandwichlokale pflastern den Strandweg. Am Badestreifen unterhalb der 2o m hohen Düne findet man Platz in Hülle und Fülle, auch bei Flut noch schön breit. Bewachter Abschnitt beim Parkplatz.

Großer *** Campingplatz Caravaning Airotel de la Côte d'Argent am Ortsanfang. Weitläufiges Gelände, Zeltler finden schöne individuelle Plätze im Dünenbereich. Für Lebensmittelnachschub ist gesorgt, eigenes Restaurant. Gute Sanitäranlagen mit Warmduschen. Mietcaravans und Fahrradverleih. Zum Meer ca. 5oo m. 75o Stellplätze. Offen: Mitte Mai bis Mitte September.

Zudem einige Campingplätze einfacherer Ausstattung.

SEE VON HOURTIN

Der Loc de Hourtin ist der größte Binnensee Frankreichs, 19 km lang im Kiefernwald, vom Nordufer ist das Ende nicht einzusehen. Grün eingefaßt mit großteils schilfigem Ufer und hübschen Minisandstränden, ein Eldorado für Wassersportler. Keine direkte Straße um den See, eine Handvoll Seezugänge mit kleinen Sandstränden.

Sehr schöne Spazierwege am ganzen Westufer entlang, von Piqueyrot 12 km bis Bombannes am Südende des Sees (GR 8), Waldweg zum Leuchtturm 5 km, Aussichtspunkt la Gracieuse 7 km.

Zum Surfen/Segeln ist der See ideal, ähnlich starker Wind wie am Meer, doch kaum Wellenprobleme (manchmal Leebildung durch den Wald). Sowohl für Surfanfänger als auch Experten ein Vergnügen. Das ruhige flache Wasser ist um einiges wärmer als am Meer, im Sommer nahezu Badewannentemperatur am seichten Ufer, Kinder können gefahrlos baden und planschen.

Der See gilt als sehr fischreich, Angelkarte erforderlich.

Der erste Zugang 4 km vom Meer (Hourtin Plage) entfernt, kurze Stichstraße bis Piqueyrot, eine Ansammlung aus Campingplatz, Ferienhäusern, Jachtclub etc.; Verleih von Surfboards, Kanus, Pedalos, Segelbooten etc.

Hourtin-Port liegt 2 km entfernt am Nordufer des Sees. Zum Baden und Wassersport ein beliebter Stützpunkt. Modern konzipierter Segel- und Motorboothafen, großer Parkplatz direkt am See, vorbildlich angelegt mit Sanitäreinrichtungen und Picknickplätzen im Grünen, Wildcampen verboten. Das super flache Ufer und der feine Sandstrand sind ideal für Kinder. Schwimmer und Surfer kommen sich in der seichten Bucht oft in die Quere.

Hier wurde eine Freizeitsiedlung aus dem Boden gestampft mit *** Domaines Du Soleil, die sich sehen lassen kann. Direkt am See. 2oo Zimmer in verschiedenen Häusern, architektonisch ganz gelungen. Eigenes Schwimmbad auf der einen, Seeblick zur anderen Seite.

Doch Campen ist Trumpf, etwa 1/2 Dtzd. Plätze im Umkreis. Relativ nah am See ** Camping Les Ourmes. Große Anlage unter Kiefern, etwa 600 m zum See (Strandstraße). Stromanschlüsse für Caravans, ordentliche Sanitärs mit Warmduschen. 300 Stellplätze, offen April bis September.

Direkt nebenan ** Camping La Rotonde mit schönem Swimmingpool. 300 Stellplätze. Offen: April bis September.

Viele Campingplätze auf dem Weg nach Süden am Waldrand, oft einfache Camping à la ferme etc.

SPORT

Surf- und Motorbootverleih direkt neben dem Jachthafen auf der Sandnase. - Katamaranverleih beim Centre Nautique am Hafen.

Tretboote, Kanu um die ca. 8 Euro/Std. Die Seen sind durch Kanäle miteinander verbunden, so daß man mit etwas Ausdauer in 5 Tagen bis ins Bassin von Arcachon paddeln kann.

Sehr schöne Fahrradtouren in der Umgebung, z.T. über Waldwege. Fahrradvermietung: am Hafenparkplatz (Garage à Velos)

Tenniscourts gegenüber Camping La Rotonde. - Angelkarten in den Tabacgeschäften.

Hourtin- Dorf

(4.700 Einw.)

Das Zentrum im nördlichen Seebereich ist ein ruhiges Nest, - an Markttagen füllen sich jedoch die Straßen: Wein-, Honigverkauf und Probierstände. Man hat sich auf Touristen eingestellt. Kleines Museum HOURTIN MÉDOC hinter der Kirche beim Touristenbüro. Alle nötigen Geschäfte, Bank, Post. Bis abends um 12 Uhr wird am Kirchplatz Boule gespielt.

Busverbindung: nach Bordeaux 2-3 x täglich.

Kleines Hotel ** „**Le Dauphin**" am Kirchplatz. 20 Zimmer, alle mit Dusche bzw. Bad. DZ ab 43-55 Euro, auch Pension.

„**Les Pins**", 22 rue de Mauricet. Kleines Residence Hotel, bestehend aus mehreren kleinen Häusern, die sich um den Swimmingpool gruppieren. Insgesamt 20 Zimmer. DZ um die 60 Euro.

★ Maubuisson

Kleiner Badeort am freien Südufer; attraktiv durch die unmittelbare Lage am See und den gut 1 km langen Sandstrand; Ferienwohnungen im Grünen, modernes Kultur- und Ladenzentrum neben dem „Jachthafen". Schöne Radwege durch den Kiefernwald entweder zum Sport- und Ferienzentrum Bombannes (2 km außerhalb am See) oder eigener Radweg zum Meer Carcans Plage. Schöne Picknickplätze abseits der Straße.

Office de Tourisme: in der Maison de la Station im Zen-trum. 127, av. de Maubuisson, 33121 Carcans-Maubuisson. Tel. o5 56 o3 34 94, Fax: o5 56 o3 43 76. Offen: Juli/August tägl. 9-19.3o Uhr, sonst Mo.-Sa. 9-12.3o/14-18.3o Uhr, So. 1o-12.3o/ 14.3o-18 Uhr. Im Winter So. geschlossen.

Post: in der Maison de la Station, offen Mo.-Fr. 9-12/14-17 Uhr, Sa. 9-12 Uhr.

Busverbindung: nach Bordeaux über Lacanau-Ocean 2-3 x tägl. im Sommer; nach Carcans-Plage 2-3 x tägl.

In der Maison de la Station ist das MUSÉE DES ARTS ET TRADITIONS POPULAIRES untergebracht. Offen: Mitte Juni bis Mitte September 15-19 Uhr, Sa. zu.

Hotel/Restaurant ** „**La Pergola**", 123, av. de Maubuisson im Zentrum, ein Dutzend Zimmer ohne Balkon, dafür einen Katzensprung zum See. HP ca. 5o Euro

** „**Du Lac**" gleich nebenan, 19 Zimmer mit allem Nötigen einge-richtet, DZ ab 37 Euro. Restaurant im Erdgeschoß.

** Camping de Maubuisson vom See nur durch die Straße ge-trennt (15o m entfernt), schattige Stellplätze, Stromanschluß, zufriedenstellende Sanitäreinrichtungen. 65o Stellplätze. Offen: März bis November.

Langer Sandstrand am gesamten Ortsbereich, seicht ins Wasser - ein Planschvergnügen für Kinder. Separater Surfeinstieg bei der Mündung des Kanals; bequem durch die Straße und Parkplatz, allerdings Surfer und Badende kunterbunt durcheinander.

SPORT

Breites **Wassersportangebot** am Strand, mehrere Surfboardvermietungen (gutes Material), Pedalos, Katamarane etc.

Im Ort **Fahrradverleih**, **Tennis**, **Minigolf**, **Reitmöglichkeit**.

Der idyllische kleine Kanal führt zum Nachbarsee Etang de Lacanau, ideal zum Paddeln; anfangs parken kleine Motorboote, später wird's grüner, bewaldeter. Mit viel Ausdauer bis zum Bassin von Arcachon.

BOMBANNES: riesiges Freizeitzentrum im Kiefernwald, fast wie eine eigene Stadt mit Geschäften, Campingplatz, Bungalows, eigenem langen Sandstrand. Allein 26 Tenniscourts, Segel-/Surfschule, Schwimmbad, Bogenschießen, Kanu, Fahrradverleih etc. dazu Bastelkurse und etwas Kultur. Das Angebot kann auch von Nicht-Mitgliedern benutzt werden, die Preise dann etwas höher. Parkplatzgebühr obligatorisch.

In der Anlage ** Campingplatz, Caravan- und Zeltplätze voneinander getrennt, parzelliert, großzügig angelegte Plätze, gute Sanitärblocks über die Anlage verteilt. Stromanschlüsse für Caravans, Einkaufsmöglichkeiten und die Vorzüge des großen Sportangebotes.

Ein zweiter Platz mit 55o Einheiten. Ganzjährig offen.

LAC DE COUSSEAU (15o ha): Der Minisee und das umliegende Wald- und Sumpfgebiet wurden unter Naturschutz gestellt - nur per Fahrrad oder zu Fuß erreichbar. Schöne markierte Spaziergänge, bei denen man je nach Saison Zugvögel, vielleicht auch Schildkröten sehen kann.

CARCANS PLAGE: Badestützpunkt am Meer, der buchstäblich in den Kiefernwald gesetzt wurde. Eine Handvoll Flachbauten, in die Restaurants, Schnellimbiß und diverse Geschäfte eingezogen sind.

Übernachtung in den kleinen Hotels, beliebter sind Ferienhäuser im Wald oder der große Campingplatz (35o Stellplätze, z.T. schräger sandiger Boden, offen: April bis September, im Juli/August rappelvoll). Die Wohnmobile drängen sich nebenan auf dem Parkplatz

Außerhalb der Saison ist Carcans-Plage wie ausgestorben.

Baden: Baden im Meer beim Hauptzugang bewacht. Ähnlich gute Surfbedingungen (Wellenreiten) wie im benachbarten Lacanau. Am kilometerlanger Strand findet jeder noch ein stilles Fleckchen. Viele nutzen den schattigen Radweg nach Maubuisson am Südufer des Hourtinsees mit guten Windsurfbedingungen.

LACANAU

Mit Lacanau verhält es sich ähnlich wie schon weiter nördlich mit Hourtin: in der Gemeinde gibt es einen Binnensee, den Badeort am Meer (Lacanau-Ocean), der zu den besten Surfsports der Atlantikküste gehört, ja manche sagen sogar der Welt und das Dorf Lacanau im Osten des Sees mit kleinem Hafen und Seezugang.

Lacanau-Ocean

Der Hauptbadeort im Küstenbereich bis Arcachon: Typ braungebrannter, schöner Sportsman mit Surfboard unterm Arm. Herrlicher Strand, einmalige Brandung. Überwiegend moderne Architektur, breite Fußgängerzone bis zur schönen Uferpromenade. Im Sommer ist hier bis spät in die Nacht was los. Zur Vor-/Nachsaison noch nicht ganz tot.

Lacanau besticht durch seine ausgezeichneten Möglichkeiten zum Wellenreiten und Brandungssurfen. Zur Weltmeisterschaft im August ist ringsum Lacanau alles dicht. Wer nicht unbedingt flotte Jungs aus Australien und

Hawaii oder erstklassiges Wellenreiten sehen möchte, macht dann besser einen großen Bogen um den Ort.

Tourist INFO **Office de Tourisme**: place de l'Europe, 3368o Lacanau Océan. Tel. o5 56 o3 21 o1, Fax: o5 56 o3 11 89. Ganzjährig täglich offen: Juli/August 9-19 Uhr, sonst 9-12/13-17.3o Uhr. Sonntags geschlossen.

Post: place de l'Europe. Offen: Juni und September 9.3o-12/14-17 Uhr, Juli/August 9-12/14-17 Uhr. Sonst 9-12/14-17 Uhr.

Einkaufen Jeden Mittwoch sehr großer Markt.

Waschsalon: Place Charles de Gaulle.

Busverbindung -> Bordeaux, Bahnhof Gare St. Jean, über Lacanau-Ville je nach Saison 1-6 x tägl. -> Maubuisson über Carcans-Plage zur HS 2-4 x tägl.

Hotels/Restaurants

** „**Oyat**", Front de Mer. Direkt am Meer gelegenes 3o-Zimmer-Hotel mit sauberen, modernen Räumen mit Fernseher. DZ 68-9o Euro.

* „**Grand Hôtel de la Côte d'Argent**" 3, bd. de la Plage, am Strand. Architektonisch einfallslos, 28 zweckmäßig ausgestattete Zimmer, die Hälfte mit Dusche oder Bad, Ozeanblick nur von den oberen Balkons.

* „**Chez André**" in der Fußgängerzone. Hübsch à la Gewächshaus aufgemachtes Restaurant, Sitzgruppen mit Sonnenschirmen. Insgesamt gehobenes Preisniveau, Muscheln, Fisch. 9 Zimmer mit Dusche oder Bad.

* „**Le Marian**", eines der alten Hotels, hübsche Laubenbalkone zur Hauptstraße. 12 Zi., DZ 45-8o Euro. 3-Gang-Menü 18 Euro.

„**Le Kayoc**", von der Lage schönstes Restaurant im Ort. Zwei Etagen mit Rundblick zum Meer, bequeme Korbstühle in der Bar, durch Grünpflanzen aufgelockert. Restaurant im 1. Stock. Überwiegend Fisch und Krustentiere, gehobenes Preisniveau. Menü ab 17 Euro. Große Terrasse.

Restaurant „**La Cabane dans un Jardin**", 19,aav. du Général Leclérc. Man sitzt mitten im Garten in Zelten. Geführt von jungen Leuten, die für ein gutes Preis- Leistungsverhältnis sorgen. Menü ab 15 Euro.

„**Ayers Rock Café**", bv. De la Plage. Nein wir sind nicht plötzlich in Australien, aber vielleicht hat der Sand zu dem Namen verleitet. Gutes Essen mit Blick auf Meer.

Ansonsten jede Menge Snackbuden, Gaufres, Eisdielen etc.

**** Camping les Grand Pins, eigener Zugang zum Meer (4oo m), und großer Pool. Gute Sanitäreinrichtungen, vorwiegend Zeltplätze, da der sandige Boden nicht überall befahrbar ist. Stromanschlüsse an den Caravanstellplätzen. Vermietung von Mobilhomes und Chalets. 56o Einheiten. Offen: Mai bis Mitte September.

**** Camping Airotel de l'Océan, ebenfalls sandiger Untergrund, Schatten durch den Kiefernwald, den Sanitäranlagen merkt man das Alter schon an, doch Warmduschen, Waschmaschine etc. Mietcaravane. 55o Stellplätze. Offen: Ostern bis September.

Mehrere bewachte **Badeabschnitte** den ganzen Strand entlang, überragt von hohen Dünen.

SPORT

Um Lacanau bestehen exquisite **Radlmöglichkeiten**, über 1oo km Fahrradwege nach Süden und Norden im Kiefernwald zu einsamen Badestränden, zu den beiden Seen oder auch nach Bordeaux!

Fahrrad- und Motorrollerverleih: z.B. bei der Tankstelle am Ortseingang. Kaution berücksichtigen. Auch Mountainbikes.

Wellenreitboard- oder Surfboardverleih an mehreren Stellen im Zentrum. Wer Unterricht nehmen möchte, sei es Bodyboard, Surf oder Longboard, wendet sich z.B. an Maison de la Glisse am Boulevard de la Plage.

18-Lochund 9-Loch-**Golfplatz** am Ortsrand mit Aussichtshügel.

Lacanau See (8 x 3 km)

Langgestreckter See, kleiner und überschaubarer als der Hourtinsee, ideal zum Surfen und Segeln. Grün eingefaßte Ufer. Durch seinen Fischreichtum bei Anglern sehr geschätzt (Angelkarte notwendig). Gute Zugänge im Norden von der D 6, allerdings liegen die Strände gleich neben der Straße. Das Ostufer ist teilweise schilfig, Zugänge über die Stichstraße von Lacanau. Gute Campingmöglichkeit am Westufer.

Guter Seezugang bei **LE MOUTCHIC** am Nordufer. Ein kleiner Ort direkt neben der Durchgangsstraße, großer Parkplatz, angrenzend breite Liegewiese und Sandpartien. Durch Bäume stellenweise Schatten. Am Wochenende Strandbadcharakter. Verleih von Booten, Pedalos und Surfboards. Überwachter Strand.

*** Camping du Lac gleich vis-à-vis. Zum See die Straße queren. Durch die günstige Lage schnell überlaufen. 6o schattige Stellplätze, ordentliche Einrichtungen, Mietbungalows, Einkaufsmöglichkeit etc. Offen: April bis Mitte Oktober. Relativ teuer.

Am Westufer der sehr schön gelegene *** Campingplatz Le Tedey, ein guter Stützpunkt für Familien und Wassersportler, aber riesengroß. 63o Stellplätze. Offen: Ende April bis September.

Lacanau-Dorf

Der größte Ort LACANAU liegt nicht direkt am See. Eine weitgestreute, ganzjährig bewohnte Siedlung mit Einkaufsmöglichkeiten, Post, Bank,

Tankstelle und Campingplätzen. Stichstraße zum See mit kleinem Jachthafen, schöne Sandwiesenstrände, Pedalo- und Surfboardverleih am Ufer, bequemer Surfeinstieg.

LACANAU- BASSIN D'ARCACHON, 24 km durch ländliche Gegend, einige Campingplätze an der Strecke, teilweise einfache Aires naturelles auf einer lichten Wiese.

Immer wieder Stichstraßen zum Meer, z.B. im Ort **LE PORGE** ca 1o km bis LE PORGE OCEAN.

** Camping Municipal La Grigne, avenue de l'Océan. 46-ha-großes Gelände im Wald mit vielen Ginstersträuchern, leicht welliges Dünengelände, eigener Zugang zum sehr schönen, bewachten Strand (5oo m). Ordentliche Sanitäranlagen, Supermarkt, Tennisplätze, Volleyballfeld, Fahrradverleih. 7oo Stellplätze. Offen: April bis September.

12o-ha-große FKK-Anlage „Village de la Jenny" im Kiefernwald, mit allem, was man sich im Urlaub vorstellt. Camping- und Bungalowübernachtung, moderner Swimmingpoolkomplex, Restauration, großes Freizeitangebot, der lange Dünenstrand zu Fuß oder per Rad erreichbar.

Busverbindung von Le Porge nach Bordeaux 1 x tägl.

In **LÉGE-CAP FERRET** entscheidet es sich, ob man gleich links ums Bassin herum nach Arcachon fährt, oder einen Abstecher nach CAP FERRET auf der Sanddüne bei der Engstelle einbaut.

Bassin d'Arcachon

Die größte „Meerbadewanne" am Atlantik ist jeden Sommer Touristenmagnet Nummer 1. Europas höchste Düne, wilde Brandung am Ozean, ruhiges Wasser im Bassin mit Austernzuchtanlagen und das große Sport- und Freizeitangebot locken Zigtausende.

Das riesige Meerwasserbecken verändert stündlich sein Gesicht. Bei Ebbe schlickig, von Rinnsalen durchzogen, Boote liegen auf dem Trockenen, die typischen Pfähle der Austernzuchtanlagen werden frei. Baden und Wassersport nur noch an der Engstelle möglich. Im Ostende des Bassins spielen die Kinder zwischen Segelbooten Fußball.

Mit der Flut steigt die Wasserfläche um das dreifache auf 15.5oo ha an. Surfer und Segler werden wieder aktiv. Das Wasser bleibt trotzdem an manchen Stellen nur knietief. Die vielgeknipsten Stelzenhäuser auf der „Ile aux Oiseaux" können dann in den flachen Booten aus Pinienholz (Pinasse) erreicht werden.

Am eindrucksvollsten zeigt sich das Bassin bei einer Bootsfahrt - hohe Sanddünen zu beiden Seiten der Einfahrt, Miniinseln, Austernbänke etc.

Breites Hotel- und Campingangebot, überall Verkauf frischer Austern und Probierstuben. Eng wird's am Wochenende, wenn zu den Urlaubern noch „Bordeaux" an die Strände drängt.

Der ursprünglichste Ort Andernos am Bassinende wird von Franzosen bevorzugt. Die schönste Aussicht auf die Superdüne Pilat bei klarem Wetter vom Cap Ferret, mit der kürzesten Entfernung zwischen Baden im brandenden Ozean und bei Flut im wärmeren Bassin. Die touristische Hochburg ist zweifellos Arcachon auf der Gegenseite (Fährverbindung an der Engstelle), mit allen Vor- und Nachteilen; akzeptable Sandstrände auch bei beginnender Ebbe, ein Katzensprung zur Düne von Pilat. Wer Rummel und Nachtleben sucht, ist hier bestens aufgehoben.

Es lohnt sich auf jeden Fall, einen der Bootsausflüge im Bassin einzuplanen, z.B. zur Vogelinsel Banc d'Arguin in der Bassineinfahrt. Eine flache Sandbank, im Herbst wichtige Station der Zugvögel auf dem Weg nach Afrika und Südeuropa. Seit einiger Zeit überwintern hier auch Stelzenvögel. Vor den etwa 3.5oo Besuchern täglich werden die Nester durch Schilder und Seile so gut wie möglich geschützt. - Badestop der Bootsausflüge. Abfahrten und weitere Touren siehe Cap Ferret und Arcachon.

Empfehlenswerter Spaziergang im Naturreservat am Südende der Bucht: Parc Ornithologique du Teich, siehe dort.

4o km **Fahrradwege**, speziell auf der Halbinsel des Cap Ferret.Teilweise sehr schön im Schatten angelegt, mit Picknickplätzen oder Radwegen entlang der Straße.

Neben dem Tourismus spielt Austernzucht die Hauptrolle. Das Becken bietet optimale Bedingungen, nicht zu hoher Salzgehalt, sehr reiche Planktonnahrung und ständiger Wasseraustausch. Systematisch wird die Austernzucht erst seit 1898 betrieben. Nach schweren Einbrüchen 1972 durch Wasserverschmutzung, Pestizide, Virusbefall etc. starb der Laich und die Austern verkümmerten.

Durch einschneidende Maßnahmen und Einführung einer widerstandsfähigeren japanischen Austernart besserte sich die Situation; die Kulturen erholten sich, neue Rekordernten konnten verzeichnet werden. Die Motorflitzer sind den Austernbauern allerdings immer noch ein Dorn im Auge. Besonders idyllisch zeigen sich die Anlagen in Gujan Mestras (siehe allgemeines Kapitel Austernzucht).

Die höchsten Dünen des Atlantiks wandern mehrere Meter im Jahr landeinwärts, Bunkerreste des Atlantikwalls haben bereits den Halt verloren und sind ins Meer gekippt, - Hochrechnungen zufolge wird Bordeaux in 1 Mio. Jahren versandet sein! Bereits Ludwig XIV. plante, die Wanderdüne zu befestigen, um in der Baie einen Kriegshafen einzurichten. Auch die weiteren Versuche durch intensive Bepflanzung mit Dünengras die Bewegungen zu bremsen, waren bisher nicht sehr erfolgreich. Jedes Jahr werden neue Wege und Zugänge angelegt, um zu verhindern, daß Tausende von Füßen die jungen Pflanzen niedertrampeln.

RUND UMS BASSIN

Von Cap Ferret -> Arcachon ca. 65 km

CAP FERRET (Pointe)

Endpunkt der Bassinstraße (D 106) und Ziel aller Urlauber. Top Blick vom sandigen Cap zur berühmten Düne von Pilat; der grün eingefaßte Sandberg, fast afrikanisch anmutend, mußte mit knapp 3 km Länge schon oft als Kulisse für Saharafilme herhalten. Herrliche Farbkontraste, draußen gischten die hohen Atlantikwellen, über der beigefarbenen Düne kann man die kleinen Pünktchen der Drachenflieger ausmachen, Menschen wie Ameisen auf dem 104-114 m hohen „Berg".

Halb versandete Bunker beim Spaziergang um die Landnase, z.T. originell bemalt; im Hintergrund bombastische Pumpen.

Schönes Panorama vom Leuchtturm (über 258 Stufen zur Plattform). Trotz der 258 Stufen sollte man den Aufstieg nicht scheuen. Der Blick von 53 Metern Höhe ist bei schönem Wetter einmalig. 1947 wurde der Leuchtturm errichtet. Offen ganzjährig.

RESTAURANTS Am Ende der Straße Restaurant „LE MIRADOR" mit Terrasse, gepflegt eingerichteter Speiseraum. Der Dünenblick hat allerdings seinen Preis, Menü ab 16 Euro. Großes Angebot an Muscheln, Meerestieren etc.

Billiger aber ohne Dünenblick: „LA CARAVELLE" nahe Parkplatz.

★ Cap Ferret (Ort / Lège)

Auffallend viele noble Ferienvillen auf der Landnase, zwischen hochstämmigen Kiefern versteckt.

Der Ortskern mit Einkaufsbereich und Fußgängerstraße liegt auf der Bassinseite, großzügig modern angelegt entlang des Bd. de la Plage. Arcachon erreicht man in 2o Min. per Fähre (für Fußgänger) ab der Engstelle.

Eine ganz andere Atmosphäre herrscht am Hafen bei den Austernzüchtern. In jeder zweiten Holzhütte werden Austern und Muscheln ganz frisch angeboten.

Office de Tourisme: 12, av. de l'Océan, 3395o Lège-Cap Ferret. Tel. o5 56 6o 63 26, Fax: o5 56 6o 94 54. Offen: Mitte Juni bis Mitte September Mo.-Sa. 1o-12.3o/15-19.3o, So. 1o-12.3o Uhr.

Einkaufen: Schön aufgemachte Fischhandlung im Quartier Ostreicole auf der Bassinseite. (Viviers, Huitres, Coquillages ausgeschildert.) Appetitlich verlockend dekoriert, große Fischbassins, alles super frisch.

Linienbus nach Bordeaux über Andernos 1o x tägl.

Boot: Von Cap Ferret nach Arcachon alle 3o-6o Min. zur Saison von 9-19 Uhr. Außerhalb der Saison sehr viel seltener. Abfahrt vom Steg, Jetée de Bélisaire. Endpunkt Av. de l'Océan.

Bassinrundfahrten ebenfalls ab dem Steg. Die kleine Rundfahrt 9 Euro, die große mit Stop auf der Sandbank in der Einfahrt (Vogelreservat). Dauer ca. 3 Std., Preis 13,5o Euro/Person. Besichtigung der Austernanlagen ca. 1o Euro. Ferner werden Fahrten entlang der Küste und Angelfahrten angeboten.

Minizug von der Schiffsanlegestelle zum Ozean. Einfache Fahrt etwa 3o Min, Preis 4 Euro.

Fahrradverleih: z.B. bei Garage Desarnaud, route du Cap Ferret.

„LE BISTRO DU BASSIN" Wer ein ausgefallenes Ambiente schätzt, der ist hier richtig. Kleine Speisekarte mit Produkten aus der Bucht. An der gibt es für danach Rumspezialitäten. Gehobenes Preisniveau.

Pavillonrestaurant „L'ESCALE" am Einschiffungssteg. Wahrlich kein Geheimtip, aber sehr schöne Terrasse, Bassinblick durch die große Glasfront. Gefüllte Muscheln, Fischsuppe.

„**L'Océane**" 62, av. de l'Ocean. Kleiner Familienbetrieb, relativ ruhig und zentral zwischen dem Bassin und dem Meer gelegen. Gut ausgestattete Zimmr. Gute Küche. 12 Zimmer, DZ 5o-63 Euro.

"Hotel des Pins**", 23, rue des Fauvettes, 1oo m vom Strand (Bassin), besticht durch die hübsche Blumenterrasse. 14 Zi. 4o-75 Euro.

„**Hotel la Frégate**", 34, av. de l'Océan. Im Zentrum und doch mit

Swimmingpool, 21 Zimmer 45-7o Euro.

** „**Hotel le Sporting des Dunes**“, 119, Av. de Bordeaux. Flachbau in der Villengegend, nahe zum Strand. Ein Dutzend Zimmer, DZ ab 5o Euro.

Jugendherberge: 87, av. de Bordeaux. 36 Betten. Kochgelegenheit. Offen: Juli/August.

Etwa 1o Campingplätze um Cap Ferret, von ein Stern bis 4 Sterne.

*** Airotel Les Viviers, Clauey. Mit 83o Stellplätzen größte und teuerste Anlage. Aber direkt am Strand. Offen: April bis September.

** Ortscamping Les Sables d'Or, av. de Bordeaux (Haupt-straße). Gleich am Ortsanfang. 233 Stellplätze. Offen: April bis Mitte Oktober.

** Camping La Pampa, route de la Vigne, 4oo m zum Strand. Stellplätze unter hochstämmigen Pinien, teilweise Heckenbereiche, Waldboden. 5o Einheiten. Offen: Juli/August.

Baden am feinsandigen Ortsstrand nur bei Flut möglich, bei Ebbe liegen die Segelboote im Sand, Austernkulturen werden sichtbar. Kinderklub am Strand mit aufgebautem Schwimmbecken. Verleih: Surfboards, Katamaranen etc.

Die schöneren Strände sind auf der Ozeanseite. Mit Auto oder Fahrrad.

Von CAP FERRET nach ANDERNOS 2o km, ein einziges Siedlungsband an der belebten Durchgangsstraße, kaum ein Blick zum Bassin möglich. Am Ufer Bootsschuppen der Austernfischer.

Zu den Stränden am Ozean über die Strandstraße Route de L'Océan. Schöne Strecke durch Pinienwald. Radweg parallel. Viele Parkplätze und Stichwege ans Meer. Schöne Picknickplätze im schattigen Wald.

* Camping Municipale Les Réservoirs, sehr ausgedehntes Gelände am Ortsrand von Piraillan im Kiefernwald, ganz reizvoll von Kanälen und Teichen durchzogen. Welliger Waldboden, - Stellplätze zur Straße wenig empfehlenswert. Einfache Sanitäranlagen. Zum Bassin über die Hauptstraße. Pauschalpreis. Ca. 7oo Stellplätze, ganzjährig offen.

**** Camping du Truc Vert, Route Forestière du Truc vert, zwischen Ozean und Bassin von Arcachon. Sehr großes Naturgelände, schattige Stellplätze im Kiefernwald, Stromanschluß für Caravans, insgesamt gepflegter Eindruck, verschiedene Sanitärbereiche über den Platz verteilt. Kinderspielplatz, Sportmöglichkeiten, Animation. Zum bewachten Strand etwa 3oo m zu Fuß, FKK möglich. Restaurant. 48o Stellplätze. Mitte Mai bis September. Reitcenter nebenan.

Restaurant „LA PLEINE MER“ direkt an der Straße im Ort Piraillan, eines der wenigen Restaurants direkt am Bassin. Von der Terrasse schöner Blick auf die Austernzuchtanlagen. Muscheln werden in allen Varianten serviert, Seezunge aus dem Bassin 13 Euro. Nebenan Direktverkauf von Austern.

Empfehlenswertes Fischlokal „BELLEVUE". Allée Louis Gaume (in Grand Piquey), Stichstraße zum Meer mit Bootsslip, kleiner Sandstrand. Schön gelegenes Restaurant. Von einigen Tischen Blick bis Arcachon. Baldachinterrasse, heller Naturstein. Neben lecker zubereiteten Muscheln auch gegrillte Fischsorten ab 15 Euro.

CLAOUEY: Kleiner Ort im Norden der Bucht von Archachon. Das Geschehen findet hauptsächlich links und rechts der Straße statt. Schöner Blick über die Bucht und die Veränderungen mit den Gezeiten.

Restaurant „AUBERGE DU BASSIN" am Ortsanfang von Claouey, 38, av. du Général de Gaulle. Direkt neben der Straße, doch bei Flut schon fast im Wasser. Schöne Terrasse zum Bassin. Frische Meeresfrüchte und Fisch ab 13 Euro.

***Camping Les Embruns. Großer Platz, teilweise Hanglage, viele Dauercamper. Guter Stützpunkt um von hier den Norden der Bucht zu erkunden, auch per Rad über ausgeschilderte Wege. Gute Bademöglichkeiten im Atlantik.

★ Arès (3.ooo Einw.)

Im Sommer ein überfüllter Badeort, im Winter halb verlassen, jede Menge Ferienwohnungen und im wesentlichen Campingplätze jeder Kategorie und Größe. Empfehlenswert *** La Cigale, mit 95 Stellplätzen nicht so riesig, freundlicher Platzwart. Offen: April bis Mitte Oktober.

Zum Baden eignet sich das Ostufer der Bucht nur bedingt, ans offene Meer ein ganzes Stück zu fahren.

Sentier Littoral: In Arès wurde ein knapp 6 km langer Fußweg im Naturschutzgebiet (Réserve Naturelle) nach Claouey angelegt. Eine ganz spezielle Landschaft im Nordeck der Bucht, besonders interessant bei Ebbe. Die salzigen Wiesen (prés salés) werden einmal im Monat bei Hochflut überspült, sonst liegen sie frei. Früher wurden sie beweidet und gaben dem Schaffleisch einen besonderen Geschmack. Hier mündet der Courant de Lège, der kleine Furchen gegraben hat, in die das Wasser bei Flut eindringt. Ca. 2oo Pflanzenarten blühen zwischen den Gräsern, über 15o Vogelarten wurden festgestellt, beliebter Stop auch der Zugvögel, - Fotoapparat nicht vergessen. Beginn am Ortsrand beim Parkplatz, an den ehemaligen Fischbecken entlang, durch Wald; kurze Passagen auch entlang der Straße. Schöner Überblick von der 2o m hohen Düne du Lillan gegen Ende der Tour. Die Zeit möglichst so abpassen, daß man bei Ebbe den Rückweg quer über den Strand abkürzen kann, dicht an den Prés salés vorbei. Info auch im Touristenbüro am Kai.

★ Andernos les Bains

(6.000 Einw.)

Ein quirliger Badeort am Bassin Ende: das bedeutet bei Flut stellenweise nur knietiefes Wasser - ideal für Kinder; bei Ebbe kilometerweit Sand und Schlick. Eines der nettesten Städtchen am nördlichen Ufer.

Zur prähistorischen Zeit bereits besiedelt, Überreste einer gallorömischen Basilika (4. Jh.) nahe dem Sandstrand, der sich hier über 4 km erstreckt. Belebte Fußgängerzone bis zum langen Bootssteg. Gemütliche Lokale, viele mit Tischen im Freien, zahlreiche Restaurants und Crêperien in Casinonähe. Die schmalen Seitenstraßen sollte man mit Wohnmobil meiden.

Neben dem Tourismus spielt die Austernzucht eine wichtige Rolle; beschaulicher Hafen (Port Ostréicole) mit den kleinen Hütten der Austernfischer begrenzen den Strand.

Tourist INFO

Office de Tourisme: Esplanade du Broustic, 33510 Andernos les Bains. Tel. 05 56 82 02 95, Fax: 05 56 82 14 29.

Bootstouren: Cap Ferret und Arcachon ca.9 Euro, Vogelinsel 13 Euro.

Linienbus nach Arcachon und Bordeaux ab Hotel Relais Citram.

★ Audenge

(2.600 Einw.)

Ist nicht so touristisch wie die meisten anderen Orte am Bassin, denn es fehlen die guten Bademöglichkeiten. Um diesen Nachteil etwas wettzumachen, wurde am Hafen ein Meerwasserswimmingpool zementiert (Baden gratis), dessen Wasser sich mit den Gezeiten erneuert. Am Hafen stehen die Holzschuppen in Zweierreihen. Austernverkauf ganz frisch aus dem Bassin; kleines Café.

Sehr schöner Spaziergang am Rande des Beckens auf schmalen Wegen, „Sentier du Littoral" am Ortsrand beschildert.

PARC ORNITHOLOGIQUE DU TEICH (im Ort Le Teich beschildert). Im sumpfigen Mündungsdelta der Eyre gelang es, einst heimische Wasservögel wieder anzusiedeln - für Naturinteressierte ein sehr lohnendes Ausflugsziel. Über 260 Vogelarten lassen sich jedes Jahr hier nieder, 75 Arten brüten im Park. Sehr gut von den eigens eingerichteten Beobachtungshütten. Neben seltener Entenarten auch Störche, Rosapelikane, Blaukehlchen, Bartmeisen, Reiher; Greifvögel wie Bussarde, Habichte etc. Das leicht salzige Wasser wimmelt vor Algen, Weich- und Krustentieren, dazu eine artenreiche Flora, was Zugvögel aus ganz Europa anlockt.

Der Park wurde 1972 eröffnet und umfaßt ca. 120 ha. 6 Km Fußweg Ab dem Infogebäude Maison de la Nature du Bassin d'Arcachon führen Stege durch das abgesperrte Sumpfgebiet. Auch fachmännisch geführte Touren.

Offen: tägl. 10-18 Uhr, im Sommer 10-20 Uhr. Eintritt 6 Euro. Fernglas mitnehmen bzw. dort ausleihen. 1,5 bis 3 Std je nach Weg einkalkulieren.

Zufahrt von der Hauptstraße ab dem Ort Teich ca. 1 km (ausgeschildert).

LA SERRE AUX PAPILLONS auf dem Weg zum Parc Ornithologique. Ca. 300 frei umherfliegende Schmetterlinge unterschiedlichster Größe, Farbe und Form kann man in dem tropischen Treibhaus beobachten. Ferner sieht man die verschiedenen Stadien der Schmetterlingsentwicklung oder kann sich Flügel unter dem Mikroskop genauer anschauen. Offen: Mitte April bis September tägl. 10-19 Uhr. Eintritt 7 Euro, Kinder 5 Euro.

** Camping du Parc an der Zufahrtstraße zum Parc beim kleinen Jachthafen (Rue du Port). Überwiegend sonniges Wiesengelände, sehr ruhig gelegen, Stromanschlüsse für Caravans, Sanitärgebäude O.K. Insgesamt einfach. 70 Stellpl.. Offen: Apr. bis Okt.

Schöne Picknickeinrichtungen am Hafen.

Kanufahrt auf der l'Eyre: sehr schöne, gemütliche Paddeltour durch den Parc naturel des Landes de Gascognes (siehe auch Seite 342). Es geht durch grüne, fast urwüchsige Gegend, Bäume, Farne, teilweise im Schatten, teils auch in der Sonne. Die Gesamtstrecke sind rund 80 km von Sabres (Zentrum des Regionalparks), anfangs noch auf der Grande Leyre bis zum Bassin von Arcachon (im Ort Teich). 8 Etappenstops wurden eingerichtet, mit Campingmöglichkeiten (Wildcampen ist verboten) und Kanu- bzw. Zeltverleih, so daß man sich auch Teilstrecken rauspicken kann.

Recht beliebt sind die organisierten Tages- bzw. Halbtagestouren ab dem Nationalpark Teich (2er Kanu und 1er Kajak zu mieten). Man wird im Boot nach Mios (Halbtagestour 10 km) oder Salles (Tagestour 20 km) gebracht. Dort umsteigen ins Kanu oder Kayak, Picknick und Badesachen einpacken und los gehts. Die Tagestour im 2er kostet 34 Euro.

Bei der Terminplanung beachten: Die Flut reicht bis Mios, d.h. daß man langsamer vorankommt.

Zur Hochsaison und am Wochenende recht viel los, dann besser am Eingang des Parc Ornithologique du Teich vorbestellen. Die Basen sind meist nur im Juli/August offen. Zur Nachsaison Oktober/November (dann im eigenen Boot) ist Vorsicht geboten, dann sind die Jäger unterwegs...

An der Küste Austernhäfen dicht an dicht bis La Hume, - viele Möglichkeiten, Austern zu probieren.

★ Gujan Mestras (13.000 Einw.)

Hauptzentrum der Austernzucht, 5 km nach der Ortschaft Teich, mit mehreren kleinen Austernhäfen, ein malerisches Bild. Bei Ebbe rege Aktivität um die Lagerschuppen, die Austern werden sortiert, umgeschichtet, die Boote neu beladen. Bei steigender Flut fahren sie mit den flachen Kähnen durch das Stangengewirr zu ihren Zuchtanlagen hinaus. Reiher und Kormorane am Ende der Mole. Überall werden frische Austern angeboten.

Tourist INFO

Office de Tourisme: 41, av. du Maréchal de Lattre de Tassigny - La Hume, 3347o Gujan-Mestras. Tel. o5 56 66 12 65, Fax: o5 56 66 56 88.

Ein heißer Tipp für Austernfans: in der ersten Augusthälfte La grande Foire aux Huitres, ein Fest um und mit Austern.

DAS AUSTERNHAUS ist ein Museum, wo sich alles rund um die Austern dreht. Interessante Exponate und Video, der die verschiedenen Arbeitsschritte erklärt (auch auf deutsch). Nach einem Besuch haben sich viele Fragen zum Beruf des Austernfischers geklärt. Ganzjährig geöffnet. In Gujan-Mestras, einem der typischen Austernhäfen eingerichtet.

LA MAISON DE L'HUITRE, Port de Larros. Nett gemachtes kleines Museum über Austern und Austernzucht. Offen: Juli/August tägl. außer Di. 1o-12/15-18 Uhr. Sonst am Wochenende nachmittags.

RESTAURANTS

Nebenan: Restaurant „LES PAVOIS" mit Terrasse zum Austernhafen. Innen sitzt man sehr schön und kann Muscheln, Austern, Meeresfrüchte und alle Delikatessen des Meeres probieren.

VERGNÜGUNGSCENTER am Stadtrand, Richtung Hauptstraße nach Bordeaux (beschildert). Hier kann man an einem Nachmittag schnell ein paar Scheinchen loswerden. Zur Hochsaison rappelvoll.

LA COCCINELLE PARC ANIMALIER: recht nette Sache für Familien, - ein Kinderzoo, in dem die Kinder zu bestimmten Zeiten die kleinen Lämmer, Rehe oder Kälber mit dem Fläschchen füttern dürfen. Enten, Hühner, Ziegen mit vier Hörnern, Pferden etc. Offen: Juni bis August tägl. 1o-19.3o Uhr, Eintritt 8 Euro, Kinder 6 Euro, Kinder unter 2 Jahren frei.

AQUALAND: ein Vergnügungspark mit viel Wasser. An heißen Tagen wirklich eine (teure) Gaudi, lange Warteschlangen an der Riesenrutsche. Offen: Juni bis Anfang September 1o-19 Uhr.

VILLAGE MEDIÈVAL: ein Künstlerdorf im mittelalterlichen Look. 5o Kunsthandwerker arbeiten hier vor den Augen der Touristen; Pfeifenmacher, Wetterfahnen- und Uhrmacher, Wollspinner, Juwelier und andere Berufe. Alle Gegenstände werden zum Verkauf angeboten, insofern nicht zu verstehen, wieso man noch runde 8 Euro Eintritt zahlen muß. Offen: Mitte Juni bis August 1o.3o-19.3o Uhr.

Arcachon

(ca. 15.ooo Einw. im Winter, gut 5o.ooo im Sommer)

Die beliebteste und größte „Badestadt" in der Bucht, über 1o km Strandlinie am ruhigen Bassin. Mit den Nachbarorten Le Moulleau und dem Villenviertel Pyla nahtlos verwachsen, so daß es schwer fällt, das eigentliche

Zentrum zwischen Bahnhof und Plage d'Arcachon auszumachen. In erster Strandreihe alte Palais und Appartementblocks; an der breiten Uferpromenade die obligatorischen Strandzelte und einige Portraitisten. Neben hübschen alten Villen schießen immer noch neue Appartementblocks in die Höhe.

Zur Sommersaison platzt Arcachon aus allen Nähten, die schmalen Straßenzüge sind dem Verkehrsaufkommen nicht gewachsen, Schrittempo und Slalom zwischen parkenden Autos, eigenwilliges Einbahnstraßensystem. Zu Fuß sind die Entfernungen fast zu groß. Früher fuhr eine elektrische „Tram", heute besser per Rad erkunden. Allerding zur Hochsaison enormer Verkehr Richtung Pyla. Verlockendes Shoppingangebot, gepflegte Restaurants, Livemusik in den Strandbars, für Unterhaltung ist bis spät in die Nacht gesorgt.

Richtung Pyla wird's ruhiger, die Strände abgasfrei, Ferienwohnungen und Hotels im Pinienwald versteckt. Stichstraßen führen ans Meer, manchmal mit ausgewiesenen Parkmöglichkeiten für Campingcars (max. 24 Std.), die großen Campinganlagen unmittelbar auf der Düne.

Arcachon eignet sich prima als Urlaubsstützpunkt wenn man den Rummel mag; gute Bademöglichkeiten, das beste Sportangebot im weiten Umkreis, schöne Ausflüge per Boot im Golf und zu den Vogelreservaten; Bordeaux schnell über Autobahn (6o km) erreichbar, die Riesendüne und Süßwasserseen nur einen Katzensprung von Arcachon entfernt, Bootstransfer nach Cap Ferret (s. u.).

Tourist INFO **Office de Tourisme**, Esplanade Georges Pompidou, 33311 Arcachon. Tel. o5 57 52 97 97, Fax: o5 57 52 97 77. Zur Saison deutschsprachiges Personal. Offen Mo.-So. 9-19 Uhr. April bis Juni und September Mo.-Sa. 9-18.3o Uhr, So. 9-12/13-15 Uhr. Im Winter Mo.-Sa. 9-18 Uhr.
E-Mail: tourisme@arachon.com Internet: www.arachon.com

Hauptpost: 1, pl. Roosevelt. Offen: Mo.-Fr. 8.3o-19 Uhr, Sa. 8.3o-12 Uhr.

Markt: täglich auf dem Platz Lucien de Gracia und Rue Expert, am meisten ist mittwochs und samstags los.

Criée: Fischversteigerung am Hafen, Montag und Donnerstag morgens.

Waschsalon: Padilav, 66, Cours Tartas.

Verbindungen

Zug -> Bordeaux etwa stündlich, dort per TGV weiter; siehe Bordeaux.

-> Paris: zur Saison Direktverbindung per TGV.

Bus: von Arcachon Bahnhof bis Camping Nice 4 x täglich, bis Pilat Plage etwa stündlich.

Personenfähre zum Cap Ferret ab Jetée Thiers. Zur Saison tägl. 9-19 Uhr alle 3o-6o Min. Im Winter sehr selten, siehe auch Cap Ferret.

Fahrradverleih bei Dingo-Vélo, rue Grenier oder bei Locabeach, 326, bd. de la Plage.

Mopedverleih bei Peugeot, 328, bd. de la Plage bzw. Info übers Touristenbüro.

Autovermietung: Europcar, 35, bd. du Gen. Leclerc. AVIS am Bahnhof. Am Bahnhof ADA und ALV am bd. du Gen. Leclerc.

Stadtentwicklung: Ohne die Eisenbahn wäre Arcachon wohl nie das renommierte Seebad der Belle Epoque geworden. Mitte des 19. Jh. endete die Bahn von Bordeaux in La Teste (heute praktisch ein Vorort von Arcachon), - 1855 verlängerte Emile Pereire, Hauptaktionär der Eisenbahngesellschaft „Compagnie du Midi", die Linie bis Arcachon und sorgte mit dem Bau der Ville d'Hiver (siehe unten) für einen Aufschwung des Ortes. 1851 hatte Arcachon gerade rund 1oo Einwohner, 1872 schon 3.6oo und 19o1 waren es 8.ooo Einwohner.

Inzwischen ist das gesamte Ufer bebaut, noble Ferienwohnungen verstecken sich zwischen Kiefern. Riesige Hotelkästen à la Côte d'Azur sucht man jedoch vergebens.

Vom Ende der Fußgängerzone (av. M. Lattre de Tassigny) mit dem gemütlichsten Aufzug Frankreichs zum Park Mauresque. Die zwei Minuten reichen gerade für ein Pläuschchen mit den Stammgästen; der freundliche Monsieur transportiert auch Fahrräder.

VILLE D'HIVER: ein Stadtviertel oberhalb des Zentrums in viel Grün versteckt, mit verrückten Villen der Belle Epoque: verspielt mit Türmchen und Dachreitern, manche erinnern an asiatische Pagoden, viele Balkons wie Spitzendeckchen.

Das Touristenbüro bietet im Sommer Stadtführungen durch die Ville d'Hiver an und verkauft eine gute Broschüre (französisch) mit Lokalisation der interessantesten Häuser.

Konzipiert war das Ganze als ein riesiges „Sanatorium"; damals wurde Arcachon bzw. die Küste besonders Tuberkulosekranken empfohlen, denn außer guter Ernährung und guter Luft kannte man keine Mittel gegen die Krankheit.

Die „Winterstadt" war das Ergebnis einer Immobilienaktion der jüdischen Bankiersbrüder Pereire, die schon die Eisenbahn bis nach Arcachon verlängert hatten und nun an einer ganzjährigen Auslastung interessiert waren. Emile Pereire kaufte den Hügel auf und setzte dort einen komplett neuen Stadtteil hin. Die Straßen wurden leicht abgewinkelt, damit kein Luftzug entstand. Das „maurische" Casino entstand als eines der ersten Gebäude, - leider 1977 abgebrannt, nur der Name des Parks erinnert noch daran.

Die VILLA TROCADÉRO, 6, allée du Dr. Festal war eine der ersten Villen der Compagnie du Midi. Die frühere VILLA EUGÉNIE in der Allée Brémontier Nr. 4 ist chinesisch angehaucht, in der gleichen Straße Nr. 1 die bombastische VILLA BRÉMONTIER mit Türmchen und Balkonen.

Die sogenannten „Chalets“ wurden recht luxuriös ausgestattet mit fließend Wasser und an reiche Kurgäste, gekrönte Häupter, Dichter und Künstler vermietet. Dank des Werbeträgers Napoleon III. und seiner Eugénie wurde das Viertel ein voller Erfolg und zog weitere Investoren nach sich, bis die Weltwirtschaftskrise in den 30er Jahren die Idylle beendete.

Die hübsche 35 m lange Brücke über der Allée Pasteur führt zu dem kleinen Observatorium, von dem man einen schönen Stadtblick hat. Beide stammen übrigens von Gustave Eiffel.

Das CASINO zwischen Jetée Thiers und Jetée d'Eyrac am Strand wird heute von modernen Anbauten in die Zange genommen und zum Kongreßzentrum „integriert“.

1853 ließ der spätere Bürgermeister der Stadt, Adalbert Deganne, dieses imposante Schloß bauen, eine Miniaturausgabe des Château von Boursault in der Nähe von Chaumont. Hier wurden Empfänge gegeben, es diente als Ausstellungsgebäude, später als Mädchenpensionat und seit 1903 als Casino.

AQUARIUM, 2, rue Jolyet, nahe Strand, zeigt die vielseitige Unterwasserwelt des Bassins. Ausstellung zur Austernzucht, kleine archäologische Abteilung, Vögel und Säugetiere der Gegend. Offen: Mitte März - November 10-12.30/14-19 Uhr. Juli bis August 9.30-12.30/14-20 Uhr. Juli/August bis 23 Uhr. September bis Mitte November 10-12.30/14-19 Uhr. 4,20 Euro Eintritt.

Dune de Pilat

Die Attraktion, 7 km von Arcachon entfernt. Mit 104-114 m höchster Sandhaufen Europas, zwischen Atlantik und Pinienwald. Die Küstenstraße (D 218) verläuft unmittelbar auf der Rückseite entlang, mit direktem Dünenzugang vom großen Parkplatz (Gebühr).

Morgens gleicht der Fußweg zum Gipfel einer Menschenkarawane, vorbei an Souvenirbuden, Snackständen, alles gut organisiert, bis hin zur öffentlichen Dusche. Durch die Dünenwanderung muß der Treppenaufgang oft verlegt werden.

Oben verteilt sich der Besucheransturm; einmaliger Blick auf die Bucht, die vorgelagerte Banc d'Arguin (Vogelschutzgebiet) und den Atlantik, Segelboote in Stecknadelgröße, im Hintergrund der riesige grüne Kieferntеppich. Am Dünenrand ist sehr gut die kontinuierliche Sandverwehung zu beobachten. Über 3 km erstreckt sich der makellos goldgelbe Sandrücken (angeblich 60 Mio. Kubikmeter).

Zum Badestrand etwas mühsam über die Holztreppen auf der Meerseite wieder runter, dafür auch bei Ebbe geschützte Bademöglichkeiten. Viel Anschwemmdreck, Ölrückstände und Zivilisationsmüll.

Das Parken vor der Düne kostet satte Gebühr. Es ist sozusagen die Eintrittskarte für das Naturschauspiel.

Die Düne ist ein Eldorado für Drachenflieger bzw. Flüge im Hängegleiter, stundenlange Flüge im Hangaufwind keine Seltenheit. Drei verschiedene Startplätze: Ideal für längeren Aufenthalt der Startplatz beim Campingplatz Petit Nice, unmittelbar vom Wohnmobil aus geht's los. Die anderen beiden jeweils an den Endpunkten der Düne. Drachentransport zu Fuß durch den Dünensand. Kürzester Weg für Nichtcamper zum südlichsten Startplatz, durch die vielen Autos am Straßenrand (D 218) meist nicht zu übersehen.

In der Regel bläst der erforderliche West-/Nordwestwind erst ab Mittag kräftig genug, um länger soaren zu können. Toplandungen für erfahrene Drachenpiloten möglich, andernfalls am Strand mit Gleitschirm kein Problem. Zur Flut kann der Landeplatz etwas knapp werden. Bei gleichmäßigem Nordwestwind läßt sich problemlos die 3 km lange Düne abfliegen.

Erstflug für Urlauber: Am südlichen Startplatz (nach Camping Petit Nice) werden zum Preis von 66 Euro Flugtaufen (Baptême) angeboten. Als Copilot eines routinierten Piloten, der das Fluggelände und Drachen wie seine Westentasche kennt. Super Blick und ein faszinierendes Flugerlebnis. Dauer etwa 15 Min., Landung bei gutem Wind wieder an gleicher Stelle auf der Düne. Keine Voranmeldung erforderlich, einfach zum südlichsten Startplatz kommen und das Hinweisschild „Baptême Delta" auf den Autos beachten.

Empfehlenswertes Fisch-/Austernlokal „RESTE À TERRE"im Austerngebiet. Vom Austernzüchter zum Nobelrestaurant aufgestiegen. Die Austernbecken gleich neben der Terrasse. Gemütlich durch Netze und andere Utensilien. Große Karte, gehobenes Preisniveau. Reichhaltiges Plateau Fruits de Mer 18 Euro. Fisch aller Art, Langusten, gefüllte Muscheln. Mo. Ruhetag. Etwas schwierig zu finden, 4 km vor Arcachon, Port de la Teste, Ausschilderung folgen.

„LE CABESTAN", 6, av. du Gal. de Gaulle in der Nähe des Casinos. Sehr ordentliches Restaurant mit entsprechendem Meeresdekor. Großes Angebot an Fisch und Meeresgetier. Menü ab 16 Euro.

„CAP PEREIRE" 1, AV. du Parc Pereire. Nettes Restaurant in sehr schöner Lage mit Blick auf die Bucht und das Cap Ferret. Ausgefallene Küche und ausgezeichnete Weine zu vernünftigen Preisen.

„LE GRAND BLAU" 3o, bd. De la Plage. Schlichter Speiseraum in Blau gehalten mit fröhlicher Atmosphäre. Nahe des Fischerhafens ist es unvermeidlich, daß Meeresfrüchte zu den Spezialitäten gehören, aber auch Boillabaisse, Paella und verschiedenen Grillgerichte.

„ETCHE ONA" 255, bd. de l'Océan, im Ortsteil Pyla sur Mer. Ein spanisches Restaurant bei dem man zusehen kann wie „á la plancha" zubereitet wird. Gegrillter Fisch und natürlich diverse Tapas. Sehr schön sitzt man draußen unter den großen Sonnenschirmen.

„CHEZ YVETTE", vis-à-vis Touristenbüro. Langusten im Aquarium, Meeresgetier frisch zubereitet und appetitlich serviert. Muscheln, Fischspezialitäten so richtig zum schlemmen. Menü 17 Euro

„CHEZ DUBERN", 76, bd. de la Plage, abseits vom großen Rummel Richtung Jachthafen. Wohnzimmergroßer Speiseraum, an der Bar treffen sich die Einheimischen. Die Terrasse zur Straße ist weniger reizvoll. Menü ab 15 Euro.

Eisdiele „LE CORNET D'AMOUR" an der Jetée du Moulleau. Hier wird exquisites Eis in enorm großer Auswahl hergestellt.

Um 3o Hotels, insgesamt hoher Standard, fast die Hälfte mit 3 Sternen. Preisangaben beziehen sich auf Hochsaison. Zur Zwischen- bzw. Vor-/Nachsaison wesentlich günstiger.

*** „**Les Vagues**" 9, bd. de l'Océan - ganz strandnah. 3o zweckmäßig eingerichtete komfortable Zimmer, alle mit Bad. DZ 63-136 Euro; Restaurant.

*** „**Point France**" 1, rue Grenier. Garnihotel, 34 gut ausgestattete Zimmer, z.T. mit Bassinblick, schönes Bad. DZ 1o5-168 Euro.

*** „**La Guitoune**" 95, bd. de l'Océan (Pyla), mit Terrasse an der Straße unter Pinien. Meeresfrüchte, Bouillabaisse und Fisch sind Trumpf. Menü ab 25 Euro. 21 Zimmer, DZ 45-7o Euro

*** „**Roc Hotel-Modern**" 2oo, bd. de la Plage, das Casino vis-à-vis, nahe zum Strand. Der Name trifft nicht unbedingt den Nagel auf den Kopf. 45 Zimmer mit Dusche oder Bad, Minibalkons zur Straße. DZ65-95 Euro. Große Auswahl an Menüs.

** „**Hotel Oyana**", 52, av. Louis Gaume (direkt bei der Düne Pilat), integrierte Balkonnischen, schöne Sommerterrasse. 17 Zimmer, wenige mit eigenem Bad, preislich um 55-7o Euro. Restaurant.

** „**Hostellerie Sablonney**", ebenfalls bei der Düne, Ortsteil La Teste route de Biscarrosse. Zweistöckiger Flachbau an der stark befahrenen Straße. Von einigen Balkonzimmern Dünenblick. Alle Zi. mit Sanitärraum. DZ 45-8o Euro. Schöne Restaurantterrasse. Relativ bequemer Meerzugang (5oo m Waldweg).

** „**Côte Sud**" 4, av. du Figuier Ortsanfang von Pyla. In einer ruhigen Seitenstraße direkt am Strand. Zimmer im Flachbau, teilweise mit Balkon, hübsche Terrasse in ruhiger Lage. 12 Zimmer, DZ 83-11o Euro. Gutes Restaurant.

„**Hotel Le Provence**", 1o6, bd. de la Plage. 9 Zimmer, z.T. mit Dusche, einfach und preiswert DZ 45-62 Euro.

* „**Saint Christaud**", 8, allée de la Chapelle, kleines Hotel, relativ nah zum Strand, verhältnismäßig preisgünstig, aber ohne Komfort. Zur Hochsaison Halbpension obligatorisch: 35-45 Euro p.P.

Privatzimmer, Ferienwohnungen, Appartements: läuft in Arcachon übers Touristenbüro und über Immobilienfirmen. Appartements in der Regel erst ab einer Woche.

Fast alle Campingplätze (Ausnahme Abatilles) im Dünenbereich, nach Pyla Schlag auf Schlag, einige mit direktem Meerzugang, andernfalls mit dem Nachteil, zum Baden über die Düne gut 1oo m rauf und runter. Preislich nach der Devise: je näher am Meer desto teurer. Im August sind viele abends „complet" reservieren ratsam.

*** Camping Club d'Arcachon, allée de la Galaxie, ordentlicher Platz schön gelegen im Kiefernwald, allerdings gut 8oo m vom Meer weg. Vermietung von Mobilhomes und Hütten. 25o Stellplätze. Ganzjährig geöffnet.

*** Camping de la Forêt, 4oo m vom Meer entfernt mit direktem Zugang über die Düne. Große Anlage im Kiefernwald, gut durchorganisiert und breiter Service: Swimmingpool, Restaurant, Snackbar etc. 58o Stellplätze. Offen: April bis Oktober.

*** Camping de la Dune, etwas lichteres Gelände, trotzdem genug Schatten durch hochstämmige Kiefern, Dünenblick. Terrassierte Plätze, Strom- und Wasseranschlüsse für Caravans, zahlreiche gepflegte Sanitäreinrichtungen, zum Meer gut 5oo m über die Düne. Kleiner Swimmingpool, Tenniscourt, Lebensmittelladen etc. Wohnwagen und Hütten auch zu mieten. 36o Stellplätze. Offen Mai - Sept.

*** Camping Panorama, route de Biscarosse, sehr empfehlenswerter, gut schattiger Platz am flachen Ende der Düne mit Panorama-Blick auf den Atlantik. Treppenzugang zum Meer. Zuvorkommendes Personal. Ferienhäuser in super Lage auf den Dünen. Gute Sanitäranlagen. 45o Stellplätze. Offen: Mai bis September.

*** Camping Petit Nice auf den flachen Ausläufern der hohen Düne, 6 km außerhalb Pyla. Der Platz erstreckt sich von der Straße bis zum Meer, von daher einer der schönstgelegenen Plätze. Direkter Badezugang. Sandiger Waldboden. Für Drachenflieger und Gleitschirmpiloten der beste Stützpunkt auf der Düne. Tennis, Swimmingpool, Restaurant und Shop. Bushaltestelle gleich am Eingang. 225 Stellplätze terrassiert zum Meer. Dichter Pinienwald. Offen April bis September.

Wohnmobile können zusätzlich zu den Campingplätzen auf dem Parkplatz der Düne von Pilat über Nacht parken (Gebühr). Picknickplätze am weiteren Straßenverlauf im Kiefernwald, z.B. beim bewachten Strand Petit Nice mit riesigem Parkplatz.

SPORT

Baden: Ab Jachthafen grenzt ein Strand an den anderen, insgesamt gut 1o km lang. Geschützt vor hohen Atlantikwellen und seicht ins Wasser sind sie besonders gut für Familien mit kleinen Kinder geeignet. Bei Ebbe breiter Sandstrand und lange Wege ins Wasser, doch Baden immer noch möglich. Stichstraßen führen direkt an die Strände. Strandduschen an verschiedenen Abschnitten.

Sehr schön sind die Abschnitte Plage des Abatilles mit feinem Sand, attraktiver Strandpromenade und anschließender Rasenliegefläche, ferner Plage Pereire und Plage du Moulleau.

Tauchen: Das Bassin eignet sich vorne bei Flut gut für

kurze Tauchexkursionen, ideale Tauchtiefen von 1o m - 2o m. Neben interessanten Felsformationen abgestürzte Bunker, ein Dampfschiff aus dem 19. Jh., gesunkene Fischkutter etc. Die interessantesten Objekte im Mündungsbereich, beste Sicht während des Gezeitenwechsels. Centre de Plongée Cyana V.S.M/L'OCEANA und CPA-Centre de Plongée Arcachonnais bieten Tauchkurse und Tauchfahrten an. Info im Centre Nautique am Hafen.

Mehrere Anbieter haben **Motor-/Segelboote, Surfboards** im Programm. U.a. Locareve, 21o, bd. de la Plage.

Jetski: Die knatternden kleinen Flitzer sind auf dem Vormarsch. Sind auch ohne Führerschein zu steuern. Fahrten in die Bucht unter Begleitung. Allerdings kein billiges Vergnügen. Info am Hafen Port de Plaisance.

Surfen: An den Surfsport des Atlantiks kann man die Kunst lernen auf dem Brett durch die Wellen zu „reiten". Infos bei Surf Découvert in Pyla und Point Sport Océan in La Test.

Angelfahrten werden von verschiedenen Veranstaltern angeboten. Man kann auch Makrelen- oder Thunfischtour fahren, z.B. mit Arcachon Croisière Océan . Tel. o5 56 54 36 7o.

Großer Jacht- und kleiner Fischerhafen ganz im Osten der Stadt. Zubehörshops direkt am Kai, Netze liegen zum Trocknen ausgebreitet.

Tennis: Über zwei Dutzend Tenniscourts, z.B. bei La Source des Abatilles, auch Unterricht möglich. 167, bd. de la Cote d'Argent.

Golf: 18-Loch-Platz; auch mehrtägige Einführungskurse. Info: Golf Club Arcachon.

Reitstall: L'Etrier d'Arcachon, av. P. Frondaie.

Bootsausflüge: Im Sommer großes Angebot der verschiedensten Touren im Golf; favorisiert werden die Fahrten zu der Vogelinsel BANC D'ARGUIN, 1o Euro.

Tour zur ILE AUX OISEAUX mit den viel fotografierten Stelzenhäusern jeden Nachmittag. Preis 1o Euro.

Tour zu den AUSTERNPARKS Abfahrt je nach Gezeiten. ca. 1o Euro.

Tour entlang der KÜSTE, an der Düne von Pyla vorbei und der Banc d'Arguin über Cap Ferret zurück. Preis ca. 1o Euro

FLUSSFAHRT Leyre aufwärts ca. 16 Euro. Abfahrt am Jetée Thiers.

Busausflüge, eine breite Palette, z.B. Fahrt ums Bassin, nach Lourdes und Pau, dem Geburtsort Heinrich IV., Stadtausflug nach Bordeaux, ins Weinanbaugebiet Médoc, nach St. Emilion oder an die baskische Küste. Infos im Touristenbüro.

Rundflüge: tolle Sache, das Bassin und die Düne von Pyla aus der Luft zu sehen, - allerdings ein teurer Spaß. Information im Aérodrome de Villemarie in La Teste.

Bordeaux

(ca. 210.000 Einw., Großraum ca. 630.000 Einw.)

Fünftgrößte Stadt Frankreichs, Weinmetropole, Unistadt, Hafenstadt, Hauptstadt des größten Départements Frankreichs Gironde (hier wird das sogenannte „Bordeluche“ gesprochen).

Bordeaux hat das größte erhaltene Stadtensemble des 18. Jh. in Europa. Eleganter, strenger Klassizismus, durch Umweltverschmutzung und Autoabgase leider pottschwarz geworden. Nach und nach werden die z.T. sehr schönen Bürgerpalais dampfgestrahlt (auf eigene Kosten der Besitzer, lediglich eine steuerliche Entlastung winkt den Stadtverschönerern). Die leuchtenden Fassaden in warmen Gelbtönen, mit original hellblau gestrichenen, schmiedeeisernen Balkons, geben eine Ahnung von der einst bildschönen, reichen Sklavenhändlerstadt des 18. Jh. Schmale, etwas düstere Gassen im Vieux (= Alt) Bordeaux.

Bordeaux ist eine Stadt für den zweiten Blick; verwaiste Hafenanlagen am Gironde Kai, großzügige Plätze, breite Boulevards. Das Zentrum reicht von der schmutzig trägen Gironde bis zur Kathedrale St. André, von der Michaelskirche bis zur Esplanade des Quinconces.

Im Sommer ist die Stadt zum Teil wie ausgestorben, die Bordelais tummeln sich in Arcachon und den anderen Badeorten, die dann aus den Nähten platzen.

Tourist INFO **Office de Tourisme** (1): 12, Cours du XXX. Juillet, 33080 Bordeaux. Tel. 05 56 00 66 00, Fax: 05 56 00 66 01. Offen: Mai - Okt. Mo.-Sa. 9-19 Uhr So/Feiertag 9.30-18.30 Uhr, Nov.-April Mo.-Sa. 9-18.30, So. 9.45-16.30 Uhr.
E-Mail: otb@bordeaux-tourisme.com
Internet: www.bordeaux-tourisme.com

Weiteres Touristenbüro am Bahnhof, rue Charles Domercq. Offen: Mo.-Sa. 9-12/13-18 Uhr. So. und feiertags 10-12/13-15 Uhr.

Hauptpost (14): rue du Château d'Eau, Ecke Georges Bonnac. Geöffnet Mo.-Fr. 8-19 Uhr, Sa. 8-12 Uhr.
Weitere Postämter in der Fußgängerzone Place St. Projet (Mo.-Fr. 8-18.30 Uhr, Sa. 8-12 Uhr) bzw. an der Place de la Bourse. Postlagernde Sendungen gehen automatisch zur Hauptpost, wenn nicht extra adressiert.

Zugang ins Internet: Cyberstation, 23, cours Pasteur und 8, rue de la Devise. Hier werden nicht nur schnelle Internetverbindungen hergestellt, sondern auch noch Drinks angeboten.

P **Parken**: Man steuert am besten die Kaistraße an der Gironde an; einige bewachte Parkplätze und Parkhäuser (das Oberdeck auch für hohe Fahrzeuge).

Zentral parkt man im Schatten der Esplanade des Quinconces. Touristenbüro gleich ums Eck. Allerdings keine Wertgegenstände im Auto lassen, - in Bordeaux ist es schon oft zu Diebereien gekommen.

Stadtführungen (französischsprachig) durch Alt Bordeaux. Im alten Stadtteil zwischen dem Quartier des Chartrons und Quartier St. Michel stehen ca. 5.ooo Gebäude aus dem 18. Jh. Jeden Tag Mitte April-Mitte Nov. 1-2 Touren. 6,5o-1o Euro je nach Tour. Stadttouren auch mit einem alten Omnibus oder Taxi. Programm im Touristenbüro.

Weingutbesichtigungen werden übers Touristenbüro organisiert (voranmelden!). Besichtigung verschiedener Güter, verbunden mit einer Sightseeingtour. Preis 28 Euro p.P., für Studenten geringfügige Ermäßigung. Führungen in engl. und französisch.

Bootsfahrten: 2-Std.-Bootsfahrt auf der Gironde mit Erläuterung der Stadtgeschichte. Ca. 1o Euro; auch Tagesfahrten auf dem gemütlichen Flußdampfer nach Cadillac, Libourne oder Blaye. Im Touristenbüro erfragen. Abfahrt vis-à-vis der Esplanade Quinconces, Quai Louis XVIII.

Schlemmerfahrten mit dem Panoramaboot „Aliénor" die Garonne aufwärts nach Langoiran oder flußabwärts nach Bec d'Ambès, mit Mittag- oder Abendessen. Oder die Dordogne aufwärts nach Libourne; Halbtagestour, Preis inkl. Menü 2o-45 Euro je nach Zielort. Info über genaue Abfahrtszeiten Quai Louis XVIII.

FESTE

Mai: Musical, internationales Musik- und Tanzfestival
Juni: Internationale Messe im Messezentrum am See
November: Semaine Sigma - internationale Kulturwoche

Markt (bzw. modernes Einkaufszentrum): seit 199o in der runden Halle mitten auf dem „Place des Grands Hommes". Stadtarchitektur im 2o. Jh. - die Meinungen sind geteilt über das moderne Glasgebäude. Die Harmonie des Platzes ist zweifellos dahin, die alten Häuser kann man nur noch ausschnittsweise bei einem Rundgang sehen. Dafür finden unter der Markthalle mehrere hundert Pkw platz.

Kleiner biologischer Markt jeden Donnerstag am Ufer.

Schön und lebhaft ist der Marché Royal auf dem Platz St. Michel am Samstag vormittag und der Floh- und Brocantemarkt auf dem Platz St. Michel am Sonntag vormittag.

Einkaufen: (Infos zu Bordeaux-Weinen im anschließenden Kapitel.)

MAISON DU VIN (Haus des Weines): 1, Cours du XXX. Juillet gegenüber vom Office de Tourismc. Infos über Bordeaux-Weine, Weinprobe.

WEINHANDLUNG MAGNUM mit Superauswahl; schräg gegenüber dem

Touristenbüro, rue Gobineau. Weine sämtlicher Preisklassen von 3 bis 22o Euro (Pomérol, Petrus), zudem Champagner, Cognac, Armagnac etc. Weinprobe auch möglich, natürlich kein Pomérol.

Käseliebhabern ist Jean d'Alos KÄSELADEN zu empfehlen (Seitenstraße zum Markt, 4, rue de Montesquieu). Schon der Duft an der Eingangstür - über 2oo Käsesorten, allein ein Dutzend Varianten korsischer Käse. Wer für Ziegenkäse schwärmt, findet hier die köstlichen Cabecous, kleine medaillon-große Stückchen, entweder cremig oder würziger, schmecken auch warm sehr lecker - ganz kurz in den Ofen. Wer Schwierigkeiten bei der Auswahl hat, wird gut beraten. Jeder Käse wird individuell behandelt und hat nach Feierabend seinen Platz in den ausgedehnten Kellergewölben.

Spezialität sind die winzig kleinen Kuchen „CANELÉ", die in dem exquisiten Geschäft am Cour de l'Intendence verkauft werden. In der Markthalle kann man zusehen wie sie gebacken werden und die Kunstwerke aus Karamell von Konditoren verziert werden.

Antiquitäten: In der Altstadt haben sich in der Rue Notre Dame die Antiquitätenhändler niedergelassen hier findet man ein Geschäft neben dem anderen.

Verbindungen

Zug: Der Bahnhof liegt ca. 2-3 km südöstlich des Zentrums am Fluß, nahe der Brücke Pont St.Jean; gute Busverbindung ins Zentrum (Bus 7/8 oder Linie 1 parallel zum Fluß).

Die Strecke Paris-> Bordeaux wird vom TGV bedient; mit dem Superschnellen verkürzt sich die Fahrzeit auf 3 Std.

-> Paris, Gare Montparnasse, ca. 15 x tägl. Reservation obligatorisch und frühzeitig ratsam. Siehe Anreise.
-> Nantes ca. 7 x tägl.
-> Lyon-Genf ca. 4 x tägl.
-> La Rochelle ca. 7 x tägl.; dauert gute 2 Std., über Saintes ca. 6 x tägl.
-> Sarlat über Bergerac 3-4 x tägl.
-> Brive über Périgueux 3-4 x tägl. (teilweise Umsteigeverbindung)
-> Arcachon stündliche Verbindung
-> Bayonne, Biarritz, St. Jean de Luz, Hendaye ca 9 x tägl.
-> Nordküste Pointe de Grave le Verdon (Fährort nach Royan) über Soulac sur Mer ca. 4 x tägl. im Juli/August

Bus: Die Busgesellschaft Citram Aquitaine fährt im Juli/August zu den Strandorten Cap Ferret, Grand Crohot und nach Soulac ab Bahnhof St. Jean und ab Haltestelle des Quinconces. Abfahrt um die Mittagszeit, das Wellenreitboard wird gratis befördert.

An die Nordküste:
-> Soulac 3-4 x tägl. zur HS
-> Hourtin 1 x tägl.

-> Maubuisson 1 x tägl.
-> Lacanau-Océan über Lacanau-Ville 4 x tägl.
-> Le Porge 2 x tägl. zur HS

An die südliche Küste:
-> Biscarosse, Mimizan 3 x tägl., So. nur 2 x tägl. zur HS
-> Cap Ferret im Juli/August 5-8 x tägl.
-> St.Eulalie, Mimizan 1 x tägl.
-> Le Porge-Ville 1-2 x tägl. außer So.; im Juli/August auch So.

Autobus Citram: Aquitaine, 8, rue Corneille. Infos zu den Bussen im ganzen Département.

Stadtbusse: Praktisch ist die Tageskarte „Bordeaux-Découverte" für ca. 4 Euro, auf allen Linien. Auch 3-Tageskarte. Ermäßigtes 1oer Heft z.B. in den Büros am Place Gambetta und am Bahnhof Bureau des Bus.

Flug: Der Flughafen Bordeaux Mérignac 12 km westlich. Am 17. Juni 194o startete General de Gaulle ab hier nach London.
-> Paris unter der Woche 14 x tägl., dauert knapp 1 Std.
-> Lyon ebenfalls ca. 1 Std.
-> Frankfurt /Main, München siehe Anreise.

Flughafenbus zum Bahnhof und Touristenbüro; dauert ca. 3o-45 Min.
Autovermietung am Flughafen.
Stadtbüro der Air France: 29, Esprit des Lois.
Stadtbüro der Air Inter: 44, allées de Tourny.

Fahrradvermietung: Die Stadt läßt sich inzwischen angenehm mit dem Rad erkunden. Eigene Fahrradwege, die entsprechend gekennzeichnet sind durchziehen die Stadt. Für eine Fahrt zu den Weingütern, die praktisch unmittelbar am Stadtrand von Bordeaux beginnen, ebenfalls eine feine Sache. Info und Vermietung im Office de Tourisme.

Autovermietung: Internationale Gesellschaften am Flughafen und am Bahnhof Gare Saint Jean. Zusätzlich: Leader Rent a Car, rue de Tauzia. Hertz und Europcar, rue Charles Domercq.

Geschichte: Das römische Burdigala war im 3. Jh. vor Chr. ein gallischer Flußhafen. Die Bituriger, ein keltischer Stamm aus Nordfrankreich, der den Zinnhandel kontrollierte, wurden recht schnell romanisiert. Am Kreuzungspunkt wichtiger Handelsstraßen vom Rhein nach Spanien und vom Mittelmeer an den Atlantik entwickelte sich der Hafen prächtig (anfangs hauptsächlich Zinn). Die Einwohnerzahl stieg auf 2o.ooo- 25.ooo, andere Quellen nehmen bis zu 6o.ooo Einw. an. Breite Straßen entstanden (Cardo = rue Ste. Catherine; Decumanus = cours de l'Intendance), Tempel, Aquädukte, Amphitheater (siehe Pallais Gallien).

Hinweise auf die sich anschließende Christianisierung im 4. Jh. fand man in der Kirche

St. Seurin (siehe dort). Die Stadt wurde bald Sitz eines Erzbischofs. Die folgenden 7 Jahrhunderte herrschte Chaos und Unsicherheit; Westgoten, Franken, normannische und sarazenische Piraten gaben sich die Klinke in die Hand. Erst im 11. Jh. kehrte einigermaßen Ruhe ein. 1o32 kam Bordeaux unter die Herrschaft der Herzöge von Aquitanien.

Eine Frau, Eléonore von Aquitaine, sorgte dafür, daß Bordeaux 1154 für 3oo Jahre englisch wurde; die Erbin des letzten Herzogs von Aquitaine heiratete in zweiter Ehe (erste Ehe mit dem französischen König Ludwig VII.) den zukünftigen englischen König Henri Plantagenêt (Henry II.). Aus Aquitaine wurde Guyenne anglaise mit Bordeaux als Hauptstadt. Die Hafenstadt profitierte gewaltig von dem nun beginnenden Englandhandel. Eine Erweiterung der Stadtmauern wurde nötig.

Der 1oo-jährige Krieg zwischen Franzosen und Engländern (siehe dazu auch das allgemeine Kapitel) schadete Bordeaux nicht merklich; Wein- und Waffenexport florierten nach wie vor prächtig. Die Engländer erkauften sich die Linientreue der Stadt durch Privilegien, die gefragten Bordeauxweine konnten zollfrei ausgeführt werden.

England ließ Bordeaux von einheimischen Statthaltern verwalten, denen Justiz, Münzpräge und die Steuererhebung unterstanden. Vorübergehend gelang es den Franzosen, Bordeaux unter ihre Kontrolle zu bekommen. Die Stadt fürchtete aber wirtschaftliche Einbußen durch den Besitzerwechsel und bat England um Hilfe. In Bordeaux herrschte nun der berühmte „schwarze Prinz“, der englische Königssohn Edward III., Prinz von Wales, der durch bravouröse Feldzüge für Aufsehen gesorgt hatte. Den Beinamen verdankte er seiner schwarzen Rüstung.

Nach dem französischen Sieg von Castillon 1453, woraufhin der 1oo-jährige Krieg einschlief, wurde Bordeaux wieder französisch. Wirtschaftlich ging es mit der Stadt vorübergehend rapide bergab. Der bisher so blühende Handel mit England, Flandern und den Hansestädten stagnierte. Die Stadt wurde von Karl VII. in ihren Rechten, die sie unter englischer Krone genossen hatte, empfindlich beschnitten, besonders der Weinhandel war betroffen und ging um den Faktor 1o zurück; die Bevölkerungzahl sank um die Hälfte.

Château Trompette im Norden Bordeaux wurde 1455 erbaut, zwei weitere Forts im Westen und Süden, um jeden Aufstand gegen die Monarchie gleich im Keim zu ersticken.

Das gespannte Verhältnis zwischen Bordeaux und Paris zieht sich durch die Stadtgeschichte wie ein roter Faden. Die Stadt kämpfte 2oo Jahre gegen die zentralistische Macht, jegliche Aufstände wurden jedoch mit Gewalt unterdrückt. 1572 inszenierte der Gouverneur Montferrand eine Bordelaiser Bartholomäusnacht, bei der 2.ooo-3.ooo Hugenotten ums Leben kamen.

Bordeaux erlebte einen gewaltigen Aufschwung durch den Handel mit den französischen Kolonien. Im 17./18. Jh. blühte der sogenannte „Trianguläre Handel“, kaschierend auch Ebenholzhandel umschrieben, zwischen Bordeaux, Afrika und den französischen Antillen. Im Klartext: ein schwunghafter Sklavenhandel. Schiffe aus Bordeaux und der rivalisierenden Hafenstadt Nantes transportierten Sklaven aus Afrika nach Amerika, auf dem Rückweg luden sie Gewürze, Zucker, Rum, Baumwolle, Indigo, Kaffee, Kakao und brachten der Stadt bis Mitte des letzten Jahrhunderts immensen Reichtum.

Nach dem Tod Ludwigs XIV. veränderte sich das politische Klima. Intendanten (höchste Verwaltungsbeamte des Königs zur absolutistischen Zeit) wie Boucher, Tourny (Verwaltungschef von Versailles, Dupré de St. Maur) brachten die mittlerweile geschätzte Provinz auf Vordermann. Dank ihres Geltungsbedürfnisses und entsprechender Bautätigkeit entstand ein ganz neues (das heutige) Bordeaux - die engen Gassen und sumpfige Umgebung wurden durch repräsentative Esplanaden mit Steinhäusern nach damaliger Mode ersetzt: Imposante Palais im Dreieck Cours de l'Intendance, Allées de Tourny und Cours

Clemenceau. Große Gärten (Jardin Public) und die beeindruckende Kaifassaden zu beiden Seiten der Börse.

Bordeaux mauserte sich zum wichtigsten Hafen des französischen Königreichs. Die Bevölkerung wuchs in nur 5o Jahren (von 34.ooo im Jahr 17oo) auf das Doppelte an.

Im 18. Jh. siedelten sich nordeuropäische Weinhändler in Bordeaux an, Protestanten aus Deutschland, Holland, England, Irland, Skandinavien; die sogenannten Chartrons. Der Name geht auf ein Karthäuserkloster am Quai des Chartrons zurück, an dem sie ihre Weinkeller hatten. Früher ließen die Weinhändler die Fässer direkt von ihren Kellern auf die Schiffe verladen, die sie nach England etc. exportierten. Bis 1964 (Verlegung des Hafens), lag um den „Quai des Chartrons" das Amüsierviertel Bordeaux's mit Kneipen, Nachtbars etc. Kundschaft waren Seeleute.

Die Basis für das Geschäft mit dem Wein geht bis ins Mittelalter zurück: damals war es nicht möglich, den Wein länger haltbar zu machen. Etwa ein halbes Jahr nach der Weinernte im Mai/Juni des nächsten Jahres bekam er unweigerlich seinen Essigstich und war nur noch die Hälfte wert. Die pfiffigen Bordelaiser kontrollierten deswegen bis Weihnachten den gesamten Flußverkehr, so daß sie in Ruhe erst ihre Weine nach England, Holland etc. verkaufen konnten. Dann erst kam die Konkurrenz aus dem Hinterland zum Zuge. Deren Weine mußten währenddessen in den Zwischenlagern in Bordeaux warten.

Die Chartrons verdienten sich eine goldene Nase und gewannen zunehmend an Einfluß, weshalb sie nicht immer freundlich in dem katholischen Bordeaux aufgenommen wurden. Um 187o kam es zum offenen Clinch zwischen den Chartrons und den Weingutbesitzern des Médoc, die den Weinmaklern Arroganz und Monopolismus vorwarfen. Hier prallten zwei Welten aufeinander: die katholischen Weinbauern und die angelsächsischen Protestanten, die abgeschlossen in ihren Zirkeln lebten, zwischen Tennis, Geschäften, Tea-time und Gottesdienst in der englischen Kirche. Sie bildeten eine eigene Schicht, der Konservativismus, Steifheit und ein ausgeprägtes Klassenbewußtsein nachgesagt wird. Einige der alten Geschäftshäuser existieren immer noch in der x-ten Generation wie Johnston oder Schyler, wenn auch multinationale Unternehmen sich zunehmend in das Weingeschäft einkaufen. Kleines Museum des Chartrons siehe Seite 29o.

In der Französischen Revolution spielte Bordeaux anfangs eine wichtige Rolle. Abgeordnete aus Bordeaux gründeten eine liberale, gemäßigte Partei föderalistischer Tendenz (Die Girondisten), die 1791-92 über eine Mehrheit in der Nationalversammlung verfügten und zusammen mit den Jakobinern (einer radikale Gruppierung) das Königshaus stürzten. Girondisten stimmten für die Hinrichtung König Ludwigs XVI. 1793 drehten die Jakobiner ihrerseits den Spieß um und verfolgten die liberalen, bürgerlichen Girondisten. Man warf ihnen Konspiration gegen die Einheit der Republik vor. 22 girondistische Abgeordnete wurden schließlich abgeurteilt und hingerichtet.

Revolution, napoleonische Kriege und der Verlust der Kolonien machten der Hafenstadt Bordeaux schwer zu schaffen. Erst in der Restauration konnte Bordeaux wieder aufatmen, was sich in erneuter Bautätigkeit widerspiegelt: der Riesenplatz Quinconces und die Steinbrücke Pont de Pierre, für deren Errichtung mit 17 Bögen man 12 Jahre benötigte (181o-22), stammen aus dieser Zeit (bis 1965 einzige Brücke in Bordeaux).

Im 19. Jahrhundert lief der Hafen von Marseille Bordeaux den Rang als Hafenstadt ab, da der Weinmetropole ein industrielles Hinterland fehlte. Heute ist Bordeaux nur der sechstgrößte Hafen Frankreichs. Bordeaux wurde in Krisenzeiten immer wieder kurzfristig von Regierungen als Zufluchtsort aufgesucht, so 187o, 1914 und 194o.

1964 wurde der Haupthafen nach Verdon direkt ans Meer verlegt und entwickelte sich zu einem wichtigen Öl-/Containerhafen der Atlantikküste. An den kilometerlangen Kais in

Bordeaux selbst werden Holz und andere Massengüter umgeschlagen.

Bordeauxs „Dauerbrenner" Bürgermeister Jacques Chaban-Delmas hatte sich zur Aufgabe gemacht, die Stadt aus ihrem Dornröschenschlaf zu wecken und hat sich stark für eine Industrieansiedlung eingesetzt, neben dem nach wie vor florierenden Weinbau. Im Südosten der Stadt siedelte sich Luftraumfahrt und Rüstungsindustrie an; Kampfflugzeuge Mirage 2000, Falcon, Mystère 20 etc. werden hier produziert. In der Nachbarschaft Elektronikkonzerne, wie z.B. IBM; die Ford Automobilwerke sitzen bei Bordeaux, und hier in der Weinberggegend wird der Sprit für die Ariane-Rakete hergestellt.

Modernistischen Ehrgeiz werfen die Gegner Chaban-Delmas dem Bürgermeister vor, der sich Stadtsanierung und Modernisierung vorgenommen hatte. Stichwort Mériadeck: aus diesem „Lotterviertel" sollte ein Aushängeschild werden. Das neue Büro-, Geschäfts- und Einkaufsviertel (ab der Post) mit Hochhäusern in weiß leuchtender Sterilität nur ein paar Schritte von der Kathedrale entfernt, ist Stolz der einen, Schandfleck für die anderen. Bei der Namensgebung stand der Erzbischof Ferdinand Maximilian Mériadeck, Prinz von Rohan (18. Jh.) Pate. Ferner wurde Bordeaux eine moderne Peripherie verpaßt, wertvolle Rebanbauflächen verschwanden dabei unter Beton.

Im Norden der Stadt entstand das Quartier du Lac mit Monoarchitektur internationaler Hotelketten und Geschäftshäusern um den Retortensee (Wassersportzentrum). Seit 1970 ist Bordeaux internationale Messe- und Kongreßstadt.

1995 wurde Alain Juppé, der ehemalige Premierminister, zum Bürgermeister von Bordeaux gewählt.

Die Stadt kann sich zu Recht rühmen, bedeutende Persönlichkeiten hervorgebracht zu haben: Der Karikaturist Jean Jacques Sempé (Le Petit Nicolas) stammt aus Bordeaux, Jean Anouilh wurde 1910 in Bordeaux geboren. François Mauriac (1855-1970, erhielt 1952 den Nobelpreis), Montesquieu (jedem Schulkind durch sein Gewaltenteilungsmodell bekannt) und Montaigne stammen aus Bordeaux.

SEHENSWERTES

ESPLANADE DES QUINCONCES (6), Europas größter Schotterplatz mit 126.000 qm. Der äußerst fade Platz wurde 1818-28 an Stelle des ehemaligen königlichen „Château Trompette" angelegt, das vor der Revolution dem Erdboden gleichgemacht worden war.

Auf der Westseite des Platzes der „barocke" BRUNNEN (Girondistendenkmal), Wahrzeichen der Stadt. Die flußnahe Seite mit Treppe zum Kai flankieren zwei Säulen (Colonnes rostrales) aus dem 19. Jh , die Schifffahrt und Handel symbolisieren, die wichtigsten Erwerbszweige Bordeaux.

Girondistendenkmal (7): 1894-1902 errichtet, erinnert an die 1793 hingerichteten Girondisten und soll den Triumph der Republik auf der einen, den Triumph der Eintracht auf der anderen Seite symbolisieren (s. Stadtgeschichte). Riesige Statuen der Bordelaiser Philosophen und Schriftsteller Montesquieu (1689-1755) und Montaigne (1533-1592). 1943 wurde der Brunnen entfernt und zum Schutz vor Bombardements in einem See versteckt.

Ganzer Stolz der Stadt ist das gewaltige THEATER (2) an der Place de la Comédie (früher Platz des Forum); eines der bedeutendsten klassizistischen Bauwerke Frankreichs. Der Pariser Architekt Victor Louis errichtete es im Auftrag des Gouverneurs von Guyenne (Aquitaine), Herzog Richelieu,

1773-8o anstelle eines ehemaligen gallorömischen Tempels, der auf Befehl Ludwig XIV. zerstört worden war. Prachtvolles Interieur, Besichtigung möglich.

Um das Projekt konkurrierten die Architekten Victor Louis und J. Lotte - zugleich ein Machtkampf zwischen dem Duc de Richelieu (hat nichts mit dem berühmten Richelieu zu tun) und dem Stadtrat. Die Entscheidung fiel zugunsten von V. Louis aus, der sich mit dem Theater ein Denkmal setzte.

Es war so konzipiert, daß es im Blickfang der Stadt lag. Die umliegenden Gebäude sollten das Theater akzentuieren, daher die etwas merkwürdige Form des Maison du Vin, das wie ein Schiffsbug zum Theater zeigt. Der sumpfige Untergrund erforderte ein Pfahlfundament, zu dem Bäume aus dem Balkan importiert wurden. Sie sind nach 2oo Jahren immer noch in gutem Zustand. Unter dem sichtbaren Theater existieren mehrere Stockwerke, zuunterst fließt ein Flüßchen in die Garonne, das den Partisanen im 2. Weltkrieg als Ausgangspunkt für Aktionen diente.

Führungen zu festgelegten Zeiten (übers Touristenbüro, Eintritt). Schöner Blick von der Terrasse über den großen Platz.

Die BÖRSE (29): weiteres sehr schönes Ensemble aus der Mitte des 18. Jh. im Auftrag des Intendanten Tourny von Jacques Gabriel, Hofbaumeister Ludwigs XV., erbaut (1728-55). Das Hôtel de la Bourse am gleichnamigen Platz öffnet sich zum Fluß; früher, als die Gironde noch Hauptverkehrsweg war, eine phantastische Szenerie, heute durch die mehrspurige Autostraße seiner Wirkung ziemlich beraubt. Damals, als Bordeaux der wichtigste Hafen Frankreichs war, bildeten Zoll und Börse das Zentrum der Stadt; Treffpunkt von Weinhändlern und Winzern.

Auf dem Platz (28) (früher Place Royale), der Brunnen der drei Grazien.

Einige Fußgängerzonen durchziehen die Stadt; am längsten die schnurgerade Rue Ste. Catherine vom Theater, Place de la Comédie bis zur Porte d'Aquitaine, und die Rue de la Porte Dijeaux. Viele Häuser in alter Pracht. Gemütliche Bars konzentrieren sich am Ende der Rue Ste. Catherine. Restaurants mit Tischen im Freien in der Rue Remparts, abgasfrei, da ebenfalls Fußgängerzone.

Die „Galerie Bordelaise“, Passage seitlich der Fußgängerzone, hat ihren Reiz. Schade, daß nicht mehr draus gemacht wird.

KATHEDRALE ST. ANDRÉ (19), an der Place Pey Berland, ganzer Stolz der Stadt; sie stammt aus dem 13.-15. Jh. Romanischer Vorläufer aus dem 11./12.Jh., ältester Teil ist die Westseite. Zwei bemerkenswerte Portale: das gotische Nordportal (14. Jh.) mit dreifachem Archivoltenband. Im mittleren die 12 Apostel; direkt nebenan die Königspforte (13. Jh.), 1o Apostel flankieren den ehemaligen Eingang. Wiederauferstehungsszene im Türsturz; etwas darüber die Bischöfe in einer Reihe mit dem Königspaar.

Innen: Das gotische Gewölbe kontrastiert interessant zum romanischen Schiff. Schöner gotischer Chor mit schmaler Glasfensterfront über dem Triforium. Hier heirateten 1137 Eléonore und König Ludwig VII.

1 TOURIST INFO
2 Grand Theâtre
3 Kirche Notre Dame
4 Place de Tourny
5 BUS STATION
6 Esplanade des Quinconces
7 Monument aux Girondins
8 Musée des Arts Contemporains
9 Jardin Public
10 Musée d'Histoire Naturelle
11 Palais Gallien
12 Kirche St. Seurin
13 Place Gambetta
14 Post
15 Esplanade Charles de Gaulle
16 Musée des Beaux-Arts
17 Musée des Arts-Déco.
18 Rathaus
19 Kathedrale St. André
20 Kirche St. Paul
21 Musée d'Aquitaine
22 Grosse Cloche
23 Tour St. Michel
24 Kirche St. Michel
25 Place Bir-Hakeim
26 Porte Cailhau
27 Musée des Douanes
28 Place de la Bourse
29 Palais de la Bourse

Der separat stehende Glockenturm wurde im 15. Jh. im Auftrag des Erzbischofs Pey Berland errichtet. Hinaufsteigen lohnt! Offen: 1o-12.3o/14-18 Uhr. Von den Dimensionen her kann die Kathedrale nahezu mit Notre-Dame in Paris konkurrieren.

Anschließend das RATHAUS (Hotel de Ville) (18), 177o für den Erzbischof, einen Prinzen von Rohan erbaut. Besichtigung möglich.

Das Stadttor GROSSE CLOCHE (22) (14. Jh.) am Cours Victor Hugo stammt aus der englischen Zeit Bordeaux; die Grosse Cloche gehörte zum zerstörten Glockenturm, von dem früher das Startsignal für die Weinernte gegeben wurde. Glocke von 1749.

Über die RUE DE LA ROUSSELLE, die Straße der Händler, zur Porte Cailhau. Der sehenswerte Straßenzug verläuft parallel zum Kai. Die hohen Portale im Erdgeschoß deuten auf frühere Shops und Lagerräume der Weinhändler hin. Prächtig restaurierte Gebäude neben dunklen, ziemlich verkommenen, bieten viele Fotomotive.

Das schmale Eckhaus Nr. 25 war Wohnhaus der Familie Montaigne; Schriftsteller und Philosoph Michael de Montaigne war 1581-85 Bürgermeister von Bordeaux; seine „Essais" wurden weltbekannt.

In Kainähe die PORTE CAILHAU (26) von 1495 zu Ehren des französischen Königs Karl VIII. erbaut; bildete den Eingang zum Parlament de Bordeaux (existiert nicht mehr); Statuen des Königs und des Erzbischofs von Bordeaux. Der Name erinnert an Flußsteine (= cailloux), die sich hier ansammelten, und von den Schiffen als Ballast geladen wurden.

Im südöstlichen Zentrum das Ausländerviertel ST. MICHEL (24). Couscous-Lokale, Orientshops mit knallig bunten Stoffen, Teppichen, nordafrikanischen Spezialitäten; kleine, z.T. kuriose Läden bis zum Cours Victor Hugo.

Die KIRCHE ST. MICHEL (14./15. Jh.) Die ungewöhnlich breiten Seitenschiffe und die „aufgelösten" Wände lassen das Hauptschiff wie einen großen Raum erscheinen. Die Seitenkapellen wurden später hinzugefügt. Moderne Glasfenster. Die „Dreiergruppe" im Chor von Max Ingrand.

Einzelstehender Glockenturm, auch Flèche (= Pfeil) genannt, ein 114 m hoher gotischer Wolkenkratzer, der höchste im Süden Frankreichs. Die Mühe lohnt für den weiten Stadtblick. Offen: tägl. Juli/August 14-18 Uhr.

Die Kirche STE. CROIX auf halbem Weg zum Bahnhof lohnt wegen des schönen romanischen Portals im Saintonge Stil an der ehemaligen Benediktinerabtei aus dem 12./13. Jh.; im 19. Jh. stark verändert/restauriert.

Im nördlichen Zentrumsbereich liegt der JARDIN PUBLIC (9) (öffentlicher Park), früher Treffpunkt, Spazier- und Diskutierplatz der reichen Bordelaiser Kaufleute - zeitweise wichtiger als die Börse. Die riesige Grünanlage wurde 1746 vom Intendanten Tourny als französischer Garten angelegt, unter Napoleon in einen englischen Garten verwandelt. Hier das naturhistorische Museum.

In der Nähe PALLAIS GALLIEN (11): römische Ruine des alten Amphitheaters (3. Jh.); es bot damals 15.ooo Personen Platz; im Jahre 276 zerstört.

Nahe den öffentlichen Gärten Kirche ST. SEURIN (12), die älteste Kirche der Stadt, nahe der Rue Judaique. Romanischer Portalvorbau aus dem 12. Jh., später stark verändert, moderne Fassade. Sehenswerte Krypta mit sehr gut erhaltenen gallorömischen Kapitellen. Archäologische Ausgrabungen des 5./6. Jh., Place des Martyrs de la Résistance. Offen: April bis Oktober Dienstag nachmittags. Fresken, Sarkophage und Amphoren zeigen die Kunst der ersten Christen.

PLACE GAMBETTA, harmonische Architektur; Häuser im Stil Ludwigs XV.; hier stand in der Französischen Revolution das Schafott. Einige Brasserien neben Straßenlärm; durch die Porte Dijeaux zur Fußgängerzone.

KIRCHE NOTRE-DAME (3): Die reich verzierte Barock-Kirche war bis 179o die Kirche des Dominikanerklosters. Im Inneren des sehr breiten Schiffs sind die geschnitzte Kanzel, die Orgel mit schönen schmiedeeisernen Emporegittern und Gemälde aus dem 17./18. Jh. sehenswert.

KIRCHE ST. PAUL (2o): Die Barockkirche besitzt im Inneren eine kunstvolle Marmorgruppe über dem Hauptaltar, die die Huldigung des hl. François-Xavier darstellt; ein Meisterwerk von Coustou.

PLACE DU PARLEMENT: Der schönste Platz der Altstadt, total einheitliche Architektur erinnert an eine italienische Piazza. Café-/Restauranttische im Freien, ohne nennenswerte Autoabgase.

Am Stadtrand von Bordeaux in Pessac stehen knapp 5o Häuser aus der Mitte der 2oer Jahre des 2o. Jg., die CITÉ FRUGÈS, die vom berühmten Architekten Le Corbusier (1887-1965) entworfen wurden; der Zuckerfabrikant Frugès hatte dieses Experiment finanziert. Heute allerdings ziemlich abgenutzt.

MUSEEN

MUSÉE DE L'AQUITAINE (21), 2o, cours Pasteurs. Interessantes und vielfältiges Museum in der ehemaligen sprachwissenschaftlichen Fakultät: alte Karten und Stiche von Bordeaux, die verschiedenen Regionen Aquitaniens präsentiert u.a. mit ihren typischen Häusern, Harzgewinnung und Weiterverarbeitung. Informative Weinabteilung inkl. der berühmten Weinetiketten des Château Mouton-Rothschild von Miro, Chagall und Cocteau. Ein Brief von Ronald Reagan von 1983 an den Weingutbesitzer des Château Yquem etc. Kleine Abteilung zur Austernzucht mit Modellbecken. Prima gemacht, leider keine Beschriftung. Stattdessen kann man an der Kasse eine (engl./franz.) Broschüre ausleihen, in der die Exponate aufgelistet sind. Offen: tägl. außer Mo. 1o-18 Uhr. Eintritt 3 Euro.

MUSÉE DES CHARTRONS, 41, rue Bories im Chartronsviertel (siehe Geschichte) nordöstlich der Place des Quinconces. Früher die Nobelgegend Bordeaux fest in Händen der nordeuropäischen Weinmakler.

In den letzten Jahrzehnten war der Stadtteil mit seinen repräsentativen Häusern aus dem 18. Jh. etwas heruntergekommen. Dann besann man sich der alten Pracht und begann einen Teil der Häuser zu restaurieren. Exzellentes Beispiel das Musée des Chartrons, das dem irischen Weinhändler Francis Burke gehörte.

Die kleine private Ausstellung gibt Einblick in den Alltag der Weinhändler vom Weinkeller über die Entwicklung der Weinflaschen und die Arbeitsschritte der Etikettierung bis zum alten Auftragsbuch des Hauses Beyerman. Etiketten- und Flaschensammlung des 17. Jh. Offen: Mo.-Fr. 14-18 Uhr. Eintritt 3 Euro.

MUSÉE DES BEAUX ARTS (16), 2o, cours d'Albret. Gemäldegalerie mit Werken von Tizian, Perugino bis Rubens, Breughel und Delacroix. Offen: tägl. außer Di. 1o-12.3o/13.3o-18 Uhr.

CASA DE GOYA (spanisches Kulturzentrum), 57, cours de l'Intendance. Der spanische Maler Francisco José de Goya lebte im Exil in Bordeaux seit 1824 in diesem Haus, in dem er 1828 auch starb. In Spanien wurde er als liberaler Republikaner von den Bourbonen verfolgt; sein Faible für Stierkämpfe spiegelt sich in vielen seiner Motive wieder. Geöffnet: Mo.-Fr. 13.3o-17.3o Uhr.

WIDERSTANDSMUSEUM: Centre National Jean Moulin am gleichnamigen Platz verdeutlicht die Geschichte der Résistance zur Zeit der deutschen Besetzung im 2. Weltkrieg. Offen: Mo.-Fr. (außer feiertags) 14-18 Uhr.

NATURKUNDEMUSEUM, 5, place Bardineau beim Jardin Public. Zoologische Sammlung. Tägl. außer Di. 14-17.3o Uhr geöffnet.

ENTREPÔT LAINÉ, rue Ferrère. Museum für moderne Kunst im früheren Gewürzlagerhaus von 1824. Es wurde 1979 vor dem Abbruch gerettet und seitdem als Kunst-/Kulturzentrum genützt. Ausstellungen zeitgenössischer Künstler, Café, Buchhandlung. Geöffnet tägl. außer montags und feiertags 11-19 Uhr.

MUSÉE DES ARTS DÉCORATIFS (17): 39, rue Bouffard, Nähe Kathedrale; schöne Sammlung von Mobiliar, Gemälden, Porzellan, Glas in einem typischen Haus aus dem 18. Jh. Offen tägl. außer Di. 14-18 Uhr.

ZOLLMUSEUM: 1, place de la Bourse. Nett gemacht. Geschichte des Zoll- und Schmuggelwesens, Uniformen etc. Tägl. außer Mo. 1o-12/13-17 Uhr bzw. im Sommer bis 18 Uhr geöffnet.

VINORAMA: 75 Wachsfiguren „erzählen" auch in deutscher Sprache die Geschichte des Weins in Bordeaux von der gallorömischen Zeit bis in die Moderne. Auch Weinverkauf. 12, cours du Médoc. Offen: Di.-Fr. 14-18.3o Uhr, Sa. 1o.3o-12.3o/14.3o-18.3o Uhr.

CROISEUR COLBERT: Der in Bordeaux gebaute Kreuzer Colbert wurde in ein schwimmendes Museum umgewandelt und kann vom Maschinenraum bis zum Appartement des Admirals, von der Kombüse bis zur Krankenstation besichtigt werden. Auch die Kabinen von Géneral de Gaulle, der zweimal mit dem Kreuzer unterwegs war (1964 nach Südamerika und 1967 nach Quebec), sind zu sehen. Er liegt am Cours Martinique. zu besichtigen ganzjährig Di.-Fr. 14-18 Uhr, Sa./So. und feiertags 1o-19 Uhr.

„LA CHAMADE“, 2o, rue des Piliers de Tutelle. Gepflegtes, gemütliches Restaurant in historischen Kellergewölben aus dem 18. Jh.; sehr gute Küche, Menü ab 2 Euro.

„LA FROMAGERIE, BAUD & MILLET“, 19, rue Hugherie. Ein Tip für Käsefreunde: In dem gemütlichen Restaurant voller Weinflaschen wird ein köstliches Käsebuffet mit weit über 1oo Käsesorten angeboten (17 Euro); ferner Käsefondue, aber auch à la carte oder Menüs mit Fleisch und anderen Gerichten.

„L'ECHALOTE“, rue de la Maison Daurade. Oben Pub, gemütlich im hellen Gewölbe im Souterrain; rustikal, Gerichte ab 1o Euro.

„LA BONNE BOUILLE“, 7, rue des Bahutiers. Kleines Restaurant mit bekannt guter Küche. Das Preis-/Leistungsverhältnis stimmt. Die Qualität ist wirklich gut. Menü (Fisch oder Fleisch) 16 Euro.

„LE GALLUCHAT“, 36, rue du Parlement St. Pierre. Sympathisches Restaurant seitlich vom Platz du Parlement mit Menüs ab 12 Euro.

„CAFE DU MUSÈE“, 7, rue Ferrere. Modern eleganter Rahmen mit einem Decors von Andrée Putman. Neben der klassischen Küche auch eine Sushi-Bar.

„BRASSERIE DU GRAND THEATRE DE BORDEAUX“ Place de la Comédie. Auch wenn Sie bei dem gehobenen Preisniveau nicht speisen, ein Blick in das historische Ambiente lohnt sich.

„LE CAFÈ RÈGENT“, 46, place Gambetta. Der Schlemmerführer Michelin hat das Restaurant gleich mit zwei Gabeln ausgezeichnet. Hier sitzt man angenehm sowohl auf der Terrasse als auch im Speiseraum. Flott werden die großen Platten mit Meeresfrüchten zusammengestellt. Auf der Speisekarte vorwiegend Produkte der Saison.

„LA CRIÈES“, 1o, rue Montesquieu, seitlich der Markthalle. Super Fischrestaurant. Die Fischplatte kann sich sehen lassen. Einige Tische auf dem Gehsteig.

Die Restaurants an der Place du Parlement sind genau richtig für einen Erholungs-Pastis nach der Stadtlauferei. Bei „CHEZ PHILIPPE“ trifft man mittags viele Büroleute. Große Salatauswahl, gute Portionen ab 7 Euro.

BAR DES GRANDS HOMMES, place des Grands Hommes. Die Belle-

Epoque Fassade verliert durch die neue Markthalle etwas ihre Wirkung. Mittags ab 5 Euro.

Mehrere **Bars/Cafés** am Ende der Fußgängerzone rue Ste. Catherine. Bequeme Korbstühle, gute Cocktails, Drinks, nicht ganz billig.

Große Eisbecher beim „COMPTOIR DES ISLES".

Sehr billig, aber ohne Atmosphäre übernachtet man in den Hotels von Ketten wie Formule 1, die an den Autobahnzufahrten entstanden. In diesen „Sleep and go" Hotels zahlt man etwa 24 Euro für das Zimmer, das von 1-3 Personen benutzt werden kann.

Erstaunlich breites Angebot an Billighotels im Zentrum:

** „**De la Pelouse**", 65, rue de la Pelouse de Douet. Modernes 36-Zimmer-Hotel. Kleine, aber ruhige Zimmer, vorwiegend mit WC/Du. oder Bad ab 4o Euro

** „**De la Tour Intendance**", 16, rue de la Vieille Tour. Älteres, aber modernisiertes Hotel, zentral und ruhig (Fußgängerstraße). Schnell ausgebucht. 2o Zimmer mit WC/ Du. oder Bad 38-55 Euro.

Hotels in der Rue Mautrec

** „**Hotel Etche Ona**", 11, rue Mautrec, Seitenstraße gegenüber Theater. Zentral und eher ruhig: 33 Zimmer, ab 27 Euro.

* „**Hotel Studio**", 26, rue Huguerie, seitlich Platz Tourny. Für das DZ inkl. Dusche keine Luxussuite erwarten, doch eine echte Alternative zur Jugendherberge.

** „**Hotel Touring**", 16, rue Hugherie. Empfehlenswertes, preiswertes Hotel in zentraler und ruhiger Lage. 11 Zimmer, ab 28 Euro.

*** „**De Bayonne**", 4, rue de Martignac. Total zentral nahe dem Theater; Seitenstraße zum Cours de l'Intendance; für die Lage relativ ruhig. 37 ordentliche Zi. 68-11o Euro.

*** „**De la Presse**", 6, rue Porte Dijeaux, Fußgängerzone, abends ruhig. Ordentlich, alle 28 Zi. mit Du. oder Bad. DZ 5o-6o Euro. Bei der guten Lage schnell ausgebucht.

*** „**Majestic**", 2, rue de Condé. Recht zentral, nahe der Esplanade des Quinconces; relativ ruhig; großer Komplex, moderner Aufenthaltsraum; eigene Garagen. 49 Zimmer, 7o-11o Euro.

*** „**Grand Hôtel Français**", 12, rue du Temple. Seitenstraße zum Cours de l'Intendance. Komfortable Standardzimmer in einem Haus aus den 183oer Jahren. 36 Zimmer, DZ 65-115 Euro.

*"**Dauphin**", 82, rue du palais Gallien. Einfaches Hotel im Zentrum. 14 Zimmer. DZ keine 3o Euro

***"**Hotel des 4 Sceurs**", 6, cours du XXX Julilet. Absolut zentral in einem klassischen Stadthaus eingerichtet. Angenehmer Empfang. 34 schlichte Zimmer.

„**Labottiere**" , 14, rue Francis Martin. Wenn Sie sich was gönnen wollen, dann reservieren Sie hier eine Suite. Das kleine Haus im Zentrum stammt aus dem 18. Jh. und steht unter Denkmalschutz. Komplett mit Stilmöbeln eingerichtet und absolut ruhig. Suite 16o Euro.

__Jugendherberge__: „Foyer Barbey“, 22, cours Barbey. Betonklotz. Ca. 8oo m vom Bahnhof entfernt. 25o Betten. Große Schlafsäle bis zu 2o Personen! Abends um 11 Uhr ist Zapfenstreich. Übernachtung 1o Euro/Person mit JuHe-Ausweis, sonst etwas teurer. Auch Mahlzeiten.

An __Campingtouristen__ scheint man in Bordeaux nicht interessiert zu sein. Zwei Plätze wurden geschlossen. Der Camping Beausoleil liegt als nächste Möglichkeit 1o Kilometer außerhalb in Gradignan (Norden), 371 Cours du Général du Gaulle. Kleiner Platz mit 31 Stellmöglichkeiten. Ganzjährig geöffnet.

RUNDTOUR AN DEN UFERN DER GARONNE

(ca. 1oo km ab Bordeaux)

Eine bunte Mischung aus Weingütern, die zur Besichtigung und Dégustation einladen. Jede Menge Weindörfer, mittelalterliche Städtchen wie St. Macaire, ein paar Schlösser links und rechts und Bastide-Städte wie Cadillac an der Garonne.

Die Straße führt ganz selten direkt am Fluß entlang, dafür umso mehr durch Weinfelder, u.a. durch die bekannten Anbaugebiete Graves und Sauternes, in dem die exquisiten weißen Likörweine gekeltert werden.

Flott auf der linken Garonne Seite über die N 113 bis Langon und gemütlich an der interessanteren Flußseite zurück (D 1o). Ab Bordeaux (gratis) über die Autobahn Ri. Toulouse bis zur Ausfahrt Labrède ca. 24 km.

★ La Brède (1.8oo Einw.)

Der Ort ist weniger interessant als das ca. 1 km entfernte, idyllisch gelegene __WASSERSCHLOSS__, in dem der Dichter und Philosoph Montesquieu geboren wurde. Das Château de la Bréde aus dem 13.-15. Jh. ist heute noch in Familienbesitz und wie zu Montesquieus-Zeiten erhalten: Arbeitszimmer im Originalzustand, ebenso die phantastische Bibliothek mit 7.ooo Bänden (auch ein Teil seiner Manuskripte). Familienporträts im Grand Salon. Schöner Park.

__Charles Louis de Secondat - Baron von Montesquieu__ wurde hier im Schloß 1689 geboren, wie ein einfacher Junge vom Lande erzogen, studierte dann Jura und war mit 2o Jahren Advokat im Parlament von Bordeaux. Er reiste viel, bewirtschaftete seine Güter, handelte natürlich mit Wein und schrieb seine philosophischen Werke, die ihn zu dem großen Dichter der Aufklärung machten. Er starb 1755 in Paris.

Besichtigung im Sommer jeden Nachmittag außer Di.14-18 Uhr. April- Nor. nur Wochenende. Eintritt 5,5o Euro

Die N 113 führt nicht direkt am Garonneufer entlang, dafür mitten durch das Graves-Weinanbaugebiet (siehe Seite 3o).

Die Orte an der Strecke begeistern weniger, - meist graue, abgeblätterte Fassaden und die N 113 mittendurch.

Nach dem Ort Barsac führt ein Schlenker durch das Sauternes-Anbaugebiet; hier werden hochkarätige Süßweine produziert (siehe Seite 301). Im Zentrum liegt das 500-Seelen-Nest SAUTERNES mit gutem Lokal Auberge les Vignes. Das berühmte Château Yquem (15. Jh.), das die teuersten Sauterner Weine herstellt, kann man nicht besichtigen. Monsieur Comte de Luc Saluces beliefert Staatsbankette in aller Welt.

Kurz nach Preignac:

CHÂTEAU DE MALLE (17. Jh.), sehr hübsches Schloß in strenger Symmetrie mit zwei „Zwiebeltürmchen", liegt inmitten seiner Weinberge (Grand Cru Classé). Besichtigung möglich. Schönes Mobiliar.

LANGON (6.300 Einw.): Die betriebsame Hauptstadt der weißen Bordeaux-Weine und Einkaufszentrum kann man getrost rechts liegen lassen.

Umso mehr lohnt der Abstecher von rund 10 km südlich zum idyllisch gelegenen CHÂTEAU DE ROQUETAILLADE in Mazères.

Mittelalter pur vermutet man von Ferne, minutiöse Restaurierung des 19. Jh. aus der Nähe. Neben den Ruinen des alten Schlosses aus dem 11.-12. Jh., das über verschiedenen Sandsteinhöhlen erbaut wurde (daher der Name „ausgehöhlter Fels"), entstand ab dem 14. Jh. das „neue" Schloß. Bauherr war Kardinal De La Mothe, ein Neffe von Papst Clemens V. Veränderungen erfuhr das Château im 17. Jh. (Renaissance-Elemente) und im 19. Jh., als der damals renommierteste Architekt Frankreichs Viollet le Duc das Schloss grundlegend umgestaltete.

Die Besichtigung lohnt; sie umfaßt neben der Kapelle das beeindruckende Treppenhaus, Speisesaal, Schlafgemächer, Synodalsaal, die Schloßküche etc. Offen: Juli/August tägl. 10.30-19 Uhr. Ostern bis Allerheiligen nachmittags. Eintritt ca. 5 Euro.

✶ St. Macaire **(1.600 Einw.)**

Mittelalterliches Städtchen auf der anderen Uferseite. Recht ursprünglich erhalten, als wäre die Zeit stehengeblieben. In guter strategischer Lage auf einem Felsvorsprung über der Garonne profitierte St. Macaire vom Flußhandel - bis die Garonne ihren Lauf etwas veränderte und nicht mehr bis an die Stadtmauer schwappte. Fast komplett erhaltene Wehrmauern mit drei Stadttoren aus dem 12. Jahrhundert.

Tourist INFO **Office du Tourisme**: 8, allée des Tilleuls 33490 St. Ma-caire. Tel. 05 56 63 03 64, Fax: 05 56 63 08 88.

In der Altstadt stehen neben Verfallenem auch einige hübsch wieder hergerichtete Häuser aus dem 16./17. Jh., - besonders harmonisch ist der Platz

Mercadiou (= Marché Dieu), ein rechteckiger Platz ringsum Arkadenhäuser aus dem 13. Jh. (Südseite) bis 16. Jh. Diente schon des öfteren als Kulisse für mittelalterliche Filmszenen.

MUSÉE DE LA POSTE D'AQUITAINE: in dem repräsentativen Renaissancehaus am Platz. Postgeschichte, Briefmarkensammlung, sogar der Nachbau einer Gaststube aus der Postkutschenzeit etc. Im Sommer tägl. außer Dienstag offen, Mittagspause. Derzeit geschlossen.

Schöner Blick über die Garonne und die Weinberge von der Terrasse bei der Kirche ST. SAUVEUR (12.-14. Jh.). Ein kleiner Teil des eleganten romanischen Kreuzgangs erhalten.

Ein MUSEUM EXOTISCHER FISCHE: etwas ungewöhnlich für die Gegend, gleich bei der Porte de l'Horloge neben der Bar Aquarium.

** Camping des Remparts, idyllischer Campingplatz direkt zu Füßen von Stadtmauer und Kirche. 50 Stellplätze auf kleinen Wiesenflecken unter Pappeln, ca. 100 m von der Garonne. Fußweg in den Ort. Autozufahrt beschildert.

Toulouse-Lautrec-Fans machen bestimmt gerne den kleinen Abstecher zum CHÂTEAU DE MALROMÉ (6 km, D 19, beschildert), - hier verbrachte der Maler die letzten Jahre seines Lebens. Er starb mit 37 Jahren und wurde im benachbarten Verdelais begraben. Besichtigung eines Teils des Schlosses im Juli/August täglich 10-12/14-18.30 Uhr, im Mai und September geführte Rundgänge 3x tgl. Eintritt 5 Euro. Die übrigen Räume werden als Chambres d'Hôte vermietet. (Den wahren Fan wird der Übernachtungspreis nicht schrecken.)

★ Ste. Croix du Mont (800 Einw.)

Weindorf in Toplage auf einer Terrasse über der Garonne. Schönster Blick bei den Bänken am Kirchplatz.

Hauptattraktion des Ortes: eine meterdicke fossile Austernbank (unterhalb der Kirche), in die kleine Grotten geschlagen wurden. Hier kann man die köstlichen Süßweine probieren und hat von der Terrasse ein Spitzenpanorama über das Tal. Möglichst die Mittagszeit meiden, die weiße Muschelkalkwand speichert die Hitze und reflektiert enorm.

Die Austernbank entstand durch Ablagerungen aus dem Ozean im Tertiär.

LOUPIAC (1.000 Einw.): In dem Weinort an der Garonne hat man Fundamente einer Villa aus gallo-römischer Zeit und ein Schwimmbecken mit Mosaiken freigelegt (Besichtigung im Juli/August täglich, sonst nur am Wochenende).

★ Cadillac (3.3oo Einw.)

Was hat Cadillac mit dem berühmten Amischlitten zu tun? Außer dem Namen herzlich wenig. Zwar taufte die Detroiter Autofirma „General Motors“ ihre Luxuskarossen der 5oer/6oer Jahre des 2o. Jhds. nach dem Stadtgründer Lamothe-Cadillac anläßlich des 3oo-jährigen Jubiläums von Detroit. Dieser Monsieur namens Laumet stammte jedoch nicht aus Cadillac, - vor seiner Auswanderung nach Kanada nahm er den eleganteren Namen Lamothe-Cadillac an, den er von einer bekannten französischen Familie „entlieh“.

Das Bastidestädtchen (Bastide = befestigte Städtchen mit streng rechtwinkligem Grundriß, die meist im 13./14.Jh. entstanden) an der Garonne wurde im 13. Jh. mit englischer Finanzspritze erbaut, d.h. rundum mit Wehrmauern befestigt, die teilweise erhalten sind, ebenso wie die Stadttore. Rechtwinklig angelegte Straßen, im Zentrum der Platz (de la République) mit Rathaus/Markthalle und etwas abseits die Kirche St. Martin.

Das gemütliche Städtchen lädt zum Bummeln ein. Zum Samstagsmarkt kommen auch die Weinbauern der Umgebung.

Tourist INFO <u>Office de Tourisme</u>: 8, place de la Libération, 3341o Cadillac, Tel. o5 56 62 12 92, Fax: o5 56 62 66 o7.

Hauptattraktion ist das <u>SCHLOSS</u> der Herzöge von Epernon (17. Jh.) direkt in der Stadt auf einem kleinen Sporn mit Wallgraben.

> Man erzählt, daß König Henri IV. seinen Weggefährten und Untertan Jean Louis de Nogaret de Lavalette ermuntert hatte, ein möglichst prunkvolles Schloß zu bauen, - in der Annahme, daß ein armer Herzog ihm weniger gefährlich sein würde als ein reicher.

Innen recht nüchtern - es diente fast 1oo Jahre (1828-1928) als Frauengefängnis! Sehenswert im Innern die acht gewaltigen Marmorkamine. In einem Flügel ist die Maison du Vin eingerichtet mit Infos zu Weingutbesichtigungen, Dégustation etc.

Besichtigung: Juli/August 1o-19 Uhr, sonst 9.3o-12.3o/14-18 Uhr. Eintritt 4 Euro

<u>RIONS</u> (1.3oo Einw.): netter, fast verschlafen wirkender Weinort, der etwas hochtrabend in den Prospekten als „Carcassonne der Gironde“ bezeichnet wird. Ebenfalls eine Bastide aus dem 12. Jh. an der Grenze Aquitaniens zum Königreich Frankreich. So sehr viel hat sich seitdem kaum verändert. Gewaltiges Stadttor Lyhan (14. Jh.), daneben parken im Herbst die Trecker vollbeladen mit Weintrauben.

<u>LANGOIRAN</u>: Im Sommer ein beliebtes Ziel der Bootsfahrten ab Bordeaux - das Städtchen klebt zwischen Garonne und den Kalkfelsen. Die gewaltigen Ruinen der Burg sind immer noch über dem Ort bzw. dem Nachbarort Le Pied du Château zu erkennen (13. Jh.). Sie wurde im Mittelalter zum Schutz des Verkehrsknotenpunkts erbaut. 2 km außerhalb ein „Zoo" mit Raubvögeln, Schlangen, Affen etc.

Weiter die D 10 parallel zur Garonne via Quinsac in 25 km nach Bordeaux.

Wer nicht nach Bordeaux zurückfahren möchte, sondern das Baskenland oder die Pyrenäen zum Ziel hat, wählt die flott befahrbare Route D 932 nach Süden über Mont-de-Marsan und weiter entweder über Dax an die Küste bei Biarritz oder über Pau direkt in die Berge.

BORDEAUX-WEINE

Das Bordelais gilt als bestes Rebland der Welt. Ideale Bedingungen: milde Winter, zeitiger Frühling, regelmäßig Niederschläge wegen der Nachbarschaft des Atlantik, die Flüsse Dordogne, Adour, Garonne mit Nebenflüssen sorgen für genügend Luft- und Bodenfeuchte, dazu Böden, in denen der Weinstock bis zu 5 m lange Wurzeln entwickelt (Kiesböden haben die Fähigkeit, die Hitze des Tages zu speichern und sie nachts wieder abzugeben). Zudem führte eine optimale Rebmischung zur Spitzenqualität.

Ca. 500 Mio. Flaschen werden pro Jahr im Bordeauxgebiet auf rund 100.000 ha. Weinpflanzungen (davon 75.000 ha AOC-Gebiet) produziert. Etwa 25.000 Weinbauern und 300 Weinhändler sind an dem aufwendigen, aber einträglichen Geschäft beteiligt. 42 % des französischen AOC-Rotweins und 27 % des französischen AOC-Weißweins stammen aus dem Bordelais.

Seit 2.000 Jahren werden Bordeaux-Weine exportiert, schon die Römer waren von ihnen angetan. 35 % der roten AOC-Weine und ca. 60 % der Weißweine werden exportiert. Die größten Exportmengen gehen nach Belgien und in die Niederlande, gefolgt von USA, England und Deutschland. Allerdings geben die Amis am meisten für Bordeauxweine aus. Pro Jahr konsumieren im Durchschnitt 100 Franzosen 327 l Bordeauxwein, im Vergleich: 100 Deutsche 36 l Bordeaux und 100 Norweger 62 l Bordeaux.

Bis ins 17. Jh. wurde hauptsächlich südlich von Bordeaux Weinanbau betrieben. Die Nachfrage (besonders englisch-irische) stieg so an, daß der Wein im 18. Jh. knapp wurde, da die

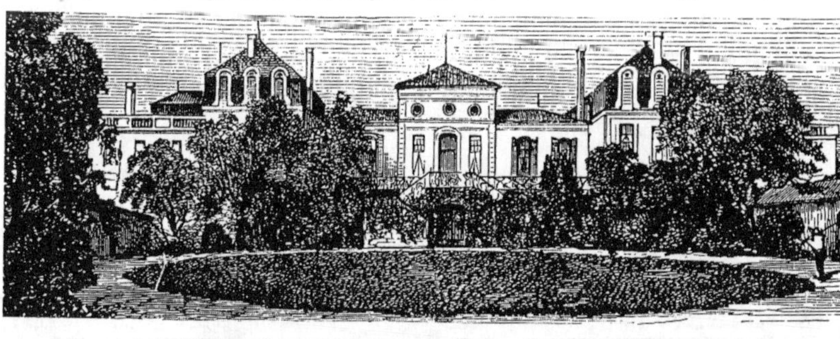

Weingut Langoa- Barton, im Weinanbaugebiet Médoc

Großwinzer eine Ausweitung der Rebflächen abgelehnt hatten. Mitte des 18. Jh. mußten schnell neue Anbaugebiete erschlossen werden, so entstand z.B. das heute berühmte Médoc Anbaugebiet. Bis vor kurzem gab es sogar im Stadtgebiet von Bordeaux noch Rebstöcke. Die Weinkeller (Chais) im Bordelais sind fast immer ebenerdig, da der hohe Grundwasserspiegel keine unterirdischen Keller erlaubt.

Dem guten, geldbringenden Rebland geht es jedoch an den Kragen, besonders im Gravesgebiet. Die Bauwirtschaft in und um Bordeaux benötigt große Mengen Kies, der früher aus den Flüssen Garonne, Dordogne genommen wurde, bis das dortige Ökosystem zusammenbrach, Böschungen ruiniert waren. Auch die Fische verschwanden, denn sie benötigten den Kies zum Laichen, zur Eiablage und um ihre Brut zu schützen. Proteste wurden laut, mit dem Ergebnis, daß sich die Kiesgewinnung verlagerte. Nun sind wertvolle Rebanbauflächen bedroht. Mit massivem finanziellen Aufwand wurden Parzellen aufgekauft, um den Kies rauszuholen. Resultat: wertvoller Boden ist für alle Zeiten zerstört, dafür floriert vorübergehend die Betonproduktion.

Seit den 7oer Jahren grassiert eine besorgniserregende Pilzseuche im Weinberg. Ähnlich wie vor rund 1oo Jahren, als die Reblaus aus den USA eingeschleppt wurde, fand der „Eutypios" lange Zeit kaum Beachtung. In Fachkreisen wird inzwischen der Vergleich mit Aids gezogen: Der Pilz hat eine Inkubationszeit von 5-1o Jahren, in denen die befallenen Weinstöcke bereits fleißig weitere Sporen aussenden (z.T. über 5o km weit). Mit einer chemischen Keule ist vorläufig nicht zu rechnen (Stand Ende der 8oer Jahre). Jahr für Jahr reißen jetzt die Winzer Zehntausende der kranken Weinstöcke aus dem Boden, um sie an Ort und Stelle zu verbrennen, denn die Pilzsporen entweichen auch noch aus dem „toten" Holz, das traditionell für das Kaminfeuer gesammelt wird. Die Weinberge des Bordelais sind genauso betroffen wie die berühmten Cognacgebiete. Der Parasit dringt über die Schnittstellen in den Weinstock ein, reduziert das Blütenwachstum und läßt die Blätter verkümmern. Bisher wird nur prophylaktisch behandelt: Ein chemisches Antipilzmittel aus der Bayer- und Sandozküche auf der Schnittwunde soll den Eindringling gleich an der Pforte abtöten.

Grob vereinfacht kann man sagen, daß nördlich von Bordeaux überwiegend Rotwein, südlich von Bordeaux überwiegend Weißwein produziert wird, im mittleren Bereich Rot- und Weißweine.

Rotweine werden aus einer wohl dosierten Rebmischung, der Sorten Cabernet Sauvignon, Cabernet Franc (auf dieser Rebsorte beruht die gute Lagerfähigkeit), Merlot (rundet den Geschmack ab), Malbec hergestellt. Alle roten Bordeaux sind sehr gut lagerfähig, nach 3, 5, 1o oder mehr Jahren Rei

fung im Faß, später in Flaschen, erreichen sie ihr volles Aroma. Sie werden zu dunklem Fleisch, Wild und zu Käse bei Zimmertemperatur serviert, jedoch nicht zu jung.

Die trockenen **Weißweine** werden nur aus weißen Trauben hergestellt, in einer Mischung aus Sauvignonrebe, Muscadelle und Sémillon. Die trockenen Weine werden in einer grünen Flasche serviert, um sie von den süßen Weißen zu unterscheiden. Sie müssen recht kühl bei 8-1o Grad getrunken werden, passen gut zu Austern, Muscheln, Fruits de Mer und Fisch.

Das Etikett ist das Aushängeschild des Weins. Als Faustregel gilt: je genauer die Herkunft beschrieben wird, desto besser der Wein. Es gibt das Produktionsgebiet, den Namen des Weines bzw. des Weingutbesitzers oder Handelsnamen „Cuvée", „Château ...", den Jahrgang der Weinernte, Namen und Adresse des Abfüllers sowie den Inhalt (75 c) an.

Insgesamt gibt es 47 Appellation-Weine: 28 Rot-, 2 Rosé-, 11 liebliche Weißweine und 6 trockene Weißweine.

Es werden einfache „Bordeaux" und „Bordeaux Supérieures", eine Auswahl aus ersteren, unterschieden. So bezeichnete Weine können aus dem ganzen Département Gironde stammen. Mengenmäßig stellen sie über die Hälfte der Gironde Weine dar, in klingender Münze, mit ca. 2,5o bis 4 Euro je Flasche, jedoch einen viel kleineren Anteil.

Ferner die „Appellations Régionales" wie Médoc, Pomerol, Graves, St. Emilion etc. und die „Appellations Locaux" z.B. 1/2 Dutzend verschiedene im Médoc. Schließlich die diversen „Châteaux", rund 5.ooo, Tendenz steigend, wobei sich unter der Bezeichnung „Château" ein Miniweingut oder eine Genossenschaft verbirgt.

Eine Klasse nobler liegen die Crus (mit zunehmender Qualität): Petits Châteaux, Crus Bourgeois, Crus Classés, jede dieser 3 Stufen unterteilt sich nochmals mehrfach hierarchisch. Die Crème de la Crème sind die „Premiers Grands Crus Classés": Margaux, Mouton-Rothschild, Lafite-Rothschild, alle im Médoc - das hat historische Ursachen. Die erste Klassi

fizierung fand 1855 anläßlich der Weltausstellung in Paris statt; damals waren nur Weine aus Médoc, Graves und Sauternes übers Bordelais hinaus bekannt. Napoleon III. veranlaßte die Bewertung, die im Grunde nur die sowieso vorhandene Rangfolge der Weingüter bestätigte.

Das **<u>Weinanbaugebiet Médoc</u>** (= Land der Mitte) nördlich von Bordeaux ist nicht das größte, aber das qualitativ interessanteste. Hier werden Millionärsweine produziert, für die man pro Flasche weit über 5o Euro beim Winzer bezahlen kann. Im Médoc liegen klangvolle Weingüter wie Château Margaux, Château Lafite-Rothschild, Mouton-Rothschild, Château-Latour. Das Médoc liegt zwischen Atlantik und Girondemündung, ein schmaler 8o km langer Streifen von rund 5 km Breite.

Das ca. 1o.ooo ha große Médoc-Weinanbaugebiet (Jahresproduktion ca. 5o Mio. Flaschen) wurde nach der variierenden Bodenbeschaffenheit in acht Gebiete mit kontrollierter Herkunftsbezeichnung unterteilt: AOC Médoc, Haut Médoc und 6 kommunale: St. Estèphe, Pauillac, St. Julien, Listrac, Moulis, Margaux. Aus dem Médoc stammen überwiegend Rotweine. Die Cabernet Sauvignon Rebe ergibt in Verbindung mit warmen Kies-, Sandböden und ausgeglichenem Klima exzellente Qualität und leuchtend rote Farbe. Die rubinroten Weine eignen sich sehr gut zum Lagern, sie reifen sehr langsam, dafür umso edler. (Siehe auch „Die Weinstraße durchs Médoc“ Seite 245.)

<u>Graves Anbaugebiet</u>: ein ca. 5o km langes, 1o-15 km breites Anbaugebiet von Rot- und Weißweinen auf dem linken Garonne-Ufer südlich von Bordeaux. Der Name bezieht sich auf den kargen Kiesboden, dem die Weine ihre Qualität verdanken. Kies speichert die Wärme, gibt sie den

Wurzeln der Rebstöcke weiter, dadurch reifen die Trauben deutlich früher als in anderen Gebieten.

Klangvolle Namen kamen/kommen aus dieser Gegend; Château Haut-Brion, nicht nur berühmt, weil es einmal Außenminister Talleyrand besaß. Heute gehört es dem ehemaligen amerikan. Finanzminister unter Kennedy, Douglas Dillon. Ein uraltes Gut ist auch Château Pape Clément, das auf Clemens V. zurückgeht, der den Sitz der Päpste nach Avignon verlegte.

Pomerol - der Rolls Royce der Weine

Das winzig kleine Anbaugebiet von ca. 7oo ha gilt bei Kennern als Non Plus Ultra unter den Rotweinen, entsprechend ist der Preis. Rund 2,5Mio. Flaschen werden jährlich erzeugt. Château Pétrus, der Augapfel des Pomerol, leuchtend rubinrot mit einem ganz dezenten Trüffelaroma des nahen Périgord. Ein alter Pétrus kostet locker über 18o Euro/Flasche; im Restaurant das Doppelte. Ein Château Pétrus besteht zu 95 % aus der Merlot Rebe (die sehr krankheitsanfällig ist, aber schnelles Reifen erlaubt) und der Cabernet Franc Rebe. Er wächst auf lehmigem Boden und reift in Eichenfässern.

Likörweine - süße, weiße Bordeauxweine

Die Likörweine stammen aus einem sehr kleinen Anbaugebiet links (Sauternes, Barsac, Cérons) und rechts (Cadillac, Loupiac, Ste. Croix du Monde etc.) der Garonne. Durch das besondere Mikroklima des Garonnetals - Wechsel von feuchtem Nebel und warmer Sonne - werden die Trauben überreif und von einem Pilz, dem sogenannten botrytis cinerea befallen, der erst das hochkarätige Produkt ermöglicht.

Eher zufällig wurde diese „Methode" im Jahre 1683 von einem Ungarn entdeckt, der wegen der Türkeneinfälle nicht rechtzeitig dazu kam, seine Reben zu ernten, dann aber einen umso besseren Wein vorfand. Der botrytis cinerea dringt in die Schale ein, nimmt dort das Wasser auf; das Volumen reduziert sich, der Zuckergehalt erhöht sich, die Traube wird violett bis braun und schrumpelt.

Aus den Trauben wird ein Most gewonnen, der voll von Pilzen ist und durch Gärung in einen dickflüssigen, geschmackvollen Wein verwandelt

wird. Das funktioniert jedoch nur, wenn der Pilz gut gereifte Trauben befällt, andernfalls bewirkt er eine üble graue Fäulnis und ein Desaster. Deswegen muß aufwendig in mehreren Durchgängen von Hand verlesen werden, bei absoluter Trockenheit. Die Ernte dauert rund 1-2 Monate, der Ertrag ist relativ gering, die Qualität umso höher. Ein Vin liquoreux wird bei 8-1o Grad getrunken, am besten zu Foie gras, Hummer, Fisch, hellem

Fleisch, Roquefort Käse, Obst und Nachtisch oder als Apéritif.

Im Anbaugebiet **Entre Deux Mers** werden trockene Weißweine erzeugt, die gut zu Meeresfrüchten passen. St. Emilion östlich von Bordeaux am rechten Dordogne-Ufer produziert hochkarätige Weine, z.B. Château Ausone, Château Cheval Blanc.

Weitere gute Anbaugebiet Côte de Blaye, Fronsac etc.

Besichtigung der meisten Weingüter möglich, ebenso Weinprobe, und Kauf. Die Güter haben bestimmte Öffnungszeiten, vorher Anruf ratsam bzw. sich beim Touristenbüro in Bordeaux oder im Maison du Vin informieren. Zur Sommersaison sind viele Güter geschlossen.

Die Größen der Weingüter variieren von tollen Schlössern, noblen Herrensitzen bis zu einfachen Landhäusern oder kleinen Höfen.

Das Touristenbüro bietet organisierte Busausflüge, Weingutbesichtigungen und Sightseeing an.

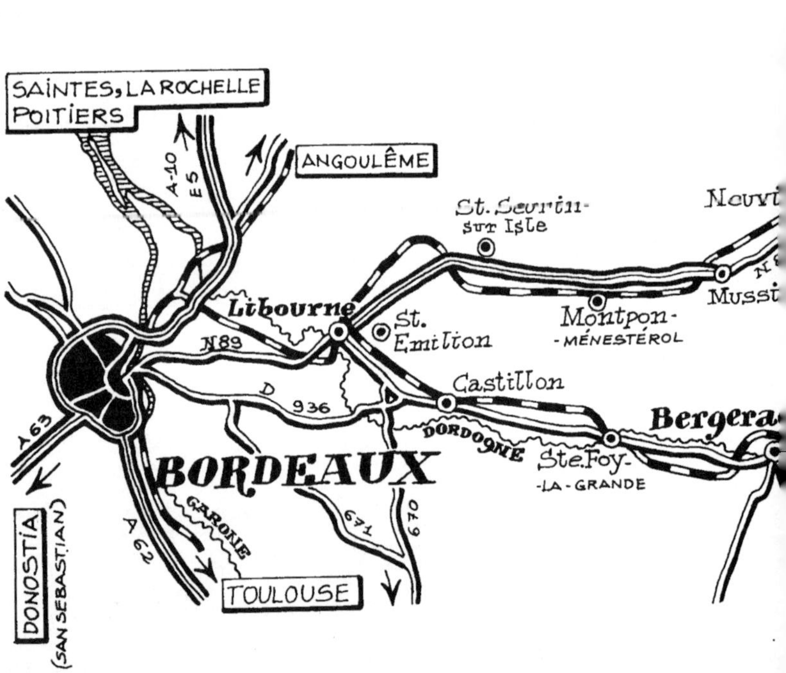
SAINTES, LA ROCHELLE
POITIERS
A-10
E5
ANGOULÊME
St. Sevrin-
sur Isle
Libourne
St.
Emilion
Montpon-
-MÉNESTÉROL
N89
D
936
Castillon
Bergera
DORDOGNE
Ste.Foy-
-LA-GRANDE
BORDEAUX
A63
A62
GARONE
671
670
TOULOUSE
DONOSTIA
(SAN SEBASTIAN)

Dordogne- und Vézère-Tal

Eine liebliche, harmonische Gegend voller Abwechslung: Die Dordogne windet sich in Schleifen durch eine hügelige Landschaft, teilweise steil abfallende Kalkfelsen und bizarre Klippen - das bewaldete Flußufer gespickt mit Burgen, Schlössern und Herrensitzen, meist in Panoramalage mit Blick weit über die grüne Ebene, in der Mais und Tabak, Sonnenblumen und Walnüsse angebaut werden. Authentische ockerfarbene Dörfer am Flußufer mit bunten, lebhaften Märkten.

Die Hauptattraktion bleiben aber die vielen prähistorischen Höhlen.

Ein ideales Urlaubsgebiet für Individualreisende; ausgezeichnet erschlossen ohne wie andere Regionen Frankreichs voll auf den Tourismus zu setzen. Auswüchse des Massentourismus, wie Betonkästen oder Hotelhochburgen sucht man hier erfreulicherweise vergebens. Im Juli/August, wenn in Frankreich die Ferienwelle rollt, muß man schon mal mit Warteschlangen an den Highlights rechnen.

Im Unterlauf der Dordogne überwiegen die Weinanbaugebiete beispielsweise um St. Emilion und Bergerac. Landschaftlich wird der Fluß ab dem Cirque de Trémolat interessant und wilder. Am reizvollsten der Flußabschnitt zwischen Lalinde und Souillac.

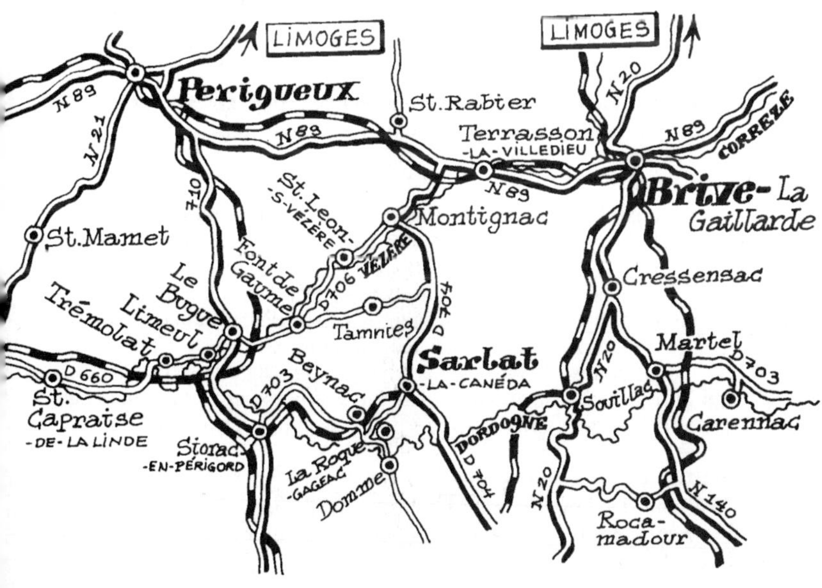

Selten bietet ein europäischer Fluß so schöne **Bademöglichkeiten** wie die Dordogne. Sandbänke, teils auch Kiesufer bei Beynac, Castelnaud, La Roque-Gageac, Vitrac und Cénac.

Dordogne und Vézère eignen sich ideal zum gemütlichen **Kanupaddeln** mit der ganzen Familie. Die beiden Flüsse sind in den hier beschriebenen Abschnitten sanfte Wanderflüsse, ohne jede Vorkenntnisse paddelbar. 12o km der 49o km langen Dordogne können problemlos von Mai bis Oktober befahren werden.

Überall kann man Kanus und Kanadier tage- oder halbtageweise mieten, Schwimmwesten sind (nicht nur für Kinder) selbstverständlich. Sehr praktisch ist das Kanumieten im „one way System", d.h. man paddelt eine Strekke, - der Veranstalter bringt Mannschaft und Kanu wieder zum Ausgangspunkt/Auto zurück ohne Aufpreis. Zur Saison sieht man überall die Kanuabholdienste mit ihren Trailern im Dauereinsatz.

Die Vézère im Unterlauf ist fast noch besser zum Paddeln als die Dordogne. Der Oberlauf birgt dagegen technische Schwierigkeiten bis Grad 4.

Verbindungen

Das Gebiet ist vorwiegend auf Selbstfahrer eingestellt. Ohne eigenen fahrbaren Untersatz wird es etwas kompliziert, denn Busse fahren eher selten. Die Bahn erschließt das Dordognetal dagegen recht gut mit einer Linie ab Bordeaux nach Sarlat und Périgueux, Brive-la-Gaillarde.

Organisierte Busausflüge zu bekannten Höhlen, Schlössern o.ä. werden beispielsweise ab Sarlat angeboten.

Prima eignet sich die Dordogne für einen Fahrradurlaub abseits der Hauptroute. Kurze Entfernungen und jede Menge Abwechslung.

Essen und Trinken

Gastronomisch ist das Périgord ein Paradies. Traditionell wird hier Enten- und Gänsezucht betrieben. Immer wieder laden Schilder an der Straße zur Besichtigung (mit Verkauf) ein. Häufig kann man auch beim „Stopfen" („gavage") des armen Federviehs zuschauen. Der Tierschutzbund ist da allerdings nicht so begeistert. Doch wegzudenken ist die foie gras (die Stopfleber) aus der südwestfranzösischen Küche nicht. Confit de Canard und Confit d'Oie stehen fast überall auf der Speisekarte. Der edel-teure Trüffelpilz ist im Périgord ebenso zu Hause wie die köstlichsten Schafs- und Ziegenkäse und der feine Nußlikör (siehe auch Essen und Trinken).

Unterkunft

Überall entlang der Dordogne und Vézère findet man gute Hotels, meist kleine Familienbetriebe. Auch auf Camper ist man hier bestens eingestellt (bis 4-Sterne-Plätze); zum Teil liegen die Anlagen direkt am Fluß, ideal für Kanuten.

Recht groß ist das Übernachtungsangebot auf dem Bauernhof, sei es als Chambre d'Hôte (Privatzimmer) oder als Camping à la ferme. In der Broschüre „Les Fermes du Périgord Noir" sind die Bauernhöfe aufgeführt, die Zimmer und Mahlzeiten für Urlauber anbieten, ihre Produkte verkaufen, manchmal sogar „Kochkurse" durchführen (speziell im Winterhalbjahr). Die Broschüre bekommt man in den örtlichen Touristenbüros.

Extraspecial

Das Périgord aus der Luft: per Mongolfière über den schönsten Teil der Region. Rundflüge werden ab dem Château de Veyrignac ca. 12 km südöstlich von Sarlat angeboten. Vorherige Anmeldung und Absprache natürlich nötig (auch englischsprachig), Tel. o5 53 28 18 58, oder über das Touristenbüro in Sarlat. Für das luftige Vergnügen von ca. 6o Min. berappt man ca. 2oo Euro pro Nase.

Die Dordogne per Helikopter: ab dem Flughafen Saint-Crépin Carlucet werden diverse Rundflüge angeboten. Tel. o5 53 29 35 33.

Weitere Rundflüge beispielsweise ab Flughafen Condat-Vézère nördlich von Montignac.

Die 49o km lange **Dordogne** entspringt am Puy de Sancy (1.72o m) im Zentralmassiv. Anfangs fließt sie als Dore, wird dann gespeist von dem Nebenfluß Dogne, - ab dem Zusammenfluß heißt sie Dordogne und bildet mit der Garonne den großen Mündungstrichter der Gironde.

Périgord ist der historische Name der Region; erst in der Französischen Revolution wurde sie (wie die meisten Départements) nach dem bedeutendsten Fluß benannt.

Im Jahr 1152 kam die Grafschaft Périgord zur englischen Krone; im Hundertjährigen Krieg 1337-1453 war das Périgord zwischen Engländern und Franzosen heiß umkämpft. Den Sieg trugen schließlich die Franzosen davon.

Das Périgord ist für seine **prähistorischen Funde** bekannt. Am Vézère-Fluß reiht sich eine Höhle an die andere. Vor 35.ooo-4o.ooo Jahren lebten hier unsere Vorfahren, die Cro Magnon Menschen, benannt nach dem Fundort, einem Felshang (Cro = Höhle) in Les Eyzies. Äußerlich unterschieden sie sich wohl kaum von uns. Mit 1,75 m erreichten sie unsere Größe, sie ernährten sich weitgehend von Rentieren - damals herrschte im Périgord ein Klima wie heute in Skandinavien. Sie kannten Tiere wie den Aurochsen, Mammut, Wildpferde und benutzten den hier reichlich vorkommenden Feuerstein. Anders als oft angenommen, lebten sie nicht in Höhlen, sondern waren Nomaden und verwendeten die Überhänge (Abri) als Unterschlupf und später als Behausung.

Die **Höhlen** hatten ziemlich sicher kultische Bedeutung. Einmalig sind die Malereien, Ritzungen und Reliefdarstellungen, die zu den ersten bekannten menschlichen Kunstwerken zählen. Tierdarstellungen in großer Virtuosität zeigen überwiegend Pferde, Hirsche, Rinder, Mammuts, Bären, Nashorn, Bison und Stiere. Menschenabbildungen findet man so gut wie nie, ebensowenig Pflanzen oder Landschaften. Heute teilt man die Zeichnungen in verschiedene Stilrichtungen ein, abhängig von der jeweiligen Epoche.

Stark besucht werden die Höhlen von Lascaux, Font de Gaume, Grottes de Combarelles, Grotte de Rouffignac. Weniger besucht der Abri du Cap Blanc, Höhle von Bara-Bahau, das Höhlendorf La Roque St. Christophe. Alle Details im folgenden Text.

LIBOURNE -> LIMEUIL

Die Route führt an der Dordogne entlang bis zum Abzweig der Vézère bei Limeuil. Lohnenswert ist auch der Abstecher von Bergerac nach Périgueux, von dort ebenfalls Möglichkeit ins Höhlengebiet um Les Eyzies zu kommen.

Libourne (23.000 Einw.)

Die Stadt an der sehr breiten und mittlerweile träge-schmutzigen Dordogne hat ein nettes Zentrum um die Place A. Surchamp, ansonsten eine eher langweilige Einkaufsstadt.

Pomerol

Das hochkarätigste Weinanbaugebiet des Bordelais erstreckt sich um das Dörfchen auf der Hochebene. Eine Kirche, eine Hand voll Häuser, einige Traktoren und der edle Tropfen, that's all. Anders als die alteingesessenen Weingüter haben sich Pomérolweine erst Anfang dieses Jahrhunderts auf den vordersten Platz der „Weincharts“ vorgeschoben. Mehr über den Rolls Royce der Weine im Kapitel Bordeaux Seite 3o1.

Sehr schöne Strecke zwischen Weinfeldern nach:

★ St. Emilion (3.1oo Einw.)

Ein attraktives Weinstädtchen im Bordelais, das von der UNESCO als erstes Weingebiet auf die Liste der Weltkulturerbe gesetzt wurde. Neben der Lage inmitten der Rebfelder und dem exquisiten Tropfen locken auch einige ungewöhnliche Sehenswürdigkeiten. Das je nach Lichteinfall grau oder golden scheinende Örtchen schmiegt sich in die Mulde zwischen zwei Hügeln und hat sein mittelalterliches Stadtbild voll bewahrt. Durch gut erhaltene Stadttore betritt man den alten Kern (das Auto unbedingt vor den Toren parken).

Bis an die Stadtmauern (12. Jh.) wachsen die Weinstöcke, aus denen der köstliche Rote gekeltert wird. In den engen gepflasterten Gassen stolpert man fast über die verschiedenen Verkaufsstellen mit Dégustation. Die köstlichen, wenn auch nicht ganz billigen Makronen von St. Emilion sind weit über die Stadt hinaus bekannt. Viel Atmosphäre herrscht abends auf dem zentralen Place du Marché neben dem Portal der monolithischen Kirche im Kalkfelsen. Den tollsten Blick über Stadt und Weinfelder hat man vom Tour du Roi, einem Aussichtsturm aus dem 13. Jh.

St. Emilion ist auf einem weitverzweigten System von unterirdischen Steinbrüchen in mehreren Etagen gebaut. Den Kalkstein hat man jahrhundertelang für den Bau von ganzen Dörfern und Schlössern benutzt, was heute natürlich der Stadt erhebliche Probleme bereitet. Teile der unterirdischen Galerien werden als Weinkeller genutzt, in manchen Bereichen droht inzwischen eine Absenkung des Bodens.

Tourist INFO

Office de Tourisme: vis-à-vis des Kirchturms am Place des Créneaux, 3333o Saint-Emilion. Tel. o5 57 55 28 28, Fax: o5 57 55 28 29. Im Büro große Infotafel über die Weinanbaugebiete von St. Emilion und das Bordelais. Das Touristenbüro veranstaltet interessante Weinführungen, natürlich mit Weinprobe (im Juli/August Mo.-Fr. nachmittags). Info über die Feste der Jurade. Offen: tägl. 9.3o-12.3o/13.45 -18.3o Uhr, Juli/August 9.3o-2o.oo Uhr, im Winter bis 18 Uhr. www.saint-emilion-tourisme.com.

Post: PTT rue Guadet. Mo.-Fr. 8.3o-12/15-18 Uhr, Sa. vormittags.

Markt: So. morgens Porte Bouqueyre.

Maison du Vin: neben der Kollegiatskirche. Großes Angebot fast aller St. Emilion Weine, eine deutschsprachige Broschüre hilft bei der Qual der Wahl. Offen 9.3o-12.3o/ 14-19 Uhr.

Parken: im Städtchen enge Gassen, Parkplätze außerhalb der Altstadt gleich bei der Einfahrt.

Verbindungen

Bus: -> Libourne 7 x werktags, 3 x So. und feiertags.
-> Bordeaux 5 x täglich.

Bahn: -> Bordeaux und Sarlat mehrmals täglich.
-> Paris -> Libourne im TGV 3 Std., umsteigen nach St. Emilion.

SEHENSWERTES

Besichtigung der Einsiedlergrotte, Monolithenkirche, Katakomben nur mit Führung übers Touristenbüro (45 Min.).

ERÉMITAGE ST. EMILION am Place du Marché seitlich der Rue de l'Ermitage. Hier soll der Legende nach im 8. Jh. der bretonische Einsiedler Emilion (Aemilianus) gelebt haben, der Namensgeber der Stadt.

Emilion soll es nicht ganz freiwillig in diese Gegend verschlagen haben: Er nahm das Gebot der Kirche, den Armen zu helfen, sehr wörtlich und verteilte Brot auf der Straße, offenbar zum Verdruß des Herzogs der Bretagne. Emilion mußte aus der Bretagne fliehen und suchte sich ein ruhiges Plätzchen nahe des Benediktinerklosters. Dort lebte er in seiner selbstgegrabenen Höhle als Eremit. Doch seine Wohltätigkeiten wurden auch hier bekannt, bald scharten sich die ersten Anhänger um ihn, ja sogar von Wundertätigkeiten wird berichtet.

Nach seinem Tod kamen die Pilger in Scharen, seine Anhänger bauten weitere Grotten, bis hin zur einzigartigen Monolithenkirche. Die Gebeine des Heiligen wurden im 16. Jh. während der Wirren der Religionskriege in Sicherheit gebracht und sind seitdem verschollen.

Die KAPELLE der Dreifaltigkeit (Chapelle de la Trinité) entstand im 13. Jh. über der Einsiedelei.

Angrenzend die größte MONOLITHKIRCHE Europas (9.-12. Jh.), sie mißt 38 x 2o m. Im Basilikastil errichtet und komplett aus dem Fels gehauen, daher der Name, von außen deshalb nur an dem Glockenturm (14. Jh.) zu erkennen. Heute wird die Kirche wegen Pilzbefalls nicht mehr regelmäßig benützt, das gemauerte Portal zum Place du Marché bleibt deshalb verschlossen. Die vom Touristenbüro geführte Besichtigung benutzt den Seiteneingang.

Den Grundstein der Kirche legten Einsiedler im 8. Jh. mit ihren einfachen „Mönchszellen". Benediktinermönche beendeten im 12. Jh. die unterirdische Basilika in den heutigen Dimensionen mit wuchtigen quadratischen Pfeilern und Tonnengewölbe in 11 m Höhe. Von der späteren Bemalung nur wenig erhalten. Das runde Loch in der Decke wurde mit dem Bau des Glockenturms notwendig. Zur Zeit der Französischen Revolution wurde die Kirche als Salpeterfabrik zweckentfremdet, was den Fresken den Rest gab.

In den angrenzenden KATAKOMBEN (11./12. Jh.) begruben die Mönche ihre Toten.

Auf dem Plateau entstand im 13. Jh. die KOLLEGIATSKIRCHE (Eglise Collégiale, nahe Touristenbüro). Durch das steigende Pilgeraufkommen wurden Erweiterungen bald erforderlich, die sich durch die Kriegswirren allerdings bis ins 16. Jh. (Chor) hinzogen. Schließlich entstand mit über 7o m Länge ein beträchtlicher Bau. Das Westportal stammt aus der ersten Bauphase im romanischen Stil mit hübschen Arkaden, Nordportal (14. Jh.). Sehenswerter Kreuzgang (Cloitre) von 3o x 3o m mit gotischen Elementen und Doppelsäulen. Eingang durchs Touristenbüro, offen 9.3o-12.3o/14-19 Uhr, geringer Eintritt.

Ganz andere Atmosphäre in den Ruinen des CLOITRE DES CORDELIERS (14. Jh.), der mit seinen skulptierten Säulen sehr romanisch wirkt. Sonst blieb von dem Franziskanerkloster (14./15. Jh.) in der Oberstadt (Rue de la Porte Brunet) nicht allzuviel übrig. Der Rundgang ist gleich mit einer Besichtigung der privaten Champagnerkeller verbunden, denn die ehemaligen Gemäuer bieten ideale Bedingungen zur Produktion von Schaumweinen. Den prickelnden „Weißen" kann man im Schatten des Kreuzgangs probieren und sich einige Flaschen für den eigenen Weinkeller mitnehmen. Offen 1o-12/14-18.3o Uhr.

Die Ruine des DOMINIKANERKLOSTERS in den Weinfeldern wird abends angestrahlt. Da es aus Platzmangel vor den Stadtmauern gebaut werden mußte, fiel es den Angriffen im 14. Jh. als erstes zum Opfer.

TOUR DE ROI: Der 32 m hohe Verteidigungsturm (Donjon) des Château de Roi hat die Jahrhunderte überdauert. Das Schloß wurde vom englischen König Heinrich III. Plantagenêt im 13. Jh. als Zufluchtsort für die Bewohner erbaut. Damals gehörte der Südwesten Frankreichs zum englischen Königshaus. Lange Zeit Rathaus der Stadt. Vom rechteckigen Donjon prima Aussicht (kleiner Eintritt). Die feierlich gekleideten Herren der Jurade (= Bruderschaft der Winzer) verkünden von hier aus im Juni zum Frühlingsfest das Prädikat der Vorjahresweine und geben im September den „Startschuß" für die Weinernte. Offen: tägl. 9.3o-12.3o/14.3o-18.45 Uhr.

MUSÉE DE LA POTERIE: In den alten unterirdischen Steinbrüchen wird Keramik des Südwestens aus dem 13.-19. Jh. ausgestellt. Ticket und Info im Touristenbüro.

ECOMUSÉE DU VIGNERON in Montagne 4 km nördlich von St. Emilion. Anschaulich gemachtes Museum über Weinbau und Wein. Offen: Mitte März bis Mitte Juli tägl. 14-18 Uhr. Mitte Juli bis Mitte September 1o-12/14-18.3o Uhr.

„LE TERTRE", an der steilen Straße zum Platz Tertre de la Tente. Wohnzimmeratmosphäre, gepflegt, aber teuer. Im Hintergrund ein großes Weinlager. Gute Auswahl à la carte. Mittagsmenü an Werktagen 15-45 Euro.

„CHEZ DOMINIQUE", rue de la Petite Fontaine. Sympathisches Restaurant. Menü mit Bordelaiser Spezialitäten 15-2o Euro. Gute Weinkarte.

„LOGIS DE LA CADÈNE", place du Marché au Bois. Sehr schattige Terrasse. Abends mit Kerzen. Menü 15-2o Euro.

Restaurant/Bar „LE CLOCHER" am Place du Clocher vis-à-vis vom Glockenturm, der abends angestrahlt wird. Schön zum Draußensitzen. Relativ preiswert. 12-23 Euro.

Weinbar „L'ENVERS DU DÉCOR", rue du Clocher neben dem Touristenbüro. Auch Gerichte für den kleinen Hunger.

Knapp ein Halbdutzend Hotels gehobenerer Preisklasse:

** „**Auberge de la Commanderie**" in der Rue des Cordeliers/Oberstadt. 18 Zimmer großteils mit Dusche/WC. Mit 45-62 Euro fürs DZ preiswerteste Unterkunft. Restaurant.

*** „**Hôtel Palais Cardinal**", place du 11 Nov. 1918. 17 Zimmer zum Teil zum Garten raus. Alle mit Dusche oder Bad. Angenehme Terrasse und kleiner Swimmingpool. DZ 6o-13o Euro. Großes Restaurant mit Terrasse. Menü zwischen 18-39 Euro.

**** „**Hostellerie de Plaisance**", place du Clocher. Bestes Hotel am Platze. Ein Dutzend Zimmer mit Bad/WC und Telefon. DZ 11o-3oo Euro. Nobles Restaurant, Menü ab 28 Euro.

Über **Privatzimmer**-Vermietung und Vermietung von Appartements in der Region informiert das Touristenbüro.

*** Camping La Barbanne, großer Platz total ruhig in den Weinbergen gelegen, 3 km von St. Emilion. Ebene Stellplätze unter jungen Laubbäumen, mäßig schattig. Bademöglichkeit im Swimmingpool, Angeln im Etang. 160 Einheiten.

Weinanbau um St. Emilion

Etwa 1.000 Weingüter (Châteaux) produzieren auf einem Gebiet von 5.000 ha um St. Emilion Spitzenweine (keine Tafeltrauben). In der Regel handelt es sich um kleinere Güter, die im Familienbetrieb bewirtschaftet werden. Die Weine kommen nach 4-6 Jahren in den Handel und kosten locker 20-40 Euro pro Flasche. Ein Teil der Weingüter kann besichtigt werden, Liste der offenen Châteaux im Touristenbüro. Organisierte Weingutbesichtigung übers Touristenbüro.

Per Fahrrad läßt sich eine „Weintour“ sehr gut realisieren: geringe Steigungen, kurze Entfernungen, kleine Sträßchen entlang der Weinfelder mit wenig Verkehr. Jede Menge schöne romanische Kirchen in den verschlafenen Orten. Zwischendurch lockt eine Dégustation und Vente directe (Direktverkauf).

Castillon la Bataille (3.200 Einw.)

Ein grau wirkendes Provinzstädtchen an der Dordogne mit einem belebten Einkaufskern. Hier fand die letzte Schlacht des Hundertjährigen Krieges statt, an die im Juli/August das große Theater-Spektakel erinnert: 1453 standen sich Engländer und Franzosen - vorläufig zum letzten Mal - gegenüber. Der Waffengang beendete die englische Vorherrschaft über Aquitanien. In historischen Kostümen wird die Schlacht mit viel Theaterdonner in der Ebene von Coly nachempfunden.

43 km auf der geradlinigen D 936 nach Bergerac.

★ Bergerac (27.000 Einw.)

Die Hauptstadt des südlichen Périgord hat nichts mit dem berühmten Drama „Cyrano von Bergerac“ von Edmond Rostand zu tun, - sein Familiensitz war Bergerac im Gebiet Seine-et-Oise. Im alten Kern am Fluß einige Fachwerkhäuser, die interessanten Straßenzüge sind den Fußgängern vorbehalten. Lockende Auslagen in den Geschäften lenken von dem meist lohnenden Blick nach oben ab. Schönes Ambiente um den schrägen Platz Pélissière mit der romanischen Kirche St. Jacques. Wer etwas mehr Zeit hat, schaut vielleicht in das Musée du Tabac oder Musée du vin. Im Sommer ist in Bergerac ziemlich was los.

Früher war Bergerac ein wichtiger Umschlagplatz: Holz aus der Auvergne wurde über die Dordogne verschifft und zu Papier weiterverarbeitet. Wein und Tabak wurden nach Holland und England exportiert.

Office de Tourisme: vis-à-vis des großen Parkplatzes am Place de la République. 97, rue Neuve d'Argenson, 241oo Bergerac, Tel. o5 53 57 o3 11, Fax: o5 53 61 11 o4. Offen: Mitte Juni bis Mitte September Mo.-Sa. 9-19 Uhr, So. 1o-12/16-19 Uhr. Sonst Mo.-Sa. 9-12/13.3o-17.3o Uhr. www.bergerac-tourisme.com. E-mail: tourisme-bergerac@aquinet.tm.fr.

Markt: am Place du Marché Couvert jeden Mittwoch und Samstag. Hier stand bis ins 17. Jh. ein protestantische Kirche.

MUSÉE DU TABAC ET ARCHÉOLOGIQUE im eleganten Hôtel Peyralède (15./16. Jh.), rue des Rois-de-France, unweit der Kaistraße. Einzigartig in Frankreich und sehr informativ. Von der Anpflanzung des Tabaks, dem Hauptanbauprodukt des Südwestens, über ausgefallene Pfeifen bis zum Endprodukt bleiben kaum noch Fragen offen. Geöffnet: Di.-Sa. 1o-12/14-18 Uhr, So. 14.3o-18.3o Uhr. Eintritt 3 Euro.

WEIN-, SCHIFFAHRTS- und BÖTTCHERMUSEUM (Musée du Vin, de la Batellerie et de la Tonnellerie), seitlich Place de la Myrpe in einem alten Haus. Informiert über das Gewerbe der Böttcher, die aus der Weinverarbeitung nicht wegzudenken waren. Einige Modelle der Flußboote, interessante alte Fotos etc. Offen: Di.-Fr. am Vor- und Nachmittag, Sa. nur vormittags. Eintritt ca. 3 Euro.

MAISON DU VIN DE BERGERAC, 2, place du Docteur Cayla. Hier erfährt man alles über die Weine der Region, weiße und rote Weine, die als „Appellation Bergerac Controlée" vertrieben werden. Offen: Juli bis Mitte September tägl. außer So. 1o-12.3o/13.3o-18 Uhr.

Gleich dabei der interessante KREUZGANG (Cloitre des Récollets) aus 17./18. Jh. in zwei Etagen. Eintritt gratis.

Das ehemalige KLOSTER der „Dames de la Foi" an der Hauptstraße rue Neuve d'Argenson diente lange Zeit als Krankenhaus, seit Anfang des Jahrhunderts Rathaus (Hotel de Ville).

Kanuvermietung: 18, promenade Pierre Loti neben dem Centre Nautique. Z.B. Halbtagestour von Tuilière (Staudamm) nach Bergerac ca. 13 km. Transport im Preis inbegriffen. Rund 2o Euro pro Person. Oder als Tagestour von Bergerac nach Ste. Foy la Grande 24 km.

Im Anschluß Abstecher von knapp 5o km nach Périgueux über die N 21.

Weiter entlang der Dordogne .... siehe Seite 317.

★ Perigueux (32.300 Einw.)

Quirlig-geschäftige Hauptstadt des Périgord vert, durchschnitten von dem Fluß Isle. Hier laufen alle großen Verkehrsverbindungen zusammen (Zug- und großer Busbahnhof), wichtiges Einkaufszentrum der Region. Mittwochs und samstags Markt, auf dem im Herbst auch die kostbaren Trüffel und foie gras (Stopfleber) angeboten werden.

Durch seine 2000-jähirge Geschichte gibt es in der Stadt enorm viel zu entdecken. 39 Häuser im Altstadtbereich um die ungewöhnliche Kuppel-Kathedrale St. Front stehen unter Denkmalschutz. Die weiß-grünen Fassaden wirken geradezu propper. Im Zentrum der attraktive Place de l'Hotel de Ville. Im Mittelalter verlief eine Route der Jakobspilger durch Périgueux. Auch heute noch ist Perigueux eine bedeutende Etappe auf dem Jakobsweg.

Stolz ist die Stadt darauf, daß der große Pantomime Marcel Marceau hier seine ersten Auftritte gab.

Der Name Périgord ist auf den Keltenstamm Petrucoren zurückzuführen. Aus der Römerzeit, als Vesuna Petrucorium die wichtigste Kolonie in Gallien war, ist kaum etwas erhalten.

Tourist INFO **Office de Tourisme**: 26, place Francheville, 24000 Périgueux. Tel. 05 53 53 10 63, Fax: 05 53 09 02 50. E-Mail: tourisme.perigueux@perigord.tm.fr
Internet: www.ville-perigueux.fr

Das Touristenbüro bietet Stadtführungen an, durch die man Zugang in private Herrenhäuser bekommt. Diese Gelegenheit sollte man sich nicht entgehen lassen.

Markt: Bauernmärkte jeden Morgen auf dem Place La Clautre. Die größten Märkte des Perigord aber finden jeden Mittwoch und Samstag auf den Plätzen des Rathauses, La Clautre und Coderc statt.

Die KATHEDRALE ST. FRONT am Ufer der Isle ist kaum zu übersehen. Fünf riesige Kuppeln überragen die Altstadtdächer und erinnern stark an byzantinische Kirchen. Unter den Kuppelbauten Frankreichs hält St. Front alle Rekorde. Ungewöhnlich ist auch der Grundriß in Form eines griechischen Kreuzes. Ursprünge der Kathedrale reichen bis ins 11. Jh. Von den Hugenotten wurden weite Teile zerstört. Im 18. Jh. bekam sie durch die gründliche „Restaurierung" des Architekten Abedie den heutigen neoromanischen Touch. 1998 wurde das Bauwerk von der UNESCO als Kulturerbe eingestuft. Beeindruckende Dimensionen im Innenraum, die wuchtigen Säulen durchbrochen. Halb romanisch, halb gotischer Kreuzgang. Offen 9-12.30/14.30-18.30 Uhr.

Die ALTSTADT (weitgehend Fußgängerzone) bietet viele lohnende Fotomotive. Renaissancetreppen (bestes Beispiel Haus Nr. 1 in der Rue de la

Sagesse), Eingangstüren aus dem 15.-17. Jh. Manche Häuser 4oo-5oo Jahre alt, z.B. der Adelssitz Haus Nr. 7 (15. Jh.) in Rue de la Constitution, einige Renaissancehäuser in der Rue Limogeanne. In der Rue Eguillerie Haus Nr. 17 von 1518 oder in die Rue de la Miséricorde einbiegen.

Das GALLO-RÖMISCHE ZENTRUM lag im Bereich der heutigen Kirche St. Etienne de la Cité, ebenfalls eine Kuppelkirche. Die Dimensionen des Amphitheaters mit Platz für ca. 2o.ooo Zuschauer sind im Jardin-des-Arènes nur noch schwer zu ahnen. Tour de Vésone am Ende der Rue Romaine: die Ruinen des offenen Rundturms erinnern an einen römischen Rundtempel, vermutlich aus dem 2. Jh. n. Chr.

MUSÉE DU PERIGORD, 22, cours Tourny (von der Kathedrale am Ende der Rue St. Front): Das Nationalmuseum ist im ehemaligen Augustinerkloster untergebracht. Interessant ist hier die prähistorische Abteilung mit vielen Funden aus den Höhlen des Périgord. Gemäldesammlung, römische Ausgrabungen etc. Offen: April bis September Di.-Fr. 1o-17 Uhr, Sa/.So. 13-18 Uhr, sonst bis 17 Uhr. Eintritt 3,5o Euro.

Wer sich für den edlen Trüffelpilz interessiert, baut vielleicht das TRÜFFEL-MUSEUM (Ecomusée de la tTruffe) in Sorges, 25 km nordöstlich von Périgueux mit ein.

In dem kleinen Dorf hat man sich bemüht, Informationen rund um den begehrten **Trüffelpilz** zusammenzustellen. Schautafeln und Dias erklären das ideale Milieu für den Schmarotzerpilz und seinen Wirt, - im Périgord sind es Eichenbäume und Haselnußsträucher. Man differenziert 3o Trüffelarten; die Geschichte des Trüffels und Werkzeuge zur Trüffelsuche kommen nicht zu kurz. Zum Aufspüren der Kostbarkeiten werden die bewährten Schweine zunehmend durch abgerichtete Hunde ersetzt, da ihnen (angeblich) die Pilze nicht so gut schmecken; da gibts aber auch Ausnahmen. Die Ausbeute hat sich in den letzten Jahren auf etwas mehr als 1o Tonnen reduziert - Anfang des Jahrhunderts war es noch etwa das Hundertfache, entsprechend kletterten die Preise. 1 kg Trüffel wird heute mit knapp 32o Euro gehandelt. Die Versuche, den hochkarätigen Pilz zu züchten, erweisen sich bisher als erfolglos. Trüffelliebhaber kommen am besten im Winter zu einem der vielen lokalen Märkte, da sind die Trüffel ganz frisch.

Etwas unbefriedigend die deutschsprachige Erläuterung, ebenso wie der 3 km lange „Lehrpfad". Das Museum ist offen tägl. außer Mo. 1o-12/14-17 Uhr. Juli/August tägl. 9.3o-12.3o/14.3o-18.3o Uhr. Eintritt 3 Euro.

MILITÄRMUSEUM (Musée Militaire), 32. rue des Farges. In einem kleinen historischen Stadthaus eingerichtet. Von einer deutschen Kanone von 1896, schicken Offiziersuniformen bis hin zu einer wertvollen Sammlung von Pickelhauben gibt es viele Kuriositäten zu sehen. Offen: tgl. außer So./ Feiertag : von April - Sept. 1o-12/14-18 Uhr, Okt.- Dez. 14-18 Uhr.

STADTMUSEUM. In der „Villa Besunna" wurde 2oo2 ein Museum eröffnet, das sehr anschaulich das öffentliche und private Leben zur gallo-römischen Zeit widerspiegelt.

Zurück an der Dordogne. - Von Bergerac nach Couze et St. Front 19 km.

Couze et St. Front

Das Nest an der Dordogne würde wohl niemanden interessieren, wenn da nicht die Papiermühlen Moulins de Larroque stünden. Seit dem 15. Jh. wird Papier produziert. Eine der traditionellen Mühlen ist heute noch in Betrieb, wenn auch das Mühlrad inzwischen durch einen Elektromotor ersetzt wurde. Oben wird Kunsthandwerk verkauft, unten entsteht das hochwertige Aquarellpapier. Führungen für Gruppen. Offen: Mo.-Fr. 9-11.3o/ 14-17 Uhr.

Ab dem hübschen Ort Lalinde beginnt die Dordogne landschaftlich spannend zu werden. Die beste Perspektive haben zweifellos die Kanuten, denn die Straße (D 7o3) umfährt den Cingle de Trémolat im weiten Bogen. Es lohnt sich deshalb auf die andere Flußseite zu wechseln (D 29), um von der Nebenstraße einen Eindruck der Dordogneschleife zu bekommen.

✶ Trémolat (54o Einw.)

Der Weiler gruppiert sich um die klotzige romanische Kirche, einige pittoreske Winkel, alte moosüberzogene Hausdächer. Hier lohnt der kurze Abstecher zum Cingle de Trémolat, ein Aussichtspunkt, von dem aus die Dordogneschleife mit ihren ausgewaschenen Steilwänden zu sehen ist.

Tipp: Hotel/Restaurant *** „**Le Vieux Logis et ses Logis des Champs**" in einem alten efeuumrankten Gebäudekomplex, großzügig angelegt mit Garten. Sehr ordentliche Appartements und 15 komfortable Zimmer. DZ 13o-265 Euro. Sehr empfehlenswertes Restaurant mit einer großen Auswahl regionaler Gerichte. Z.B. Forelle in köstlicher Marinade, Gans nach Art des Hause. A la Carte nicht gerade billig, Menü ab 32 Euro.

**** Camping Bassin Nautique schön direkt am Flußufer gelegener Platz mit Swimmingpool, Kanuverleih und Wasserskimöglichkeit. 1oo Stellplätze. Offen: Mai bis September.

Von der Straße D 31 besonders schöner Blick über das Dordognetal bei der Restaurantterrasse „Les Terrasses de Beauregard". Abgezirkelte Tabak- und Maisfelder, weit unten die Steilfelsen der Dordogneschleife zu sehen (Parkplatz).

✶ Limeuil (36o Einw.)

Der kleine Ort liegt in der nächsten Dordognebiegung, direkt an der Einmündung der Vézère. Durch die Lage am Brückenübergang war Limeuil im Mittelalter ein wichtiger Stützpunkt, in dem Geschichte geschrieben wurde. Seinen alten Charme hat sich der Ort weitgehend bewahrt. Vor dem Haupteingangstor lag der einstige Hafen, schmale Fußgängergässchen ziehen sich den Hang bis zum ehemaligen Château hinauf.

Zum **Kanupaddeln** ein guter Stützpunkt. Von hier kann man die lohnende Etappe durch die Doppelschleife angehen. Kanuverleih.

Im Anschluß lohnender Schlenker ins Tal der Vézere mit den beeindrukkendsten Höhlenmalereien Europas.

Weiter entlang der Dordogne................................ siehe Seite 331.

TAL DER VÉZERE (Limeuil -> Montignac, 26 km)

Ein Seitental, das man auf keinen Fall auslassen sollte. Auf engstem Raum wurden bereits über 25 prähistorische Höhlen entdeckt, einschließlich der berühmten Höhlen Lascaux und Font-de-Gaume, beide mit einzigartigen Felszeichnungen. Zum Paddeln ist die schmale, stellenweise urwüchsige Vézère vielleicht noch attraktiver als die Dordogne. Wer etwas Zeit hat, kann sogar einen Sightseeingtrip per Kanu planen. Die meisten interessanten Stops liegen rechts und links des Flusses: Grotten, romanische Kirchen, gemütliche Dörfer und fotogene Schlösser. Campingplätze in Ufernähe.

Durch die kurzen Entfernungen auch per Rad eine schöne Sache. Bester Stützpunkt, um sternförmig einige Höhlen anzusteuern, ist Les Eyzies.

★ Le Bugue (3.ooo Einw.)

Das Städtchen an der Vézère bietet eine Reihe ganz unterschiedlicher Sehenswürdigkeiten:

GOUFFRE DE PROUMEYSSAC, 3 km südlich, eine gewaltige unterirdische mit Tropfsteinen ausgekleidete Felskuppel. Offen: Juni bis August tägl. 9-19 Uhr. März bis Mai, September/Oktober 9.3o-12/14-17.3o Uhr. Im Winter nur nachmittags. Im Januar geschlossen. Eintritt 7,5o Euro.

HÖHLE BARA-BAHAU, 2 km westlich. Die einfachen Tierritzungen gehören zu den ältesten der Menschheit, über 2o.ooo Jahre alt. Der weiche Untergrund eignete sich bestens für die ersten Versuche. Etwa 2o große Zeichnungen wurden in der Höhle entdeckt. Besichtigung ca. 3o Min. Febr.-Juni 1o-12/14-17.3o Uhr, Juli - Aug. tgl. 9.3o-19 Uhr, Sept. - Dez. 1o-12/14-17 Uhr. Eintritt 5 Euro.

AQUARIUM DU PÉRIGORD NOIR, interessant gestaltetes, großes Süßwasseraquarium. Offen: April - Sept. 1o-18 Uhr, Juli/Aug. 9-19 Uhr. Eintritt 8 Euto.

VILLAGE DU BOURNAT: Hier wurde ein Bauerndorf nachgebaut, wie es Ende des 19. Jh. aussah, in dem man alte Handwerkstraditionen der Region erleben kann. Offen: Mai bis September tägl. 1o-19 Uhr, sonst 1o-17 Uhr. Eintritt 11 Euro.

RESTAURANTS

„L'ABREUVOIR", 31, Grand'Rue. Wer die gute Küche des Périgord ausprobieren möchte, findet hier eine empfehlenswerte Adresse. Ob Confit, magret oder gésier... Auch die Weine sind in Ordnung. Spezialitätenmenü 22 Euro.

„LES TROIS AS“, place de la Gendarmerie, zählt zu den besten Restaurants in der Region. Hier erwartet einen eine feine, ausgefallene Küche in elegamtem Ambiente. Reservieren ratsam. Menü ab 16 Euro aufwärts.

★ Les Eyzies de Tayac (850 Einw.)

Archäologen gaben dem Nest den Beinamen „Prähistorische Hauptstadt der Welt“, denn im Umkreis entdeckte man über 100 Höhlen, Unterschlüpfe (Abris), Grotten mit Felszeichnungen und Ritzungen oder Reliefdarstellungen.

So wurde das Straßendorf zum Touristenzentrum im Schnittpunkt zweier Täler. Es liegt eindrucksvoll unter der weißen Kalkwand. Zur Saison quält sich der Urlauberstrom zwischen geparkten Autos und Touristenscharen hindurch. Läden, Bars und kleine Hotels/Restaurants säumen die Hauptstraße. Montag Markt.

Tourist INFO **Office de Tourisme**: an der Hauptstraße. 24620 Les Eyzies-de-Tayac. Tel. 05 53 06 97 05, Fax: 05 53 06 90 79. Offen: April - Sept. Mo.-Sa. 9-12/14-18 Uhr, So. 10-12/14-17 Uhr, sonst sonntags geschlossen. Fahrradverleih etc.

Internet: www.leseyzies.com E-Mail: contact@leseyzies.com

Parken: Große Parkplätze unten am Ufer der Vézère, unbedingt als erstes ansteuern und den Rest zufuß.

Zug: Bahnhof am Ortsende vor der Brücke. Ca. 4 x tägl. nach Périgueux. 3-4 x tägl. nach Le Buisson mit Umsteigemöglichkeit nach Sarlat.

SEHENSWERTES

Das PRÄHISTORISCHE MUSEUM lohnt unbedingt. Es wurde oberhalb des Ortes vor dem gewaltigen Felsüberhang (Abri) gebaut, die markante Statue des Neandertaler (1930 vom Bildhauer Dardè geschaffen) weist den Weg. Im Mittelalter schon wurde das Tal der Vézère an dieser Stelle von einer Burg „bewacht“. Auf den Ruinen entstand in den 20er Jahren das Museum.

Es ist thematisch gegliedert und chronologisch geordnet. In mehreren Stockwerken wurden Gegenstände der verschiedenen Fundorte zusammengetragen, Sammlung von Werkzeugen, Schmuck etc. Bei den Grabfunden eine interessante Gegenüberstellung der Schädel von Menschenaffen, Neandertaler und unserem Vorfahren, dem Cro Magnon Mensch (ca. 30.000 Jahre alt), der 500 m entfernt beim Bau des Hotel Cro Magnon entdeckt wurde. Daß die Reliefdarstellungen mit dem Fruchtbarkeitskult in Verbindung stehen, macht die Venus von Laussel (Kopie, Original in Bordeaux) sehr deutlich. Das Horn unterstreicht nochmal die Fruchtbarkeitssymbolik. Zählt zu den bedeutendsten Relieffunden.

Schönes Panorama von der Felsterrasse. Offen März - Okt. 9.30-12/14-17.30 Uhr. Mai/Juni tgl. 9.30-18.30 Uhr. Juli/Aug. 9-19 Uhr. Eintritt 4 Euro.

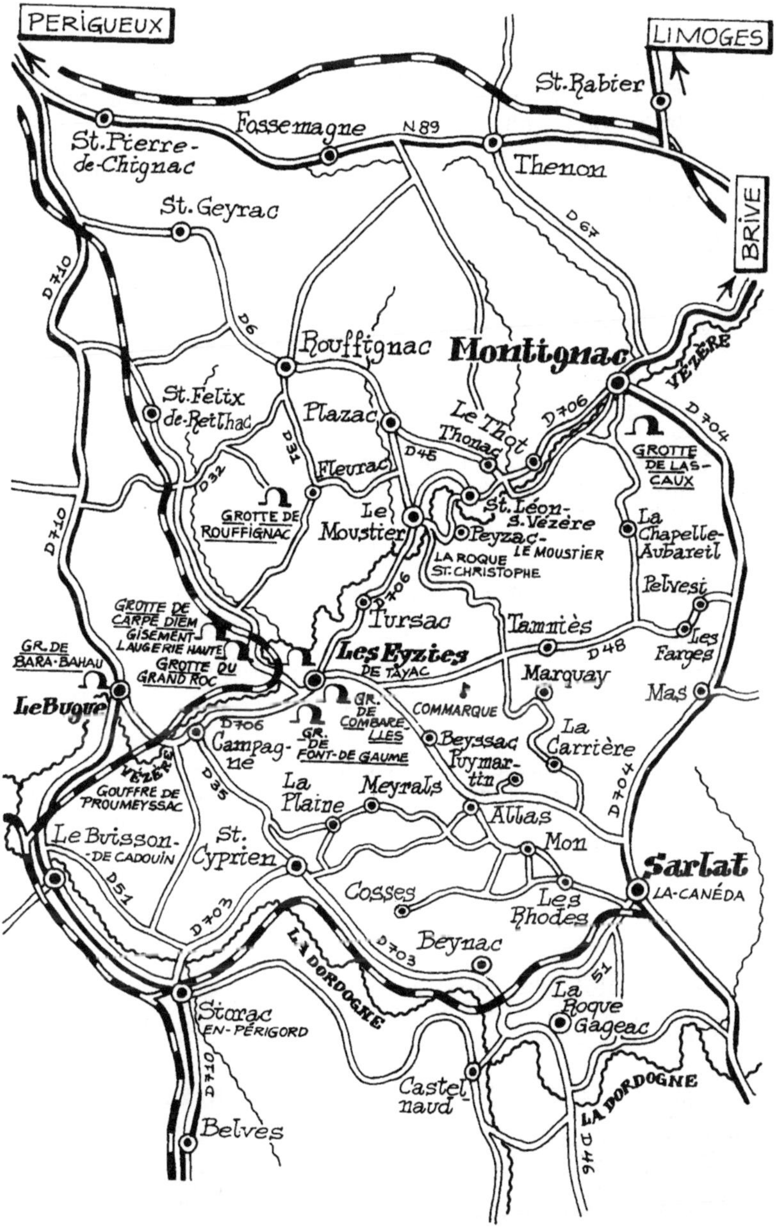

PERIGUEUX
LIMOGES
BRIVE
St.Rabier
Fossemagne
N 89
St.Pierre-de-Chignac
Thenon
St. Geyrac
D 67
D 710
D6
Rouffignac
Montignac
VÉZÈRE
St.Felix de-Reilhac
Plazac
Le Thot
Thonac
D706
D704
D31
D45
GROTTE DE LASCAUX
D32
Fleurac
GROTTE DE ROUFFIGNAC
Le Moustier
St.Léon-s.Vézère
Peyzac-LE MOUSTIER
LA ROQUE ST. CHRISTOPHE
La Chapelle-Aubareil
Pelvesi
D706
Tursac
Tamniès
Les Farges
D48
Les Eyzies DE TAYAC
Marquay
Mas
GROTTE DE CARPE DIEM
GISEMENT LAUGERIE HAUTE
GROTTE DU GRAND ROC
GR. DE BARA-BAHAU
Le Bugue
COMMARQUE
GR. DE COMBARELLES
GR. DE FONT-DE-GAUME
D706
Campagne
Beyssac
La Carrière
Puymartin
VÉZÈRE
GOUFFRE DE PROUMEYSSAC
D35
La Plaine
Meyrals
Allas
D704
Le Buisson-DE CADOUIN
St. Cyprien
Mon
Sarlat LA-CANÉDA
Cosses
Les Rhodes
D51
D703
LA DORDOGNE
Beynac
51
La Roque Gageac
Siorac EN-PÉRIGORD
Castelnaud
LA DORDOGNE
D710
D46
Belves

MUSÉE DE LA SPÉLÉOLOGIE, etwa 1,5 km außerhalb neben der Straße D 47 Richtung Périgeux, nicht zu übersehen. Eingerichtet im Felsen. In vier Sälen werden Ausrüstungsgegenstände der Speleologen gezeigt, Modelle, Information über Geologie etc. Offen: Juli/August tägl. außer Sa./So. 11-18 Uhr. 3 Euro Eintritt.

Knapp ein Dutzend Hotels unterschiedlicher Preisklasse, fast alle mit Restaurant:

„**Le Moulin de la Beune**" am Ortsrand Richtung Sarlat. Empfehlenswertes Hotel mit schönem Garten am Bach. 2o Zimmer. Im Restaurant „AU VIEUX MOULIN" speist man sehr gut; besonders lecker die mit foie gras gefüllten Ravioli. DZ 48-65 Euro.

** „**Hotel du Passeur**", direkt im Ort zwischen Straße und Fluß, place de la Mairie. Zimmer im alten Stil. Gepflegtes Restaurant. 2o Zimmer. DZ 45-68 Euro je nach Ausstattung.

** „**Hotel de France**", rue du Moulin nahe Museum. 29 Zimmer, großteils mit Dusche und WC. DZ ab 4o Euro. Restaurant.

**** „**Le Centenaire**", am Bahnhof eine der besten Adressen im Ort mit eigenem Swimmingpool. 26 komfortable Zimmer, DZ 78-122 Euro. Zudem berühmter „Freßtempel" Frankreichs und Ziel von Gourmetpilgerfahrten. Menü ab 55 Euro aufwärts. À la carte z.B. Kaninchen nach Art des Hauses, Ente mit Trüffeln oder andere Spezialitäten.

*** „**Les Glycines**", efeuumrankt vor der Brücke an der Straße. Schöne Terrasse zum Park. 25 Zimmer mit Privatbad. DZ ab 55 Euro. Bekannt gute Küche mit einigen regionalen Köstlichkeiten.

Privatzimmer werden im Ort angeboten. Information auch im Touristenbüro.

Gite d'Etape: Les Eymaries. 3 km von Les Eyzies. Offen: Mitte April bis Oktober. Kochgelegenheit, warme Duschen.

*** Camping La Rivière, an der Straße nach Périgueux, ca. 5o m vom Fluß, ca. 6oo m vom Bahnhof. Recht ruhig auf der anderen Flußseite gelegen. Wiesenplatz mit Blick zu den Felsen von Les Eyzies. 12o Stellplätze unter Bäumen, recht eben. Restaurant. Schwimmbad. In den Ort über die Brücke ca. 1-2 km. Vermietung von Caravans und Mobilhomes sowie Zimmer-/Kanuvermietung. Offen: April bis Mitte Okt.

Weitere Campingplätze meist à la ferme abseits vom Fluß.

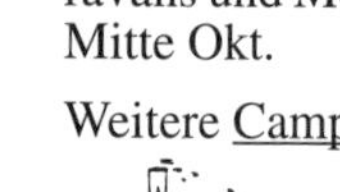

Mehrere **Kanuvermieter**, zum Beispiel beim Camping La Rivière: halbtages- oder tageweise, z.B. eine 22-km-Tour ab Montignac (Château de Losse) 17 Euro. Transfer inklusiv.

GROTTEN UND HÖHLEN UM LES EYZIES

Hauptattraktion sind die Höhlen Font de Gaume und Combarelles, die beide im Original besichtigt werden können, 1oo bzw. 9oo m östlich an der D 47 Richtung Sarlat. Während in der Grotte de Combarelles die Tierzeichnungen durch Umrisse (Ritzungen) dargestellt sind, kann man in Font de Gaume die einzigen polychromen Zeichnungen Europas im Originalzustand bewundern.

Font de Gaume

Damit die 15.ooo Jahre alten Kunstwerke nicht dasselbe Schicksal wie die von Lascaux erleiden, wurde die Besucherzahl begrenzt. Rechtzeitige Reservierung nötig (Tel. o5 53 o6 86 oo, Fax: o5 53 35 26 18).

Schon vom Höhleneindruck ist die Grotte Font de Gaume faszinierend: hoch, verwinkelt mit schmalen Gängen und einigen Tropfsteingebilden. Über 2oo Tierdarstellungen wurden entdeckt, eine Auswahl der schönsten Exemplare wird auf dem 9o Min. Rundgang gezeigt. Die Tierdarstellungen (Pferde, Bisons, Mammuts ca. 15.ooo Jahre alt) sind etwas kleiner als in Lascaux (nur max. 1-1,5 m), doch mindestens genauso kunstvoll gearbeitet. Eintritt ca. 5,5o Euro. Offen: April bis September 9-12/14-18 Uhr, im Winter bis 17 Uhr.

Grotte des Combarelles

An der gleichen Straße ca. 8oo m weiter Richtung Sarlat, rechts. Zeichnet sich durch die vielen Umrißdarstellungen verschiedener Tiere aus. Ebenfalls vor 14.ooo-15.ooo Jahren wurden hier Rentiere, Mammuts, Bisons und Pferde u.a. übereinandergeritzt, so daß sie schwer auseinanderzuhalten sind. Mit über 3oo Zeichnungen wurden hier die größten Funde gemacht.

Offen: April bis Sept. 9-12 Uhr und 14-18 Uhr. Sonst 1o-12/14-17 Uhr. Mittwochs geschlossen. 45-minütige Führung, sehr begrenzte Besucherzahl pro Durchgang! Reservierung nötig, siehe oben Font de Gaume. Eintritt: ca. 5,5o Euro.

Weitere Stops auf dem Weg zur Grotte von Rouffignac:

Grotte du Grand Roc

2,5 km auf der D 47 Richtung Périgueux. Trotz nur ca. 5o m Länge eine der schönsten Tropfsteinhöhlen mit bizarren filigranartigen Gebilden. Innen hat es ca. 15 Grad, - Pulli mitnehmen! Offen: Juli/Aug. 9.3o-19 Uhr, April-Okt. 9.3o-18 Uhr. 25-minütige Führung.

Habitat de Laugerie Basse

Etwas weiter an der imponierenden Felswand neben dem Fluß zwei prähistorische Siedlungsplätze. Beim Dorf Laugerie Basse unter einem Felsüberhang wurde sogar ein Menschenskelett entdeckt. Funde der Ausgrabungen im kleinen Museum. Offen: zur Hochsaison 9.3o-19 Uhr, zur Vor-/Nachsaison 9.3o-18 Uhr. Eintritt 5 Euro.

Im benachbarten ABRI DE LAUGERIE HAUTE wurden ebenfalls Ausgrabungen unternommen, die eine kontinuierliche Besiedelung nachweisen konnten. Reservierung nötig, siehe Font de Gaume.

Etwas weiter zweigt von der D 47 die Route zur TROPFSTEINHÖHLE CARPE DIEM ab. Offen: April - Sept. 11.3o-13/14-18 Uhr, Juli/Aug. bis 19 Uhr. Reservierung nötig. Tel. o5 53 o6 91 o7. Eintritt 5 Euro.

Grotte von Rouffignac

Knapp 2o km nordwestlich von Les Eyzies, vorm gleichnamigen Ort.

Das riesige Höhlensystem von 1o km Länge (1 km erschlossen) ist berühmt für die vielen Mammutritzungen, Seltenheit unter den Tierdarstellungen (nur in 8-1o % der Funde). Per Elektrobähnchen erlebt man die Höhle, die Generationen von Höhlenbären als Behausung diente - jede Menge Kratzspuren erhalten. Menschen haben sich hier vor 15.ooo Jahren vermutlich nur vorübergehend aufgehalten. Über 15o Tierdarstellungen, von denen nur ein Teil gezeigt wird. Bis zu 1 m hohe Mammutfriese entlang der Kalkwände, an denen sich kaum Tropfsteine bildeten. Rarität ist die Darstellung eines Mammutjungtieres.

Große Parkplätze. Offen: Juli/August 9-11.3o/14-18 Uhr, sonst 1o-11.3o/ 14-17 Uhr. Begrenzte Besucherzahl, zur Hochsaison am besten vormittags da sein. 6 Euro Eintritt.

LES EYZIES —> BADESEE TAMNIÈS (1o km)

Abri Cap Blanc

Von Les Eyzies ca. 8 km Richtung Tamniès. 1oo m neben der Straße liegt der 14 m lange Überhang, in dem mehr als halbes Dutzend unglaublich gut reliefierte Tierskulpturen gezeigt werden. Immerhin rund 14.ooo Jahre alt gehören sie zu den ersten und besten Halbreliefarbeiten der Menschheitsgeschichte. Stehen auf einer Ebene mit den Ritzungen in Combarelles und den polychromen Zeichnungen in Lascaux. Einige der lebensgroßen Wildpferde (waren damals kleiner als heute) wurden leider bei der Freilegung Anfang diese Jahrhunderts beschädigt. Rekonstruierte Grabstätte eines Cro Magnon Menschen, die hier entdeckt wurde.

45 Min. Besichtigung. Offen: April bis Oktober 1o-12/14-18 Uhr. Juli/ August 1o-19 Uhr. Im Winter nach Vereinbarung. 5,5o Euro Eintritt.

Badesee von Tamniès

Nur 1o km abseits von Les Eyzies zur Hochsaison eine erfrischende Oase. Sehr schön angelegter Bade- und Angelsee etwas größer als ein Fußballfeld. Während sich am seichten Sandufer die Familien zusammendrängen, findet man auf der grünen Böschung ruhigere Stellen. Die Wasserqualität wird laut Auskunft ständig überwacht. Wasserrutsche, Tretbootverleih, Sanitäreinrichtungen und Snackverkauf. Kleiner Eintritt. An heißen Tagen natürlich ganz schön was los.

** Hotel/Restaurant „**Laborderie**" im Weiler Tamniès nahe See. Ordentliches Mittelklassehotel, Zimmer mit Balkon oder Sonnenterrasse. Großer Swimmingpool im Garten. Luftige Blumenterrasse und gemütliches Restaurant mit viel Naturstein. Gute Küche, viel Hausgemachtes.

LES EYZIES —> MONTIGNAC (26 km)

D 706 entlang der Vézere. Im Sommer ziemlich befahrene Strecke durch hügelige und teils waldige Landschaft.

An der Straße deuten Schilder „Gavage" auf Geflügelzuchtanlagen und die Produktion der berühmten Stopfleber (foie gras) hin, siehe auch S. 54.

HÖHLENDORF LA MADELEINE, Siedlungsplatz seit der Altsteinzeit in schöner Lage oberhalb der Vézère. Die hier entdeckten Funde haben einer ganzen Epoche den Namen gegeben „das Magdalénien". Pate stand die kleine mittelalterliche Kapelle Ste. Madeleine (15. Jh.). Offen: Juli/August tägl. 9.30-19 Uhr, sonst tägl. 10-18 Uhr. Eintritt 5 Euro.

**** Camping La Vézère Périgord, sehr komfortabler Platz bei Tursac, ca. 300 m in schöner Lage abseits vom Trubel. Gut schattig unter hohen Pinien und Kastanien. Waschmaschinen, Schwimmbecken, Tennis, Tischtennis, Reiten, Kanu etc. Einkaufsmöglichkeit. Creperie. Ca. 100 Stellplätze. Offen von Ostern bis September.

Bei der Steinbrücke über die Vézère der schön gelegene, wenn auch einfache Campingplatz Fournet am Fluß. Große Wiese, teilweise schattig mit Blick zu den Felsen. Bademöglichkeit.

PRÄHISTORISCHER PARK wenige Kilometer nach Tursac an der Straße. Ein Scenario der Prähistorie im Freien gibt eine Vorstellung des Alltags des prähistorischen Menschens. Lohnender Stop mit Kindern. Offen: Juli/August 9.30-19 Uhr, sonst 10-18 Uhr. 5,50 Euro Eintritt.

La Roque St. Christophe

Eine der größten und ältesten Höhlenwohnungen Europas direkt an der Vézère in fünf Terrassen, die vom Fluß ausgehöhlt wurden. In dem 80 m hohen Fels wurde ein ganzes System von Unterkünften eingerichtet. Insgesamt knapp 1 km lang, schon der Neandertaler genoß von hier oben den weiten Blick. Wegen ihrer Lage senkrecht über dem Fluß diente die Felswand im Mittelalter als Zufluchtstätte und war dementsprechend ausgebaut. Wachturm am einzigen Eingang, Versorgungseinrichtungen wie Räucherkammer, Schlachtplatz, Werkstätten, Behausungen für über 1.000 Menschen inkl. Küche und Kirche.

Die Besiedlung konnte bis auf 70.000 Jahre zurückverfolgt werden. Eine Neandertaler-Familie darf nicht fehlen. Der französische „Kollege" des Neandertalers, der Moustérien, wurde in einer Höhle 1 km entfernt entdeckt. Alle Funde in den Museen Les Eyzies und St. Germain.

La Roque St. Christophe läßt sich auch schön auf einer Kanufahrt einbauen.

Schattige Picknickstellen am Parkplatz neben dem Goldfischteich. Offen: Juli/August 1o-19 Uhr, sonst 11-17 Uhr. 45-minütige Führung. Eintritt 5,5o Euro.

St. Léon sur Vézère (4oo Einw.)

Ein kleines, angenehmes Dorf etwas abseits der Hauptstraße an der Vézère. Einheitliches Ortsbild, auf dem Kirchplatz oder in den engen Gassen wird Boule gespielt, am Flußufer machen die Kanuten Zwischenstop.

St. Léon hat eine schöne romanische Kirche (auf gallo-römischen Resten erbaut) und gleich zwei Schlösser zu bieten: das elegante Château de Clérans (15./16. Jh.) wirkt am besten vom Fluß, der Donjon des kleinen Château de la Salle geht bis ins 14. Jh. zurück.

* Camping Municipal direkt im Ort unter Bäumen am Vézère-Ufer. Wasserstelle, einfache Sanitärs und Dusche. Für Kanuten mit eigenem Boot der richtige Stützpunkt. Preiswert.

Wer mehr Platz und Komfort sucht, fährt besser zum **** Camping Paradis, 3 km entfernt bei einem alten Bauernhof, mit Restaurant, Einkaufsmöglickeit, Kanu-, Fahrradverleih, Tenniscourts etc. 2oo Stellplätze, auch Caravanvermietung. Offen: Ende März bis September.

CHÂTEAU DE LOSSE, ein Bilderbuchschloß aus dem 15./16. Jh. direkt an der Vézère. Mit dem Kanu kann man unter die ausgewaschenen Felsen des Schlosses paddeln. Schönes Mobiliar und Tapisserien. Auch deutschsprachige Führung. Offen: Juni bis Mitte September 1o-19 Uhr. Mitte April bis September 1o.3o-17.3o Uhr. Eintritt 5,5o Euro.

Le Thot

Museumskomplex zu Lascaux II, 2 km abseits der Straße. Achtung: die Karte der Lascaux-Höhle gilt auch hier, wird jedoch nur im 5 km entfernten Montignac verkauft!

Familienfreundlich und didaktisch gut gemacht. Film und Schaukästen informieren über den Bau von Lascaux II, über die komplizierte Nachbildung der Grotte. In einer Tonshow werden Höhlenzeichnungen von Altamira in Nordspanien und Niaux präsentiert. Kinder sind vom Freigelände begeistert: im Park wurde versucht, das Leben unserer Vorfahren (Cro Magnon Menschen) zu illustrieren. Tiere der damaligen Zeit wie Aurochse, Pferde, Hirsche, Bisons leben im Freigehege. Gag: Nachbildung eines Mammuts. Und eine prähistorische Behausung aus Mammutknochen, die einem Fund aus der Ukraine entspricht (18ooo-12ooo vor Chr.). Als Wände dienten Mammutknochen, überzogen mit Fellen, den Eingang bilden riesige Mammutzähne.

Juli/August tägl. 9.3o-19 Uhr, sonst 1o-12/14-17.3o Uhr außer Montag. Eintritt 4,5o Euro.

★ Montignac (3.000 Einw.)

Der Ausgangspunkt für die Höhle von Lascaux (2 km enfernt) ist im Sommer ganz schön überlaufen. Karten für die Grotten nur hier erhältlich (großer Andrang!). Montignac selbst besticht durch sein einheitliches Ortsbild zu beiden Seiten der Vézère. Häuser aus pastellfarbenem Stein direkt am Ufer (Vieux Quartier). An das ehemalige Schloß erinnert der Turm auf der Anhöhe.

Tourist INFO **Office de Tourisme**: place Bertran de Born, 24290 Montignac, Tel. 05 53 51 82 60, Fax: 05 53 50 49 72. Offen: April bis Oktober Mo.-Sa. 9-12/14-18.30 Uhr. Juli bis September auch sonntags.

Kartenverkauf für die Höhle nebenan.

Verbindungen

Bahn: Der nächste Bahnanschluß liegt in Condat-le-Lardin ca. 10 km entfernt. Dort hat man Anschluß nach Sarlat, Brive und Périgueux.

Bus: Verbindungen bestehen u.a. nach Sarlat und nach Périgueux.

Rund ein Halbdutzend kleine Hotels im Ort. Zur Saison ohne Vorbestellung kaum ein Bett zu bekommen.

*** „**Hotel/Restaurant Relais du Soleil d'Or**" an der Durchfahrtsstraße 16, rue du 4 Septembre. 32 Zimmer mit Bad oder Dusche, einige Appartements. Swimmingpool.

„**Hotel Périgord**", place Tourny dicht am Fluß gelegen. Restaurant mit Blick über Stadt und Fluß. Weniger begeisternd die Tische im Freien auf dem Parkplatz. 12 Zimmer überwiegend mit Etagendusche. Die Zimmer zum Parkplatz raus relativ laut. DZ um die 40 Euro.

„**Hotel/Restaurant de la Grotte**", 63, rue 4. September. 12 Zimmer ohne Bad. Nichts für Lärmempfindliche, dafür eine der preiswertesten Bleiben. DZ 28-45 Euro.

**** Schloßhotel „**Château de Puy Robert**" idyllisch auf einem Hügel im Grünen ca. 2 km außerhalb von Montignac Richtung St. Léon D 65. So richtig wie man es sich vorstellt, mit Ecktürmchen und Mansarden. 32 Zimmer (und Appartements), mit Balkon im separaten Gebäude. Schwimmbad. DZ 100-280 Euro. Gute Küche, gehobenes Preisniveau, Spezialitäten der Region.

Über **Privatzimmer** in der Region informiert das Touristenbüro.

** Camping Municipal de Bleufond am Ortsrand (D 65) nahe der Vézère neben dem städtischen Schwimmbad. Wiesenplatz, wenig Schatten. Offen: April bisMitte Oktober.

Mehrere Campings à la ferme einige Kilometer außerhalb an den Straßen beschildert.

Kanufahren auf der Vézère. Sehr schön die Etappe ab Montignac flußabwärts als Halbtagsfahrt, bis St. Léon etwa 3 Std. rechnen. Leichte Strömung mit einigenkleineren „Stromschnellen“, in denen es etwas flotter voran geht. Bewaldetes Ufer und z.T. ausgewaschene Felsen. Direkt am Ufer das malerische Schloß Losse (zu besichtigen).

Kanuverleih direkt an der Brücke in Montignac, stunden-, halbtages- oder tageweise. Abholzeit und Ort vereinbaren.

Höhle von Lascaux

Höhepunkt aller prähistorischen Felsmalereien in Frankreich, kann ohne weiteres mit Altamira in Spanien konkurrieren.

Vom Archäologen Abbe Breuil nach der Entdeckung etwas pathetisch als „Sixtinische Kapelle der Vorzeit“ genannt. Die rund 17.ooo Jahre alte Höhle gilt als eine der frühesten menschlichen Kunstschöpfungen. Nur 15o m lang ist sie komplett ausgemalt. Ca. 1.5oo professionelle Tierzeichnungen schmücken die Wände: in Bewegung, im Sprung oder im Todeskampf verraten sie die intensivste Beschäftigung der Maler mit der Tierwelt der Eiszeit, ihrer Hauptnahrungsquelle. Pferde, Hirsche, Bisons, Steinböcke etc. aber auch geometrische Zeichen wurden auf die Höhlenwände gemalt. Erstaunlich, daß das Rentier, die damalige Hauptnahrung der Menschen, so wenig Bedeutung findet. Erstaunlich auch, daß in Lascaux nur eine menschliche Darstellung gefunden wurde, die als Strichmännchen in keinster Weise das Können der Zeichner widerspiegelt.

Zur Zeit der Höhlenmenschen herrschte hier in Südwestfrankreich ein Klima wie heute in Skandinavien. Die Höhle diente nicht als Wohnstätte (dafür wurden die Abris genutzt), sondern ausschließlich als Kultstätte. Die Altsteinzeitmaler arbeiteten wahrscheinlich mit Gerüsten und beleuchteten sich die Höhle mit raffinierten Steinlampen, in denen Fett brannte, als Material dienten Erdfarben. Sie nutzten dabei das natürliche Relief der Höhle geschickt aus und integrierten Unebenheiten der Wand mit in die Zeichnungen, beispielsweise für die Rückenwölbung des Pferdes.

Enttäuscht sind manche Besucher im ersten Moment, wenn sie hören, daß „nur“ eine Nachbildung besichtigt werden kann. Doch die originelle Idee, eine minutiöse Kopie mit altsteinzeitlichen Methoden herzustellen, ist perfekt gelungen. Seit 1983 ist **Lascaux II** für die Öffentlichkeit zugänglich. Nur 23 Jahre nach der Entdeckung (194o) mußte Lascaux I wieder geschlossen werden, weil mit den Besuchern auch die „grüne Pest“, ein Pilz, miteingeschleppt worden war, der die einmaligen Bilder zu zerstören drohte. Eine weitere Zerstörung brachte die „weiße Krankheit“ in Form von Kalkablagerungen. In jahrelanger Detailarbeit versuchte man, das ursprüngliche Milieu in der Höhle wieder herzustellen, um die einmalige Malerei zu retten. Nebenan entstand in 6-jähriger Kleinarbeit die orginalgetreue Nachbildung, ohne die uns der Einblick in die hohe Kultur des 15. Jahrtausend v. Chr. verwehrt bliebe.

Wichtig: Die Eintrittskarten kauft man zur Saison in Montignac! Die Besucherzahl ist auf 2.ooo pro Tag begrenzt, - es ist ratsam, sich rechtzeitig um Karten zu bemühen. Fotografieren oder Videoaufnahmen nicht erlaubt. Offen: Juli/August tägl. 9.3o-19 Uhr, Februar bis Juni tägl. außer Mo. 1o-12/14-17.3o Uhr, September bis Dezember tägl. außer Mo. 1o-12/14-17.3o

Uhr. Eintritt: 9 Euro.

Zufahrt: Lascaux II liegt ca. 2 km von Montignac entfernt im Pinienwald, große Parkplätze. Recht gut organisiert, so gelingt es, den enormen Besucherandrang zu bändigen. Einteilung in verschiedene fremdsprachige Führungen. Eine deutschsprachige Führung kommt immer zustande, etwa jede Stunde in der Hochsaison. Warmen Pulli mitnehmen, in der Höhle hat es nur 12 Grad.

Schautafeln erläutern den Grundriß von Lascaux I und geben Informationen zur Malerei, ehe es in die „Höhlenkopie" geht, die zwar nur einen Teil von Lascaux I zeigt, aber den interessantesten. Ein 40 m langer Höhlenabschnitt wurde zu 99 % original nachgebaut und in uralter Technik mit Erdfarben identisch nachgemalt, allerdings nicht auf Kalk, sondern auf Zement. Die relativ kleine Originalhöhle Lascaux I ist nur einer Handvoll Wissenschaftlern zugänglich.

500 Jahre lang wurde vermutlich an **Lascaux I** gemalt. Die Malereien werden vielfältig gedeutet, als Beschwörungsformeln beutelüsterner Jäger oder als magische Absicht bei rituellen Handlungen. Die berühmte Jägerszene mit Bison, dem die Bauchdecke aufklafft und die Eingeweide heraushängen verleitet Kunsthistoriker immer wieder zu neuen Interpretationen. Auch die Frage, warum viele Darstellungen übereinander gemalt wurden bleibt rätselhaft.

Zur Bemalung wurden Erdfarben aus verschiedenen Ablagerungen verwendet, die gerieben und mit Wasser vermischt wurden, also breiig oder flüssig waren. Natürliche Ockertöne verschiedener Abstufungen von gelb, braun, bis rot (Eisenoxyde). Schwarz wurde aus Manganerde genommen.

Seit dem Paläolithikum (Altsteinzeit) waren diese Farbstoffe in Gebrauch. Anfangs wurden sie wie Fingerfarben verarbeitet, später entdeckte man Hilfsmittel wie Haarbüschel als Pinselvorläufer oder man blies das Farbpulver durch Röhrenknochen ähnlich unseren heutigen Spritzpistolen. Die eingeritzten Umrisse kamen erst nach der Malerei hinzu.

Von Montignac in ca. 25 km über die D 704 nach Sarlat.

★ Sarlat-la-Canéda (11.000 Einw.)

Ein lebhaftes „Museumsstädtchen" mit wunderschöner Gotik-/Renaissance-Architektur. Ohne Bausünden restauriert und gut in Schuß. Es macht einfach Spaß, durch die mittelalterliche Kulisse zu schlendern. Pittoreske Winkel, kunstvolle Treppentürme, Blumenbalkons und filigrane Fensterverzierungen schmücken die abends teilweise angestrahlten Häuser. Kleine Schildchen geben das Alter der Stadthäuser an. Der warme ockergelbe Kalkstein trägt zur Harmonie bei. Die Dächer sind oft noch in traditioneller Weise Stein auf Stein gedeckt, was für die Statik ein enormes Gewicht bedeutet.

Der schönste Teil der Bürgerstadt liegt zwischen Kathedrale und der schnurgeraden Rue de la République, einem Fremdkörper von 1840. Als ideale Filmkulisse wurde Sarlat vielfach genutzt.

Im Juli/August ist hier enorm was los und ohne Vorbestellung kaum ein Bett zu bekommen. Die Auslagen überbieten sich mit Enten- oder Gänseconfit in goldglänzenden Konserven, Wein in dekorativer Verpackung. Gaukler, Maler und Schmuckverkäufer haben abends Hochkonjunktur, dann verwandelt sich der zentrale Place de la Liberté und die angrenzende Rue de la Liberté in einen Promenierkorso. Der große harmonische Place de la Liberté wird von Restaurants, Bars und Brasserien flankiert; in den Seitengassen stehen die Tische dicht an dicht.

Tourist INFO **Office de Tourisme**: nahe Rathaus in einem repräsentativen Haus aus dem 16. Jh. Place de la Liberté, 242o3 Sarlat. Tel. o5 53 59 27 67, Fax: o5 53 59 19 44. Offen: Mo.-Sa. 9-12/ 14-18 Uhr. Zur Hochsaison 9-19 Uhr, So. 1o-12/14-18 Uhr. Gratisstadtplan mit empfohlenem Rundgang. Bieten auch Stadtführungen an. Privatzimmervermittlung.

Post: place du 14. Juillet. Offen: Mo.-Fr. 9-18, Sa. 9-12 Uhr.

Gute **Parkmöglichkeit** am Rande der Altstadt beschildert.

Markt: Am Samstag ist in der Stadt durch den Markt viel los. Weiterer Markttag ist Mittwoch.

Festivals: Theaterfestival von Sarlat: seit 1951 findet es Ende Juli/Anfang August auf der Place de la Liberté und anderen Plätzen statt.
Filmfestival im November.

Einkaufen: Köstliches Walnußbrot und hausgemachte Pralinen bekommt man in den Patisserien in der Rue de la République.

Fahrradvermietung an verschiedenen Stellen in der Stadt.

Vesparoller: eine schöne Sache, die Gegend auf kleinen Sträßchen zu erkunden. Vermietung bei Périgord Moto, Route de Souillac. Halbtageweise, tage- oder wochenweise.

Verbindungen

Bus: -> Souillac via D 7o4/7o3 ca. 3 x täglich. In Souillac Bahnanschluß nach Paris.

Zug: -> Bordeaux über Bergerac, Libourne 3-4 x tägl.

-> Périgueux über les Eyzies 2-3 x tägl., über Montignac 1-2 x tägl. außer So.

Geschichte: Die Stadt entwickelte sich aus einem Benediktinerkloster. Der Reichtum der Stadt, der an den vielen kunstvollen Häusern abzulesen ist, geht nicht zuletzt auf Privilegien zurück, die Karl VII. ihr verliehen hatte. Blütezeit zwischen dem 13. und 15. Jh. Als Bischofssitz ging es Sarlat bis zur Französischen Revolution prächtig; danach stagnierte die Stadtentwicklung bzw. ging es mit Sarlat auf allen Gebieten bergab. Mit ein Grund für das heute so geschätzte homogene Stadtbild.

SEHENSWERTES

Das RATHAUS (17. Jh.) und das kunstvolle Hôtel de Gisson mit dem markanten Treppenturm begrenzen den Platz.

Schöne Straßenzüge sind die Rue des Consuls mit dem Hotel Plamon, die Rue de la Salamandre und die Rue du Présidial.

MAISON BOETIE am Place du Peyrou, das Schmuckstück der Stadt, ist permanent von Kameras umlagert. 1525 in prächtiger Renaissance errichtet. Geburtshaus des Politikers und Schriftstellers La Boétie, der ein Freund von Montaigne war. Boétie wurde u.a. durch sein Werk „Le Contre un", ein engagiertes Plädoyer gegen die Tyrannei, bekannt. Hier finden meistens Ausstellungen statt.

Viele Verkaufsstände mit Schmuck und Handarbeit in der PASSAGE Henri de Ségogne (links von Maison Boétie). Blick auf die Fassade aus dem 13.-17. Jh., 1962 in der ersten Renovierungsaktion hergerichtet.

Von der STADTMAUER sind nur wenige Meter erhalten. Der ehemalige Stadtgraben ist ein breiter Boulevard um das alte Zentrum.

KATHEDRALE St. Sacerdos aus dem 16./17. Jh. - von der alten Benediktinerabtei ist die Kapelle der blauen Büßer aus dem 12. Jh. erhalten.

Neben der Kathedrale das ehemalige erzbischöfliche PALAIS mit Renaissancefassade und hübscher Galerie.

Hinter der Kathedrale ein grauer runder TURM „Lanterne des Morts" aus dem 12. Jh., - die merkwürdige Bauweise hat viele ungelöste Rätsel aufgegeben.

LE MANOIR D'AILLAC, rue Fénelon. Das möblierte Manoir von 1540 kann ebenso wie der schöne alte Hof besichtigt werden. In den Sommermonaten werden hier Antiquitäten und Brocante ausgestellt. Offen: Mai bis September tägl. 10-12.30/14-19 Uhr. Eintritt 2,80 Euro.

AQUARIUM und MUSEUM: 3, rue du Commandant Maratuel. Über 30 verschiedene Arten von Süßwasserfischen der Region (Lachs, Stör, Neunauge...); ferner Fischfangtechniken, Gerätschaften etc. Offen: Ostern bis Anfang November 10-12/14-18 Uhr, Juli/August 10-19 Uhr.

AUTOMOBIL-MUSEUM, Avenue Thiers, zeigt Oldtimer bis 1940. Offen: Juli/August tägl. 10-19 Uhr, sonst nachmittags. Eintritt 5,50 Euro.

RESTAURANTS

Leckere natürliche Fruchtsäfte in der Bar, Brasserie „AL PAIS" im Boulevard de la République.

„LES CHEVALIERS DE LA TOUR", 15, rue A. Cahuet. Am schönsten die Tische auf dem Balkon.

Restaurant „ROSSIGNOL", bd. Henri Arlet und 15, rue Fénélon. Restaurant mit Terrasse in der Altstadt. Gute Küche, sehr frequentiert, darunter leidet mitunter der Service. Gutes Preis-/Leistungsverhältnis.

Recht gefragt ist das Restaurant „GUEULE ET GOSIER“ in der musealen Gasse rue de la Salamandre. Tische im Freien.

Restaurant „LE BOUFFON“, 11, rue Albéric-Cahuet, Seitenstraße zum Touristenbüro. Von der Lage sehr schön in einer der verwinkelten Altstadtgassen. Tische im Freien auf dem wohnzimmergroßen Platz. Die Natursteinfassade setzt sich im Inneren fort. 2 Etagen, gemütliches Ambiente. Menü ab 12 Euro. Ente ist Trumpf auf der Speisekarte.

** „**Hotel/Restaurant de la Mairie**“, 13, place de la Liberté. Total zentral neben dem Rathaus. Hier bekommt man den Pulsschlag der Stadt hautnah mit; trotzdem relativ ruhig. 7 geräumige Zimmer überwiegend mit Bad oder Dusche. DZ 35-6o Euro.

** „**Hostellerie Marcel**“, 5o, avenue de Selves. Am Ortsausgang Richtung Périgueux. 16 ordentliche Zimmer mit Bad oder Dusche. HP ab 5o Euro.

** „**Hotel/Restaurant Saint-Albert et Montaigne**“, 1o, pla. Pasteur. 2-stöckig. 61 Zimmer alle mit Dusche oder Bad. Gutes Preis-/Leistungsverhältnis. DZ ab 5o Euro.

*** „**Hotel De La Salamandre**“, 2, rue Abbé Surguier. 2-stöckig am südlichen Ortsausgang an der ziemlich befahrenen Straße schon außerhalb der Altstadt. Die Fußgängerzone ist bequem erreichbar. 35 komfortable Zimmer mit Bad/Du. DZ ab 55 Euro.

Privatzimmer vermittelt das Touristenbüro. Preislich ca. ab 28 Euro.

Jugendherberge, 77, avenue de Selves. Offen Mitte März bis Mitte November. 41 Betten. Kochmöglichkeit.

Gite d'Etape **Le Grand Tournon** im 9 km entfernten Ste. Nathalène. 1o Plätze in zwei Schlafräumen, Kochgelegenheit.

**** Camping Les Périères, schöner Platz gut 1 km von Sarlat entfernt, D 47. Komfortabel im großen Park. Schwimmbad. 9o Stellplätze. Offen: März bis Mitte November. Auch Appartement-Vermietung.

** Camping Le Rivaux, Route des Eyzies, schöne und gut gepflegte Anlage auf einer Anhöhe ca. 3 km vom Zentrum entfernt. Sonnige Wiesenplätze oder Schatten unter hohen Kiefern. Einfache, aber saubere und gepflegte Sanitäranlagen. Sehr freundliche Besitzer. 1oo Stellplätze. Offen: April bis September.

**** Camping Le Moulin du Roch, ca. 1o km außerhalb von Sarlat Richtung Les Eyzies D 47 bei St. André Allas. Schöner, teils schattiger Platz mit allem Komfort, Waschmaschinen, Restaurant, Schwimmbad, Sportangebot. 15o Plätze. Offen: Mai bis September.

Camping Les Acacias, im Ortsteil La Caneda ca. 4 km vom Centrum. Relativ eben, teilweise schattig. Snack Bar, Swimmingpool. 7o Stellplätze. Offen: Frühjahr bis Ende September.

*** Camping Caravaning Le Caminel, 3-4 km von Sarlat D 47 Richtung

Proissans. Beim Bauernhof. Teilweise schattiger Platz. Einkaufsmöglichkeit. Restaurant à la Ferme.

In der Umgebung jede Menge kleinere und meist einfache Campings à la Ferme - auf dem Bauernhof. Infobroschüre im TI.

Walnußmühle Moulin de la Tour

Abstecher von Sarlat zur Mühle in Ste. Nathalène, 9 km. Eine der wenigen Wassermühlen, die noch auf alte Art im Familienbetrieb das köstliche intensive Walnußöl herstellt. Seit dem 16. Jh. läuft hier schon ein Mühlrad. Freitags (im Juli/August auch montags und mittwochs) wird das Mühlrad in Gang gesetzt und interessierten Urlaubern der Prozeß auch erklärt. Innen ist es warm und dämmrig und duftet ganz angenehm ein bißchen mehlig, ein bißchen nussig.

Etwa 3o Minuten werden die Nüsse ohne Schale zermahlen, dann 3o Minuten in einem Kessel auf 6o Grad erhitzt, getrocknet, damit es beim Pressen besser fließt und dann 1/2 Stunde gepreßt. Aus 3o kg Walnüssen gewinn man ca. 15 l Öl.

Walnuß- und Haselnußöl wird täglich verkauft, spannender ist es natürlich die Mühle in Aktion zu erleben; deshalb erkundigt man sich besser vorher beim Touristenbüro in Sarlat. 1/2 l Walnußöl kostet etwa 5 Euro, schmeckt sehr intensiv und ist enorm ergiebig; 1-2 Jahre im Kühlschrank haltbar. Haselnußöl etwas teurer.

Zufahrt über die D 47 bis Ste. Nathalène. Die Mühle liegt ca. 2 km außerhalb vom Ort, beschildert. Offen: Mo.-Sa. 9-12/14-19 Uhr.

In dem ursprünglichen Bauerndorf STE. NATHALÈNE das „**Hotel L'Embuscade**" an der Straße und ein großer Campingplatz.

CHÂTEAU DE PUYMARTIN auf der D 47 zwischen Sarlat und Les Eyzies. Das Schloß ist mit Möbeln aus der Zeit Louis XIII. und alten Tapisserien möbliert. Sogar die alte Dachkonstruktion wird von innen gezeigt. 45 Min. Führung. Offen: tägl. 1o-12/14-18.3o Uhr. Eintritt 5 Euro.

Von Sarlat in 1o km (D 57) zurück zur Dordogne. Auf keinen Fall sollte man das Eck um Beynac versäumen.

LIMEUIL —> ROCAMADOUR (entlang der Dordogne)

Wer den Schlenker via Vézère-Tal nicht macht, fährt diese Route weiter an der Dordogne entlang, via Le Buisson und St. Cyprien nach Beynac, dabei wird zweimal die Dordogne-Seite gewechselt.

★ Beynac-et-Cazenac (55o Einw.)

Einer der malerischsten Flecken der Dordogne: das Nest am Fluß wird überragt von dem gewaltigen Schloß mit zinnenbewehrtem Donjon auf dem Steilfelsen, 15o m über der Dordogne. Die Häuser kleben teils unterhalb des Felsens, teils oben in luftiger Höhe. Ein Fußweg führt hinauf zum Schloß vorbei an kleinen, gepflegten Häusern oder per Auto über eine schmale Straße. Seit dem Ende der Bronzezeit war der Felssporn besiedelt, ab dem 12. Jh. schützte eine Festung diese Stelle.

Tourist INFO Kleines **Touristenbüro** (nur im Sommer) bei dem großen Parkplatz unten am Fluß.

CHÂTEAU DE BEYNAC: Die gewaltige Anlage (12.-17. Jh.) ist in Privatbesitz und ist sehr gut restauriert. Führung von ca. 50 Minuten durch das Schloß (großer Renaissancesaal). Im Hundertjährigen Krieg saßen hier die Franzosen, während sich auf der anderen Flußseite in Castelnaud die Engländer verschanzt hatten.

Offen: März bis September tägl. 9-12/14-18.30 Uhr, sonst kürzer. Eintritt: 5,50 Euro Zufahrt 3 km außenrum, gebührenpflichtiger Parkplatz, Parken über Nacht erlaubt.

Neben dem Schloß super BLICK (Point de Vue, beim Kreuz) über die Dordogneschleife und das liebliche hügelige Tal, an dem sich Schlösser wie an einer Perlenkette aufreihen. Vis-à-vis das Schloß von Fayrac. Kanuten in Rot als Farbtupfer.

PRÄHISTORISCHES MUSEUM auf dem Weg zum Schloß in einem Turm aus dem 14. Jh. Illustriert Alltag, Arbeit und Leben der Menschen der Region. Offen: zur Hochsaison ganztägig ohne Mittagspause.

PARC ARCHÉOLOGIQUE DE BEYNAC: das anschaulich gemachte Freilichtmuseum unterhalb des Schlosses zeigt, wie die Menschen von der Steinzeit bis zur gallischen Epoche lebten (6000 bis 50 vor Chr.). Hütten, eine Feuersteinwerkstatt, eine Schmiede etc. wurden auf dem Gelände rekonstruiert. Offen: Mitte Juni bis Mitte Sept. 10-19 Uhr. Eintritt 5,50 Euro.

HOTEL/RESTAURANTS

Hotel/Restaurant „**Taverne des Remparts**“ vor dem Schloß mit schattiger Terrasse. Ruhig, aber kein Blick. Durchschnittliches Preisniveau.

Garni-Hotel „**de la Poste**“ im Dorf an der schmalen, steilen Gasse. Zimmer mit Dordogneblick. DZ ab 38 Euro.

** Camping Le Capeyrou, schöner schattiger Wiesenplatz am Fluß, allerdings auch an der im Sommer stark befahrenen Straße. Top Blick zum Schloß Beynac. Großer Pool. Bademöglichkeit in der Dordogne. Guter Stützpunkt für Kanuten. Preiswerter Platz. 100 Stellplätze. Offen: Juni bis September.

Weitere Campingplätze an der Strecke nach La Roque-Gageac.

Gite d'Etape, Place d'Alsace. 19 Betten in zwei Schlafräumen. Kochmöglichkeit.

Kanuverleih am Ortsrand neben der Eisenbahnbrücke.

Ausflugsboote: Gemütliche Bootsfahrt mit einer der „Gabarres", zur Hochsaison alle halbe Stunde. Dauert ca. 45 Minuten flußabwärts, mit Erklärungen. Abfahrt unten am Parkplatz.

★ Castelnaud

3 km entfernt auf dem gegenüberliegenden Dordogneufer. Schöner Badeplatz bei der Brücke. Im Sommer herrscht hier fast Freibadatmosphäre. Ideal für Kinder, relativ seicht, grobes Kieselufer - guter Kanustützpunkt/Kanuverleih. Im Sommer wimmelt es nur so vor bunten Kanus im Wasser. Am anderen Ufer tuckern die Ausflugsbötchen, die Gabarres, vorbei. Siehe Beynac und La Roque-Gageac.

Gite d'Etape/Restaurant, Snackbar und Laden.

CHÂTEAU CASTELNAUD (Castel nau = neues Schloß): imposante Lage auf dem Felssporn oberhalb der Dordogne. Großartiges Panorama über Tal, Fluß und Nachbarburgen. Sehr gut restaurierte/rekonstruierte Burganlage aus dem 12. Jh. Im Hundertjährigen Krieg war die Burg ein wichtiges Grenzbollwerk der Engländer. Nach der Französischen Revolution diente das Schloß als Steinbruch. Nach alten Unterlagen wurde in den 6oer Jahren mit den Rekonstruktionsarbeiten begonnen.

Innen kleine Ausstellung von Waffen, Rüstungen und Gegenständen zur Belagerungstechnik. Kinderbibliothek zum Thema mittelalterliche Burg, Waffen, Ritter. Ein Modell zeigt die 3 wöchige Belagerung der Burg im 1oo-jährigen Krieg, die damals im Grenzgebiet zwischen Engländern und Franzosen lag. Castelnaud war in englischer Hand, wurde von den Franzosen belagert und schließlich eingenommen.

Offen: Mai, Juni und September tägl. 1o-19 Uhr, Juli/August tägl. 9-2o Uhr, März, April und Oktober tägl. 1o-18 Uhr. Eintritt 5,5o Euro.

CHÂTEAU DES MILANDES: 5 km westlich von Castelnaud an der Dordogne. Im Schloß, das der Tänzerin Josephine Baker gehörte, kann man sich über ihr bewegtes Leben informieren; zu sehen sind überwiegend originale Möbel aus ihrem Besitz, ferner eine kleine Ausstellung über Falknerei. Offen: Mai bis August tägl. 9-19 Uhr, September 1o-19 Uhr. Sonst 1o-12/14-18 Uhr. Eintrittt 6,5o Euro.

★ La Roque-Gageac (4oo Einw.)

An der Flußbiegung eines der fotogensten Dörfer der Dordogne. Am senkrechten Fels „stapeln" sich die Häuser in drei bis vier Stockwerken. Über die schmale Uferstraße läuft allerdings der gesamte Dordogne-Verkehr, - zwischen parkenden Autos geht es einspurig mit gegenseitiger Verständigung. Fußgänger haben hier schlechte Karten.

Weniger ein „Verweilort“ als ein Kurzstop mit allem, was dazu gehört: Kirche, einem troglodytischen Fort, Château de la Malartrie (am Ortseingang, 19./Anfang 2o. Jh.), Restaurants, Kanuverleih und Ausflugsboote. In erster Reihe an der Straße Restaurants, Hotels z.T. mit Dachterrasse. Die Bischöfe von Sarlat hatten hier ihre Sommerresidenz. Großer Parkplatz am Fluß - Bademöglichkeit.

Tourist INFO **Office de Tourisme**: Pavillon auf dem großen Parkplatz. 2425oLa Roque Gageac. Tel. o5 53 29 52 37.

Hier Abfahrt der Ausflugsbötchen „Gabarres“, den flachen ehemaligen Flußbooten nachempfunden. Gemütlich tuckern sie bis nach Beynac. Schöne, lohnende Strecke, diverse Châteaus an der Route. Abfahrt im Sommer alle Viertelstunde; die Runde dauert 1 Stunde. Preis ca. 8 Euro.

FORT TROGLODYTIQUE: die beeindruckende, ca. 4o m über dem Fluß in die Felswand geklebte Festungsanlage wurde erst in den 9oer Jahren durch private Initiative der Öffentlichkeit zugänglich gemacht (steile Stahltreppe; festes Schuhwerk ratsam). Von den uralten Steinbrüstungen hat man einen herrlichen Blick nach Domme, Castelnaud und über die Dordogne-Biegung. Die uneinnehmbare Verteidigungsanlage geht aufs 9. bzw. 12. Jh. zurück, wurde später verstärkt und widerstand allen Angriffen im 1oo-jährigen Krieg und in den Religionskriegen. Im 18. Jh. schließlich dienten die Festungsanlagen als Steinbruch. Hier kann man Archeologie live miterleben; jedes Jahr werden neue Funde gemacht. Offen: in der Saison tägl. 9-19 Uhr, außerhalb der Saison 1o.3o-18 Uhr. Eintritt 4 Euro.

LA ROQUE-GAGEAC —> SOUILLAC

Die Strecke geht über Montfort und St. Julien, insgesamt ca. 27 km.

1 km nach La Roque-Gageac schöner * Camping Verte Rive, zwischen Fluß und Straße. Langgestreckt am Ufer, schattige Stellplätze, zum Teil auch direkt am Wasser. 6o Einheiten. Offen: Mitte Juni bis Mitte Sept.

Cénac: Am anderen Dordogneufer. Ein kleines Nest an der Brücke und Badeort zu Domme. Schöner Strand, Kinderspielplatz, Kanuverleih, seicht geht es ins Wasser.

* Camping Municipal, große schattige Anlage am Fluß. Zur Hochsaison steht man hier dichtgedrängt. Restaurants, Läden. 1oo Stellplätze. Offen: Juni bis Mitte September.

★ Domme **(9oo Einw.)**

Eine der schönsten Bastides im Dordognegebiet. Die Lage hoch oben auf der senkrecht abfallenden Felswand war prädestiniert für die Anlage eines solchen Garnisonstädtchens. Die Franzosen gründeten es im 13. Jh. zum Schutz gegen die Engländer; soweit es das bucklige Areal zuließ, bauten sie auch rechtwinklig - Erkennungsmerkmal der Bastides. Das mittelalterliche Ensemble ist komplett von einer Wehrmauer umschlossen. Sehr einheitliches, gemütliches Städtchen aus dem warmen gelbfarbenen Stein.

Die von Geschäften und einigen Restaurants gesäumte Grande Rue endet bei der breiten Aussichtsbrüstung mit 3-Sterne-Blick, besonders Sonnenuntergänge begeistern die vielen Hobbyfotografen. Wenn dann noch eines der UL-Flugzeuge über dem Tal seine Kreise zieht, geht ein Raunen durch die „Zuschauermenge"...

Weitere Attraktion die Tropfsteinhöhle Grotte du Jubilé unter der fotogenen Markthalle. Bizarr ausgeleuchtete Tropfsteine auf ca. 5oo m Länge.

** Hotel/Restaurant „**L'Esplanade**" - beste Lage mit Panoramaterrasse. 25 Zimmer. DZ 55-95 Euro. Bekannt gute Küche (Spezialitäten des Périgord).

Vitrac

Im Weiler zweigt die schmale Straße (sehr schön!) an der Dordogne entlang Richtung Souillac ab. Der Brückenort wird durch das etwas überdimensionierte Hotel geprägt. Der Verkehr geht direkt an den Restaurantterrassen vorbei und durchsetzt das Confit mit Abgasdüften. Strand am gegenüberliegenden Ufer, Kanuverleih.

Tipp: Restaurant „DE LA FERME". Idyllisch und ruhig gelegen (Montfort-Caudon). Der ehemalige Bauernhof wurde zum Restaurant umgebaut. Rustikal-deftiges Ambiente, z.T. Holzbänke, bekannt gute Küche. Stark von Campinggästen frequentiert. Köstliche Rillette im Glas, regionale Spezialitäten. Menü ab 15 Euro. Montags geschlossen.

Zufahrt: zwischen Vitrac und Montfort rechts ab, über ein Sträßchen Richtung Fluß - lange Zufahrt, beschildert.

An der Zufahrtstraße schattige Campingplätze abseits der Hauptroute.

CHÂTEAU DE MONTFORT: ein Bilderbuchschloß (15./16. Jh.) mit Türmen und Türmchen, nicht am Fluß trotzdem beeindruckende Lage. Das Château war im Mittelalter heiß umkämpft, oft zerstört und immer wieder aufgebaut. Zu Füßen liegt der Natursteinweiler Montfort mit Restaurants. Offen: Juli/August 1o-19 Uhr, sonst 1o-12/14-18 Uhr. 3 Euro Eintritt.

Weiter an vielen Walnußplantagen entlang nach CARSAC-AILLAC (95o Einw.). Ländlicher Kreuzungsort (D 7o4 von Sarlat) mit romanischer Kirche aus dem 12. Jh., schöne Kapitelle. Hier Abzweig aufs andere Ufer zum Château de Veyrignac direkt am Fluß.

Die weitere Strecke auf dem linken Dordogneufer ist kurvig, landschaftlich weniger spektakulär, dafür nicht so frequentiert.

In Ste. Mondane Abzweig zum CHÂTEAU DE FÉNÉLON, Geburtsort des französischen Schriftstellers Fénélon (1651-1715), Erzbischof und Erzieher am Hofe Lufwig XIV. Das wehrhafte Schloß zeigt Erinnerungsstücke an Fénélon und eine Oldtimersammlung. Offen: Juli/August 1o-19 Uhr, sonst 1o-12/14-18 Uhr. 5,5o Euro Eintritt.

Camping Municipal nahe dem kleinen Kreuzungsort St. Julien bei der Brücke am Fluß. Mäßig schattig, sehr groß, Wiesenboden. Kanuverleih. Plätze bis direkt an den schönen Strand.

Auf der anderen Flußseite ** Camping les Ombrages, lauter, da an der Straße.

★ Souillac (4.ooo Einw.)

In der Ebene am Zusammenfluß von Borrèze in die Dordogne; hat uns nicht so begeistert. Geschäfte, Hotels, einige Natursteinhäusern und viel Durchgangsverkehr.

Die romanische ABTEI dafür umso sehenswerter. Benediktiner gründeten hier im 1o. Jh. ein Kloster, das in den folgenden Jahrhunderten vielfach geplündert und zerstört wurde (von den Engländern im Hundertjährigen Krieg, während der Religionskriege von den Protestanten). Trotzdem war das Kloster bis zur Französischen Revolution in Betrieb.

Hauptattraktion sind die Reliefs des einstigen Portals (12. Jh.), das in Teilen heute an der Wand im Inneraum zu sehen ist. Die Szenen der Opferung Isaaks und besonders die Figur des Jesaja verleiten nicht nur Kunsthistoriker zu Schwärmereien.

AUTOMATENMUSEUM: place de l'Abbaye. Die Sammlung von Spielautomaten, Puppen etc. aus dem 19. Jh. umfaßt ca. 3.ooo Gegenstände. Offen: Juli/August tägl. 1o-19 Uhr. April bis Juni und September/Oktober 1o-12/15-18 Uhr, April/Mai und Oktober Mo. zu. Sonst seltener. Eintritt ca.5 Euro.

Busverbindung: u.a. nach Sarlat etwa 3 x täglich.

Im weiteren Verlauf östlich von Souillac nimmt der Touristenstrom allmählich ab. Schmale Straßen unmittelbar am Fluß entlang, mal auf der einen Uferseite, mal auf der anderen. In den Orten verengt sich die Straße oft auf eine Spur. Die engen Natursteinweiler kleben teilweise malerisch unter dem Fels (z.B. Gluges).

Grotten von Lacave

Ca. 1o km östlich von Souillac. Zwei lohnende Tropfsteinhöhlen im gleichnamigen Ort direkt an der Dordogne. Gewaltige Tropfsteingebilde im oberen Teil, bis zu 2o Tonnen schwere Sintervorhänge und Orgelpfeifen. Die untere Grotte bietet durch einen kleinen See und fantastische Spiegelungen eine ganz andere Welt. Kleine fast korallenartige Stalaktiten, als besonderer Gag eine UV Beleuchtung. Einfahrt per Elektrozug, weiter zu Fuß über zahlreiche Stufen. Unten hat es 13-14 Grad Celsius. 1 1/2 stündige Führung.

Offen: zur Spitzensaison 9.3o-18.3o Uhr, April bis Oktober 9.3o-12/14-18 Uhr. Eintritt: 7 Euro.

Bei Meyronne beiderseits der Brücke schöne Campingplätze mit Kanuvermietung.

Restaurant „LA TERRASSE“, von der Terrasse toller Blick über den Fluß mit seinen Steilabhängen.

✶ Carennac

Der pittoreske Ort an der Dordogne bietet sich für einen Zwischenstop an. Recht ursprünglich, enge und verwinkelte Gassen. Kleine romanische Klosterkirche aus dem 12. Jh. mit fotogenem Portal (Christus in der Mandorla).

Wir empfehlen zum Abschluß unbedingt den Schlenker zum Gouffre de Padirac und zum Wallfahrtsort Rocamadour einzubauen:

Der Gouffre von Padirac

Das größte Höhlenspektakel Frankreichs - zur Spitzensaison mehrere tausend Besucher täglich! Per Fahrstuhl geht es mit 2 x Umsteigen in den 8o m tiefen und 3o m breiten Schlund (Gouffre = senkrecht abfallendes Loch) zur Bootsanlegestelle mit Pendelbetrieb. In flachen Kähnen gleitet man auf dem engen, eisigen Höhlenfluß zum Ausgangspunkt des Spaziergangs. Vorbei an gewaltigen Tropfsteinriesen - der längste mißt 75 m. Eine Reise mit Jules Verne zum Mittelpunkt der Erde könnte nicht besser beginnen.

Seit über 1oo Jahren ist die Höhle als Touristenattraktion bekannt; etwa 1o km der Höhle sind erforscht. Massenansturm zur Hochsaison, doch alles ist gut organisiert. Knipsen darf nur der „Höhlenfotograf“ bei Flutlicht, die Fotos fürs Album warten am Ausgang, saftiger Preis.

Vorsicht, zum Teil feuchte Stufen/Wege, nicht gerade das Richtige für Espadrilles. Eintritt 8 Euro. Dauer ca. 1 1/2 Std., unbedingt warmen Pulli und lange Hose mitnehmen. Höhlentemperatur 14° Celsius.

✶ Rocamadour (8oo Einw.)

Etwa 15 km weiter D 9o/D 673 zum Wallfahrtsort. Eine 3-Sterne-Sehenswürdigkeit am Alzou, einem Nebenfluß der Dordogne. Phantastisch liegt die alte Pilgerstätte an der Felswand der canyonartigen Schlucht. Neben dem Mont St. Michel in der Normandie und Lourdes nahe den Pyrenäen eine der wichtigsten Pilgerstätten Frankreichs.

Ein Ensemble aus Basilika, Kirchen, Kapellen, Souvenirbuden. Über der Wallfahrtskirche thront das zinnenbewehrte Schloß (14. Jh.), das überwiegend im 19 Jh. rekonstruiert wurde. Der Ort klebt an der Steilwand zu Füßen der Kirchen; im wesentlichen besteht er aus einer langen Straße, die von Souvenir-/Schmuckgeschäften und Restaurants flankiert wird. Im Sommer herrscht in Rocamadour enormer Rummel; dann ist ein Minizug im Einsatz.

Der Sage nach soll der Eremit Amadour, der „Gatte" der heiligen Veronika, die Christus das Schweißtuch gereicht hat, sich auf diesem Felsen niedergelassen haben. Benediktinermönche haben die jetzige Pilgerstätte im 11. Jh. übernommen. Gerüchte über die Wundertätigkeit der Jungfrau und des Leichnams von Amadour machten bald die Runde. Alles, was Rang und Namen hatte, pilgerte zur hölzernen Madonna. Im 12.-14. Jh. hatte Rocamadour Hochkonjunktur und profitierte von den Pilgerströmen ins spanische Santiago di Compostela. Später befestigte man die Pilgerstätte, einige Tore sind noch erhalten.

Zusätzliche Attraktion ist der Rocher des Aigles: ein Freigehege für Greifvögel aus der ganzen Welt. Für Kinder ist der Affenpark eine tolle Sache (siehe unten).

Tourist INFO **Office de Tourisme**, Hotel de Ville, 46500 Rocamadour. Tel. 05 65 33 22 00, Fax 05 65 33 22 01. E-Mail: rocamadour@wanadoo.fr Internet:www.rocamadour.com

Bester Fotoblick von der Aussichtsplattform (D 673) im Ortsteil l'Hospitalet 2 km vor Rocamadour, - vormittags bestes Fotolicht.

Rocamadour wirkt auf den ersten Blick verwirrend: Die sieben Kapellen auf dem Felsvorsprung gruppieren sich um den Place Amadour, den man von der Grande Rue über die große Treppe erreicht, von oben kommend auch per Fahrstuhl.

Die bescheidene BASILIKA (Ursprünge aus dem 12./14. Jh.) wurde direkt an den Fels gebaut.

KAPELLE NOTRE DAME nebenan, - Ziel der Pilgerfahrten war die kleine schwarze Madonna über dem Altar. Die Kapelle wirkt recht düster (Kerzenruß). Die Eisenketten an der Rückwand wurden den Pilgern während bestimmter Bußzeremonien angelegt, während sie die 223 Stufen knieend heraufzogen. Besonders bei Seeleuten war Rocamadour ein beliebtes Pilgerziel, wie man an den vielen Schiffsmodellen ablesen kann. Die kleine Glocke unter der Decke stammt aus dem 9. Jh.; sie bimmelte - der Erzählung nach - selbsttätig, wenn sich ein Wunder ereignet hatte. Rechts neben der gotischen Eingangstür Reste eines Totentanzfreskos (Skelett mit Speer), links in einer Nische wurde das Skelett entdeckt, das man dem heiligen Amadour zuschrieb. Wallfahrt in der Woche um den 8. September.

AFFENPARK (La Foret des Singes): sehr großes und schön angelegtes Freigehege (Richtung Gramat), in dem über 150 Magots in „freier Wildbahn" leben. Die fast steppenartig anmutende Gegend gleicht ihrem eigentlichen Lebensraum in Nordafrika. Tafeln informieren über die Lebensgewohnheiten der Tiere. Am Eingang wird Popcorn verteilt, um die zutraulichen Affen zu füttern. Manche sind so vorwitzig, daß sie einem die Körner aus der Tasche mopsen. Offen: April-Sept. tgl. 1o-12/13-18 Uhr, Juli-Aug. 1o-19 Uhr, Okt.-11.Nov. Mo.-Sa.13-17 Uhr, So.1o-12/13-17 Uhr. Eintritt: Erwachsene 6,5o Euro, Kinder (5-14 Jahre) 4 Euro.

ADLERFELSEN (Le Rocher des Aigles) nahe des Schlosses. Faszinierender Greifvogelzoo. Über 1oo Vögel vom Wanderfalken, Geier, Condor bis zum Adler werden in Gehegen gehalten. Mehrmals am Tag finden Flugdemonstrationen statt. Unglaublich, wie ein Seeadler seine Beute greift. April-Sept. Demonstration 14/15/16 Uhr, So. und Feiertag zusätzlich 17 Uhr, Juli-Aug. Demonstration tgl. 14/15/16/17 Uhr. Eintritt: Erwachsene 6,50 Euro, Kinder 4,1o Euro.

Unterkunft/Essen und Trinken: Im unteren Teil des Ortes einige Restaurants und Hotels. Die Restaurants meist mit Terrasse und Blick zum Canyon. Etwa ein Dutzend Hotels in und um Rocamadour 1- bis 3-Sterne-Niveau, preislich 35-9o Euro das DZ. Einige Privatzimmer. Point Acceuil Jeunes - jugendherbergsähnliche Unterkunft in Hospitalet nur im Sommer. Gite d'Etape in Blanat 4 km von Rocamadour entfernt.

** Camping Le Relais du Campeurs im Ortsteil Hospitalet. Große, im Sommer verbrannte Wiese, Kies, Schotter. Gute Sanitärs. Fahrradverleih. Schwimmbad. 1oo Stellplätze. Offen: Ostern bis Mitte Oktober.

*** Camping les Cigales, im Sommer etwas staubiger Wiesenboden, Wenig Schatten. Einkaufsmöglichkeit. Swimmingpool. 1oo Stellplätze. Offen: Mitte Juni bis Mitte September.

Wer von Rocamadour nach Souillac zurückfährt, wählt am besten die D 673, eine tolle, wenn auch kurvige Strecke durch eine karge Landschaft, das mäandernde Bächlein wirkt fast wie ein Minicanyon.

Abstecher (1,4 km) zur Moulin de Cougnaguet. Idylle pur, ein einspuriges Sträßchen führt an bizarren Felsen vorbei, an einem Flüßchen entlang und endet bei einer alten Mühle aus dem 14. Jh. Offen: Juli/August 9.3o-12/14-19 Uhr, sonst 1o-12/14-18 Uhr, Erwachsene 3 Euro, Kinder 2 Euro Eintritt. Außerhalb der Besichtigungszeit ein ganz abgeschiedenes Eck.

Von Arcachon bis zur Baskischen Küste

Die Strecke von Arcachon nach Biscarrosse (ca. 3o km) führt anfangs an der Riesendüne von Pilat vorbei, verläuft durch Kiefernwald, nicht am Meer entlang; immer wieder Picknick- und Parkmöglichkeiten, einige Stichwege ans Meer; ein Abschnitt ist Militärgebiet/ Schießplatz.

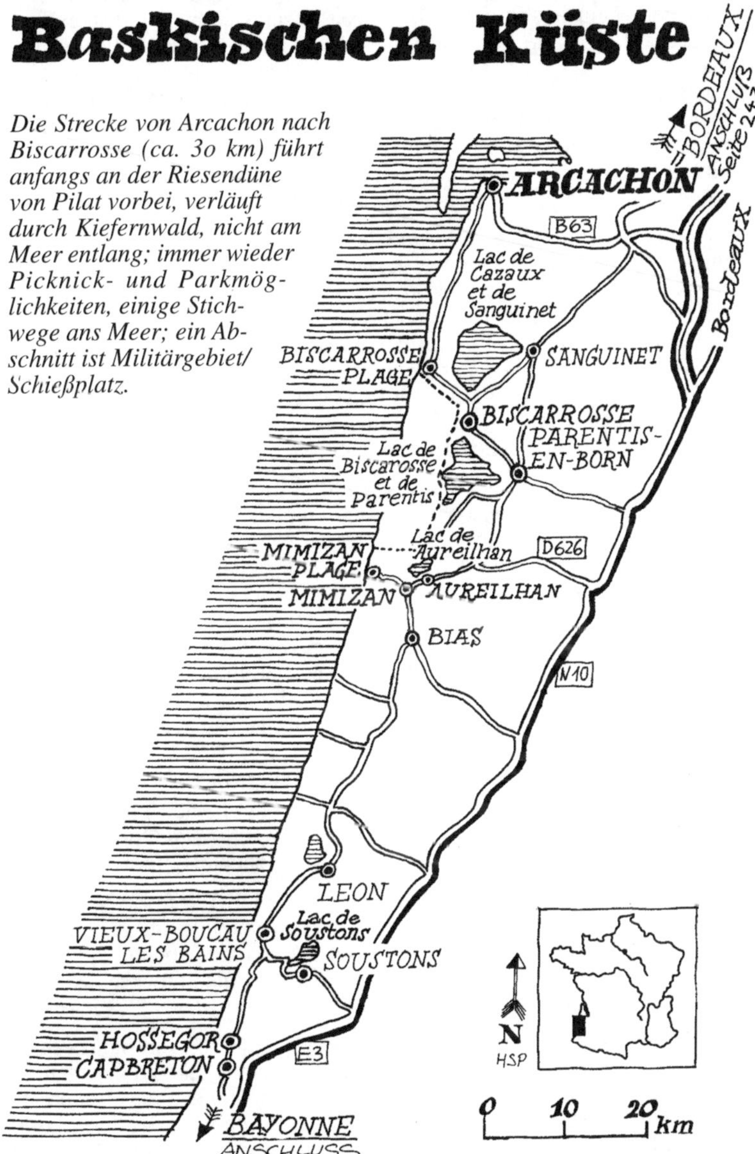

Südlich Arcachon beginnt das Département „Landes“, mit knapp 1o.ooo qkm eines der größten Frankreichs und sehr dünn besiedelt (ca. 3oo.ooo Einwohner). Dünenstreifen und Badeseen setzen sich bis ins Baskenland fort. Die „Maisons de Landes“ fallen durch ihre senkrechte Fachwerkkonstruktion ohne Querverstrebungen auf, die schräge Anordnung der Ziegel geben den Landhäusern einen besonderen Touch. Blutige Stierkämpfe (Corrida) und Courses Landaises zählen hier zu den „landestypischen Vergnügen“. Hirten auf Stelzen gehören der Vergangenheit an und sind nur noch bei Volksfesten zu sehen; das Sumpfgebiet ist seit dem 19. Jh. zum größten Waldgebiet des Landes geworden (siehe Seite 244).

Als Holzlieferant für Sägewerke und Papierfabriken sind durch den „Goldbaum“ an der Küste neue Industriezweige entstanden. 1955 wurde hier „schwarzes Gold“ entdeckt. Das größte Erdölfeld Frankreichs liegt ausgerechnet wenig südlich der Ferienhochburg Arcachon unter dem Lac de Cazaux (Sanguinet), über 2o Plattformen im See und - weniger auffallend - im angrenzenden Waldgebiet. Per Pipeline wird das Öl zum Shell-Verladehafen an der Gironde gepumpt. Die Wasserqualität wirkt optisch trotz der Ölgewinnung einwandfrei, der See gilt sogar als ausgesprochen fischreich, trotzdem sind die Stelzenkonstruktionen im See gewöhnungsbedürftig.

Die ersten Küstenbadeorte Biscarrosse und Mimizan grenzen genau an ein großes Militärgelände, zwischen Arcachon und dem See von Cazaux liegt der Militärflughafen. Hinter dem harmlosen Namen „Centre d'essais des Landes“ (Versuchsgelände der Landes) verbirgt sich eine hochmoderne, streng geheime Militäranlage. An dem Raketen-Versuchsgelände sind auch zivile Firmen beteiligt. Für die Region seit den 196oer Jahren der wichtigste Arbeitgeber, allein die Bevölkerung von Biscarrosse hat sich dadurch fast verdreifacht. Grenzzäune mit Sicherheitsstreifen parallel zur Straße erinnern manchmal an die Militäranlage, am Badestrand ist der Gedanke daran schnell wieder vergessen, wenn nicht die Tiefflieger wären...

REGIONALPARK DES LANDES DE GASCOGNE

197o wurde ein 21o.ooo ha großes Gebiet um die beiden Flüsse Grande und Petite Leyre zum Regionalpark erklärt; er reicht vom Örtchen Sabres bis zum Bassin von Arcachon und umfaßt weitgehend Kiefernwälder.

Herzstück des Parks ist das ECOMUSÉE DE LA GRANDE LANDE VON MARQUÈZE in der Nähe von Sabres. Sehr nett und informativ läßt es die alte Zeit der Landes wieder lebendig werden, als hier noch ewige Heide und Sumpfflächen die Landschaft bestimmten, ehe die immensen Kiefernwälder die Umwelt und Lebensformen veränderten.

Per Veteranenzug, der einst Holz transportierte, geht es von Sabres in ca. 1o Min. zum Freilichtmuseum: ein „Quartier“ genannter Weiler, den der Park vor dem Verfall bewahrt und wieder hergerichtet hat - so als wäre die Zeit stehengeblieben. Im Museum herrscht eine schöne, friedliche Atmosphäre. Interessante Führung (knapp 2 Std.) durch die verschiedenen Gebäude, Herrenhaus, Wohnung der Landarbeiter, Hühnerstall. Obstgarten und eine Mühle gehörten dazu. Im alten Backofen wird Pastis landais und Roggenbrot wie früher gebacken, auf dem Gelände ist ein Ochsengespann im Einsatz. Veranschaulichung der Harzgewinnung.

Offen: tägl. Juni bis September. Zugang nur per Veteranenbahn. Abfahrt ab Bahnhof Sabres 1o-18 Uhr etwa 1o x tägl., sonst viel seltener. Preis: 8 Euro. Genaue Zeiten vorher erfragen; Picknickkorb einpacken.

Interessant ist auch der Schlenker zum ATELIER DES PRODUITS RÉSINEUX in Luxey ca. 22 km nordöstlich. Hier wird die Weiterverarbeitung des Harzes gezeigt, wie sie von 1859 bis Mitte der 5oer Jahre praktiziert wurde. Offen: Juni bis September tägl. 1o-12, 14-18 Uhr, sonst kürzer. Stündliche Führungen (lange Mittagspause).

Auf dem Weg von der Küste zum Regionalpark (27 km ab Mimizan) liegt das kleine Nest SOLFERINO, das 1863 von Napoleon III gegründet wurde. Kleines Museum, Napoleon III. gewidmet, der hier ein Pilotprojekt zur Kultivierung der Landes (Kiefernmonokultur) startete. Weniger die Exponate als die Führung sind interessant. (Mitte Juni bis Mitte September 1o-12/15-18 Uhr.)

Corrida - Course Landaise

Ein Stierkampf, der zum Unterhaltungsprogramm der Landes und des Baskenlandes gehört. Kein Schauspiel für zart besaitete Gemüter oder Tierschützer. Pro Corrida müssen sechs sorgsam verlesene, kräftige Stiere dran glauben. Nach der Begrüßung mit Pomp und Prunk vor der Présidence wird die Arena für den Stier freigegeben, ein wertvolles Produkt langer Züchtereien. Der Eingeweihte erkennt den Züchter an den Farben des bunten „Sträußchens“.

Ein penibles Reglement bestimmt den Ablauf dieser jahrhundertealten „Schlächterei“. 17o1 wurde die erste Corrida im französischen Baskenland anläßlich der Thronfolge Philipp V. (Enkel Ludwig XIV.) organisiert. Kaiserin Eugénie hatte ein Faible für Stierkämpfe und sorgte für eine starke Verbreitung. Die Ursprünge der Corrida liegen im Mittelalter, es waren Trainingspartien spanischer Adeliger, um sich für den Kampf gegen die Mauren fitzuhalten.

Heute kämpfen in den südfranzösischen Arenen überwiegend spanische Matadore.

Das grausige Spektakulum beginnt fast grazil: Die Toreros mit den rosa Capas, die übrigens 8-1o kg schwer sind, scheuchen den Stier durch die Manege und weichen seinen Angriffen in unzähligen Figuren geschickt aus. In der nächsten Phase rammen die Toreros dem Stier je zwei bunte Spieße mit Widerhaken in den Rücken, dann der Auftritt der Piqueurs, die wie alte Ritter zu Pferde den armen Stier mit einer Lanze bis zu dreimal stechen - dabei müssen sie das Pferd möglichst im 9o Grad Winkel zum Stier dirigieren und außerhalb des Kreises bleiben. Blut fließt in Strömen und schwächt den Stier für den Auftritt des Star-Toreros.

Der Torero in Glitzerpailletten betritt mit seinem roten Tuch die Arena und versucht, sich den Stier durch besonders kühne Figuren zu positionieren: je näher am Stier oder gar mit Rückwärtsdrehung umso stärker das Raunen im Publikum. Auch der Todesstoß ist reglementiert: der Stier muß mit allen vier Füßen fest am Boden stehen. Hat der Torero gute Arbeit geleistet, tobt das Publikum und schwenkt weiße Tücher: das bedeutet vom Ohr (vom erlegten Stier) für den Torero, der seine Trophäe in der Ehrenrunde stolz überm Kopf schwenkt. Für noch bessere Leistungen gibt es zwei Ohren und als Krönung beide Ohren und den Schwanz. Einem besonders temperamentvollen und kämpferischen Stier gilt ebenso dröhnender Applaus, wenn er in seiner Todesrunde durch die Arena geschleift wird. Dann wartet auf ihn draußen das Metzgerauto. Übrigens, daß der Stier speziell auf rote Tücher losgehe, ist eine Mär. Schwarze würden die gleiche Funktion erfüllen.

Die **Novillada** verläuft im Prinzip wie die Corrida mit folgendem Unterschied: die Stiere sind max. 3-4 Jahre alt und leichter - bringen trotzdem aber bis 4oo kg auf die Waage. Die Hauptakteure sind Nachwuchsmatadore und heißen hier Novilleros. Ferner unterscheidet man die Novillada piqué oder non piqué - für die ganz jungen Toreros fällt die zusätzliche Reizung der Stiere durch die Lanzen weg (non piqué).

Corridas oder Novilladas finden in den Arenen in Dax, Mont de Marsan, Bayonne und in kleineren Orten der Landes wie Lit et Mixe, Parentis, Magesque statt. Die Einheimischen bringen sich Kissen mit, denn die Steinbänke sind auf Dauer ganz schön hart.

Course de vache - Course Landaise: eine unblutige, viel harmlosere Geschichte als die Corrida, aber ebenso spannend. Akrobatische „Ecarteurs“ messen sich mit einer starken und kämpferisch aufgelegten Kuh. Rassen aus Spanien oder der Camargue gelten als besonders kämpferisch. Dem provozierten Angriff der Kuh versucht der „Ecarteur“ erst im allerletzten Moment durch einen knappen Satz zur Seite auszuweichen oder durch einen Sprung über die Kuh. Je näher am Tier, desto besser (Bewertung von 1-5). Mit von der Partie sind folgende Kollegen: einer lockt das Tier nach dem Sprung an, ein Trainer plaziert es entsprechend für den Sprung und ein sehr wichtiger Kollege hält die Kuh „an der Leine“, denn routinierte Tiere durchschauen das böse Spiel allmählich und versuchen, dem Ecarteur nachzusetzen.

Die heutige Course landaise ist eine Weiterentwicklung der früheren Kuhrennen in den Straßen, viel spannender jedoch durch die Einführung des „Ecarteurs“ Mitte des 19. Jh. Ganz ungefährlich ist auch die Course landaise nicht, wie diverse Todesfälle der Ecarteurs zeigen.

★ Biscarrosse-Plage

Reiner Sommerort im lichten Kiefernwald direkt auf den Sand gebaut. Weitläufige Ferienhaussiedlung hinter den Dünen, kein schöner Kern, einige moderne Appartementhäuser an der zugeparkten Strandstraße, keine reizvolle Strandpromenade.

Dichtes Gedränge in der kurzen Fußgängerzone. Jede Menge Snacklokale, Pizzerien, Shops, Bars und Discos; viele junge Leute. Kilometerlanger, feiner Sandstrand mit bewachten Abschnitten; bei Ebbe rund 5o m breit, bei Flut schrumpft der Streifen auf die Hälfte. Gute Surfmöglichkeit (Wellenreiten), Surfshop und -verleih an der Strandstraße, Fahrradverleih.

Tourist INFO

Office de Tourisme: avenue de la Plage, 4o6oo Biscarros-se-Plage. Tel. o5 58 78 2o 96, Fax: o5 58 78 23 65. Offen: zur Saison tägl. 9-2o Uhr, sonst 9-12/14-18 Uhr, Sa. nachmittags und So. zu.
E-Mail: biscarrosse@biscarrosse.com Internet: www.biscarrosse.com

Rund ein Dutzend Hotels, meist mit Restaurant:

** „**Hotel/Restaurant de la Plage**“ 2, av. de la Plage. Großer, einfallsloser Betonkasten in Top Lage direkt am Strand. Zimmer mit Blick zum Meer. Das Kreischen der Kinder von der Wasserrutsche nebenan dringt durch. 34 Zi. alle mit Dusche/Bad, HP ab 42 Euro.

Pension „**Au bon Landais**“, av. Paul Doumer 24o. Einfache Auberge im Einfamilienhaus, recht ruhig im Ort gelegen; ca. 2oo m zum Strand. Ein paar Tische auf der verglasten ; kleine Gerichte; saubere, einfache Zimmer, HP ca. 35 Euro.

*** Camping Municipal Le Vivier, sehr großer Platz am nördlichen Ortsrand; z.T. abschüssiger Waldboden (sandig), Kiefern sorgen für Schatten. Diverse Sanitäranlagen auf dem Platz verteilt, Stromanschlüsse. Gut 1 km zum Strand. 416 Stellplätze. Offen: Mai bis September.

*** Camping Campeoles am südlichen Ortsrand, allerdings Riesenplatz mit 1.3oo Stellplätzen. Offen: Mai bis September.

Der Küstenstreifen südlich von Biscarrosse ist militärisches Sperrgebiet (Raketenabschußzentrum); die Straße biegt ins Inland ab.

SEE VON CAZAUX UND SANGUINET

Schöner 5.6oo ha großer See, rundherum bewaldet. Kiefern wachsen fast bis ans Wasser, stellenweise feines Sandufer; gutes Segel-/Surfgebiet. Der Nordteil ist militär. Sperrgebiet (Atombomberstützpunkt) und darf nur an Wochenenden besegelt werden. Durch die Nähe zu Arcachon und Bordeaux herrscht zur Saison ziemlicher Baderummel, bes. an Wochenenden. Strandzugänge im Nordosten u. von der südwestlichen Uferstraße.

★ Sanguinet (1.3oo Einw.)

Kleiner Ort am Ostufer des Sees mit interessanter Vergangenheit. Hier entdeckte man in 4-5 m Wassertiefe Fundamente des gallorömischen Dorfes Losa mit einem Tempel und in 1o m Tiefe eine Siedlung aus dem 1. Jh. vor Chr. Funde dieser Ausgrabungen sind in dem kleinen archäologischen Museum hinter dem Touristenbüro ausgestellt. Keramiken, Münzen, Schmuck etc. Offen: Juli/August tägl. 1o-12/15-19 Uhr, 2,8o Euro Eintritt.

Schöne Uferstraße, kleine Sandstrände, Jachthafen (Sperrgebiet beachten).

Tourist INFO

Office de Tourisme, Place de la Mairie, 4o46o Sanguinet, Tel. o5 58 78 54 2o, Fax o5 58 82 13 32. Internet: www.sanguinet.com

MUSÈE DE SANGUINET, Place de la Mairie. Es ist unglaublich, was Taucher für archäologische Schätze ans Tageslicht brachten, die teilweise über 2.5oo Jahre im Schlamm des Sees ruhten. Ein spannender Besuch. Offen: Juli-Aug. tgl. 1o-12.3o/14.3o-19 Uhr.

ADVENTURE PARC: Zwischen den Pinien wie Akrobaten über Drahtseile balancieren, über schaukelnde Seile laufen, das und vieles mehr können Sie hier erproben. An der D652 Richtung Biscarrosse. Allerdings ein teures Vergnügen.

* „**Hotel Les Eaux qui rient**", avenue Charles Castets. Recht schön gelegenes Hotel am Strand. 11 Zimmer mit Dusche oder Bad. DZ ca. 4o Euro.

Ein halbes Dutzend Campingplätze z.T. nahe am See:
**** Camping Lou Broustaricq, sehr großer, gepflegter Platz einige Kilometer nördlich von Sanguinet 2oo m vom See. Sträßchen, die alle Blumennamen tragen, strukturieren den Platz. Schattige Stellplätze, ein halbes Dutzend Sanitärgebäude (im Winter geheizt), Waschmaschinen, Grillplätze, Kinderspielplatz, kompletter Service vom Traiteur bis zur Post, Restaurant. 555 Einheiten. Ganzjährig offen.

** Camping Municipal du Lac, sehr schön gelegen 1,5 km vom Ort Richtung See. Vom Strand nur durch die kleine Straße getrennt. 33o Stellplätze im Wald. Offen: April bis September.

*** Camping Les Grands Pins nebenan, viele Mobilhomes und Dauercamper. 26o Stellplätze. Ganzjährig offen.

Großes Wassersportzentrum Port Maguide am Westufer, schöner Sandstrand, Vermietung von Pedalos, Surf- und Funboards, Catamaranen, Kajütjachten, Motorbooten aller Dimensionen und Wasserski. Vormittags deutlich günstiger als nachmittags. Surf-, Segel- und Wasserskiunterricht.

Navarosse: Schöner Seezugang am Südufer, lichter hoher Kiefernwald, anschließend flacher Sandstrand ins Wasser. Sehr gut für Kinder geeignet, prima Einstieg für Surfer, Jachthafen.

** „**Hotel Transaquitain**", 14, rue des Parterres. Ruhig am Ende einer Sackgasse gelegenes Hotel neben dem Kanal. Ein Dutzend ordentliche Zimmer mit Du./WC, die Hälfte mit großem Balkon. Eigener Swimmingpool. Im Sommer wird Einiges an Unterhaltung geboten. DZ ab 5o Euro.3

Sehr schöne Campingplätze am Abfluß des Sees:
**** Camping Campéoles Navarosse, großer Platz für 5oo Einheiten, die ersten Reihen am See fast immer ausgebucht. Viel Schatten unter Pinien, Stromanschlüsse etc. Offen Mai bis Sept.

**** Camping Les Ecureuils nebenan am Jachthafen macht einen besseren Eindruck, 15o Stellplätze, überwiegend im Schatten, gut gepflegte Anlage. Offen: März bis Oktober.

SEE VON BISCARROSSE / PARENTIS

Kleiner (36 qkm) und weniger reizvoll als der See von Cazaux. Leicht hügeliges, bewaldetes Ufer, z.T. schilfig. Rund 2o stelzige Ölplattformen staken im unteren Seebereich aus dem Wasser; trotzdem läuft der Badetourismus auf vollen Touren. Gute Seezugänge im Norden bei Biscarrosse, im Osten bei Parentis und im Süden bei Gastes. Das westliche Ufer mal wieder militärisches Sperrgebiet (Raketenbasen).

Der Etang diente jahrzehntelang als Start- und Landepiste von Flugzeugen. Die berühmtesten Wasserflugzeuge Frankreichs starteten von hier zu ihren Jungfernfahrten; von den Dimensionen her glichen sie eher fliegenden Booten.

1929/30 entstand am Nordufer die große Flugzeugwerft „Aviation Latécoère" mit riesiger Wasserpiste gleich vor den Werkstoren. Die Flugzeugentwicklung dieser Ära tendierte zu immer größeren, leistungsfähigeren (4-6 Motoren und mehrere 1000 PS) und auch schwereren Maschinen, was die damaligen Konstrukteure veranlaßte, auf das Wasser auszuweichen, da die Betonpisten dem Gewicht nicht standhielten.

Der Höhepunkt der Passagierflugzeuge auf Flugbootbasis wurde in der Zeit zwischen den beiden Weltkriegen erreicht. Nobelst mit Stilmöbeln ausgestattet, war das neue Transportmittel der High Society vorbehalten. Mit der technischen Realisierung solider Start- und Landebahnen war die Zeit der Flugboote vorbei; Musée de Hydroaviation in Biscarosse.

Strand: am Nordufer. Seezugang beim Campingplatz; schmale Sandfläche, einige Pappeln, bequemer Surfeinstieg. Segel-/Surfschule beim Centre Nautique. Sandstrand am Südufer im Ort Gastes. Bester Blick auf den See mit Förderinseln! Kleiner Jachthafen.

Angeln: Der See gilt als besonders fischreich, gute Möglichkeit von den Stegen Barsche zu angeln. Beködert wird in der Regel mit Wurm; Tips sowie Angelscheine in den Zubehörgeschäften der beiden Orte, z.B. im Angelshop neben Hotel des Pêcheurs in Parentis. Gestaffelte Preise: vom Steg aus mit Wurm ca. 20 Euro, mit Köderfisch teurer.

Fahrradverleih: Cycloservice Brogniez in Biscarosse-Bourg 262, av. du 14 juillet.

★ Biscarrosse (8.800 Einw.)

10 km von der Meerdependance entfernt, zwischen den beiden Seen gelegen, die durch einen Kanal verbunden sind. Ein gewachsenes Zentrum mit Kirche, allen nötigen Geschäften, modern angelegtem Shoppingbereich (Fußgängerzone); bei schlechtem Wetter ist hier einiges los. Ein Katzensprung zum Biscarrosse See.

Office de Tourisme: 55, place Dufau, 40600 Biscarrosse. Tel. 05 58 78 20 96, Fax: 05 58 78 23 65.

Post: am Anfang der kurzen Fußgängerzone. Offen: Mo.-Fr. 9-12/14-16.30 Uhr; Sa. 9.30-12 Uhr.

Waschsalon am Place Marsan, offen 7-22 Uhr.

MUSÉE DE L'HYDRAVIATION an der Straße zum See. Chronologisch geordnete Modelle, Pläne, Fotos und Skizzen zur Flugzeugentwicklung mit Schwerpunkt Wasserflugzeug. Interessanter Videofilm mit historischen Aufnahmen von den Neuentwicklungen u.a. Jungfernfahrten und Stapellauf von der Base Latécoère auf dem See. Offen: Juli/August tägl. 1o-19 Uhr, sonst 15-19 Uhr, im Winter 14-18 Uhr. 4.oo Euro Eintritt, Familien günstiger.

MUSÉE DES TRADITIONS ET DE L'HISTORIE DE BICARROSSE (Ab Kirche ausgeschildert.) Informatives und ansprechend gestaltetes Heimatmuseum, in dem u.a. der Vorgang der Baumharzgewinnung gezeigt wird. Offen: im Sommer tgl. 10-12, 15-19 Uhr, im Winter Di-So 10-12, 14-18 Uhr. Gleich nebenan.

** „**Hotel Le Relais**", 216, av. Maréchal Lyautey. Modernes, großes Hotel an der Ortsausfahrt Richtung Parentis. 2-stöckig im regionalen Stil, akzeptable Zimmer mit Standardkomfort, keine Balkons, etwas dunkle Räume. 24 Zimmer, ab 4o Euro.

** „**Hotel St. Hubert**", 588, av. P. Latécoère. Am Waldrand, etwas zurückgesetzt von der Straße. 16 Zimmer mit Dusche/Bad DZ ab 48 Euro.

Knapp ein Dutzend Campingplätze um Biscarrosse sehr schön gelegen:

*** Camping Latécoère am Ortsrand direkt am See. Ebenes Gelände unter Pinien, asphaltierte Wege strukturieren das Gelände, teils Wald- teils Wiesenboden. 9o Stellplätze, offen ganzjährig. Kleine Holzbungalows für 4 Personen mit Dusche und Kochgelegenheit. Gleich beim Flugzeugmuseum.

Auch mit Wohnmobil ist Wildübernachten verboten; man darf nur z.B. auf dem vorgesehenen Stellplatz „Port de Navarosse" (Gebühr) bleiben.

★ Parentis en Born (4.2oo Einw.)

Am Ostzipfel des Sees liegt das kleine Städtchen mit einfachen Hotels; im Sommer beleben die Touristen die Straßen. Die Ölförderanlagen/Raffinerie und Papierfabrik mit entsprechenden Düften steigern allerdings nicht die Urlaubsstimmung. Die 2 km lange Stichstraße endet auf einer Landzunge (Parkplatz), nebenan schmaler Sandstrand und Bootsanlegemöglichkeiten. Guter Surfeinstieg für Leute mit eigenem Board. Recht bizarr sind die vielen Ölstationen vis-à-vis.

Tourist INFO **Office de Tourisme**: 4o161 Parentis en Born, Tel./ Fax: o5 58 78 9o 22.

In der 1. oder 2. Augustwoche findet jedes Jahr ein großes Volksfest statt, Folklore- und Musikgruppen treten auf, Pelote- und Angelwettbewerbe finden statt. Höhepunkte stellen die verschiedenen Corridas, Courses Landaises in den Arenen der Umgebung dar.

Im Ort das MUSÉE DU PETROLE, eine kleine Ausstellung mit Schautafeln zur Ölgewinnung, Bohrvorgängen etc. Parentis ist seit 35 Jahren Zentrum der Ölbohrungen des Landes. Offen: Juli/August tägl. 1o-12.3o/ 15-19 Uhr.

*** Camping L'Arbre d'or 5oo m vorm See im lichten Pinienwald. Staubiger Waldboden, Sanitärs luftig konzipiert, aber o.k. Die ersten der 2oo Stellplätze 5o m neben der Seezufahrtsstraße. Offen April bis September.

Jede Menge weiterer Campingplätze Richtung St. Eulalie (beschildert).

SEE VON AUREILHAN

Eine holprige Straße führt schnurgerade von Parentis Richtung Mimizan kilometerweit nur durch Pinienwald zum See von Aureilhan. Ein ausgesprochen hübscher kleiner See (6,4 qkm), aber zur Saison fest in Händen der Campingurlauber; überwiegend waldig eingefaßtes Ufer, schmaler Sandstrand direkt an der Parkplatzwiese am Südost-Ufer. Idealer Anfängersurfsee, überschaubar, weit draußen kann man noch stehen; kinderfreundlich seicht ins Wasser. Der kleine Ort Aureilhan ist eigentlich nur eine lockere Siedlung, etwas vom See entfernt.

„Promenade Fleurie": ein schöner Kurzspaziergang durch eine Blumenanlage am südwestlichen Seebereich. Zugang vom Hotel/Restaurant „Au Bon Coin du Lac" (siehe unten).

Großes **Wassersportangebot** an der schmalen Uferstraße in Aureilhan vor Restaurant Le Calicoba. Verleih von Tretbooten, Surfboards, Segeljollen, Catamaranen. Fahrradverleih. Eine Ecke weiter Kanu- und Kajakverleih. Surfunterricht und weiterer Surfverleih. Reitmöglichkeit.

Restaurant „LE CALICOBA", 5o m vom Strand in Aureilhan; Terrasse unter Pinienschirmen, innen ganz nett mit Blumen aufgelockert. Billigmenü und Tagesgericht.

Restaurant/Hotel „AU BON COIN", 34, av. du Lac in Mimizan Bourg am See (ausgeschildert). Der Name trifft voll ins Schwarze. Sehr gutes Speiserestaurant mit superschöner Terrasse am Südwestzipfel des Sees. Raffinierte Küche, Spezialitäten des Landes. 8 Zimmer, DZ ab 9o Euro. Menü ab 26 Euro.

* „**Hotel Des Lacs**" an der Straße, kleiner Familienbetrieb inkl. Tabakladen und Restaurant, Paella und Bouillabaisse auf Vorbestellung. 9 z.T. nett tapezierte Balkonzimmer, HP ab 3o Europ.P.

** Camping Municipal, riesengroßer Platz, vom See nur durch die Uferstraße und den Parkplatz getrennt; überwiegend schattige Stellplätze unter Pappeln; wiesig sandiger Boden.

**** Camping Eurolac, großer, sehr schöner und gepflegter Platz. Zum See über die Straße, schattige Stellplätze sowie freies Gelände. Sehr gute

Sanitäranlagen, Stromanschluß, großes Sportangebot gleich gegenüber. Minigolf, Supermarkt. Vor dem Campingplatz in der Regel vollster Strandbereich. Bungalows.

** Camping Municipal du Lac an der D 87 am südwestlichen Seebereich, Zufahrt von Mimizan ausgeschildert. Sehr schön gelegen, zieht sich von der Straße bis zum See. Schattig im Kiefernwald, mehrere Sanitäranlagen. Guter Stützpunkt für Wassersport. Bootsvermietung beim Centre Nautique ein paar hundert Meter weiter. 48o Stellplätze.

★ Mimizan-Bourg und Mimizan-Plage

Die beiden Städte sind fast zusammengewachsen. Wenig lockende Stadtatmosphäre, die Besiedelung zieht sich vom S/W-Zipfel des Sees von Aureilhan bis zum Meer.

Mimizan-Plage: ein Siedlungsband von kleinen niedrigen Häusern mit Garten, Kieferngürtel mit einigen Picknickplätzen zieht sich bis zur Dependance am Meer; ein lässig-quirliger Strandort, alles andere als mondän, planlos zu beiden Seiten der Flußmündung gewachsen.

Überfüllte Fußgängerzone, Pâtisserien, Boutiquen, junge Leute und Familien prägen das Ortsbild, überwiegend deutsche Laute. Wunderschöner feinsandiger, kilometerlanger Strand, durch den Fluß geteilt, ist der Hauptanziehungspunkt; auch am Flußufer bei Ebbe schöner Badestrand. Gute Surfbedingungen im Meer, bequeme Autozufahrt, um das eigene Board zu Wasser zu lassen.

Die Papierfabrik auf dem Weg zum Meer verschweigen die Hochglanzprospekte. Der penetrante Geruch reicht je nach Windrichtung bis zum Meer und kann ganz schön unangenehm werden.

Tourist INFO Office de Tourisme: 38, av. Maurice Martin in Mimizan-Plage. Mo.-Sa. 9-12/15-18 Uhr, So. 1o-13 Uhr. Tel.o5 58 o9 11 2o, Fax o5 58 o9 4o 31

Parkplatz direkt auf den Dünen.

Bus: Bahnhof in bv. de l'Atlantique.
-> Bayonne über Léon, Vieux Boucau ca. 2-3 x /Woche
-> Bordeaux über Aureilhan, Biscarrosse im Juli/August ca. 2-3 x tägl., sonst 1 x tägl. -> Bahnstation Labourheyre ca. 2 x tägl.

An das alte Mimizan erinnern nur noch die Reste der BENEDIKTINER-ABTEI aus dem 13. Jh. (Glockenturm und romanisches Portal) auf dem Weg zum Strand. Hafen und Siedlung sind dem unerbittlichen Sand im 18. Jh. zum Opfer gefallen.

MUSÉE DU VIEUX BOURG, kleines Heimatmuseum gegenüber in der Rue de l'Abbaye. Offen: Mitte Juni bis September 1o.3o-19 Uhr, So. 1o.3o-12.3o Uhr.

** „**Hotel De la Forêt**", 39, av. Maurice Martin am Ortseingang, hat ein bißchen seinen alten Charakter bewahrt. 1oo m zum Meer. Recht laut, denn bis spät abends ist auf dem Riesenparkplatz gegenüber Betrieb. 9 Zi., ca. 35-6o Euro.

** „**Hotel Bellevue**" gegenüber; 34, av. Maurice Martin. 4-eckiger Kasten mit Penthouseaufbau. 36 Zimmer, nur wenige mit eigener Dusche/ Bad. DZ 25-5o Euro

*** „**Hotel Côte d'Argent**", 6, av. Maurice Martin; modernes Hochhaushotel 5o m vom Strand. Blick vom Balkon übers Meer. 4o Zimmer, DZ 5o-8o Euro.

** „**Hotel De France**" 18, Av. de la Côte d'Argent. Kleines Hotel schräg gegenüber vom Dünenparkplatz in 2. Reihe. 21 freundliche Zi., 5o m zum Strand. DZ 4o-6o Euro.

*** Camping de la Plage, im nördlichen Ortsteil von Mimizan-Plage. Großer Platz ca. 5oo m vom Meer entfernt; Seekiefern sorgen für Schatten, Sandboden; mehrere Sanitäranlagen, die bei dem Andrang nicht immer picobello sind. Stromanschlüsse. 78o Einheiten, offen April bis September.

**** Camping Marina Club im südlichen Ortsteil. Flaches Areal, ebenfalls Kiefernwald, ordentliche Sanitäranlagen, gutes Sportangebot. Restaurant, Supermarkt, Disco, Swimmingpool, Tennis, Tischtennis. Vermietung von einfachen Ferienwohnungen im Reihenhausstil. Ca. 1 km zum Strand. 57o Stellplätze; offen Mai bis September.

Wohnmobilstellplatz: großer Parkplatz im Süden vor den Dünen.

SPORT

Segel/Surfschule: „Mimizan Ecole Club", Centre Nautique; 5-Tages-Kurse im Juli/August. Weiteres Wassersportangebot siehe auch See von Aureilhan.

Reitschule: „Le Marina" hinter Camping Marina, Eingang Rue des Lacs. Ausritte im Wald und am Strand, Reitbahn für Anfänger.

Fahrradverleih: u.a. in der Rue Assolant Lefèvre Loti und Av. de la Côte d'Argent. Fahrradweg nach Mimizan Bourg, sehr schön auch die Wege parallel zur Küste nach Süden.

Als besondere Attraktion kann man **Skilanglauf auf Kiefernnadeln** machen (im Stade d'aiguilles de pin).

Organisierte Busausflüge: Tagestouren ins Baskenland, nach Biarritz und an die baskische Küste, bis nach Spanien. Info im Touristenbüro.

Von Mimizan zum ETANG DE LEON: ca. 4o km durch einsame Landschaft, die Strecke verläuft 5-1o km im Landesinneren, kein Blick zum Meer von der stark frequentierten Straße D 652, ein paar Höfe und Weiler, vor allem aber viel Wald.

Rund halbes Dutzend Stichstraßen, z.T. alte Militärstraßen, führen ans Meer zu kleinen, improvisiert wirkenden Siedlungen meist mit Campingplatz, ewig langem einsamen Strand (Vorsicht gefährliche Strömungen!), z.T. Schwemm- und Strandmüll, als Preis für die Einsamkeit. Die obligatorischen Snacks, Frittenbuden und großer Parkplatz komplettieren das Angebot.

Herrlicher Fahrradweg von Mimizan Plage parallel zur Küste durch schattigen Kiefernwald bis nach Soustons. Nur kleine Passagen über Straße, vorwiegend über die alten Betonplatten des Radmeldewegs aus dem 2. Weltkrieg.

Bei **BIAS** an der Strecke eine Töpferei, Verkauf von Honig und Kerzen in ehemaligen Harzbehältern. Diverse Entenzüchter machen an der Route Reklame. Besichtigung möglich, z.B. in Lit et Mixe. Ob einem jedoch die Delikatesse „Stopfleber“ nach so einer Vorführung noch mundet, sei dahingestellt. Überall an der Route locken dekorative Stände mit „Produits Régionaux“ - Armagnac, Honig, Confit, Gascogne-Spezialitäten. Jede Menge Campingplätze an der Strecke, meist im Wald oder am Waldrand gelegen. Zu den unendlich langen Sandstränden ein paar Kilometer per Fahrrad oder Auto.

Kurz vor St. Julien en Born (kleines Touristinfo, Fahrradverleih, Campingplätze) Abzweig zum Meer nach **CONTIS PLAGE**, 8 km. Der Badeort liegt an der Mündung des Courant de Contis, von der „Pont Rose“ die urwüchsige Vegetation schön zu sehen. Contis Plage ist ein reiner Strandort mit den üblichen Snacklokalen und Eisdielen; einige Hotelrestaurants und Appartementvermietung.

PHARE: Super Blick über die ewig weite Sandküste und die Kiefernwälder der Landes von dem schwarz-weiß gestreiften Leuchtturm, etwas zurückgesetzt im Wald. Offen: Juli/August tägl. 1o-12/15-19 Uhr.

*** Camping Lous Seurrots, riesengroßer, etwas unebener Platz unter Kiefern, nur einen Katzensprung zum Meer. 64o Stellplätze. Offen April bis September.

LIT ET MIXE, der sehr hübsche, landestypische Ort besaß früher mal einen Hafen, der aber Ende des 18. Jh. versandete. Heute ein Kreuzungsort mit den nötigen Geschäften. Kleines Heimatmuseum „Musée vieilles Landes“ neben dem Touristbüro (Juli/Aug. tägl. 16-18.3o Uhr).

Die Meerdependance Cap d’l’homy (Männerkopf) liegt 7 km entfernt. Diverse Campingplätze.

LEVIGNACQ: 1o km östlich von Lit et Mixe mit schönem Ensemble traditioneller Landeshäuser. Hübsche Kirche aus dem 12. Jh.

ST. GIRONS: kleiner Kreuzungsort mit unangenehm stinkender Fabrik. Campingplätze 5 km entfernt in St. Girons Plage.

Kurz vorm Etang de Léon zweigt die Straße zur großen, sehr schönen ** FKK-Anlage Arnaoutchot ab, im Kiefernwald mit super Bademöglichkeiten. 45 ha groß mit Stellplätzen für ca. 45o Wohnwagen und Zelte, z.T. Stromanschlüsse, hügelig, natürlich beassenes Gelände. Einige Wohnmobile und Chalets zu mieten. Sanitärgebäude in jedem Dorf, alle wichtigen Geschäfte vorhanden. Durchschnittliches Sport- und Freizeitangebot, der lange Sandstrand hinter der Düne. Offen: April bis September.

SEE VON LEON

Ein idyllischer, überschaubarer und kreisrunder See von etwa 2 km Durchmesser, der ca. 7 m über dem Meeresspiegel liegt. Ringsherum von Bäumen eingefaßt, kleine Sandpartien, seichtes Wasser. Ideal zum Baden, Planschen, Surfen, Bootfahren, Jollensegeln etc. Angeln bevorzugt vom Boot aus. Zugang im Süden von Leon aus, im Norden endet die Stichstraße von Vielle im Parkplatz beim See. Einige improvisierte Verkaufsstände, Pizzeria etc. Schöne Liegeflächen (Gras und Sand) unter Pappeln. Der obligatorische Verleih von Wassersportgeräten fehlt auch nicht (Surfboard, Tretboote, Kanus etc.). Tennisplatz, Minigolf in unmittelbarer Nähe. Zahlreiche Picknickbänke im Schatten.

★ Vielle

Kleiner Ort im Nordbereich des Etang de Léon mit einer Handvoll Häuser und Geschäften.

Restaurant „LE HILLON“ an der Einfahrtsstraße. Gutes Preis-/Leistungsverhältnis, Menü knapp 10 Euro.

„LES PALMIERS DU LAC“. Direkt am See mit großer Terrasse. Pizzen ab 6 Euro und Menü. Auch an die Kleinen wurde dabei gedacht.

**** Camping Le Col Vert etwas im Wald versteckt, zieht sich bis ans Nordufer mit eigenem Seezugang. Die Plätze in erster Reihe am See meist ausgebucht. Großes Areal mit Kiefern, teils Sandboden, gute Sanitäranlagen; Supermarkt, Restaurant, Stromanschlüsse, großes Sportangebot. Kleiner Bootshafen. 500 Stellplätze. Offen: April bis September.

Wohnmobilparkplatz nur 100 m vom See und Sandstrand entfernt.

★ Léon

Ein munteres Örtchen; kleine Hotels, Bars, Pizzerien gruppieren sich um den Kirchplatz (Zentrumskreuzung). Alle nötigen Geschäfte. Morgens ein ganz gemütliches Bild, wenn auf den Terrassentischen um den Platz Croissants zerrupft werden und der Café au lait geschlürft wird. Vormittags bunter Markt auf dem Kirchplatz, viele gascognische Spezialitäten.

* Hotel/Restaurant „**Le Lac**“, rte. du Lac. Gutes Restaurant, Speisesaal mit Blick zum See; Spezialitäten des Landes, Foie gras, Entenconfit, köstliche frische Austern. Menü ab 15 Euro. 15 Zimmer ab 32 Euro.

**** Camping Lou Puntaou, ganz schön gelegen nahe Courant d'Huchet (Schutzgebiet), ca. 1,5 km Stichstraße von Léon. Vom See nur durch die Straße bzw. den Parkplatz getrennt. Guter, ebener Platz, sehr gepflegt und großzügig, viel Schatten, vorbildliche Sanitäranlagen. Swimmingpool, Tennis, Wassersportangebot. 720 Stellplätze. Offen: Mitte April bis September.

Camping de la Fontaine St. Antoine, schöner, privater Platz abseits vom Rummel, gerade zur Hochsaison sehr angenehm. Mitten im Wald an einem kleinen Flüßchen gelegen, auf dem man auch Kanufahren kann. Die Sanitäranlagen sind o.k. und sauber. Restaurant und kleine Einkaufsmöglichkeit. Der Name macht auf die Heilquelle am Rande des Platzes aufmerksam. Zum Meer ca. 10 km. Zufahrt: auf halber Strecke zwischen Léon und Castets.

Bootsfahrten: Der Abfluß des Sees, Courant d'Huchet, verzweigt sich in ein wunderschönes Labyrinth von Flüßchen, Seen und Miniinseln; exotisch, fast urwaldartige Vegetation mit tiefhängenden Bäumen (Naturschutzgebiet).

Einmalig schön, wenn auch nicht ganz einsam, sind zur Saison die organisierten Bootsfahrten auf dem wohl schönsten Courant. In flachen Barken mit 4-6 Leuten geht es über den Fluß, dicht an den Pflanzen vorbei.

Besonders reizvoll sind die Morgentouren, bei denen man am ehesten Tiere (Rehe, Reiher, Blindschleichen etc.) zu Gesicht bekommt. 3-Std.-Fahrt ca. 15 Euro p.P.

Start in Léon/Südufer des Sees 2, 3 oder 4 Stunden lang. Von Ostern bis Oktober tägliche Touren, zur Hauptsaison großer Andrang, dann unbedingt vorbestellen, Hotels und Campingplätze machen das telefonisch.

Dazu schöner **Spaziergang** „Pas du Loup“: ein schmaler Pfad, der in Pichelèbe bei der Brücke über den Courant d'Huchet beginnt. Ziemlich beschwerlich durchs Unterholz, dafür kann man zwei Feuerbeobachtungstürme besteigen. Autozufahrt im großen Bogen über die D 328 zur Brücke.

Ab der Brücke Fußweg zu einem fast menschenleeren Strand ohne Frittenbude.

Transporte siehe Mimizan und Vieux Boucau.

Von Léon in 15 km nach VIEUX-BOUCAU durch ländliche Gegend, viel Maisanbau, an herrlichen Farnfeldern und Kiefernwäldern vorbei, ab und zu Straßenstände mit regionalen Produkten und Kunsthandwerk. Ein paar alte Fachwerkgehöfte an der Strecke.

Fahrradfahren: Sehr schöner Radweg ab Léon, über Messanges, Vieux-Boucau nach Soustons 22 km, mehr oder weniger parallel zur D 652 und von Vieux-Boucau nach Seignosse (17 Km). Verläuft auf einer alten Bahntrasse, daher brettleben. Die ehemaligen Bahnhöfe noch erhalten. Zudem jede Menge schmale Landstraßen, die im Sommer nicht so stark frequentiert sind wie die Hauptroute. Ausgeschildert „Piste Cyclable“.

Stichstraße von der D 652 ans Meer bei Moliets et Maa, 3 km.

ADRENALINE PARC - Wie die Affen klettern die Menschen, ob jung oder alt zwischen den Pinien über Drahtseile, an Netzen oder balancieren über schmale Balken in luftiger Höhe. Andere sausen lieber mit dem Motorrad oder Quad auf dem Boden um die Bäume herum. Der Besuch des Adrenalinparks kann ein riesiger Spaß und Herausforderung für die ganze Familie werden. Allerdings auch ganz schön teuer.

1 km außerhalb Moliets de Maa, unmittelbar an der Straße D 652. Offen: April-Nov. tgl. 14-19 Uhr, Juli und Aug. 9.2o Uhr.

MESSANGES, kleiner Kreuzungsort mit etwas gewachsener Struktur. Einkaufsmöglichkeit, Post neben der Kirche (Gefallenendenkmal). Auch hier wachsen am Ortsrand im Kiefernwald die Feriensiedlungen aus dem Boden. Im Sommer sicher ein besserer Platz für einen Badeurlaub, als die großen überfüllten Orte weiter unten: Vieux Boucau les Bains, Hossegor und Capbreton.

Office de Tourisme, Route des Lacs, 4o66o Messanges Tel. +33 o5 58 48 93 1o, Fax +33 o5 58 48 93 75.

E-Mail: ot.messanges@wanadoo.fr Internet www.ot-messanges.fr

KUNST VOM FEINSTEN: Es lohnt sich ein Besuch bei dem Keramikkünstler Francois Jarlov. Seine Werke wurden schon auf vielen Ausstellungen in der Welt gezeigt. Das Atelier ist nich weit vom Ortskern entfernt, Chemin de Camentron. Offen. 16-19 Uhr

MESSANGES PLAGE: Stichstraße von 2 km (D 82) endet im schattenlosen Parkplatz direkt vor der Düne, nur ein Katzensprung ans Meer. Weiterer Parkplatz kurz zuvor im Wald.

*** Camping Moisan nur 1 km vom Strand entfernt an der Stichstraße. Großer Platz (22o Stellplätze). Einkaufsmöglichkeit, Waschmaschine. Offen Mitte Mai bis September.

★ Vieux Boucau les Bains (1.2oo Einw.)

An der Mündung des Courant aus dem Soustonssee. Ein großer, weitverstreuter Ort aus verschiedenen Teilen zusammengewachsen mit lockenden, endlosen Sandstränden und schönen Dünen. Viele, z.T. hübsche Ferienhäuser. In der Hochsaison knallvoll und alles andere als idyllisch.

Der kleine ältere Kern liegt etwas im Inland; Tennisanlagen, Stierkampfarena und Fronton säumen den Weg zum Strandviertel. Um Vieux-Boucau schießen Ferienanlagen wie Pilze aus dem Boden, was zunehmend den Charakter verändert.

Der neue Ortsteil Port d'Albret liegt nah zum Strand und am Courant. Modern mit Pfiff konzipiert, ocker-sandfarben, rustikal mit viel Holz und Grünanlagen um den künstlichen Salzwassersee (5o ha); kleine Sandpartien, ideal für Kinder. Einst mündete hier der Adour, ein launischer Fluß, der x-mal seinen Lauf änderte, bis seine Mündung bei Bayonne fixiert wurde. Damals lag hier der wichtige Hafen für das Hinterland, benannt nach dem Geschlecht der Könige von Navarra.

Kilometerlanger feinsandiger Strand mit Dünenstreifen, einsame Stellen erst weit außerhalb. Überwachter Bereich mit Restaurants, Snack- und Frittenbuden. Gutes Gebiet zum Wellenreiten.

Zur Saison ein breites Unterhaltungsangebot, Stierkämpfe, Pelotespiele, Feste, Folklore, Musikabende etc.

Tourist INFO

Office de Tourisme: Pavillon im Fußgängerbereich im Ortsteil

Port d'Albret. Le Mail No. 11, 4o48o Vieux-Boucau, Tel. o5 58 48 13 47, Fax o5 58 48 15 37. E-Mail: officedetourisme.vieux-boucau@wanadoo.fr Internet: www.ot-vieux-boucau.fr Offen: zur Saison 9-12.3o/14.3o-19 Uhr, So. 1o-12.3o/15-19 Uhr.

Post: bei der Rte. Départementale des Lacs. Offen von Mo. Fr. 9-12/14-17 Uhr; Sa.9-12 Uhr.

Parken: Große Parkplätze im Ort und hinter den Dünen.

Waschsalon in Port d'Albret, av. de Moisan, offen 7-22 Uhr.

Busverbindung: -> Léon ca. 4 x tägl.
-> Mimizan ca. 3 x/Woche
-> Soustons ca. 4 x tägl.
-> Hossegor, Bayonne ca. 4 x tägl.

Pizzeria „L'ALEXANDRA", av. du Junka, in moderner Architektur dem Landesstil angepaßt, große Terrasse, heller Rauhputz im freundlichen Speisesaal. Pizzen in allen Varia-tionen. Gute Eiskarte, Crêpes und Muscheln.

** „**Hotel Côte d'Argent**", Grand Rue. Rustikales Ambiente, gute landais Küche. Menü ab 15 Euro, So. teurer. 36 Zimmer, DZ 46-55 Euro.

** „**Hotel De la Pomme de Pin**", Rond Point de la Plage. Strandnah neben der Düne, allerdings direkt am großen Parkplatz. 3o geräumige Zimmer, z.T. mit Balkon zum Parkplatz, DZ 7o-95 Euro. Restaurant auf rustikal gemacht. Gute Küche, gehobenes Preisniveau.

** „**Hotel La Maremne**", 33 av. de la Plage. 2oo m vom Strand. Nüchtern-modern, viele Balkonzimmer. 38 Zimmer mit Du./Bad. DZ 38-55 Euro. Ordentliches Restaurant im Souterrain, etwas düster.

*** Camping municipal Les Sablères, sehr großer Platz direkt hinter der Düne; etwas welliges Gelände; Wiese und Kiefernwäldchen, auch viele Sonnenplätze. Nur ein Katzensprung zum Meer; entsprechend stark frequentiert. Nicht an allen Stellplätzen Stromanschlüsse. 522 Stellplätze und Chalets. Offen: April bis Mitte Oktober.

Weitere Campingplätze Richtung D 652:

** Camping d'Albret, über 27o Stellplätze, viele Mobilhomes, gut schattig, einfache Sanitärs. April bis September.

**** Camping Le Vieux Port, Riesenanlage für 1.4oo Stellplätze. Viele Schattenplätze unter hohen Pinien. Weitgefächerte Ausstattung, vom Restaurant, Bar, Einkaufsmöglichkeit bis zum Sportangebot. Zusätzliche Bungalows und Mobilhomes (Airotel). April bis September.

Wohnmobile: Stellplatz Richtung Port Albert. Asphaltiert und mit Hecken unterteilt wie auf einem Campingplatz. Gleich an der Straße. Wasser- und Stromversorgung. 24 Stunden gegen Gebühr erlaubt. Von hier läßt sich der

Ort gut mit dem Rad erkunden.

SPORT

Rund 2o **Tenniscourts**, stundenweise Vermietung, auch Tenniskurse.

Minigolf in der Av. du Janka.

Fahrradvermietung bei „Locacycles“ in der Grand’Rue.

Segel-/Surfboardvermietung: beim Lac de Port d’Albret

Reiten beim Centre Hippique, 2 km außerhalb Richtung Soustons.

Sehr schöner Radweg auf eigens geteertem Abschnitt parallel zur Straße D 79 nach Hossegor bzw. Seignosse.

SEE VON SOUSTONS

Sehr schöner, langgestreckter Etang (73o ha, im Norden auch Lac d’Azur genannt). Fast ringsherum von Kiefern eingefaßt, teilweise Schilfufer mit Seerosen. Eine Straße führt in einiger Entfernung um den See, selten Blick. Zugänge bei den Campingplätzen bei Azur im Norden oder Soustons im Süden.

Schönes großes Picknickareal im Süden direkt am Ufer (von Vieux Boucau kommend am Ortsanfang Soustons) unter hochstämmigen Kiefern, Pedaloverleih. Auf dem See werden alle Wassersportarten betrieben, beim Surfen/Segeln allerdings mit Windscheerungen rechnen.

AZUR, hübsches Nest im Norden mit eigener „Mairie“ und den nötigen Geschäften. Wenige Kilometer entfernt hatte François Mitterand seinen Sommersitz „Ferme de Latché“.

Seezugang 1km vom Ort bei den Campingplätzen:

**** Camping La Paillotte Azur, ausgesprochen schöner Platz langgestreckt am See. Über 3oo Stellplätze, viel Schatten, z.T. individuelle Nischen. Gute Sanitäranlagen in interessanten Rundbauten. Swimmingpools. Aufenthaltsraum mit Kamin, gutes Wassersportangebot. Offen: Juni bis Mitte September.

Restaurant nebenan ebenfalls im Rundbau direkt am See.

*** Camping Municipal gleich nebenan. Etwas preiswerter und einfachere Ausstattung, doch ebenfalls am Wasser und gut schattig. 2oo Stellplätze, offen Juni bis Mitte September.

★ Soustons

Ein „Ganzjahresstädtchen“ und für die Gegend ein kleines Zentrum. Gewachsener Ortskern mit allen notwendigen Geschäften an der Hauptstraße und im Bereich der Kirche. Der Ort geht auf eine englische Gründung („South Town“) im 14. Jh. zurück. Soustons hat dem ehemaligen Präsidenten der Republik François Mitterand (1916-1996), der hier viel Zeit in seinem Ferienhaus Latché verbrachte, ein Denkmal gesetzt.

Seezugang beim Centre Nautique mit kleiner Zeltwiese (Aire de Camping), zur Saison kaum Platz. Alle Wassersportarten, Surfen, Jollensegeln etc.

Schöne Fahrradausflüge von Soustons über Vieux Boucau nach Léon; der Weg läuft parallel zur D 652.

* „**Hostellerie du Marensin**“, 15, place Sterling. 14 Zimmer, überwiegend mit Etagenduschen, DZ ab 35 Euro. Empfehlenswertes Lokal im regionalen Stil, mit Kamin und dicken Balken. Gutes Preis-/Leistungsverhältnis, reichhaltiges Menü ab 13 Euro.

*** „**De la Bergerie**“, avenue du Lac. Gepflegtes Hotel im Park. Ein Dutzend Zimmer bzw. Appartements ab 6o Euro.

*** **Pavillon Landais**, 26, av. du Lac. Sehr schön im Grünen am See gelegen. 27 gepflegte Zimmer, 55-1oo Euro. Gute variationsreiche Küche je nach Angebot des Marktes; sehr schöne schattige Terrasse. Menü ab 22 Euro.

**** Camping Municipal l'Airial nicht direkt am See, an der Straße nach Vieux Boucau. Großes Areal unter Kiefern, recht schattig, hübsches Restaurant/Rezeption; gute Sanitäranlagen, Schwimmbad, Tennis; zum See ca. 2oo m. 4oo Stellplätze. Offen: April bis Mitte Oktober.

Etang de Hardy, Etang Blanc, Etang Noir

Drei Miniseen südlich von Soustons.

Etang de Hardy, ein kleiner See in ländlicher Umgebung mit verschilftem Ufer, nichts zum Baden.

Etang Blanc, der größte, dadurch am meisten los. Natürlich belassen, z.T. seichtes Sandufer. Schöne Zugänge im Norden mit Pedaloverleih und Surfeinstiegen. Auf beiden Seen zahlreiche Unterstände, die im Herbst als Unterstand bei der Entenjagd benutzt werden.

Einfacher Camping Bathurt, kaum Schatten, ca. 3oo m zum See.

Etang Noir: Naturschutzgebiet (Reserve Naturelle). Der Minisee versteckt sich hinter Bäumen und Sträuchern, viele Königsfarne. Sehr schöner Zugang im Westen bei Seignosse: kurzer Rundweg auf Holzstegen durch ein naturbelassenes Sumpfgebiet zum See, wie durch einen kleinen Urwald. Beim Eingang neben der D 89 ein Infopavillon. Maison de la Réserve (geführte Touren, geringer Eintritt).

SEIGNOSSE, kleiner Ort am Südende der drei Seen, auch außerhalb der Sommersaison herrscht hier noch Leben. Älteres Rathaus, Kirche - ein typisches Landesdörfchen aus der Zeit vor dem Massentourismus.

★ Hossegor und Capbreton

Zwei attraktive Badeorte, die praktisch zusammengewachsen sind. Die Ortsgrenze verläuft am Kanal des Boudigau. Zur Hochsaison tummeln sich hier gut 5o.ooo Urlauber, außerhalb der Spitzensaison dafür noch angenehm belebt. Ein guter Kompromiß für Fans langer Sandstrände, mit der Möglichkeit, Tagestouren ins Baskenland zu unternehmen. Jeder Ort hat seinen eigenen Charakter - in Hossegor ein familienfreundlicher Badesee (Salzwasser) direkt im Ort, Capbreton wirbt mit seiner Promenade am Meer und dem lebhaften Jachthafen.

Nördlich von Hossegor zieht sich ein Siedlungsband von großen, modernen Appartements, nicht einmal häßlich hinter den Dünen entlang. Ein gelungenes Retortenwerk, z.T. in Grün versteckt, zum Teil auch direkt auf den Sand gebaut; herrliche Strände, wie beispielsweise der Plage des Estagnots, ewig ausgedehnt, jeder hat genug Platz, Wellenreiter sorgen für Action.

★ Hossegor **(2.5oo Einw.)**

Sehr gepflegter Badeort, eine deutliche Spur nobler als die planlos gewucherten Strandorte weiter nördlich; mit sympathisch altmodischem Touch; zur Saison restlos ausgebucht, dann wächst der Ort auf das zehnfache an.

Die große Attraktion von Hossegor ist der langgezogene Salzsee hinter dem begrünten Dünenrücken; vornehme Villen mit üppigen Gärten im Seebereich, das Meer brandet 8oo m entfernt, lange gepflegte und überwachte Strände locken zum Baden, gutes Surfgebiet. Das betriebsame hübsche Zentrum um die Av. Lahary. Die Nähe zum Baskenland schlägt sich auch in der Architektur nieder. Großes Restaurant-/Barangebot. Der neuere Stadtteil entstand vorne am Meer.

Der Name Hossegor geht vermutlich aufs Gaskognische zurück und bedeutet „tiefer Graben", damit ist die Meeressenke vor Capbreton gemeint.

Bus -> Vieux Boucau ca. 4-6 x tägl.
-> Léon ca. 2 x tägl.

Zug -> Baxonne 3 x tägl.
-> Dax 2 x tägl.

SEE VON HOSSEGOR

Ein riesiger Meerwasserpool, einige Grad wärmer als der offene Atlantik. Der ehemalige Seitenarm des Adour ist per Kanal mit dem Meer verbunden; das bedeutet Sandufer mit Muscheln, Schlickpartien und Gezeitenwechsel. Wellengeschützt bietet er bei guten Windverhältnissen für die zahmen Wassersportarten ideale Bedingungen. Gefahrloses Baden für Kinder.

Plage Blanche am Westufer des Sees, ein schöner, gepflegter Strand ca. 3oo m lang, bei Flut ca. 5o m breit, meist recht überfüllt. Auf der Ostseite Plage du Rey, etwas schmalerer Sandstrand mit Segel-/Surfverleih, Kinderclub, angrenzend die Straße.

Office de Tourisme: place des Halles, 4o15o Hossegor. Tel. o5 58 41 79 oo, Fax: o5 58 41 79 o9. Offen: im Sommer 9-19.3o Uhr, So. und feiertags 1o-13/15-18.3o Uhr. Hier ist eine Karte mit Fahrrad- und Wanderwegen erhältlich. E-Mail: hossegor.tourisme@wanadoo.fr Internte: www.ville-soorts-hossegor.fr

Post: av. de la Gare, offen: Mo.-Fr. 9-12.3o/13-17 Uhr; Sa. 9-12 Uhr.

Waschsalon: Lavomatique 417, avenue Touring Club.

SPORT

Seeumrundung zu Fuß: schöner Spaziergang, ca. 1 Std., 7 km.

Surfen: ideal für Anfänger auf dem See, wellengeschützt bei meist gutem Wind; Brandungssurfer kommen am Meer voll auf ihre Kosten. Surfschule und Boardverleih am See.

Wellenreiten: Boardvermietung an verschiedenen Stellen im Ort. Wellenreitschule am Hafen von Capbreton, Quai de la Pêcherie.

Radverleih ab 8 Euro/Tag, Rennräder teurer, auch Mountainbikes. Schön ist es auch mit einem kleinen Scooter.

Tennis: Le Garden Tennis Club neben dem Golfplatz von Hossegor. Intensiv Tenniskurs mit jeweils 4 Std. tägl. kostet 25o Euro/Woche. Info und Buchen bei Le Garden Tennis Club Av. Marcel Prevost.

Reiten: „L'Etrier" an der Route St.Vincent de Tyrosse-Angresse. Ausritte im Wald, an Seen, Ponyreiten für Kinder. Wochenkurse.

Golfplatz auf dem Weg nach Seignosse, D 86.

Bootsfahrten entlang der Côte Landaise. Hochseeangeln von Capbreton.

Organisierte **Busausflüge**: z.B. Tour nach Lourdes mit 5 Std. Aufenthalt über Lacq, Pau, Betharram. Oder nach Spanien über San Sebastian nach Loyola oder zur baskischen Küste etc. Info beim Touristenbüro

Volles **Unterhaltungsprogramm** zur Saison, Stierkämpfe, Feste, Folkloreveranstaltungen etc. siehe Broschüre beim Office de Tourisme.

HOTELS/RESTAURANTS

** „**Relais du Lac**" in Toplage direkt am See. Gutes, gepflegtes Restaurant mit breiter Fensterfront zum See; sehr schöne Korbstuhlplätze an der Bar. 21 Zimmer, alle mit Du. oder Bad 4o-115 Euro, möglichst eines zum See geben lassen.

** „**Hotel de la Plage**" im Norden, 94, pl. des Landais, in 1. Reihe am

Strand. Alteres Baujahr. 2o Zi., einige mit Balkon zum Meer. DZ 55-13o Euro. Restaurant mit einigen Tischen auf der Glasveranda, toller Blick zur baskischen Küste.

** „**Les Helianthes**", 156, av. Côte d'Argent. Kleines Hotel etwas versteckt in einer ruhigen Villengegend. Ideale Lage ein Katzensprung vom See entfernt, gut 15 Minuten zum Meer. Angenehme Atmosphäre, kleiner Garten mit Swimmingpool. 18 Zimmer, fast alle mit Privatbad. Gutes Preis/Leistungsverhältnis, DZ 28-55 Euro.

** „**Hotel Huitrières du Lac**", direkt am See, 5o m zurückgesetzt von der Straße. Sehr gutes Hotel/Restaurant geräumiger Speiseraum mit Seeblick, immer viel Betrieb, da bekannt gute Küche; viel Fisch und Meeresfrüchte, selbstgezüchtete Austern. Menü ab 15 Euro. 9 sehr ordentliche Zimmer, z.T. mit Seeblick, DZ 58-76 Euro.

*** „**Mercedes**", 333, av. du Tour du Lac. Großes, modernes 45-Zimmer-Hotel zwischen See und Wald; komfortable Zimmer, Swimmingpool, DZ 7o-12o Euro.

Campingplätze von Hossegor haben uns von der Lage (zum Baden) besser gefallen als im Nachbarort Capbreton.

*** Camping Municipal la Forêt,. 116 Av. De Bordeaux. Wie der Name verrät direkt im Pinienwald. Mit 75 Einheiten relativ kleine Anlage. Offen: April - Oktober.

**** Camping du Lac, eine Ecke weiter. Trotz des Namens nicht am See, doch komfortable Anlage. 25o Stellplätze im hochstämmigen Kiefernwäldchen. Restaurant, Bar, Einkaufsmöglichkeit. April bis September.

★ Capbreton (5.2oo Einw.)

Der Reiz des Nachbarortes liegt in seiner Strandpromenade und dem riesigen Jachthafen. Vom ehemaligen Fischerort ist allerdings nichts mehr zu spüren; die letzten Fischkutter sind beliebte Fotomotive geworden; Fischverkauf direkt ab Kai. Der alte Ortsteil mit Markthalle gruppiert sich um die Kirche auf dem anderen Ufer des Boudigau. Die geschwungenen Straßen sind weitgehend Fußgängerbereiche.

Bis ins 14. Jh. war Capbreton ein wichtiger Handelshafen, damals noch an der Mündung des Adour. Die sehr fischreiche, tiefe Meeresfurche (Gouf de Capbreton) vor Capbreton bildete die Lebensgrundlage des einstigen Fischerdorfes an der Mündung des Adour.

Moderne Appartementhäuser um den großen Jachthafen. Knallvoller, ca. 2 km langer Strand, im Ortsbereich bewacht, bei Flut ca. 3o m. Bei den hohen Dünen wird's leerer. Die lange Mole mit dem Leuchtfeuer an der Hafeneinfahrt ließ Napoleon III. bauen. Von hier aus Spitzenblick entlang der baskischen Küste bis nach Spanien. Bei Sonnenuntergang ein beliebtes Fotomotiv.

Tourist INFO

Office de Tourisme: Av. du Président Georges Pompidou, 4o13o Capbreton, Tel. o5 58 72 12 11, Fax: o5 58 41 oo 29. Offen zur Saison: 9-19 Uhr, so./feiertags 1o.3o-12.3o/ 16-19 Uhr. Sonst 9-12/14-18 Uhr außer So.
E-Mail: capbreton@wanadoo.fr Internet:. www.tourisme.fr.capreton

www.landes-cote-sud.com

Post: 18, bd. Docteur Junqua, nahe Touristenbüro. Saison: Mo.-Fr. 9-12/14-18, Sa. 9-12, sonst nur bis 17 Uhr.

Museum ECOMUSÉE DE LA PECHE ET DE LA MER: Geschichte und Technik der Fischerei. Meerblick. An der Promenade über dem Casino.

COURSE DE VACHES findet zur Saison jeden Freitag in der Arena statt (siehe auch allgemeines Kapitel Seite 343).

An der Hafenstraße und Promenade ein Café und Restaurant am anderen.

Restaurant „LA PECHERIE DUCAMP“, rue du Port d'Albret. Sehr empfehlenswertes Fisch- und Meeresfrüchten-Restaurant mit zünftiger Atmosphäre, in dem wirklich alle Delikatessen des Meeres angeboten werden. Man sitzt neben Bassins, in denen sich Hummer, Krebse, Muscheln und Fische tummeln. Das macht besonders den Kindern Spaß. Gekellnert wird in Gummischürzen und -stiefeln. Enormer Andrang, reservieren ist sinnvoll. Empfehlenswertes Menü ca. 18 Euro (plateau fruits de mer, Fisch, Nachtisch), köstliche Fischsuppe und Muschelgerichte.

„LE PAVÈ DU PORT“ Quai de la pêcherie. Eine gute Adresse, um Fisch und Fruits de Mere zu genießen. Traditionelle Küche.

13 Hotels und fünf Campingplätze in Capbreton, dazu unzählige Ferienwohnungen und Appartements.

*** „**Hotel de l'Océan**“, 85, av. Georges Pompidou an der Zufahrtsstraße zur Mole. 27 Zimmer mit kleinen Balkons zur Hafeneinfahrt und Straße. DZ 4o-85 Euro.

„**Hotel du Parc**“, 11, av. gen. Leclerc. Eine Ecke vom Strand entfernt. Behäbiges Hotel im traditionellen Stil. 19 Zimmer, überwiegend mit Dusche, 3o-42 Euro. Großer Speiseraum und Terrasse neben der Straße.

** „**Hotel Aquitaine**“, 66, av. de Lattre de Tassigny, nur 2oo m vom Meer, Swimmingpool im Garten. 3-stöckiges Hotel, 24 Zimmer, alle mit Dusche/Bad, die teureren mit großem Balkon. Ordentliche Zimmer, meist einfaches Mobiliar. DZ 4o-6o Euro.

** „**Hotel Du Gouf**“, rue de Québec. Nur 7o Meter zum Strand, familiäre Atmosphäre. Fragen werden hier auf Deutsch beantwortet. DZ 4o-55 Euro.

*** Camping Bel-Air, avenue du Bourret, am Ortsrand bei den Sportanlagen, das alte Zentrum in Fußgängerreichweite. Ca. 1oo Stellplätze, Einkaufsmöglichkeit und Waschmaschine. Ganzjährig offen.

*** Camping Labarhe, 14, rue des Campeur liegt gleich nebenan. Fast ähnlich groß wie der Nachbar, doch kleiner.

Am südlichen Ortsrand Richtung Bayonne, weit weg vom Zentrum:

*** Camping La Civelle: riesige Anlage für 6oo Stellplätze. Hochstämmige

Pinien sorgen für Schatten. Mehrere Sanitäranlagen auf dem Platz verteilt, Stromanschlüsse, Einkaufsmöglichkeit. Zum Strand gut 2,5 km. Offen: April - Mitte Oktober

*** Camping La Pointe, einige Kilometer außerhalb Richtung Bayonne, 1,5 km vom Strand entfernt. Über 2oo Stellplätze in einem Wäldchen, natürlich belassenes Gelände, Wiesen- und Sandboden. Ordentliche Sanitäranlagen. Kinderspielplatz, Restaurant, Bar und Einkaufsmöglichkeiten. Offen: Juni bis September.

Wohnmobile: Traumhafter Stellplatz am südlichen Ortsrand direkt bei den Dünen und absolut ruhig (im Ort ausgeschildert). Von hier nur wenige Schritte ans Meer. Versorgungsstation.

AUSFLÜGE

Halbtägige Bootsfahrten entlang der Côte Landaise bzw. Hochseeangeltouren. Info/Anmeldung am Hafen/Ponton B gegenüber der Capitainerie.

Infos über Busausflüge beim Touristenbüro.

SPORT

Fahrradmieten lohnt sich bei den weitgestreckten Orten, mehrere Vermietungen: Verschiedene Anbieter. Auch Mopedverleih.

Großes Sportangebot, allein 9 Tenniscourts (av. du Stade), drei Reitzentren. Surfboardverleih und Geschäft direkt an der Promenade.
Mehrere Segelschulen.

★ Dax (2o.ooo Einw.)

Abstecher ins Inland, ca. 3o km von Capbreton. Die Stadt ist für ihre Bootsfahrten auf dem Adour, ihre Stierkämpfe und heißen Quellen bekannt. Auch wenn unklar bleibt, ob tatsächlich Julia, die Tochter des römischen Kaisers, hier ihr Rheuma auskurierte, gehört Dax zu den wichtigsten Kurorten Frankreichs. Über 5o.ooo „Curistes" pro Jahr beherrschen, besonders zur Nachsaison, das kleine Zentrum mit Modeboutiquen.

Das Wasser dampft mitten im Zentrum in einem swimmingpool-großen Becken (Fontaine chaude), inzwischen ringsherum von einem toskanischen Säulengang umgeben und vergittert, nachdem sich im Mittelalter schon Selbstmörder in das 64 Grad heiße Wasser gestürzt haben. 2.4oo Kubikmeter sprudeln hier pro Tag aus der Erde, und das schon seit gut 2.ooo Jahren. An den hübschen Wasserhähnen kann man eine Kostprobe entnehmen, sonst sind die Heilbäder gegen Rheuma, Gelenkbeschwerden etc. nur Kurgästen unter ärztlicher Aufsicht vorbehalten.

Die Wasserader wird inzwischen an mehreren Stellen angezapft (5o-54o m tief und unterschiedlich warm) und in die verschiedenen Kurhotels geleitet. Beispielsweise ins Hotel „Splendid", ein alt-ehrwürdiges Hotel aus den 2oern am Flußufer. Auch wenn der Art-Déco-Komplex schon mal glänzendere Zeiten gesehen hat, lohnt sich ein Blick in die riesige Empfangshalle mit leicht chlorhaltiger Luft.

Man kurt mit Adourschlamm, der mit heißem Quellwasser angereichert, in speziellen Becken erst 3-6 Monate „reifen" muß. Er kühlt nur ganz langsam aus und ist durch seinen neutralen pH-Wert für die Haut besonders gut verträglich.

Office de Tourisme: zwischen Thermalhotel Splendid und Adourbrücke, place Thiers, 4o1o4 Dax, Tel. o5 58 56 86 86, Fax: o5 58 56 86 8o. Offen: Ostern bis November tägl. 9-12/ 14-19, sonst Mo. bis Sa. vormittags.

Parken: Parkplätze entlang des Adourufers. - Vorsicht, im Herbst und Frühjahr sind sie häufig überspült.

Markt: Recht lebhaft wird die Stadt am Samstag zum Wochenmarkt neben der Kathedrale. Hauptattraktion sind Gänse- und Entenverkauf. Schon seit dem 14. Jh. wichtigster Markt der Region.

Feste: Interessant wird ein Stop zur „Feria" um den 15. August, dann platzt die Stadt aus allen Nähten, die Hotels sind ausgebucht. Umzüge, Folklore, Musik und jeden Tag eine Corrida.

Stadtrundfahrt im Minizug ab Fontaine chaude.

Stierkämpfe: Die Arena liegt neben dem Park Theodore Denis am Fluß. 1913 erbaut, ist sie die bekannteste in Frankreich und bietet Platz für 8.5oo Zuschauer. Im Sommer finden hier zur Feria die großen Stierkämpfe statt. Die Karten schon lange im voraus reservieren. (Vorher vielleicht einen Blick in unser Corrida-Kapitel werfen, Seite 343.) Werktags kann man auch die Kapelle der Matadore anschauen, letzte Etappe der Recken, ehe sie die Arena betreten (8-18 Uhr).

Bootsfahrten auf dem Adour: im Sommer eine schöne Sache in den verglasten Ausflugsbooten flußaufwärts. Entweder als Halbtagestour oder ganztags inkl. Mittagessen. Abfahrt am Quai de la Potiniére.

Geschichte: Der Name hat sich vermutlich aus dem lateinischen d'aquae abgeschliffen. Den Römern waren die heißen Quellen schon bekannt, sie bauten Thermen, Wehrmauern. Die Stadt entwickelte sich prächtig und sprach sich auch bei den Feinden herum: Wisigoten, Sarrazenen, Vandalen und Wikinger überfielen nacheinander die Stadt.

Die Pilgerwelle nach Santiago de Compostela (Spanien) brachte der Stadt neuen Aufschwung. Mit Aquitanien wurde Dax drei Jahrhunderte lang englisch.

Einen Hauch Weltgeschichte erfaßte die Stadt anläßlich der Hochzeit Ludwig XIV. Der Hof des Königs legte auf dem Weg nach St. Jean de Luz hier einen Zwischenstopp ein. Dem frischvermählten Königspaar wurde auf dem Rückweg ein triumphierender Empfang bereitet (Hinweisschild am Museum).

Der Thermalismus war vom 5.-12. Jh. in Vergessenheit geraten, erst mit den Kreuzzügen kam er wieder in Mode. Heute gehört Dax zu den bedeutendsten Thermalbädern Frankreichs (nach Aix-les-Bains), Indikation Rheuma, Arthrose etc.

SEHENSWERTES

MUSÉE MUNICIPAL DE BORDA, 27, rue Cazade. Benannt nach dem Mathematiker und Physiker Jean Charles de Borda aus Dax (1733-1799, Statue auf dem Platz Thiers). Funde aus gallo-römischer Zeit, Münzsammlung, eine Abteilung ist den Stierkämpfen und Course Landaise gewidmet, große prähistorische Abteilung. Offen: ganzjährig tägl. außer Di, So. und feiertags 14.3o-18.3o Uhr, geringer Eintritt, gilt auch für Krypta.

CRYPTE-ARCHEOLOGIQUE, rue Cazade. Reste der einst wichtigen römischen Thermalstadt „Aqua“ wurden Ende der 7oer Jahre unter dem Zentrum entdeckt. Vorgeschmack am Eingang durch die Glasfenster: unter einem liegen die meterdicken Grundmauern des Tempels. Durch die Ausgrabungen konnte das römische Dax in die Zeit Kaiser Severius 179 n. Chr. datiert werden. Offen: Mai bis November tägl. außer Di., So. und feiertags 14.3o-18.3o Uhr. Sonst seltener.

Die klassizistische KATHEDRALE im Zentrum nicht sonderlich attraktiv. Das gotische Portal der alten Kirche 12./13. Jh. konnte beim Neubau gerettet werden (linkes Querschiff). An der heutigen Kirche wurde über 25o Jahre lang gebastelt.

PARC THEODORE DENIS: schattiger „Kurpark“ mit vielen Bänken neben dem Adourufer; vor der Arena wird Boule gespielt.

STADTMAUERN: von den ursprünglich 1,5 km langen Wehrmauern (14. Jh.) sind nur noch wenige hundert Meter erhalten (Begrenzung des Parc Theodore Denis). Im 19. Jh. fielen sie der Stadterweiterung zum Opfer, von den einst 49 Türmen sind nur wenige erhalten.

MUSÉE DU FOIE GRAS, 1, rue des Jardins. Wer sich über die Spezialität foie gras (Stopfleber) informieren möchte, findet hier interessante Hinweise. Offen: Mo.-Sa. 1o-12/14-18 Uhr.

ST. SÉVER

Verschlafenes Städtchen oberhalb des Adour, das zur Zeit der Jakobspilger seine Hoch-Zeit hatte, was sich in der künstlerischen Ausschmückung der romanischen Benediktinerabtei widerspiegelt (sehenswerte Kapitelle).

Einen schönen Blick über den Adour und die mit Maisfeldern und Kiefern bewachsene Ebene hat man vom Aussichtspunkt bei der Stierkampfarena.

MONT DE MARSAN

Die Garnisonstadt und Hauptstadt des Départements Landes hat einen netten Kern am Zusammenfluß von Midou und Douze, der dann Midouze heißt. Ansonsten wird Mont de Marsan von Verwaltung und Soldaten bestimmt; bekannt ist die Stadt für ihre Stierkämpfe.

Tourist INFO **Office de Tourisme**, 6, place du Gén. Leclerc. 4oo11 Mont de Marsan. Tel. o5 58 o5 87 37, Fax: o5 58 o5 87 36.

BASKEN-LAND

Mit Überschreiten des Adour ändert sich schlagartig das Landschaftsbild; nach 25o km schnurgeraden Sandstränden und Pinienwäldern beginnt eine abwechslungsreiche Felsküste entlang der Biskaya, bizarr von der Brandung geformt. Liebliche hügelige Landschaft, schöner Panoramablick bis zum Pyrenäenkamm; fast voralpenländische Szenerie; behäbige weiße Fachwerkhäuser mit roten oder grünen Schlagläden, Türen, Balken und Geranienbalkons, gepflegte Gärten, üppige Vegetation, Hortensien, Olivenbäume und Palmen.

Das BASKENLAND (Euzkadi) wird durch die Landesgrenze in einen kleineren französischen und einen ca. siebenmal größeren spanischen Teil getrennt: Beide Teile vertreten aber die Devise „Zazpiak-bat" = Sieben in Einem (3 + 4 = 7 Provinzen bilden ein Land). Südlich des Pyrenäenhauptkamms liegen die vier spanisch-baskischen Provinzen. Nördlich die drei französisch-baskischen Provinzen Labourd (Hauptstadt Bayonne), Basse-Navarre (Hauptstadt St. Jean Pied de Port), Soule (Mauléon). Sie bilden einen Teil des Département Pyrénées-Atlantiques, das bis 1969 Basses Pyrénées hieß. Der Name „untere, niedrige Pyrenäen" wurde jedoch als pejorativ empfunden, so taufte man das Département schließlich um (dasselbe geschah übrigens auch mit anderen französischen Départements).

Der bekannteste Abschnitt des Baskenlandes ist der Küstenbereich der PROVINZ LABOURD. Zugleich kleinste der drei Provinzen, aber mit 15o.ooo Einwohnern die dichtest besiedelte und touristisch-wirtschaftlich am besten entwickelte. Ca. 3/4 der baskischen Bevölkerung leben an der Küste. Der Name Labourd (bask. Lapurdi) geht auf das römische Lapurdum zurück, wie die Römer die Hauptstadt Bayonne nannten.

Eine Küstenlinie von knapp 4o km zwischen den Flüssen Adour und Bidassoa: Hört sich bescheiden an, bietet aber umso attraktivere Landschaft, weltbekannte Renommierbadeorte und ein Sommer-Sonnen-Ferienleben. Die „Corniche Basque" ist jedoch nur ein kleiner, nicht unbedingt repräsentativer Ausschnitt des Baskenlandes, das überwiegend hügelige, bergige Landschaft bietet. Kein Gebiet, um Dreisterne-Sehenswürdigkeiten abzuhaken, jedoch mit ausgesprochen schöner Natur.

An die Provinz Labourd schließt sich die BASSE-NAVARRE an, ein bergiges, waldiges Gebiet um Palais und St.Jean Pied de Port; und SOULE, die östlichste Provinz, ein Bergland mit Schluchten, Grotten etc. (bes. Haute Soule) um den Fluß Saison. Rundfahrt durchs baskische Hinterland ab Seite 4o9.

GESCHICHTE

Über den Ursprung der Basken weiß man nicht viel Konkretes, sie sehen sich als ältestes Volk in Europa. Das westliche Pyrenäengebiet war schon zu vorgeschichtlicher Zeit bewohnt, wie Höhlen (z.B. von Isturits), Dolmen und Cromlechs beweisen. Im 1. Jh. vor Chr. drangen die Römer bis ins Baskenland vor, begnügten sich jedoch mit einer teilweisen Besetzung, und so hielt sich die römische Überfremdung sehr in Grenzen. Die damalige römische Provinz hieß Novempopulanie (= 9 Stämme), die nach einer in Hasparren entdeckten Inschrift relative Autonomie genossen haben soll.

Die Christianisierung erreichte das Pyrenäengebiet erst recht spät. Ende des 6. Jh. wurde das Bergvolk der Vasconier, wie die Vorfahren der Basken hießen, von den Wisigoten (deren Hauptstadt Toulouse war) zurückgedrängt. Z.T. wichen sie in die Ebene aus, vermischten sich mit der romanischen Bevölkerung Aquitaniens und wurden die Gascogner, während die Vasconier (Basken) des Berglandes sich Sprache und Tradition bewahrten.

Den Kampf gegen die Vasconier verlor die Nachhut der fränkischen Truppen Karls des Großen im August 778 bei Roncevaux, die von einem Feldzug aus Saragossa zurückkehrte - die Legende verwandelte die Vasconier in Araber. Diese Schlacht wurde durch das Rolandslied weltberühmt, das jedoch erst lange nach Karl dem Großen gedichtet wurde.

Die Araber wagten einen Vorstoß bis nach Poitiers, wo sie empfindlich geschlagen wurden (siehe dort). Im 9./1o. Jh. trieben die Normannen, die in Bayonne eine Basisstation unterhielten, im Baskenland ihr Unwesen. Im Mittelalter rollte über das Baskenland die große „Touristen“welle der Jakobspilger (s. dort). Durch die zweite Ehe Eléonores von Aquitanien mit Henri Plantagenêt, dem zukünftigen englischen König, wurde auch ein Teil des Baskenlandes für 3oo Jahre englisch (Labourd und Soule). Mit Ende des 1oojährigen Krieges kamen die früheren Besitzungen Eléonores wieder an die französische Krone (siehe auch Einleitung Aquitanien).

Unter den französisch-spanischen Kriegen hatte das Baskenland ziemlich zu leiden. Die Pyrenäenverträge 1659 beendeten die Auseinandersetzungen vorübergehend mit der Heirat zwischen Ludwig XIV. und der spanischen Infantin Maria-Theresia (s. St. Jean de Luz).

Bis zur Französischen Revolution erholte sich das Baskenland wieder und erreichte einen relativen Wohlstand. Die Gedanken der Französischen Revolution stießen im Baskenland auf wenig Gegenliebe. Dies lag z.T. an der starken religiösen Bindung der Basken, z.T. auch daran, daß sich dort ein Feudalwesen kaum entwickelt hatte.

Bis zur Revolution wurden in jeder Provinz die Vertreter der Volksversammlung durch die einzelnen Hof-/Hausherren gewählt. Die Versammlung entschied im wesentlichen unabhängig von Adel und Kirche, ferner existierten die sogenannten „Fors“, in denen die Gewohnheitsrechte der Dörfer und die Spielregeln des Zusammenlebens festgehalten waren. Durch Priesterverfolgungen und Strafmaßnahmen gegen ganze Dörfer in Zusammenhang mit erneutem Aufflackern des französisch-spanischen Krieges machten sich die Revolutionäre nicht beliebter.

Eine schwierige Hypothek hat die Französische Revolution dem Baskenland durch die Schaffung eines einzigen großen Départements hinterlassen (Baskenland und Béarn wurden 179o zum Dép. Basses-Pyrénées zusammengefaßt), was weder wirtschaftlichen noch baskischen Besonderheiten Rechnung trägt.

Napoleon III. und Kaiserin Eugénie sorgten gewaltig für Public Relation, indem sie Biarritz zu ihrer Sommerfrische auserkoren. Der anschließend explodierende Tourismus entwickelte sich zu einem wichtigen Wirtschaftsfaktor, da die Industrialisierung im wesentlichen am Baskenland vorbeigegangen war.

Zur Zeit des spanischen Bürgerkriegs bot das französische Baskenland Zuflucht für viele Flüchtlinge.

Der 2. Weltkrieg „erreichte" das Baskenland recht schnell: In nur ca. 6 Wochen waren die deutschen Truppen bis zur baskischen Küste vorgedrungen, die sie, wie die gesamte französische Küste, wegen der Nähe zu Spanien besetzten, dann sogar zur verbotenen Zone erklärten.

ETA

„Das Baskenland und seine Freiheit" ist die Übersetzung des Kürzels E.T.A. (Euskadi Ta Askatasuna). Als Untergrundpartei ist sie überwiegend auf spanischer Seite aktiv und vereint verschiedene Strömungen. Diesen gemeinsam ist die Forderung nach Erhaltung der baskischen Sprache und Kultur (beispielsweise in Schulen, in Rundfunk und Fernsehsendungen). Vor allem aber die Forderung nach einem eigenen baskischen Staat. Er soll sich zwischen Bilbao und Biarritz erstrecken. Erste Autonomiebewegungen seit Ende des 19. Jh. um Sabino Arana Goiri, der auch die Fahne des Staates entworfen hat (grün-weiß mit drei Kreuzen).

Im Gegensatz zu den gemäßigteren Nationalisten sehen die Radikalisten (insbes. auf der spanischen Seite) eine Realisierung ihrer Ziele durch Organisation von Streiks sowie seit 197o durch Sabotage und Bombenattentate. Beispielsweise auf den spanischen Ministerpräsidenten L. Carrero Blanco (1973), Autobomben in belebten Straßen, Ermordung von Polizisten und Attentate auf Airlines, z.B. die spanische Iberia (1986).

DIE BASKEN

„Der erste Eindruck ist, mitten im Gebirge: Seeleute. Für dieses Gefühl gibt es keine rationale Begründung; ihre Gesichter, ihre ruhige Art, sich zu geben, die selbstbewußte Kraft, die innere Freiheit - alles das läßt an das Meer denken, an Fischerboote und Hafenmenschen. Ob ihre Vorfahren ein seefahrendes Volk gewesen sind - wer weiß das. Aber der Unterschied zum Franzosen aus dem Binnenland ist außerordentlich groß. Die Männer sehen gut aus, sie haben schmale Köpfe, durchgearbeitete Züge..." - Diesem Tucholsky-Zitat kann man eigentlich nichts mehr hinzufügen.

DIE BASKISCHE SPRACHE

„Eskuara" oder „Euskara" wird diese älteste Sprache Europas genannt. Als einzige Sprache hat sie die indo-europäische Invasion überstanden und entwickelte sich unabhängig von den romanischen Sprachen.

Konsonantenreich und hart hört sich Baskisch für uns wie eine Geheimsprache an und ist schwer zu erlernen. Napoleon III. hat sich als Baskenfan trotzdem drangewagt und bei der Bevölkerung viel Anerkennung bekommen. Trotz der vielen Dialekte können sich die Basken über die Grenzen verstehen.

Die Bedeutung der Sprache als kulturelle Basis zeigt sich schon im Namen der Basken: „Eskualdunak" (= die, die baskisch sprechen). Ihr Gebiet, das Baskenland, heißt „Eskual-Herria" (= das Land, wo man baskisch spricht).

Auf der französischen Seite des Baskenlandes sprechen heute rund 80.000 und auf der spanischen Seite 600.000 Menschen baskisch.

Dies erklärt auch die Tatsache, daß die ETA erheblich stärkeren Zuspruch auf der spanischen Seite findet, wo zudem die wirtschaftlichen Bedingungen schlechter sind als auf der französischen Seite.

Auf der französischen Seite wird ab 1969 in Privatschulen („Ikastolas") Baskisch gelernt, zudem an rund 12 Gymnasien. Als großer Erfolg wurde verbucht, daß 1989 Ikastola Lehrer zum ersten Mal staatlich angestellt wurden. An der Uni Bordeaux und Pau existieren Lehrstühle für baskische Sprache und Literatur, in Bayonne ein Institut für baskische Studien.

Ein paar baskische Kostproben:

ongi etorri!	willkommen!	etche	Haus
ikus arte	auf Wiedersehen	etchea	das Haus
uri	Regen	soka	Seil
ikas	lernen		

ETCHEA - das baskische Haus

Besonders fotogen in der Provinz Labourd, ein Fachwerkhaus in kontrastreichen Farben: weiß getüncht mit rotbraunen Fensterläden und Türen. Das geräumige, behäbige und fast immer isoliert stehende Etche ist Zentrum der Familie, es beherbergte Menschen und Vieh. Traditionsgemäß ging es unteilbar an den/die Erstgeborene(n) über, was zur Folge hatte, daß viele der „Nachpositionierten" im Laufe der Jahrhunderte auswanderten.

Wenn früher ein Baske eine Älteste heiratete, nahm er ihren Hausnamen an und gab seinen auf. Die ziegelgedeckten Häuser sind oft asymmetrisch konstruiert, um Anbauten mit zu überdachen. Wegen der regenreichen atlantischen Winde blieb die Westseite fensterlos, und die Fassade war nach Osten ausgerichtet.

Charakteristisch für baskische Kirchen sind die 3-etagigen Holzgalerien in der einschiffigen Kirche. Die Galerien sind von außen zugänglich und stammen meist aus dem 16. Jh., sie waren durch den Bevölkerungsanstieg notwendig geworden und ausschließlich Männern vorbehalten. Gelegentlich ist in den Kirchen eine kleine Pforte zu sehen, die den „Cagots" vorbehalten war, wie die vermeintlichen Nachkommen von Leprakranken genannt wurden. Diese Parias des Mittelalters lebten total isoliert und durften nur bestimmte Berufe ausüben.

PELOTE - das schnelle Spiel mit dem kleinen Ball

Nationalsport Nr. 1 und Nachfahre des „Jeu de Paume", das bis ins 18. Jh.

in ganz Europa en vogue war. Pelote ist ein schnelles, taktisches und ungeheuer anstrengendes Ballspiel mit gewaltiger Variationsbreite (offiziell sind 18 Variationen bekannt). Es erfordert Geschicklichkeit, sehr gutes Ballgefühl und gute Kondition.

Besonders zur Regierungszeit Heinrich IV., König von Frankreich und Navarra erlebte das Jeu de Paume einen Boom: 1596 gab es in Paris allein 25o Jeu-de-Paume-Plätze! Man spielte das Ballspiel damals auf zwei Arten: im Freien als „Longue Paume" mit der bloßen Hand oder Schläger auch in der Halle als „Courte Paume" mit Schläger oder Lederhandschuh. Während der Französischen Revolution geriet das Spiel in Mißkredit und verschwand allmählich in Europa, nicht jedoch im Baskenland. Dort spielte man weiter Laxua (entsprach dem Longue Paume) und Pasaka (Courte Paume).

Die Einführung des Kautschuks in Europa (183o) revolutionierte die Spielweise: nun konnte der Ball aufspringen und die Basken erfanden das indirekte Spiel, d.h. man stand nicht mehr gegenüber (wie beim Tennis), sondern nebeneinander (wie beim Squash).

Die wichtigsten Utensilien: eine rosa Fronton Wand hübsch geschwungen, fehlt in keinem noch so kleinen Dorf und ersetzt praktisch den Marktplatz; oft findet man den Fronton vorm Bürgermeisteramt. Ebenso ein Trinquet, eine hohe, 3o x 1o m Halle.

Pelote nennt sich der harte Ball, etwas größer als ein Tennisball mit Holz- oder Hartgummikern, der mit Wolle und Tierhaut überzogen ist. Er muß robust und hart, aber auch elastisch sein und wiegt so um die 125-13o g.

Der Schläger variiert je nach Spielversion: entweder ganz ohne, mit der nackten Hand, oder ein Holzschläger oder die kleine und große Chistera, ein schaufelförmiger Schläger, der an der Hand festgebunden wird - damit wird der Ball aufgefangen und wieder weggeschleudert.

Die Chistera entwickelte sich von einer schweren klotzigen Holzschale bis zur leichten Weidengeflechtschaufel. Sie wurde 1857 von einem jungen enthusiastischen Pelotespieler in St. Pée sur Nivelle erfunden. Chisteras werden in mühsamer Handarbeit hergestellt: um ein Gerippe aus Kastanienzweigen werden Weidenäste geflochten; die Größe variiert von 55-7o cm. Sie kosten sie stolze 15o-2oo Euro. Passionierte Pelotari besitzen eine ganze Batterie von „Schlägern".

Die Pelotari tragen weiße Spielkleidung und unterscheiden sich lediglich durch verschiedenfarbige Gürtel.

Es gibt diverse Spielarten:

Der Ball wird wie beim Squash mit Kraft gegen die Stirnwand geschlagen - besser die ersten Zuschauerreihen meiden - und muß vom Spieler der Gegenpartei entweder Volley oder nach 1 x Aufspringen innerhalb des umrandeten Spielfelds aufgefangen werden, sonst verbucht der Gegner einen Punkt.

Am Fronton spielt man z.B. à Grand Chistera, vielleicht die fotogenste Version: der Ball wird in der Chistera aufgefangen, einen Moment gehalten und mit voller Kraft losgeschleudert. Drei gegen drei Spieler bis 5o Punkte.

Bei à Petit Chistera oder Yoko Garbi (bask. = klares Spiel) wird der 13o g schwere Ball sofort wieder zurückgeschlagen. Auch drei Spieler pro Mannschaft: vorne rechts, vorne links und hinten. Gespielt wird bis 5o Punkte. Eine andere Spielart ist à main nue, der Ball wird mit der bloßen Hand geschlagen: 2 gegen 2, gespielt wird bis 3o Punkte.

Ebenfalls am Fronton wird Rebote gespielt, ein „klassisches" Spiel, das dem Jeu de Paume am nähesten kommt. Fünf Spieler pro Mannschaft stehen sich auf einem 1oo m langen Feld gegenüber, gezählt wird wie beim Tennis.

Im Trinquet wird beispielsweise à main nue gespielt, wie beim Squash werden die Wände miteinbezogen: 2 gegen 2 bis 5o Punkte. Oder à paleta mit Holzschläger.

Besonders spektakulär ist Cesta-Punta, eine südamerikanische Version des Pelotespiels (Cesta = spanischer Ausdruck für Chistera) mit der großen Chistera; man spielt in einem speziellen großen Trinquet: Jai-alai (gesprochen „rail à l'ail", was wörtlich übersetzt „fröhliches Spiel" bedeutet). Bei dem Spiel kann der Ball 2oo-3oo km/h erreichen und muß vom Gegner aus der Luft oder nach einmaligem Aufspringen zurückgeschlagen werden, ohne zu lange in der Chistera zu bleiben.

BASKISCHE SPIELE

Leichter zu verstehen und auch nicht ganz so ernst sind die baskischen Wettkämpfe, die meist auf eine Kraft- oder Geschicklichkeitsprobe hinauslaufen. Kein Klamauk des starken August, sondern entstanden aus langer Tradition, die an die harte Alltagsarbeit der Bauern anknüpft.

Zum Beispiel das Seilziehen (Sokatira) oder der Milchkannenlauf, bei dem zwei Milchkannen von 4o kg so weit wie möglich geschleppt werden müssen. Beim Arpanariak werden Baumstämme in ein Dutzend dünne Scheiben zersägt, in Konkurrenz zur anderen Mannschaft versteht sich.

ESPADRILLES UND BASKENMÜTZE

Zwei Klischees, die aber ins Schwarze treffen: Espadrilles werden aus dem sogenannten Espartogras geflochten und mit Leinen zu den allbekannten leichten Sommerschuhen verarbeitet. Sie werden heute noch im Herzen des Baskenlandes in Mauléon hergestellt. Siehe Seite 418.

Die Baskenmütze oder das béret basque, die nicht mehr wegzudenkende Kopfbedeckung der Männer (vorwiegend der älteren) „...trägt jeder. Das ist eine runde Mütze, ohne Rand, ohne Schirm, sie sieht aus wie ein Eisbeutel aus Tuch, mit einem kleinen Zippelchen oben drauf...", so beschrieb Tucholsky die Baskenmütze. Sie müßte eigentlich Béarner Mütze heißen. Während sich früher die Hirten ihr Béret selber strickten, begann die Produktion von Baskenmützen im größeren Stil um 18oo in Oloron Ste. Marie (in der Region Béarn, siehe Seite 473). Früher verwendete man ausschließlich Wolle aus den Pyrenäen, heute würde sie den Bedarf gar nicht mehr decken können, so importiert man sie aus Australien. Das echte (véritable) Béret kostet um die 2o-25 Euro je nach Größe, die Touristenausführungen werden schon wesentlich billiger angeboten.

Wer mehr über das Béret erfahren möchte, besucht vielleicht das Musée du Béret im Ort Nay, place St. Roch, 2o km südöstlich von Pau Richtung Lourdes.

LINGE BASQUE

Überall werden Tischdecken, Servietten oder Küchentücher aus einem beigegrundigen Leinenstoff mit bunten Streifen angeboten. Früher stellte jede Familie ihre Stoffe selber aus Flachs her. Neben Haushaltswäsche gab es besondere Tücher, mit denen man die Rinder vor dem Pflug ausstaffierte u.a. um sie vor Fliegen zu schützen. Die Farben und Streifen hatten eine festgelegte Symbolik: die sieben Streifen symbolisieren die sieben baskischen Provinzen; trugen die Rinder ein Tuch mit breiten Streifen, stand der Patron persönlich hinter dem Pflug, waren es nur dünne Streifen, arbeitete der Gehilfe. Tücher mit schwarzen Streifen wurden bei Trauerfällen aus der Truhe geholt, je nach Festtag waren bestimmte Farben angesagt.

POTTOK (wird potiok gesprochen)

Hübsche, kleingewachsene Pferde, die man immer wieder auf den Hügeln des Baskenlandes sieht. Die robusten Tiere stammen wohl von dem Ur-Pyrenäenpferd aus dem Quartär (Altsteinzeit) ab. Früher wanderten sie in italienische Salamifabriken oder wurden vor Grubenwagen in englischen Bergwerken gespannt. Die Pharmaindustrie sei immer noch an ihren Blutbestandteilen interessiert, heißt es. Heute hat sich für die meisten Pottoks die Situation jedoch verbessert, nicht zuletzt dank des engagierten Bürgermeisters Paul Dutournier (und ehemals Pfarrer in Sare), der eine Gesellschaft zur Rettung der Pottoks gegründet hat. So erwartet ein Pottok entweder der Einsatz im Polospiel oder als Touristenattraktion, um Gepäck oder Urlauber durch die schöne Gegend zu tragen (siehe auch Circuit du Pottok, Navarrenx Seite 422).

Baskische Küste

Die Gegend wird kleinräumiger; statt der ewig langen, freien Sandküste beginnt ein ca. 35 km langer, buchtenreicher Abschnitt Felsküste mit Sandpartien, an denen sich der Badetourismus drängt.

Die baskische Küste ist sehr dicht besiedelt, die Orte gehen nahtlos ineinander über, touristisch ausgezeichnet erschlossen, in der Hochsaison fast schon überlaufen. Hauptzentren der Côte Basque sind das mondäne Seebad Biarritz und das gemütlichere St. Jean de Luz, das weitaus bessere Bademöglichkeiten bietet.

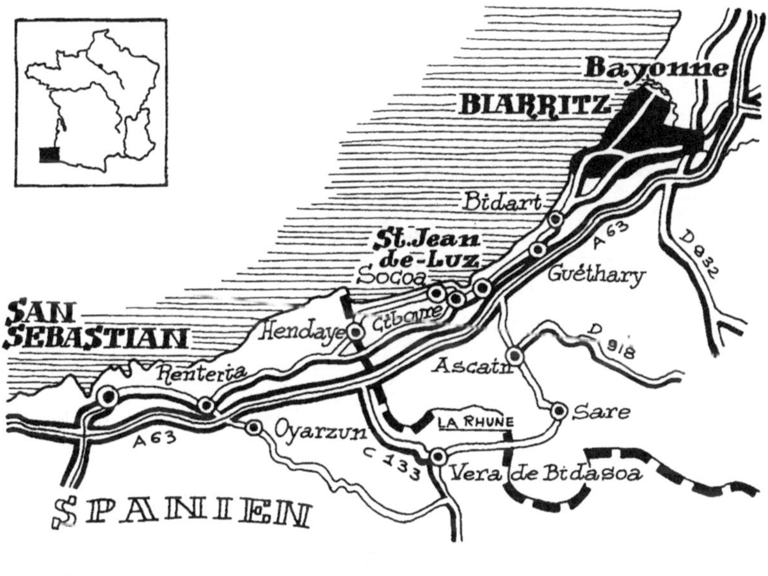

Biarritz

(28.000 Einw., im Sommer bis zu 100.000)

Das bekannteste Seebad am Atlantik vor sehr schöner Felskulisse, einst Nobelbadeort der Kaiserin Eugénie. Der Charme der Belle Epoque blättert zusehends ab; es bleibt eine z.T. elegante, leicht snobistisch angehauchte Badestadt mit teuren Shops. Das Schickeriapublikum (reiche Spanier, Engländer und Franzosen) wird zunehmend von herzerfrischend „normalen" Touristen überlagert.

Seit Kriegsende ein etwas gewuchertes Stadtbild: repräsentative Palais neben hypermodernen Appartementblocks. Das Hotel du Palais an Stelle der berühmten Villa Eugénie wird von gewaltigen modernen Allerweltsklötzen in die Zange genommen. In der Einkaufsstraße Mazagran einiges aus der Kaiserzeit Napoleon III. Zentrum um den Place G. Clemenceau (3). Die einmalig schöne Flanierpromenade entlang der felsigen Küste, lang und abwechslungsreich mit viel Flair, gesäumt von Hortensien und Tamaris, entschädigt für die fehlende Altstadt.

Abends schieben sich Karawanen eisschleckender Menschen über die Promenade; superschöner Blick auf das Brandungsspektakel und die bizarren Felsformationen (abends effektvoll angestrahlt). Große Attraktion sind die vielen vorgelagerten Felsen, wie aus dem Baukasten ins Meer gewürfelt. Zwischen den Felsen der kleine, hübsch angelegte Spielzeughafen.

Weiter Blick über die Küste und das offene Meer vom Place Eugénie aufgelockert durch Blumenarrangements, rundherum von hohen Hotels flankiert.

Biarritz ist touristisch perfekt erschlossen, mit Casino municipal, Tennisplätzen, Schwimmbädern, Kinos, Golfplätzen, Thalassotherapie. Ein Eldorado zum Wellenreiten. Für einen längeren Urlaub gibt es jedoch gemütlichere Flecken. - Zur Hochsaison ist Biarritz rappelvoll; Hotels, Appartements und die wenigen Campingplätze meist ausgebucht.

Tourist INFO **Office de Tourisme**(1): Javalquinto, Square d'Ixelle, 642oo Biarritz, seitlich avenue Edouard VII. Tel. o5 59 22 37 oo, Fax: o5 59 24 14 19. Offen zur Saison tägl. 8-2o Uhr, sonst 9-18.45 Uhr. E-Mail: Biarritz.Tourisme@biarritz.tm.fr Internet: www.biarritz.tm.fr

Post (4): rue de la Poste. Offen: Mo.-Fr. 8-19 Uhr, Sa. 8-12 Uhr.

Feste: am 15. August das große Feuerwerk des Sommers, das jedes Jahr bis zu 2oo.ooo Menschen anzieht; im September Filmfestival. Um den 11. November Fête de Biarritz.

Veranstaltungen werden in Hülle und Fülle angeboten; Pferderennen, Bälle, Konzerte, Cesta Punta etc. Veranstaltungskalender im Office de Tourisme.

Verbindungen

Zug: Bahnhof 3 km außerhalb im Viertel De la Negresse.
-> Paris TGV (5 Std.) mehrmals tägl. über Bordeaux (2 Std.)
-> Hendaye an der spanischen Grenze ca. 8 x tägl.
-> Bayonne ca. 1o x tägl.
-> Paris ca. 7 x tägl.
-> Bordeaux 9 x tägl.

Bus: -> St.-Jean-de-luz bis 1o x tgl.
-> Hendaye 3-5 x tägl.
-> Bayonne etwa stündl., so. und feiertags etwas seltener
-> San Sebastian 3-4 x tägl., nicht so. und feiertags

Strandbus alle 2o-4o Min. zur Saison von den Stränden im Süden bis zum Patinoire d'Anglet an der Mündung des Adour.

Flug: Flughafen Biarritz-Parme ca. 3 km entfernt. Linienverbindungen mit Paris, Lyon, Marseille. (Der erste Flug Paris - Bordeaux - Biarritz bereits 1928.)

Autovermietung: Alle namhaften Firmen unterhalten eine Filiale am Flughafen oder Loca Parme, 93, bd. Marcel Dassault.

Geschichte: Der Name Biarritz bedeutet vermutlich „zwei Felsen" (= bi harri) oder „zwei Eichen" (= bi harritz).

Früher ein kleines Walfangdorf, das nach dem Verschwinden der Wale vom Küstenfischfang und Schmuggeln lebte. Schon vor der Französischen Revolution begann zögernd ein Badetourismus, der im 19. Jh. explodierte. Anfangs kam man aus Bayonne per Muli ans Meer nach Biarritz geritten.

Königin Hortense von Holland, Gemahlin von Louis Bonaparte, reiste 18o7 nach Biarritz, um den Tod ihres Sohnes Karl zu verarbeiten. Richtig entdeckt wurde Biarritz von der späteren französischen Kaiserin Eugénie, damals noch spanische Comtesse de Montijo. Sie verbrachte jedes Jahr einige Wochen in Biarritz. Nach ihrer Hochzeit mit Kaiser Napoleon III. (1883) gelang es ihr, den Gatten für Biarritz zu begeistern. Die Villa Eugénie wurde gebaut und nach einem Brand 19o3 als Hôtel du Palais am Grande Plage wiedererrichtet. Das kleine abgelegene Dorf machte eine rasante Entwicklung durch. Rauschende Bälle. Könige, Herzöge und Prinzen gaben sich ein Stelldichein; Bismarck war häufiger Gast dank der schönen Fürstin Orlow, Frau eines russischen Botschafters. Der deutsch-französische Krieg 187o-71 beendete vorerst die Sommeridylle.

Die englische Königin Victoria sorgte 1889 für ein Wiederaufflackern des Nobeltourismus. Biarritz bleibt en vogue. Alles, was in Europa Rang und Namen hatte, pilgerte nach Biarritz an die baskische Küste, König Edward VII. 191o inkognito. Palais, Golfplätze, Pferderennbahnen entstanden; die Meerwassertherapie war en vogue in Europas Adelskreisen, und Biarritz wurde zum Heiratsmarkt des Hochadels und der Königshäuser.

Eine Künstler-, Schriftsteller-,und Dichterwelle folgte den Königen: Sarah Bernhardt, Hemingway, Pierre Loti, Strawinsky, Dumas, Tucholsky, Charlie Chaplin und Merimée waren häufige Gäste an der bask. Atlantikküste.

Der Tourismus wurde durch die beiden Weltkriege unterbrochen. Die deutschen Truppen hatten Biarritz im 2. Weltkrieg besetzt und die baskische Küste wie die gesamte Atlantikküste mit Bunkern des Atlantikwalls zubetoniert. Im März 1944 forderten die Bombardements und Kämpfe um die Befreiung Frankreichs große Opfer.

In den 8oer Jahren wurde Biarritz Pilotprojekt der Glasfaserverkabelung.

SEHENSWERTES

Auf dem Felsvorsprung ST. MARTIN, der 44 m hohe Leuchtturm: schöner Blick entlang der Küste und bis zu den Pyrenäen. Besichtigung von Juli - Aug. 1o-12/15-19 Uhr tgl. außer Mo. 248 Stufen! Schöne Grünanlage mit Parkbänken im Schatten und tollen Blick auf Biarritz. Auch vom Strand über Fußweg zu erreichen.

MUSÉE DE LA MER (14): esplanade du Rocher de la Vièrge. Sehr schön und modern präsentiertes Museum mit zwei Dutzend Aquarien, in denen vom Tintenfisch bis zur Wasserschildkröte alles vertreten ist. Eine besondere Attraktion sind das Robbenbecken (2 x tägl. Fütterung) und das Hai-Becken. In der Walfangabteilung erfährt man u.a. wie ein Walweibchen sein Junges säugt. Ferner erfährt man, wie eine Welle entsteht und wie das Wellenreiten nach Biarritz kam. Sehr gute vogelkundliche Abteilung. Geöffnet: tägl. 9.3o-12.3o/14-18 Uhr. Juli und Aug. 9.3o-24 Uhr. Eintritt 7 Euro. Phantastischer Blick von der Bar/Bistro übers Meer.

Postkartenfelsen ROCHER DE LE VIÈRGE (16), über eine schmale Fußgängerbrücke zugänglich, von der Brandung umgischtet, abends bunt angestrahlt, perfekte kitschige Romantik. Der Felsen trägt den Namen nach der Madonnenstatue, die seit 1864 über dem Atlantik steht.

MUSÉE DU VIEUX BIARRITZ, rue Broquedis. Kleine private Sammlung in einer ehemaligen Kirche. Nett gemacht. Fotos, Zeichnungen, Briefe und diverse Gegenstände etc. illustrieren die Stadtgeschichte. Offen: tägl. außer Mo. und So. 1o-12/14.3o-18 Uhr. Eintritt ca. 3 Euro.

SCHOKOLADENMUSEUM, 14-16, avenue Beaurivage. Es ist erstaunlich, was man hier alles über Schokolade erfahren kann und was für Kunstwerke daraus geschaffen wurden. Tgl. außer So. 1o-12/14.3o-18 Uhr. Juli-Aug. 1o-12/14.3o-19 Uhr.

Die AVENUE DE L'IMPÉRATRICE Richtung Leuchtturm präsentiert ein Potpourri des Geschmacks der Haute Volée Anfang des Jahrhunderts: von der „mittelalterlichen" Burg bis zur Villa Edouard VII. aus dem Jahre 193o (Nr. 9), ein paar Häuser weiter Villa Mirasol; sie ließ sich der Modeschöpfer O'Rossen von Cazalis bauen.

In der Avenue Edouard VII. einige interessante Häuser, z.B. Nr. 1o HOTEL PLAZA von 1928 im Art Déco Stil.

Das ehemalige CASINO BELLEVUE (8) von 1887 am Strand wurde in eine Appartementanlage umgewandelt.

Der alte Bahnhof Gare du Midi, zur Belle Epoque Endstation der Pendelzüge aus Bayonne, bildet seit 199o die Eingangsfassade zum modernen CENTRE D'ART ET LOISIRS: Theater, Kino, Konzerte, Festivals und Konferenzräume.

„SALON DE THÉ MIREMONT" am Place G. Clémenceau. Nettes, auf Rokoko getrimmtes Café, große Fensterfront, phantastischer Meerblick. U.a. Biarritzer Konditorei-Spezialitäten. Leckerer (echter) Kakao.

„PERRANDIN TRAITEUR", sehr empfehlenswerter Traiteur in der Rue de Verdun. Große Auswahl von alle erdenklichen Köstlichkeiten. Fisch, Schnecken, Mouclade, Paella etc.

„LA BOUTIQUE DU CHOCOLAT HENRIET", gute Patisserie; feine Trüf

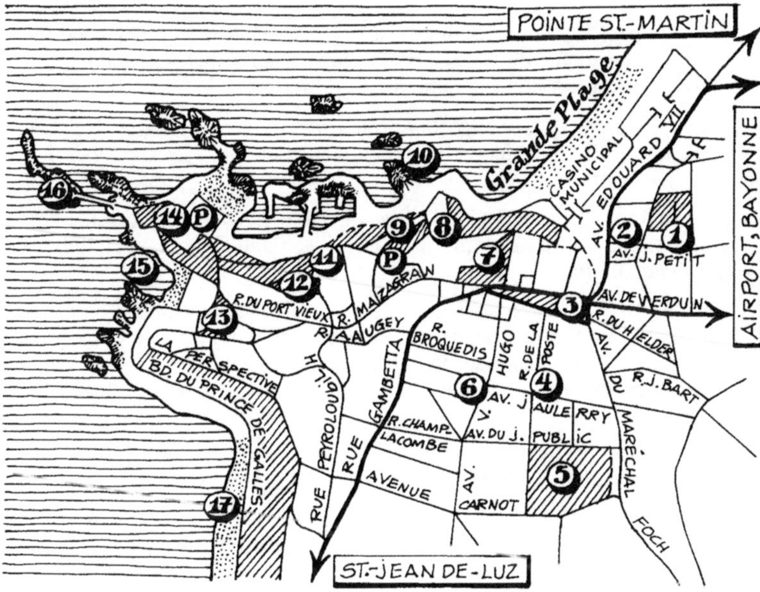

BIARRITZ

1 TOURIST INFO
2 Hôtel de Ville
3 Place Georges Clemenceau
4 POST
5 Jardin Public
6 Place Sobradiel
7 Place Bellevue
8 Casino Bellevue
9 Bd. Mar Leclerc
10 Rocher du Basta
11 Ste. Eugénie
12 Place Atalaye
13 Place du Port-Vieux
14 Musée de la Mer
15 Plage du Port-Vieux
16 Rocher de la Vierge
17 Plage de la Côte des Basque

fel. Avenue Verdun/Ecke Edouard VII.

„TAPA-BAR JEAN“, winzige Bar bei den Markthallen. 5, rue des Halles. Hier ist immer was los; auf der Theke stehen die Appetithäppchen.

„CAFÉ DE PARIS“, 5, place Bellevue. Das Restaurant der baskischen Küste; ein Feinschmeckerlokal mit Speisesaal von 19oo. Fast erdrückend vornehme Atmosphäre; guter Kellner-/Gäste-Schlüssel. Die raffinierte Küche basiert zum Teil auf Fisch. Menü ab 38 Euro. À la carte astronomische Preise. Guter Weinkeller mit exquisiter Bordeauxauswahl.

„EL PICADOR“, 5, rue du Centre. Sehr schönes Amiente, um spanisch essen zu gehen. Natürlich stehen die vielseitigen Tapas im Mittelpunkt, aber auch andere leckere Gerichte. Ab 16 Euro.

„QUAI QUEST“, Esplanade des Gascons. Hier sitzt man fantastisch mit Blick auf das Meer und die Surfer. Traditionelle Küche mit Fisch und Fleisch. Günsitges Mittagsmenü. A la carte ab 22 Euro.

„LA CONCHA“, 299, av. De L'Adour im Nachbarort Anglet. Beliebte Adresse um Fisch und Meeresfrüchte zu genießen. Sehr lecker zubereitet, angenehmes Ambiente.

Bar/Restaurant „LE MORGAN“, rue du Helder/Ecke rue Larralde. Ein Dutzend kleine Tische, Bar mit integriert. Fisch und Fleisch, auch italienische Küche, Tagliatelle; keine Pizzen.

„CHEZ ALBERT“ unten am kleinen Hafen. Eines der gefragtesten Fischlokale, unterhalb der Kirche, man steht Schlange, um einen Platz zu ergattern. Große, schöne Terrasse, viel Atmosphäre; sämtliche Köstlichkeiten des Meeres gleich am Eingang präsentiert. Goldbrasse 18 Euro, auch Langoustines.

„CASA JUAN PEDRO“ nebenan. Tische im Freien vor dem Hafen, meist proppevoll, draußen wird gegrillt, preiswerte Crevetten und Sardinen, serviert wird auf Papptellern.

Das beste Eis gibt's bei „DODIN“ direkt an der Strandpromenade. Bester Platz um dem Lichtspektakel und den promenierenden Menschen zuzuschauen.

Mit ca. 6o Hotels größte Bettenkapazität an der gesamten Küste. Super-breites Angebot bis zum 4-Sterne-Luxushotel. Im 2-Sterne-Bereich vertretbares Preisniveau. Billighotels im Juli/August durch die Bank ausgebucht.

**** „**Du Palais**“ 1, av. de l'Impératrice am Grande Plage. Palazzo anstelle der Villa Eugénie, das Sommerhaus von Kaiser Napoleon III. und Eugénie. Durch das Preisniveau nach wie vor der Haute Volée vorbehalten, die sich am geheizten Meerwasserpool tummelt. 15o stilvolle, ausgesprochen luxuriöse Zimmer und Suiten 156-5oo Euro. Nobles Restaurant, entsprechendes Preisniveau.

*** „**Plaza**“, 1o. av. Edouard VII. Toplage nahe Strand und Casino. 6o geräumige Zimmer, mit Terrasse, TV versteht sich. DZ 67-15o Euro.

*** „**Windsor**“ am Grande Plage. Hotel in guter Lage, komfortabel ausgestattete Zimmer mit Ozeanblick. 48 Zimmer, überwiegend mit Du./Bad. DZ 55-135 Euro.

** „**Malouthea**“, 3, av. du Jardin Public. Gut geführtes Hotel, 2oo m von den Stränden, recht ruhig. 25 Zimmer, meist mit Bad. DZ 3o-64 Euro

** „**Centre**“, Eckhotel, rue de la Maison Suisse 8. Für die Lage relativ ruhig. Zweckmäßig ausgestattet; Zimmer mit Neonbeleuchtung ohne Atmosphäre, ältliche Bausubstanz. 16 Zimmer, DZ 3o-5o Euro.

** „**D'Anjou**“, 18, rue Gambetta. Palaisähnliches Hotel im Zentrum gegenüber der Markthalle mit eigenem Parkplatz. 3o ordentliche Zimmer, z.T. mit Du./Bad; wenig gemütliche Glasveranda. Doppelzimmer 38-55 Euro.

** „**St. James**“, 15, rue Gambetta. Einfaches Ambiente, unterschiedliche Zimmer, teilweise Mansarde; 15 hellgetünchte Zimmer, z.T. separat stehende Betten, kleines Bad und kleine Sitzgelegenheit. DZ 37-55 Euro. Recht einfacher Speiseraum.

** „**Auberge Du Relais**“, 44, av. de la Marne, ein ganzes Stück vom Zentrum. 12 Zimmer, DZ mit WC ab 35 Euro. Solides, gemütliches Lokal mit Stammkundschaft. Freundliche Bedienung. Menü (mit Tagesgericht)

* „**Palym**“, 7, rue du Vieux-Port. Ordentliches Hotel mit 28 angenehm altmodisch wirkenden Zimmern. DZ 33-5o Euro.

Jugendherberge: 3 km entfernt im benachbarten Anglet (Chiberta), 19, route des Vignes. Knapp 1oo Plätze, gut geführt, großes Sportangebot (u.a. Wellenreiten, Pelote Basque). Offen: Februar bis November.

**** Residence des Pins am Ortsanfang von Bidart. Großer, komfortabler Platz; sehr schön natürlich belassenes Gelände; z.T. individuelle Nischen, etwas welliger Untergrund. Terrassiert angelegt. Wald-/Rasenboden, gut schattig; die vorderen Plätze sehr laut, da direkt an der Straße. Akzeptable Sanitärgebäude, Stromanschlüsse. Zum Baden ca. 1 km (Sandstrand). 35o Stellpl. Offen: Juni bis Sept.

*** Biarritz Camping, 28, rue d'Harcet am südlichen Stadtrand. Großer, wiesiger Platz (ca. 2oo Einheiten), schattig; ältere, aber ordentliche Sanitäranlagen. 1 km zum Plage de la Milady. Offen: Mai bis September.

Wohnmobilstellplätze: Biarritz: Am Parking de la Milady, AV. De la Milady. Offen von März bis Oktober. Aufenthalt 48 Std. zulässig.

Biarritz/Anglet: 13o, Av. De I'Adour, La Barre. Im Juli und August Parken 24 Std. zulässig. Abwasserentsorgung, Wasser. 24 Stunden.

Beim **Baden** ist wegen der häufig starken Brandung Vorsicht geboten. Schon Bismarck mußte beim Baden in Biarritz vor dem Ertrinken gerettet werden! Der 2 km lange Stadtstrand (Sand) wird durch das Hôtel du Palais in zwei Hälften geteilt: Strand Miramar und Grande Plage (früher badete hier die High-Society). Bei Flut wird es recht eng, die Massen drängen sich auf 5-15 m. Direkt anschließend die Promenade. Alle Strandeinrichtungen, Liegestuhlverleih, Duschen, WC etc.

Der bestgeschützte Strand ist Plage du Port Vieux (15) in einer tief eingeschnittenen Bucht, die lange Zeit die Basis der Walfänger war. Bis ins 18. Jh. Fischerhafen. Kleiner Sandstrand, Duschen etc. Weitere Strände in Richtung Bidart, Plage de la Côte Basque (17), ein ca. 1 km langer Ebbestrand unterhalb von Felsen.

Weitere Strände nach Norden bis zur Frachtereinfahrt nach Bayonne. Mit Parkplätzen auch für Wohnmobile; der Plage des Sables d'Or ist beliebt bei Wellenreitern.

Gleich nach dem Leuchtturm die Grotte Chambre d'àmour; sie erinnert an zwei Unglückliche, die hier beim Schäferstündchen von der Flut überrascht wurden.

Thalassotherapie: Zunehmend mehr Menschen suchen die heilklimatische Wirkung von Seeluft und Meerwasser. Das dem Hotel Miramar angegliederte Institut für Thalassotherapie Louisin Bobet und die Meeresthermen bieten alle Arten diesbezüglicher Heiltechniken.

SPORT

Enorm breites Sportangebot, viele Clubs, die auch Unterricht anbieten.

Wellenreiten (Surfing), Sport Nr. 1 an der baskischen Küste. Der Grande Plage galt lange Zeit als einer der besten Wellenreit-Spots in Europa.

Heute werden in Biarritz internationale Wettbewerbe ausgetragen, wie der Quiksilver Surf Master Anfang September, der zu einer der höchstdotierten Etappen der Weltmeisterschaften für Berufssportler zählt und das Biarritz Surf Festival Ende Juli am Plage des Basques. Der Wettbewerb ist für Bretter mit einer Länge von mehr als 2,74 m bestimmt.

Großes Angebot an Shops und Schulen. Wellenreitschule „Plums" bietet Gruppenunterricht an, 2 Std. ca. 35 Euro p.P.; auch Einzel- bzw. Minigruppenunterricht, deutlich teurer. Ausrüstung inkl. Info und Einschreibung: 5, place Clemenceau. Vermietung von Wellenreitboards.

Tauchen: internationale Tauchbasis BASC am Fischerhafen. Organisierte Tauchfahrten, Tauchgang inkl. Flaschenfüllen. Vermietung von Flaschen möglich; ebenso Nachfüllen.

Tennis: mehr als ein Dutzend Courts; z.T. beim Parc des Sports d'Aiguiléra Richtung Anglet.

Golf: Biarritz ist ein Mekka der europäischen Golfspieler mit einem der ältesten Golfplätze Frankreichs mitten in der Stadt, der 1888 von den Briten angelegte Golf du Phare. Ferner gibt es ein Trainingszentrum in Ibarritz, wo moderne Techniken zur Spielverbesserung trainiert werden können (Trainingsanlage mit Videoaufzeichnung und Parcours mit 9 Löchern).

BAYONNE - BIARRITZ und Anglet gehen fließend ineinander über und bilden einen Großraum, in dem über 12o.ooo Menschen leben. Während man die moderne Schlafstadt Anglet getrost links liegen lassen kann, lohnt sich die Altstadt von Bayonne auf jeden Fall.

Bayonne

(45.ooo Einw.)

Zentrum des französischen Baskenlandes am Zusammenfluß von Adour und Nive, ca. 8 km vom Meer entfernt; die älteste Stadt der baskischen Küstenregion. Eine Geschäftsstadt mit hübschem, sehr homogenem Kern, Kathedrale, Befestigungswällen, Museen und alten Straßenzügen. Hafen und Industrie konzentrieren sich in angenehmer Entfernung am Adour. Die Nive trennt Bayonne in die Stadtviertel Groß und Klein Bayonne.

Tourist INFO **Office de Tourisme**: place de Basques, 64100 Bayonne. Tel. 05 59 46 01 46, Fax: 05 59 59 37 55. Offen: Winter: Mo.-Fr. 9-18.30 Uhr, Sa. 10-18 Uhr. Sommer: Mo.-Sa. 9-19 Uhr So. 10-13 Uhr. E-Mail: info@bayonne-tourisme.com
Internet: www.bayonne-tourisme.com

Stadtführungen durch die Altstadt von Bayonne im Juli bis Mitte September zweimal pro Woche (auf französisch). Info im Touristenbüro.

Post (5): rue Jules Labat. Mo.-Fr. 9-12/14-18 Uhr,
Sa. 9-12 Uhr.

Parken: sehr zentral der Parkplatz de Gaulle hinter dem Theater. Die Fußgängerstraßen von Grand Bayonne gleich nebenan. Gebührenpflichtig.

Großer Parkplatz direkt beim Touristenbüro. Place de Basques (ausgeschildert).

Parkhaus bei der Markthalle am Niveufer, Quai Jauréguiberry.

Kleinerer Parkplatz am Place des Basques (6) mit Grünanlage.

Feste: Anfang August finden die Bayonner Festtage statt. Fünf Tage High Life in den Straßen mit Umzügen, Corridas, Pelote Spielen und Courses Landaises.

Theaterfestival in der zweiten Oktoberwoche.

Stierkampfarena: Bayonne ist ein wichtiges Stierkampfzentrum. Hier finden im Sommer regelmäßig Corridas und Novilladas statt. Die Arena liegt an der Avenue des Arènes ca. 400 m westlich vom Touristenbüro Richtung Anglet.

Stadtgeschichte: Das strategisch günstig gelegene gallorömische Lapurdum (gab der baskischen Provinz Labourd den Namen), das Tor zu den westlichen Pyrenäen, wurde zum militärischen Hauptquartier der Provinz Novempopulanie. Im 4. Jh. erhielt es eine Stadtmauer. Wikinger nahmen die Stadt im 9. Jh. zum Ausgangspunkt für ihre Blitzüberfälle flußaufwärts. Wie auch das benachbarte Aquitanien kam Baiona, wie die Stadt im 12. Jh. hieß (vermutlich bask. Ibai on = Zusammenfluß der Flüsse), durch Eléonores Heirat mit dem englischen Thronfolger Henri Plantagenêt zur englischen Krone und erhielt, ähnlich wie Bordeaux, gewisse Privilegien, die der Englandtreue nachhalfen.

Wirtschaftlich ging es der Stadt in den 300 Jahren englischer Herrschaft recht gut. Der Handel mit England, Flandern, den Hansestädten und Spanien lief prächtig, im Hafen herrschte Hochbetrieb. Bayonne war bekannt für seine guten und hochseetüchtigen Schiffe. Durch das Ende des 100-jährigen Krieges und Besitzerwechsel sank Baiona in eine schlimme Rezession; der Absatzmarkt England war verloren, Frankreich forderte Entschädigungszahlungen; der Hafen versandete allmählich. Erst unter König Karl IX. erholten sich Stadt und Hafen wieder.

Ludwig XIV. empfand das Verteidigungssystem, das schon unter Franz I. für die grenznahe Stadt angelegt worden war, als nicht ausreichend und schickte seinen Chefmilitärarchitekten Vauban, der 168o die mächtigen Festungsanlagen und die Zitadelle auf dem anderen Adourufer entwarf. Bayonne besaß eine bekannte, gute Waffen- und Eisenschmiedezunft, die sogenannte „Faures“, die im 16. Jh. das Bajonett erfanden, durch den Messeraufsatz wurde das Gewehr zur Mehrzweckwaffe.

Die Stadt Bayonne lebte jeher stark vom Export, seit der Plantagenêt Ära blühte (mit kurzen Unterbrechungen) der England Handel. Einige Probleme bereiteten die dauernden Eskapaden des Adourflusses, der mehrmals seinen Lauf änderte, und damit Bayonnes Lebensgrundlage bedrohte. 1578 konnte er schließlich gebändigt und seine Mündung bei Boucau fixiert werden.

Eine Blütezeit erlebte die Stadt zur Zeit der Korsaren und Handelskriege (ab dem 17. Jh.); die Werftindustrie hatte Hochkonjunktur, es ging der Stadt so gut wie nie zuvor. Aus dieser Zeit stammt ein Großteil des heutigen Stadtbildes. Seit der Französischen Revolution ging's kontinuierlich mit dem Hafen und Stadt bergab. Erst in den 196oer Jahren setzte sich ein deutlicher Aufwärtstrend durch; der Hafen (überwiegend Export von Mais, Rohöl und Schwefel aus Lacq) liegt ca. 6 km von der Stadt.

Heute ist Bayonne Sitz einer Unterpräfektur, Bischofsstadt und Unistadt mit einem Institut für baskische Studien.

GROSS BAYONNE: ausgesprochen hübscher Altstadtteil im Westen. Schmale hohe Häuser, selten mehr als zwei Fenster breit, in buntem Fachwerk und mit Dachbalkonen und roten Fensterläden. Die 3- bis 4-stöckigen Steinhäuser stammen meist aus dem 18. Jh. mit kunstvollen schmiedeeisernen Balkons und Innentreppen. Ca. 13.ooo Menschen leben heute in Grand Bayonne, in dem erfreulich wenig Bausünden begangen wurden (Ausnahme die häßliche Markthalle am Kai anstelle der alten Hallen von 1862).

Mitten im Verkehr liegt der Place de la Liberté (1o) (nahe der Mündung der Nive in den Adour) mit Rathaus (9) und Theater. Über den hübschen Straßenzug (Fußgängerzone) rue du Port Neuf erreicht man die Kathedrale. Unter Arkaden reihen sich Boutiquen, Geschäfte, Confiserien und Salons de Thé, die viel Schokoladiges anbieten; Bayonne produzierte als erste französische Stadt (seit dem 17. Jh.) aus Kakao Schokolade.

Die Kathedrale STE. MARIE (1) (1o-12/15-18 Uhr) dominiert das Stadtbild; sie ist eines der wenigen gotischen Bauwerke im baskischen Küstengebiet; stammt aus dem 13./14. Jh., später verändert; der älteste Teil ist der Chor (13. Jh.). Goldverzierte Kreuzrippen und interessante Schlußsteine (Wappen), ohne Fernglas erkennt man allerdings wenig; im südlichen Querschiff z.B. das Bayonner Schiff; es lohnt sich etwas Geld für die Beleuchtung zu spendieren. Die pfeilspitzen Turmhelme stammen aus dem 19. Jh.; schöne Glasfenster besonders in der nördlichen Seitenkapelle St. Jerôme. Der elegante Kreuzgang (14. Jh.) geht auf das 12. Jh. zurück. Wegen seiner Größe diente er u.a. den Zünften als Versammlungsort, zeitweise auch Friedhof. Offen tägl. außer Sa. 9.3o-12.3o/14-18 Uhr. Eintritt gratis.

Der PLACE LOUIS PASTEUR (3) (Rückseite der Kathedrale) war im Mit-

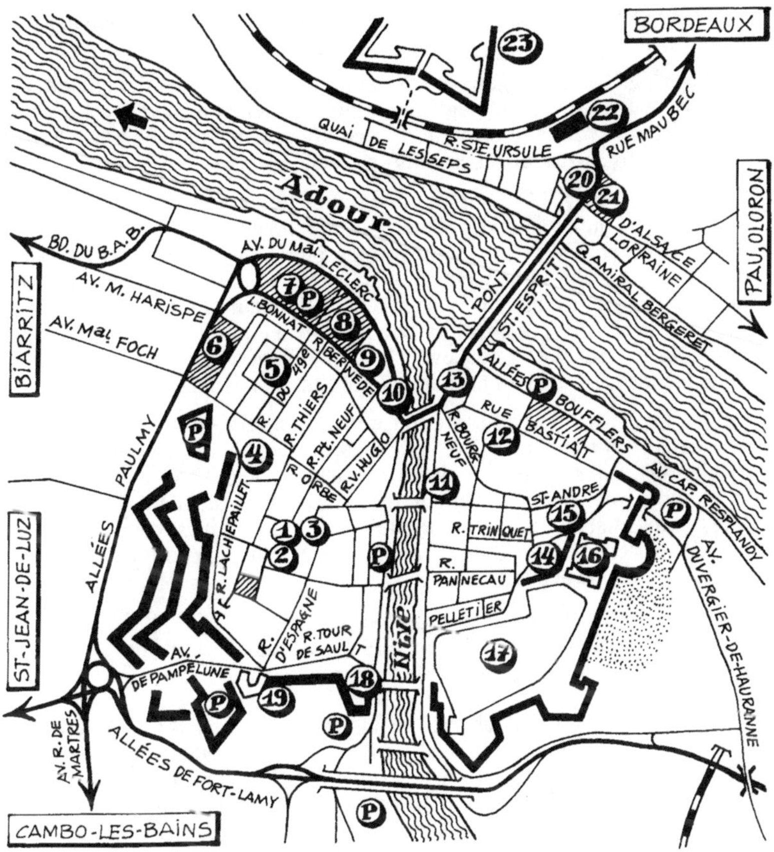

BAYONNE

1 Kathedrale Ste. Marie
2 Kreuzgang
3 Place Pasteur
4 Château-Vieux
5 POST
6 Place des Basques
TOURIST INFO
7 Jardin Public
8 Place du Gen. de Gaulle
9 Hôtel de Ville,Theater
10 Place de la Liberté
11 Musée Basque
12 Musée Bonnat
13 Place du Réduit
14 Place Paul Bert
15 Kirche St. André
16 Château-Neuf
17 Arsenal d´Artillerie
18 Porte St. Leon
19 Porte d´Espagne
20 Kirche St. Esprit
21 Place de la République
22 BAHNHOF
23 St. Esprit,Citadelle

telalter Zentrum mit Rathaus und Brunnen. Heute noch sehr schönes Ensemble.

CAVES: Über 1oo Kellergewölbe existierten im 14. Jh. unter dem Stadtteil Grand Bayonne. Sie dienten als Lagerräume, in denen man wertvolle Waren, vor allem Wein aufbewahrte. Einige können im Rahmen einer Führung (übers Touristenbüro) besichtigt werden.

CHÂTEAU VIEUX (4) die imposante mittelalterliche Festung mit Rundtürmen wurde auf Resten der römischen Stadtmauer erbaut. Der bretonische Feldherr Du Guesclin, der im 1oo-jährigen Krieg auf Seiten der Franzosen kämpfte, wurde hier eine Zeitlang festgehalten (Bayonne gehörte damals zu England), bis das Lösegeld zum Freikauf eintraf. Hier wurden um 153o die 2 Millionen Goldtaler zusammengetragen, die der deutsche Kaiser Karl V. für die Freigabe der beiden Königssöhne Franz I. forderte (siehe Hendaye). Nicht zu besichtigen; militärisch genutzt.

Die Stadtmauern und -wälle wurden zum Teil in sehr schöne Grünanlagen verwandelt. Teile begehbar. Die erste Stadtmauer geht auf die Römer im 3./4. Jh. zurück - später wurde vielfach erweitert, dabei mußten die umliegenden Sümpfe trockengelegt werden. Im 16. Jh. erhielt die Stadt eine weitere Befestigungsmauer um die Stadtteile Grand und Petit Bayonne, die von Vauban auf den neuesten Stand gebracht wurde. Eingangstore wie die Porte d'Espagne teilweise erhalten.

Innerhalb der Stadtmauern befindet sich der kleine BOTANISCHE GARTEN - Jardin Botanique. Über 1ooo Arten wurden hier arrangiert. Offen: April - Mitte Oktober tgl. 9-12/14-18 Uhr. Freier Eintritt.

KLEIN BAYONNE zwischen Nive und Adour entstand um 113o. Kleiner und bescheidener mit z.T. pittoresk verkommenen Fassaden; dieser Altstadtteil liegt ein bißchen abseits ohne gescheite Parkmöglichkeiten. Ca. 5.ooo Menschen leben heute in Petit Bayonne, Tendenz abnehmend. Hübsche Häuserzeilen am Niveufer und in der „Hauptstraße" Rue Pannecau. Petit Bayonne war/ist die Hochburg der französischen baskischen Nationalisten, deren Graffiti und bunte Wandmalereien die Seitengassen zieren.

Die alte Trinquethalle in der gleichnamigen Straße ist d a s Zentrum des baskischen Pelotespiels.

CHÂTEAU-NEUF (16) oberhalb von Petit Bayonne wurde 1451 nach dem 1oo-jährigen Krieg als Pendant zum Château Vieux erbaut; nicht zuletzt um die Stadt „im Griff zu behalten".

Das sehenswerte, sehr umfangreiche MUSÉE BASQUE (11), Museum für baskische Volkskunde ist in dem alten baskischen Haus (16. Jh.) in der Rue Marengo/Ecke Quai des Corsaires untergebracht. Es gibt einen guten Einblick in das frühere und heutige Leben im Baskenland; bäuerliches Mobiliar, baskische Trachten, Musikinstrumente, Folklore und Traditionen; ein

Saal illustriert die Züge der Jakobspilger; auch das traurige Kapitel der Hexenverfolgungen wird behandelt; eine ganze Abteilung ist der Entwicklung des Pelotespiels gewidmet.

Offen: Di.-So. 1o-18.3o Uhr. Nov.-April 1o-12.3o/14-18 Uhr. Eintritt 5,5o Euro. Internet: www.musee-basque.com

MUSÉE BONNAT (12), rue Laffitte/Frédéric Bastiat. Ausgezeichnete Gemälde-/ Skulpturensammlung des Bayonner Malers Léon Bonnat (1833-1922). Darunter hochkarätige Künstler wie Botticelli, Goya, Rembrandt, Delacroix etc. und auch Werke von Bonnat. Offen: Mai-Okt. 1o-18.3o Uhr, sonst 1o-12.3o/14.-18 Uhr. Eintritt 5,5o Euro.

Im Stadtviertel **ST. ESPRIT** auf der anderen Adourseite, beim Bahnhof (22) Vaubans ZITADELLE (23) (noch militärisch genutzt), und die KIRCHE ST. ESPRIT (2o), rue du 14 Avril mit romanischer Apsis. Das Viertel, das schon seit dem 12. Jh. per Brücke mit Bayonne verbunden war, entstand um ein Hospital der Jakobspilger. Später Judenviertel. Die mächtige sternförmige Zitadelle von 168o trägt Vaubans Handschrift und sollte den Adourübergang sichern. Sie bot Platz für 1.2oo Menschen, besaß u.a. eine Kapelle und Mühle.

„SALON DE THE CAZENAVE“, 19, rue Port-Neuf (Grand Bayonne). Kleine Tische unter den Arkaden, hier sitzt man sehr gemütlich und kann den eleganten Mesdames zuschauen. Köstlicher (echter) Kakao, hübsch serviert, lecker dazu ein gateau basque.

Viele Restaurants in Petit Bayonne, vorwiegend in der Rue des Cordeliers, zwischen Château Neuf und Flußufer Nive.

Restaurant „AU CHEVAL BLANC“, rue Bourgneuf 68. Eines der besten Restaurants: edel das Ambiente, gut die Küche. Menü ab 32 Euro.

Restaurant „LE VICTOR HUGO“ 1, rue Victor Hugo. In Grand Bayonne gelegen ist es bekannt für die traditionelle Küche.

„AU PEITA“, 7, av. Capitaine Resplandy. In Klein Bayonne an der Adour ist es ein guter Platz, um Fische zu essen. Menü ab 18 Euro.

Restaurant „IRINTZINA“, 9, rue Marengo (Petit Bayonne). Einfaches Lokal. Kleine Tische/Karodecken. Menü ab 12 Euro, z.B. baskisches Hühnchen.

„BAR LA TREILLE“, schräg gegenüber der Kirche in Petit Bayonne, rue des Lisses. Mittagstreff der Jugendlichen: neben der Trinquethalle.

SCHLEMMEREIEN UND SPEZIELLES

Saveurs et Chocolats in der Rue d'Espagne 66 (Grand Bayonne). Die lockendsten Kalorienbomben, Spezialität (nur im Herbst?) Schokoladenkastanien und Touras, Bayonner Marzipanspezialität.

Cave des Pyrénées, 26, rue d'Espagne (Grand Bayonne). Gute Weinhandlung; Béarner Wein und den feinen Jurançon, aber auch Bordeaux-Weine.

Atmosphere Basque, rue Montat, Ecke rue de Luc, direkt neben dem Kreuzgang der Kathedrale. Sehr ansprechend präsentierte baskische Mitbringsel. Große Auswahl an Handtüchern mit dem baskischen Emblem.

Bayonner Schinken bekommt man in den verschiedenen Charcuterien. Seit dem 16. Jh. war er weit über die Landesgrenzen bekannt und ein beliebtes Gastgeschenk. Eine besondere Adresse ist Pierre Jbaialde, 41, rue des Cordeliers. Hier können Sie nicht nur kaufen, sondern erfahren auch noch einiges über seine Verarbeitung des Schinkens.

Eine Augenweide auch der Laden in der rue d'Espagne 7o. Immer der Nase nach. Hier werden neben Wurst und Schinken auch Schafskäse und feine Getränke angeboten.

In der Karwoche findet auf dem Place du Reduit in Petit Bayonne der große Schinkenmarkt statt; da decken sich die Einheimischen ein.

Buchhandlung Mattin Megadenda (Petit Bayonne). Große Auswahl an (franz.) Literatur über das Baskenland, historisch, literarisch etc. auch baskische Musik, Kassetten, CDs.

Fabrique de Makilas, 37, rue de la vieille Boucherie (Grand Bayonne). Hier werden wie zu alten Zeiten in Handarbeit die sehr wertvollen Makilas hergestellt, Hirtenstäbe aus Mispelholz, dessen Knauf abgeschraubt und der als Waffe benutzt werden konnte. Der Makila ist mit Verzierungen aus Metall geschmückt und trägt eingravierte Zeichen seines Besitzers.

BIDART ist mit Biarritz im Süden zusammengewachsen; Villen, Wohn- und Ferienhäuser gehen nahtlos ineinander über. Bidart oberhalb der bewaldeten Steilküste hat sich einen winzigen, hübschen und geradezu gemütlichen Kern mit Fachwerkhäusern bewahrt. Im Prinzip toll gelegen mit Rundumblick auf Berge und Meer; mittlerweile aber total verbaut.

Bei der Kapelle Ste. Madelaine schönes Panorama über die Küste.

Plage du Centre schöner, aber bei Flut recht schmaler Sandstreifen mit kräftiger Brandung. Pkw-Zufahrt, wenig Parkmöglichkeit.

13 Hotels aller Kategorien in und um Bidart teilweise im traditionellen Stil. Preislich DZ 3o-1oo Euro.

Ein Dutzend Campingplätze, die meisten allerdings im Inland zwischen N 1o und Eisenbahn. Schönste Lage am Meer hat:

**** Camping du Pavillon Royal im Norden, av. du Prince de Galles. Abzweig von der D 911. Großes terrassiertes Wiesenareal, zieht sich bis zur

Steilküste. Schatten- und Sonnenplätze. Gute Sanitäranlagen. Restaurant, Laden. Fußweg über Treppen an den schönen Strand. Recht viel Betrieb. 355 Stellplätze. Offen: Mitte Mai bis September.

**** Camping Le Ruisseau recht schöner Platz 2-3 km im Inland. Swimmingpool ersetzt das Meer. Gut schattig, saubere Sanitäranlagen. Tennis, Minigolf, Restaurant und Laden. 44o Stellplätze. Offen: Mitte Mai bis September.

Zwischen Bidart und Guethary, im Ortsteil Parlementia, erstreckt sich ein 2 km langer, breiter Sandstrand, nahe der Straße, direkte Autozufahrt Eigener Parkplatz auf der anderen Straßenseite. Relativ flach ins Wasser, jeden Morgen klaubt die Strandreinigung einen ganzen Anhänger Tang und Strandgut zusammen. Snackrestaurant, Duschen, Toiletten, teilweise überwachter Bereich. Fußweg an der Küste entlang bis kurz vor St. Jean de Luz.

★ Guethary (9oo Einw.)

Gemütlicher baskischer Badeort etwas oberhalb des Meeres. Weiß-rote Häuser leuchten aus dem Grün des steilen Hangs. Einige Restaurants und Hotels. Die Idylle wird leider von Eisenbahn und Straße etwas zerschnitten. Zentrum vor der großen Fronton Wand bei der Mairie (Bürgermeisteramt); wenn nicht gerade Mittagspause ist, trifft man dort immer ein paar Spieler. Schöner Blick über Meer und Hafen von der Terrasse beim Denkmal.

Beschaulich geht's unten am Minihafen zu, einst Walfangbasis. Baskische Fischer ziehen ihre kleinen Boote mit Seilwinden aufs Trockene. Mit etwas Eloquenz kann man ihnen frischen Fisch gleich ab Boot abkaufen. Hafenzufahrt sehr steil, 25 % Steigung, eng und winklig. Besser oben parken.

Zug: Kleiner Bahnhof im Ort. Zugverbindung
-> Bayonne 1o x tägl., -> Hendaye 8 x tägl., -> Paris 7 x tägl., -> Bordeaux 9 x tägl.

Kirche ST. NICOLAS auf einer Anhöhe jenseits der breiten Straße gelegen; sie wurde Anfang des 17. Jh. an Stelle einer Betkapelle (Zwischenstop der Jakobspilger) errichtet. Typisch baskische Holzgalerien.

MUSÉE GUETHARY in der baskischen Villa Saraleguinea, die ein in Übersee zu Wohlstand gekommener Baske bauen ließ. Skulpturensammlung des polnischen Künstlers Swiecinski, ferner prähistorische und römische Funde. Wechselnde Ausstellungen zeitgenössischer Maler, Bildhauer und Fotografen. Offen: tägl. außer Di.+So. Mai bis Okt. 15-19 Uhr. März bis Oktober 14.3o-18.3o Uhr.

Restaurant „KANDELA" direkt im Zentrum. Hier kann man Fischsuppe und Sardinen genießen oder sich für ein Menü im

Grillgerichten entscheiden. Ab 17 Euro.

„TXAMARA“ direkt am Hafen. Restauranttische auf der „Dach“-Terrasse. Baskische Küche, preiswerte Sardinen, Gambas etc.

„**Le Madrid Hotel**“, place Toulet. Baskisches Fachwerkhotel mit ordentlichem Restaurant, allerdings neben der Bahnlinie. Schöne Terrasse nach hinten raus. Menü um 15 Euro. Viel Fisch und Meeresgetier à la carte.

Ein ganzer Schwung Campingplätze in der Siedlung Acotz, 2 km Richtung St. Jean de Luz (von der N 1o ausgeschildert). Sehr schön gelegen, drei geschwungene Sandbuchten in der Nähe, ideale Surfbedingungen, in Fahrradreichweite das hübsche Städtchen St. Jean de Luz.

Die schönste Lage hat *** Camping Caravaning Playa, direkt an der Steilküste. Schöne Terrassenstellplätze auf unterschiedlichen Niveaus, herrlicher Blick bis nach Spanien. Wenig Schatten, Wasserstellen und Strom auf dem Gelände verteilt, lange Wege zum zentralen Sanitärgebäude. Bei voller Belegung zu wenig Duschen (heiß), Waschmaschine. Open-air-Restaurant und Laden in der Nähe. 125 Stellplätze. Offen: April bis Mitte November.

*** Inter-Plages im Viertel Acotz. Sehr schöner Platz über dem Meer 2 km nördlich der Stadt (ab der RN 1o ausgeschildert). z.T. weiter Küsten-/ Meerblick. Aufgelockerter Wiesenplatz; schattig; gute Bademöglichkeit ca. 15o m entfernt (Sandstrände). Ordentliche Sanitäranlagen. Stromanschlüsse; Einkaufsmöglichkeit. Fahrradweg bis Hendye. 1oo Stellplätze. Offen: April bis September.

Schöner Fußweg entlang der Küste vom Plage de Parlementia über Guéthary bis zum Strand von Erromardie nördlich St. Jean de Luz.

SPORT

Baden: Das Wasser in Hafennähe nicht gerade lockend; im Ortsbereich nur Ministrand; besser zu dem langen Sandstrand Plage de Parlementia.

Surfverleih am Hafen, auch Unterricht möglich. Im wesentlichen breite, lange Kähne.

Wellenreiten: Boardverleih im Surf Shop an der Durchgangsstraße Nr. 1o.

St. Jean de Luz (13.000 Einw.)

(der baskische Name Donibane-Lohizun bedeutet St. Jean des Sumpfes)

Das reizvollste Städtchen der baskischen Küste kann jede Menge Pluspunkte in die Waagschale werfen. Landschaftlich sehr schön gelegen zieht es sich um die kreisrunde Mündungsbucht der Nivelle. Im Hintergrund sanfte Hügelketten der Pyrenäenausläufer.

Eine lebhafte Stadt zum Bummeln, Shoppen und Flanieren; hübscher z.T. alter Kern, baskische Häuser aus dem 17. Jh. mit charakteristischem Fachwerkdekor. Gemütliche Lokale mit guter baskischer Küche. Authentischer Fischerhafen an der Nivellemündung.

St. Jean de Luz lockt mit einer idealen Planschbucht. Kilometerlange Sandstrände, ein optimaler Spielplatz der Windsurfer und Segler, entsprechend frequentiert. Betonkais am Eingang der Bucht fungieren als Wellenbrecher, gespannte Netze als Mülleimer für spanischen Unrat. Ausgesprochen schöne, teilweise autofreie Uferpromenade fast rund um die Bucht; im Strandbereich dominieren moderne Appartementblocks, nur z.T. hübsche Häuser, manche mit eigenem Brückenzugang auf den Promenierstreifen.

Last but not least bietet St. Jean de Luz ein attraktives Hinterland; z.B. Besteigung des „Hausbergs“ Rhune, Tour durch die ungemein reizvollen baskischen Dörfer oder ein Kurztrip nach Spanien.

St. Jean de Luz ist mittlerweile mit seinen früheren Konkurrenten Ciboure (= Brückenkopf) und Socoa am Ausgang der Bucht zusammengewachsen.

Tourist INFO

Office de Tourisme (2) am Place Maréchal Foch, 64500 St. Jean de Luz. Tel. 05 59 26 03 16, Fax: 05 59 26 21 47. Offen: zur Saison Mo.-Sa. 9-20, So. 10.30-13/15-19 Uhr. Sonst Mo.-Sa. 9-12.30/14-19 Uhr.
Internet: www.saint-jean-de-luz.com

Zur Saison finden Stadtführungen statt.

Post (9): am Boulevard Victor Hugo. Offen Mo.-Fr. 9-18 Uhr, Sa. 9-12 Uhr.

Parken: Großer Parkplatz beim Bahnhof, nur einen Katzensprung ins Zentrum (Hafen, Markthalle, Fußgängerbereich). Entlang der rechten Seite der Badebucht, bv. Thiers, nahe der Strände. Die übrigen Parkplätze meist gebührenpflichtig.

Großer Parkplatz noch bei der Zufahrt neben der Polizei (gebührenfrei). Wohnmobile finden bei der Brücke Entsorgungsmöglichkeiten.

Markt: jeden Di., Fr., Sa. in den Markthallen am Bd. Victor Hugo.

Verbindungen

Zug: Bahnhof (1) ca. 2oo m vom Zentrum und Hafen entfernt; avenue de Verdun.
-> Hendaye an der span. Grenze ca. 8 x tägl., nicht So.
-> Bayonne ca. 1o x tägl.
-> Bordeaux mit dem TGV Atlantique ca. 9 x tägl.
-> Paris ca. 7 x tägl.

Bus: -> Hendaye etwa stündl., an So./Feiertagen seltener. Es werden zwei Strecken befahren: über die N 1o (montagne) über Urrugne oder entl. der Küste (Corniche) etwas seltener.
-> Biarritz etwa stündlich, so. und feiertags seltener
-> Bayonne etwa stündlich, so. und feiertags seltener
-> San Sebastian 1 x tägl.
-> Hinterland: -> Ascain -> Col de St. Ignace (Anschluß zur Zahnradbahn auf die Rhune) -> Sare im Juli/August 2-3 x tägl.
-> Espelette, Cambo werktags 1-2 x tägl.

Bootsverbindung über die Bucht nach Socoa.

Autovermietung: -> Avis, 31, bv. Thiers; Europcar, 3, bv. Commandant-Passicot. -> Garage Benault 4,bv Victor Hugo.

Stadtgeschichte: Seit dem 1o. Jh. war St. Jean de Luz ein Walfangort, dessen Aktivitäten bis nach Grönland und Neufundland reichten. Die Holländer und Engländer fürchteten im 17. Jh. die baskische Konkurrenz und verboten ihnen das Anlegen in der Arktis. Der clevere Kapitän Sopite erfand daraufhin die „ambulante" Trankocherei, was die Schiffe unabhängiger und effektiver machte. Nach der Walzeit stiegen die baskischen Fischer auf Kabeljau und Sardinen um.

Den großen Reichtum brachte jedoch die Korsarenzeit (Korsaren waren vom König autorisierte Seepiraten, die Kriegs- und Handelsschiffe von mit Frankreich im Krieg befindlichen Ländern enterten und beschlagnahmten). Man investierte gewaltig in eine Korsarenflotte, die schließlich so erfolgreich arbeitete, daß selbst „Superstars" wie der Malouin Duguay Trouin kalte Füße bekamen. Die Werftindustrie an der Nivelle hatte Hochkonjunktur. Im 16./17. Jh. zählte St. Jean de Luz zu den bedeutenden und reichen Häfen Frankreichs.

Ein verheerender Brand zerstörte 1558 die Stadt; als Ursache wird Brandstiftung der spanischen Truppen bei einem Überfall auf das Baskenland angenommen. Nur ein Haus überstand die Katastrophe (Haus „Esquerrenea" in der Rue de la République).

Die Hochzeit Ludwigs XIV. mit Maria-Theresia am 9. Juni 166o war d a s historische Ereignis der Stadt. Die Staatsraison forderte, daß der 22-jährige König seine Cousine Maria Theresia von Österreich heiratete, obwohl er ganz schrecklich in Maria Mancini, eine Nichte des mächtigen Kardinal Mazarin, verliebt war; es gelang ihm zwar, die Hochzeit noch etwas herauszuzögern, bis Mazarin seine Nichte kurzerhand aus dem Blickfeld des Königs bugsierte.

Maria Theresia, Tochter des spanischen Königs Philipp IV., erfüllte mit der Ehe eine Klausel des Pyrenäenvertrages von 1659, den Mazarin mit ausgetüftelt hatte. Sie war gerade 21 Jahre alt und hatte ihren Zukünftigen, wie damals üblich, noch nie gesehen, angeblich verstand sie auch kein Französisch.

Am 4. Juni traf sich Königsmutter Anna von Österreich mit ihrem Bruder, König Philipp IV., auf der Fasaneninsel nahe dem heutigen Hendaye, um den Ehevertrag zu unterschreiben. Am 9. Juni wurde Hochzeit in St. Jean de Luz gefeiert, mit Prunk und Pomp, viel Glitzer und Diamanten. Der Bischof von Bayonne, Jean d'Olce, zelebrierte die Trauung in der Kirche St. Jean Baptiste. Die Pforte, durch die das Königspaar die Kirche verließ, wurde als Erinnerung und aus Respekt zugemauert.

In der Französischen Revolution wurde die Stadt des Hl. Johannes kurzerhand in „Chauvin Dragon" umgetauft, nach einem Drachen, der in einem Scharmützel getötet worden war. Die Guillotine stand damals im Hof zwischen Rathaus und Haus Ludwig XIV.

Napoleon III. tat viel für die Stadt, die sich im 19. Jh. zu einem Seebad gemausert hatte. Auf ihn gehen z.B. die Wellenbrecher am Eingang der Baie zurück, die die Stadt vor dem Ansturm des Ozeans bewahren, ferner spendierte er der Kirche Renovierungsgelder.

Heute hat St. Jean de Luz neben seiner touristischen Bedeutung auch Gewicht als größter Thunfischhafen Frankreichs; pro Jahr werden hier rund 13.ooo Tonnen Fisch umgeschlagen. Im Winter sind die Kutter bis an die senegalesische Küste unterwegs; im Sommer wird vor der hiesigen Küste gefangen. Die Sardinenfangboote kommen bis an die marokkanische oder portugiesische Küste.

SEHENSWERTES

Das Zentrum der Stadt ist der PLACE LOUIS XIV. (5), voll pulsierenden Lebens mit Musikpavillon, Open-air-Cafés (Touristenpreise) unter Platanen der richtige Platz, um dem Gewimmel zuzuschauen; manchmal Live Musik. Porträtisten und Souvenirverkäufer versuchen vom Touristenkuchen eine Scheibe abzubekommen. Der Platz hieß während der Französischen Revolution Place de la Liberté und wird vom Rathaus (4) (17. Jh.) und dem Haus Ludwig XIV. flankiert, - dazwischen stand in der Revolution die Guillotine.

HAUS LUDWIG XIV. (3): Das repräsentative Palais des reichen Reeders Lohobiague (von 1643) verbirgt sich etwas hinter Platanen; unten Bar, Café „La Suisse". Ludwig XIV. verhalf ihm zu Berühmtheit, als er 166o hier 4o Tage mitsamt dem Hof logierte, um auf seine Braut, die Infantin von Spanien, zu warten. Hochzeitsgemach, Empfangssaal und weitere Räume können besichtigt werden; das Palais wird zum Teil heute noch von Nachkommen der Lohobiague bewohnt und ist im Stil eines reichen Reederhaus des 17. Jh. möbliert. Offen: Juni bis September 1o.3o-12/ 14.3o-17.3o Uhr, Juli/August bis 18.3o Uhr. Eintritt 5 Euro.

HAUS DER INFANTIN (6) am Quai de l'Infante. Erkennbar an zwei quadratischen Türmchen; es gehörte der Familie Haraneder. Im Erdgeschoß „Atelier de Tissage" von Jean Vier. Eine Inschrift erinnert an den hohen Besuch, als Maria-Theresia, Infantin (= königliche Prinzessin) von Spanien, von der Königsmutter Anna von Österreich (ihrer Tante), auf die Hochzeit mit dem französischen König vorbereitet wurde. Am 9. Juni 166o zog der spätere Sonnenkönig Ludwig XIV. mitsamt Gefolge zu diesem Haus, um seine Braut zur Kirche zu führen. Offen: Juli bis Mitte Oktober tägl.

außer So. und Mo. Vormittag 11-12.3o/14.3o-18.3o Uhr. Eintritt 2,5o Euro Gezeigt wird der große Saal aus dem 17. Jh. im 1. Stock.

Kirche ST. JEAN BAPTISTE (8) in der Rue Gambetta. Eine der größten, schönsten und typischsten Kirchen der baskischen Küste aus dem 15. Jh., hatte allerdings eine ältere Vorläuferin. Im 17. Jh. erweitert. Äußerlich schlicht, fast streng; reichverziertes Interieur aus dem 17. Jh.; sehr geräumiges Schiff mit der für baskische Kirchen charakteristischen 3-etagigen Holzgalerie (Eiche), die ausschließlich Männern vorbehalten war, während die Frauen unten ihre Plätze hatten. Hübscher Treppenzugang von außen. Interessantes Tonnengewölbe und barocker, vergoldeter Altar. Die Orgel aus dem 17. Jh. wurde schon zur Königshochzeit gespielt. Das Schiffsmodell der „Aigle“ erinnert an eine Havarie, die Kaiserin Eugénie hier erlitt. Rechts vom Eingangsportal die zugemauerte Königspforte, durch die das frischgebackene Königspaar die Kirche verließ. Offen: 9-12/14-18.3o Uhr.

Wellington hatte 1813 in der Rue Mazarin Haus Nr. 2 Quartier bezogen, nach dem Rückzug der Franzosen aus Spanien. Ein ausgesprochen hübsches Fachwerkhaus, etwas versteckt seitlich des Place Louis XIV.

Zwischen dem Place Louis XIV. und Strand liegt das QUARTIER DE LA BARRE (7), das ehemalige Nobelviertel reicher Reeder aus dem 17. Jh., das allerdings durch eine gewaltige Sturmflut 1749 ziemlich dezimiert wurde.

Aktiver, pittoresker FISCHERHAFEN in der Nivellemündung. Großes Bassin direkt in der Stadt, bunte Kutter vor Lagerhallen, Netze liegen stapelweise auf dem Kai zum Trocknen. Im Hintergrund die Silhouette des Hausbergs Rhune; Angler versuchen vom Kai aus ihr Glück. Entladung der Thunfische ganz frühmorgens.

WACHSFIGURENMUSEUM (Musée Grévin), 3, rue Mazarin. Im sogenannten Pavillon der Infantin veranschaulichen mehr als 5o Wachsfiguren die Geschichte der Stadt. Offen: tägl. April bis Oktober.

ECOMUSÉE, Atelier de Tissage Artisanal an der Einfahrtstraße N 1o groß ausgeschildert. Im wesentlichen eine Verkaufsausstellung der Produkte Jean Vier's. Er hat die traditionelle Verarbeitung des baskischen Leinens wiederentdeckt und stellt Tuche mit den sieben baskischen Streifen (analog sieben Provinzen) her und Gebrauchsartikel wie Tischdecken, Taschen, Servietten etc. Die Produkte haben auch ihren Preis.

Über 5o Restaurants und Bistros, meist im alten Stadtteil.

„GRILLERIE DES SARDINES“ am Fischerhafen, quai M. Leclerc. Große „Eßhalle“, Papiertischdecken, aber viel Atmosphäre und Lokalkolorit. Blick zum Fischerhafen. Gegrillte Sardinen, Thunfisch mit Sauce 9 Euro; preiswerter Wein. Offen: Ende Juni bis Mitte September.

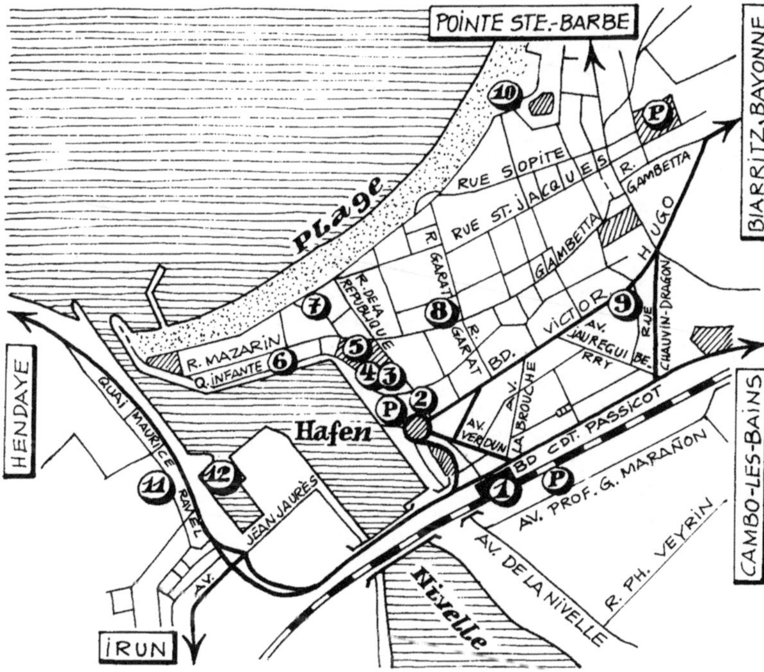

ST.JEAN-DE-LUZ

1	BAHNHOF	7	Quartier de la Barre
2	TOURIST INFO	8	Kirche St.Jean-Baptiste
3	Maison de Louis XIV	9	POST
4	Hôtel de Ville	10	Casino
5	Place Louis XIV	11	Kirche St.Vincent
6	Maison de l'Infante	12	Port de Plaisance

In der „Futterstraße“ rue de la République reiht sich ein lockendes Lokal ans andere:

„LA TAVERNE BASQUE“, am schönsten sitzt man auf den Korbstühlen im Freien, Menü für15 Euro mit frischem Thunfisch.

„LE KAYOLA“ eines der schönsten Häuser in der Rue de la République (Nr. 18); sehr geschmackvoll eingerichtet, Rauhputz, großer, dekorativer Kamin. Hübsch die Plätze im ersten Stock mit Blick auf die Fußgängerstraße. Menü für 15 Euro mit Riesenauswahl; Paella, diverse Fischgerichte.

„LE KAIKU“, 17, rue de la République. Das älteste Haus der Stadt, mit

Türmchen. Schönes Ambiente; sehr gepflegter Speisesaal mit alter Balkendecke. Sehr gute traditionelle Küche, hochgelobt in der Gourmetpresse. Viel Fisch und Krustentiere; ausgezeichneter „Salade Kaiku“. Preisniveau entspricht der Qualität.

„VIEILLE AUBERGE“, 22, rue Tourasse. Großes, rustikales Lokal, Plastikstühle auf dem Bürgersteig; Tische im Freien. Menü ab 13 Euro.

Schräg gegenüber „Le Tourasse“, gediegenes Speiselokal, Holzdecke und Natursteinwände. Gute Küche, gehobenes Preisniveau.

„CHEZ PABLO“, 5, rue Mlle Etcheto; zwischen Bahnhof und Post. Gut besuchtes Fischlokal, schlicht, bekannt für seine Tintenfisch- und Thunfischgerichte; à la carte, dadurch wird's schnell teuer.

SPECIALS

Konditorei Maison Adam, seitlich am Place Louis XIV., bekannt für seine königlich-köstlichen Makronen, wenn auch teuer. Der Ur-Ur-Urgroßvater des Konditors hat sie schon für die Hochzeit Louis XIV. nach gleichem Rezept gebacken.

Köstliche Schokoladentrüffel gibt es in der Confiserie Pariès, gleich nebenan in der Fußgängerzone, rue Gambetta. Auch Marzipan, Karamelbonbons u.a. locken hinter der langen Glasvitrine.

Markthalle am Bv. Victor Hugo. Werktags jeden Morgen. Seitlich in dem kleinen Raum sitzen die Männer mit Baskenmütze bei gegrillten Sardinen.

Offener Markt außen um die Markthalle. Jeden Dienstag, interessanter aber zum Wochenendeinkauf am Freitag oder Samstag.

Les Caves Luziennes, 18, rue Tourasse. Sehr gute Weinhandlung; schnuppert schon beim Toreingang nach edlen Tropfen. Riesenauswahl, auch baskische Liköre (sehr lecker!).

Weitere Geschäfte mit ähnlichem Angebot im Zentrum.

Knapp 3o Hotels unterschiedlicher Preislage und Ausstattung, alleine drei 4-Sterne-Hotels inkl. Thalassotherapie. Hotels im Juli/August teilweise ausgebucht. Info auch durchs Touristenbüro.

*** „**Hotel La Réserve**“, Rond Point de Ste. Barbe. Sehr schön und ruhig am Meer gelegenes Hotel Richtung Strand von Erromardie. 41 Zimmer und Suiten mit Meerblick. Gutes Restaurant mit Panoramaterrasse. Swimmingpool und Tennisplatz. Fußweg ins Zentrum. DZ 6o-15o Euro.

** „**Ohartzia**“, 28, rue Garat. Im regionalen Stil, mit großer Restaurantgartenterrasse. Preiswertes Mittagsmenü. 18 Zi. mit Dusche. DZ ab 5o Euro. Schmale Balkons.

*** „**Les Almadies**“, 58 Rue Gambetta. Schnuckelige Herberge mitte in der Stadt. Nur wenige 1oo m zum Strand. 7 gemütliche Zimmer in einem typisch baskischen Haus. Familiäre Atmosphäre. DZ 7o-1oo Euro.

** „**Bolivar**“, 18, rue Sopite; nur 100 m zum Strand. Einfache Zimmer ohne großen Komfort, teilweise mit Minibalkon. Großer Kleiderschrank, abgewohntes Mobiliar. 16 Zimmer meist mit Etagendusche. DZ 30-60 Euro.

** „**Agur**“, 96, rue Gambetta. Im lebhaften, lauten Zentrum. Nüchterne Zimmer nur wenige mit eigenem Bad; ruhigere Zimmer zur Terrassenseite nach hinten raus. Modern rustikal im Erdgeschoß; Terrasse. 9 Zimmer und 8 Studios. DZ 50-70 Euro.

** „**Le Prado Magenta**“, promenade de la Plage, beim Casino. Ganz nah am Meer. 38 Zimmer, überwiegend mit Du./Bad. Am schönsten die Zimmer vorne raus zur Bucht mit Minibalkon. DZ 40-85 Euro.

** „**Lafayette**“, 18-20, rue de la République. Stilvolles altes Hotel, Zimmer mit modernem Komfort; u.U. dringt das Stimmengewirr der Straße durch. 18 Zimmer mit Dusche/Bad, DZ 40-75 Euro, unten Restaurant.

*** „**Madison**“, 25, bd. Thiers in Strandnähe. 25-Zimmer-Hotel älteren Datums, nach und nach renoviert. Gepflegte, gut schallisolierte Zimmer mit Du./Bad. DZ 43-80 Euro.

*** „**Villa Bel-Air**“, promenade Jacques Thibaud. In guter Lage, nur einen Katzensprung zum Strand. Terrasse mit Meerblick. Komfortables Hotel in einer ehemaligen Villa. 23 Zimmer mit Privatbad. DZ 70-115 Euro.

Jugendherberge: Centre International de Jeunes Borda-Zahar. 8, rue Simone-Menez in Ciboure. Übernachtung mit Frühstück um die 10 Euro.

Wohnmobilstellplätze: Pont Charles de Gaulle. Nicht sehr reizvoll, da unmittelbar an der Hauptstraße rüber nach Ciboure, allerdings gratis. 10 Stellplätze ganzjährig. Abwasserentsorgung, Frischwasser.

Rund 7.000 Stellplätze im Großraum St. Jean de Luz. Sehr schöne Campingplätze im Norden am Erromardie Plage:

**** Camping International d'Erromardie, nur durch die Straße vom Strand getrennt. Insgesamt schöne Anlage, 260 Stellplätze, durch Straße und Büsche unterteilt, wenig Schatten. Verschiedene Sanitäranlagen, überall Warmwasser. Einkaufsmöglichkeiten, Mobilhomes zu mieten. Kleines Schwimmbecken. Offen: Mitte April bis September.

*** Camping Bord de Mer, von der Lage schönster Platz an der Bucht Erromardie, falls man einen Stellplatz in erster Reihe überm Strand erwischt. Küstenblick gleich vom Wohnwagen aus. 20 m zum Strand. 200 Stellplätze. Offen: Mitte März bis Mitte Oktober.

*** Iratzia Richtung Erromardie. Gepflegter, großer Platz (300 Stellplätze) mit guten Bademöglichkeiten. Schattiges Wiesenareal, angenehm unterteilt, gute Sanitäranlagen, nur ca. 150 m zum Strand. Bar, Shop, Stromanschlüsse, ab RN 10 ausgeschildert. Mai bis September.

Weitere Campingplätze Ri. Guéthary im Ortsteil Acotz siehe Guéthary.

*** Camping municipal im Ortsteil Acotz. 220 fest vorgegebene Stellplätze, von Hecken und Büschen unterteilt. Wiesenboden, kein Schatten. Sanitäranlagen älteren Baujahrs, aber Warmwasser. Restaurant, Einkaufsmöglichkeit. Offen: Juni bis September.

*** Juantcho gehört zum Ortsteil Socoa im Westen der Bucht; ausgedehntes Wiesenterrain am Hang (nicht zum Meer), neben der Küstenstraße nach Hendaye D 912; nur wenig Straßenlärm. 3oo Plätze auf Terrassen unter Pappeln, z.T. schöner Blick zur Rhune. Zweckmäßige, saubere Sanitäranlagen; zum Meer rund 5oo m. Mitte April bis Oktober.

Im Ortsbereich ein Halbdutzend Strände, von ruhigen Badebuchten, bis Brandungsküste im Norden. Z.B. Eromardie Plage: etwa 1 km lang, sehr schön von Steilküste eingefaßt, Grobsand steil in Wasser. Autozufahrt für Surfer. Durch die angrenzenden Campingplätze stark frequentiert.

Plage de la Baie, schöner 2 km langer Sandstrand um die Bucht. Mit allen Einrichtungen, auch bei Flut bleiben noch 3o-4o m Strand. Durch Wellenbrecher relativ ruhiges Wasser. Strandduschen, Strandzelte, überwachter Badebereich, Spielplatz etc.

Früher war die Buchteinfahrt beidseits befestigt. Turm im Ort Socoa noch erhalten, am Nordende Grünanlage mit schönen Spazierwegen.

Thalasso-Therapie mit 3-Sterne-Hotelambiente „Helianthal" vorne am Kai. Chickes Meerwasserbecken „Parcours bio-mare", spezielle Behandlung bei Rückenbeschwerden. Mit Hotelaufenthalt ein teurer Spaß, auch als Individualurlauber zu benützen.

SPORT

Tennis: rund zwei Dutzend Tennisplätze, auch in der Halle, und zwei Golfplätze stehen in St. Jean de Luz zur Verfügung.

Windsurfen/Segeln ist Sport Nr. 1, ideale Bedingungen; wellengeschützte, ausgedehnte Bucht. Surfboardverleih und Schule am Plage des Flots Bleus, Ende der Kaistraße (Sackgasse). Breite Palette an Boards für jedes Niveau. Unterricht: Einzelstunde 35 Euro.

Surf-/Segelschule (Segelbootverleih) in Socoa bei der Ecole du Voile du Yacht Club Basque am Hafen. 1-wöchiger Surfkurs etwa 11o Euro; einwöchiger Catamarankurs 122 Euro. Catamaranvermietung: ca. 45 Euro/ Tag.

Pelote: das typisch baskische Ballspiel. Mehrmals pro Woche finden Spiele statt, z.B. im großen Fronton am Square Elizaga. Nebenan die „Bar de Fronton" mit Fotos ehemaliger örtlicher Stars und Chistera an der Bartheke, oder in den verschiedenen Trinquets.

Jetski: Sehr in Mode gekommen. Vermietung bei Sport Mer, 7,bd Thiers.

Wasserski: Ebenfalls bei Sport Mer.

Tauchen: Die baskische Küste eignet sich hervorragend. Einige Clubs in der Bucht.

Fahrradverleih: Fun ,Bikes am Bahnhof. Bieten auch Roller an. Oder bei Luz Evasion, place Maurice Ravel.

Diverse Touren möglich, z.B. entlang der Küstenstraße D 912, eine ausgesprochen schöne Küstenpartie, zur Grenzstadt Hendaye und in einem Bogen durchs Landesinnere wieder zurück, insgesamt ca. 35 km. Zur Hauptsaison allerdings starker Pkw-Verkehr, besonders auf der Küstenstraße. Längere Rundtour von ca. 6o km durch den Wald von Ustaritz, über die Kleinstadt Ascain, St.Pee/Nivelle, Souriade, Ustaritz.

Angeln: Hochseeangeltouren bieten verschiedene Kutter im Hafen an; Vormittagstour ca. 25 Euro; Ausrüstung inkl.

Flußangeln in der Nivelle gratis 5 km flußaufwärts bis zum Pont Romain in Ascain, ab dort muß man zahlen. Angelkarte (= Timbres) im sehr gut ausgerüsteten Angelshop „LAFON" am 37, bd. Victor Hugo, gegenüber Post.

FESTE UND VERANSTALTUNGEN

Zur Saison ist jede Menge geboten: Pelote, Sportwettkämpfe, Tanzfeste etc. Das Fest des Schutzheiligen der Stadt, St. Jean Baptiste, am nächstgelegenen Sonntag zum 24. Juni. Anfang Juli Thunfischfest; Anfang September Fest des Ttoro (Fischragout) und die musikalische Woche der baskischen Küste. Das Touristenbüro gibt jede Saison eine Broschüre aller Festivitäten heraus.

ORGANISIERTE AUSFLÜGE

Verschiedene Agenturen bieten eine ganze Palette von **Bustouren** an: jeden Tag ein anderes Ziel, Halbtages- oder Tagestouren, z.B. die große Pyrenäentour zum berühmten Gebirgskessel von Gavarnie, nach Lourdes und Pau, der Geburtsstadt Heinrich IV. (siehe auch Pyrenäenteil), oder eine Tour in die baskischen Dörfer. Tagestouren ins nur 1o km entfernte Spanien nach San Sebastian oder Bilbao etc. Preise variieren zwischen 1o-6o Euro. Reservieren im Touristenbüro. Auch Mehrtagestouren möglich.

Organisierte „Promenades en Mer", **Hochseeangeltouren** (s. Angeln) oder einfach mit dem Kutter raus, 1/2oder 1 Std.

Hausberg Rhune (9oo m)

Beliebter Panoramaberg mit Superausblick (bei klarem Wetter) über die baskische Küste, die hügelige Küstenprovinz Labourd, Sand- und Kieferngürtel der Landes und über die franz. und spanischen Pyrenäen. Die Rhune ist die letzte bzw. erste wesentliche Erhebung der Pyrenäen; der Name, eine französische Verballhornung des baskischen „Larrun", bedeutet guter Weideplatz.

Der Aussichtsberg liegt ca. 1o km südöstlich von St. Jean de Luz bei dem Städtchen Ascain (2.ooo Einw.), fotogene baskische Häuser, Fronton im Mittelpunkt und hübscher Kirche mit den typischen Holzgalerien.

Eine Zahnradbahn klettert ab dem Col de St. Ignace (196 m, großer Parkplatz und Hotel/Restaurants) seit 1924 die etwa 4km in 3o Min. zur Rhune hinauf (mit 8 km/h), maximale Steigung bis 25-3o %. Gemütliche Holzwaggons, im Sommer angenehm luftig. Tolles Panorama schon bei der Fahrt. Jacke mitnehmen, oben weht ein frisches Lüftchen. U.U. sieht man bei der Fahrt Gänsegeier kreisen und einige der pony-großen halb wilden Pferde (bask. = pottok).

Die Bergstation mit Cafés/Bars liegt genau auf der Grenze. Große Auswahl an Alkoholika zu spanischen Preisen. Bei einer Flasche Izarra ist die Bahnfahrt schon fast wieder drin. Oben grasen Schafe und Pottoks. Herrliches Panorama, - Orientierungstafel.

Zufahrt: per Linienbus von St. Jean de Luz über Ascain zum Col de St. Ignace, dort in die Zahnradbahn umsteigen. Der Bus fährt im Juli/August 2 x an Wochentagen.

Oder man mietet sich in St. Jean de Luz ein Fahrrad und macht einen sportlichen Tagesausflug draus.

Die Zahnradbahn fährt von Juli bis Sept. etwa alle 35 Min. Zur Vor-/Nachsaison 2 x tägl. und nach Bedarf werden zusätzliche Züge eingesetzt. Im Sommer lange Wartezeiten an der Kasse, am besten schon vor 1o Uhr da sein. Hin- und Rückfahrt 12 Euro.

Die Rhunetour wird auch von Reiseveranstaltern als Halbtagesausflug (Bus-/Zahnradbahn) angeboten.

Wanderweg: Viele Wege führen auf die Rhune, gut ausge-trampelt, teilweise an der Zahnradbahn entlang. Von spanischer Seite führt ein Karrenweg zum Gipfel. Gutes Kartenmaterial ratsam!

Ein schöner Weg beginnt beim Weiler Olhette (zwischen Ascain und Urrugne) in Trabenea/Frontonwand. Von hier zum Parkplatz/Gite d'Etape Mento Bayta. Deutlicher Weg, folgt ein ganzes Stück dem GR 1o. Nach einer guten Stunde erreicht man den Col des Trois Fontaines auf 56o m - hier verläßt man den GR 1o. Es geht jetzt an der Südseite der Rhune hoch, teilweise steile Kehren bis man die Zahnradbahn quert. Die letzten Höhenmeter zum Gipfel, dort wartet ein kühles Bier in einer der spanischen Ventas. 85o m Höhenunterschied, ca. 4-5 Std. hin und zurück.

★ Ciboure (bask. Zubiburu = Brückenkopf) (6.5oo Einw.)

Am anderen Nivelleufer neben dem Hafen geht Ciboure in St. Jean de Luz über. Früher herrschte eine starke Rivalität zwischen beiden Orten. Der Komponist Maurice Ravel (1875-1937) wurde im Haus Nr. 27 am Quai Maurice Ravel geboren und verbrachte hier seine ersten drei Lebensjahre, bis die Eltern nach Paris zogen. Später kehrte er häufig nach Ciboure zurück, wo er auch das so berühmt gewordene Ballett Bolero schrieb.

Hübsche Fassaden am Kai, weitere schöne Straßenzüge in der Rue Agorette und de l'Escalier.

KIRCHE ST. VINCENT (1): Die festungsartig anmutende Kirche aus dem 16. Jh. besitzt einen achteckigen Glockenturm und einen hübschen Innenraum mit einer typisch baskischen Galerie in drei Etagen.

VILLA LEIHORRA (1, impasse Muskoa): sehenswerte Villa im Art Déco Stil, 1926-29 von dem Architekten J. Hiriart erbaut. Gärten und Villa mit Patio können besichtigt werden: Januar bis März Di., Sa./So. 14.30-17.30 Uhr. April bis Oktober Di., Do., Sa./So. 14.30-17.30 Uhr.

★ Socoa

Der westlichste Ort der Bucht; viel Atmosphäre am Kai; ein Restaurant am anderen, die meisten mit schönen Terrassen. Die Landnase wird von dem Fort aus der Zeit Heinrichs IV. beherrscht; von Vauban 1627 ausgebaut. Sehr schöner, weiter Blick von dem kleinen Hafen bis hinüber zur Nord-/Ostseite der Bucht, die durch die Felsnase Ste. Barbe (Schutzheilige der Artillerie) abgeriegelt wird.

In Socoa knapp 100 m langer Sandstrand (ca. 50 m breit). Kinderfreundlich, seicht ins Wasser. Sehr sauber, mit Sonnenschirmverleih, Stranduschen, Snackbar und WC.

Campingplätze siehe auch St. Jean de Luz.

„LA MARINE", 39, boulevard du Cdt.-Passicot. Schön am Hafen von Socoa gelegen. Panorama über die Baie. Viele Fischgerichte, entsprechend die Preise.

„CHEZ MARGOT" Gleich nebenan. Familienbetrieb der 3. Generation. Innen rustikal mit derber Balkendecke und Fayencensammlung. Von der Terrasse Blick auf den Hafen. Ein Gedicht ist die Fischsuppe, zubereitet nach altem Familienrezept mit großen Fischstücken, Miesmuscheln und nicht nur dekorativ die Langoustinen. Auch die Paella kann sich sehen lassen. Im wahrsten Sinne des Wortes eine große Karte. Gerichte ab 16 Euro.

Bei Urrugne direkt an der N 10 das CHÂTEAU D'URTUBIE (14.-18. Jh.) im großen Park. Besichtigung des Schlosses lohnt. Schönes Mobiliar, Tapisserien aus Flandern. Offen: Mitte Juli bis Anfang September jeden Nachmittag außer Dienstag.

VON ST. JEAN DE LUZ NACH HENDAYE *(12 km)*

Unbedingt die Panoramastraße Corniche Basque nehmen. Landschaftlich sehr reizvolle Strecke, neben der Straße fällt die Küste ca. 100 m steil ab; weiter Blick über das offene Meer, die Côte Basque, auf Hügel und Berge im Inland, viel Grün; der Blick reicht bis zur spanischen Grenze und zum

Cabo Higuer Leuchtturm. Schöne Fahrradstrecke außerhalb der Saison, sonst gefährlich, da wahnsinnig befahren (kein Randstreifen); tolle Steilklippen am Ortsanfang von Hendaye mit den markanten Zwillingsfelsen im Meer.

Auf den Klippen das CHÂTEAU D'ABBADIA in toller Lage. Trotz seines mittelalterlichen Aussehens stammt es aus dem 19. Jh. und wurde 186o-7o vom damaligen Star-Architekten Eugène Viollet-le-Duc gebaut, der dem Schloß ein neogotisches Aussehen gab. Sein Besitzer, der Wissenschaftler Antoine d'Abbadie, liebte mittelalterliche Schlösser und ließ es auch innen pompös einrichten. Heute gehört es der Akademie der Wissenschaften/ astronomisches Observatorium. Offen: Juli/August Mo.-Sa., geführte Besichtigung 4-5 x tägl. Eintritt 6,5o Euro, Familientarif 15 Euro.

Hendaye

(11.ooo Einw.)

Grenzstadt und landschaftlich sehr schön gelegener Familienbadeort an der ewig weiten Bucht; hügeliges Hinterland mit alpenländisch anmutenden Wiesenmatten. Wenig ansprechendes Stadtbild. Üppige Vegetation im Ort, Palmen, Hortensien, Magnolien. Hauptattraktion ist der ca. 3 km lange, feine Sandstrand (bei Ebbe weite Sandflächen); er zieht sich um die ganze Bucht, viele bewachte Strandabschnitte, seicht ins Meer abfallend, gut geschützt. Jede Menge Surfer tummeln sich in der Bucht. Kinderclubs am Strand. Hier kann man gefahrlos baden.

Die Stadt besteht aus zwei Teilen: Hendaye-Plage an der Mündungsbucht der Bidassoa, mit Badeleben, Appartementblocks und Sportangebot und dem ca. 2 km entfernten Hendaye-Ville mit weitem Blick bis Fuenterabbia auf spanischer Seite. In Hendaye, in der Rue des Pêcheurs, starb 1923 der Schriftsteller Pierre Loti, der in seinem Werk Ramuntcho das Baskenland thematisiert. Im Zentrum die Kirche St.Vincent (16. Jh).

In Hendaye überwiegt der französische-spanische Tourismus; starker spanischer Wochenendausflugsrummel. Hendaye ist ein wichtiger und sehr frequentierter Grenzübergang (Personen- und Güterverkehr).

Die Gegend um Hendaye war früher ausgesprochen sumpfig, deswegen wurde sie erst spät besiedelt.

Kleines ornithologisches Reservat in der Baie de Chingudy, zwischen H-ville und H-plage. Beliebter Stop der Zugvögel.

Tourist INFO **Office de Tourisme**: 12, rue des Aubépines (nahe Strand), 647oo Hen-daye. Tel. o5 59 2o oo 34, Fax: o5 59 2o 79 17. Offen: zur Saison Mo.-Sa. 9-19.3o Uhr. So./feiertags 1o-12.3o Uhr. Außerhalb der Saison Mo.-Fr. 9-12.3o/14-18.3o Uhr. Sa. 1o-12 Uhr. E-Mail: tourismehedaye@wanadoo.fr Internet: www.hendaye.fr

Post: 1o, rue des Aubépines. Offen Mo.-Fr. 9-12/14-18 Uhr. Sa. 9-12 Uhr.

Markt: Mittwochs und samstags in Hendaye-Ville (Markthalle).

Verbindungen

Zug: Großer Bahnhof/Grenzbahnhof nach Spanien.
Zug -> St. Jean de Luz ca. 8 x tägl.; alle halbe Stunde mit dem „Topo“ nach San Sebastian; weitere Verbindungen siehe St. Jean de Luz.

Bus -> St. Jean de Luz etwa stündl.; weitere Verbindungen siehe dort.
-> San Sebastian ca. 4 x tägl.; so. und feiertags 2 x tägl. Bus von Hendaye-Ville nach Hendaye-Plage alle 1/2 Std.

Auf dem neutralen Boden der kleinen **FASANENINSEL** im Grenzfluß Bidassoa wurde mehrmals große europäische Politik gemacht.

Hier trafen sich im 15. Jh. der französische König Ludwig XIII. und Heinrich IV. von Kastilien. 1527 wechselte hier der etwas angeschlagene Renaissancekönig Franz I. bei seiner Rückkehr aus spanischer Gefangenschaft auf französisches Territorium; er war in der Schlacht von Pavia in die Hände seines Gegners und Vetters, Kaisers Karl V. gefallen und in einem Kloster-Gefängnis festgehalten worden; dort litt er nicht nur unter der Schmach der Niederlage und an mangelndem Komfort, sondern auch an Fieberattacken seiner Syphiliserkrankung.

Hier wurden 1531 die beiden Söhne Franz I. nach mehrjähriger spanischer Gefangenschaft (als Geiseln) gegen Zahlung eines horrenden Lösegeldes von ca. 2 Millionen Goldtalern freigelassen.

Im Jahr 1619 wechselten zwei königliche Bräute hier die Grenze: Die Schwester des französischen Königs Ludwig XIII., Elisabeth, sollte den spanischen Thronfolger Philipp IV. heiraten; im Gegenzug ging dessen Schwester Anna von Österreich die Ehe mit Ludwig XIII. ein.

1659 wurde auf der Insel im Pyrenäenvertrag der spanisch-französische Krieg beendet und ein Jahr später der Heiratsvertrag zwischen dem französischen König Ludwig XIV. und der spanischen Prinzessin Maria-Theresia unterzeichnet, der für Maria-Theresia den Verzicht auf die spanische Krone bedeutete. Ausgeheckt wurde der Vertrag, eine Klausel im Pyrenäenvertrag, vom mächtigen Kardinal Mazarin, unterschrieben von Königinmutter Anna von Österreich und ihrem Bruder, dem spanischen König Philipp IV.

Am 23. Oktober 194o trafen sich Hitler und Franco im Bahnhof Hendaye; Hitler versuchte - erfolglos - Franco als aktiven Verbündeten zu gewinnen.

Die fast unscheinbare Fasaneninsel, die ständig von Flut bedroht ist, gehört sowohl ganz zu Spanien wie auch ganz zu Frankreich. Beide Länder wechseln sich halbjährlich mit der Verwaltung ab; das erste 1/2 Jahr ist Frankreich dran, dann Spanien. Bootstransfer vom Centre Nautique bei genügender Nachfrage. Zu sehen gibt’s allerdings nichts.

„LA PETITE MARÉE“, avenue des Mimosas, Parallelstraße zum Strand. Ordentliches Lokal hauptsächlich Fischgerichte. Gutes Preis-/Leistungsverhältnis. Menü ab 1o Euro.

Restaurant „LA CIDRERIE CAMINO BERRY“, Croix des Bouquets an der RN 1o Ortsende Richtung St. Jean de Luz. Gemütlichrustikale Atmosphäre; gute Küche bei fairem Preis-/Leistungsverhältnis. Spezialität gegrillte Goldbrasse oder eine ordentliche Côte de boeuf. Menü ab 12,5o Euro.

Restaurant „LA BERGERIE" im Nachbarort Urrungne. Eingerichtet in einer alten Bergerie werden Fisch und Schafsfleisch angeboten. Ausgefallenes Ambiente, gute Küche. Menü ab 23 Euro.

Rund 3o Hotels bis 4-Sterne-Niveau.

*** „**Concorde Ibaia** Serge Blanco" 76, av. Des Mimosas. Die Nummer 1 in Hendaye. Ein charmantes, modernes Hotel mit großem Swimmingpool, nur wenige Schritte zum langen seichten Sandstrand. 61 Zimmer, DZ ab 1oo Euro.

„**Complexe** Serge Blanco", 125, boulevard de Mer. Große Anlage zwischen Jachthafen und Sandstrand. Verschachtelt moderner Komplex mit allem Komfort. 9o ansprechende Zimmer. DZ ab 1o Euro.

** „**Valencia**", 29, bd. de la Mer. Direkt an der Strandstraße. Top Blick über die Bucht nach Spanien; der Straßenlärm dringt durch. Im spanischen Stil mit Fensterarkaden. Zi. mit Mustertapete; große Bar, kein Restaurant. 2o Zi., die Hälfte mit Du./Bad. DZ 35 - 6o Euro.

** „**De Paris**" am Kreisverkehr im Zentrum, Rond-Point Leclerc. Hübsches Gebäude mit Blumenbalkons und Pseudofachwerk; freundlicher Aufenthaltsraum, bequeme Korbstühle auf der Terrasse. Nicht super ruhig, aber nur 1oo m zum Strand. 39 Zimmer, DZ ab 4o Euro. Kein Restaurant.

* „**Bellevue**", 36, bd. Leclerc Richtung Hendaye-Ville. Behäbiges Hotel im baskischen Stil an den Hang gebaut, macht einen etwas ältlichen Eindruck, 18 recht unterschiedliche Zimmer. Minirestaurantterrasse. DZ ab 2o Euro, mit Du. teurer. 1oo m zum leicht schilfigen kleinen Strand.

Allerhand Privatzimmern und Appartements; Adressen im Touristenbüro.

Etwa ein Dutzend Campingplätze in der Umgebung:

*** Eskualduna, route de la Corniche. Schönes, großes Wiesengelände, auch im Hochsommer grüne Flecken. Schatten-plätze unter buschigen Pappelreihen. Ordentliche Sanitäranlagen, Stromanschlüsse, Frontonwand. 27o Stellpl. Offen: Mitte Juni bis September.

*** Seres, direkt am Ortseingang, rechts der Straße von der Corniche aus St. Jean de Luz kommend. Leicht schräges, schattiges Wiesenareal mit schönem weitem Blick von vielen Stellplätzen. Ordentliche Sanitäranlagen, Stromanschlüsse, Restaurant und Libre Service. Zum Sandstrand von Hendaye ca. 1,5 km. 2oo Stellpl. Offen: Mitte Juni bis Anf. September.

Wohnmobilstellplatz: Parking de Caneta. Miniplatz für gerade 6 Stellplätze. Aufenthalt 48 Stunden zulässig. Und am alten Hafen: Parking du Vieux Port. 1o Stellplätze ganzjährig 48 Stunden zulässig. Sanitäreinrichtungen.

SPORT

Tauchen: Club Urpean bietet Tauchfahrten in französischen und spanischen Gewässern an. Zur Hochsaison bis zu drei Tauchgänge täglich, in der Nachsaison nur an Wochenenden. Weitere Infos direkt beim Tauchboot im Hafen.

Die Bucht bietet sich optimal zum Surfen und Jollen-segeln an. Segel-/Surfunterricht beim Centre Nautique, Port de la Floride. Einwöchige Kurse (meist 2 Std. pro Tag) ab 80 Euro. Außerhalb der Saison werden auf dem langen Strand auch Strandsegelkurse angeboten.
Surfschule Vent d'Est, 69, bd. Leclerc, Rond-Point Palmier.

Wellenreiten- und Surfboardvermietung beim Centre Nautique, Surfboard.

Segelkreuzfahrt auf der eleganten 2-Mast-Segeljacht „Hendayais" oder anderen Booten entlang der baskischen Küste. Unterschiedlich lange Touren; Vormittagstour zum Hochseeangeln. Nachmittags 1- oder 2-stündige Rundfahrten. Info beim Touristenbüro bzw. beim Hafen Port de la Floride.

Tennis: rund ein Dutzend Courts beim Tennis Club Hendayais in Hendaye -Plage. Einwöchige Tenniskurse in kleinen Gruppen.

Fahrradvermietung: Cycles MGL, 17, boulevard Leclerc.

Einmal pro Woche finden abends „**Courses de Vaches**" statt, in der Arena de la Floride. Das Touristenbüro gibt eine eigene Veranstaltungsbroschüre heraus.

Rundwanderung um den Aussichtsberg Rhune (900 m); ca. 5 Std. ab dem Fronton Trabenia in Olhette an der D 4 von Urrugne nach Ascain. Der Abstieg verläuft ein Stück über spanisches Territorium (Paß mitnehmen). Siehe auch S. 399. Skizze und Wegbeschreibung in der Broschüre „Guide Promenades-5 Circuits de moyenne montagne" im Touristenbüro Hendaye erhältlich.

Organisierte **Busausflüge** siehe St. Jean de Luz; gleiches Programm, die Busse „sammeln" Interessenten an der Küste von Biarritz bis Hendaye auf.

KURZTRIP NACH SPANIEN

Über den sehr schönen Jaizkibelpaß nach San Sebastian. Eine landschaftlich sehr lohnende Strecke. Ca. 55 km. Gleich nach der Grenze (Geldwechselbüro auf spanischer Seite) abgeblätterte, schäbige Hochhäuser zur Begrüßung. Die Zweisprachigkeit spanisch und baskisch fällt auf; allerdings keine Französischsprachkundigen erwarten.

FUENTERABBIA (10.000 Einw.), hübsche baskische Stadt, leicht am Hang gelegen; bunte Häuserfassaden in Fachwerkimitation; früher eine bedeutende Grenzfestung gegen Spanien (Ortsdurchfahrt schlecht beschildert).

Das Schloß wurde in ein Parador Luxushotel umgewandelt. Hübsches Hafenviertel an der Bidassoamündung, der Strand hier überfüllt.

Bei der Weiterfahrt durch eine tolle Umgebung; total ländlich, gestapeltes Heu, Felder, windschiefe alte baskische Bauernhöfe mit roten Ziegeldächern z.T. herrlichen Laubwald. Schöner Blick über die Hochhäuser hinweg auf die Mündungsbucht zu den französischen Steilklippen von Hendaye. Die Straße schmal und kurvig bergauf.

Aussichtspunkt GUADALUPEKO AMA auf halber Paßhöhe. Bei dem Kirchlein „Nuestra Señora de Guadalupe" Top Blick in beide Richtungen. Große Picknickplätze, die am Wochenende von Spaniern aus San Sebastian bevölkert werden. Gute Landkneipe neben der Kirche, ein kleiner Familienbetrieb mit deftiger Küche. Günstige Paella. An der Bar köstliche gefüllte Muscheln, Oliven etc.

Die Straße kurvt sich weiter hinauf bis zur Paßhöhe (45o m); immer wieder schöner Meerblick, die Segelboote wie kleine, weiße Pünktchen; spärlicher werdende Vegetation. Viele Ausbuchtungen, an denen am Wochenende span. Familienpicknick läuft. In Kehren wieder hinunter; bis die Idylle jäh durch den riesigen Kohleverladehafen unterbrochen wird. Durch häßliche Vororte nach San Sebastian.

★ San Sebastian (17o.ooo Einw.)

(baskisch: Donostia)

Pulsierende große Stadt und Seebad, landschaftlich schön zwischen Steilfelsen gelegen; deutlich andere Architektur als jenseits der Grenze. Breite Avenidas, kilometerlange Uferpromenade, weiß leuchtende Kailinie, repräsentative Palais gemischt mit viel monoton modernem Beton. Langer Sandstrand in der großen, geschützten Conchabucht (muschelförmig); Surfer, Segler, Wellenreiter und Schwimmer kunterbunt durcheinander. Mitten in der Neustadt der Platz Guipuzkoa mit dem großen „Palacio de la Deputación" (1885), Grünanlage und großen Platanenalleen.

Das südländisch pittoreske Fußgängerviertel beginnt hinter den Markthallen; hohe, dunkel gewordene Häuser, Minibalkons und Flatterwäsche in den oberen Stockwerken. Bars, baskische Lokale und Läden im Erdgeschoß, ein entsprechender Geräuschpegel und Unmengen von Tauben sorgen für südliches Flair. Im Detail hübsche Fassaden und schmiedeeiserne Balkons, leider recht geschwärzt und nicht picobello. Abends zur Corsozeit am meisten Atmosphäre, das quirlige Leben überdeckt Straßenmüll und Armut. Viele ETA-Parolen an den Hauswänden.

Parken: in der Parkgarage Okendo.

Im ehemaligen KLOSTER SAN TELMO, einem Renaissancegebäude aus dem 16. Jh., sind die Stadtbibliothek und das Museo de la Ciudad (Stadtmuseum) mit historischer ethnografischer Sammlung und Gemäldegalerie untergebracht.

Die gotische Kirche SAN VINCENTE von 15o7 ist die älteste der Stadt.

PLAZA DE LA CONSTITUCION, das lebhafte Zentrum im Fußgängerviertel; einheitliches, malerisch abgeblättertes Ensemble; Geranienbalkone bewahren vor Tristheit. In den Arkadengängen bieten fliegende Händler Schmuck, Lederarbeiten und andere Handarbeiten an, auch viel schöner Krimskrams; Gaukler und Straßenmusikanten sorgen für Action. Der Platz diente eine Zeitlang als Stierkampfarena, die Balkone als Tribünen (deswegen die Numerierung).

Von der Barockkirche SANTA MARIA (1764) führt ein Fußweg zum MONTE URGULL (135 m), ein Sandsteinhügel mit dem Fort de Santa Cruz de la Mota.

Unterhalb davon der FISCHERHAFEN und der PALACIO DEL MAR mit ozeanografischem Museum, Aquarium und Seefahrtsmuseum.

Der Palacio de Miramar war früher Sommersitz der spanischen Könige.

Per STANDSEILBAHN auf den Monte Igueldo (184 m) am Ende der Bucht oder mautpflichtige Straße. Oben Restaurant, Aussichtsturm und Rundfunksender.

Spirituosen kauft man deutlich preiswerter in Spanien. Sehr gute Auswahl bei „Vinos y Licores“, 24, Calle del 31 de Augusto, im Fußgängerviertel. Der spelunkige Eindruck täuscht. Vom baskischen Likör Izarra, über Pernod, Portweine etc. alles vorhanden. Bezahlung auch in FF möglich.

Rückfahrt nach Frankreich: Evtl. bequemer und schneller über die Autobahn San Sebastian-> Bayonne (ein paar Mark Autobahngebühr), unterwegs sehr schöner Pyrenäenblick.

BIARRITZ
Bayonne
St.Jean -de-Luz
N 117
A 64
D932
Labastide Clairence
St.Pée sur Nivelle
Hasparren
Ascain
918
Espe-lette
Sare
Cambo-Les Bains
GROTTES D'ISTURI
OXOCELHA
GROTTES DE SARE
Ainhoa
Dan-charia
Itxassou
N121
SPANIEN
Eyharc
St.Etienne -de-Baïgorry
St. Jean Pied de Port
783

Bask. Hinterland

Ganz andere Szenerie nur wenige Kilometer abseits der Badestrände im eigentlichen „Pays Basque“: eine liebliche sanft hügelige Landschaft wie aus dem Bilderbuch, die auch bei Sommerhitze noch saftig grün bleibt, gespickt mit hübschen Inlandsörtchen im typisch baskischen Stil. Neben Kühen und Schafen weiden hier die berühmten Pottoks, kleine Pferde, die leicht für Ponies gehalten werden; sie sind die Hauptakteure im Polospiel (siehe Seite Qw). Das Hinterland ist wie ein Spinnennetz von Straßen und Sträßchen durchzogen mit Zickzackschwüngen, engen Kehren und zahmen Pässen. In Küstennähe noch einiger Ausflugsrummel, besonders am Wochenende, weiter im Inland wird's auch im Sommer ruhiger.

Das ländliche Hinterland entdeckt man am besten per Fahrrad oder Moped (Hauptsaison meiden) abseits der Hauptstraßen. Die Ortschaften folgen Schlag auf Schlag, die Steigungen halten sich in Grenzen, doch nicht bretteben wie in den endlosen Kiefernwäldern der „Landes“, dafür abwechslungsreich mit prima Picknickstellen. Schöne Stellplätze für Wohnmobile sind jedoch rar.

Die Dörfer sind fast alle nach dem gleichen Muster aufgebaut: harmonischer Dorfplatz dominiert von der rosafarbenen Frontonwand, drum herum rot oder grün abgesetzte Fachwerkhäuser, Mairie und einige Hotels mit Restauranttischen im Freien.

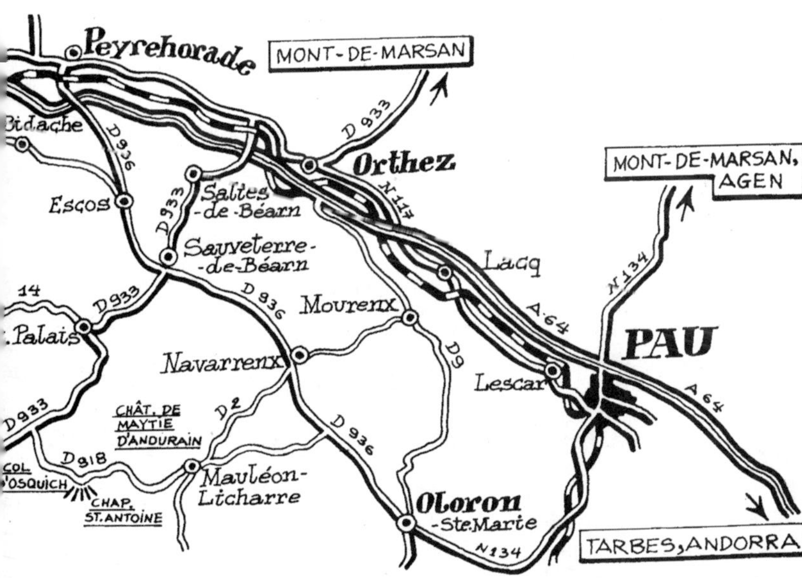

Die Kirchen stammen meist aus dem 16./17. Jh. Wehrhaft von außen mit ihrem klobigen Glockenturm am Eingang, innen die charakteristischen Galerien für Männer, der Altar etwas erhöht auf einem Podest. Ainhoa, kurz vor der spanischen Grenze, ist als typischstes Dorf der Provinz Labourd ein beliebter Ausflugsstop. Etwas weiter, in der Basse-Navarre dominieren die eher abweisenden, schiefergedeckten Häuser, auch die Frontonwand wird immer seltener.

Die nachfolgend beschriebenen Orte lassen sich bequem auf eine Rundtour durchs Hinterland legen. Als grobe Orientierung dient die flott befahrbare D 918, über Ascain, Espelette nach St. Jean Pied de Port. Läßt sich als große Runde ausdehnen über Mauléon nach Oloron und zurück entlang des Gave (Fluß) d'Oloron über Navarrenx, Sauveterre, Salies de Bearn nach Bayonne an die Küste.

★ Ascain (Azkaine) **(2.000 Einw.)**

Ausgesprochen hübsche Architektur mit blutrot abgesetzten Fachwerkhäusern. Alles recht propper und gepflegt. Durch die Nähe zur Küste und zum Aussichtsberg Rhune im Sommer aber sehr überlaufen.

Im Zentrum die obligatorische Frontonwand und Kirche aus dem 16./ 17. Jh. Der wuchtige, eckige Glockenturm bildet die Eingangshalle. Einige Grabplatten mit baskischen Inschriften in den Boden eingelassen. Das Schiffsmodell an der rechten Wand erinnert an den früher bedeutenden Schiffsbau (Werften zogen sich von St. Jean de Luz bis hierher). Gesangbücher übrigens zweisprachig.

Eine Tafel am Hotel de la Rhune erinnert an den Besuch des Schriftstellers Pierre Loti, der hier seinen Roman „Ramuntcho" geschrieben hat.

Ascain ist Ausgangspunkt für die Wanderung zur Rhune; siehe Seite 399.

Auffallend viele nette Hotels und Restaurants:

** „**Hotel/Rest. de la Rhune**" neben der Kirche am zentralen Platz Pierre Loti. Recht gepflegt. Menü ab 15 Euro. 27 Zimmer mit Du. oder Bad. DZ ab 40 Euro.

** „**Hotel/Rest. du Parc-Trinquet Larralde**", rue du Lavoir. Hübsches baskisches Haus 200 m neben der Kirche. Restaurant mit Terrasse. Menü ab 12 Euro. 28 Zimmer mit Du./Bad und WC. DZ 46-70 Euro.

* „**Auberge Achafla-Baita**", 2 km außerhalb, sehr schön ländlich (Richtung Olhette). 12 ordentliche Zimmer, DZ 25-35 Euro. Baskische Küche. Menü ab 15 Euro.

Eine Handvoll Campingplätze in bzw. um Ascain.

Die sehr schöne Strecke von Ascain nach Sare führt in Kurven über den Col de St. Ignazce (169 m). Am höchsten Punkt Abfahrt der historischen Zahnradbahn hinauf zum Aussichtspunkt Rhune. Detaills Seite 399.

★ Sare (Sara) (1.9oo Einw.)

Für uns einer der schönsten baskischen Orte in ländlicher Idylle mit Blick über die grünen und roten Fachwerkhäuser bis zur Rhune. Ursprünglicher als Ascain, aber im Sommer auch ein beliebtes Ausflugsziel mit Hotels und Campingplätzen. Man hört noch viel Baskisch in den kleinen Läden und auf der Straße.

Viel Atmosphäre, wenn gerade ein Pelotespiel auf dem Fronton angesagt ist. Häufig wird hier Rebote gespielt, eine komplizierte Version, bei der zwei Mannschaften mit fünf Spielern, durch eine Linie getrennt, gegeneinander spielen.

Gemütlich sitzt man auf der schattigen Caféterrasse am Platz. Die beiden Arkadenhäuser stammen aus dem 17. Jh. (Office de Tourisme). Die schöne große Kirche St. Martin mit der typischen „Männergalerie" aus dem 17. Jh.

Um Sare ranken sich viele Schmugglerstories. Durch die rund 25 km lange Grenze zu Spanien bot sich der Beruf „Gabazkolana" (Nachtarbeiter) für die Saratars einfach an. Im 2. Weltkrieg gelang vielen Résistance-Kämpfern auf diesem Weg die Flucht nach Spanien.

Ortillospitz - La Maison Basque. Wie ein baskisches Haus von innen aussah, das kann man in dem Gebäude des 17. Jhds. sehen. Bis zum Dach wurde das einstige Bauernhaus wieder restauriert. Etwas außerhalb Richtung Col de St. Ignazce. Offen: April bis Sept. tgl. 1o-18 Uhr.

*** „**Hotel/Rest. Arraya**", Place du Village, bestes Hotel am Platze; im Mittelalter existierte hier eine Herberge der Jakobspilger. 21 Zi. 68-95 Euro; Menü ab 22 Euro.

** „**Hotel/Rest. Pikassaria**", 2,5 km außerhalb. Sehr schön, fast idyllisch gelegen. Breit ausladendes Haus im labourdinischen Stil. Großes Restaurant mit Gartenterrasse und Rhuneblick. 37 Zimmer mit Du./Bad. DZ ab 4o Euro. Menü ab 15 Euro.

*** Camping de la petite Rhune, sehr schön gelegen, ca. 2,5 km außerhalb, nahe Pikassaria Hotel nach dem Weiler Lehenbiscaye. 52 schattige Stellplätze auf Wiesenboden. Offen: April bis September.

** Camping Goyenetche Richtung Grotte (D 3o6). Gut schattiger Platz. 7o Einheiten. Offen: Juli bis September.

6-7 km außerhalb (D 3o6) die GROTTE VON LEIZA „Grottes Préhistoriques" mit dreistöckigen Galerien und einem ca. 4o x 2o m Saal. Man munkelt, daß die Schmuggler von hier aus einen unterirdischen Weg nach Spanien nahmen. Kaiserin Eugenie besuchte 1886 die Grotte mit Prosper Mérimée und war ganz begeistert. Führung ca. 4o Min. Offen: Ostern bis November 1o-13/14-19 Uhr, Mitte Juni bis Mitte September 1o-19 Uhr, Mitte Juli bis August 1o-21.3o Uhr. Eintritt 5 Euro.

Weiterfahrt zum COL DE LIZARRIETA auf 441 m. Schöne Gegend. Im Herbst wird hier mit großem Spektakulum Jagd auf arme Tauben gemacht.

★ St. Pée sur Nivelle (Sanpere) **(3.000 Einw.)**

Der sonderbare Name hat sich von St. Pierre abgeschliffen. In dem Städtchen erfand ein begeisterter Pelotespieler 1857 die Chistera, jene fotogene Schaufel aus Weidengeflecht.

Trotz sehr hübscher baskischer Häuser (17./18. Jh.) beiderseits der Hauptstraße fehlt etwas die Atmosphäre. Der Verkehr der D 918 rauscht mitten durch. Mächtige Kirche (16./17. Jh.), die typische Holzgalerie diesmal mit „Loge“ für die Honoratioren.

Am Ortsrand Ruine des Donjons (14./15.Jh.), einziges Relikt des Schlosses der Herren von St. Pée; es wurde von den Spaniern 1793 in Brand gesteckt. Traurige Berühmtheit erlangte der „Turm der Hexen“ durch seine Hexenprozesse von 16o9.

Künstlicher kleiner Badesee mit Sandufer (Wassersport, Pedaloverleih etc.) ca. 2 km außerhalb Richtung Espelette.

★ Ainhoa **(55o Einw.)**

Ein sehenswertes Ausflugsörtchen kurz vor der spanischen Grenze, das sich mit dem Prädikat „eines der schönsten Dörfer Frankreichs“ schmük-ken kann. Geschlossenes Ortsbild, rundrum typisch: Fronton, baskische Kirche und Inschriften an den Häusern (17./18. Jh.).

Ainhoa war eine Gründung der Prämonstratenser im 12. Jh. und wurde wichtiger Etappenstop der Jakobspilger. Durch die Grenzlage stiegen Bedeutung und Wohlstand.

Die Kirche im Zentrum ist romanischen Ursprungs mit auffallendem Glokkenturm, sehr hübsch, im 16. Jh. erneuert, die Galerien stammen aus dem 17. Jh. Schöne Holzdecke.

Gute **Spazier- und Wandermöglichkeiten** ab dem Ort markiert, von einer Stunde bis zur Halbtagestour. Z.B. Spaziergang zur Kapelle Notre Dame de l'Aubépine (Weißdorn) oberhalb des Dorfes in 45 Min. über den Kreuzweg zu erreichen. Der letzte Eremit lebte bis 1825 dort oben. Prozession am Pfingstmontag.

Längere Touren über die Hügelketten der Umgebung.

*** „**Hotel/Restaurant Ithurria**“, in einem baskischen Haus von 1662, das seine Tradition auf die alte Pilgerherberge am Chemin de Compostelle zurückführt. Gepflegt. Hübscher Garten. Pool. 28 Zimmer, DZ ab 1oo Euro. Menü ab 3o Euro.

*** „**Hotel/Restaurant Argi-Eder**“, rt. de la Chapelle, in einer modernen baskischen Villa abseits der Straße. Schöner Blick. Recht nobel mit Swimmingpool. 36 Zimmer, DZ ab 7o Euro.

Weitere preiswertere Hotels im Ort. - **Gite d'Etape** Maison Elizaldia im Ort.

*** Camping Xokoan im Nachbarort Dancharia 3 km entfernt. Schöner, kleiner Wiesenplatz 2oo m abseits der Straße beim Restaurant Etchartenea. Teilweise Schatten. Stromanschlüsse. 3o Stellplätze. Ganzjährig geöffnet.

Ausgeschilderte Wanderwege ab dem Ort.

★ Espelette (Ezpeleta) **(1.4oo Einw.)**

Das Dorf des „Piment"; am letzten Wochenende im Oktober wird hier „La Fête des Piments" gefeiert: ein kleines Volksfest um die scharfen roten Paprikaschoten, die im September überall an den Hauswänden getrocknet werden. Umzüge in den Straßen, Musik, viel Kulinarisches - Wein, Käse, gefüllte Kuchen so groß wie Klodeckel und natürlich Piments. Großes Mittagessen im Trinquet und allen Restaurants, am Nachmittag steht Pelotespiel auf dem Programm. Der Ortskern im labourdinischen Stil.

Espelette ist auch für seinen Pottokmarkt (kleine baskische Pferde siehe Seite 373) Ende Januar bekannt.

Etwas abseits das schlichte CHÂTEAU mit Rundturm, das den Herren von Espelette gehörte, die durch Ludwig XI. zu Baronen aufgestiegen waren. Heute „residiert" hier die Mairie.

Am Ortsrand die einschiffige KIRCHE von 163o mit der typischen Holzgalerie.

RESTAURANTS

** Hotel/Restaurant „EUZKADI" (rue Principale) bekannt für seine gute baskische Küche. Hier werden Gerichte ser-viert, die sonst nirgendwo auf der Speisekarte stehen - natür-lich viel mit Piment gewürzt. Spezialität z.B. Tripoxa, eine Blutwurst aus Schaf, oder Kalbfleisch oder Axoa, Kalbsfrikassee mit Zwiebeln und Piments. Dem Speiseraum geht bei der Größe etwas die Gemütlichkeit verloren. Spezialitätenmenü 25 Euro; 32 Zimmer mit Bad ab 45 Euro. Swimmingpool.

★ Cambo-les-Bains **(5.2oo Einw.)**

Kleine Provinzstadt aus mehreren Vierteln. Ein Kaffeestop lohnt für den Blick über das Nivetal von der Platanenterrasse des Haut-Cambo.

Cambo ist stolz auf einen der größten Pelotaris des 2o. Jahrhunderts: Jean Aspeteguy (1881-195o), den alle nur Chiquito de Cambo nannten.

Tourist INFO

Office de Tourisme: parc Public, 6425o Cambo les Bains. Tel. o5 59 29 7o 25, Fax: o5 59 29 9o 77.

Die KIRCHE ST. LAURENT mit den üblichen Holzgalerien. Anstelle des alten Friedhofs eine Grünanlage; die hübschesten der runden Grabsteine hat man auf dem Rasen stehen lassen.

Das THERMALVIERTEL liegt am Niveufer. Seit dem 18. Jh. wird hier gekurt, - besonders Tuberkulosekranke wurden wegen der reinen Luft nach Cambo geschickt. Seit die TBC durch bessere Medikamente zurückging, blieben die Kurgäste aus. Die Anlagen wurden in den 2oern des 2o. Jh. geschlossen. Erst 1977 für Rheuma- und Atemwegserkrankte wiedergeöffnet.

HAUS ARNAGA, pompöse Villa im baskischen Stil, die sich der Schriftsteller Edmond Rostand (das Theaterstück Cyrano von Bergerac stammt u.a. von ihm) Anfang des Jahrhunderts bauen ließ. Die französischen Gärten wirken in der baskischen Landschaft etwas deplaziert. Zimmer unterschiedlichster Stilrichtungen, viele Erinnerungstücke des Dichters - Stars und Starlets der Epoche gingen hier aus und ein u.a. Sarah Bernhardt, Pierre Loti, Gabriele d'Annunzio. Offen: tägl. 14.3o-18 Uhr. Von Mai bis September zusätzlich 1o-12 Uhr. Eintritt.

★ Itxassou

(1.2oo Einw.)

Der Ort mit dem schier unaussprechlichen Namen liegt etwas abseits der Hauptroute D 918 in toller Umgebung. Der pinkfarbene Fronton sprengt den gemütlichen Ortskern, für die Straße bleibt kaum Platz. Itxassou feiert Anfang Juni sein Kirschenfest.

Der andere Ortsteil 1 km entfernt, gruppiert sich um die KIRCHE (beschildert) Richtung Pas de Roland. Eine der harmonischsten Kirchen des Baskenlandes (17. Jh.), großer Friedhof mit alten Grabsteinen an der Kirchenwand. Sie ist dem hl. Fructueux geweiht, der im 2. Jh. Bischof von Tarragona war. Gedrechselte Galerien im Innern, am Treppenaufgang rechts eine etwas starre Figur, u.U. der Künstler himself. Bunte Holzdecke, sogar die Empore wurde vom Maler nicht vergessen. Vergoldeter Holzaltar (18. Jh.) mit einer Statue des Kirchenpatrons. Die Kanzel aus dem 17. Jh. in ungewöhnlicher Position.

Die **Charta von Itxassou**: Itxassou war in den 6oer und 7oer Jahren das Zentrum der baskischen Nationalisten. Die Bewegung Enbata (= Wind vom offenen Meer) hielt hier ihre Versammlungen ab, bis sie 1974 aufgelöst wurde. Der Gedenkstein bei der Eiche beschreibt die Rechte der baskischen Nation.

RESTAURANTS

Einige Restaurants im Zentrum, am schönsten sitzt man im ** Hotel/Restaurant „DU FRONTON". Schöner Blick, bekannt gute Küche. 15 Zimmer. DZ ab 45 Euro.

Pas de Roland

1,5 km nach der Kirche - eine kurze, aber umso wildere Schlucht - einspurige Straße mit Ausweichbuchten, am anderen Flußufer klebt die Eisenbahntrasse nach St. Jean Pied de Port. Nach der scharfen Kurve dann der „Pas de Roland", ein kleiner Bogen im Fels direkt neben der sprudelnden

Nive. Der Legende nach war hier der heldenhafte Roland mit seinem Schwert am Werke; der Fels war ihm wohl im Wege.

Die Grotten von Isturits-Oxocelhaya

Gut 25 östlich von Cambo-les-Bains und gute 11 km außerhalb von Hasparren über D 251 Richtung Isturits. Die beiden sehenswerten Grotten sind über eine Treppe miteinander verbunden und stammen von 40.000-10.000 vor Chr. Schöne Tropfsteinformationen, Archäologen machten in den Höhlen und Galerien reiche Funde an Knochen, Werkzeugen, ja sogar ein Musikinstrument aus Knochen. In der Grotte von Isturits Wandritzungen. Offen: März bis November.

Weiterfahrt zum Berg Artzamendi (926 m)

Sehr schöne Route doch äußerst schmale Straße weiter ins Tal hinein über 2 Cols bis zum Gipfel, zum Schluß sehr eng und 18 % Steigung. Spitzenpanorama vom Radio-/Fernsehumsetzer am Gipfel über die Pyrenäenvorgipfel. Meist sieht man hier auch Pottoks weiden. Schöne Wandermöglichkeiten, kurze Rundtouren oder ein Stück auf dem GR 10.

★ St. Etienne de Baigorri

Langgestreckter Ort aus verschiedenen Weilern, nur 8 km von der spanischen Grenze entfernt. Auffallend anderer Baustil als in der küstennahen Provinz Labourd. Kaum noch Fachwerk, es überwiegen Steinhäuser mit Graniteinfassungen um Fenster und Türen. Ausgesprochen schöne Türstürze, Inschriften geben Baujahr und z.T. Besitzer an.

Die pseudo-römische Brücke aus dem 17. Jh. überspannt mit elegantem Bogen den Fluß. Am 15. August großes Fest mit „baskischer Hochzeit".

Schöne Spazier- und Wandermöglichkeiten talaufwärts. Info im Touristenbüro. Wie immer sitzt man am schönsten auf dem großen Platz gegenüber der Frontonwand.

★ St. Jean Pied de Port (1.800 Einw.)

Das schönste Städtchen der Basse Navarre ist im Sommer total überlaufen, doch es ist einfach malerisch: mit Brücke über der Nive, den pittoresken Balkonhäusern, eingebettet in eine der ansprechendsten Landschaften des Baskenlandes. Einige fast komplett erhaltene spätmittelalterliche Straßenzüge, Stadtmauer und Zitadelle.

Der Name St. Jean zu Füßen des Passes (von Roncevaux) erklärt schon die Bedeutung, die das Städtchen seit Jahrhunderten hatte. Ein alter Kreuzungsort wichtiger Verbindungsstraßen und letzter Etappenstop der Jakobspilger in Frankreich. Hier trafen sich die Pilgerwege aus Paris, Vézelay und le Puy, ehe es gemeinsam über den Col d'Ibaneta nach Roncevaux ging.

St. Jean wurde im 11./12. Jh. gegründet, gehörte anfangs zu Labourd, später zum Königreich Navarra. Durch die Jakobspilger nahm der Ort enormen Aufschwung. Rund 30 Jahre (zur Zeit des Schisma) war St. Jean Pied de Port auch Bischofsstadt: drei Bischöfe, die dem Gegenpapst in Avignon ergeben waren, „regierten" von 1383-1418 in St. Jean, während der Bischof von Bayonne dem Papst in Rom treu ergeben war.

Jeanne d'Albret, die Königin von Navarra und Mutter Henri IV., wollte St. Jean mit allen Mitteln zum Protestantismus bekehren, dabei erlitt die Stadt ziemliche Schäden.

Nach den Kriegen zwischen Navarra und Castilien und den Religionskriegen wurden die Befestigungen erneuert und die Stadt expandierte bis zu dem heutigen Marktplatz. Den Revolutionären (Französische Revolution) war der Name zu christlich und sie tauften die Stadt in Nive-Franche um. Heute lebt St. Jean Pied de Port im wesentlichen vom Tourismus, durch die Nähe zu Spanien (8 km) ist auch außerhalb der Saison immer was los.

Tourist INFO

Office de Tourisme: gegenüber Hotel Les Pyrénées, 14, place Charles de Gaulle, 64220 St. Jean Pied de Port. Tel. 05 59 37 03 57, Fax: 05 59 37 34 91. Offen: Ostern bis November 9.30-19 Uhr.

Markt: Unbedingt Montagsmarkt in St. Jean Pied de Port einplanen; vormittags Tiermarkt in der Markthalle und in der Stadt jede Menge los. Nachmittags traditionell das Pelotespiel a main nue im Trinquet Garat.

Parken: die großen Parkplätze reichen zur Saison kaum aus. Parkmöglichkeit am Marktplatz (außer Montag) oder unterhalb der Stadtmauern. Weitere beschildert.

Zug -> Bayonne ca. 6 x tägl. zur Saison, sonst nur ca. 3 x tägl.

Bus -> Bayonne 1-2 x tägl., -> St. Palais tägl.

SEHENSWERTES

Die Altstadt ist fast komplett mit STADTMAUERN (15. Jh.) umgeben - die mächtigen Stadttore noch erhalten. Zugänge zum Chemin ronde bei der Porte de Navarra.

Am meisten Betrieb herrscht in der RUE D'ESPAGNE und der Verlängerung Rue de la Citadelle: ein Touristenladen am anderen, von der Baskenmütze bis zu Edelsteinen wird hier alles verkauft. Der Rummel überdeckt etwas die harmonische Architektur. Ein Haus in der Rue d'Espagne von 1610 wird das Haus der Stände von Navarra genannt.

Die KIRCHE ist durch ihre Lage interessant: sie bildet einen Teil der Stadtmauer. Der Glockenturm direkt auf der Brücke gab ihr den Beinamen „Bout du Pont". Die ursprüngliche Kirche aus dem 14. Jh. ist den Bekehrungsversuchen Jeanne d'Albrets zum Opfer gefallen. Dreischiffig aus rötlichem Sandstein, ganz anders als die Labourd Kirchen.

Ein schmaler, sehr steiler Treppenweg führt hinter der Kirche bei der Porte Poterne hinauf zur ZITADELLE. Die Rue de la Citadelle steigt steil an zur Porte St. Jacques, - Häuser aus dem 16./17. Jh. aus rotem Sandstein flankieren die schmale Gasse.

Prison des Eveques, das vergitterte Steingebäude (links) hat wenig mit den Bischöfen zu tun. Vermutlich war es das Haus eines reichen Kaufmanns. Äußerlich unscheinbar, merkwürdig im Innern: im Keller ein riesiges Gewölbe, 5,5o m hoch, das evtl. als Versammlungsraum oder Kapelle diente. Zum Kerker wurde das Gebäude erst im letzten Jahrhundert und sogar 194o nochmals benutzt. In den Einzelzellen jetzt eine kleine Ausstellung zu den Jakobspilgern.

Die Zitadelle hatte an gleicher Stelle einen mittelalterlichen Vorläufer. Die bombastische Festung (6oo x 15o m) von 1668 erinnert stark an Vauban. Es ist jedoch umstritten, ob der große Festungsbaumeister Ludwigs XIV. hier selbst Hand angelegt hat. Heute Gymnasium, keine Besichtigung. Tolle Aussicht über den grünen Talkessel. Vor der Zitadelle schöner Picknickplatz und ein Trimmpfad.

PONT ROMAIN, die „römische Brücke" über der Nive (viele Forellen!) stammt aus dem 17. Jh., schöner schattiger Picknickplatz.

DESTILLERIE BRANA, im Ortsteil Ispoure. Hier wird u.a. ein köstlicher Birnenlikör produziert. Besichtigung möglich.

„RELAIS DE LA NIVE", Restaurant und Salon de The - zweifellos schönste Lage mit kleinem Balkon über der Nive. Die Kuchen sind ganz o.k., aber reichlich teuer.

*** Hotel/Restaurant „LES PYRÉNÉES", 19, place du Gen. de Gaulle. Absolutes Spitzenrestaurant von der Qualität und leider auch vom Preis. Die Küche ist weit über das Baskenland hinaus bekannt. Spezialität des Hauses: Garbure und Seeteufel (lotte a la basquaise). Menü 4o-85 Euro. 2o Zimmer, einige mit Balkon zur Straße. DZ 65-8o Euro.

** „**Hotel Ramuntcho**", 1, rue de France. Ganz hübsches Eckhotel mit Weinlaub bewachsen in der schmalen Altstadtgasse. Relativ ruhig. 15 Zi. überwiegend Etagendusche. DZ 45-6o Euro. Menü 1o-25 Euro

** „**Hotel des Remparts**", 16, place Floquet an der Haupteinfahrts-straße aus Bayonne kommend. Laut, aber preiswert. 14 Zimmer mit Dusche oder Bad. DZ 36-42 Euro. Menü ab 1o Euro.

Einige **Privatzimmer** Chambres d'Hote, Info übers Touristenbüro.

Gite d'Etape, 9, route d'Uhart.

** Camping Municipal, plaza Berri, sehr schön gelegen neben Stadtmauer und Frontonwand. Nur einen Katzensprung ins Zentrum. Im Sommer schnell überlaufen. 5o Stellplätze auf wiesigem Boden unter mächtigen Platanen. Teilweise leicht schräg. Einfache Sanitärs. Offen: April bis Mitte Oktober.

Weitere Campingplätze an der Zufahrtsstraße D 918.

Wohnmobilstellplatz: Place Charles de Gaulle. Großer Platz mit 7o Stellplätzen. 48 Stunden zulässig. Versorgungsstation.

Fahrradvermietung: bei Cycles Garazi (auch Mountain Bikes), 32, av. du Jai Alai.

Jede Menge **Wander**- und **Ausflugsmöglichkeiten** zum Beispiel zum Col d'Ibaneta und weiter ins spanische Roncevaux. Das Touristenbüro informiert über Wanderungen in der Umgebung.

St. Jean Pied de Port —> Mauléon (via Col d'Osquich)

Mit seinen 500 m ist der Col d'Osquich ein recht zahmer Paß - schöner Blick über die gescheckte Ebene. Es lohnt unbedingt noch 200 Höhenmeter zur Kapelle Ste. Antoine hochzulaufen, ca. 1,5 km mieser Karrenweg (ca. 30 Min.). Weiter Rundumblick bis zum Pic d'Anie, Pic du Midi de Bigorre mit TV-Mast, die Bergketten der Pyrenäen und die Schachbrettebene von Mauléon bis zur Küste. Die Kapelle wurde 1385 nach der Versöhnung der zerstrittenen Herren Luxe und Gramont gebaut. Wallfahrt am 13. Juni, 2. Sonntag im Juli und 19. August.

★ Mauléon (5.000 Einw.)

Die Stadt der Espadrilles ist zugleich Hauptstadt der baskischen Provinz Soule. Mauléon lohnt durchaus einen Stop, fotogene Ecken am Fluß Saison. Im Zentrum der große schattige Platz mit Frontonwand, Touristenbüro, Post und Bank.

Espadrilles: 2/3 aller in Frankreich produzierten Espadrilles kommen aus Mauléon. Früher lebte fast die ganze Gegend von der Espadrilles-Heimarbeit. Heute werden sie überwiegend in Fabriken hergestellt.

Tourist INFO **Office de Tourisme**: 10, rue J.-Baptiste Heugas. Tel. 05 59 28 02 37, Fax: 05 59 28 02 21.

Am Südende der repräsentative Herrensitz HOTEL DE MAYTIE, Château d'Andurain, den der Bischof von Mauléon Arnaud de Maytie im 17. Jh. bauen ließ. Drei Ecktürme, hübsche Dekorationen, schöne Kamine. Das Schloß ist heute noch in Besitz der Familie Andurain. Besichtigung Juli bis Mitte September tägl. außer Do. 11-12/15-18 Uhr, So. und feiertags nur nachmittags. 4,50 Euro.

HOTEL DE MONTRÉAL am Platz (heute Rathaus) im 17. Jh. nach Skizzen von Mansart entworfen. Hier residierte der Gouverneur von Soule.

Hoch über der Stadt die FESTUNG aus dem 13./17. Jh., früher ein wichtiges Grenzbollwerk. Wurde in den Religionskriegen arg in Mitleidenschaft gezogen. Vom ehemaligen Wehrgang weiter Blick über Stadt, Ebene des Saison und die Pyrenäenausläufer. Auffahrt über die schmale Rue du Fort möglich, oben beengte Parkmöglichkeit.

Die alte Oberstadt entstand zu Füßen der Burg. Nettes Ensemble z.T. Arkadenhäuser um den Place du Marché besonders lebhaft zum Dienstagsmarkt. Etwas versteckt am Platz die kleine Kirche mit dem soule-typischen

Glockenturm/Calvaire.

** „Hotel Bidegain“ 13, rue de la Navarre - an der ziemlich befah-renen Straße Richtung St. Jean Pied de Port, zentral. Gute Küche. 3o Zimmer. HP ab 4o Euro.

** „Hostellerie du Château“, 25, rue de la Navarre. 33 Zimmer, alle mit Bad/Du. und WC. HP 38 Euro.

** Camping du Saison, rte. de Libarrenx, ca. 1,5 km vom Zentrum Richtung Tardets an der Einfahrtsstraße. Schattige Wiese zwischen Straße und Fluß, von der Lage nicht so toll. 33 Stellplätze. Offen: April bis September.

Camping à la ferme Landran, 5 km außerhalb Richtung Col d'Osquich, von der D 918 etwa 1 km abseits (beschildert). Ganz idyllisch. Der Monsieur ist sehr um seine Gäste bemüht. Auch schöne Gite d'Etape.

GOTEIN: kleiner Ort 3,5 km südlich von Mauléon an der D 918 mit einer sehenswerten Kirche: mit ihrer dreispitzigen Fassade und hübschen Galerie im Inneren ist die Kirche von Gotein einer der schönsten Vertreter typischer Soule-Kirchen. Sie geht aufs 16. Jh. zurück.

LES GORGES DE KAKOUETTA

Beeindruckende Klamm gut 3o km südlich von Mauléon in den Pyrenäen. Der Ausflug lohnt unbedingt! Ein gut angelegter Pfad führt 2 km lang durch die enge Schlucht; stellenweise stehen die 2oo-3oo m hohen Felswände so eng, daß man kaum den Himmel sieht. Der Weg passiert an Wasserfällen vorbei und endet in einer kleinen Tropfsteingrotte. Feste Schuhe und Regenjacke empfehlenswert. Zur Sicherheit vor Steinschlag kann man sich am Eingang einen Helm ausleihen. Offen: April bis Mitte November. Eintritt 4 Euro.

STE. ENGRACE: Idyllischer Weiler in schönster Berglandschaft 3 km nach der Schlucht von Kakouetta. Ste. Engrace entstand um die äußerlich eher unscheinbare, asymmetrisch bedachte Kirche aus dem 11. Jh., die im Inneren recht einmalige, farbige Kapitelle birgt (im Chor und im linken und rechten Seitenschiff).

Im Ort existieren eine Wanderherberge (Gite d'Etape), Privatzimmer- und Appartementvermietung in einem schön restaurierten baskischen Haus.

** Camping Ibarra unten am Fluß vor Ste. Engrace (Caserne).

KÜSTE —> PYRENÄEN (via Pau)

In Peyrehorade, 4o km von der Küste entfernt, vereinigen sich die beiden aus den Pyrenäen kommenden Flüsse Gave d'Oloron und Gave de Pau. Die Kleinstadt hat außer einem Château am Fluß (jetzt Rathaus) nicht all-

zuviel zu bieten. Von hier führen zwei Wege nach Pau, dem Ausgangspunkt für die Pyrenäen:

a) am Gave d'Oloron aufwärts

b) am Gave de Pau (Gave = Fluß) entlang

A) AM GAVE D'OLORON ENTLANG (D 936)

Die schönere der beiden Strecken, mit lohnenden Etappenstops.

★ Sauveterre de Béarn (1.500 Einw.)

Sehr hübsches mittelalterliches Städtchen etwas abseits der Hauptrouten, daher nicht so überlaufen. Strategisch günstig thront die Cité über dem Gave mit herrlichem Pyrenäenpanorama. Große Terrasse neben der Kirche, Bänke teilweise im Schatten. Vor einem die sanft wellige Ebene, anschließend die Vorgebirge der Pyrenäen, als Krönung der Pic d'Anie.

Der **Name Sauveterre** geht auf einen Freibrief, sog. Sauveté zurück, den die Stadt 1080 von dem Vicomte von Béarn erhielt. Sauveterre war wichtiger Kreuzungspunkt an der Grenze von Béarn, Gascogne, Navarra und Soule; außerdem lag es an der Hauptroute der Jakobspilger über Périgueux, Orthez, Ostabat nach Santiago di Compostela. Sauveterre erhielt im 13. Jh. im Auftrag von Gaston IV. Moncade und im 14. Jh. durch Gaston Fébus ein beeindruckendes Verteidigungssystem. Unter Gaston Fébus, der das Béarn zu einem unabhängigen Staat machte und davon träumte, einen großen Pyrenäen-Staat zu schaffen, erlebte Sauveterre im 14. Jh. seine Blütezeit und zählte mit ca. 1.000 Einwohnern (1385) zu den großen Städten des Béarn. Schließlich hat ihm jedoch das benachbarte Navarrenx den Rang abgelaufen, das militärtechnisch besser und moderner war.

Tourist INFO **Office de Tourisme** in der zierlichen Orangerie neben dem Rathaus. Place de la Mairie, 64390 Sauveterre-de-Béarn, Tel. 05 59 38 58 65. E-Mail: ot.sauveterre@wanadoo.fr

Parken: neben dem Rathaus - ehemaliges Schloß des Marquis von Nays (16. Jh.).

Busverbindung: nach Salies de Béarn 1 x täglich.

KIRCHE ST. ANDRE aus der Übergangszeit von Romanik zur Gotik 12./13. Jh., dreischiffig mit drei Apsiden. Wehrhafter Glockenturm über der Vierung. Die Vorhalle ist neueren Datums (1869). Hübsches romanisches Doppel-Tympanon mit Christus umgeben von den Evangelisten. Im Innern sehr geräumig und klar, interessante, teils farbige Kapitelle.

Der mächtige viereckige TOUR MONTRÉAL (13. Jh.) war wichtigster Teil der Stadtbefestigung im Süden. Etwas bedrohlich rissig, dient heute den Tauben als Nistplatz. Im 19. Jh. von der Familie Monréal erworben (Name!). Der rund 30 m hohe Wehrturm war nur über Leitern zugänglich, erst in den obersten Stockwerken begannen die Fensteröffnungen.

Von der Esplanade führen steile Wege hinunter zum Fluß und zur malerischen PONT DE LA LEGENDE, - fotogene Einbogenbrücke (13. Jh.), die abrupt im Fluß endet. Sie hat nie eine steinerne Verlängerung besessen. Man erreichte die Insel de Glère über eine hölzerne Zugbrücke, die bei Gefahr eingezogen werden konnte. Von der Insel führte eine Holzbrücke ans andere Ufer. Die Brücke war ein wichtiger Übergang für die Jakobspilger.

Der Name der Brücke erinnert an eine Legende, nach der die Vicomtesse Sancie von Béarn, Tochter des Königs von Navarra, kurz nach dem Tod ihres Mannes Gaston V. einen mißgestalteten Jungen zur Welt brachte, der bald darauf starb. Mißgünstige Stimmen beschuldigten die Vicomtesse bei dem Tod des Kindes nachgeholfen zu haben. So ordnete der Bruder von Sancie, der neue König von Navarra, zur Wahrheitsfindung eine „Wasserprobe" an. Vor 3.ooo neugierigen Zuschauern wurde Sancie gefesselt von der Brücke in den Fluß geworfen, erfreulicherweise trieb sie unbeschadet ans Ufer - ein „göttliches" Zeichen für ihre Unschuld.

ILE DE LA GLÈRE, struppig bewaldete und recht urspüngliche Insel vom Gave d'Oloron umflossen. Ein schattiger Fußweg führt herum.

Von dem alten CHÂTEAU, das im 13. Jh. begonnen und unter Gaston III. Fébus erweitert wurde, sind nur noch Ruinenreste erhalten, ein Teil der Mauern ist in den Gave gestürzt. Gaston Fébus, Graf von Foix und Béarn hielt sich hier gerne zur Wildschwein- und Bärenjagd auf.

Die STADTMAUER ist nur in Teilen erhalten, z.B. die Porte du Datter und Porte du Lester. Nach Norden schützte früher ein Wallgraben die Stadt.

Hotels/Restaurants

„**Auberge de la Fontaine**" gleich bei der Kirche. Tische auf dem Vorplatz.

Schöner Blick vom Balkon im „**Café de la Terrasse**" neben dem Tour Monréal, rue Léon Bérard. Vorne Spielhölle, ganz durchgehen.

Auberge du Saumon außerhalb auf dem anderen Flußufer am Bahnübergang/Straße. Schöner schattiger Garten, aber an der Straße. 7 Zimmer.12-2o Euro. Menü 3o Euro.

Gite d'Etape, einfache Übernachtung, Info im Touristenbüro.

** Camping Municipal du Gave, kommunaler Platz zu Füßen der Stadt am Flußufer. Gut schattig, Rasenboden, Bademöglichkeit im Fluß. Fußweg (steil) in die Stadt, um die Croissants fürs Frühstück zu holen. 1oo Stellplätze. Offen: Juni bis September.

SPORT

Kanu/Kajak/Rafting: sehr beliebt sind die Halbtages- oder Tagestouren per Kanu, Kajak oder Raft auf dem Gave. Eingesetzt wird meist in Navarrenx, ausgebootet bei Sauveterre. Verschiedene Anbieter. Die Halbtagestour kostet ca. 3o Euro.

Château de Laas

Schloß aus dem 17. Jh., idyllisch gelegen im Nest Laas. Äußerlich nicht einmal so prunkvoll, umso schöner der Schloßgarten und das Museum im Innern: Mobiliar aus unterschiedlichsten Epochen, u.a. das Bett, in dem Napoleon vor der Schlacht von Waterloo sein Haupt gebettet haben soll, Kunstgegenstände, Sammlung flämischer Kunst, Tapisserien etc.

Das Schloß gehört heute dem Département Pyrénées-Atlantiques. Offen: April bis Oktober tägl. außer Di. 1o-19 Uhr. Eintritt 4 Euro.

Bade-/Picknickplatz unten am breiten klaren Gave d'Oloron, in dem noch Lachse vorkommen. Rundgeschliffene Steine, schön schattig.

★ Navarrenx (1.2oo Einw.)

Etwas herbes Städtchen mit imposanter Befestigung. Schöner Spazierweg auf den restaurierten Wehrmauern mit Blick über Fluß und in die Straßenfluchten, die für eine Bastide typisch rechtwinklig angelegt wurden. Zugang neben der Porte Ste. Antoine mit kleiner Echauguette am Place des Casernes (Parkmöglichkeit).

Geschichte: Navarrenx existierte schon im 11. Jh., wurde im 13./14. Jh. zur Bastide ausgebaut und später (16. Jh.) noch einmal stark befestigt. Henri II. von Béarn wollte von Navarrenx aus Navarra zurückerobern. Das damals hochmoderne Verteidigungssystem geht auf den Italiener Fabrizio Siciliano zurück, der 1oo Jahre vor Vauban diese vieleckige Festung entwarf. Dicke Erdwälle sollten den Aufprall der Kugeln der neuentwickelten Wurfgeschosse abfangen. In den Religionskriegen erwies die Festung den Hugenotten gute Dienste, - sie wurde nicht eingenommen. Später verhinderten die Wehrmauern eine weitere Expansion der Stadt und bremsten die Entwicklung.

Das große RATHAUS mit Markthalle teilt den riesigen Zentrumsplatz, am Ende die gotische KIRCHE ST. GERMAIN, 1551.

Etwas abseits der dreistöckige PULVERTURM (poudrière) von 168o, der bis zu 3o.ooo Kanonenkugeln faßte.

Im gut restaurierten Arsenal ist ein kleines Museum zur STADTGESCHICHTE untergebracht.

Schön gelegener Campingplatz Beau Rivage vor den Stadtmauern.

SPORT

Schwimmbad im Wallgraben, **Tennisplätze**.

Im Sommer beliebter Abschnitt zum **Kanupaddeln** oder **Raften** auf dem Fluß.

Internationaler **Lachsangelwettbewerb** jedes Jahr im Frühjahr; es soll tatsächlich noch Lachse im Gave geben; früher fing man sie massenweise in den Pyrenäenbächen. Durch Überfischung, Verschmutzung und die vielen

Staudämme wurde ihr Lebensraum jedoch empfindlich gestört.

Circuit des Pottoks: schöne Sache für Familien: Rundweg von 1oo km um Navarrenx, begleitet von den kleinen baskischen Pferden (Pottoks), die das Gepäck oder die Kinder tragen. Markierte Route, die ganze Tour dauert 2-7 Tage, auch Teilstrecken möglich. Übernachtung in einfachen Gites. Info bei Mme Herbein, Tel. o5 59 66 5o 2o, Fax: o5 59 66 o8 2o.

Picknickbänke am Wiesenufer zwischen Straße und Fluß.

Lager Gurs

Am Abzweig der D 25 nach L'Hôpital St. Blaise lag während des 2. Weltkriegs das riesige Lager Gurs.

Es wurde 1939 als Auffanglager für Flüchtlinge des spanischen Bürgerkrieges in 1 1/2 Monaten aus dem Boden gestampft. Überbelegung in den über 4oo Baracken und schlechte hygienische Verhältnisse führten zu tödlichen Epidemien unter den spanischen Republikanern. Später wurden in dem KZ französische Kommunisten eingesperrt.

Im Sommer 194o, als Frankreich von den Nazis überrannt wurde, erklärten die französischen Behörden alle Hitleremigranten zu feindlichen Ausländern, die sie ins Lager sperrten. Eines dieser Lager war das Frauenlager in Gurs. Ab Oktober 194o wurden hier deutsche Juden aus Baden-Württemberg und französische Résistancekämpfer eingesperrt, die zu Tausenden umkamen oder später nach Auschwitz deportiert wurden.

An den Wald schließt der internationale Friedhof an, auf dem über 1.ooo Grabsteine an die Opfer des Lagers von Gurs erinnern. (Ausschilderung nach dem Ort Gurs.)

L'HÔPITAL ST. BLAISE: Dieses Nest war früher wichtige Etappenstation der Jakobspilger, - heute ist nur noch die hübsche KIRCHE erhalten. Für französische Verhältnisse ganz untypische Kirche am Rande des Baskenlandes zum Béarn. Sie erinnert fast an byzantinische Zentralkirchen. Romanisch aus dem 11./12.Jh. in Form eines griechischen Kreuzes. Innen sehr schlicht mit Glockenturm über der Vierung. Archaisch wirkendes Tympanon, Christus umgeben von den Evangelistensymbolen.

Großer Parkplatz hinter der Kirche. Kleines Hotel/Restaurant vis-à-vis.

Weiter nach Oloron Ste. Marie am Eingang der Pyrenäen ca. 13 km. Details zum Ort siehe Seite 473.

In Oloron Ste. Marie Möglichkeit über die N 134 nach Pau abzubiegen, ca. 33 km. Details zu Pau ab Seite 434.

B) ENTLANG DES GAVE DE PAU (N 117)

Die schnellere der beiden Strecken, teilweise auch Autobahn (gebührenpflichtig).

★ Salies de Béarn - die Salzstadt (5.000 Einw.)

9 km abseits, aber bequem auf einem Schlenker einzubauen. Hübsches Altstadtensemble um den Fluß Saleys, mit zum Teil 400-500 Jahre alten béarnesischen Häusern - schmal und hoch mit steilen ziegelgedeckten Pultdächern und Holzbalkons. Leider auch einiges vom Verfall bedroht, das der Verein „Freunde des alten Salies" gerne erhalten möchte. Wie ein originalgetreu restauriertes Haus aussehen kann, zeigt das Exemplar in der Rue des puits salants.

Im Zentrum der Platz du Bayaa mit Markthalle, Rathaus und dem „berühmten" BRUNNEN, der an die Wiederentdeckung der Salzquellen erinnert: an dieser Stelle entdeckten Jäger ein Wildschwein, das offensichtlich in die salzhaltige Senke der Quelle gestürzt und wie gepökelt konserviert war.

Die Quelle liegt unter dem Platz - heute eine große unzugängliche „Krypta", die früher offen und über Stufen zugänglich war. Hier sprudelt Wasser mit einer ungewöhnlich hohen Salzkonzentration von 250-320 g/l (im Vergleich Meerwasser des Atlantiks hat gerade 38 g/l) mit ca. 15° C, das man bis heute zum Kuren und zur Salzgewinnung nutzt.

MUSÉE DU SEL im schön restaurierten Haus Darrémoundine in der Rue des Puits-Salants. Das Museum informiert über die Entwicklung der Salzgewinnung von der Bronzezeit bis zur heutigen Saline. Liebevoll gestaltet mit Zeichnungen, alten Fotos und Tafeln. Besonders interessant die Nachbildung einer Werkstatt eines Salzarbeiters aus dem 18. Jh. Offen: Mitte Mai bis Mitte Oktober, Di.-Sa. 15-18 Uhr. Eintritt 2,50 Euro.

Schon seit der Bronzezeit wurde hier in der Gegend **Salz** gewonnen und später auf der „Salzstraße" Cami Salie über Orthez, Lescar und Pau exportiert (die Straße am Nordrand beim Campingplatz von Pau heißt heute noch so). Die Salzgewinnung geriet jedoch in Vergessenheit. Durch einen Zufall entdeckte man die salzhaltige Quelle vor rund 1.000 Jahren wieder, - um die Quelle entstand der Ort Salies.

Im Mittelalter war Salz ein lebenswichtiges Konservierungsmittel (für den Bayonner Schinken, Fleisch, Fisch). Bestimmte Familien besaßen damals das Privileg der Salzgewinnung, das sie sorgsam hüteten und verteidigten. Die private Salzgewinnung wurde 1585 vertraglich genau geregelt: mit dem Glockenzeichen begann an bestimmten Tagen der Run auf die Quelle - man füllte am Platz große Holzzuber, die voll Wasser bis zu 120 kg schwer sein konnten, brachte sie im Laufschritt nach Hause, goß den Inhalt in ein steinernes Becken an der Hauswand (ein Exemplar in der Rue du Pont Mayou Nr. 8 erhalten), rannte wieder zur Quelle holte Nachschub. Währenddessen floß das Wasser über eine Rinne ins Haus, wurde dort mehrere Stunden lang erhitzt und das Salz abgeschöpft (aus 4 l Wasser ca. 1 kg Salz).

1841 wurde die private Salzgewinnung zugunsten einer Gemeinschaftssaline aufgegeben. Heute noch wird in der Saline hinter dem Bahnhof sieben Monate im Jahr ein weißes, grobkörniges Salz gewonnen, - ca. 5.000 kg pro Tag.

MUSÉE DES TRADITIONS BÉARNAISES, Place du Bayàa. Ethnografische Sammlung u.a. zur Espadrille- und Holzschuh Herstellung, landwirtschaftl. Gerätschaften etc. Gleiche Öffnungszeiten wie das Musée du Sel.

Der Kurort Salies

Neben der Altstadt liegt das sympathische, etwas altmodische Kurviertel mit Kurpark, großem Thermalgebäude mit maurischem Touch, alten Palais und gesetzterem Publikum. Das mineralhaltige Wasser hilft bei Rheuma, gynäkologischen Erkrankungen, besonders auch nach Knochenbrüchen oder bei Wachstumsstörungen.

1857 entstand die erste bescheidene Kuranlage bei der Saline. Salies erlebte Ende des 19. Jahrhunderts einen kleinen Boom: 1883 entstand das repräsentative Hotel de la Paix, sieben Jahre später das Hotel du Parc, 193o das Casino.

Office de Tourisme: rue des Bains, 6427o Salies-de-Béarn. Tel. o5 59 38 oo 33, Fax: o5 59 38 o2 95. Hier Unterkunftsverzeichnis, Veranstaltungskalender und Sportangebot.

Markt: Donnerstag auf der Place du Bayaà.

Entsprechend dem Kurbetrieb auch recht große Hotelkapazität (ca. 2o Hotels in und um Salies).

„**Hotel Au Petit Béarn**", Rue Bellecaue. Familiäres 12 Zimmer-Hotel. DZ ab 25 Euro.

* „**Le Blason**", Place J. D'Albret. Total zentral in Flußnähe. 21 Zimmer überwiegend mit Etagendusche ab 2o Euro.

** „**Hotel du Golf**", im Osten, 33 Zi. mit Dusche oder Bad und WC. DZ ab 42 Euro.

* „**Hotel Helios**", in derselben Richtung. 13 Zimmer überwiegend mit Du. und WC. DZ ab 3o Euro.

Jede Menge **Appartements**. Info im Touristenbüro.

Jugendherberge: Stade Al Cartero. Route du Padu.

*** Camping Municipal am Ortsrand bei den Sportanlagen (Ri. Peyrehorade). 52 Plätze. Offen: Mitte März bis Mitte Oktober.

SPORT

Großes Angebot: Schwimmbad, Reiten (stundenweise oder Mehrtagesausritte), Tennis, Squash, Golf, Kanu, Rafting. Auch das baskische Pelotespiel kann man lernen. Fahrradvermietung.

Spaziergang auf den Aussichtshügel Colline de la Sègne auch Pain de Sucre (Zuckerhut) genannt (im Ort beschildert).

★ Orthez (1o.5oo Einw.)

Kleine Provinzstadt am Gave de Pau, die im 13. Jh. als Hauptstadt des Béarn (vor Pau) ihre Blüte erlebte.

Aus dieser Zeit stammt die alte befestigte Brücke „Vieux Pont", ein paar Meter vom Zentrum entfernt. Im 13. und 14. Jh. ein wichtiger Übergang im Béarn, der auch von den Jakobspilgern auf ihrem Weg nach Spanien benutzt wurde. Die Bedeutung der Brücke spiegelt sich im Stadtwappen wieder. Den schönsten Blick auf Brücke und Fluß hat man von der neuen Brücke etwas östlich.

Tourist INFO **Office de Tourisme**, Rue des Jacobins, 643oo Orthez Tel. o5 59 69 37 5o, Fax: o5 59 69 12 oo.
E-Mail: tourisme.orthez@wanadoo.fr

Touristenbüro im sogenannten Haus der Jeanne d'Albret. (Hübsches Stadthaus, das im Prinzip mit der Mutter Heinrich IV. recht wenig zu tun hat. Ein reicher Bürger schenkte es seinerzeit Jeanne d'Albret in der Hoffnung, dafür in den Adelsstand erhoben zu werden. Vermutlich hat Jeanne niemals hier übernachtet oder gewohnt, da damals das Château noch existierte.)

CHÂTEAU DE MONCADE: über der Stadt, - allerdings ist nur noch der Donjon erhalten, letzter Rest einer Burg, die Gaston VII. Moncade im 13. Jh. bauen ließ. Schöne Aussicht, beliebter Picknickplatz. Steiler und bei Hitze recht mühsamer Weg über die Rue des Remparts.

RESTAURANTS Anstelle der ehemaligen Pilgerherberge ein nobles Restaurant „AUBERGE LE LOUP", innen recht gepflegt, schöner Innenhof mit Terrasse. Gehobenes Preisniveau. Mittagsmenü ab 15 Euro.

★ Lacq (7oo Einw.)

Hier riecht es nach Gas. Seit 1951 nahe dem kleinen Nest das größte Gasfeld Europas entdeckt wurde, ist Lacq ein Begriff in Frankreich. Eine riesige Industrieanlage im Anblick der Pyrenäen, - ein Labyrinth aus Metallrohren und Schloten, aus denen Gas abgefackelt wird.

Ende der 4oer Jahre stieß man bei Probebohrungen zum erstenmal auf Öl, 1951 dann auf die ersten Gasvorkommen in über 3.5oo m Tiefe. Ein Gas, das 15 % mit Schwefel verbundenen Wasserstoff enthält. Anfangs hatte man Mühe, diese Gasquelle mit ihren hohen Temperaturen, hohem Druck und der ätzenden Säure überhaupt unter Kontrolle zu bekommen. 1957 war man dann soweit, es konnte richtig gefördert werden. Zu den besten Zeiten deckte Lacq 5o % des französischen Gasbedarfs, jetzt mit 6 Milliarden m^3 pro Jahr etwa 25 % (gehört heute zur Elf Aquitaine Gruppe), ferner liefert es erhebliche Mengen Schwefel. Schnell schossen ganze Industriegebiete aus dem Boden, - chemische Industrie, Aluminiumproduktion etc.

Südlich des Gave de Pau stampfte man 1958 die Reißbrettstadt Mourenx-Ville Nouvelle für 1o.ooo Menschen aus dem Boden, nachdem das Konzept, die Angestellten und deren Familien in den umliegenden Dörfern anzusiedeln, aufgegeben werden mußte.

Die „Goldquelle" zog weite Kreise: über den Hafen von Bayonne wurden/werden die Produkte verladen. Die Agrarregion erlebte einen technischen Aufschwung (Technologie, Informatik, Kleinbetriebe), auch die Uni in Pau, die in den 7oer Jahren entstand, wurde mit Forschungsaufträgen aus Lacq gut eingedeckt. Allerdings ist das Ende der fetten Jahre absehbar, nach heutigen Schätzungen werden im Jahre 2o2o die Vorräte erschöpft sein.

Wer sich mehr für das „Gas“ interessiert: Infopavillon von Elf Aquitaine in Lacq an der Hauptstraße N 117. Wochentags von Mitte Juni bis Mitte September geöffnet.

✶ Lescar (5.ooo Einw.)

Kleinstadt am westlichen Stadtrand von Pau, die von ihrem Ruf zehrt, die erste Hauptstadt des Béarn gewesen zu sein. Schön die Lage der Altstadt auf einem Hügel mit Pyrenäenblick, - die Industriezone breitet sich in der Ebene aus. Die alte Römersiedlung Beneharnum stand bei der Namensgebung des Béarn Pate.

Interessant ist allenfalls die romanische Kathedrale (12. Jh.) im Zentrum; schöne Kapitelle. Besten Blick auf den ältesten Teil, den Chor vom Rathausparkplatz. Schöne Terrasse. Kleines Museum schräg gegenüber der Kirche.

Weiter nach Pau, Details im Kapitel Pyrenäen, siehe Seite 434.

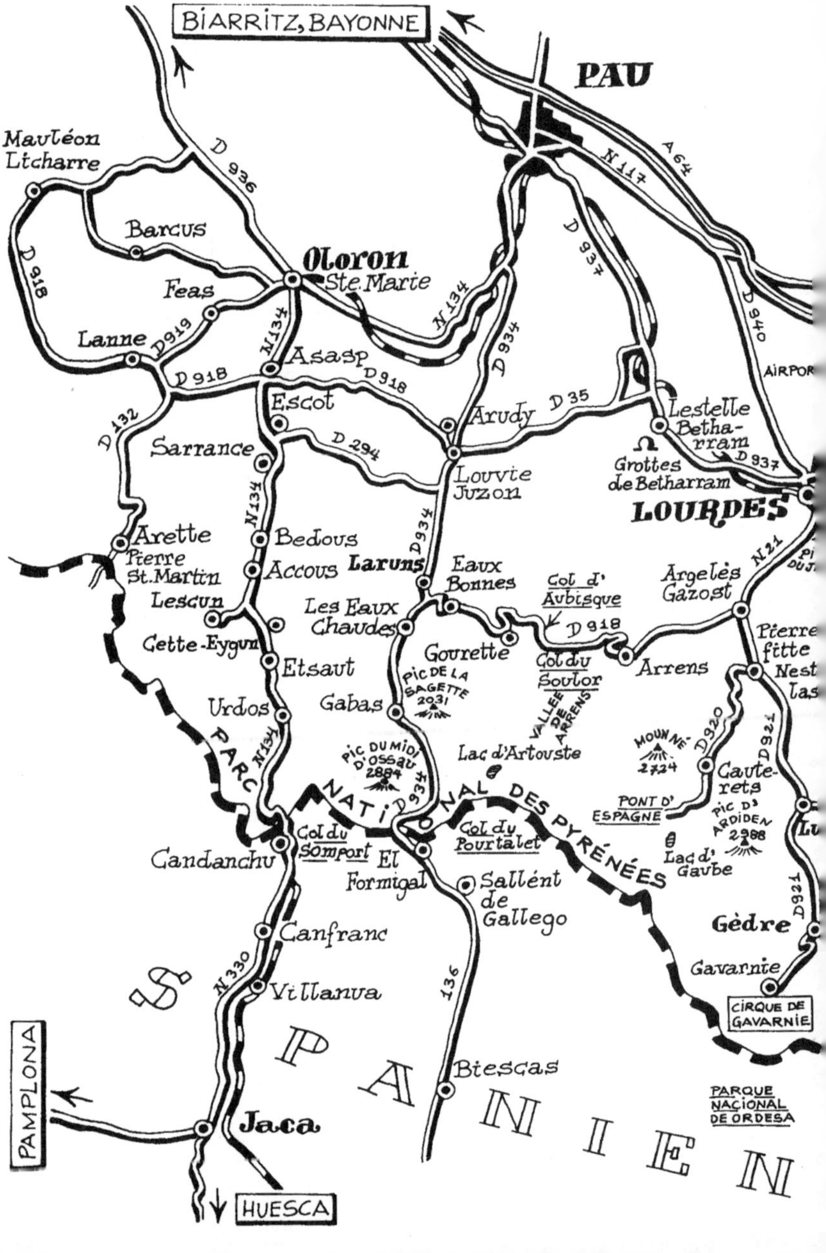
BIARRITZ, BAYONNE
PAU
Mauléon Licharre
D 936
N 117
A 64
Barcus
Oloron Ste. Marie
D 918
Feas
N 134
D 937
Lanne
D 919
Asasp
D 918
D 934
D 940
AIRPOR
Escot
D 35
Arudy
Lestelle Betharram
D 132
Sarrance
D 294
Grottes de Betharram
D 937
Louvie Juzon
LOURDES
Arette
Pierre St. Martin
Bedous
Accous
Laruns
Eaux Bonnes
Col d'Aubisque
Argelès Gazost
N 21
Lescun
Les Eaux Chaudes
D 918
Cette-Eygun
Etsaut
Gourette
Col du Soulor
Arrens
Pierrefitte Nestalas
PIC DE LA SAGETTE 2031
Urdos
Gabas
VALLEE DE ARRENS
D 920
D 921
MOUNNÉ 2724
PIC DU MIDI D'OSSAU 2884
Lac d'Artouste
Cauterets
PARC NATIONAL DES PYRÉNÉES
D 934
PONT D'ESPAGNE
PIC D'ARDIDEN 2988
Candanchu
Col du Somport
El Formigal
Col du Pourtalet
Lac d'Gaube
Sallént de Gallego
Gèdre
Canfranc
N 330
Gavarnie
136
Villanua
CIRQUE DE GAVARNIE
PAMPLONA
SPANIEN
Biescas
PARQUE NACIONAL DE ORDESA
Jaca
HUESCA

Pyrenäen

Die 44o km lange Gebirgskette zwischen Atlantik und Mittelmeer trennt Frankreich und Spanien. Hügeliger Beginn an der Atlantikküste, jedoch bald schon mehr als 1.ooo m. So richtig wild wird es in den HAUTES PYRÉNEES, nur 2 1/2 Stunden Autofahrt von der Küste entfernt. Eine hoch alpine Bergregion im Grenzbereich bis zu 3.298 m auf französischer Seite (Pique Longue/Vignemale-Massiv) und dem höchsten Pyrenäengipfel Pico de Aneto (3.4o4 m) in Spanien.

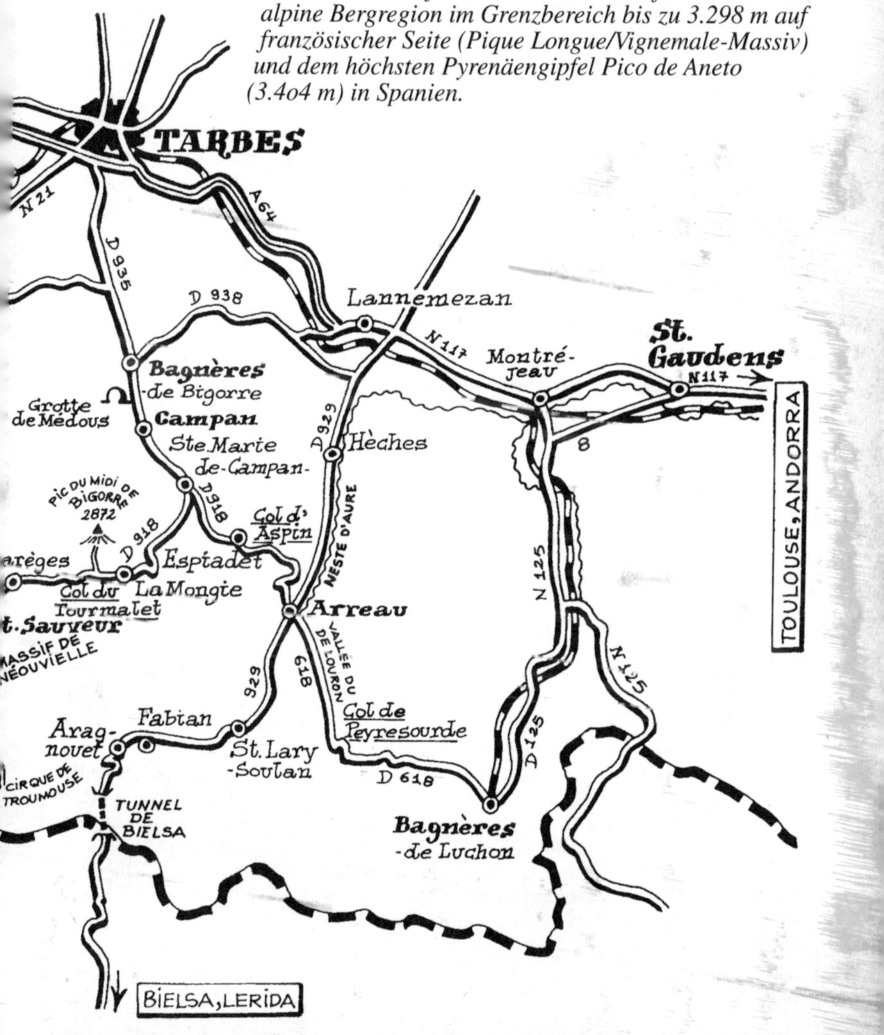

In diesem touristisch gut erschlossenen Gebiet liegen auch die schönsten Wanderwege der französischen Pyrenäen. Idyllische Bergdörfer, charmant verschlafene Thermalbäder aus der Jahrhundertwende und jede Menge an Berg- und Stauseen.

Viele Highlights wie der Bergkessel „Cirque de Gavarnie", die Tropfsteingrotten „Betherram", der Aussichtsgipfel „Pic du Midi de Bigorre" oder die einmalige Fahrt im luftigen Eisenbähnchen auf 2.ooo m zum „Lac d'Artouste". Zur Saison möglichst das Wochenende meiden.

Die Département-Hauptstadt PAU ist ein optimaler Ausgangspunkt für eine Pyrenäen-Rundfahrt. Vom Boulevard des Pyrénées bei klarem Wetter die 3.oooer zum Greifen nahe.

Von hier lassen sich sternförmig schnell die Seitentäler der Hautes Pyrenées erreichen - Cirque de Gavarnie, Vallée d'Ossau, Vallée d'Aspe etc. und eine kleine Runde nach Spanien einbauen. Die schönsten Perspektiven auf die Berge hat man allerdings von den verschiedenen „Cols" der Pyrenäenstraße D 918, eine Querverbindung parallel zum Gebirgskamm, die sich von einem Panoramapaß zum nächsten schraubt und deshalb auch ihre Zeit braucht.

Unser Pyrenäenkapitel ist als RUNDTOUR (von Ost nach West) aufgebaut. Je nach zeitlichem Spielraum kann man Teilstrecken herauspicken und im Baukastensystem individuell zusammenstellen. Viele Möglichkeiten, die Tour abzukürzen und über Autobahn in einem Rutsch wieder an die Küste zurückzufahren.

Zeitplanung

Zum Anschnuppern der Pyrenäen lohnen sich 2-3 Tage im hochkarätigsten Gebiet wie dem Cirque de Gavarnie. Für die gesamte Strecke im Auto bei nur einigen Stops mindestens 3-5 Tage einplanen. Bei einer Woche bleibt genug Spielraum für Besichtigungen, Ausflüge per Seilbahn auf die Berge oder um einige Wandertage einzubauen.

Reisezeit: Zur Hauptreisezeit Juli/August sind auch die Ausflugsorte der Pyrenäen teilweise überlaufen. Wenn dicke Reisebusse über enge Paßstraßen schleichen, muß man entsprechend mehr Zeit und etwas Geduld einkalkulieren. Frühjahr oder Herbst sind sehr schöne Jahreszeiten, doch die meisten Seilbahnen und Museen haben noch/ schon zu.

Verbindungen: Mit öffentlichen Verkehrsmitteln lassen sich Ausgangspunkte wie Pau oder Lourdes schnell ab Küste erreichen (häufige Bahnverbindung), dünner wird's dann in die Seitentäler, manchmal nur 1 x tägl. Verbindung. Günstiger sind dann organisierte Busausflüge, die meist als halbtagestouren ab Pau oder Lourdes angeboten wer den (s. dort). Wer mehrtägige Wanderungen plant, steht sich mit öffentlichen Verkehrsmitteln/Tram oft besser. Für eine Rundtour bietet letztendlich der Mietwagen ab Küste die größtmögliche Flexibilität, bei 4 zahlenden Personen wird es nicht mal so teuer.

Übernachtung: Durch den eingespielten Tourismus breites Übernachtungsangebot. Überwiegend kleine, ältere 2-Sterne-Hotels in den Bergdörfern, große unpersönliche Hotelkästen nur in den Skigebieten. Privatzimmer werden gelegentlich angeboten. Sehr verbreitet dagegen Ferienwohnungen (Appartement/Gite), in der Regel nur wochenweise zu mieten (Info im jeweiligen Tourist-Info). Campings oft am Ortsrand in schöner Lage, z.B. in Luz-St Sauveur ein breites Angebot in günstiger Lage - viel Interessantes in Tagesreichweite.

Gleitschirmfliegen: groß in Mode, Parapenteschulen schießen wie Pilze aus dem Boden. Mit dem eigenen Schirm bekommt man hier viele Tips für lohnende Fluggebiete. Oft sind für den Bergtransport allerdings Allradautos im Einsatz (s. im Text).

Vélo tout terrain (MTB): sehr verbreitet, per Mountain-Bike auf Forstwegen durchs Gebirge. Diverse, extra ausgeschilderte VTT-Routen, Broschüre in den jeweiligen Touristenbüros. In verschiedenen Orten werden auch Mountain Bikes vermietet.

Rafting: an heißen Sommertagen eine feine Sache. Reißende Bergbäche gibt es genug und Anbieter ebenfalls. Die meisten Veranstalter haben auch Kajaktouren im Programm.

Wandern

Die Pyrenäen bieten enorm viele Möglichkeiten. Von herrlichen Bergtouren auf grünen Almwiesen zu Bergseen bis zu hochalpinen Touren im Gebiet der 3.oooer mit Gletschererfahrung. Viele Hinweise zu Tagestouren im Text.

Wegmarkierungen nicht so perfekt wie in den Alpen, oft Holzschilder an den Einstiegen oder Weggabelungen, sonst vielfach Steinmännchen, farbige Markierung auf dem GR 1o. In überlaufenen Gebieten ist der Weg meist gut ausgetreten und nicht zu verfehlen. Schwierige Passagen, z.B. auf spanischer Seite im Ordesa Nationalpark sind mit Drahtseilen gesichert. Im Hochgebirge, z.B. Bereich Gavarnie, Geröll, Gletscher, Schneefelder. Der Vereisungsgrad hängt vom jeweiligen Winter ab, Tendenz immer milder.

Übernachtung: Bewirtschaftete Hütten (Refugés) mit Verpflegung (Menü, Tagesgericht) nur zur Saison ca. Mai bis September offen, manchmal noch an Wochenenden. Reservierung ist in den Réfuges möglich und zur Saison auch zu empfehlen, die die Bettenkapazität begrenzt ist. Ganzjährig sind die Notunterkünfte der Hütten geöffnet. Cabanes sind unbewirtschaftet, manchmal Matratzenlager, manchmal nur reine Liegeplätze, oft nicht sehr sauber, so gut wie nie Kochgelegenheit.

Beste Wanderzeit: Juni bis September, wobei Anfang des Sommers viele Touren anstrengender sein können, da häufiger Altschneefelder überquert werden müssen. Der Oktober kann immer noch schön warm sein. Die beste Zeit ist vielleicht Ende September/Anfang Oktober, die Tage allerdings schon recht kurz. Zu jeder Jahreszeit mit Kälteeinbrüchen rechnen, besonders im Herbst (kalte Nächte).

Im Juli/August Mittagshitze vermeiden, Hütten meist überlaufen, so daß man auf ein eigenes Zelt angewiesen ist.

Ausrüstung: im Hochgebirge für Mehrtagestouren je nach Jahreszeit von Regenjacke bis T-Shirt, im Frühjahr/Herbst sogar Mütze und Handschuhe. Bei bestimmten Routen Eispickel und Steigeisen erforderlich. Bewährt haben sich Teleskopstöcke, die gerade bei schweren Rucksäcken und steilen

Passagen enorm die Knie entlasten und bei Schneefeldern zusätzliche Sicherheit geben.

GR 1o: die bekannteste Durchquerung der Pyrenäen vom Atlantik zum Mittelmeer, Dauer ca. 2 Monate. Er gehört zu den „Grandes Randonnées" (GR) und ist durchweg sehr gut mit rot/weißen Streifen markiert. Eine sehr abwechslungsreiche Wanderroute für gut Trainierte, sie verläuft im mittleren Pyrenäenbereich und streift hübsche Bergdörfer, in denen Proviant „aufgetankt" werden kann. Dadurch muß man aber auch Teilpassagen auf Asphaltstraßen und oft ordentliche Höhenunterschiede in Kauf nehmen.

Obwohl der GR 1o als „Sommerweg" gilt, d.h. keine Gletscher, kein Klettern, muß man im Frühsommer in höheren Lagen und Pässen noch mit Schnee rechnen. Übernachtung in Dörfern (Gites d'étape) oder meist bewirtschafteten Refuges. Der GR 1o überquert nicht die Grenze. Für Mehrtagestouren empfehlen sich schöne Teilpassagen, die je nach Interesse im Mittelgebirgsbereich (Anfang oder Ende der Tour) oder Hochgebirge (hautes pyrenées) liegen können.

Französische Beschreibung in vier Topoguides mit farbigen Detailkarten, Hintergrundinfos zu Flora und Fauna, genaue Übernachtungsangaben. Herausgegeben in den vier Heften: Hendaye-Arrens, Arrens-Melles, Melles-Merens, Merens-Banyuls. Komplett auch in englischer Ausgabe erhältlich. Siehe auch Literatur.

Haute Randonnée Pyrénéenne (HRP): Ebenfalls eine Durchquerung der Pyrenäen, die jedoch in höheren Regionen verläuft. D.h. weitgehend durchs Hochgebirge (viel Fels), quert dadurch auch auf spanisches Gebiet. Er ist nur im Hochsommer begehbar und nur sehr erfahrenen Bersteigern zu empfehlen, da oft Dauerschneefelder überquert werden müssen (Krampen, Eispickel notwendig) und Kletterpassagen nicht ausgeschlossen sind. Der HRP ist nicht farbig markiert und führt so gut wie nie durch Ortschaften, dadurch muß Verpflegung für mehrere Tage mitgetragen werden. Als Gesamtstrecke werden 45 Tage veranschlagt, durch viele Varianten kann die Zeit aber problemlos verdoppelt werden. Auch hier sind Teilpassagen sinnvoll, die sich manchmal in Verbindung mit dem GR 1o bzw. den Varianten zu anspruchsvollen Rundtouren kombinieren lassen. Gute Ausrüstung erforderlich, was das Gewicht des Rucksacks erhöht. Beschreibung im eigenen Wanderführer „HRP", siehe Literatur.

Chemin de Piémont: Eine dritte Variante der Durchquerung, die aber im Pyrenäenvorland verläuft und dadurch ganzjährig realisierbar ist. Infos ebenfalls im mehrbändigen Topoguide.

Wintersport

Einige Skigebiete wurden nach französischem Muster zu Skischaukeln von 5o und mehr Liften zusammengeschlossen, meist ältere Anlagen. Dazu entstanden Retortenorte wie Gourette und La Mongie. Sofern genug Schnee liegt auch Langlaufmöglichkeiten. Saison: meist Februar/März.

Parc National des Pyrénées

Seit 1967 steht das Kerngebiet der französischen Pyrenäen unter Naturschutz, ein 457 qkm großes, unbewohntes Gebiet, das sich rund 1oo km entlang der spanischen Grenze erstreckt. Dort grenzt es an den Ordesa Nationalpark. Anfänglich stand die Bevölkerung dem Projekt recht skeptisch gegenüber, besonders die Hirten, da 5o % des Parks Weideland sind. Doch seit der Einrichtung des Nationalparks erhalten die Bergers Entschädigungen für Schafe, die von den letzten Bären gerissen wurden, bekommen Unterstützung beim Bau ihrer Bergerien etc.

Die größten Probleme bereiten heute die alpinen Skigebiete. Der Nationalpark erstreckt sich zwischen 1.ooo und 3.298 m Höhe (Pique Longue im Vignemale) und liegt zu 6o % im Département Hautes Pyrénées und 4o % im Département Pyrénées Atlantique, was für die Verwaltung nicht ganz unkompliziert ist. Der Parc ist einer von sechs Nationalparks in Frankreich, die Grundstücke gehören weiterhin den angrenzenden Gemeinden. Die Grenzen des schlauchförmigen Nationalparks sind durch den Gemsenkopf auf weißem Grund gekennzeichnet.

Bei Wanderungen im Nationalparkbereich trifft man immer wieder auf Kühe, Pferde und Schafherden. Im Westen sind die Hirten von Juni bis Oktober auf den Weiden, melken die Mutterschafe und stellen in den Bergerien köstlichen Käse her. In den Hautes Pyrénées sind die Tiere dagegen reine Fleischlieferanten.

Zum Parkbereich gehören ca. 23o Bergseen, in denen verschiedene Fischarten mit Erfolg wieder eingesetzt wurden (Angeln mit Genehmigung möglich), u.a. Forellen und Lachse. Über 35o km Wanderwege wurden im Park eingerichtet, markiert und z.T in kleinen Heftchen beschrieben.

Lagerfeuer ist im Nationalpark verboten, auch das Pflücken von Pflanzen; Tiere dürfen nicht gestört oder gejagt werden, deshalb sind Hunde im Parkbereich verboten. Daß man seinen Müll mitnimmt, versteht sich von selbst. Camping nur als Biwak erlaubt, d.h. eine Nacht in Verbindung mit Wandern. 24 Hütten sind im Parkbereich, z.T. vom C.A.F. (Club Alpin France), aber auch vom Nationalpark eingerichtet. Es handelt sich um einfache Berghütten (refuge) mit Schlafsaal, ohne Dusche in der Regel, zur Hochsaison werden oft Mahlzeiten angeboten. Reservieren möglich und sinnvoll.

Adresse: Hauptverwaltung in 65o13 Tarbes, 59, route de Pau, B.P. 3oo.

Im Sommer am Rand des Parks verschiedene Büros (Maison du Parc) für Auskunft, Ausstellungen, organisieren Führungen.

Tiere und Pflanzen

Durch den Nationalpark konnte der Straßenbauwahn in den Bergen etwas eingeschränkt und die einzigartige Natur bewahrt werden. Trotzdem gelang es nicht, den Bestand an Braunbären (ours) zu retten. Die ursprünglich 4o Exemplare sind auf ein halbes Dutzend geschrumpft, Tendenz abnehmend. Früher waren es Wilderer, heute dringen einfach viel zu viele Menschen in ihren Lebensraum ein (Wanderer, Forstarbeiter etc.) und stören so ihren Rhythmus. Zur Rettung der letzen Braunbären wurden 1989 zum ersten Mal Fütterungen finanziert. Der Erfolg scheint sich zu zeigen.

Braunbären wiegen 35o g bei der Geburt und können 65 kg (junges Weibchen) bis 3oo kg (ausgewachsenes Männchen) schwer werden. Alle 3-4 Jahre bringt das Weibchen ein bis zwei Junge zur Welt. Sie sind Allesfresser und nachtaktiv.

Den Luchs ereilt das gleiche Schicksal, er ist fast ausgestorben, nimmt aber wieder zu.

Gemsen (in den Pyrenäen = isard) vermehren sich dagegen prächtig, etwa 4.5oo Tiere leben recht standorttreu im Parkbereich. Sie sind etwas graziler als ihre alpinen Brüder, ihre Hörner etwas gekrümmter.

Murmeltiere (marmotte) wurden durch die Mitarbeiter des Parks wieder eingeführt und sind inzwischen auf über 2oo Kolonien angewachsen. Durch ihren schrillen Pfeifton machen sie auf sich aufmerksam, sind dann aber schnell wieder im Bau verschwunden.

Greifvögel sieht man erstaunlich oft in der Luft kreisen, besonders faszinierend sind die häufig auftauchenden Gänsegeier (Vautour Fauve). 2,5 m Spannweite, ausgefranste Schwingen, am majestätischen Flug gut zu erkennen und tauchen meist in ganzen Scharen auf. Sie sind die „Müllabfuhr" des Parks und suchen im Gleitflug den Boden nach Aas ab. Das wird allerdings immer seltener, da die Hirten größere Vorsichtsmaßnahmen treffen und Schafe in Not sogar von der Feuerwehr gerettet werden. Eine Fütterung ist deshalb immer häufiger erforderlich.

Seltener sind dagegen: Bartgeier, Rotwildgeier und Königsadler.

Pflanzen kommen bis in den höchsten Regionen vor (z.B. Edelweiß). Besonderheiten: blaue Distel der Pyrenäen, Ramondia Pyrenaica, Pyrenäen Hahnenfuß, Kaiserkrone. Blütezeit Juni/Juli bzw. August.

★ Pau (85.ooo Einw.)

Bekannt ist die Hauptstadt des Béarn für ihren 3-Sterne-Blick zu den Pyrenäen. Wenn nicht gerade Dunst oder dicke Wolken über den Bergen hängen, wirklich Spitzen-Panorama mit allen markanten Pics. Schön zur Einstimmung oder zum Abschluß einer Pyrenäentour bei einem Eiskaffee auf dem Boulevard des Pyrenées.

Pau ist auch eine Stadt der Grünanlagen, Gärten und Blumenkästen und wirkt modern, gepflegt und freundlich.

Pau ist aber auch die Stadt des Henri IV. mit dem Schloß und seiner Wiege, - einem Schildkrötenpanzer. Altstadtgassen um das Château, mit einigen Prachtbauten am Boulevard und großzügigen Plätzen. Abends ist in der

Unistadt einiges los.

Pau expandiert in den flachen Bereich nach Norden, mit riesigen Einkaufszentren, Wohnvierteln und seit den 70er Jahren, einem Unicampus für mehr als 10.000 Studenten. Außerdem profitiert Pau vom nahegelegenen Gasfeld in Lacq, das zur Industriealisierung der Region beigetragen hat.

Tourist INFO **Office du Tourisme** (3): im Rathaus, place Royale, 64000 Pau. Tel. 05 59 27 27 08, Fax: 05 59 27 03 21. Offen: Juli/ August 9-18 Uhr, so./feiertags 10-17 Uhr, sonst Mo.-Sa. 9-12/14-18 Uhr. Gratis Stadtplan mit Vorschlag für einen Stadtrundgang. E-Mail: omt@ville-pau.fr

Filiale in der Unterstadt, Place de la Monnaie, nahe Aufzug.

Post (12): Hauptpost am Cours Bosquet im Zentrum. Mo-Fr. 8-19 Uhr, Sa. 8-12 Uhr.

Parken: Direkt im Zentrum riesiger Parkplatz auf dem Place de Verdun (10) (gratis), kann trotzdem zur Geschäftszeit voll sein.

Markt: samstags am Place de la République (16).

Empfehlenswerte Spezial-**Buchhandlung**: „Librairie des Pyrenées", 14, rue Saint Louis, seitlich Touristenbüro. Sehr gut sortiert mit Pyrenäenliteratur, vom Bildband über Wander- und Kletterführer, bis zur Spezialliteratur über Geschichte, Flora, Fauna. Wanderkarten.

Verbindungen

Zug: Bahnhof (1) direkt unterhalb des Bd. des Pyrenées.
-> Bayonne-> Hendaye 5-7 x tägl.
TGV-Verbindung zur Küste, Bordeaux (nur 2 Std.) und Paris (knapp 5 Std.) 3 x tägl.
-> Orthez-> Dax-> Bordeaux 5-7 x tägl.
-> Lourdes-> Tarbes ca. 8 x tägl.
-> Bayonne 5 x tägl.

Busse nach Spanien mit Umsteigen in Oloron Ste. Marie (5 x tägl.) und Bahnanschluß in Canfranc in Spanien:
-> Betharram-> Lourdes 5-6 x tägl. -> Orthez 4 x werkt.
-> Salies-> Biarritz 1-2 x tägl. -> Mauléon 1 x werktags.
-> Gan-> Laruns-> Eaux Bonnes 4 x tägl.
-> Gan-> Laruns-> Gourette zur Sommersaison 4 x tägl., 1 x tägl. weiter nach Aubisque.

Flug: Flughafen ca. 10 km nördlich Pau.
-> Paris 10 x tägl.
-> Nantes 2 x tägl.
-> Mulhouse 3 x tägl. -> Marseille 1 x tägl.
-> Lyon 3 x tägl -> München 3 x tägl..

Autovermietung

Europcar, 115, av. Jean Mermoz
Hertz, 2o, av. Gaston Lacoste

Geschichte: Die heutige Départementhauptstadt ist eigentlich eine recht junge Stadt. Erst im Mittelalter entstand um die Furt und spätere Brücke eine Befestigung. Gaston Fèbus, Herzog von Foix und Béarn, legte den Grundstein für Befestigung und Schloß. 145o wurde Pau zur 4. Hauptstadt des Béarn nach Lescar, Morlaas und Orthez. In Pau residierte auch das Geschlecht d'Albret, aus dem Henri IV. stammte.

Im 19. Jahrhundert blühte das Provinzstädtchen dank der Engländer plötzlich auf: Ein schottischer Arzt hatte wegen des milden Klimas seinen Patienten hier Winterkuren empfohlen; das schlug so ein, daß die Engländer Pau zu ihrem Lieblings-Winterquartier machten - Geld und Investitionen flossen reichlich, das Palais d'Hiver, Theater, Sportanlagen entstanden; sie legten auch den ersten 18-Loch-Golfplatz an. Die reichen Engländer zogen Amerikaner, Spanier und Russen nach sich.

Heute ist Pau eine Garnisonstadt (häufig sieht man hier Fallschirmspringer in der Luft baumeln), Unistadt, Verwaltungs- und Geschäftszentrum.

SEHENSWERTES

LE CHÂTEAU (5): Aushängeschild Nr. 1, das jährlich über 15o.ooo Besucher anzieht. Heinrich IV., der gute König von Navarra, wurde hier geboren - ansonsten hatte er mit Pau herzlich wenig zu tun. Sein Geburtszimmer, die Wiege, zwei Schmuckkoffer und einige Statuen erinnern an ihn. Aufgewachsen ist er auf dem Land, im Schloß Coarraze Richtung Lourdes.

Im Laufe der Jahrhunderte wurde immer wieder an- und umgebaut. In der ehemaligen Küche ein Modell, das die verschiedenen Bauphasen zeigt. Ursprünge stammen aus dem 12. Jh. Unter Gaston Fébus kam 137o der Donjon aus Ziegeln hinzu. Königin Marguerite von Angoulême, die Schwester von Franz I. und Großmutter von Henri IV., machte aus der Wehrburg ein Renaissanceschloß.

Nach der Französischen Revolution war es in desolatem Zustand und total ausgeplündert. Louis Philippe möbelte es wieder auf, richtete es neu ein (ab 1838) und gab ihm sein heutiges Aussehen. Napoleon III. hat den Eingang neu gestaltet. Fast jeder Raum mit Tapisserien aus Gobelin ausgekleidet (über 1oo im Schloßbesitz). Kunstvolle Kassettendecke und komplett möbliert.

Französischsprachige Führung (ca. 6o Min.), deutsche Übersetzung an der Kasse. Besichtigung tägl. 9.3o-11.45 Uhr / 14-17 Uhr. Eintritt 5 Euro.

Schönste Perspektive auf das Schloß vom Park und Stadtmauer.

Daneben der 2o m hohe MÜNZTURM von 1378 (Tour de la Monnaie). 1985 wieder rekonstruiert mit Aufzug in die Unterstadt (tagsüber, gratis). Bei der Hitze freut man sich darüber. Seit der Zeit Heinrich IV. bis 1763 wurden hier Münzen geprägt.

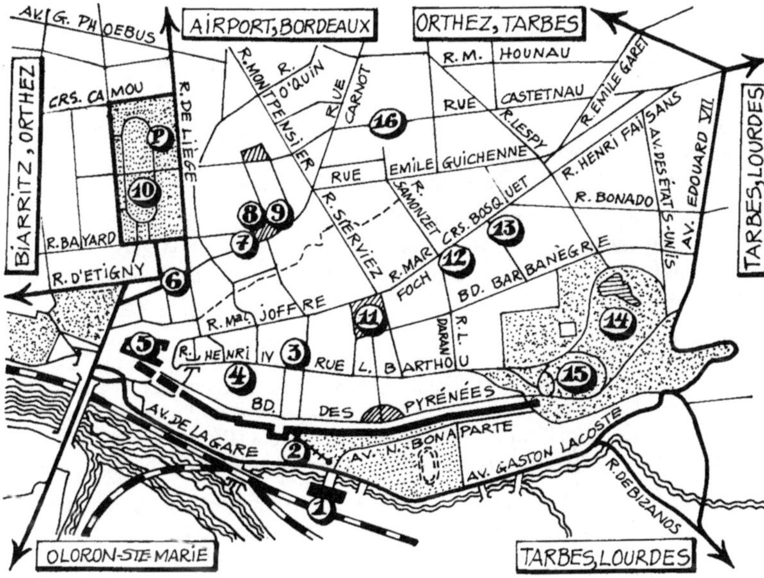

PAU

1 BAHNHOF
2 Funiculaire
3 TOURIST INFO, Rathaus
4 Kirche St. Martin
5 Château
6 Place Gramont
7 Musée Bernadotte
8 Kirche St. Jacques
9 Place de la Liberation
10 Place de Verdun
11 Place G. Clemenceau
12 POST
13 Musée des Beaux Arts
14 Parc Beaumont
15 Casino
16 Place de la République

Schöner Spaziergang auf „königlichen Wegen“ (les Sentiers du Roy) durch den schattigen Park, an der ehemaligen Mühle vorbei und mit der Standseilbahn zum Bd. des Pyrenées zurück.

Die nostalgische STANDSEILBAHN (Funiculaire) (2) stammt von 19o8, stark frequentiert (gratis), obwohl die Entfernung kaum lohnt. Pendelbetrieb tagsüber vom Bahnhof zum Boulevard.

Am BOULEVARD DES PYRENÉES (1,5 km lang) fast südländisches Flair. Schönster Fleck Place Royale mit Statue von Heinrich IV., - Parkbänke, Blumenanlage und Brunnen - für das klassische Foto. Erst durch Napoleon wurde das Spitzenpanorama auf die 3o km entfernte Pyrenäenkette frei: er ließ die Häuser in erster Reihe einfach abreißen. - Orientierungstafel.

PARC BEAUMONT (14) am Ende des Boulevard. Kleine, schattige Grünanlage im englischen Stil. Hier treffen sich kinderwagenschiebende Mütter, Liebespärchen und Rentner zum Schwatz.

CASINO (15), das frühere Palais d'Hiver aus der Zeit, als Pau bei den Engländern en vogue war.

Die ALTSTADT beginnt gleich vis-à-vis des Châteaus mit verwinkelten Gassen und Fachwerkhäusern. Direkt gegenüber dem Schloßeingang das „Maison Sully" und der Turm des Parlement von Navarra.

Das alte Viertel erstreckte sich weiter nach Nordosten entlang der heutigen Rue Fournets/Chemin du Hédas (weitgehend Fußgängerstraße). Die Rue de la Fontaine erinnert an den (bis zur Revolution) einzigen Stadtbrunnen und öffentliches Waschhaus.

MUSEEN

ETHNOGRAFISCHES MUSEUM (Musée Béarnais) in der 3. Etage des Schlosses. Liebevolle Sammlung béarnesischer Besonderheiten, Hausrat, Geräte zur Käseherstellung, Produktion der Espadrilles und Baskenmütze und ausgestopfte Tiere. Gleiche Öffnungszeiten wie das Schloß. 2 Euro.

MUSÉE BERNADOTTE (7), rue Tran. Geburtshaus des französischen Marschalls, späteren Königs von Schweden und Norwegen. Seine Familie wohnte im 2. Stock, der im damaligen Stil möbliert ist. Ferner Erinnerungsstücke des erfolgreichen Béarner. Nicht vergessen ist auch Désiré Clary, die durch den Romanschinken von Annemarie Selinko Generationen von Mädchen gerührt hat. Offen: Di.-So. 1o-12/14-18 Uhr. 2 Euro.

Jean Baptiste Bernadotte (1763-1844), der Béarneser, machte eine Blitzkarriere in der königlichen Marine, nicht zuletzt durch die Französische Revolution. Bereits mit 3o Jahren war er General, anfangs Gefolgsmann von Napoleon (1799 Kriegsminister, 18o6 Prinz von Pontecorvo), geriet dann zunehmend in Widerspruch zum Kaiser; wurde zuletzt seiner Ämter enthoben. Seine Qualitäten hatten sich jedoch rumgesprochen. Im Jahr darauf wurde er vom kinderlosen König Karl XIII. von Schweden adoptiert und - 1818 als sein Nachfolger König von Schweden und Norwegen.

MUSÉE DES BEAUX-ARTS (13), rue Mathieu-Lalanne (nahe Parc Beaumont). Eine der größten Gemäldesammlunge in der Region Aquitanien, bunte Mischung durch die Jahrhunderte; auch zeitgenössische Künstler. Offen: tägl. außer Di. 1o-12/14-18 Uhr. Eintritt 2 Euro.

GRAND PRIX VON PAU

Seit 193o wird in Pau alle zwei Jahre an Pfingsten der Grand Prix der Formel 2 ausgetragen, ein Wertungslauf der Europameisterschaft. Das einzige Autorennen Frankreichs, das in einer Stadt stattfindet (das Formel 1-Rennen von Monte Carlo ist im Fürstentum Monaco): vom Parc Beaumont bis Palmeraie, eine 2,76 km lange Strecke im Zentrum, - also Vorsicht vor Pfingsten!

Erstaunlich geringes Angebot am berühmten Aussichts- Boulevard des Pyrenées, gerade eine Handvoll Cafés und Bistros neben parkenden Autos an der recht befahrenen Straße. Ruhiger sitzt man in den kleinen Restaurants um das Schloß - Tische meist draußen auf der Straße und abends nette Atmosphäre:

„LA TOUR DU PARLEMENT“, 36, rue du Moulin. Zwei kleine Restaurants vis-à-vis, im einen preiswerte Pizzen, im anderen Grillgerichte.

„CHEZ OLIVE“ (Rest. du Château), 9-11, rue du Château. Innen Fachwerk, nicht übertrieben nobel und immer viel los. Menü ab 18 Euro. Als Hauptgericht z.B. poule au pot, das Leibgericht von Heinrich IV.

Crêperie „CHEZ MAMAN“, 6, rue du Château, in Spitzenlage gegenüber dem Schloß. Innen klein, Minitische auf dem schmalen Gehsteig mit Schloßblick. Riesige Crêpes Auswahl.

„LA TROTTE VIEILLE“, 18, rue Henri IV. Innen nett, rustikal. Regionale Küche, allerdings geringe Auswahl, Menü ab 18 Euro.

Hostellerie „DU FER À CHEVAL“, rte de Bordeaux, gleich gegenüber der Pferderennbahn. Angenehmes Ambiente. Traditionelle Küche mit Gerichten der Saison. Menü ab 22 Euro.

„MAJESTIC“: Am 9, Place Royale (vielleicht der schönste Platz seitlich des Bd. des Pyrenées). Gepflegtes Ambiente, gehobenes Preisniveau. Ausgefallene Speisekarte, z.B. warmer Ziegenkäse auf Salat als Vorspeise. Menü ab 2o Euro.

Ein paar Häuser weiter „LE CHAMPAGNE“: Innen nicht so gemütlich, besser die Tische auf dem Platz. Preiswertes Mittagsmenü, auch à la carte.

„ST. VINCENT“, 4, rue Gassiot, seitlich Kirche St. Jacques. Einfach, authentisch, kleine Tische auch auf dem Bürgersteig. Mittagstreff der Angestellten. Menü ab 12 Euro, Tagesgericht. So. geschlossen.

Ca. 4o Hotels im Stadtbereich, die meisten ganzjährig geöffnet.

** „**Grand Hotel du Commerce**“, 9, rue du Maréchal Joffre, recht zentral, seitlich des Place Clémenceau. Ruhig, wenn man nicht gerade ein Zimmer zur Straße bekommt. Gepflegtes Ambiente, Aufenthaltsraum im Louis-XIII.-Stil, nettes Restaurant. 51 Zimmer mit Dusche oder Bad, ordentliche Ausstattung. DZ ab 4o Euro.

*** „**Hotel Bristol**“, 3, rue Gambetta, Seitenstraße bei der Post. Zentral und relativ ruhig. 22 Zimmer mit TV, Bad oder Dusche auf dem Zimmer. 5o-6o Euro.

*** „**Hotel Roncevaux**“, 25, rue Louis Barthou. Zentral mit eigenem Parkplatz. 4o Zimmer überwiegend mit Privatbad. Meist moderne Zimmerausstattung, Farb-TV, Telefon. DZ ab 65 Euro

* „**Hotel d'Albret**“, 11, rue Jeanne d'Albret, seitlich Kirche St. Martin in der Altstadt. Ganz einfache Ausstattung, dafür billig. Ein Dutzend Zimmer, DZ 18-3o Euro.

Jugendherberge, 3o, rue Michel-Hounau, ca. 2o Min. vom Zentrum, an der Hauptpost weiter Richtung Nordosten.

** Camping du Coy, stadtnächster Platz süd-östlich des Bahnhofs am Nordufer des Gave du Pau ca. 2o Min. zu Fuß. Ruhig am Ende der Av. Léon Heid gelegen. 1oo Stellplätze, Stromanschlüsse, Bademöglichkeit.

*** Camping de la Base de Plain Air, och in Stadtnähe, südlich vom Bahnhof im Ortsteil Gelos, nahe südlichem Flußufer. Von der N 134 Ri. Süden gut beschildert. Schattiger Platz bei den Sportanlagen und Jugend-Ferienheim. Ebener Wiesenboden, 9o Stellplätze, Stromanschlüsse, Einkaufsmöglichkeit. Offen: Mitte Mai bis September.

*** Camping Municipal (Plaine des Sports et de Loisirs beschildert) ganz im Norden der Stadt kurz vor der Autobahn. Ebener Rasenplatz gut schattig, von Asphaltwegen strukturiert, ausreichend Stromboxen. Zentrales Sanitärgebäude, Waschmaschine. Die Sportanlagen gleich nebenan. Zufahrt: Von der Stadt kommend immer Ri. Autobahn „Bordeaux“ nach Norden, beim letzten Kreisverkehr vor der Auffahrt links (beschildert), am recht befahrenen Bd. du Cami Salié. Busverbindung vom/ins Zentrum. Offen: Mitte Mai bis Mitte September.

*** Camping Le Terrier in Lescar, av. du Vert Galant, 7 km westlich Pau nahe der N 117 Ri. Bayonne. Als Stützpunkt für Ausflüge die beste Wahl, für reinen Paubesuch zu weit weg. Große, schattige Stellplätze (ca. 1oo), durch hohe Hecken abgeteilt, teilweise Wiese, teils Kiesboden, einige Dauerbewohner. Sanitäranlagen nicht „brandneu“, aber gut gewartet. Man merkt, daß jemand mitdenkt (Ablagen), Warmwasser in Duschen und Waschbecken, Waschmaschinen, sogar kleine Badewanne. Jeden Morgen kommt der Bäckerwagen. Open-air-Pool zwar an der Straße, als Erfrischung ganz nett. Zufahrt: aus allen Richtungen gut ausgeschildert. Ganzjährig geöffnet.

Die Industriestadt **TARBES** (55.ooo Einw.) kann man getrost links liegen lassen. Chemische Industrie, Maschinenbau, u.a. wird auch am TGV gearbeitet. Schöne Parkanlage „Jardin Massey“ im Zentrum.

Pau —> Lourdes **(41 km, D 937)**

Gut ausgebaute Strecke, anfangs durch viele kleine Ortschaften.

MUSEUM DU BÉRET: auch für die Baskenmütze gibt es ein Museum. 15 km außerhalb im Ort Nay. Es ist wohl das einzige Museum auf der Welt, das sich mit der Geschichte der Baskenmütze befaßt. 1819 wurde sie erfunden und hat seitdem viele Anhänger auf der ganzen Welt gefunden, die „Kult-Kopfbedeckung“. Place Saint-Roch. Offen: April bis Mitte November. Tgl. außer Mo. 1o-12/14-18 Uhr. Eintritt 4 Euro.

GLOCKENMUSEUM Fabrique de Sonnailles, ebenfalls in Nay, 24, rue des Pyrenées. Während der 45 Minuten dauernden Führung erfährt man viele Einzelheiten über die Herstellung von Glocken unterschiedlicher Größe. Offen: Mo.-Sa. 14-17 Uhr, Eintritt 3,5o Euro.

4 km nach dem Dorf Lestelle-Bétharram, direkt an der Grenze der Landschaft „Bigorre“ lohnender Stop bei den GROTTES DE BÉTHARRAM, eine interessante Tropfsteinhöhle in 45o m Höhe. Kurze Seilbahnfahrt zum Eingang. Zum Programm der Tropfsteinhöhle gehört eine Bootsfahrt auf dem Höhlenfluß und Fahrt mit dem Minizug. Deutsche Erklärungen. Im Sommer großer Andrang, deshalb möglichst früh dort sein. Offen: Ostern bis Mitte Oktober tägl. 9-12/13.3o-17.3o Uhr. Eintritt 8,5o Euro. Unbedingt warme Jacke mitnehmen.

Weitere 15 km bis Lourdes.

★ Lourdes (15.ooo Einw., 42o m hoch)

Das Pilgerzentrum Frankreichs am Rande der Pyrenäen. Alles dreht sich um das heilbringende Wasser und die Marienerscheinung der heiligen Bernadette. 5 Millionen Pilger pro Jahr, vorwiegend organisierte Gruppenreisen, aber auch Einzelpilger, die mit Rollstuhl etc. bereits weite Strecken angereist sind. Sie lassen die Stadt im Sommer überquellen - über 3o.ooo Hotelbetten sprechen Bände.

Die eigentliche Stadt mit Geschäften, Touristenbüro, alter Markthalle und Château liegt entlang der Avenue du Maréchal Foch/Av. St. Pierre. Das Pilgerzentrum konzentriert sich um die heilige Grotte am Ufer des Gave de Pau, dem Hinweis „La Grotte“ folgen. Souvenirläden reihen sich an den Zufahrtsstraßen und stellen in punkto Masse und Kitsch den Mont St. Michel noch weit in den Schatten: Marienfiguren in allen nur denkbaren Varianten, bis hin zur Plastikflasche.

Ohne lourdes-gläubigen Gemütern zu nahe treten zu wollen, ist Tucholskys Versuch, dem Geheimnis Lourdes auf die Spur zu kommen, sehr lesenswert („Ein Pyrenäenbuch“, rororo 474).

Tourist INFO

Office de Tourisme: place Peyramale, 651o1 Lourdes. Tel. o5 62 42 77 4o, Fax: o5 62 94 6o 95. Offen: ganzjährig. E-Mail: lourdes@sudfr.com

Post: Hauptstraße av. Maransin. Offen: 8.3o-18.3o Uhr, Sa. 8-12 Uhr.

Parken: Trotz großer Parkplätze (ausgeschildert) zur Hauptsaison Engpässe. Den Wagen möglichst beim Quartier stehen lassen und zu Fuß oder mit öffentlichen Verkehrsmitteln ins Zentrum.

Verbindungen

Flughafen: 1o km nördlich Richtung Tarbes. Tägliche Verbindung nach Paris.

Bahn: tägl. per TGV über Bordeaux nach Paris, dauert 5 Std. 3o Min.

-> Pau 7 x tägl., -> Bordeaux 4 x tägl., -> Bayonne 3-4 x tägl., -> Tarbes 5-7 x tägl.

Bus: -> Pau 4 x tägl., -> Tarbes 13 x tägl, Wochenende seltener; -> Bagnères 2 x tägl., zur Schulzeit häufiger.

Ins Gebirge: -> Argelès-> Luz-> Barèges 3 x tägl. Wochenende häufiger.

-> Gèdre-> Gavarnie 1-2 x tägl. ab Luz.

-> Argelès-> Pierrefitte-> Cauterets 4-5 x tägl.

„Das Goldmädchen“ Bernadette Soubirous (7. Januar 1844 - 14. April 1879): Es war einmal eine arme Müllerstochter... so könnte auch die Geschichte der heiligen Bernadette beginnen, die als 14-jährige beim Brennholzsammeln am 11. Februar 1858 ihre erste Vision hatte. Bruchstückhaft erzählte sie von der weißen Gestalt auf einer goldenen Wolke. Siebzehnmal bis zum 16. Juli 1858 wiederholten sich ihre Erscheinungen. Die Geistlichkeit war skeptisch, zeitweise mischte sich sogar die Polizei ein, doch schließlich wurden ihre Visionen als Erscheinung der „Jungfrau der unbefleckten Empfängnis“ gedeutet. Immerhin entsprang am 25. Februar während einer Vision ein Rinnsal aus der Grotte, das später zur millionenbringenden Quelle werden sollte. Gerüchte der Wundertätigkeit machten bald die Runde, kräftig von der Presse unterstützt. Am 18. Januar 1862 gab auch der Bischof von Tarbes seinen Segen dazu - ein neues Pilgerziel war besiegelt.

Für die arme Gemeinde Lourdes begann damit der Aufschwung, auch wenn die Kirche vorsorglich allen Grund und Boden um die Grotte aufgekauft hatte. Die ersten Pilger folgten Bernadettes Aufruf: „Kommt zur Quelle und ihr werdet gerettet.“ Hotels schossen aus dem Boden, Gastronomie und Souvenirhändler witterten ihr Geschäft.

Nur die Hauptperson ging leer aus. Bernadette starb im Kloster Nevers, südöstlich Orléans, als kranke Frau mit 35 Jahren. Erst am 11. Dezember 1933 wurde sie heiliggesprochen.

Haupteingang zum PILGERZENTRUM vom Bd. de la Grotte mit Infobüro: Rollstühle, Krankenliegen, Behinderte in speziellen „Handwagen“, Tausende pilgern täglich zur Messe unter freiem Himmel vor der Basilika, Lautsprecher übertragen bis ins letzte Eck.

Über der KLEINEN GROTTE, in der Bernadette ihre Marienvisionen hatte, wurde eine Kirche nach der anderen gebaut. 1866, acht Jahre nach den Erscheinungen, die erste Krypta, die „Obere“ Basilika der unbefleckten Empfängnis 5 Jahre später. Für 4.ooo Menschen wurde die Rosenkranzkirche (1889) dimensioniert, alle komplett mit Dankestafeln ausgekleidet. Die unterirdische Basilika Pius X., etwas entfernt, kam 1958 zum 1oo-jährigen Jubiläum hinzu, größer als ein Fußballfeld (2oo x 8o m) bietet sie Platz für 2o.ooo Pilger. Da all das dem Ansturm immer noch nicht gewachsen war, entstand vis-à-vis der Basilika Ende der 8oer Jahre die fünfte Kirche mit 5.ooo Plätzen.

Alles ist kostenlos Tag und Nacht für die Pilger zugänglich, auch das heilende Wasser, das neben der Grotte aus unzähligen Wasserhähnen fließt (im Normalfall 4o l/Std.). Seit einigen Jahren allerdings immer spärlicher, so daß große Wasserkanister mit dem Vorrat für Zuhause nicht mehr gern gesehen werden. Die Krücken über der Grotte, die schon zu Tucholskys Zeiten von den ehemaligen Besitzern hier buchstäblich an den Nagel gehängt wurden, sollen die Wirkung des Phänomens Lourdes untermauern.

„LE PÈLERINAGE“: Organisierte Pilgerfahrten kommen täglich zwischen Ostern und Mitte Oktober aus ganz Europa nach Lourdes. Auch Individualreisende können von Juli bis Mitte September an den täglichen Pilgerprozessionen teilnehmen und in Bädern ganz ins Lourdes-Wasser eintauchen (15.ooo l/Tag). Kurze Öffnungszeiten, entsprechender Andrang). Zum Programm gehört auch der „Chemin du Calvaire“, eine Prozessionsstraße oberhalb der Basilika am Hang. Abends findet die Lichterprozession statt. Zudem eine Diashow zum Leben Bernadettes.

Nützliche Broschüre mit allen Öffnungszeiten und Prozessionsterminen beim Touristenbüro erhältlich (auch Deutsch).

Weitere Möglichkeiten, **auf den Spuren der hl. Bernadette** zu wandern: MUSEUM NOTRE DAME: direkt neben der unterirdischen Basilika, die MÜHLE BOLY in der Bernadette am 7. Januar 1844 geboren wurde, seitlich des Bd. de la Grotte, und DAS HAUS CACHOT in dem Bernadette sich am Tag ihrer ersten Erscheinung aufhielt (einige Erinnerungsstücke), in der schmalen Rue des Petits Fosses seitlich der Hauptstraße. Im HOSPITAL lebte sie eine Zeit lang nach ihrer Vision, abgeschottet von dem Pilgerrummel.

MUSÉE DE LOURDES, rue de l'Egalité, hinter der Markthalle, versucht durch bewegliche Figuren, die Zeit Bernadettes wiederzugeben. Offen: Ostern bis Oktober tgl. 9-12/13.3o-18.45 Uhr. Eintritt 5 Euro.

MUSÉE DU PETIT LOURDES, 68, av. Peyramale, beim großen Busparkplatz am Fluß. Zeigt die Stadt in Miniatur zur Zeit Bernadettes 1858. Offen: Ostern - Oktober tgl. 9-19 Uhr. Eintritt 5 Euro.

MUSÉE ESPACE GREVIN, 87, RUE DE LA GROTTE, NAHE DEr Flußbrücke. Zeigt über 1oo Wachsfiguren in religiösen Szenen. Offen: April bis November tägl. 9-11.3o/13.3o-18.3o Uhr, zusätzlich im Juli/August 2o-22 Uhr. Eintritt 5,5o Euro.

MUSÉE DE LA NATIVITE: 21, quai Saint-Jean, nahe der Brücke St. Michel. Krippenszene in einem Pyrenäendorf. Offen: April bis November tägl. 9-12/13.3o-19 Uhr. Eintritt 5,5o Euro.

SEHENSWERTES

CHÂTEAU-FORT AUF EINEM FELSEn mitten in der Stadt. Schöner Blick bis zu den Pyrenäenbergen im Süden, Zugang allerdings nur in Verbindung mit dem netten Musée Pyrénée. Die Burg wurde im 11. Jh. vom Grafen von Bigorre erbaut, im 14. Jh. kam der Wachturm hinzu. Im 19. Jh. stark umgebaut.

In den verschiedenen Räumen wurde das volkskundliche PYRENÄEN-MUSEUM eingerichtet: alte Wohnstuben und Küche, landwirtschaftliche Gerätschaften, Trachten der Region, große Sammlung ausgestopfter Tiere, schöne Gartenanlage. Eine Wendeltreppe mit 1o5 ausgetretenen Stufen führt auf den Turm, aber der Blick wird nicht besser. Offen: zur Saison 9-12/ 13.3o-18.3oUhr tgl. November bis Anfang April außer Di. 9-12/14-18 Uhr. Eintritt 5 Euro.

Auf den Hausberg PIC DU JER per Standseilbahn aus dem Jahr 19oo in 6 Minuten auf 1.ooo m Höhe. Spitzenpanorama über Lourdes bis ins schneebedeckte Pyrenäenmassiv. Schöne Spaziergänge auf dem Gipfel, Restaurant. Talstation am Stadtrand Richtung Argelès/ Gavarnie. Ostern - Nov. tgl. 1o-18 Uhr. Eintritt 7,5o Euro.

LAC DE LOURDES: 5 km von der Stadt entfernt (Richtung Pau). Im Prinzip ein hübscher, natürlicher See glazialen Ursprungs, durch den Lourdes-Rummel aber total überlaufen. Das einfache Selbstbedienungs-Restaurant am einzigen Seezugang ist ein beliebter Stop der Reisebusse. Boot- und Surfboard-Vermietung, auch die Segelschule hat ihre Boote hier liegen. Baden verboten.

RESTAURANTS: Angebot gigantisch, meist bei den Hotels. Durch die Konkurrenz günstige Preise, Menü ab 1o Euro aufwärts. Bei dem Durchlauf leidet vielfach die Qualität.

Mit knapp 26o Hotels und Pensionen steht Lourdes an zweiter Stelle Frankreichs, und jedes Jahr kommt minde-stens ein neues Hotel hinzu. Um den „heiligen Bezirk“ fin-det man kaum noch ein Haus, das nicht in ein Hotel oder Pension umfunktioniert wurde. Während es für Gruppenreisen trotzdem zur Hochsaison Engpässe geben kann, gibt es für Einzelreisende kaum Probleme, ein Bett zu finden.

Ein Großteil der Hotels bewegt sich im unteren- bis Mittelklassebereich, meist von Mitte April bis Mitte Oktober geöffnet, wenige ganzjährig. Viele Hotels sind rollstuhlgerecht.

Preisniveau fürs Doppelzimmer: 4-Sterne-Hotels ab 6o Euro aufwärts, 3-Sterne-Hotels 5o bis 9o Euro, 2-Sterne-Hotels ab 35 Euro, 1-Stern-Hotels 25-40 Euro, oft noch Etagenbad.

Rund 5o Familienpensionen preislich ab 25 Euro das Zimmer. Mehrseitiger Hotelkatalog im Touristenbüro.

Privatzimmer: Großes Angebot im Stadtbereich und den umliegenden Dörfern. Ausgestattet mit ein bis sechs Betten, z.T. auch Kochgelegenheit. Mehrseitige Broschüre im Touristenbüro.

Jugendherberge: Über weitere Unterkunftsmöglichkeiten für Jugendliche und Familien informiert das Touristenbüro.

13 Campingplätze im Zentrum, Stadtrand und Umgebung. Vom 4-Sterne-Platz bis Camping à la ferme. Offen von April bis Oktober, wenige auch ganzjährig.

In Fußgängerreichweite zur Grotte liegen zwei Plätze:

Von der Lage die schönsten, trotz Stadtnähe ruhig, außerhalb der Hauptsaison eine Oase. Zufahrt: vom Zentrum an der Basilika ca. 1-2 km weiter, Beschilderung „Grotte de Loup" - oder stadtauswärts Richtung Pau, an der Pilgeranlage vorbei und am Ende links Richtung Segus:

** Camping du Loup, kleine Wiese, 25 Stellplätze, z.T. schattig, schöne Zeltmöglichkeit. Offen: April bis November.

** Camping la Forêt, ca. 5oo m weiter. Größerer Platz mit 133 Stellplätzen, teilweise hohe Bäume, ebener Wiesenboden, vereinzelte Stromanschlüsse. Ordentliche, wenn auch ältere Sanitäranlagen, Warmwasser auch bei den Waschbecken. Lebensmittelladen mit allem Nötigen, kleines Café und Snack. Offen: April bis Oktober.

In der Stadt:

** Camping de la Poste, 26, rue de Langelle, seitlich bei der Post rein. Winziger Innenhof (1o Stellplätze), doch total zentral und recht ruhig. Umgeben von hohen Häusern, Schatten, nichts für längeren Aufenthalt. Offen: April bis Mitte Oktober.

Am Stadtrand:

* Camping les deux Pic de Jer, 16, rue du Général Gailliéni, an der Standseilbahn zum Hausberg. Umgehungsstraße N 21 Ri. Argèles entsprechend laut. Leicht abfallender Wiesenplatz mit Bäumen. 75 Stellplätze, vereinzelt Stromboxen, einfache Sanitäranlagen. Offen: April bis November.

Ortsausfahrt Richtung Tarbes:

Die Campingplätze Le Moulin du Monge ** liegt direkt an der lauten Straße RN 21, dadurch wenig empfehlenswert.

15o m abseits der Straße **** Camping Plein Soleil, gute Ausstattung, Schwimmbecken für kurze Erfrischungen, Spielplatz. Ordentliche Sanitäranlagen. 34 Stellplätze. Offen: März bis Oktober.

Richtung Pau ca. 3-5 km außerhalb an beiden Landstraßen.

** Camping d'Arrouach kurz nach der Gabelung, 9, rue des Trois Archanges. 67 Stellplätze auf verschiedenen Wiesenterrassen, möglichst die unteren an der Straße meiden. Bäume sorgen im Sommer für Schatten. Ganzjährig offen.

AUSFLÜGE

Organisierte Busausflüge zu allen möglichen Sehenswürdigkeiten in Halb- oder Tagesreichweite. Interessante Halbtagesfahrten für Leute ohne eigenes Fahrzeug: die Grotten von Bétharram bzw. Medous, zum Cirque de

Gavarnie oder Pont d'Espagne. Preislich ab 7,5o Euro.

Lourdes-> Médous-Grotten-> Pic du Midi de Bigorre

22 km bis **BAGNÈRES DE BIGORRE**, ein Kurort von knapp 1o.ooo Einwohnern. Das Thermalbad liegt am Rande des großen Parks, schon seit dem letzten Jahrhundert wird hier gekurt. Schöner Spaziergang durch den Park zum Aussichtshügel Le Bédart.

Interessante Tropfsteinbildungen in der kleinen GROTTE MÉDOUS, 2 km südlich der Stadt an der D 935. Knapp 1.ooo m geht es in die Höhle hinein, inkl. einer kurzen Bootsfahrt auf dem Adour, dem die Grotte zu verdanken ist. Er kommt nahe des Châteaus wieder ans Tageslicht und fließt weiter durch Bagnères de Bigorre.

Besichtigung: April bis Mitte Oktober t8.3o-11.3o/14-17.3o Uhr. Nicht so großer Andrang wie in Bétharram, mindestens 8 Personen erforderlich. Eintritt: 6,1o Euro.

Weitere 28 km über Ste. Marie de Campan zum Col du Tourmalet, mit Wanderung zum Aussichtsgipfel Pic du Midi de Bigorre (Details ab Seite 448).

Bagnères -> Arreau -> Col d'Aspin

Wer Zeit genug hat, um den lohnenden Aussichtspaß Col d'Aspin mitzunehmen (74 km zusätzlich), fährt schneller über die D 938 ein Stück nach Osten Richtung Lannemezan (27 km), weiter auf der D 929 nach Süden Richtung Arreau (insgesamt 48 km).

Es geht durch ein sehr grünes Tal, flankiert von Laubwaldhängen, - die „wilden" Pyrenäen sind anfangs noch kaum zu ahnen. Ziemlich besiedelt, graue, fast abweisende Straßendörfer. Richtung Arreau verengt sich das Tal.

ARREAU: hübscher kleiner Ort (8oo Einw.) im Schnittpunkt zweier Täler. Schiefergedeckte Häuser drängen sich am Flußufer, dahinter steigen gleich die Hänge an, auf denen Schafe und Kühe weiden. Die schmale Hauptstraße läßt keinen Platz für Bürgersteige. Sehenswert das „Lilienhaus" (16. Jh.), benannt nach seiner hübsch verzierten Fassade.

Arreau ist Kreuzungspunkt:

* Hier zweigt die D 618 nach Südosten zum Col de Peyresourde ab (18 km, 1.569 m) mit der Möglichkeit weiter nach Bagnères de Luchon (3.6oo Einw.) zu fahren, ein Kur- und Wintersportort nahe der spanischen Grenze.
* Nach Süden zum Wintersportzentrum St. Lary Soulan, zusätzlich inter essanter Abzweig bei Fabien in das sehr schöne Massif de Néouvielle, ein hochalpines Gebirge gespickt mit (Stau-)Seen. Ausgezeichnete, an

spruchsvolle Wandermöglichkeiten.

Weiter Ri. Süden: seit 1976 Verbindung nach Spanien durch den 3 km langen Bielsa-Tunnel nach Ainsa und Einstieg in den spanischen Ordesa Nationalpark. Nachtschließung des Tunnels beachten.

* Von Arreau über zwei sehr lohnende Pässe ins „Herz der Pyrenäen" zum Cirque de Gavarnie. Details direkt im Anschluß.

Arreau -> Col d'Aspin -> Ste. Marie de Campan

Route via D 918, 26 km. Gleich am Ortsanfang zweigt die Route im spitzen Winkel ab (hier angeschlagen, ob der Paß offen ist).

Kurvig, aber kein Problem, wird auch von Bussen befahren. Schlagartig geht's in die Berge. Anfangs noch Laubwald, herrlicher Rückblick auf Arreau und die Pyrenäenkette. Der graue Weiler Aspin-Aure klebt tief in einer Mulde wie in einer Sackgasse.

COL D'ASPIN (1.489 m): zwar nicht der höchste Pyrenäenpaß, doch einer der schönsten. Vom Col (Parkmöglichkeit) einmaliges Panorama zurück auf die 3.oooer Bergkette und den markante Pic du Midi de Bigorre im Westen. Es lohnt sich, vom Col den Südhang ein Stück (ca. 2oo hm) hochzusteigen, etwas steil - dadurch erweitert sich der Blick auf die Pyrenäenkette, nach Norden ahnt man zwischen den Bäumen die flache Ebene. Im Sommer ziemlicher Ausflugsverkehr, aber erfreulicherweise noch kein Hotel/Restaurant.

Durch Mischwald in vielen Kehren wieder hinunter; beim Eintritt in die Ebene von Payolle fährt man fast in den Marmorsteinbruch Carrières de Campan beim Nest Espiadet auf 1.1oo m. Aus diesem Steinbruch wurde das Material für viele berühmte Säulen gebrochen, u.a. 22 Säulen für das königliche Palais in Berlin. Die Marmorblöcke wurden früher von 2o Ochsenpaaren bis nach Sarrancolin (an der D 929) transportiert, dann auf der Neste bis nach Toulouse verschifft, weiter ging es via Bordeaux und auf der Seine nach Paris.

Die **EBENE VON PAYOLLE** - ein kleines Plateau umgeben von Bergkränzen - ist im Winter ein Langlaufgebiet (Skiverleih).

Lac de Payolle, im Prinzip ein hübscher kleiner See mit Bergpanorama, der ganze Sonnenhang mit Appartementhäusern zugebaut.

Hotel/Restaurant „**Arcoch**" direkt am See ganz ruhig am Ende der Straße. Ponyverleih, Angeln nur mit Angelkarte, Tennisplätze.

Auf dem Weg ins Nachbardorf La Séoube einige Restaurants.

*** Camping l'Orée des Monts in La Séoube. Mittelgroßer Platz im schmalen Tal am Adour de Payolle gelegen. Openair Swimmingpool. Kein so schöner Blick, dafür Schatten.

Viele große Mobilhomes. 80 Stellplätze. Ganzjährig offen.

In **STE. MARIE DE CAMPAN** kommt die Strecke aus Bagnères de Bigorre/Grotte de Medous hinzu. Einfache Campingplätze talaufwärts im Ortsbereich.

Ste. Marie de Campan -> Luz St. Sauveur

Die Route führt über den Col du Tourmalet - mit Abstecher zum Panoramaberg Pic du Midi de Bigorre; D 918, 35 km.

Traumhafte Strecke: die gut ausgebaute Straße windet sich durchs Vallée de Gripp hinauf.

Nach dem Weiler Artigues (wenig schöner Campingplatz am kleinen Stausee, viele Caravane) zweigt rechts ein Alternativ-**Wanderweg** zum Pic du Midi ab (Hinweisschild Chemin des Muletiers). Er verläuft auf dem alten Maultierpfad, über den vor dem Straßenbau das Baumaterial für das erste Observatorium auf den Gipfel geschafft wurde. Sehr anstrengende Tour, nur für Leute mit Bärenkondition zu empfehlen. Sehr steiler, teilweise schmaler Pfad, wenig Schatten, bis zum Gipfel 1.666 m Höhenunterschied! Der Pfad trifft nach ca. 4 Std. am Col de Sencours (2.378 m) auf den Normalweg ab Col du Tourmalet, siehe unten.

Bei der Weiterfahrt einige Wasserfälle an der Strecke: Cascade d'Arizes nur 5 Min. zu Fuß ab Straße; etwas weiter zweigt der Weg zur Cascade du Garet ab. An der Strecke z.T. toller Blick hinunter ins Tal auf Artigues und zum interessant gemaserten Pic du Midi.

LA MONGIE (1.800 m): häßlicher Retorten-Wintersportort in einem hochalpinen Kessel. Bis zu 7-stöckige Appartementkästen quetschen sich an den Südhang. Gut zwei Dutzend Lifte zerfurchen die Hänge, vom Babylift bis zur Gondel auf den Taoulet (2.340 m), einen Vorgipfel des Pic du Midi de Bigorre. Skischule/Skiverleih. Der Sessellift über den Col du Tourmalet verbindet La Mongie mit dem Skigebiet Barèges, so daß der Skizirkus La Mongie/Barèges eines der Hauptwintersportzentren der Pyrenäen bildet. Trotz der grandiosen Landschaft ist La Mongie im Sommer wenig attraktiv.

Von La Mongie in Serpentinen mit Blick auf Felstürme und Skianlagen hinauf zum **COL DU TOURMALET** (2.115 m), höchster und einer der wildesten Pässe der französischen Pyrenäen. Von Dezember bis April mit Schnee rechnen. Die zerklüfteten 2.000er scheinen zum Greifen nahe. Restaurant/Souvenirladen in der engen Kehre - die Parkmöglichkeiten reichen im Sommer kaum aus.

Hier zweigt der **Normal-Wanderweg** zum Pic du Midi de Bigorre ab (2.877 m), der schönste Panoramagipfel auf der französischen

Seite. Bei klarem Wetter fantastischer Rundblick über die weite Ebene mit Lourdes, Pau, Tarbes, - an ganz klaren Tagen reicht die Sicht bis zum 3oo km entfernten Zentralmassiv zum Plomb du Cantal. Bilderbuchpanorama nach Süden - ein Meer von Gipfeln, Karen und Graten: das Massiv von Néouvielle, dahinter das Massiv von Gavarnie mit dem markanten Einschnitt Brêche de Roland links davon der Marboré (3.253 m), rechts der vergletscherte Vignemale.

Zugänge: Wanderzeit ab Col du Tourmalet bis zum Gipfel/Observatorium ca. 2,5 Std. einfach, überwiegend in der Sonne, 75o Höhenmeter. Die ersten 5 km auf dem Fahrweg, vorbei an der verfallenen Hütte der ersten Meteorologen am Col de Sencours oberhalb des tiefgrünen Lac d'Oncet (6o m tief). Hier endet der Mulipfad, der von Artigues hinaufführt, siehe Seite 448. Weiter in Serpentinen steil zum Gipfel - auf den letzten Windungen öffnet sich der Blick zur Brêche de Roland.

In der Regel kann ab Col du Tourmalet die 5 km lange Schotterstraße befahren werden (Maut), dann reduziert sich die Wanderung auf den letzten kurzen Aufstieg (ca. 3o min.).

Was sich auf dem Gipfel von Ferne wie die Moschee eines verrückten arabischen Scheichs ausnimmt, entpuppt sich als Observatorium der Uni Toulouse mit verschiedenen Teleskop-Kuppeln. Der Gipfel des Pic ist total verbaut. Der nostalgische Aufzug wurde für das Personal des Observatoriums gebaut, kann u.U. auch von Touristen benutzt werden. Eine Transportgondel von La Mongie versorgt seit 1952 die Mannschaft im Winter, falls der Wind nicht zu stark bläst. Internet: www.picumidl.com.fr

Die Astronomen am Pic du Midi de Bigorre: Die außergewöhnlich guten atmosphärischen Bedingungen faszinieren seit Generationen die Astronomen. Im 18. Jh. machten die ersten Wissenschaftler hier ihre Beobachtungen. Riesenproblem waren jedoch im Winter die klimatischen Verhältnisse auf knapp 3.ooo m Höhe. Zwei beherzte Männer legten 1878 den Grundstein für das erste meteorologische und astronomische Observatorium. General de Nansouty und Ingenieur Vaussenat bezogen 1881 ihren „Palast". Nansouty überwinterte zehnmal hier oben, ohne Aufzug o.ä. 19o7 wurde die erste astronomische Kuppel errichtet. Bis 1984 diente das Observatorium auch als meteorologische Station - heute übernehmen Satelliten diese Aufgabe.

193o machte der Pic du Midi Schlagzeilen: Bernard Lyot hatte den Koronographen erfunden, mit dem er eine künstliche Sonnenfinsternis erzeugen konnte, um so den Sonnenkranz und Sonnenausbrüche (Protuberanzen) zu beobachten. Die ausgezeichnet Qualität der vom Pic aufgenommen Bilder von Sonne, Gestirnen oder Mond hat die NASA veranlaßt, ihre Mondkarten - zur Vorbereitung der Apollo-Mission (erster bemannter Flug zum Mond) - von hier aufnehmen zu lassen.

Seit 198o ermöglicht das größte Teleskop Frankreichs T2M mit einem Spiegel von 2 m Durchmesser detaillierte Beobachtungen der Gestirne (links von der TV-Antenne).

Im Sommer leben ca. 5o Wissenschaftler (Astronomen, Physiker, Ingenieure) und Techniker auf dem Pic in recht spartanischen Gebäuden aus den 5oer Jahren: Rhythmus eine Woche Berg, zwei Wochen Ebene. Durch diverse Werkstätten und Kantine versucht man weitgehend autonom zu sein. Im Winter, wenn der Pic bei Temperaturen um minus

20° C unter Schnee versinkt, reduziert man die Besetzung auf ein Minimum von ca. 10 Leuten.

Der moderne Komplex nebenan wird vom Militär und als Radio-TV-Umsetzer genutzt. Der 100 m hohe Sendemast versorgt den gesamten Südwesten Frankreichs.

Heute sind die Anlagen, die größtenteils vom Staat und der Uni Toulouse finanziert werden, in argen Finanznöten. Vorschläge, das Zaubermittel Tourismus auch hier einzusetzen werden kontrovers diskutiert - Hotel, Restaurant und noch mehr Ausflugsbetrieb neben astronomischer Forschung, da scheiden sich die Geister...

Führung durch einen Teil des Observatoriums inkl. des kleinen Museums und Videovorführung über die Erforschung des Sonnenkranzes. Das T2M - wird größeren Gruppen nur ungern in natura gezeigt (Modell im Museum), da die Innentemperaturen mit den Außentemperaturen übereinstimmen müssen und eine größere Zahl von Menschen die Temperatur ansteigen läßt.

Vom Col du Tourmalet in engen Serpentinen hinunter. Großartig wilde Szenerie, karge felsdurchsetzte Schafwiesen an steilen Hängen. Immer wieder die Südseite des Pic du Midi im Blick.

Wandern: Auf halber Strecke Richtung Barèges in der Haarnadelkurve (Restaurant) guter Einstieg für eine mehrtägige Bergtour im Néouvielle Massiv. Ein sehr schönes hochalpines Gebiet, abwechslungsreich durch unzählige Bergseen. Übernachtung, wenn man nicht das Zelt mitnimmt, in Refuges und einfachen Cabanes ohne jeden Komfort, einige der Berghotels haben nur Winterbetrieb. Verpflegung selber mitnehmen. Anfangs auf dem GR 10 starke Steigungen, anstrengende Tour, aber ausgesprochen schön, - im großen Bogen wieder retour.

An der Strecke, in der Nähe des Wintersportzentrums Superbarèges haben die **Gleitschirmflieger** ihr Revier, Landeplatz neben der Straße. Alle weiteren Infos siehe Barèges.

★ Barèges

(330 Einw., 1.219 m)

Der Bergort quetscht sich in das tief eingekerbte Tal. Natursteinhäuser parallel zur schmalen Straße, die lange im Schatten liegt. Barèges bildet mit La Mongie das Hauptwintersportzentrum der französischen Pyrenäen, - über 50 Lifte. Der Ort macht auch durch seine Thermen Reklame, die schon im 17. Jh. in Paris bekannt waren (Indikation: Rheuma, Atemwegserkrankungen, Knochenbrüche etc.).

Tourist INFO

Office de Tourisme: an der Hauptstraße/Mairie. Tel. 05 62 92 68 19.

Im Sommer schöner Ausflug mit der Zahnradbahn (Funiculaire) ab Barèges auf den PIC D'AYRÉ; die Bahn endet nach 20 Minuten Fahrt auf 2.002 m Höhe. Panoramablick über das Massiv von Néouvielle. Wer Lust und Kondition hat, kann die letzten 400 m zum Gipfel (2.416 m) hinaufwandern. Wanderweg hinunter nach Barèges ab der Bergstation ca. 3 Std. Preis: Hin- und Rückfahrt 7 Euro.

Weitere Wanderwege an den Talhängen oder auf den Montagne Fleurie - ein Südhang - direkt im Ort ausgeschildert.

Als Wintersportort ist Barèges bestens gerüstet, Gondel direkt ab Zentrum, Skischulen; die Ecoloskischule bietet u.a. auch geführte Skitouren mit Hüttenübernachtung an; Kino und Disco fürs Après im Ort.

Ein Dutzend meist 1-/2-Sterne-**Hotels/Restaurants**, im Schnitt 2o-25 Zimmer. Zimmerpreis 25-9o Euro.

Ca. 1.2oo **Appartements und Studios** unterschiedlicher Kategorie werden in und um Barèges angeboten. Infobroschüre „Meublés saisonniers, Cléconfort“ übers Touristenbüro anfordern.

** Camping La Ribère am Ortsende zwischen Straße und Fluß. 5o Stellplätze auf Wiesenterrassen, z.T. Schatten. Schöner Blick auf die kahlen Berge. Warmwasser bei Duschen, Geschirrspülbecken und Waschbecken. Auch Wintercamping, Caravanvermietung wochenweise. Offen: Mitte Mai bis Ende September.

SPORT

Gleitschirmfliegen (Parapente): Zwei Flugschulen haben sich im Ort etabliert, interessante Schnupperkurse oder Mitflug mit einem routinierten Ausbilder. Für Leute mit eigenem Schirm eine gute Infostelle.

Tenniscourts werden übers Touristenbüro vermietet.

Großes Sportangebot im **Centre de Loisirs du Lienz** auf dem Plateau du Lienz etwas oberhalb von Barèges (3 km entfernt, beschildert, Zufahrt auch per Zahnradbahn). Pferde- und Ponyreiten stunden-/tageweise, Mountainbike (franz. vélo tout terrain) tage- oder halbtagesweise, oder geführte Bergtouren ins mittlere oder Hochgebirge. Das Centre de Loisirs liegt in einem recht schönen Waldgebiet, allerdings zersetzt mit Liften auf 1.6oo m Höhe.

Kuren: im komplett modernisierten Kurhaus, Bäder oder Duschen (42° C), Bewegungsbäder, Trinkkuren, Unterwassermassage etc. Im Sommer von Mitte Mai bis Anfang Oktober geöffnet.

Organisierte **Ausflüge** per Bus: Halbtagestouren zum berühmten Cirque de Gavarnie, zum Col du Tourmalet, nach Pau, oder zum Lac d'Artouste oder Tagesausflüge nach Spanien. Siehe jeweiliges Stichwort.

7 km nach Barèges liegt der Doppelort

★ Luz-St. Sauveur (1.15o Einw., 7oo m hoch)

LUZ: hübsches und lebhaftes Städtchen dicht gedrängt im Schnittpunkt zweier Täler. Schmale Gassen im alten Kern um die Festungskirche aus dem 12. Jh. mit Wehrmauer aus dem 14. Jh. Die Kirche wurde von der Familie St. André gebaut und später dem Apostel Andreas geweiht. Im eher schlichten Innenraum das Taufbecken aus dem 12. Jh., Altar und Kanzel stammen aus dem 18. Jh.

Die Burgruine Ste. Marie thront von weitem sichtbar etwas außerhalb am Hang; sehr schöner Blick auf den Ort und die steilen Bergwände (der Fußweg beginnt nahe Hotel Montaigu).

Luz eignet sich sehr gut als Stützpunkt für längeren Bergurlaub. Jede Menge Appartements, Hotels und Campingplätze, alle interessanten Ziele der Bigorre als Tagestour realisierbar: Cirque de Gavarnie, Cirque de Troumouse, Pic du Midi, Lourdes oder Bergwanderungen auf den umliegenden Hängen, z.B. Hausberg Pic de Bergons (2.o68 m).

Den Ortsteil ST. SAUVEUR, etwas westlich in fotogener Lage über dem Fluß, erreicht man über die Napoleonbrücke. Ein Kurort aus dem 19. Jh. Das alte schöne Thermalhaus wurde renoviert und vergrößert. Hier kann man (auch im Sommer) ein türkisches Dampfbad nehmen.

Entlang der schmalen Durchgangsstraße reiht sich ein Hotel ans andere, meist verfallene Pracht. Kaiserin Eugénie (Mitte 19. Jh.) hat St. Sauveur publik gemacht und die High Society nachgezogen. 34° C warmes Wasser; Indikation: Atemwegserkrankungen, Venenentzündungen, gynäkologische Beschwerden.

Tourist INFO

Office de Tourisme: place du 8. Mai, 6512o Luz. Tel. o5 62 92 3o 3o, Fax: o5 62 92 87 19. Internet: www.luz.org

La Maison de la Montagne (Büro der Bergführer): schräg gegenüber Touristenbüro. Unerfahrene können mit Begleitung eines Bergführers auch anspruchsvolle Hochgebirgstouren unternehmen. Ziele und Preise absprechen. Ferner werden Kletterkurse, Wanderreiten, Skikurse und -touren, Gleitschirmfliegen, Rafting etc. angeboten.

Post: avenue de St. Sauveur in Luz.

Markt: jeden Montag in St. Sauveur.

Einkaufen: Im Ortsteil Luz einige Bergsportgeschäfte (Skiausrüstung). Buchhandlung mit guter Kletter- und Wanderliteratur und -karten.

Verbindungen

Bus: Bushaltestelle auf der Place du 8. Mai.
-> Lourdes 3 x tägl.
-> Gavarnie 1-2 x tägl. zur Saison
-> Barèges 3 x tägl.

LA MAISON DU PARC ET DE LA VALLÉE: place St. Clément in Luz. Ausstellungen, Infos und Bücher zur Flora und Fauna im Nationalpark. Zur Saison auch Veranstaltungen und Filmvorführungen.

Im Bereich Luz-St.Sauveur mehr als ein Dutzend Hotels.

*** „**Hotel Le Montaigu**", schön und ruhig im Stadtteil Esquièze zu Füssen der Schlossruine. Modernes 35-Zimmer-Hotel, Zimmer teils mit Balkon und top Bergblick. HP 42 Euro p.P., DZ 42-76 Euro.

*** „**Le Touristic**", 25-Zimmer-Hotel mit Swimmingpool im Orts teil Esquièze. HP ab 33 Euro.

** „**Hotel Le Londres**". Hübsche Terrasse überm Fluß mit Panoramablick. 28 Zimmer. HP 38-43 Euro.

* „**Hotel Les Cimes**" - einfache 11 Zimmer am Place du Marché im alten Zentrum. Restaurant. HP 28-36 Euro.

* „**Hotel Bon Accueil**" im Thermalviertel St. Sauveur. Altes Palais mit Blick ins Tal und auf die begrünten Berghänge. 18 Zi., nur einige mit Dusche. DZ 26-35 Euro.

Im Ort und Umgebung jede Menge **Ferienwohnungen** und **Appartements** unterschiedlichen Standards. Info übers Touristenbüro.

Jugendherberge in Luz, Mahlzeiten erhältlich, auch Selbstkocherküche. Weitere preiswerte jugendherbergsähnliche Unterkünfte, die auch für Individualreisende zugänglich sind; Info übers Touristenbüro.

Die Campingplätze haben in der Regel Sommer- und Winterbetrieb, in der Übergangszeit (Oktober/November) kann der eine oder andere geschlossen sein.

** Camping Toy, gepflegter Platz mitten im Zentrum mit Blick auf die Burgruine. 65 Stellplätze.

** Camping Les Cascades, auf dem Weg zur Kapelle Solferino am oberen Ortsrand, dadurch recht ruhig. 8o Stellplätze meist auf Terrassen, hochstämmige Birken geben Schatten, zahlreiche Stromanschlüsse, Einkaufsmöglichkeit, teilweise schöner Blick. Viele Dauerwohnwagen. Ganzjährig.

Die Campingplätze am Ortsrand Richtung Lourdes haben uns von der Lage her weniger gefallen, Ausstattung dagegen sehr ordentlich.

*** Camping International, großer Platz (13o Stellplätze) an der stark befahrenen Straße nach Lourdes. Großer Swimmingpool.

**** La Ferme Theil Airotel Pyrénées, nebenan mit kleinem Open air Pool direkt an der Straße, da rettet auch die Abtrennung wenig. 5o Stellplätze teils Terrassen am Hang. Caravan-/Mobilhomevermietung.

SPORT

Kleines Freibad, Tenniscourts (Unterricht in Luz), Reitmöglichkeit, Minigolf.

Kletterwand in St. Sauveur: 86 Touren im Schwierigkeitsgrad III-VIII mit Sicherungshaken, teils an der Natursteinmauer, 5-7 m hoch. Beim Spielplatz im Ortsteil Sauveur.

Mountainbiketouren: Info bei Maison de la Montagne, siehe oben.

Wintersport: das Skigebiet liegt in Luz/Ardiden nur wenige Kilometer nordwestlich, Alpin und Langlauf.

Luz-St. Sauveur —> Cirque de Gavarnie

Fast schon ein Muß jeder Pyrenäenreise: 2o km, von 7oo m auf 1.365 m

Die wildeste Partie gleich nach St. Sauveur ab der Brücke Pont Napoléon, die auf Napoleon III. zurückgeht, bis zum grauen Weiler Sia. Tief kerbt sich die Schlucht Gorge de St. Sauveur ein. Im Herbst ist das Flüßchen tief unten nur zu ahnen, senkrecht steigen die z.T. bewaldeten Hänge auf. Vielfach versperren auch Bäume den Blick in die Schlucht. Straßenzustand o.k., kaum Haltemöglichkeiten. Zur Saison wahnsinnig befahren, Unmengen Ausflugsbusse; Radler sollten die Strecke möglichst nur außerhalb der Saison wählen.

PRAGNÈRES: großes Wasserkraftwerk neben der Straße, an den Hängen dicke Rohrleitungen, in denen das gesammelte Wasser aus den Seen des Néouvielle Massivs 1.25o m zu Tale stürzt. Besichtigung des Kraftwerks möglich.

★ Gèdre (38o Einw., 1.ooo m)

Kleines Nest im Schnittpunkt der Täler. Der gesamte Verkehr quält sich durch die Hauptstraße mit ihren schmalen, schiefergedeckten Häusern. Vom Hotel Brêche de Roland kann man zwischen den Bäumen die markante Rolandsscharte erkennen.

Beschilderte Wanderwege führen vom Ort auf die umliegenden Höhenzüge, z.B. zu den alten Wassermühlen Les Moulins de Gèdre-Dessus, die noch bis in die 7oer Jahre in Betrieb waren und nach und nach restauriert werden. 1,5 Std. hin und zurück.

Tourist INFO **Office de Tourisme**: gegenüber Hotel des Pyrénées im Zentrum. 6512o Gèdre, Tel. o5 62 92 48 o5.

Post und kleiner **Parkplatz** an der Durchgangsstraße.

** „**Hotel de la Brêche de Roland**“, 24 Zimmer, direkt an der Straße.

* „**Hotel des Pyrénées**“, älteren Stils ebenfalls an der Straße. Zimmer mit Balkon.

Im Ort ** Campingplatz Le Soumaoute. Weitere, meist einfache Plätze Bellevue, Les Tilleus oder ** Camping Le relais d'Espagne außerhalb.

Sport: Freibad und Tennisplätze im Ort.

Nach Gèdre zweigt links die D 922 zum CIRQUE DE TROUMOUSE (2.ooo m Höhe) ab, der weit weniger bekannt ist als der weltberühmte Cirque de Gavarnie, doch ebenso lohnend, zumal er höher liegt und die Felswände im Troumouse noch stärker einen Kreis beschreiben. 15 km Straße (mautpflichtig; von Dezember bis April mit Schnee rechnen) über den Weiler Héas. Vom Parkplatz führt der Fußweg zu den Lacs des aires. Es lohnt, zur Madonnenstatue hinaufzusteigen (ca. 2o Minuten) - großartiges Panorama.

Geradeaus geht's weiter nach GAVARNIE durch das wilder werdende Tal. Schöne Picknickstellen am Fluß.

★ Cirque de Gavarnie

Naturszenerie von 3-Sterne-Format, ein gewaltiger Bergkessel an der Grenze zu Spanien, der einem Amphitheater gleicht.

Der kleine Bergort GAVARNIE (17o Einwohner) am Rande des Cirque auf 1.357 m, ist im Sommer einer der meistbesuchten Pyrenäenorte und fehlt in keinem Busausflugsprogramm. Im Juli/August muß man mit einem wahren Touristenstrom rechnen, kein Wunder bei der Naturschönheit. Möglichst das Wochenende meiden. Daß Gavarnie seinen dörflichen Charakter nicht ganz verloren hat, spürt man erst abends, wenn die Busse wieder abgefahren sind bzw. zur Vor- und Nachsaison.

Viele Terrassencafes mit 1A-Blick auf den 4 km entfernten Cirque und Wasserfall, ideal um den ersten Eindruck bei einem Eisbecher zu genießen. Der breite Karrenweg zum Kessel ist anfangs noch von Souvenirbuden gesäumt, an jeder Ecke preisen Maultiertreiber ihre Tiere an.

Tourist INFO **Office de Tourisme**: in der Kurve bei der Mairie. 6512o Gavarnie-Gedre, Tel. o5 62 92 49 1o, Fax: o5 62 92 46 12. E-Mail: ot-gedre@gararnie.com Internet: www.gararnie.com Täglich aktuelle Wettermeldungen, auch Wandervorschläge, Verkauf von Wanderkarten etc.

Nationalparkbüro gleich dabei. Spezialliteratur über Tiere und Pflanzen des Parc National des Pyrénées, ausgestopfte Tiere der Region.

Post am Ortseingang.

Einkaufen: kleine Supermärkte, Berg- und Skisportgeschäfte.

Große, gebührenpflichtige **Parkplätze** direkt im Ort.

HOTEL Knapp ein Dutzend einfache bis Mittelklasse-Hotels, z.T. noch aus den Anfängen des Tourismus Mitte des 19. Jh., einige nach markanten Bergen benannt - Vignemale, Taillon etc. Erfreulicherweise haben sich hier noch keine modernen Großhotels breit gemacht.

Schönster Blick vom *** „**Hotel Du Vignemale**“, mit 44 Betten das größte Hotel im Ort, durch Naturstein in die Landschaft eingepaßt. Alle Zimmer mit Dusche oder Bad, DZ 100 Euro. Gute Küche, auf der Speisekarte neben Fleisch auch Forelle.

** „**Hotel de Compostelle**“ neben der Kirche. 14 Zimmer, alle mit Privatbad. DZ 34-45 Euro.

** „**Le Marbore**“, einladendes Haus, das zur Organisation Logis de France gehört. TV auf dem Zimmer, Sauna und Fitness im Haus. 24 Zimmer, DZ ab 40 Euro.

** „**Les Voyageurs**“, alt „ehrwürdiges“ Hotel im unteren Ortsteil. 22 Zimmer z. T. mit Bad/Dusche. DZ 30-50 Euro, je nachdem, ob mit oder ohne Bad.

Im Ort werden auch Privatzimmer und Ferienwohnungen angeboten.

Campingplätze an der Zufahrtstraße, weitere Richtung Gèdre. ** Le Pain de Sucré, Wiesenplatz nur wenige Kilometer von Gavarnie entfernt am Fluß, z.T. Bergblick. 50 Stellplätze. Offen: Juli bis September.

Camping Aire Naturelle La Bergerie: wunderschöne Bergwiese am Ortsrand Richtung Cirque. Die meisten Plätze für Zelte sind allerding sehr schräg. Einige ebene Stellplätze am Fluß. Einfache Sanitäranlagen.

SPAZIERGANG ZUM CIRQUE

Per pedes oder auf dem Maultier (18 Euro hin und zurück, von April bis Oktober).

An den Souvenirläden und Cafés vorbei immer den Massen und Pferdeäpfeln nach. Stellenweise durch schattigen Buchenwald, über grüne Wiesen, schöne Picknickstellen. 5 km (1 Std. hin) bis zum ehemaligen „Hotel du Cirque et de la Cascade“ (1.570 m) mit einfacher Restauration zur Saison, breiter Karrenweg mit leichter Steigung zum Schluß (insgesamt 200 hm). Hier Wendepunkt der Maultiertour, Souvenirverkauf und Caféterrasse mit Spitzenpanorama in den gewaltigen Kessel.

Wie ein Brautschleier weht die Grande Cascade die Felsterrassen herunter, über 400 m steigen die Wände buchstäblich senkrecht an. Der höchste Gipfel Pic du Marboré auf 3.248 m liegt 1.670 m über dem Wiesenboden des Felsenkessels. Unten mißt er im Umfang gerade 3.500 m, entlang der Bergspitzen sind es bereits 14 km.

Durch die Nordlage nur wenig Sonne, an den Felswänden bleiben Eisreste bis in den Herbst. Weitere 30 Min. bis zum Wasserfall, zum Schluß über steilen Geröllhang. Schon nach wenigen Minuten steht man mitten im 3-Sterne-Kessel, die Menschen wie bunte „Ameisen“ neben den lotrechten Wänden. Die markante Brêche de Roland sieht man von hier allerdings nicht.

Während auf dem Maultierweg feste Schuhe (Turnschuhe) ausreichen, sind Wanderschuhe bis zum Wasserfall angebracht.

WEITERE WANDERUNGEN

* Panoramaweg als Rückweg für trittsichere Wanderer, 1,5 Std. bis Gavarnie. Schmaler Wanderweg ab dem ehemaligen Hotel (Gavarnie bzw. Ref. Espuguettes beschildert) oberhalb am Hang, teilweise etwas aus gesetzt. Anfangs runde 2oo Höhenmeter bergauf, dann lange Zeit auf etwa gleicher Höhe am Hang entlang, teilweise unter überhängenden Felsen - Panoramablick übers Tal, zurück in den Cirque und nach Ga varnie. Schöne Abendsonne, während der Talweg schon im Schatten liegen kann. Abstieg kurz nach dem Abzweig zum Refuge des Espuguettes, das man in einer weiteren Wanderstunde erreicht. In steilen Ser pentinen 3oo Höhenmeter herunter bis zum Karrenweg und in wenigen Minuten zum Ort.

* Über das Refuge des Espuguettes zum Gipfel Piméné (2.8o1 m). Vom Panorama her einmalig schöne Tour, doch enorm anstrengend. Steile Serpentinenpassagen bis zur Hütte (2.o43 m). Der Weg zum Gipfel verläuft über einen ausgesetzten Grat und ist nur für erfahrene Bergwanderer zu empfehlen. Ab Gavarnie 1.44o Höhenmeter, besser Übernachtung im Refuge einplanen (im Sommer bewirtschaftet).

* Auf den Spuren der Jakobspilger, Plateau de Bellevue ca. 1,5 Std. bzw. zum Refuge de Roland (auch des Sarradets genannt 4-5 Std.). Vom Aussichtsplateau auf der rechten Seite des Tals eine andere Perspektive in den Felsenkessel. Ausgangspunkt ist die Kirche in Gavarnie, ehemaliger Stop der Jakobspilger auf dem Weg nach Compostela (noch 911 km). Anfangs breit und einige Zeit parallel zum Hauptweg, steigt dann zweimal steil in Kehren zum wiesigen Plateau (ca. 1.7oo m) und Cabane du Pouey Aspe an.

  Weiterer Aufstieg zum Refuge de Roland auf 2.587 m und Parkplatz an der Porte de Boucharo (2.27o m), allerdings extreme Steigung z.T. über Geröll. Angenehmer über den Direkteinstieg vom Ende der Paßstraße an der Porte de Boucharo (siehe unten).

* Zur Brêche de Roland ab Parkplatz an der Port de Boucharo 2,5-3 Std. einfach. 13 km ab Gavarnie gut ausgebaute Paßstraße am Skigebiet vor bei. Endet im kleinen Schotterparkplatz am Col. Toller Blick in beide Richtungen, allerdings auch recht zugig. Von hier ausgeschilderter Einstieg zum Refuge de Roland (2.587 m).

  Der Sage nach soll Roland als heldenhafter Kämpfer in der Armee Karls des Großen im Todeskampf sein Schwert gegen das Bergmassiv geschleudert haben. Die Nachhut wurde beim Rückzug aus Spanien von dem baskischen Bergvolk aufgerieben. In dem späteren Rolandslied bekommen Sarazenen die Rolle der Basken zugeschrieben.

  Die Tour zur berühmten Rolandsscharte übt einen besonderen Reiz aus, zum einen der gewaltige Einschnitt im Bergmassiv, zum anderen bei klarem Wetter der einzigartige Blick in das Gebiet des spanischen Ordesa Nationalparks; im Sommer deshalb ziemlich belaufen.

Die Tour hat aber auch ihre Tücken und ist auf jeden Fall nur für erfahrene Bergwanderer machbar. Die Wetterbedingungen können hier von einer Stunde auf die andere wechseln, Finger weg bei Nebel oder tiefhängenden Wolken. Wo im Herbst oft Geröllfelder frei werden, können im Frühsommer noch dicke Schneefelder liegen. Gute Bergausrüstung - feste Schuhe, warme Kleidung, im Herbst auch Mütze und Handschuhe etc. Stöcke ratsam.

Zeitbedarf: 1 1/2 bis 2 Std. von der Straße bis zum Refuge de Roland (Sarradets), große Steinhütte (Übernachtung), die von Mai bis Septem ber bewirtschaftet ist (Menü und Tagesgerichte), sonst Notunterkunft. Weiter 1 bis 1 1/2 Std. steiler Aufstieg bis zur Breche, z.T. über Geröll, auch im Spätsommer mit Schneefeldern rechnen.

Für Bergwanderer besteht dort die Möglichkeit, ohne Seil, aber mit Erfahrung im Fels den Gipfel „le Taillon“ (3.144 m) zu besteigen. Der Weg führt bei der Brêche rechts (Westen) entlang.

* Erfahrene Wanderer können die Roland-Tour zu einer sehr schönen Mehrtagestour im Ordesa Nationalpark auf der spanischen Seite ausweiten.

* Wanderung im Seitental ab Staudamm D'Ossoue zur Bellevuegrotte: über den GR 1o erreichbar. Autozufahrt ab Gavarnie zum Staudamm d'Ossoue 7 km, anfangs geteert. Dann markierter Wanderweg GR 1o Richtung Refuge Bayssellance, die Grotte liegt noch vor dem Refuge. 4 1/2 bis 5 Std. hin und retour, teilweise steile Anstiege. Insgesamt 75o Höhenmeter.

Der Cirque de Gavarnie zog die unterschiedlichsten Menschen an. Etwas exzentrisch war zweifellos **Henry Russel** (1834-19o9), halb Ire, halb Gascogner, ein Fan des Vignemale-Bergmassivs (3.28o m), das damals noch wesentlich vergletscherter war als heute. Zwischen 1861 und 19o4 unternahm er mehr als 3o Besteigungen. Der Vignemale hatte es ihm so sehr angetan, daß er den Berg für 99 Jahre pachtete (zu einem symbolischen Betrag) und sich „häuslich“ einrichtete. 1881 ließ er dazu in 2.3oo m Höhe eine Grotte graben, - eine Arbeit von zwei ganzen Sommern. 1885 kam links daneben eine weitere hinzu und schließlich 4 m höher die „Damengrotte“, sein „Gästezimmer“. In 2.4oo m entstanden die Bellevuegrotten und 1892 schließlich als siebte die Paradiesgrotte 18 m unter dem Gipfel.

Karten: Übersichtskarte „Carte de randonnées“ Bereich Bigorre 1: 5o.ooo und die jeweiligen Gebietskarten 1: 25.ooo, in Gavarnie erhältlich.

Luz St. Saveur —> Argelès-Gazost

Durch ein schönes schluchtiges Tal Gorge de Luz; die Straße klebt streckenweise auf halber Höhe am Hang.

Abstecher zum Donjon des Aigles nach Beaucens gut 3-4 km. BEAUCENS, ein kleines Nest überragt von der verfallenen Burgruine, in der zur Saison Greifvögel wie Geier, Adler, Falken u.a. gezeigt werden. Besonders interessant zur Fütterung. Eintritt: 8 Euro, nachmittags mit Flugdemonstrationen.

Offen: Ostern bis September. Parkplatz, der letzte Kilometer zu Fuß.

Von Pierrefitte-Nestalas zweigt die D 92o nach Cauterets ab und führt in eine schöne Gegend mit guten Ausflugsmöglichkeiten. Die Straße windet sich durch eine wildromantische Schlucht, die der Gave de Cauterets ausgewaschen hat. Die kurvige, aber ausreichend ausgebaute Straße ist enorm befahren.

★ Cauterets **(1.2oo Einw., 93o m hoch gelegen)**

Renommierter Kur- und Ferienort (Sommer- und Wintersport) in wunderschöner Gebirgsszenerie. In dem tief eingekerbten, grün bewaldeten Tal liegt das fast mondän wirkende Kurstädtchen, dessen Palais aus der Belle Epoque in reizvollem Kontrast zu den umliegenden Bergen stehen. Interessant sind neben dem Stadtbild mit altem Bahnhof im Schweizer Stil, den vielen alten Hotels/Appartementgebäuden mit schmiedeeisernen Balkons, mehreren Kurhäusern, Casino und Kurpavillons die vielfältigen Ausflugsmöglichkeiten. Rund 2o.ooo Kurgäste besuchen jedes Jahr die Stadt, um in dem warmen schwefelhaltigen Wasser Atemwegserkrankungen und Rheuma auszukurieren.

Eine süße Spezialität von Cauterets sind die Berlingots, voluminöse Bonbons, die die Kurgäste gerne lutschten, um den Schwefelgeschmack des Wassers zu vertreiben. Heute werden die Berlingots in allen nur erdenklichen Geschmacksvarianten hergestellt und überall im Ort verkauft.

Tourist INFO **Office de Tourisme**, place Foch, 6511o Cauterets. Tel. o5 62 92 5o 27, Fax: o5 62 92 59 12.

E-Mail: espaces.cauterets@cauterets.com Internte: www.cauterets.com

Bureau des Guides: am Place de la Mairie. Hier kann man geführte Bergtouren buchen, sich über Klettermöglichkeiten, über Rafting oder Gleitschirmfliegen informieren.

Post: rue de Belfort. Offen: Mo.-Fr. 9-18 Uhr, Sa. 9-12 Uhr. Außerhalb der Hochsaison Mittagspause.

Die Eisenbahn ist stillgelegt. Der hübsche Bahnhof dient heute als Busbahnhof.

Etwa 6 x tägl. Busverbindung nach Lourdes.

CAUTERETS MUSEUM 19oo, bd. Latapie Flurin. Ist der Volkskunst gewidmet und besitzt eine schöne Sammlung regionaler Trachten und Festtagskleider. Zur Saison geöffnet. 1o-12/15-18.3o Uhr, Mittagspause. Eintritt 7 Euro.

MAISON DU PARC NATIONAL, place de la Gare. Ausstellung zu Flora und Fauna der Pyrenäen, Lichtbildervorträge. Offen: 9.3o-12/15-18.3o Uhr.

Restaurant „LA FLORE“, 11, rue Richelieu. Sehr ordentli-ches Restaurant mit einer großen Auswahl aller möglicher Spezialitäten des Béarn. Menü ab 13 Euro.

** **Hotel/Restaurant „Etche Ona**“, 2o, rue Richelieu. Zentral gelegen nur 5o m von der Seilbahntalstation. 32 Zimmer mit Bad oder Du., Telefon und TV. Gute landestypische Küche. DZ ab 9o Euro.

* „**Hotel Bel-Arayo**“, Impasse du Séquès. Einfaches Hotel in schöner Lage am Ortsrand. Bergblick von der Terrasse. 19 Zimmer teilweise mit Du./WC. HP ab 4o Euro.

Privatzimmer und **Ferienwohnungen** vermittelt das Touristenbüro.

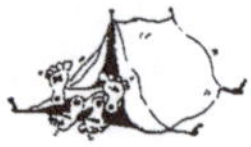

Mehrere Campingplätze direkt im Ort oder am Ortseingang. Für Wohnmobile eigens ausgewiesener Übernachtungsplatz beim Eisstadion (Patinoire).

Mehrere Gites d’Etape, z.B. Le Beau Soleil „Randoplume“, rue Mar. Joffre. 3o Betten in 2- bis 4-Personen-Zimmern.

AUSFLÜGE

* Pont d’Espagne: beliebtester Ausflug in das Seitental Val de Jéret zur alten Steinbrücke Pont d’Espagne (1.496 m). Von der Straßenbrücke sieht man den fotogenen Wasserfall, den Zusammenfluß von Gave de Gaube und Gave de Marcadau.

Es lohnt sich, noch weiter zum Lac de Gaube auf 1.725 m Höhe zu gehen: ein wunderschöner smaragdfarbener Bergsee, in dem sich das sagenumwobene Massiv des Vignemale (3.298 m) spiegelt.

Am See liegt ein einfaches Restaurant mit 5-Sterne-Terrasse. Vom Lac de Gaube aus erreicht man weitere Wanderziele wie das Refuge des Oulettes (2.151 m).

Zufahrt: Um den Touristen-/Autoansturm zu kanalisieren, endet die Autostraße in dem großen, gebührenpflichtigen Parkplatz du Puntas 7 km nach Cauterets. Von dort kann man eine Kabinenbahn zum Pont d’Espagne nehmen, dort in den Sessellift umsteigen. Dann bleiben noch 15 Min. Fußweg zum Lac de Gaube. Oder man folgt ab dem Parkplatz dem schönen, etwas steinigen Wanderweg (ca. 1 Std.) zum See, oder man kombiniert beides.

* Crêtes du Lys: Mit der Seilbahn Le Lys und dem Sessellift du Grum zum Grat Crêtes du Lys (2.35o m). Bei schönem Wetter eine phantastische Sache; das Panorama, das sich einem über die Pyrenäengipfel Pic du Midi de Bigorre, Vignemale, Pic du Midi d’Ossau, Balaitous bietet, ist umwerfend. Über den GR 1o erreicht man in einer knappen Std. den schönen Bergsee Lac d’Ilhéou (1.988 m). Bei unsicherem oder schlechtem Wetter lohnt die Tour nicht, denn der Cirque du Lys ist von Skipisten und Liften schlicht verunstaltet.

Tageswanderung: Sehr abwechslungsreiche Tour ab Pont d'Espagne ins Marcadau-Tal über das Refuge Wallon auf 1.866 m anfangs waldig, weiter hinauf zu den Bergseen Lac Nère (2.3o9 m) und Lac du Pourtet (2.42o m) und im Bogen zurück. Ca. 6 Std., fast 1.ooo m Höhenunterschied, gut zu finden.

Auf der D 921 ca. 7 km weiter Richtung Lourdes nach **ARGELÈS-GAZOST** (3.5oo Einw.): Thermalstation und Kreuzungsort. Der hübschere Teil mit engem lebhaftem Zentrum liegt in der Oberstadt (oberhalb der Hauptstraße). Schönes Panorama über die Ebene von der Terrasse beim Touristenbüro seitlich des Platzes de la République. Viele Geschäfte, Post, Bank und einige kleinere Hotels.

Argelès-Gazost -> Col d'Aubisque -> Laruns

Paßstraße D 918 knapp 5o km. Eine der schönsten Panoramastrecken in den Pyrenäen, allerdings stark befahren, von November bis Juni kann noch Schnee liegen. Gleich nach Argelès steigt die Route an und führt durch nette kleine Orte wie Arras en Lavedan (einige Campingplätze). Anfangs lieblich im breiten Tal, im Hintergrund die schroffen Bergketten. Immer wieder Greifvögel, die in der Thermik kreisen.

AUCUN: ein graues Nest im breiten Hochtal. Durch die guten Flugbedingungen Zentrum der Gleitschirmflieger (Ausbildungskurse). An der Straße das kleine Heimatmuseum Musée du Lavedan, das dem Leben der Bergbewohner gewidmet ist, und die Kirche aus dem 15. Jh., deren Ursprünge ins 11. Jh. zurückgehen (Seitenschiff).

ARRENS (83o Einw.): Bei dem hübschen Ferienort, der sich um die Kirche gruppiert, zweigt eine Stichstraße ins Vallée d'Arrens ab (knapp 1o km), begrenzt vom mächtigen Balaitous Massiv (3.146 m). Ab Straßenende Wanderung zu Seen und Hütten im Nationalpark. Im Winter Skibetrieb.

Sanctuaire Notre-Dame de Pouey-Laun, am Ortsrand Richtung Vallée d'Arrens. Die sogenannte Goldene Kapelle aus dem 18. Jh. ist wegen ihres blaugoldfarbenen Dachgewölbes und ihrer harmonischen Proportionen sehenswert. Goldverzierte barocke Altarwand, ausgesprochen hübsch die filigrane Empore.

Nach Arrens windet sich die Straße zum Col de Soulor, unten sieht man die Schieferdächer Arrens liegen, dahinter die spitzen Gipfel der Grenzberge und der Gletscher des Balaitous. Tolle Strecke, nur begrenzte Haltemöglichkeiten, einige Bergerien, die köstlichen Käse anbieten.

Col de Soulor (1.474 m): phantastischer Blick über die Ausläufer der Pyrenäen bis zum Pic du Midi de Bigorre im Osten. Café/Restaurant - Kuchen und Käse. Große Parkplätze, Langlaufgebiet im Winter.

Bis zum nächsten Col folgt eine einmalige Panoramapassage, zurecht Corniche des Pyrénées getauft. Die schmale Paßstraße wurde in die Nordwand des Fels gesprengt, nur z.T. befestigt, streckenweise einspurig mit Ausweichstellen. Als Beifahrer wird es einem schon etwas mulmig. Mit Wohnmobilen problemlos zu befahren, Gespannen würden wir abraten. Angenehmer fährt man diese Passage in umgekehrter Richtung. Diese Straßenverbindung wurde von der Kaiserin Eugénie, die ein Pyrenäenfan war, Mitte 19. Jh. in Auftrag gegeben.

COL D'AUBISQUE (1.7o9 m): Drei-Sterne-Aussichtspaß mit kleinem Hotel/Restaurant „d'Aubisque", Parkplatz und Picknickwiesen. Im Sommer ist hier die Hölle los, nicht nur, wenn die Tour de France in sengender Hitze hochstrampelt. Wie eine Theaterkulisse breitet sich das Bergpanorama aus, das mächtige Massiv des Pic de Ger, links davon Pène Medaa, noch weiter links der Pic Sanctus und Pic de Louesque.

Schöne Kurzspaziergänge auf beiden Seiten des Col mit Blick in alle Richtungen, ausgetretene Pfade. Vorsicht, wenn die Tontaubenschützen aktiv sind. Wenn man etwas Glück und Geduld hat, kann man Milane und Gänsegeier kreisen sehen. Wahrscheinlicher aber Drachenflieger.

Ein paar Kehren hinunter in einer Kurve das „**Hotel Les Crêtes Blanques**" auf 1.6oo m. Schmale Panoramaterrasse mit Blick auf den Wintersportort Gourette.

GOURETTE: fade Wintersportretorte vor schönster Gebirgskulisse. Auf einer „Terrasse" in 1.4oo m Höhe stehen große Appartementhäuser und Hotels. Außerhalb der Saison fühlt man sich wie in einer Geisterstadt. Skiverleih/Unterricht im Winter, falls genug Schnee liegt.

Schöner Ausflug im Sommer (Juli/August) mit der Seilbahn zur Pène Blanque (2.55o m). In zwei Etappen geht es auf 2.4oo m. Ca. 5 Euro Hin- und Rückfahrt. Der Fußweg führt in sehr steilen Serpentinen am Nordhang hoch. Weitere Wanderungen ab Bergstation schwierig, nur für sehr erfahrene Bergsteiger.

Ab Gourette steil (13 %) hinab ins schmale Tal des Valentin nach

★ Eaux-Bonnes (53o Einw., 79o m)

„Sonderbar, welch altmodischen Eindruck die Pyrenäen Badeorte machen!" fand Kurt Tucholsky schon in den 2oer Jahren. Genau dies Gefühl stellt sich noch heute in Eaux-Bonnes ein. Der Charme vergangener Zeiten bröckelt von den Fassaden der strengen, grauen Häuser. Hier und da wird renoviert mit schönem Ergebnis. Im Zentrum dominiert der schräge, schattige Park Jardin Darralde, der an den „PR-Mann" des Kurortes erinnert. Er lenkte als Arzt Napoleons III. die Aufmerksamkeit auf die heilenden Quellen. Mitten auf dem Platz der Pavillon des Touristenbüros.

Das KURHAUS (Richtung Kirche) wurde 1983 renoviert, auch sonst investiert man kräftig in eine Modernisierung der Pracht aus dem 19. Jh. Gekurt wird mit 13-33° C warmem Wasser (Trinkkuren, Inhalationen oder Bäder), Indikationen: Atemwegserkrankungen, Asthma, Rheuma. Offen: Mitte Mai bis September.

Die ersten „Kurgäste“ waren vermutlich verletzte Soldaten der Schlacht von Pavia 1525 (Franz I. gegen Kaiser Karl V.). Es fehlte jedoch an jeglicher Infrastruktur, Wohnhäusern und hygienischen Einrichtungen, so ebbte der „Betrieb“ bald wieder ab. Napoleon erinnerte sich des gesunden Wassers und ließ für seine Mannen 1809 das heutige Rathaus als Unterkunft bauen. Den entscheidenden Impuls gaben - wie so oft in den Pyrenäen - Napoleon III. und Kaiserin Eugenie. 1837 wurde das Kurhaus, in den folgenden Jahrzehnten die Gebäude um den Park, 1884 Kirche und 1885 das gewaltige Casino gebaut.

Unterkunft: eine Handvoll einfache Hotels, Appartements oder Campingplatz (außerhalb).

Wandermöglichkeit besteht auf dem „Sentier des Vallée d'Ossau“ entweder zu Fuß in den Nachbarkurort Eaux-Chaudes über den 1.600 m hohen Col de Gourzy bzw. in die andere Richtung nach Gourette.

★ Laruns

Ein kleines Zentrum im Vallée d'Ossau, das durch seinen Käsemarkt (1. Wochenende im Oktober) bekannt ist. In der Markthalle (neben dem Touristenbüro) wird dann Schafskäse aus der gesamtem Region verkauft. Unter den Arkaden stapeln sich die goldgelben Käselaiber.

Vom zentralen Platz de la Mairie mit Brunnen schöner Blick auf die Berge. Im lebhaften Zentrum alle möglichen Geschäfte, samstags Wochenmarkt.

Mehrere Campingplätze, Hotels und Restaurants, Schwimmbad.

Fest am 15. August mit viel Lokalkolorit.

Busverbindung im Juli/August über Gabas, Fabrège, Col de Pourtalet 2 x täglich.

Laruns -> Vallée d'Ossau -> Jaca/Spanien

Schöne Sache, wenn man einen Extratag einschiebt: Schlenker durch die spanischen Pyrenäen und durchs Nachbartal zurück.

Gleich nach dem Ort durch die wilde Schlucht Gorge du Hourat, der Fluß tief unten kaum zu sehen; aus den Seitentälern stürzen weitere Bergbäche.

EAUX-CHAUDES (675 m): ein weiteres Thermalbad in die Schlucht gequetscht. Die ehemaligen Prachtgebäude sind heute nur mühsam in Schuß zu halten. Das altehrwürdige Kurhaus wurde schön renoviert. Außerhalb der Saison wirkt das Nest recht verlassen. Seit dem 16. Jh. wird hier bei Asthma, Bronchitis und Rheuma gekurt, auch Jeanne d'Albret, die Mutter von Henri IV., war mehrmals hier.

Die Straße steigt bald an, ab und zu ein einfacher Picknickplatz, wilde Szenerie, im Hintergrund karge Felsgipfel.

GABAS: kleines Bergdorf und einzige Siedlung bis zur spanischen Grenze. Bekannt für seinen guten Schafskäse, der überall angeboten wird.

Schlichte, aber schöne Kapelle aus dem 12. Jh., neben der einst eine Herberge der Jakobspilger stand; hier verlief ein Seitenweg der Pilgerstrecke.

Hotels/Restaurants und Sommerhäuser. Refuge des CAF, des französischen Alpenvereins.

Maison du Parc mit kleiner Ausstellung und Infos zum Nationalpark.

Nach dem Dorf zweigt die schmale unbefestigte Straße D 231 zum Lac de Bious-Artigues ab (4 km). Ein roter Steinbock auf weißem Grund markiert die Grenzen des Nationalparkbereiches. Zum Schluß 15 % Steigung, Vorsicht, stark befahren, mit Gegenverkehr rechnen.

Das schöne Hochtal ist Ausgangspunkt für Spaziergänge, Berg- und Klettertouren, auch Reiter kommen hier auf ihre Kosten.

LAC DE BIOUS-ARTIGUES: sehr schön gelegener Stausee, im Sommer oft Niedrigwasser, dann ist es mit der Schönheit etwas vorbei. Großer Parkplatz, zur Saison rappelvoll.

Von der Terrasse des Refuge Pyrénéa Sport (Snackbar mit Restauration) toller Blick auf den felsigen Pic du Midi d'Ossau.

** Camping Bious Oumette, schöner, einfacher Campingplatz 3 km nach dem Abzweig und 1 km vor dem See unterhalb der Staumauer. Blick zum Pic du Midi d'Ossau. Die nötigsten Lebensmittel kann man beim Campingwart kaufen. Offen: Mitte Juni bis Mitte September.

Pony-/Pferdevermietung: eine Runde um den See oder auch Tagesausritte.

TOUREN AB SEE/PARKPLATZ:

*Kurzspaziergang: am See entlang dem ansteigenden Karrenweg folgen bis zur Pont de Bious, dann beginnt eine schöne wiesige Hochebene praktisch zu Füßen des Pic du Midi - schön zum Relaxen, Picknicken o.ä.

* Runde um den Stausee, ca. 1 Stunde.

* Am reizvollsten die **Tour des Lacs**: nicht allzu anstrengende Rundwanderung an einer Handvoll Bergseen vorbei: ab dem Lac de Bious-Artigues (1.435 m) total ausgetretener Weg. Im Sommer ist hier eine kleine Völkerwanderung unterwegs; kein Wunder, denn die Tour ist wirklich abwechslungsreich. Insgesamt 66o Höhenmeter, ca. 4-5 Std.

  Der Beschilderung Refuge d'Ayous folgen, nur anfangs schattig, herrlicher Blick zurück auf den Pic de la Sagette mit Seilbahnstation und Minizug. Der mächtige Pic du Midi aus verschiedenen Perspektiven. Die ersten beiden Stunden kontinuierlich bergauf an den Seen von Ayous vorbei. Schön gelegen in drei Stufen, der oberste und größte ist prima für ein erfrischendes Bad und Picknick. Oberhalb die kleine Spitzdachhütte Refuge d'Ayous (1.982 m); zur Saison (Mitte Juni bis Mitte September) Übernachtung und Mahlzeiten (reservieren ratsam). Keine Dusche. Übernachtung in einfachen Schlafsälen. Wer in puncto Verpflegung sichergehen möchte, ruft vorher kurz an. Nahe des Sees zweigt der GR 1o über den Col d'Ayous ins Vallée d'Aspe ab. Nach dem Refuge in Kehren weiter, etwas felsig, aber guter Weg hinauf zum Lac de Bersau, um den Pic Casterau und zum Sattel auf ca. 2.1oo m. Dann relativ steil bergab zum Lac Casterau. Ein Wanderstock leistet gute Dienste, hinunter bis zum Plateau de Bious.

* Rundwanderung um den **Pic du Midi d'Ossau**: dies ist die andere „klassische" Tour, länger und anstrengender: 86o Höhenmeter, ca. 7 Std. Ab Parkplatz (Wegweiser Magnabaigt, Col de Suzon) durch den Wald ziemlich bergan in ca. 3 Std. bis zum Col de Suzon. Weiter zum Refuge de Pombie, dann noch mal steil hoch zum Col de Peyreget 2.27o m, toller Blick auf die 4 Gipfel des Pic du Midi. Ab hier steil hinunter zum Lac de Peyreget und um die SW Seite des Pic zum Plateau de Bious. Gut ausgetretener Weg.

* Auf den Gipfel des Pic du Midi d'Ossau (2.884 m): nur für Schwindelfreie mit Klettersteigerfahrung und guter Kondition. Ab dem Lac de Bious-Artigues ca. 1.47o Höhenmeter; gute 8 Std., hin und zurück ohne Pausen. Der markante 4-fach Gipfel ist vulkanischen Ursprungs und hat seit Jahrhunderten die Bergsteiger gelockt. Erstbesteigung 1582. Heute ein Eldorado für Kletterer.

  Die Normalroute: Im Sommer ist am Pic so viel los, daß auch auf der Normalroute ein Helm gegen Steinschlag sehr zu empfehlen ist. Vom Lac de Bious-Artigues entlang der Ostseite des Pic, anfangs durch Wald bis zum Col de Suzon (2.127 m) 2-3 Std. Hier beginnt die Normalroute zum Gipfel (76o Höhenmeter), gut markiert, u.a. Steinmänner, ca. 2 1/2 Std. Anfangs sehr steiler Weg Richtung Westen bis zu einer Felswand in 2.3oo m Höhe. Auf der weiteren Strecke Kamine der Schwierigkeit I-II z. T. mit Sicherungen versehen. Gefährlich werden diese Passagen im Hochsommer, wenn viele Leute unterwegs sind oder bei Schlechtwettereinbruch. Im Oktober mit Vereisung rechnen. Breiter Gipfel mit herrlichem Panorama - wenn nicht Nebel oder Wolken einen Strich durch die Rechnung machen.

  Angenehmer ist es u.U. die Wanderung als 1 1/2-Tagestour zu planen mit Übernachtung im Refuge de Pombie (2.o31 m) an der Südwand des Pic - zur Saison allerdings oft überfüllt. Das Refuge erreicht man entweder wie unter Rundwanderung um den Pic du Midi beschrieben oder aber ab der Paßstraße (2 km vor der Paßhöhe/Grenze Col de Pourtalet) in ca. 2 Std. Ab dem Refuge in ca. 3 Std. zum Gipfel.

Von Gabas zur Talstation Fabrèges ca. 5 km. Der schön gelegene Stausee

LAC DE FABRÈGES (1.25o m) bei Niedrigwasserstand nicht unbedingt eine Augenweide.

Hier Abzweig zu d e r Attraktion des Béarn: per Seilbahn (1o Min.) auf den PIC DE LA SAGETTE und dann im Minizug (ca. 5o Min.) in ca. 2.ooo m Höhe zum LAC D'ARTOUSTE. Eine luftige und teilweise recht ausgesetzte Sache, auch bei schönem Wetter Pulli/Jacke mitnehmen, es wird windig und kalt. Im Hochsommer enormer Andrang. Das weitgehend offene Bähnchen tuckert ca. 1o km lang auf rund 1.9oo m Höhe entlang. Zum Teil schwindelerregender Blick in die Tiefe ins herrliche Tal Soussouéou. Das Bahngleis stammt aus der Bauzeit des Staudamms des Lac d'Artouste (1924). Ab Endstation der Bahn führt ein Treppenweg ca. 15 Min. zum inmitten wilder Hochgebirgsszenerie traumhaft gelegenen See Lac d'Artouste (1.989 m). Von Mitte Juni bis Mitte September tägliche Fahrten, Normalpreis für Seilbahn und Zug13 Euro.

Die Zeit von 1 1/2 Std. Aufenthalt ist etwas knapp, die Rückfahrt muß jedoch eingehalten werden. U.U. nimmt man besser nur eine einfache Fahrt und läuft in guten 3 Std. hinunter: an der Westseite des Sees entlang, über den Col d'Arrious hinunter zur Paßstraße. Zurück zum Parkplatz entweder per Tramp oder weitere 6 km zu Fuß.

Oder man nimmt das „Randonneurs Ticket", d.h. frühmorgens hin und spät abends zurück, ist etwas teurer, dafür bleibt mehr Zeit z.B. um zum Refuge Arrémoulit zu laufen (1 h, 3oo Höhenmeter; in der Saison bewirtschaftet).

Oder man plant die Fahrt vormittags ein und nimmt am Nachmittag den Sessellift de l'Ours ab der Seilbahn-Bergstation hinunter ins Soussouéou Tal, geht dort spazieren und nimmt den Sessellift am späten Nachmittag wieder zur Seilbahn-Bergstation.

Talstation der Seilbahn am Lac de Fabrèges, dort ist ein kleines Appartementdorf mit Crêperie, Snack, Bar etc. entstanden. Im Winter Skibetrieb. Von der Bergstation in 1.94o m toller Blick auf den Pic du Midi d'Ossau und die spanischen Pyrenäengipfel.

Zur Hochsaison empfiehlt es sich, unbedingt rechtzeitig vorher zu reservieren, besonders auch fürs Randonneur Ticket.

Information und Reservierung: Artouste-Accueil. Maison de Fabrèges, 6444o Artouste-Fabrèges. Tel. o5 59 o5 34 oo. Fax: o5 59 o5 37 55.

LAC D'ARTOUSTE: herrlich gelegener Stausee umgeben von schroffen Bergen. Am See kleine Snackbar mit Gipfelblick.

Ab dem See bieten sich mehrere Tourenmöglichkeiten an:

* Kurzspaziergang am Westufer entlang.

* Wanderung ins Soussouéou Tal. Vom Staudamm dem Gave hinunter ins sehr schöne Tal folgen. Kein Weg, aber gut zu finden. Man kann bis zum

Sessellift de l'Ours laufen, der einen wieder hinauf zur Kabinenbergstation bringt. Ca. 3 Std. rechnen.

* Wanderung zu den Lacs d'Arremoulit. Wunderschöne kleine Gletscherseen, an denen bis in den Spätsommer Schneereste liegen. Glattgeschliffene Felsen zum Picknicken und Sonnen. Am größten der Seen steht in 2.3o5 m Höhe das kleine steinerne Réfuge Arremoulit. Ca. 1 1/2 Std.

* Lohnende Rundtour für schwindelfreie bzw. klettersteigerfahrene Wanderer.

Vom Stausee aus den Weg zum Réfuge d'Arremoulit nehmen, dann am Westhang hinauf dem Pfad und Steinmännern folgen. Anschließend eine sehr ausgesetzte, aber mit Handseilen versicherte Passage entlang der Nordwand - die Passage ist kurz, aber völlig „luftig", wirklich nur für trittsichere und schwindelfreie Bergsteiger, die in den Pfad zum Col d'Arrious (2.259 m) übergeht. Immer wieder hat man den mächtigen Pic du Midi d'Ossau im Blick. Vom Col führt der Weg wieder hinunter über z.T. spitze Serpentinen zum Stausee. Insgesamt 4-5 Std. einkalkulieren, herrliche immer wieder wechselnde Blicke auf die Seen und Gipfel.

Nach dem Stausee Lac de Fabrèges weitet sich das Tal: schöne Almwiesen, auf denen Kühe und Pferde weiden. 2 km vor der Paßhöhe rechts ein großer Parkplatz: hier beginnt der Wanderweg zum Refuge de Pombie, in großen Serpentinen über Wiesenmatten steil hinauf. Der Gipfel des Pic du Midi d'Ossau vor der Nase. Siehe auch Seite 448.

GRENZE am Col du Pourtalet (1.794 m): auf französischer Seite ein breiter Paß mit hochalm-ähnlicher Landschaft. Großer Parkplatz, Geldwechsel, Laden, kleines Hotel und Restaurant zur Saison.

Auf spanischer Seite große Lebensmittelläden und Souvenirs, zahlbar in Francs oder Peseten.

Auf spanischer Seite der sterile Wintersportort Formigal auf 1.5oo m. Sehr schöner Blick auf das vergletscherte Massiv des Balaitous. Das Dorf Sallent de Galleges (5oo Einw.) liegt unten im Tal am Eingang ins Valle de Tena. Das alte Sallent mußte dem Stausee weichen. Nach der Staumauer wird es schluchtig wild.

In Biescas zweigt die Route in den spanischen Nationalpark Ordesa ab.

Zwischen Biescas und Sabinanigo liegt - oft in idyllischer Lage - rund ein Dutzend hübsche kleine Kirchen im sogenannten mozarabischen Stil aus der Mitte des 1o. bis Mitte des 11. Jh.; einige ähneln romanisch-lombardischen Kirchen, andere gelten als einzigartig in der mittelalterlichen Kunst. Die Kirchen zeichnen sich durch ein rechteckiges Schiff mit halbrunder oder rechteckiger Apsis mit Säulenverzierungen aus und einem schlanken Glockenturm im Osten. Der Eingang liegt meist nach Süden.

Zur Zeit des Kalifen von Cordoba zwischen 95o und 1o4o entstanden in abgelegenen Ecken Spaniens **christliche Kirchen** als Keimzellen des Widerstandes gegen den mächtigen Islam. Von diesen Eremitagen gingen Bewegungen aus, die später in die Reconquista, eine Art Kreuzzug durch das Königreich Aragon mündeten.

Ein sehr schöner Vertreter dieser Kirchen ist SAN BARTOLOMEO DE GAVIN in abgeschiedener Lage im ruhigen Seitental in einer interessanten Mischung islamischer und christlicher Elemente, warme Ockertöne. Das winzige rechteckige Kirchenschiff wird von dem kleinen Turm geschützt, der romanische Bogenöffnung hat. Minimale Fensteröffnungen geben einen wehrhaften Charakter.

Zufahrt: vor dem Ort Biescas links ab über den Rio Gallego, Camping Edelweiß ausgeschildert. Gut 5 km weiter bis zu einem Tunnel; nach dem Tunnel links dem Karrenweg 7oo m folgen.

Weiteres schönes Beispiel ist die KIRCHE IN LARREDE (1o. Jh.), an einer schmalen Parallelroute nach Sabinanigo gelegen.

Auf der Hauptroute geht es schnell in die Ebene, wird weit und flacher, viel Landwirtschaft. Im Vergleich zur französischen Seite wirkt die Gegend knochentrocken. 2 km vor der Industriestadt Sabinanigo (1o.ooo Einw., Alu- und Chemieindustrie) Abzweig nach Jaca, gute Straße.

★ Jaca (14.ooo Einw., 82o m hoch gelegen)

Provinzstadt am Rande der Pyrenäen mit schmalem Altstadtlabyrinth um die romanische Kathedrale. Kleine Geschäfte und lockende Pastellerien, viel Leben auf den Straßen, bis spät abends. Wer der sommerlichen Hitze entweichen will, findet schattige Bänke in der kleinen Parkanlage „Generalissimo Franco“ seitlich der Hauptstraße.

In der Altstadt viele kleine Bars, hier werden zum Vino Tinto (Rotwein) oder Bier die traditionellen „Tapas“ gegessen, ein typisch spanischer Vorspeiseimbiß. Am schönsten sitzt man in der Bar vis-à-vis der Kathedrale (Südportal) unter den Arkaden.

Tourist INFO **Touristenbüro** im Zentrum an der Hauptstraße, Rgto. Galicia 19.

Unterkunft: Viele Hotels unterschiedlicher Ausstattung und Preislage im Zentrumsbereich. Campingplatz etwas außerhalb.

Die KATHEDRALE zählt zu den ältesten Spaniens (Ende des 11. Jh.) und lag auf dem Pilgerweg nach Compostela. Weitgehend romanisch geprägt, interessant den Baustil auf der Südseite der Pyrenäen zu vergleichen. Ursprünge aus dem 11. Jh. später erweitert und umgebaut. Gotische Elemente im Hauptschiff, Renaissance in den Seitenkapellen. Interessante Kapitelle am überdachten Südportal.

FRESKENSAMMLUNG im Erzbischöflichen Museum neben der Kirche.

ZITADELLE (Ciudadela) am Rande der Altstadt, unübersehbar neben der Hauptstraße Richtung Frankreich. Guterhaltene Anlage (16. Jh.) mit Gräben und Grünanlage, Kanonen auf dem Wehrgang. Die fünfeckige Festung wird heute noch militärisch genutzt. Besichtigung nur je 1 1/2 Std. am Vor- und Nachmittag.

PYRENÄENFESTIVAL: jedes 2. (ungerade) Jahr Anfang August.

Jaca -> Col de Somport -> Vallée d'Aspe (N 33o)

Ab Jaca gute Straße im anfangs ganz weiten Tal des Rio Aragon, viel Landwirtschaft. Der Col de Somport war ein uralter Bergübergang, den schon Römer, Sarazenen und Jakobspilger benutzten. Aus dieser Zeit stammen einige romanische Kirchen in den Dörfern.

Die Pläne, den Col de Somport zu untertunneln und das idyllische Vallée d'Aspe durch eine Schnellstraße zu verschandeln, um die Hauptverbindung Bordeaux-> Madrid für Brummis noch flotter zu gestalten, wurden trotz massiven Protesten von Umweltschützern und anderen Kreisen nicht fallengelassen. Der ca. 7 km lange Tunnel soll um die Jahrtausendwende fertiggestellt werden.

Nach Villanua geht es in die Berge, parallel verläuft die Eisenbahn, z.T. oben am Hang.

CANFRANC: Ausgangspunkt für Bergwanderungen oder Skitouren. Niemand würde dieses Nest erwähnen, wenn da nicht der Bahnhof von 1928 wäre... ein Zeichen von Größenwahn? Über 3o Gleise mitten in den Bergen. Seit 197o die Verbindung nach Frankreich eingestellt wurde, gammelt der riesige „internationale“ Bahnhof von Canfranc vor sich hin. Türen rosten aus den Angeln, zwischen den Gleisen wuchert Unkraut, Handweichen und elektrische Handschalter, die eigentlich ins Museum gehörten, verrotten. In der Bahnhofshalle, früher mal ein Prachtraum, bröckelt die Säulendekoration von den Wänden.

Bereits 1853 war die Bahnlinie von Pau nach Zaragossa geplant. Nach langem Hin und Her wurde schließlich 191o mit dem Bau begonnen. Fast 2o Jahre dauerten die Arbeiten, bis die Linie über den Somport-Paß fertiggestellt war. Bis 34 % Steigung mußten bewältigt werden, eine Meisterleistung für damalige Verhältnisse. Über 2o Tunnels und vier Viadukte wurden mit teils vorsintflutlichen Mitteln von überwiegend spanischen Arbeitern gebaut. Ganzer Stolz der Baumeister war der Spiraltunnel bei Sayerce (1,8 km) und der Grenztunnel unter der Paßhöhe (7,8 km).

Am 27. März 197o fuhr der letzte Zug auf der Strecke Oloron-> Canfranc: die SNCF nahm einen Unfall mit Beschädigung der Brücke von Estanguet (zwischen Cette-Eygun und Accous) zum Anlaß, die unrentable Strecke ganz stillzulegen - ein Güterzug war unkontrolliert zurückgerollt und über die Brücke in den Fluß gestürzt. Seitdem verfällt alles allmählich. Es hat sich eine Initiative zur Wiedereröffnung der französisch-spanischen Linie gegründet, man kann ihnen nur die Daumen drücken. Zur Zeit ist die Strecke eine kuriose Wanderroute (Taschenlampe für die Tunnels nicht vergessen!).

Heute endet die spanische Bahnlinie hier in Canfranc: ein paar mal am Tag kommen Züge aus dem Süden aus Zaragossa oder ein Rapido aus Madrid. Weiter per Bus nach Oloron und Pau.

CANDANCHU (1.56o m): großer Retortenskiort über dem winzigen Rio Aragon. Lifte gleich ab Haustür, Appartements und Hotel auf mehreren Etagen. In Verbindung mit dem Langlaufgebiet auf französischer Seite ein recht großes Skizentrum.

COL DE SOMPORT (1.64o m): im Vergleich zum benachbarten Col de Pourtalet ist der Somport enger und wilder, aber klimatisch milder. Bäume wachsen bis auf die Paßhöhe.

Auf französischer Seite führt die gute Straße hinunter ins Vallée d'Aspe, das lange Zeit ein ausgesprochen schönes und noch relativ ursprüngliches Pyrenäental ohne Industrie, dafür mit hübschen Bergdörfern war. Durch den Straßenausbau wird sich wohl einiges verändern. Enger als das Vallée d'Ossau und besonders schön zur Herbstfärbung.

Der Ort LES FORGES D'ABEL gleicht seit der Stillegung der Bahn einem Geisterdorf. Die frühere Schmiede wurde im 19. Jh. von einem Stuttgarter namens Abel gekauft, daher der Name. Ende des Jahrhunderts aber wieder stillgelegt.

URDOS: Bergdorf mit kleinen Hotels/Restaurants an der Hauptstraße. Geldwechsel bei der Post. Campingplatz.

An der schluchtigsten Stelle gleich nach Urdos klebt das Fort du Portalet von 1838, 15o m über dem Bergbach senkrecht an der Felswand. Es diente u.a. dem Vichy Regime im 2. Weltkrieg als Gefängnis, - nach dem Krieg wurde Marschall Pétain hier eingesperrt. Heute in Privatbesitz und in nicht allzu gutem Zustand. Keine Besichtigung.

Etwas weiter bei der Brücke Pont Cebers sehr lohnende **Kurzwanderung** auf den Spuren der Holzfäller des 18. Jh. Nach 3o Min. Fußweg erreicht man den sogenannten Chemin de la Mâture. In schwindelnder Höhe wurde der Chemin de la Mâture, ein 1,2 km langer Weg aus der lotrechten Felswand geschlagen, um die Tannen der Hochwälder per Ochsengespann abzutransportieren. Ab Athos ging's dann per Floß weiter nach Bayonne. Colbert, der Finanzminister Ludwig XIV. hatte damals eine Erneuerung der Kriegsflotte im Sinn und brauchte für die Masten solide Tannenstämme. Siehe auch Arsenal in Rochefort S. 219. So wurden große Bereiche der uralten Wälder erbarmungslos abgeholzt. 14 Jahre dauerte diese gefährliche Mission. Der breite Weg ist beschildert und gut markiert und steigt kontinuierlich bergan (Teilstück des GR 1o), ca. 1 bis 1 1/2 Std. einfach. Im Prinzip problemlos, es sei denn man ist sehr schwindelanfällig. Vorsicht, das Gestein ist sehr abgerundet bis glattpoliert. Der GR 1o führt weiter über einen Paß ins Nachbartal zum Lac de Bious-Artigues.

Klettern: Die Felswand ist ein Eldorado für Kletterer. Tief untern die Schlucht. Gute Sicherungsplätze auf dem schmalen Wanderweg.

ETSAUT: Ursprünglicher Weiler, wenn die Straße nicht mitten durch führen würde. Einige alte Häuser im Zentrum bewahrt. Befestigter Turm aus dem 16. Jh. Post, Laden, Gite d'Etape und **Hotel des Pyrénées. Im ehemaligen Bahnhofsgebäude am Ortsende Maison du Parc - mit einer Ausstellung über den Pyrenäenbär. Über einen Fußweg erreicht man

BORCE, das sehr schöne Bergdorf auf der anderen Seite des Gave d'Aspe liegt wie auf einer Terrasse mit herrlichem Blick. Man meint in einer mittelalterlichen Filmstadt zu sein. Auto am Ortseingang stehenlassen. Enge Gassen, die grauen Steinhäuser zum Teil recht schön renoviert. Gite d'Etape im Zentrum. Campingplatz etwas außerhalb.

Attraktion von Borce ist Le Clos de l'Ours: In dem kleinen Museum/Zoo lebt eine Bärenfamilie aus dem Lot, die hier Nachwuchs bekommen hat. Film und Ausstellung über den Bär und den Mythos Bär. Ferner steht hier der ausgestopfte Jojo, den Kinder als Bärenbaby vor über 2o Jahren bei Borce entdeckten, der hier großgezogen wurde und 1991 starb.

CETTE-EYGUN: Reizvoller als der Straßenort Eygun ist der alte Ortsteil Cette, 15o m oberhalb wie auf einem „Balkon". Romanische Kirche.

Der alte Bahnhof außerhalb von Cette-Eygun wurde zur Gite d'Etape umfunktioniert mit Café, Restaurant - gute Verpflegung, nette Leute. Bergsportzentrum.

Abzweig in den

Bergkessel von Lescun (6 km, D 239)

Ausgesprochen schönes, fast liebliches Hochtal, eingerahmt von spitzen 2.oooern, gezackte Grate und kalkweiße Nadeln. Nicht so überlaufen wie der Cirque de Gavarnie, doch ähnlich reizvoll. Ein anfangs undurchschaubares Netz kleiner Wege führt zu einfachen Höfen oder Almen/Ferienhäusern, ringsherum Weideflächen, dazu das ständige Glockengeläut der Kühe und Schafe an den Steilhängen.

Tourismus kommt hier erst an zweiter Stelle. Geringes Übernachtungsangebot, Gite d'etape, Refuge, kaum Hotels.

Schönster Stützpunkt auf dem ** Campingplatz du Lauzar mit Panoramablick in den weiten Talkessel. Ruhige, idyllische Lage, Wiesenplätze auf natürlich welligem Gelände. Stromanschlüsse, begrenzte Einkaufsmöglichkeit.

Gite d'etape: sehr freundlich und modern, gehört zum Campingplatz.

LESCUN, der einzige Ort liegt am Talanfang. Superenge Gassen führen durch das Dorf, kaum Parkmöglichkeiten und steile Zufahrt. Mit breiten Wohnmobilen bleibt man besser freiwillig draußen. Außerhalb der Saison ein authentisches Bergdorf, dann trifft man überwiegend alte Leute. Kirche Ste. Eulalie aus dem 16. Jh.

Im Sommer werden einige der Natursteinhäuser als Gites und Appartements vermietet. Kleines, sehr gemütliches und gepflegtes ** Hotel Pic d'Anie direkt am Dorfplatz, 21 Zimmer, Restaurant und Bar, im Sommer sitzt man ganz gemütlich an den Tischen auf der Straße. Winziger Kramladen gleich nebenan, die Post im Nachbarhaus.

Gite d'Etape: Recht zu empfehlen das Refuge de Labérouat (1.44o m) über den GR 1o zu erreichen: ein ganzes Stück oberhalb des Dorfes. Toller Blick.

Busverbindung: Der Bus hält nur unten im Tal. Die 5-6 km zum Ort per pedes oder tramp.
-> Oloron und -> Canfranc/Spanien ca. 3 x/Woche.
-> Urdos bzw. Oloron im Sommer zusätzlich 1-2 x

Im Cirque de Lescun bieten sich schöne **Wanderungen** an, von leichten Spaziergängen auf z.T. asphaltierten Wegen mit Bergblick bis zu hochalpinen Touren:

* Angenehmer Rundweg (allerdings auf Asphalt) Richtung Süden/Westen ins Talende ohne nennenswerte Steigung, ca. 3 Std. am Campingplatz vorbei, in der Ferne die markanten Bergspitzen Aiguilles d'Ansabère im Blick. Schließlich zweigt der Waldweg ins Gebirge ab, gleichzeitig Einstieg des hochalpinen Wanderwegs HRP. Am Bach schöne Picknickstellen, auf der anderen Talseite zurück.

* Spaziergang zum Plateau de Sanches (2oo Hm), Rundtour von ca. 3 Std. Führt an den Nordrand des mächtigen Kalkbergs Le Billare (2.3o9 m). Hier steht man direkt im Kessel, im Norden die „Orgelpfeifen", links der markante Pic d'Anie (2.5o4 m). In Lescun ausgeschildert, anfangs über schmale Teerstraße, später Karrenweg.

* Durch den Ort führt der GR 1o: Relativ leichte Wanderung mit geringen Höhenunterschieden Richtung Osten ins Vallée d'Aspe (Paßstraße N 134). Gut markiert, anfangs über Asphaltstraße, dann Waldweg mit schönem Blick zurück in den Talkessel. Als Rundweg einem Teil des GR 1o folgen und über den Weiler Lhers wieder zurück (Halbtagestour).

* Nach Westen führt der GR 1o über den Kessel in den Nachbarort Arette Pierre St. Martin. Anstrengende Tagestour, 1.ooo m Höhenunterschied, aber sehr abwechslungsreich mit wunderschönem Blick in den Cirque und alpine Region während der zweiten Hälfte.

* Gipfelbesteigung des Pic d'Anie (2.5o4 m) als Tagestour von Lescun bei 1.7oo Hm sehr anstrengend. Anfangs über den GR 1o an den Rand des Kessels, nach der Cabane d'Ardinet Steilaufstieg zum Gipfel.

* Eine sehr schöne Tour mit Panoramablick in das Hochtal führt oberhalb des Ortes bei der Gite d'étape ins Vallée d'Aspe. Lange Zeit am Hang entlang, bis der Weg ins Tal nach Lee-Athas absteigt.

Ab Lescun schöne Partie hinunter ins Bassin d'Accous, umgeben von Bergen. Überall wird der leckere würzige „fromage fermier" angeboten, Schaf-, Ziegen- oder Kuhkäse.

ACCOUS: ein Nest abseits der Straße. Schmale Gassen; das Auto läßt man besser vor dem Ort. Kleiner Campingplatz an der Straße. Z.T. schattig, einige Dauerwohnwagen. Accous ist zugleich Stützpunkt für Drachen- und Gleitschirmflieger. Ecole de Parapente.

Im Nachbarort BEDOUS ist etwas mehr los. Die Straße führt mitten durch, diverse Geschäfte. Gite d'Etape.

SARRENCE (23o Einw.): recht hübsch gelegener alter Ort in der Biegung des Tales. Helle Häuser aus dem 17./18. Jh. Die Kirche - im 17. Jh. wiederaufgebaut - ist weniger sehenswert als der Eingang durch den 8-eckigen barockisierten Glockenturm. Die schwarze Madonna (14. Jh.) ist das Ziel von Pilgerfahrten. Schlichter Kreuzgang nebenan, zweietagig (16o8). Auf der Rückseite das kleine Museum sakraler Kunst.

Vor St. Christau kann man links abbiegen und auf der D 918 an den Ausläufern der Pyrenäen durchs Baskenland an die Küste fahren: über das Städtchen Arette, das in den 6oer Jahren von einem Erdbeben heimgesucht wurde, nach Mauléon (siehe Seite 418). Sehr empfehlenswert ist der Abstecher zur wilden Schlucht von Kakouetta. Es lohnt sich, den Schlenker über das malerische St. Jean Pied de Port einzubauen, durch fotogene baskische Dörfer zurück an die Küste. Alle Details siehe Kapitel „Baskisches Hinterland".

Schneller erreicht man die Küste über Oloron Ste. Marie.

✶ Oloron Ste. Marie (11.5oo Einw.)

Für die Region ein wichtiges Zentrum mit Geschäften, etwas Industrie, Schulen etc. Für Urlauber hat die Stadt wenig Interessantes zu bieten. Liebhaber romanischer Portale finden ein ausgesprochen kunstvolles und interessantes Exemplar bei der Kirche Ste. Marie im westlichen Stadtteil (beschildert).

Die Stadt liegt am Zusammenfluß des Gave d'Aspe mit dem Gave d'Ossau, der ab hier Gave d'Oloron heißt. Einige pittoreske Häuserzeilen am Wasser, z.T. Balkone und Minigärten an der steil abfallenden Hauswand.

Daß die Baskenmütze eigentlich aus dem Béarn stammt, erfährt man spätestens in der Béretfabrik, denn seit dem 16. Jh. werden in Oloron diese unverzichtbaren Kopfbedeckungen hergestellt, heute natürlich maschinell.

Das heutige Oloron Ste. Marie entstand im 19. Jh. aus der Bischofsstadt Ste. Marie am linken Ufer und Oloron, die seit Jahrhunderten stark miteinander konkurrierten.

Tourist INFO **Office de Tourisme**: Pavillon am Place de la Résistance, neben der Kirche Notre Dame (Parkplatz). 64400 Oloron Ste. Marie. Tel. 05 59 39 98 00, Fax: 05 59 39 43 97.

Anfang August findet in geraden Jahren in Oloron Ste. Marie das **Pyrenäen-Festival** statt mit Tanzgruppen und jede Menge Veranstaltungen. An ungeraden Jahren im spanischen Jaca.

Verbindungen

Zug: Bahnhof am Place de la Gare, ca. 300 m vom Fluß. Verbindung nach Pau mehrmals täglich.

Bus: Verbindung durchs Vallée d'Aspe über Lescun, den Col de Somport nach Spanien - Canfranc ca. 3 x tägl., dauert ca. 1,5 Std., dort Anschluß an die Bahn nach Zaragossa, Madrid. Oloron-> Lescun-> Urdos (vor dem Col) zusätzlich im Sommer 1-2 x tägl.
Oloron-> Pau ca. 5 x tägl.

KIRCHE STE. MARIE: das romanische Portal aus dem Anfang des 12. Jh. ist sehr gut erhalten. Tympanon mit Kreuzabnahme. Am interessantesten die Skulpturen der beiden Bögen: außen die 24 Alten der Apokalypse mit Instrument und langer „Parfumflasche“. Der innere Bogen illustriert als Darstellung der Hochzeit zu Kanaa den Alltag im mittelalterlichen Béarn: rechts wird ein riesiger Lachs präpariert. Damals waren die Flüsse dermaßen lachsreich, daß Dienstboten vertraglich festlegen ließen, daß sie nur 2-3 mal pro Woche Lachs essen mußten. Wildschwein- und Bärenjagd sind ebenso dargestellt wie Wein- und Käseherstellung.

Links ein Monster, das einen Menschen schon halb verschlungen hat - Symbol der Hölle? Die beiden (abgegriffenen) armen Teufel, die den Eingang stützen, werden als Sarazenen interpretiert. Vermutlich ließ sie der Bauherr Gaston IV. hinzufügen, der bei seiner Rückkehr von einem Kreuzug hier Araber vorfand und erfolgreich vertrieb.

Wer bei Sommerhitze noch gute Kondition hat, kann in das Stadtviertel STE. CROIX hinaufgehen, der älteste Teil der Stadt. Kinder spielen auf dem ovalen Platz St. Pierre. Bei klarem Wetter lohnt der Weg zur schattigen Promenade Bellevue mit Aussicht über die Schieferdächer des neuen Olorons bis zum Pic d'Anie (2.504 m) in den Pyrenäen. Ste. Croix wird zunehmend verlassen, viele Häuser „AV“ (= zu verkaufen), kaum Geschäfte oder Cafés.

KIRCHE STE. CROIX aus dem 12. Jh., eine der ältesten romanischen Kirchen des Béarn. Schöne schlichte Kirche im Basilikastil, innen etwas streng und düster. Gegenüber zwei alte restaurierte Arkadenhäuser.

5o m weiter STADTMUSEUM im Maison du Patrimoine, rue Dalmais 52. Von Funden aus dem römischen Iluro bis zu einer Ausstellung über das KZ von Gurs (siehe dort).

Das GESCHÄFTSZENTRUM liegt am rechten Ufer der Aspe im Bereich der Rue Louis Berthou, teilweise Fußgängerbereich.

Übernachtung: Fast 1/2 Dutzend **Hotels**, DZ ab 3o Euro.

*** Campingplatz du Stade Municipal an der Straße nach Arette. Recht schattiger, großer Platz, 12o Stellplätze. Kleine Bungalows werden vermietet. Ganzjährig offen. Schwimmbad in der Nähe.

Kleiner Wortschatz

oui	ja
non	nein
Monsieur (Abk. Mr.)	Herr
Madame (Abk. Mme)	Dame, Frau
Mademoiselle (Mlle)	Fräulein
bonjour	guten Tag; guten Morgen
bonsoir	guten Abend
merci (beaucoup)	vielen Dank
je vous en prie	gern geschehen
de rien	nicht der Rede wert
s'il vous plaît	bitte
pardon	wie bitte, entschuldigen Sie (als Einleitung zu einer Frage nach dem Weg)
au revoir	auf Wiedersehen
parlez doucement	sprechen Sie langsam
je ne comprends pas	ich verstehe nicht
encore une fois	noch einmal
je ne sais pas	ich weiß nicht
ne quittez pas	am Telefon: bleiben Sie am Apparat
comment aller à...	wie komme ich nach...
où se trouve...	wo befindet sich...
donnez-moi	geben Sie mir
parlez-vous allemand? anglais? français?	sprechen Sie deutsch? englisch? französisch?
où	wo
quand	wann
combien	wieviel
pourquoi	warum
et	und
ou	oder
je voudrais	ich möchte
nous voudrions	wir möchten
comment allez-vous?	wie geht es Ihnen?
ça va?	wie geht es Ihnen?
je m'appelle ...	ich heiße ...
êtes-vous Monsieur ...?	sind Sie Herr ...?
enchanté de faire votre connaissance	es freut mich Sie kennenzulernen
venez me voir chez moi	besuchen Sie mich doch zu Hause
à quelle heure êtes-vous à la maison?	wann sind Sie zu Hause?
J ,aimerais parler à ...	ich möchte gerne mit ... sprechen

qu'est-ce que c'est?	was ist das?
qu' y a-t-il?	was ist los?
qu'est-ce qui s'est passé	was ist geschehen?
que désirez-vous?	was wünschen Sie?
que cherchez-vous?	was suchen Sie?
attendez un instant	warten Sie einen Augenblick
adressez - vous à..	wenden Sie sich an ...
entrée	Eingang
sortie	Ausgang
ouvert	offen
fermé	geschlossen
exposition	Ausstellung
location	Vermietung

Zahlen, Wochentage, Monate

zéro	0
un, une	1
deux	2
trois	3
quatre	4
cinq	5
six	6
sept	7
huit	8
neuf	9
dix	10
onze	11
douze	12
treize	13
quatorze	14
quinze	15
seize	16
dix-sept	17
dix-huit	18
dix-neuf	19
vingt	20
trente	30
quarante	40
cinquante	50
soixante	60
soixante-dix	70
quatre-vingts	80
quatre-vingt-dix	90
cent	100
deux cents	200
mille	1.000
deux mille	2.000
dix mille	10.000
un million	1 Million

lundi	Montag
mardi	Dienstag
mercredi	Mittwoch
jeudi	Donnerstag
vendredi	Freitag
samedi	Samstag
dimanche	Sonntag

janvier	Januar
février	Februar
mars	März
avril	April
mai	Mai
juin	Juni
juillet	Juli
août	August
septembre	September
octobre	Oktober
novembre	November
décembre	Dezember

le printemps	Frühling
l' été	Sommer
l' automne	Herbst
l' hiver	Winter

EINKAUFEN

pharmacie	Apotheke
boulangerie	Bäckerei
pâtisserie	Konditorei
boucherie	Metzgerei (ohne Wurst)
charcuterie	Wurstwaren
poissonnerie	Fischhandlung
fruits et legumes	Obst und Gemüse
librairie	Buchhandlung
alimentation	Lebensmittel
libre service	Selbstbedienung
epicerie	Lebensmittel
le coiffeur	der Friseur
ça fait combien?	was kostet das?
c'est trop cher	das ist zu teuer
ce n'est pas cher	das ist nicht teuer
la réduction	die Ermäßigung
quelque chose contre	etwas gegen
le mal de gorge	Halsschmerzen
le mal de tête	Kopfschmerzen
brûlures solaires	Verbrennungen (Sonne)
de la pâte dentifrice	Zahnpasta
du savon	Seife
du shampooing	Haarshampoo
de la crème solaire	Sonnencreme
des contraceptifs	Verhütungsmittel
le pressing	die Reinigung
le dentifrice	Zahnpasta
le coup de soleil	Sonnenbrand
l , huile solaire	Sonnenöl
le reçu	die Quittung
la réduction	Ermäßigung
la carte postale	Postkarte
avec ceci?	darf es noch etwas sein?
c ,est tout	das ist alles
le prix	der Preis
beaucoup	viel
moins	weniger
plus	mehr
la tranche	Scheibe

ARZTBESUCH

le médecin	der Arzt
le dentiste	der Zahnarzt
je suis malade	ich bin krank
je ne me sens pas trop bien	es geht mir nicht gut
j'ai de la fièvre	ich habe Fieber
examiner	untersuchen
cassé	gebrochen
froissé	gezerrt

POST

le bureau de poste	das Postamt
poste aérienne	Luftpost
poste restante	postlagern
l' expéditeur	der Absender
le destinataire	der Empfänger
le timbre poste	die Briefmarke
la boite aux lettres	Briefkasten
par avion	per Luftpost
le paquet	das Paket
l ,imprimé	die Drucksache
le poids	das Gewicht
le récépissé	die Empfangsbestätigung
la signature	die Unterschrift
la pièce d'identité	der Ausweis
urgent	dringend
recommandé	Einschreiben
le téléphone	das Telefon
la cabine téléphonique	die Telefonzelle
à combien dois-je affranchir cette lettre	wieviel kostet dieser Brief
je voudrais..timbres-poste pour ..	ich möchte Briefmarken für...
où est le guichet de la poste restante?	wo ist der Schalter für postlagernde Sendungen
avez-vous des lettres adressées à..	haben sie Briefe für ...
je voudrais faire recommander cette lettre	ich möchte diesen Brief eingeschrieben senden
je voudrais faire réexpédier mon courrier	ich möchte mir meine Post nachsenden lassen
feuille de remboursement	Rückzahlungsschein (für Postsparkasse)

WEG & RICHTUNG

pardon où est la gare?	wo ist der Bahnhof bitte?
ou se trouve ...?	wo befindet sich...?
l' aéroport	der Flughafen
l' agence de voyage	das Reisebüro
la banque	die Bank
le bureau de poste	die Post
le camping	der Campingplatz
le centre ville	das Zentrum
le château	das Schloß
le cimetière	der Friedhof
le cours	die Promenade
l' église	die Kirche
la gendarmerie	die Polizei
l' hôpital	das Krankenhaus
l' hôtel de ville	das Rathaus
la mairie	das Bürgermeisteramt
le marché	der Markt
le musée	das Museum
le parc	der Park
la place	der Platz
le pont	die Brücke
le port	der Hafen
le quartier	das Stadtviertel
la rue	die Straße
nord	nord
sud	süd
est	ost
ouest	west
jusqu'au feu rouge	bis zur Ampel
combien de kilomètres?	wieviel Kilometer?
à pied	zu Fuß
en voiture	mit dem Auto
le départ	die Abfahrt
l'arrivée	die Ankunft
la correspondance	die Verbindung
l'autocar	der Autobus
le train	der Zug
l'avion	das Flugzeug
le quai	der Bahnsteig
cette place est libre?	ist der Platz frei?
les bagages	Gepäck

AUTO/VERKEHR

où se trouve la route de...	wo ist die Straße nach...
pour aller à...	wie komme ich nach...
la première rue à gauche	erste Straße links
à droite	rechts
le carrefour	die Kreuzung
rocade	Stadtumgehung
passage interdit	Durchfahrt verboten
sens unique	Einbahnstraße
impasse	Sackgasse
déviation	Umleitung
stationnement interdit	Parken verboten
sortie	Ausgang
attention	Achtung
je suis en panne	ich habe eine Panne
appelez un docteur	rufen Sie einen Arzt
une ambulance	einen Rettungswagen
l'accident	der Unfall
dépannage	Abschleppdienst
les freins	die Bremsen
les vitesses	Gangschaltung
l'embrayage	Kupplung
la dynamo	Lichtmaschine
l'allumage	Zündkerze
le démarreur	der Anlasser
le pneu	der Reifen
l'huile	Öl
le carburateur	der Vergaser
le radiateur	der Kühler
...ne marche pas!	...geht nicht!
ralentissez	langsam fahren
le garage	die Reparaturwerkstatt

<u>Häufig vorkommende Hinweise für Autofahrer</u>

rappel	Erinnerung
sortie	Ausfahrt
entrée	Einfahrt
toutes directions	alle Richtungen
autres directions	andere Richtungen
chaussée déformée	unebene Fahrbahn
péage	Maut, gebührenpflichtig
préparez votre monnaie	Kleingeld bereithalten
vehicules lents serrez à droite	langsame Fahrzeuge fahren rechts
vous n'avez pas la priorité	sie haben keine Vorfahrt

chantier	Baustelle
danger	Gefahr
limitation de vitesse	Geschwindigkeitsbegrenzung
passage interdit	Durchfahrt verboten
priorité à droite	rechts hat Vorfahrt
sens unique	Einbahnstraße
voie sans issue	Sackgasse
travaux	Straßenarbeiten
virage	Kurve
déviation	Umleitung
le jeu de la direction	das Lenkradspiel
passage protégé	Vorfahrtsstraße
l' échappement	Auspuff
la ceinture de sécurité	Sicherheitsgurt
danger	Gefahr
douane	Zoll
route barrée	Straße gesperrt
le panneau	Verkehrsschild
l' autoroute	Autobahn
station service	Tankstelle
remorquer	abschleppen
éviter	ausweichen
doubler	überholen
le centre ville	Stadtzentrum
l' essence	Benzin
sans plomb	Bleifrei
le gazoil	Diesel

Wichtige Ausdrücke für Bus-/Bahnfahrer

départ	Abfahrt
autocar	Bus
ligne	Buslinie
horaire	Fahrplan
semaine	Woche
période scolaire	Schulzeit
correspondance	Anschluß
circulent	sie verkehren
valable	gültig
sauf	außer
de... à...	von... bis...
ne fonctionne... que	fährt nur am ...
aller-retour	Hin- und Rückfahrt
aller simple	einfache Fahrt
jour férié	Feiertag
quotidien	täglich
tous les jours	täglich

arrivée	Ankunft
train	Zug
gare	Bahnhof
gare routière	Busbahnhof
particularités	Besonderheiten
lu(ndi)	Montag
ma(rdi)	Dienstag
me(rcredi)	Mittwoch
je(udi)	Donnerstag
ve(ndredi)	Freitag
sa(medi)	Samstag
di(manche)	Sonntag

CAMPING

je cherche le terrain de camping	ich suche den Zeltplatz
y a-t-il encore de la place	haben Sie noch Platz
la tente	das Zelt
la vaisselle	das Geschirr
le linge	die Wäsche
le sac de couchage	der Schlafsack
le sac à dos	der Rucksack
l'eau potable	Trinkwasser
courant électrique	Stromanschluß
la roulotte	Wohnwagen
le tire-bouchon	wenn man den Korkenzieher vergessen hat
l'ouvre-boîte	... oder den Büchsenöffner

Im Restaurant

une table pour ... personnes	ein Tisch für ... Personen
la carte s.v.p.	die Speisekarte bitte
vous avez choisi?	haben Sie ausgewählt?
comme boisson?	was möchten Sie zu trinken?
comme dessert?	was möchten Sie als Dessert?
le hors d'oeuvre	die Vorspeise
la fourchette	die Gabel
le couteau	das Messer
la cuillère	der Löffel
tout compris	alles inbegriffen
l'addition s.v.p.	die Rechnung bitte

SPEISE-LEXIKON

abricot	Aprikose
affiné	gereifter (Käse)
agneau	Lamm
aiglefin	Schellfisch
ail	Knoblauch
aile	Flügel (Hühnchen o.ä.)
amande	Mandel
anchois	Anchovis
andouille/-ette	Wurst aus Innereien
anguille	Aal
araignée	Seespinne
artichaut	Artischocke
asperge	Spargel
bar	Seebarsch
batavia	Eissalat
beignet	Schmalzgebackenes, Krapfen
belon	Austernart aus der Bretagne
bakaloa	Kabeljau
betterave	rote Beete
beurre	Butter
bien cuit	gut durchgebraten (Steak)
bierre	Bier
bigourneau	Uferschnecke
blanquette	Ragout mit heller Sauce
blé	Weizen
blette	Mangold
boeuf	Rind
boisson	Getränk
boudin	Blutwurst
bouillabaisse	Fischsuppe
boule	Kugel (Eis)
brébis	Schafskäse
brioche	trockenes Hefegebäck
brochet	Hecht
brochette	Spieß
cagouille	Schnecke
caille	Wachtel
calvados	Apfelschnaps
canard	Ente
caneton	junge Ente
cannelle	Zimt
cassoulet	Eintopf aus weißen Bohnen, Fleisch und Geflügelsorten
céleri	Sellerie
cèpe	Steinpilz
cerise	Kirsche
cervelle	Hirn
chantilly	Sahne
chèvre	Ziegenkäse
chevreuil	Reh
chipirons	kleine Tintenfische
chou	Kohl
chou de Bruxelle	Rosenkohl
choufleur	Blumenkohl
chourave	Kohlrabi
chou rouge	Rotkohl
chou vert	Grünkohl
choucroute	Sauerkraut
civet	Ragout (bei Wild)
claires	Austern
colin	Seehecht
concombre	Gurke
confit	eingemachte Ente, Gans, Schwein
congre	Meeraal
coq au vin	Hühnchen in Rotweinsauce
coque	Herzmuschel
coquille St. Jacques	Jakobsmuschel
côte d,agneau	Lammkotelett
courgette	Zucchini
couscous	Hartweizengrieß
crabe	Taschenkrebs
creuse	Austernart
crevette	Garnele
crudités	Rohkostteller
crustacés	Krustentiere
darne	Fischfilet
daube	geschmortes Fleisch, Gemüsetopf
daurade	Goldbrasse
déjeuner	Mittagessen
dinde	Pute
dindonneau	junger Puter
dîner	Abendessen
éclade de moules	Miesmuschelzu - bereitung
emincé de veau	dünne Scheibe Kalbfleisch

entrecôte	Zwischenrippenstück
entrée	Vorspeise
epaule	Schulter
épinards	Spinat
escalope	Schnitzel
escargot	Schnecke
faisan	Fasan
farci	gefüllt
farine	Mehl
fenouil	Fenchel
feuilletée	Blätterteig
flan	Art Vanillepudding
foie	Leber
foie gras d,oie	Gänsestopfleber
foie gras de canard	Entenstopfleber
framboise	Himbeere
fromage	Käse
fruits de mer	Meeresfrüchte
fumé	geräuchert
garbure	deftiger Eintopf
gateau	Kuchen
gaufre	Waffel
genièvre	Wacholder
gibier	Wildbret
gigot d,agneau	Lammkeule
glace	Speiseeis
grondin	Knurrhahn
groseille	rote Johannisbeere
haricots	Bohnen
huile	Öl
huitre	Auster
jambon (cru)	Schinken (roh)
julienne	Streifen (Fleisch oder Gemüse)
lait	Milch
laitue	Kopfsalat
lamproie	Neunauge (Fisch)
langouste	Languste
langoustines	Scampi
langue de boeuf	Rinderzunge
lapin	Kaninchen
lard	Speck
légumes	Gemüse
lieu noir	Seelachs (Fisch)
lièvre	Hase
limande	Plattfisch, ähnlich Scholle
lotte	Seeteufel
loup	Seewolf (Fisch)
magret de canard	Entenbrust (von Mastenten)
maquereau	Makrele
marcassin	Spanferkel (Wildschwein)
merlu	Seehecht
morue	Stockfisch
mouclade	Miesmuschelzubereitung
moules	Miesmuscheln
mouton	Hammel
mulet	Meerbarbe
mure	Brombeere
myrtille	Heidelbeere
navet	weiße Rübe
noisette	Haselnuß
noix	Nuß
nouilles	Nudeln
oeuf	Ei
oie	Gans
oignon	Zwiebel
oseille	Sauerampfer
oursin	Seeigel
pain	Brot
palombe	Ringeltaube
palourde	Venusmuschel
pastèque	Wassermelone
pâté	Pastete
paupiette	Rouladen
pêche	Pfirsisch
perdrix	Rebhuhn
persil	Petersilie
petit déjeuner	Frühstück
petit-pois	Erbse
pétoncle	Kamm-Muschel
pichet	Krug (Wein)
piment	scharfe Paprika-schote
pintade	Perlhuhn
pipérade	Rührei
pistache	Pistazie
plie	Scholle
poire	Birne
poireau	Lauch
poisson	Fisch
poitrine	Brust
poivre	Pfeffer
poivron	Paprika
pomme	Apfel
pommes de terre	Kartoffeln
porc	Schwein
portuguaises	Austernart
potage	Suppe

pot au feu	Fleisch-/Gemüse-eintopf
poule au pot	gefülltes, gekochtes Huhn
poulet	Hähnchen
praire	kleine Venusmuschel
prune	Pflaume
raie	Rochen
raisin	Weintraube
rascasse	Drachenkopf
reine-claude	grüne Pflaume
repas	Mahlzeit
rillette	Pastete aus Fleisch und Schmalz
ris de veau	Kalbsbries
riz	Reis
rognons	Nieren
saignant	blutig (Steak)
salmis	Art Ragout
sandre	Zander
sanglier	Wildschwein
saucisson	Wurst
saumon	Lachs
sauté	kurz gebraten
seigle	Roggen
sole	Seezunge
soupe de poisson	Fischsuppe
tarte tatin	gestürzter Apfelku - chen
terrine	Pastete in einer Keramikform
thon	Thunfisch
thym	Thymian
tourteau	Taschenkrebs
tripes	Kutteln
tripoxa	Art Blutwurst
truffe	Trüffel
truite	Forelle
ttoro	Fischsuppe
turbot	Steinbutt
veau	Kalb
viande	Fleisch
vinaigre	Essig

avez vous une chambre pour ... personnes?	haben Sie ein Zimmer für ... Personen?
une chambre à deux lits	mit 2 Betten
une chambre qui donne sur la cour	ein Zimmer zum Hof
une chambre qui donne sur la rue	ein Zimmer zur Straße, nach vorn
une chambre qui donne sur la mer	ein Zimmer mit Meerblick
nous restons une nuit	wir bleiben eine Nacht
une semaine	eine Woche
quelques jours	einige Tage
on peut voir la chambre?	können wir das Zimmer sehen?
avec salle de bains	mit Bad
avec douche	mit Dusche
le petit déjeuner compris?	mit Frühstück?
demi-pension	Halbpension
pension complète	Vollpension
c'est combien	wieviel kostet ...
je ne prends pas la chambre	ich nehme das Zimmer nicht
réservez la chambre pour le ...	reservieren Sie das Zimmer zum ...
à quelle heure fermez-vous?	wann schließen Sie?
la salle à manger	Speisezimmer
pouvons-nous avoir?	können wir haben
un renseignement	eine Auskunft
un billet	eine Fahrkarte
une chambre	ein Zimmer

Muster für eine Reservierungsanfrage

Monsieur,
je souhaite séjourner dans votre hotel (camping) et vous prie de bien vouloir me faire connaître vos conditions.
J'aimerais réserver … chambre(s) (une place sur votre terrain) du … au … (pour voiture, tente, caravane, camping-car) avec salle de bains, toilette, douche.
Je vours prie egalement de bien vouloir me fair parvenir un prospectus de votre maison (camping).

Sehr geehrte Damen und Herren,
ich interessiere mich für einen Urlaub in Ihrem Hotel (Camping) und bitte Sie, mir ein Angebot zu unterbreiten.
Reservieren Sie bitte … Zimmer (einen Platz) vom … bis … (für ein Auto, Zelt, Wohnwagen, Wohmobil) mit Bad, Toilette, Dusche.
Würden Sie mir bitte einen Prospekt Ihres Hauses (Platzes) beilegen?

INDEX

D

E

F

Honoré de Balzac

PERSONEN INDEX